GOTTESGEDANKE MENSCH

Johannes von Lüpke

GOTTESGEDANKE MENSCH

ANTHROPOLOGIE IN THEOLOGISCHER PERSPEKTIVE

EVANGELISCHE VERLAGSANSTALT
Leipzig

 Johannes von Lüpke, Dr. theol., Jahrgang 1951, studierte Evangelische Theologie in Münster, Tübingen und Bochum. Er ist seit 1995 Professor für Systematische Theologie an der Kirchlichen Hochschule Wuppertal/Bethel.

Bibliographische Information der Deutschen Nationalbibliothek
Die Deutsche Nationalbibliothek verzeichnet diese Publikation in der Deutschen Nationalbibliographie; detaillierte bibliographische Daten sind im Internet über http://dnb.dnb.de abrufbar.

© 2018 by Evangelische Verlagsanstalt GmbH · Leipzig
Printed in Germany

Das Werk einschließlich aller seiner Teile ist urheberrechtlich geschützt. Jede Verwertung außerhalb der Grenzen des Urheberrechtsgesetzes ist ohne Zustimmung des Verlags unzulässig und strafbar. Das gilt insbesondere für Vervielfältigungen, Übersetzungen, Mikroverfilmungen und die Einspeicherung und Verarbeitung in elektronischen Systemen.

Das Buch wurde auf alterungsbeständigem Papier gedruckt.

Cover: Zacharias Bähring, Leipzig
Satz: Anke Leopold und Johannes von Lüpke, Wuppertal/Bethel
Druck und Binden: Hubert & Co., Göttingen

ISBN 978-3-374-04908-0
www.eva-leipzig.de

Vorwort

Der Mensch – ein Gottesgedanke. Der Titelbegriff, unter dem hier Beiträge zur Anthropologie in theologischer Perspektive zusammengestellt sind, erinnert an die biblische Fassung der Frage nach dem Menschen (Ps 8,5): „Was ist der Mensch, dass du seiner gedenkst, und des Menschen Kind, dass du dich seiner annimmst?" Was also ist der Mensch im Gegenüber zu seinem Schöpfer? Und welche Gedanken Gottes sind in ihm leiblich und seelisch zum Ausdruck gebracht?

Indem die Theologie die Frage „Was ist der Mensch?" in biblischer Perspektive aufnimmt und zu beantworten sucht, begibt sie sich auch auf das Feld der allgemeinen Anthropologie, wie sie mit den Mitteln empirischer Wissenschaft und in der je individuellen Selbsterkenntnis betrieben wird, stellt sie aber deren Erkenntnisbemühungen unter einen Vorbehalt. Zwischen den Gedanken, die der Mensch auf dem Weg der Selbstreflexion gewinnen kann, und den Gedanken Gottes des Schöpfers ist zu unterscheiden. „Meine Gedanken sind nicht eure Gedanken, und eure Wege sind nicht meine Wege, spricht der Herr, sondern so viel der Himmel höher ist als die Erde, so sind auch meine Wege höher als eure Wege und meine Gedanken als eure Gedanken." Diese im Buch des Propheten Jesaja (Jes 55,8f) überlieferte Einsicht gilt zweifellos auch für die Anthropologie.

Sie wäre freilich missverstanden, nähme man an, dass die so ganz anderen Gedanken Gottes den Menschen gar nichts angingen, als ob sie mit seinen Erfahrungen im irdischen, vergänglichen Leben nichts zu tun hätten. Die Besinnung auf die Differenz hat ihre Pointe vielmehr darin, dass sie die Aufmerksamkeit auf das gegenwärtige Wirken des Schöpfers lenkt. Gottes Gedanken sind schöpferische Gedanken. Vom „Himmel" kommend und insofern dem Menschen uneinholbar überlegen, manifestieren sie sich doch in irdischer Gestalt. Gott teilt seine Gedanken im Wort mit; und dieses kommt nicht „leer" wieder zurück; es wirkt, wozu es gesandt ist (Jes 55,10f). Durch das Wort vermittelt, sind die Gedanken Gottes schöpferisch wirksam. Sie stiften Sein, und sie sind dem Sein gleichsam eingestiftet. Und nicht zuletzt lassen sie das menschliche Leben als eine Geschichte verstehen, deren Ausgang offen und deren endgültige Beurteilung Gott vorbehalten bleibt.

Aber ist der Mensch fähig, die Gedanken Gottes zu verstehen? Und welches ist der Text, der ihm zu verstehen gibt, was er als Gedanke Gottes ist? Die hier vorgelegten Studien gehen von der Grundannahme aus, dass die Bibel als maßgebendes Dokument der Geschichte Gottes mit dem Menschen eine einzigartige, niemals ganz auszuschöpfende Quelle der Gotteserkenntnis und der Erkenntnis des Menschen ist – eines nicht ohne das andere. Biblische Texte sind jenes geheimnisvolle Medium, das uns zwar den vollkommenen Durchblick verwehrt, aber doch die nötige Klarheit gewährt, um ein wahrhaft menschliches Leben in Glaube, Liebe und Hoffnung zu gewinnen (vgl. 1Kor 13,12f). Den Menschen so zu erkennen, wie er als Geschöpf Gottes gedacht, angesprochen und erkannt ist, erweist sich von daher als eine geistliche Erkenntnis, freilich eine solche, die darin sinnlich-konkret werden kann, dass sie in einem je besonderen Menschen Gottes Liebe wahrnimmt – so wie Goethe es einmal (West-östlicher Divan: „Es ist gut") poetisch zum Ausdruck gebracht hat: „Dich halten dieser Arme Schranken,/ Liebster von allen Gottes-Gedanken."

Die hier gesammelt vorgelegten Beiträge zur theologischen Anthropologie gehen zurück auf Vorträge und Aufsätze, die für diese Veröffentlichung noch einmal kritisch redigiert, in formaler Hinsicht vereinheitlicht und inhaltlich aufeinander abgestimmt wurden. Sie lassen sich jedoch auch je für sich lesen. Wer das Buch als ganzes studiert, möge über einzelne Überschneidungen und Wiederholungen hinweglesen oder auch in ihnen inhaltliche Kernpunkte erkennen.

In verschiedenen Gesprächskontexten entstanden, sind die Beiträge doch einem gemeinsamen Anliegen verpflichtet: Im Sinne einer theologischen Weisheit, wie sie Luther in seinen Thesen „Über den Menschen" klassisch vorgetragen hat, fragen sie nach dem „ganzen Menschen" und wollen sie das Verständnis des Menschen zugleich offen halten für Gottes Wirken an ihm und mit ihm. Als Gottesgedanke ist der Mensch unterwegs, Mensch im Werden auf seine zukünftige Vollendung hin. Indem wir der Geschichte Gottes mit dem Menschen nachdenken, ist keine Vollständigkeit der anthropologischen Themen beansprucht, wohl aber sollte deutlich werden, worauf es in dieser Geschichte um der Menschlichkeit des Menschen willen entscheidend ankommt.

Wuppertal und Lüneburg im Oktober 2017   Johannes von Lüpke

Inhalt

Vorwort 5

Teil I: Ebenbild Gottes 13

1. Kapitel: Der Mensch im Spielraum von Bildern und Entwürfen 15
   1. Der Mensch, der Bilder macht 15
   2. Der Mensch auf der Suche nach Ganzheit 17
   3. Der Mensch, das von Gott entworfene Bild 20
   4. Rede vom Menschen in Bildern und Gleichnissen 21
   5. Der Mensch in der Schöpfung 24
   6. Bilder des Menschen: Schaf und Gast 27
   7. Das Gute als Gabe Gottes 28

2. Kapitel: Gottes Ebenbild wahrnehmen und bewahren 29

3. Kapitel: Ebenbild im Widerspruch 33
   1. Die Frage „Was ist der Mensch?" in biblisch-theologischer Perspektive ... 33
   2. Narrative Anthropologie 36
   3. Gleichheit und Ungleichheit 39
   4. Freiheit und Unfreiheit 42
   5. Brüderlichkeit und Brudermord 47
   6. Gottebenbildlichkeit 49
   7. Jesus Christus als Ebenbild Gottes und Bruder des Menschen 51

4. Kapitel: Der Mensch im Drama der Schöpfung 55
   1. Das Drama der Urgeschichte 56
   2. Allmacht und Liebe des Schöpfers 59
   3. Das bewahrende Handeln des Menschen 61
   4. Gottes Treue: Schöpfung und Bund 63
   5. Die Verantwortung des Menschen im Horizont des Gerichts 67

5. Kapitel: Der behinderte Mensch als Bild Gottes 73

1. Der lebendige Gott: „behindert und göttlich"? 73
2. Das Bild des Gekreuzigten: Gotteserkenntnis und Theologiekritik 77
3. Gott in Menschengestalt und der menschliche Körper als Raum der Gotteserfahrung .. 81
4. Allmacht und Ohnmacht des Wortes 84

Teil II: Der gerechtfertigte Mensch 89

6. Kapitel: Rechtfertigungslehre als Schlüssel zum Verständnis des Menschen 91

1. Die Lehre von der Rechtfertigung: Mitte der Schrift und Schlüssel zur Erkenntnis der Wirklichkeit von Mensch und Welt 91
2. Rechtfertigungslehre in der Auslegung von Röm 3,28 92
3. Gottes Gerechtigkeit im Bezug auf die Lebenswirklichkeit 97
4. Luthers Thesen De homine als Beitrag zum Gespräch zwischen Philosophie und Theologie 98
5. Das theologische Verständnis des Menschen in der aktuellen Debatte 102

7. Kapitel: Der Mensch im Licht der Gerechtigkeit Gottes 109

1. Sonne der Gerechtigkeit 109
2. Grundlinien reformatorischer Rechtfertigungslehre 111
3. Die „kopernikanische Wende" zur Anthropologie: Der Mensch im Mittelpunkt 115
4. Nach dem Tode Gottes:
   Rechtfertigung des Menschen durch den Menschen (Nietzsche) 120
5. Zur Wahrnehmung des Menschen im Licht der Gerechtigkeit Gottes 123

8. Kapitel: Verletzbarer Körper – Begnadeter Mensch 127

1. Gegen die anthropologische „Einheitssucht" 127
2. Das Geheimnis der Einheit von Geist und Materie 128
3. Jenseits von Materialismus und Idealismus 130
4. Menschsein im Empfangen der Gnade 133
5. Das Herz: ein bewegter Beweger 138

Teil III: Herz, Seele, Vernunft und Sprache 141

9. Kapitel: Die Frage nach Einheit und Identität 143

1. Bilder vom Menschen als normative Entwürfe 143
2. Vielgestaltigkeit und Einheit der Seele (Platon und Nietzsche) 144
3. Der Mensch im Dialog 148

10. Kapitel: Die Seele als Raum der Gottesbegegnung ... 149
1. See und Seele. Eine metaphorische Annäherung ... 149
2. Gott und die Seele. Das klassische Programm (Augustin) ... 151
3. Gott oder die Seele. Die moderne Entgegensetzung (Nietzsche) ... 153
4. Gott und die Seele in Kommunikation ... 156
5. Seele im „Beziehungsnetz". Ein dichterisches Nachwort ... 161

11. Kapitel: Das exzentrische Herz ... 163
1. Das doppeldeutige Herz und die Einheit von Leib und Seele ... 163
2. Was definiert den Menschen: Herz oder Vernunft? ... 164
3. Zwischen Zeit und Ewigkeit, zwischen Sünde und Gnade ... 168
4. Das kommunizierende Herz: Der bewegte Beweger ... 171
5. Das Herz und die Liebe ... 173

12. Kapitel: „Heilig, gerecht und gut" ... 175
1. Dialektik des Gesetzes und der Vernunft ... 175
2. Zweifel an der Vernunft. Hinweise zur Vernunftkritik der Aufklärung ... 177
3. Kritik der gesetzlichen Vernunft ... 180
4. Gotteserkenntnis im Sprachraum von Gesetz und Evangelium ... 184

13. Kapitel: „... kein kräftiger noch edler Werk als Reden" ... 189
1. Luthers Kurzformel und die Frage nach der Definition des Menschen ... 189
2. Menschsein im Werden. Der Mensch als Sprachwesen zwischen Lüge und Wahrheit ... 193
3. Menschliche Sprache und das Geheimnis der Schöpfung ... 197

Teil IV: Freiheit ... 201

14. Kapitel: Auf dem Weg zur Freiheit ... 203
1. Umstrittene Freiheit ... 203
2. Eine biblische Hinführung ... 204
3. Problemanzeige: Die bestrittene und die in Anspruch genommene Freiheit ... 205
4. Unterscheidungen ... 207
5. Freiheit und Sprache ... 210

15. Kapitel: Befreiende Allmacht ... 215
1. Aufgehobene Freiheit ... 215
2. Freiheit als Problem der Macht ... 217
3. Befreiende Allmacht ... 222

16. Kapitel: Die Freiheit, ja und nein zu sagen 229
1. Ja und Nein: Grundaussagen und Spannungen reformatorischer Freiheitslehre 230
2. Zwischen Nein-sagen-Können und Ja-sagen-Wollen: Die Wirklichkeit der Freiheit 232
3. Unfreiheit als Unvermögen, ja zu sagen 235
4. Nein und Ja: Gottes Wort als Grund der Freiheit 237
5. Die Freiheit eines Christenmenschen 240

17. Kapitel: Grenzen der Definitionsmacht 243
1. Der Mensch als Beziehungswesen 243
2. Recht und Grenze der Nutzenkultur 248
3. Perspektiven der Wahrnehmung des Menschen 252
4. Der Mensch als Ebenbild Gottes 259
5. Der Rechtfertigungsglaube und die Kultur der Freiheit 263

18. Kapitel: Kultur des Menschen 269
1. Geschöpf Gottes – Geschöpf des Menschen 269
2. Einheit von Schöpfer und Geschöpf. Christologisch und anthropologisch verstanden 271
3. Kultivierung und Moralisierung. Kulturbegriffe in ethischer Perspektive 273
4. Symbiose von Mensch und Maschine 277
5. Kultur des Lebens 281

Teil V: Glaube – Liebe – Hoffnung 285

19. Kapitel: „Glaube ist nicht jedermanns Ding" 287
1. Gläubige und Ungläubige im Widerstreit 287
2. Glaube im Einverständnis mit der guten Schöpfung 288
3. „Im Kampf um die Möglichkeit des Glaubens" 289
4. Glaube als Sehnsucht 291
5. Glaube als Antwort 293

20. Kapitel: Sinn finden im Glauben und in der Liebe 295
1. Gott als Quelle des Lebens 295
2. Der Mensch auf der Suche nach Sinn 297
3. Sinngebung als schöpferische Aufgabe des Menschen 300
4. Die Vertiefung der Sinnerfahrung in der Liebe und im Glauben 304

21. Kapitel: Liebe Gottes im Gleichnis der menschlichen Liebe 309
1. Weisheit und Liebe 309
2. Die Macht der Liebe 310
3. Liebe und die Definition des Menschen 312
4. Liebe im Konflikt der Bilder 313

5.	Die Unterscheidung zwischen Liebe Gottes und Liebe des Menschen	314
6.	Menschliche Liebe als Gleichnis der Liebe Gottes	315

22. Kapitel: Hoffnung auf das Wort 317

1.	Hoffnung als Eigenschaft des Lebens	317
2.	Umkehr zur lebendigen Hoffnung	318
3.	Hoffnung allein auf Gott	320
4.	Hoffnung auf den lebendigen Gott	322
5.	Die Bewegung der Hoffnung	323
6.	Hoffnung auf Gottes Gericht	325
7.	Hoffnung auf die ewige Gottesgemeinschaft	327
8.	Das Vaterunser als Schule der Hoffnung	328

23. Kapitel: Was lässt hoffen? 331

1.	Begründete Hoffnung?	331
2.	Hoffnung: Willenskraft und Einbildungskraft	331
3.	Sprache der Hoffnung: Poesie und Bibel	332
4.	Wege der Hoffnung im Spiegel der Gleichniserzählung von dem Vater und seinen beiden Söhnen (Lk 15,11–32)	334
5.	Der Grund der Hoffnung in Gott	337

24. Kapitel: An der Schwelle zum Leben 339

1.	Der Abschiedssegen	339
2.	Die Frage nach Anfang und Ende des Lebens: Definitionsprobleme	341
3.	Der Mensch im Wirkungsraum des Wortes Gottes	346
4.	Zum kirchlichen Handeln an der Schwelle zum Leben	353

Nachweis der Erstveröffentlichungen 359

Abkürzungen 362

Register 363

Bibelstellen 363
Namen 367

Teil I
Ebenbild Gottes

1. Kapitel: Der Mensch im Spielraum von Bildern und Entwürfen

Zwei Sätze seien vorangestellt, um das Thema und das in ihm liegende Spannungsfeld zu umreißen: Der Mensch ist ein Lebewesen, das Bilder macht. Und der Mensch ist ein Bild, zu dem er gemacht ist und gemacht wird. Oder, um die beiden Aussagen noch einmal in anderen Worten zu formulieren: Der Mensch entwirft sich seine Welt und sein Leben. Und der Mensch ist entworfen. So oder so hat er sein Leben im Entwurf. Die Frage ist nur, wer der entwerfende Künstler ist. Wir beginnen mit einer Besinnung auf den ersten Satz:

1. Der Mensch, der Bilder macht

Das Auftreten des Menschen in der Evolution der Lebewesen, sein Heraustreten aus dem Tierreich, dem er doch in vielerlei Hinsicht weiterhin angehört, ist nach einem Vorschlag des Philosophen Hans Jonas[1] an drei Errungenschaften erkennbar: Der Mensch gebraucht Werkzeuge, er zeichnet Bilder, und er bestattet seine verstorbenen Angehörigen. Die spezifische Differenz, also das, was den Menschen zum Menschen macht, lässt sich prägnant unter drei Prädikaten fassen: Der *homo sapiens* gibt sich zu erkennen als *homo faber*, als *homo pictor* und als *homo religiosus*. Das erste, die Herstellung und der Gebrauch von Werkzeugen, ist die Grundvoraussetzung aller Kultur. Der Mensch nimmt die vorgegebene Natur nicht einfach hin; er vermag vielmehr etwas mit ihr und aus ihr zu machen, was seinem Interesse entspricht. Er bearbeitet die Natur, indem er sie den von ihm selbst gesetzten Zwecken dienstbar macht. Diese Fähigkeit ist vorausgesetzt, wenn der Mensch als *homo pictor* die ihn umgebende Welt und in ihr auch sich selbst in Bildern darstellt. Zugleich gilt auch das Umgekehrte: Der theoretische Akt der Betrachtung, der in der bildlichen Wiedergabe des Gesehenen zum Ausdruck kommt, ist die Voraussetzung des praktischen Umgangs mit der Welt. Das wird besonders deutlich, wenn man das Bildschaffen in einem weiten Sinne auslegt und dabei auch die Herstellung und den Ge-

---

[1] HANS JONAS, Werkzeug, Bild und Grab. Vom Transanimalischen im Menschen, in: DERS., Philosophische Untersuchungen und metaphysische Vermutungen, Frankfurt a.M. 1992, 34–49.

brauch von Zeichen einschließt, also auch das Sprachvermögen als ein Vermögen der Darstellung und Wiedergabe der Welt. Beide Vollzüge, das technische Handeln im Gebrauch von Werkzeugen und das künstlerische Handeln im Gebrauch von Zeichen und Bildern, sind Vollzüge der Freiheit: Der Mensch gewinnt mit ihnen die Möglichkeit, sich von der ihn bestimmenden Natur zu distanzieren und sich selbst zu ihr ins Verhältnis zu setzen. Er ist nicht festgelegt auf das Faktische; er kann es vielmehr im Horizont des Möglichen noch einmal anders wahrnehmen und daraufhin verändern. Eben dieser Überschritt über das Faktische kommt in nochmals radikalisierter Weise in der Bestattungskultur zum Ausdruck. „Das Grab sagt uns, daß hier ein Wesen, der Sterblichkeit unterworfen, über Leben und Tod nachsinnt, dem Augenschein Trotz bietet und sein Denken ins Unsichtbare erhebt – Werkzeug und Bild in dessen Dienst stellend."[2] Zusammenfassend formuliert Hans Jonas:

> „In diesen Grundformen wird das dem Menschen wie aller Tierheit schlechthin Gegebene auf einzig menschliche Weise beantwortet und überboten: im Werkzeug die physische Notwendigkeit durch Erfindung; im Bild die sinnliche Anschauung durch Repräsentation und Imagination; im Grab der unabwendbare Tod durch Glaube und Pietät."[3]

Die drei spezifischen Vollzüge, die den Menschen aus dem Tierreich herausheben, lassen sich als Näherbestimmungen der klassischen philosophischen Definition des Menschen verstehen: Der Mensch ist *animal rationale*. Er ist das Lebewesen, das den Logos, also Sprache und Vernunft, hat. Technik, Kunst und Religion lassen sich als Leistungen der menschlichen Vernunft, als spezifisch geistige Leistungen würdigen und auf den Begriff bringen. Andererseits erscheint die Vernunft, stellt man sie in diesen Kontext hinein, als eine durchaus fragwürdige, labile Größe: Im Bereich der Technik droht sie zur „instrumentellen Vernunft"[4] zu verkümmern; in der Kunst lässt sie sich von der Einbildungskraft leiten, wenn nicht gar gefangen nehmen; und in der Religion ist es der bloße Glaube, der sich die Vernunft unterwirft und dabei nur allzu oft irrationale Züge trägt. Bedenkt man die damit angedeutete Problematik der Vernunft, könnte es sich nahelegen, der bekannten philosophischen Definition des Menschen noch eine andere Bestimmung hinzuzufügen, wenn nicht gar zugrunde zu legen. Martin Luther hat vom Menschen als *animal rationale* mit einem bemerkenswerten Zusatz gesprochen: Der Mensch sei ein „animal rationale, habens cor fingens"[5]. Oswald Bayer übersetzt: Der Mensch ist „ein vernunftbegabtes Wesen mit einem Herzen, das dichtet, Bilder macht, fingiert."[6] Diese

---

[2] Ebd., 48.
[3] Ebd.
[4] Vgl. MAX HORKHEIMER, Zur Kritik der instrumentellen Vernunft (1947), hg. von ALFRED SCHMIDT, Frankfurt a.M. 1974.
[5] WA 42, 348,38 (Genesisvorlesung).
[6] OSWALD BAYER, Martin Luthers Theologie. Eine Vergegenwärtigung, Tübingen ³2007, 158.

Definition wirft die Frage auf: Hat die Vernunft ein einbildungskräftiges Herz, über das sie verfügen kann? Oder ist es umgekehrt: steuert die Einbildungskraft auch die Vernunft? Wie also ist das Abhängigkeitsverhältnis zu bestimmen? Deutlich ist wohl, dass gerade dort, wo es um Gottesbilder und um Bilder des Menschen von sich selbst geht, die vom Herzen entworfenen Bilder vielfach dominieren.

2. Der Mensch auf der Suche nach Ganzheit

Was ist der Mensch? Ist er wirklich so vernünftig, wie er im Spiegel der philosophischen Definition zu sein meint? Nimmt man die drei genannten Charakteristika zusammen, so wird man vorsichtig formulieren können: Der Mensch ist ein erfinderisches Wesen. Aber ob alle seine Erfindungen vernünftig sind, ist keineswegs ausgemacht. Er ist, mit Nietzsche gesagt, „das noch nicht festgestellte Tier"[7]; er „ist kränker, unsicherer, wechselnder, unfestgestellter als irgend ein Tier sonst [...]: er, der große Experimentator mit sich, der Unbefriedigte, Ungesättigte, der um die letzte Herrschaft mit Tier, Natur und Göttern ringt, – er, der immer noch Unbezwungne, der ewig-Zukünftige, der vor seiner eignen drängenden Kraft keine Ruhe mehr findet, so dass ihm seine Zukunft unerbittlich wie ein Sporn im Fleische jeder Gegenwart wühlt [...]."[8] Der Mensch findet sich in der Welt gleichsam ausgesetzt vor, heimatlos, abgekoppelt, entlassen aus dem bergenden Mutterschoß der Natur. So in die Welt hineingeworfen, ist er darauf angelegt und angewiesen, sich seine Welt zu entwerfen.

Martin Heidegger hat dieses Verständnis des Menschen in der ihm eigenen Sprache so verdichtet: „Der Entwurf ist die existenziale Seinsverfassung des Spielraums des faktischen Seinkönnens. Und als geworfenes ist das Dasein in die Seinsart des Entwerfens geworfen."[9] Der Mensch wird verstanden als der Mensch im Entwurf. Das heißt zum einen: Er ist ein entwerfendes Wesen. Er macht sich Bilder, nach denen er sein Leben zu gestalten sucht. Kraft seiner Einbildungskraft ist er Produzent von Bildern, macht er sich freilich auch zum Produkt seiner Entwürfe. Der Mensch im Entwurf – das heißt zum anderen: Er ist noch nicht fertig. Sein Leben gleicht einer Skizze, die noch der Ausführung harrt. Es ist noch nicht die ganze Wirklichkeit.

Wir haben mit diesem Verständnis des Menschen einen weit gespannten Rahmen gewonnen, innerhalb dessen sich der zeitgenössische Mensch in der

---

[7] Friedrich Nietzsche, Sämtliche Werke. Kritische Studienausgabe in 15 Bdn., hg. v. Giorgio Colli/Mazzino Montinari, München und Berlin/New York 1980, Bd. 5, 81 (Jenseits von Gut und Böse, Nr. 62). Die Orthographie ist hier und auch in den noch folgenden Zitaten aus der älteren Literatur geringfügig modernisiert.
[8] Ebd., 367 (Zur Genealogie der Moral III, 13).
[9] Martin Heidegger, Sein und Zeit, Tübingen [15]1984, 145.

„Erlebnisgesellschaft", der „flexible Mensch", mit dem Neandertaler zusammenfindet. Damals wie heute erweist sich der Mensch als einbildungskräftiges Wesen. Unverkennbar dürfte aber auch sein, dass die urmenschliche Fähigkeit, das vorgegebene Leben zum Gegenstand des Entwurfs zu machen, heute in früher unvorstellbarer Weise auf das Ganze des Lebens ausgreift. Ist der Mensch bereits seit der neolithischen Revolution ein kulturschaffendes Wesen, so wartet doch die heutige Kultur mit Errungenschaften auf, die auf einen erneuten revolutionären Wandel hinweisen. Am deutlichsten wird das wohl in der Biotechnik, die zur Anthropotechnik wird.[10] Wird hier „der Mensch nach Maß"[11] hergestellt? Das Schlagwort vom „Designerbaby" ist, unabhängig davon, wie weit ein solches heute schon gemacht werden kann, ein Indiz dafür, dass das entwerfende Handeln des Menschen mehr und mehr seine eigene Reproduktion ergreift. Lebensentwürfe entscheiden nicht nur darüber, ob ein Mensch überhaupt zur Welt kommt, ob Kinder zugelassen oder auch mit allen Mitteln der Kunst ins Leben befördert werden. Das Leben von Menschen wird zum Gegenstand des Entwurfs, des Designs, möglicherweise auch dadurch, dass die genetische Ausstattung und von daher das Ensemble bestimmter Eigenschaften wählbar und gestaltbar werden. Diese biotechnische Entwicklung, ihre Chancen und Risiken, sollen hier nicht diskutiert werden. Festgehalten sei lediglich, dass hier in der Tat das entwerfende Handeln des Menschen das Ganze eines Lebens betrifft. Es hat definierenden Charakter.

Sind in diesem Zusammenhang auch die vielfältigen Programme zu sehen, die auf Optimierung der Leistungsfähigkeit, auf „Fitness", optimales Aussehen, Selbstdarstellung und Wohlbefinden („Wellness") zielen? Zweifellos sind sie Ausdruck der Sorge um den ganzen Menschen. Leib und Seele sollen zur Einheit finden. Umfassendes und tiefes Wohlbefinden ist das angestrebte Ziel. Andererseits ist nur allzu deutlich, dass kein Mensch dieses Ziel für sich und aus sich heraus erreichen kann. Insofern mag man sagen, dass es hier auch darum geht, die Sorge um sich selbst, um die je eigene Ganzheit loszuwerden. Da lässt ein Mensch für sich sorgen, er vertraut sich anderen an. Er sucht sein Glück über den paradoxen Umweg, dass er es gerade nicht machen, sondern sich geben lassen will. Beides bestimmt die auf Selbstvervollkommnung ausgerichtete Motivationslage: einerseits gesteigerte Selbstsorge, andererseits Entlastung von der Sorge um sich selbst.

In dieser Ambivalenz könnte vielleicht eine alte Weisheit aktuell werden, die bei dem mittelalterlichen Mystiker Meister Eckhart nachzulesen ist:

> „Die Leute sagen: ,Ach, ja, Herr, ich möchte gern, dass ich auch so gut zu Gott stünde und dass ich ebensoviel Andacht hätte und Frieden mit Gott, wie andere Leute haben, und ich möchte, mir ginge es ebenso oder ich wäre ebenso arm', oder: ,Mit mir

---

[10] Vgl. dazu insbes. die provozierende Elmauer Rede von PETER SLOTERDIJK, Regeln für den Menschenpark. Ein Antwortschreiben zu Heideggers Brief über den Humanismus (1998), Frankfurt a.M. [8]2004, insbes. 42–45 und 50.

[11] Vgl. WOLFGANG VAN DEN DAELE, Mensch nach Maß? Ethische Probleme der Genmanipulation und Gentherapie, München 1985.

wird's niemals recht, wenn ich nicht da oder dort bin und so oder so tue, ich muss in der Fremde leben oder in einer Klause oder in einem Kloster'. Wahrlich, darin steckt überall dein Ich und sonst gar nichts. Es ist der Eigenwille, wenn zwar du's auch nicht weißt oder es dich auch nicht so dünkt: niemals steht ein Unfriede in dir auf, der nicht aus dem Eigenwillen kommt, ob man's nun merke oder nicht. Was wir da meinen, der Mensch solle dieses fliehen und jenes suchen, etwa diese Stätten und diese Leute und diese Weisen oder diese Menge oder diese Betätigung – nicht das ist schuld, dass dich die Weise oder die Dinge hindern: du bist es (vielmehr) selbst in den Dingen, was dich hindert, denn du verhältst dich verkehrt zu den Dingen. Darum fang zuerst bei dir selbst an und *lass dich!* [...] Richte dein Augenmerk auf dich selbst, und wo du *dich* findest, da lass von dir ab; das ist das Allerbeste."[12]

Übertragen wir die in diesem Text genannten Optionen in die Gegenwart, könnte man formulieren: Menschen sind auf der Suche, das Beste für sich selbst zu finden. Sie suchen es in der Vielfalt therapeutischer Angebote, die auf dem Markt sind: Physio- und Psychotherapie, Fitness-Programme, neuere und altbewährte Entspannungs- und Meditationstechniken. Sieht man in diesen vielfältigen Möglichkeiten Mittel zum Zweck des umfassenden Wohlbefindens, so droht freilich eben jene von Meister Eckhart beschriebene Gefahr, dass der Mensch in der Orientierung an den Leistungen, die er zu seinem Glücksgewinn erstrebt, eben das Problem überspielt, das in dem „Eigenwillen", in dem Glücksverlangen selbst liegt. Gerade das Streben nach dem totalen, den ganzen Menschen zufrieden stellenden Glück kann totalitär auf den Suchenden zurückschlagen. Die Theologin Gunda Schneider-Flume hat ein Büchlein „Leben ist kostbar" veröffentlicht, das sich – so der Untertitel - „wider die Tyrannei des gelingenden Lebens" wendet.[13] Die Tyrannei droht überall dort, wo das Ganze des Lebens der Gestaltung und der Beurteilung unterworfen wird. Es gibt in diesem Sinne tyrannische Identitätskonzeptionen, die Identität als selbst hergestellte und nach Maßgabe des eigenen Lebensentwurfs zu beurteilende Identität verstehen.[14] Es gibt tyrannische Gesundheitskonzeptionen, die unter Gesundheit den „Zustand vollständigen körperlichen, geistigen und sozialen Wohlbefindens und nicht nur das Freisein von Krankheit und Gebrechen"[15] verstehen. Und es gibt tyrannische Sinnkonzeptionen, die den Anspruch erheben, die gesamte Lebensgeschichte als sinnvollen Zusammenhang auszulegen oder herzustellen. Die Kehrseite dieser auf das Ganze gerichteten Entwürfe besteht

---

[12] MEISTER ECKEHART, Deutsche Predigten und Traktate, hg. und übers. v. JOSEF QUINT, München 1963, 55f.

[13] GUNDA SCHNEIDER-FLUME, Leben ist kostbar. Wider die Tyrannei des gelingenden Lebens, Göttingen 2002.

[14] Vgl. dazu die von SCHNEIDER-FLUME (ebd., 50) zitierte Definition von GERTRUD NUNNER-WINKLER: „Identität ist die Einheit, die das Ich aus Einzelentscheidungen, Handlungen, Erfahrungen und Meinungen unauflöslich herstellt, indem sie diese als eigene, das heißt als selbstgewollte, selbst zu vertretende und in ihren Konsequenzen auszuhaltende begreift und in den Zusammenhang eines umfassenden Lebensentwurfs stellt."

[15] So die berühmte Definition der WHO, zitiert ebd., 85f. Dabei handelt es sich zweifellos um eine in politischer Hinsicht wegweisende Formulierung.

in der Verwerfung des nicht Integrierbaren. Muss das Leben gelingen und ist dieses Gelingen entscheidend von meinem Einsatz abhängig, dann unterwerfe ich mich einem Gesetz, das kein Misslingen, keine Brüche, kein Scheitern, letztlich keine Unvollkommenheit zulässt.

3. Der Mensch, das von Gott entworfene Bild

Aber reicht es, diesen Gefahren mit Meister Eckhart den kategorischen Imperativ „Lass dich!" entgegenzustellen. Sich selbst loszulassen, kann ja nur gelingen, wenn wir die Sorge um das Lebensganze einem anderen überlassen können. In der Tat führt Meister Eckhart seine Unterweisung in dem Sinne weiter, dass er das Sich-selbst-Loslassen als ein Sich-Gott-Überlassen auslegt. So wenig die Güter der Welt wie z. B. gute Speisen und schöne Kleidung zu verachten seien, so sei doch

> „besser denn alles: dass sich der Mensch gänzlich Gott überlasse, so dass, wenn immer Gott irgend etwas ihm aufbürden wolle, sei's Schmach, Mühsal oder was es sonst für ein Leiden sei, er es mit Freuden und Dankbarkeit hinnehme und sich mehr von Gott führen lasse, als dass der Mensch sich selbst darein versetze. Und darum lernet gern von Gott in allen Dingen und folgt ihm, so wird's recht mit euch!"[16]

Der Mensch legt seinen Lebensentwurf in Gottes Hände, er lässt sich leiten, ja er lässt sich entwerfen. Die Seele, die sich ganz Gott überlässt, wird gleichsam zum Wachs, in das Gott sein Bild einprägt. Sie wird „nach Gott gebildet"[17]. Der moderne Begriff der Bildung hat hier, in der mystischen Erfahrung der Gottesbegegnung, seine Wurzeln. Bildung heißt ursprünglich: Gebildet*werden*. Die Seele wendet sich Gott zu, um von ihm her zum Bild Gottes geprägt zu werden. Sie begibt sich gleichsam in den Einstrahlungsbereich des göttlichen Lichtes, unter dem und durch das sie zum Gleichnis, zum Bild Gottes wird.

Der Mensch, den wir zunächst als den *homo pictor*, als den entwerfenden Künstler, als den Produzenten von Bildern vorgestellt haben, ist in dieser Perspektive nun selbst ein Bild, und zwar ein Bild, das er nicht machen kann. Er wird vielmehr zum Bilde, indem er sich ganz dem Wirken Gottes aussetzt, so wie ein Mensch sich der Sonne aussetzt, um von ihr gewärmt und erleuchtet zu werden. Nun ist freilich die Gottesschau noch in einer anderen Hinsicht dem Blick zur Sonne vergleichbar: Beides bedarf der Vermittlung. Der Mensch hält weder die Sonne an sich noch Gott an sich aus.

> „So wie der Sonne Schein sich nicht auf das Erdreich wirft, ohne von der Luft umfangen und über andere Dinge ausgebreitet zu werden, weil ihn sonst des Menschen Auge nicht aushalten könnte: ebenso ist das göttliche Licht so überstark und hell,

---

[16] Meister Eckehart (wie Anm. 12), 80f.
[17] Ebd., 295.

dass der Seele Auge es nicht aushalten könnte, ohne dass es (= der Seele Auge) durch die Materie und durch Gleichnisse gekräftigt und emporgetragen und so geleitet und eingewöhnt würde in das göttliche Licht."[18]

Für das Verständnis der Gottebenbildlichkeit des Menschen bedeutet das: Der Mensch ist Bild eines Gottes, den wir nur im Gleichnis, nur in Brechungen des Lichtes, nur in bildlichen Vermittlungen erkennen können. Gott an sich ist unsichtbar. Niemand hat ihn gesehen (Joh 1,18). Er wohnt in einem Licht, zu dem niemand kommen kann (1Tim 6,16). Man könnte von einem Überschuss des göttlichen Lichtes sprechen, von einer uneinholbaren Fülle, die in keiner ihrer Darstellungen ganz aufgehoben ist. In diesem Zusammenhang ist an das Bilderverbot zu erinnern, das nur vordergründig zur Vorstellung des Menschen als Bild Gottes in Spannung steht. Der Mensch soll die Bilder, die er sich von Gott macht, nicht mit der Wirklichkeit Gottes gleichsetzen. Er soll sie nicht als Götter ansehen und verehren. Das Bilderverbot wahrt die Differenz zwischen unseren Gottesvorstellungen, Bildern und Begriffen und der Wirklichkeit Gottes, die sich aller bildlichen Fixierung entzieht. Es wahrt die Freiheit Gottes, der sich selbst in seinem Namen vorstellt und bekannt macht: „Ich bin, der ich bin; ich werde sein, der ich sein werde" (Ex 3,14). Oder in der Selbstvorstellung, mit der die Zehn Gebote eröffnet werden: „Ich bin der Herr, dein Gott. Du sollst keine anderen Götter haben neben mir" (Ex 20,2; Dtn 5,6f).

Das Bild ist nicht die Sache selbst. Diese Nicht-Identität, diese Unaustauschbarkeit bedeutet jedoch keineswegs beziehungslose Differenz. Der Bildgedanke steht auch für das innerste Aufeinanderbezogensein von Gott und Mensch. Der Mensch, der im Einstrahlungsbereich des Lichtes Gottes zum Bild Gottes wird, ist offen zu Gott. Und Gott ist in ihm gegenwärtig. Das bedeutet: Der Mensch hat teil an der Wirklichkeit Gottes. Er ist ebenso wenig wie Gott abschließend und als Größe für sich definierbar. Dem Geheimnis Gottes, das sich einem eindeutigen, erschöpfenden Begreifen entzieht, entspricht das Geheimnis des Menschen, das wir dadurch achten, dass wir einen Menschen sich selbst aussprechen, sich selbst definieren lassen.

4. Rede vom Menschen in Bildern und Gleichnissen

Was ist der Mensch, wenn wir ihn als Bild Gottes zu verstehen suchen? Ein von Gott unterschiedenes und zugleich zuinnerst auf Gott bezogenes Wesen. Versuchen wir die Eigenart dieser Beziehungswirklichkeit zu verdeutlichen, indem wir auf einen Text eingehen, der diese in bildlicher Sprache zu erkennen gibt: „Der Herr ist mein Hirte, mir wird nichts mangeln." Der 23. Psalm lässt sich als poetisch verdichtete, elementare Gotteslehre verstehen. Er bietet aber zugleich auch eine biblische Anthropologie *in nuce*. Martin Luther hat ihn „eines Abends

---

[18] Ebd.

über Tisch [...] ausgelegt", wahrscheinlich Ende des Jahres 1535 oder Anfang 1536[19], eben zu der Zeit, als er seine Thesen *Über den Menschen* im Rahmen einer akademischen Disputation vorgelegt hat. Die Erwartung dürfte nicht unberechtigt sein, in der Auslegung dieses Psalms Grundaussagen einer auf der Grundlage der Bibel entworfenen Lehre vom Menschen zu erkennen.

Beginnen wir mit zwei Bemerkungen zur Sprachform des Psalms. Zum einen ist noch einmal zu unterstreichen, was bereits gesagt worden ist: Ist der Mensch das Bild des unsichtbaren und daher nicht abbildbaren Gottes, ist er das Bild dessen, von dem nur in Gleichnissen geredet werden kann, dann ist auch für den Menschen die bildhafte, gleichnishafte Sprache angemessen. Dass der 23. Psalm „mit feinen, lieblichen, geschmückten und verblümten Worten"[20] redet, ist theologisch und anthropologisch sachgemäß. Was der Mensch ist, lässt sich nicht im strengen Sinn auf den Begriff bringen. Die Rede in Bildern und Gleichnissen, so wie sie hier eingeübt wird, unterscheidet sich von den reinen Begriffen ebenso wie auch von den Abbildungen. Abbildbar ist der Mensch in seiner körperlichen Erscheinung, in seiner physischen Gestalt. Abbildbar sind auch, wie im Zuge der neurobiologischen Forschung mehr und mehr deutlich wird, physische Prozesse im Gehirn, die geistigen und seelischen Aktivitäten direkt korrelieren. Aber alle Abbildungen sind perspektivisch begrenzt; sie reduzieren die mehrdimensionale Wirklichkeit und sind daher untauglich, den Menschen als ganzen, in der Einheit von Leib und Seele zu erfassen. Immer dann, wenn wir einen Menschen als ganzen zu erkennen suchen – und das geschieht angemessen wohl nur unter dem Vorzeichen der Liebe! –, erweist sich die bloß beschreibende, abbildende Rede als unzulänglich, letztlich als unangemessen. Um einen Menschen als ganzen wahrzunehmen, bedarf es der symbolischen Rede, in der Materielles und Geistiges zusammengehalten werden. Dass und wieso diese symbolische Rede im Blick auf den Menschen sachgemäß ist, sachgemäß gerade deswegen, weil der Mensch niemals eine bloße Sache ist, das ließe sich vor allem am zentralen Symbol des Herzens verdeutlichen. Eben in diesem Symbol verdichtet sich die leib-seelische Einheit und Ganzheit des Menschen.

Die zweite Bemerkung zur Sprachform des 23. Psalms betrifft die Grammatik. Fragt man, in welchem Fall und damit in welchem Beziehungsgefüge hier vom Menschen die Rede ist, so ist der folgende grammatische Befund aufschlussreich: Das Personalpronomen der 1. Person wird in der deutschen Übersetzung sechzehnmal gebraucht, darunter aber nur dreimal im Nominativ. Nur in zwei Versen, im vierten und im abschließenden sechsten Vers tritt das „Ich" in der Stellung des Subjekts auf. Vorgeordnet und übergeordnet sind die Sätze, in denen der Herr das handelnde Subjekt ist, das zunächst in der 3. Person („Er") und dann in der zweiten Hälfte vertrauensvoll in der 2. Person („Du") angesprochen wird. Vom Menschen ist also primär die Rede, indem vom Handeln Gottes an ihm gesprochen wird.[21] Der

---

[19] WA 51, 265; der Text findet sich ebd., 267–295.
[20] WA 51, 267,24.
[21] Das entspricht dem Skopus der Thesen *De homine*, deren abschließende Sequenz (die Thesen 35–40) GERHARD EBELING zutreffend unter die Überschrift gestellt hat: „Das

Mensch überlässt sich seinem „Hirten", in dessen Wirken er sein eigenes Leben gut aufgehoben sieht. Im Ausblick auf Gott wird die unmittelbare Selbstreflexion, in der der Mensch sich selbst zum Ausgangspunkt nimmt und in der Stellung des Subjekts auf sich reflektiert, durchbrochen zugunsten eines Sich-bestimmen-Lassens. Der Mensch dekliniert sich, besser gesagt: er lässt sich deklinieren, er lässt sich aus der Stellung des Nominativs in die Stellung der *casus obliqui* versetzen, also in jene ‚Fälle', in denen er abhängig ist in der Beziehung auf Gott als den eigentlichen Autor seines Lebens.[22]

Die Eigenart dieser biblischen Sicht des Menschen, wie sie bereits an der Sprachform erkennbar wird, hat kaum jemand zutreffender erkannt als der Philosoph, der bekanntlich die ganze Theologie in Anthropologie überführen wollte: Ludwig Feuerbach. In seinem Buch *Das Wesen des Christentums*[23] bezieht er sich zum einen auf das Bild, um die entscheidende Differenz zwischen Philosophie und Religion herauszustellen: Eben das Bild begründe die „wesentliche Differenz der Religion von der Philosophie"; die Religion sei „wesentlich dramatisch. Gott selbst ist ein dramatisches, d. h. persönliches Wesen. Wer der Religion das Bild nimmt, der nimmt ihr die Sache [...]. Das Bild ist *als Bild* Sache."[24] Zum anderen hat er ebenso scharf den religiösen Menschen als einen solchen erkannt, der sich vom Herzen her, von der Einbildungskraft, vom Gemüt her versteht. Feuerbach hat eben damit die Grammatik erfasst, die dem 23. Psalm zugrunde liegt. „Das Gemüt ist überhaupt der Casus obliquus des Ich, das *Ich im Akkusativ*. [...] *Ich denke mich* – ist gemütlos, rationalistisch; *ich bin gedacht von Gott* und denke mich nur als gedacht von Gott – ist gemütvoll, ist religiös."[25]

Sein des Menschen als Gottes Handeln an ihm" (Disputatio de homine, Teil 3: Die theologische Definition des Menschen. Kommentar zu These 20–40, Tübingen 1989, 472–544).

[22] Vgl. Luthers theologische Grammatik in der Auslegung von Röm 8,31 in: WA 48, 203; dazu: JOHANNES VON LÜPKE, Theologie als „Grammatik zur Sprache der heiligen Schrift". Eine Studie zu Luthers Theologieverständnis, in: NZSTh 34, 1992, 227–250, insbes. 238–241. Die Deklination des Personalpronomens, wie sie Luther hier empfiehlt, hat einen theologischen Skopus: Der Mensch, der sich primär in der Stellung der abhängigen Fälle sieht, überlässt damit Gott als seinem Schöpfer und Erhalter den Nominativ „ich". Dass das Wort „Ich" allein Gott zukommt, ist eine Einsicht, die schon bei MEISTER ECKEHART zu finden ist: „*Ego*, das Wort ‚Ich', ist niemandem eigen als Gott allein in seiner Einheit" (Deutsche Predigten und Traktate[wie Anm. 12], 302). Vgl. auch die spekulative Grammatik, die Meister Eckehart in der Auslegung von Ex 3,14 entwickelt (MEISTER ECKEHART, Die deutschen und latein. Werke, hg. von der Dt. Forschungsgemeinschaft, Die lateinischen Werke, Bd. 2, hg. v. ALBERT ZIMMERMANN/LORIS STURLESE, Stuttgart u. a. 1992, 20–28).

[23] In der ersten Auflage 1841 erschienen; die dritte Auflage von 1849 nachgedruckt als Reclam-Taschenbuch (Nr. 4571) mit einem Nachwort von KARL LÖWITH, Stuttgart 1969.

[24] Ebd., 8 (Vorwort zur ersten Auflage).

[25] Ebd., 223f (16. Kapitel); zur Erläuterung lese man auch die Eingangssätze des 16. Kapitels (ebd. 223): „Die Grunddogmen des Christentums sind erfüllte Herzenswünsche – das Wesen des Christentums ist das Wesen des Gemüts. Es ist gemütlicher, zu leiden, als

5. DER MENSCH IN DER SCHÖPFUNG

Indem der Psalm in dieser Sprachform, in diesem grammatischen Gefüge vom Menschen redet, gibt er zu verstehen, was der Mensch ist. Hier wird konkret und ausmalend dargelegt, was in Psalm 8,5 in die Frage gefasst ist: Was ist der Mensch, dass du seiner gedenkst, und des Menschen Kind, dass du dich seiner annimmst? Thetisch formuliert: Der Mensch ist nicht nur einmal dem Gedanken Gottes oder auch nur einer Laune entsprungen, um daraufhin sich selbst überlassen zu sein; er ist vielmehr das Lebewesen, dessen sein Schöpfer fortwährend gedenkt, indem er ihm zuteilwerden lässt, was es zum Leben braucht.[26] Luther hat das Verständnis der Schöpfung, wie es im 23. Psalm zur Sprache kommt, prägnant in der Auslegung des 1. Artikels des Glaubensbekenntnisses im *Kleinen Katechismus* formuliert:

> „Ich glaube, dass mich Gott geschaffen hat samt allen Kreaturen, mir Leib und Seele, Augen, Ohren und alle Glieder, Vernunft und alle Sinne gegeben hat und noch erhält, dazu Kleider und Schuh, Essen und Trinken, Haus und Hof, Weib und Kind, Acker, Vieh und alle Güter, mit aller Notdurft und Nahrung dieses Leibes und Lebens reichlich und täglich versorget, wider alle Fährlichkeit beschirmet und vor allem Übel behütet und bewahret [...].“[27]

Bemerkenswert sind insbesondere drei Einsichten, die diesen Katechismustext geradezu als eine Zusammenfassung des 23. Psalms erscheinen lassen:

1. Der Mensch, der sich als Geschöpf versteht, sieht sich hineingestellt in den Gesamtzusammenhang der Schöpfungswerke Gottes. Er wird gerade nicht isoliert wahrgenommen. Der Blick richtet sich nicht primär auf das, was ihn heraushebt und unterscheidet von den übrigen Kreaturen, sondern auf das, was ihn mit diesen verbunden, ja in gewisser Hinsicht auch von ihnen abhängig sein lässt. Was nach der philosophischen Definition des Menschen diesen von den übrigen Kreaturen unterscheidet, nämlich seine Vernunft, diese *differentia specifica* geht geradezu unter in einer Aufzählung von Eigenschaften, die er mit anderen Lebewesen gemeinsam hat. In ihrer Geschöpflichkeit, in ihrer elementaren Bedürftigkeit gleichen Menschen und Tiere einander; und eben deswegen

---

zu handeln, gemütlicher, durch einen anderen erlöst und befreit zu werden, als sich selbst zu befreien, gemütlicher, von einer Person, als von der Kraft der Selbsttätigkeit sein Heil abhängig zu machen, gemütlicher, zu lieben, als zu streben, gemütlicher, sich von Gott geliebt zu wissen, als sich selbst zu lieben mit der einfachen, natürlichen Selbstliebe, die allen Wesen eingeboren, gemütlicher, sich in den liebestrahlenden Augen eines andern persönlichen Wesens zu bespiegeln, als in den Hohlspiegel des eignen Selbsts oder in die kalte Tiefe des stillen Ozeans der Natur zu schauen, gemütlicher überhaupt, sich von *seinem eignen Gemüte als von einem andern*, aber doch *im Grunde demselbigen Wesen bestimmen* zu lassen, als sich selbst durch die Vernunft zu bestimmen."

[26] Vgl. zur Bedeutung des Gedenkens auch Gen 8,1, dazu in diesem Band, 64.
[27] BSELK 870, 9–15 (sprachlich modernisiert); vgl. zur Auslegung: OSWALD BAYER, Schöpfung als Anrede. Zu einer Hermeneutik der Schöpfung, Tübingen ²1990, 80–108.

trifft das Gleichnis von den Schafen, die saftiges Grünfutter und frisches Wasser brauchen, auch auf den Menschen zu. Und zugleich gilt: Es ist nicht nur Gleichnisrede, deren Wahrheit in der Übertragung auf eine andere Ebene zu suchen wäre. Gewiss handelt es sich auch um Gleichnisrede, wie an Luthers allegorischer Deutung der „Schäferei" auf die Kirche und das ihr anvertraute Wort gezeigt werden kann; aber das Bild ist auch in einem wörtlichen Sinn wahr, sofern es den Lebensraum der Schöpfung vor Augen stellt, aus dem das menschliche Leben nicht herauszulösen ist. Man mag darin, dass der Mensch so in die Welt der Pflanzen und Tiere hineingestellt wird, geradezu eine Demütigung des Menschen in seiner vermeintlichen Sonderstellung erkennen. Zumindest wird der Mensch gewarnt, sich zu viel auf seine besonderen Fähigkeiten einzubilden. So wendet sich Luther in einer Tischrede[28] gegen die Geringschätzung der leiblichen Gaben: „Der größte und edelste Schatz, den wir von Gott empfangen, ist, dass ein Mensch reden, sehen, hören etc. kann." Aber eben diese „göttlichen Gaben" werden gering geschätzt, weil „sie so allgemein sind, dass Gott dieselben auch unvernünftigen, unnützen Tieren gibt, die auch ebenso, eines Teils sogar besser als wir Menschen sehen und hören."

2. „Leib und Seele" gehören als Gaben Gottes untrennbar zusammen; und es dürfte kaum ein Zufall sein, dass Luther im Katechismustext den Leib voranstellt, sowie auch in der folgenden Aufzählung zunächst „Augen, Ohren und alle Glieder" und dann die „Vernunft und alle Sinne" [wohl zu verstehen als geistige Vermögen] genannt werden. Ebenso betont Luther in seiner Auslegung des 23. Psalms, dass der Schöpfer durch sein Wort für den ganzen Menschen sorgt: Die Menschen, „die dieses Hirten [...] Schafe sind, haben keinen Mangel an irgendeinem Gut, sie sind reichlich versorgt nicht allein an der Seele, sondern auch am Leibe [...]."[29] Ebensowenig wie der Mensch herausgelöst wird aus dem Kontext der übrigen Kreaturen, wird sein Seelenvermögen abgelöst von seinem Leib. In dieser Hinsicht unterscheidet sich die biblische, insbesondere auch die alttestamentliche Anthropologie tiefgreifend von dualistischen Konzeptionen in der griechischen sowie auch in der neuzeitlichen Philosophie. Mit den Grundbegriffen, die wir im Deutschen mit „Herz", „Seele" und „Nieren" übersetzen und die durchaus für Geistiges stehen, sind im hebräischen Denken immer auch „organische Fixpunkt[e]"[30] verknüpft; für die Auffassung vom Herzen ist es ja auch im Deutschen so, während in der Rede von der Seele die leiblich-organischen Korrelate – im Hebräischen ist hier an die „Kehle" gedacht – weit-

---

[28] WA.TR 1, 441,24f.31–33 (Nr. 883); daraus die folgenden Zitate.
[29] WA 51, 268,9–11; man beachte auch den anschließenden Hinweis auf Mt 6,33, der dazu einladen könnte, die Gemeinsamkeiten zwischen dem 23. Psalm und der Predigt Jesu von den Lilien auf dem Felde und den Vögeln unter dem Himmel zu bedenken: Ebensowenig wie diese vermag der Mensch für seine Seele selbst zu sorgen.
[30] BERND JANOWSKI, Der Mensch im alten Israel. Grundfragen alttestamentlicher Anthropologie, in: ZThK 102, 2005, 143–175, Zitat 157.

hin verblasst sind. Während bei Platon die Seele als eine den Körper beherrschende, ihn steuernde und lenkende Instanz vorgestellt wird[31], erscheint im 23. Psalm, der darin repräsentativ ist für das alttestamentliche Denken, die Seele als ein zutiefst bedürftiges, hungriges und durstiges Organ. Sie ist Lebenskraft, Vitalität, nur so, dass sie sich immer wieder aufs Neue beleben, kräftigen lässt. Und diese Erquickung, wie Luther meisterhaft übersetzt, kommt ihr von außen, durch sinnliche Vermittlung zu.

3. Die Welt, in der der Mensch Gottes schöpferisches und erhaltendes Handeln erfährt, ist keineswegs gleichzusetzen mit der Idylle einer unberührten, unbearbeiteten Natur. Sie ist nicht das Paradies. So wie Luthers Auslegung des Schöpfungsglaubens im *Kleinen Katechismus* auch die Sphäre der vom Menschen hergestellten Kultur, die *oeconomia* („Kleider und Schuh […], Haus und Hof", mithin die Agrikultur), und in ihr auch die Gefährdung des Menschen in den Blick rückt, so führt auch der 23. Psalm von der „grünen Aue" der ersten Strophe hinüber zur Kulturwelt des Menschen, wo es Werkzeuge wie Stecken und Stab, Tisch und Trinkgefäß gibt und wo der Mensch es mit Feinden und mancherlei Gefährdungen zu tun hat. Auch in dieser Welt, die der zunächst gezeichneten Szene aufs Schärfste kontrastiert, ist der Mensch nicht sich selbst überlassen. Die „Gegenwärtigkeit seines Hirten"[32] bleibt ihm zugesagt. Der Herr, „der Himmel und Erde und alles, was darinnen ist, aus geringerem Ding, denn ein Stäubchen ist, geschaffen hat, nämlich aus nichts, dem alle Kreaturen, Engel, Teufel, Menschen, Sünde, Tode etc. unterworfen sind, summa, der es alles in seiner Gewalt hat, der ist mein Ratgeber, Tröster, Schutzherr und Helfer. Darum fürchte ich kein Unglück."[33] „Diese Gegenwärtigkeit des Herrn" ist freilich „nicht mit den fünf Sinnen zu begreifen, allein der Glaube sieht sie; der hält gewiss dafür, dass der Herr uns näher sei, denn wir uns selber sind."[34]

Auf die Frage, „wodurch" Gott uns so nahe sei, wie wir uns selbst nicht nahe kommen können, antwortet Luther kurz und knapp: „durchs Wort."[35] Eben damit ist die entscheidende Instanz seiner Theologie sowie hier insbesondere seiner Schöpfungslehre und seiner Anthropologie angegeben. Das Bild des Menschen, seine Gottebenbildlichkeit, ist durch das Wort Gottes, konkret durch die Verkündigung von Gesetz und Evangelium[36] vermittelt. „So wenig man außerhalb Gottes Wort zu Gottes und der Wahrheit Erkenntnis und zum rechten Glauben kommen kann, so wenig ist Trost und Friede des Gewissens außer demselbigen zu finden."[37]

---

[31] Vgl. im *Phaidros* (253d–256e) das auch von JANOWSKI, Der Mensch im alten Israel (wie Anm. 30), 155, angeführte Bild von der Seele als Lenkerin eines geflügelten Zweigespanns.
[32] WA 51, 268,4.
[33] WA 51, 286,17–22.
[34] WA 51, 286,32–34.
[35] Ebd., Z. 34f.
[36] Vgl. WA 51, 282,31–283,13.
[37] WA 51, 282,14–16,

6. BILDER DES MENSCHEN: SCHAF UND GAST

Versuchen wir von daher die beiden Bilder, in denen sich im 23. Psalm die Gottebenbildlichkeit des Menschen konkretisiert, theologisch zu interpretieren: Der Dichter und Beter des Psalms vergleicht sich zunächst mit „einem Schafe, dessen Gott selber als ein treuer, fleißiger Hirte sehr wohl pflege", sodann „macht er sich zu einem Gast, dem Gott einen Tisch bereitet, da er beides, Stärke und Trost, Erquickung und Freude, reichlich findet."[38] Beide Bilder sind ambivalent, sofern sie sich unter einem negativen, aber auch einem positiven Aspekt deuten lassen.

Zunächst zur Metapher des Schafes. Sie lässt sich in mancherlei Hinsicht ausmalen und ausdeuten. Man denkt vielleicht in erster Linie an die Eigenschaften eines Herdentieres, wie sie ja auch im Verhalten von Menschen immer wieder zu erkennen sind: Einer geht voran, und die anderen trotten hinterher; sie ahmen nur allzu unkritisch nach, was die jeweils voran Gehenden ihnen vormachen.[39] Luther fasst die darin zum Ausdruck kommende Schwäche grundsätzlich theologisch: Das Schaf „ist ein arm, schwach, einfältig Tierlein, das sich selbst weder füttern, noch regieren, noch auf den rechten Weg finden, noch wider irgend eine Gefahr oder Unglück schützen kann."[40] Ebensowenig ist der Mensch in der Lage, sich „geistlich [zu] weiden und [zu]regieren"[41]. Das Schaf als abhängiges Herdentier steht also für die Unfreiheit des Menschen, für sein Unvermögen „in den Sachen, so die Seligkeit betreffen"[42].

Diese Schwäche, die das Mängelwesen Mensch in theologischer Hinsicht charakterisiert, lässt sich allerdings durch eine Stärke ausgleichen, zu deren Ausbildung der Mensch sich das Schaf nun auch in positiver Hinsicht zum Vorbild nehmen kann und soll. Vorbildlich ist das Schaf in seiner „Tugend" des Hörens: „dass es ganz genau und gewiss hört und kennt seines Hirten Stimme und sich eben danach richtet, lässt sich auch nicht davon weisen, sondern folgt stracks derselbigen."[43] Unter diesem Gesichtspunkt erscheint das Schaf als Gleichnis des glaubenden Menschen, der das Wort Gottes in der Vielfalt menschlicher Worte vernimmt und sich ihm ganz anvertraut (vgl. Joh 10,2-5.27).

Auch der Gast - und das verbindet die beiden Bilder des Menschen im 23. Psalm miteinander - ist nicht Herr im eigenen Haus. Wenn die Bibel den Menschen als Gast bezeichnet, so ist vor allem an sein Unterwegssein gedacht. Er ist in dieser Welt nicht letztlich zu Hause (vgl. vor allem Hebr 11,8-16; 13,14). Die Frage „Was ist der Mensch?" wird in einem Gebet des Alten Testaments in der Rede der 1. Person so formuliert und beantwortet: „Was bin ich? Was ist mein Volk, dass wir freiwillig so viel zu geben vermochten? Von dir ist alles gekommen, und von deiner

---

[38] WA 51, 267,26–33.
[39] Vgl. den oft zitierten Ausruf des Horaz: „O imitatores servum pecus"; „ach ihr Nachahmer, ihr Sklaven, ihr Herdenmenschen!" (epistulae I,19,19, in: HORAZ, Sämtliche Werke. Lat. u. dt., München 1957 [Tusculum-Bücherei], Bd. 2, 194).
[40] WA 51, 272,23–26.
[41] WA 51, 273,16.
[42] WA 51, 273,34f.
[43] WA 51, 272,37–273,1.

Hand haben wir dir's gegeben. Denn wir sind Fremdlinge und Gäste vor dir wie unsere Väter alle. Unser Leben ist wie ein Schatten und bleibet nicht" (1Chr 29,14f; vgl. auch Ps 39,13; 119,19). Als Gast lebt der Mensch unter Bedingungen, die er nicht selbst gesetzt hat. Er lebt gleichsam in fremdem Eigentum. Und er ist unterwegs auf einem Weg, über dessen Anfang und Ziel er nicht verfügt.

Ist die menschliche Existenz in der Zeit somit negativ gekennzeichnet durch ihre Vergänglichkeit, Hinfälligkeit sowie durch mancherlei Einschränkungen und Gefährdungen, die es verwehren, sich in dieser Welt fest einzurichten, so darf sich andererseits der Mensch als Gast doch auch in besonderer Weise angenommen und geborgen wissen. Wenn er einen Wirt hat, der ihm wohl gesonnen und zugewandt ist, ist sein Leben gut aufgehoben. Es ist besser für ihn gesorgt, als er aus eigenen Kräften für sich sorgen könnte. Dass diese Voraussetzung bei Gott, dem guten Hirten und Wirt, gegeben ist, ist die Botschaft des 23. Psalms, die schließlich auch die Gewissheit seines letzten Satzes begründet: „Gutes und Barmherzigkeit werden mir folgen mein Leben lang. Und ich werde bleiben im Hause des Herrn immerdar."

7. Das Gute als Gabe Gottes

Das Gute im Sinne dessen, was unser Leben zur Erfüllung bringt, liegt jenseits dessen, was wir machen können. Es ist Gabe des Schöpfers. „Jenseits" heißt freilich nicht nur zukünftig. Schon jetzt und hier umfängt uns die Güte Gottes, so wie ein Haus Schutz und Lebensraum bietet. Was in diesem Haus gegeben ist und gegeben wird, lässt sich nicht nehmen, in die Grenzen unseres je eigenen Lebens einholen, so dass wir darüber verfügen könnten. Eben das hieße, das eigene Leben zum in sich abgeschlossenen Raum zu machen. Letztlich hieße das, den Lebensraum der Schöpfung zum Raum des Todes zu verkehren. Die biblische Urgeschichte erzählt genau von dieser Verkehrung. Dem Menschen ist alles gegeben, was er zum Leben braucht. „Von allen Bäumen des Gartens darfst du essen!" (Gen 2,16) Will er aber über alles selbst verfügen, will er das Ganze in seinen Griff bekommen, gerät sein Leben unter den Fluch des Todes. Das Verbot, das ihm verwehrt, nach den Früchten des Baumes in der Mitte des Gartens zu greifen, will ihn vor dieser Verfehlung des Lebens bewahren. Es will so gerade die Offenheit des Lebens bewahren. Das Haus des eigenen Lebens bleibt offen zum Haus Gottes, so dass Gottes Gaben immer wieder neu in unser Leben einkehren können – in das fragmentarische, eingeschränkte Leben.

In diesem Sinn mag eine Einsicht am Ende stehen, die Johann Georg Hamann in einem Brief einmal so formuliert hat: „Weh uns, wenn es auf uns ankommen sollte erst Schöpfer, Erfinder und Schmiede unsers künftigen Glücks zu werden. Das erste Gebot heißt: Du sollst essen Gen. II. und das letzte: kommt, es ist alles bereit. Esset, meine Lieben, und trinkt meine Freunde, und werdet trunken."[44]

---

[44] Johann Georg Hamann, Briefwechsel in 7 Bdn., hg. v. Walther Ziesemer/Arthur Henkel, Bd. 5, Frankfurt a.M. 1965, 275,26–29 (an Friedrich Heinrich Jacobi am 5.12.1784).

2. KAPITEL: GOTTES EBENBILD WAHRNEHMEN UND BEWAHREN

1. Was ist der Mensch? Die *biblische Urgeschichte* antwortet auf diese Frage in Form einer Erzählung. Durch Gottes Wort ins Leben gerufen, als Ebenbild Gottes geschaffen, gesegnet und zur verantwortlichen Herrschaft über die Mitgeschöpfe berufen (Gen 1,26–28), von Gottes Lebensodem belebt (Gen 2,7), im Gedenken Gottes bewahrt (Gen 8,1; vgl. Ps 8,5), durch Gottes Gebot zur Bewahrung der Schöpfung in Anspruch genommen (Gen 2,15; 6,8–22) und zur Achtung seiner Menschengeschwister verpflichtet (Gen 4,1–16; 9,6), so ist der Mensch in vielfältiger Weise auf Gottes Wirken bezogen, so empfängt und führt er sein Leben im Kommunikationsraum des Wortes Gottes. Was die biblische Urgeschichte vom Menschen erzählt, gilt für alle Menschen. Jeder Mensch, unabhängig von seiner geschlechtlichen Orientierung und allen in der Geschichte sich ausbildenden Besonderheiten sowie auch unabhängig vom Stand seiner je individuellen Entwicklung, nimmt an dem urgeschichtlichen Geschehen teil und ist im Licht des ein für alle Mal geschlossenen Bundes (vgl. Gen 9,1–17) als Ebenbild Gottes zu sehen.

2. Was der Mensch im Licht des Wortes Gottes ist, lässt sich nicht auf dem Weg der naturwissenschaftlichen Beobachtung und Erklärung erfassen. Die biomedizinische und insbesondere auch die neurobiologische Forschung erstellt Bilder im Sinne von *Abbildungen*, die eine komplexe, mehrdimensionale und beziehungsreiche Lebenswirklichkeit auf das Beobachtbare und Feststellbare reduzieren. Obwohl Abbildungen niemals den ganzen Menschen erfassen, dienen sie in der biomedizinischen Forschung möglicherweise dazu, über einen Menschen als ganzen definierend zu urteilen, sei es, dass ihm das Prädikat des Menschen abgesprochen, er also verworfen wird, sei es, dass er als Material genommen wird, aus dem sich etwas anderes machen lässt. Bei solchen Urteilen wird das im Abbild Gesehene gemessen an Wunsch- und Idealbildern, an Vorstellungen des vermeintlich besseren, wenn nicht gar des vollkommenen Menschen. Abbildungen verbinden sich mit *Entwürfen*, nach denen das ‚Material' des menschlichen Lebens verändert und gestaltet wird.

3. Gegenüber diesen Bildern, die der Mensch von sich selbst macht, bedeutet der Gedanke der *Gottebenbildlichkeit* eine doppelte Zumutung: Zum einen ist der Mensch insofern perfekt, als er den Entwurf Gottes immer schon in sich trägt. Der Ganzheitlichkeit und Integrität des Menschen, die im Handeln Gottes begründet ist, entspricht eine Einstellung, die den Menschen werden lässt, was

er von Gott her immer schon ist: Ebenbild Gottes. Den Menschen als Bild Gottes zu sehen heißt dann zum anderen, die Abbildungen offen zu halten für das Nicht-Abbildbare, genauer: für den nicht-abbildbaren Gott, der an und in seinen Geschöpfen unsichtbar wirkt und gegenwärtig ist. Den Menschen als Bild des nicht abzubildenden Gottes zu sehen heißt, seine Entwicklung auf die im Angesicht Gottes liegende Zukunft hin offen zu halten.

4. So wie der Mensch zeit seines Lebens unterwegs ist, hin zu seiner noch ausstehenden zukünftigen Vollendung, so kommt er doch schon in seinem gesamten Werden von einem ersten Wort her, das ihn als Ebenbild Gottes ins Sein gerufen hat. Diese Qualifikation gilt für die gesamte Lebenszeit. Sie greift nicht irgendwann einmal in den Werdeprozess ein, sondern umgreift ihn insgesamt, so dass keine Phase von dieser Bestimmtheit auszunehmen ist. Auch wenn der Mensch ihr in seinem Lebensvollzug nur unvollkommen entspricht, auch wenn er ihr als Sünder widerspricht, bleibt er doch zur Ebenbildlichkeit bestimmt. Er ist Gottes Ebenbild, so lange er im Einstrahlungsbereich des Wortes Gottes sein Leben empfängt. Und er ist es als ganzer in der Einheit von Leib und Seele. Der Schöpfungsvorgang ist somit nicht zweistufig zu denken, als ob zunächst nur ein seelenloses, bloß materielles Gebilde entstünde, aus dem dann in einem zweiten Akt, dem Akt der Formung und Beseelung, der Mensch gemacht würde. Vielmehr ist der Mensch schon im allerfrühesten Stadium seiner Entwicklung, also schon ab der Bildung eines neuen Organismus in der Verschmelzung von Ei- und Samenzelle, eine „geprägte Form, die lebend sich entwickelt."[1] Er entwickelt sich nicht zum Menschen, sondern als Mensch.

5. Mit dem Gedanken der Ebenbildlichkeit verbindet sich schon in der biblischen Urgeschichte die Bevollmächtigung des Menschen zur Kultur: Als der „erste Freigelassene der Schöpfung"[2] darf und soll er die vorgegebene Natur bearbeiten und sich nutzbar machen. Diese Freiheit will allerdings verantwortlich wahrgenommen werden. Der Mensch ist mit dem, was er mit und aus der ihm anvertrauten Natur macht, verantwortlich vor ihrem Schöpfer. Und er ist verantwortlich für sie, sofern sie *ein zu bewahrendes Gut* darstellt. Eben das gilt vorrangig für seine eigene Natur. Mit Hans Jonas gesagt: „Die Hütung des Erbes in seinem ‚ebenbildlichen' Ansinnen, also negativ auch Behütung vor Degradation, ist Sache jeden Augenblicks [...]. Seine [sc. des Ebenbildes] Integrität aber ist nichts anderes als das Offensein für den immer ungeheuerlichen und zu Demut stimmenden Anspruch an seinen immer unzulänglichen Träger."[3]

6. Die „Hütung" des Ebenbildes wird konkret in Akten der *Annahme und Anerkennung*. Was leiblich darin zum Ausdruck kommt, dass der Embryo ganz

---

[1] JOHANN WOLFGANG VON GOETHE, Werke. Hamburger Ausgabe in 14 Bdn., Bd. 1, München [16]1996, 359 (Urworte. Orphisch).

[2] JOHANN GOTTFRIED HERDER, Werke in zehn Bdn., hg. v. MARTIN BOLLACHER u.a., Bd. 6: Ideen zur Philosophie der Geschichte der Menschheit, hg. v. MARTIN BOLLACHER, Frankfurt a.M. 1989, 145f.

[3] HANS JONAS, Das Prinzip Verantwortung, Frankfurt a.M. 1979, 393.

im mütterlichen Uterus aufgehoben und geborgen ist, wird anerkannt und verstärkt, wenn Eltern ihrem Kind zu verstehen geben: „Du darfst so sein, wie du bist!" Einen Menschen zu würdigen heißt, in ihm sein ureigenes Selbst, sein unableitbar und unverwechselbar Eigenes zu achten und ihn darin auch anders sein zu lassen, als es den Vorstellungen und noch so verständlichen Wünschen seiner Eltern und Mitmenschen entspricht. Gerade darin kann menschliche Liebe zum Gleichnis der Liebe Gottes werden. Das Geheimnis der Schöpfung liegt in der *Bejahung des Anderen*.

7. Als ein nicht durch andere Menschen zu definierendes Wesen ist der Mensch insbesondere an den Grenzen seines Lebens auf die *Barmherzigkeit* anderer angewiesen. Dass er zu Beginn und zum Ende hin ein so schwaches, hinfälliges und eben deswegen so annahmebedürftiges Wesen ist, gehört zum Menschsein dazu. An diese Erkenntnis erinnert der christliche Glaube, wenn er die vermeintlich Starken auf die „geringsten Brüder und Schwestern" (Mt 25,40.45), auf die „Kleinen" (Mt 18,10–14) verweist. Gerade in denen, die zu schwach sind, um sich aus eigener Kraft am Leben zu halten, können und sollen wir uns selbst wiedererkennen. So wie der Samariter, von dem Jesus erzählt (Lk 10,25–37), in dem, der unter die Räuber gefallen ist und nun „halbtot" daliegt, seinesgleichen, einen Menschen „wie sich selbst" erkennt und ihm daraufhin das Lebensnotwendige zuteilwerden lässt, so orientiert sich die christliche Ethik grundsätzlich an den „Geringen", die der Barmherzigkeit bedürfen. Sie unterläuft und überholt damit alle definitorischen Grenzziehungen, die den Begriff des Menschen so eng fassen, dass dadurch die einen eingeschlossen, die anderen aber ausgeschlossen werden. So wie Jesus Nächstenschaft und Menschlichkeit in seiner Gleichniserzählung verdeutlicht, formuliert er geradezu ein Definitionsverbot. Statt urteilend darüber zu befinden, wer „mein" Nächster und wer überhaupt ein Mensch ist, bin ich gefragt, ob ich dem anderen, der auf mich angewiesen ist, zum Nächsten, zum Menschen werde.

3. KAPITEL: EBENBILD IM WIDERSPRUCH

Menschenwürde und Menschenrechte im Spiegel der Erzählung vom Brudermord (Gen 4,1–16)

1. DIE FRAGE „WAS IST DER MENSCH?" IN BIBLISCH-THEOLOGISCHER PERSPEKTIVE

Dem Wortlaut nach ist es dieselbe Frage, die sowohl in der Bibel als auch in philosophischen und wissenschaftlichen Texten vorkommt: „Was ist der Mensch?" So steht es in den Psalmen (Ps 8,5 und 144,3); und ebenso fragen ‚die Weisen dieser Welt', von der Antike bis in die jüngsten anthropologischen und ethischen Diskurse hinein. Beispielhaft sei hier nur an Immanuel Kant erinnert, der „das Feld der Philosophie" auf diese Frage hin bearbeitet wissen wollte. Metaphysik („Was kann ich wissen?"), Moral („Was soll ich tun?") und Religion („Was darf ich hoffen?") laufen in der Anthropologie („Was ist der Mensch?") zusammen.[1] Alle Wissenschaft und alle Weisheit sind um des Menschen willen da; sie sollen der Vertiefung seines Selbstverständnisses und der Menschlichkeit seiner Lebensführung dienen.[2]

Es handelt sich mithin um eine denkbar allgemeine Frage, nicht nur deswegen, weil sie von so vielen Menschen gestellt wird, sondern vor allem deswegen, weil sie das Menschsein als solches erfragt, also das, worin alle Menschen, jenseits ihrer individuellen und gruppenspezifischen Besonderheiten, übereinkommen. Wenn die Theologie die Frage nach dem Menschen aufnimmt, so teilt sie dieses Frageinteresse. Sie beteiligt sich an einem Diskurs, in dem sie mit

---

[1] IMMANUEL KANT, Logik, in: DERS., Werke in 10 Bdn., hg. v. WILHELM WEISCHEDEL, Bd. 5, Darmstadt ⁴1975, 447f.

[2] Programmatisch auch JOHANN GOTTFRIED HERDER: „Alle Philosophie, die des Volks sein soll, muß das Volk zu seinem Mittelpunkt machen, und wenn man den Gesichtspunkt der Weltweisheit in der Art ändert, wie aus dem Ptolemäischen, das Kopernikanische System ward, welche neue fruchtbare Entwicklungen müssen hier nicht zeigen, wenn unsre ganze Philosophie Anthropologie wird." (Wie die Philosophie zum Besten des Volks allgemeiner und nützlicher werden kann, 1765, in: Werke in 10 Bdn., Bd. 1: Frühe Schriften 1764–1772, hg. v. ULRICH GAIER, Frankfurt a.M. 1985, 134). Vgl. dazu auch den Kommentar von ULRICH GAIER, ebd., 813–816.

der Philosophie sowie auch mit anderen Wissenschaften und Künsten zusammenkommt. Indem sie sich mit ihnen in einem gemeinsamen Fragehorizont bewegt, lässt sie sich freilich von einer besonderen Perspektive leiten. Dieselbe Frage stellt sich ihr noch einmal anders. Und indem sie die anthropologische Thematik in einem anderen Zusammenhang sieht, kann sich auch der Horizont der Fragestellung noch einmal ändern.

Die Besonderheit theologischen Fragens nach dem Menschen tritt deutlich heraus, wenn man den Kontext beachtet, in dem die Frage „Was ist der Mensch?" in den genannten Psalmen zu stehen kommt.[3] Bemerkenswert ist hier zunächst die syntaktische Struktur, innerhalb deren die Frage mit einer Behauptung verknüpft ist: „dass du seiner gedenkst" (Ps 8,5a), „dass du dich um ihn kümmerst" (Ps 144,3a). Um zu erkennen, was der Mensch ist, wird hier also über den Menschen hinaus nach dem gefragt, was ein anderer, nämlich Gott selbst, über ihn denkt und an ihm tut. Dass Gott seiner gedenkt und sich ihm zuwendet, ist die Voraussetzung, unter der es fraglich und fragwürdig wird, wie es um den Menschen steht. Sachlich ist hier die Erkenntnis der Beziehung, in der Gott und Mensch aufeinander bezogen und voneinander unterschieden sind, der Frage nach dem Sein des Menschen vor- und übergeordnet. Die anthropologische Frage stellt sich im theologischen Horizont, genauer gesagt: im Horizont der Geschichte, in der sich Gott und Mensch zueinander verhalten.

Von daher ist es sodann zu verstehen, dass die Frage „Was ist der Mensch?" in den beiden Psalmen sowie im weiteren Kontext der Bibel überhaupt verschiedene, ja einander entgegengesetzte Antworten findet. Achtet man auf das, was Gott am Menschen tut und wozu er ihn bestimmt, so erscheint der Mensch als ein mit Gott durchaus vergleichbares, ihm ähnliches Wesen: „Du hast ihn wenig niedriger gemacht als Gott, mit Ehre und Herrlichkeit hast du ihn gekrönt. Du hast ihn zum Herrn gemacht über deiner Hände Werk, alles hast du unter seine Füße getan." (Ps 8,6f) Bedenkt man jedoch, was der Mensch für sich, in seiner eigenen Natur ist, ist er ohnmächtig der Vergänglichkeit ausgeliefert: „Er gleicht einem Hauch [*haebael*]. Seine Tage sind wie ein flüchtiger Schatten." (Ps 144,4) Der Mensch existiert in der damit bezeichneten Spannung zwischen göttlicher Herrlichkeit und kreatürlicher Sterblichkeit, zwischen Freiheit und Knechtschaft, zwischen Allmacht und Ohnmacht. Er ist ein Gleichnis, das zwei einander diametral entgegengesetzte Lesarten und Bilder zulässt: einerseits ist er Ebenbild Gottes, andererseits gleicht er dem Nichts.

Eben diese gegensätzlichen Gleichheiten stellen sich gegenseitig in Frage: Ist der Mensch wirklich Ebenbild Gottes, wenn doch seine zeitliche Existenz gezeichnet ist von der Sterblichkeit und wenn er selbst das ihm anvertraute Leben missachtet, misshandelt und zu vernichten trachtet? Und ist der Mensch

---

[3] Zur Profilierung der biblisch-theologischen Fragestellung vgl. WOLFGANG SCHOBERTH, Einführung in die theologische Anthropologie, Darmstadt 2006, 27–35; grundlegend: GERHARD SAUTER, Das verborgene Leben. Eine theologische Anthropologie, Gütersloh 2011, 38–58.

wirklich dem Tod und dem Nichts ausgeliefert, wenn er doch von Gott zur Gemeinschaft bestimmt ist? Was ist der Mensch *wirklich*? Indem wir so fragen, wird die Ausgangsfrage präzisiert, zugleich aber auch problematisiert. Um sie zu beantworten, müssen wir offenbar unterscheiden zwischen den Phänomenen, in denen sich das Sein des Menschen bekundet und wahrgenommen wird, und dem Sein, das ihnen zugrunde liegt. Und wenn es so ist, dass sich in den Erscheinungen und den durch sie geprägten Bildern Sein und Schein ‚mischen', dann haben wir zu unterscheiden zwischen den bloßen Meinungen über den Menschen und dem, wozu der Mensch in Wahrheit bestimmt ist. Die Grundfrage der Anthropologie wird damit auf die Ebene der Ontologie gehoben. Was der Mensch wirklich und in Wahrheit ist, lässt sich nicht zureichend mit den Methoden der empirischen Anthropologie, wie sie in den Humanwissenschaften betrieben wird, beantworten. In dieser Hinsicht kommt der ontologischen Frage eine kritische Funktion zu: Sie weist hin auf die begrenzte Reichweite und Perspektivität der empirischen Wissenschaften vom Menschen und hält ihnen gegenüber die Frage nach dem Menschen offen. Analog zum Begriff der negativen Theologie könnte man von einer negativen Anthropologie reden: Der Mensch bleibt trotz und in allem, was wir über ihn wissen können, ein unergründliches Geheimnis.

Dass die philosophische Anthropologie darüber hinaus auf die ontologische Frage auch eine positive Antwort geben kann, etwa indem sie im Sinne der klassischen Definition den Menschen durch seinen „Logos", also durch Sprache und Vernunft definiert sieht, soll hier nicht weiter erörtert werden.[4] Wir fragen im Folgenden nach der theologischen Antwort, wie sie in der Auslegung biblischer Texte zu gewinnen ist, und halten uns dabei insbesondere an einen urgeschichtlichen Text, an die Erzählung von Kain und Abel (Gen 4,1–16). Eben die Urgeschichte ist der literarische Ort, an dem die Frage nach Wirklichkeit und Wahrheit *des* Menschen aufgeworfen und einer theologischen Antwort zugeführt wird. Liest man unter dem Aspekt der ontologischen Frage die Geschichte vom Brudermord, so drängt sich die Erkenntnis einer tiefen, abgründigen Widersprüchlichkeit auf: Ist der Mensch wirklich so, wie er hier dargestellt wird, dann ist er nicht in seiner Wahrheit; dann widerspricht er dem, wozu er wesentlich bestimmt ist. Er sollte „Hüter seiner Geschwister" innerhalb der einen ‚Familie' Mensch sein und darin seine Menschlichkeit verwirklichen; so wie er sich aber faktisch verhält, erweist er sich selbst als unfähig, seiner Bestimmung zu entsprechen.

Mit der Rede von der Bestimmung des Menschen ist aufgenommen, was in der Urgeschichte als ein Geschaffensein zum Bilde Gottes bezeichnet wird (Gen 1,26f; 5,1; 9,6). Ist die damit verliehene Würde im Schöpfungshandeln Gottes begründet, so erweist sie sich doch im Selbstverständnis und Handeln des Menschen als eine verletzliche, wenn nicht gar hinfällige Größe. Auf dem Hintergrund der Erzählung vom Brudermord und unter Aufnahme der in Ps 144,4

---

[4] Vgl. dazu unten 164f und 189-193.

gegebenen Antwort könnte man sagen: Auch die Gottebenbildlichkeit des Menschen ist nur ein „Hauch", also alles andere als eine im Menschen selbst verankerte, substantielle Größe. Anthropologische Gleichungen, die das Prädikat der Gottebenbildlichkeit mit einem Vermögen des Menschen, mit seiner Freiheit oder auch seiner Vernunftbegabung identifizieren, erweisen sich hier als anfechtbar. Und eben diese Anfechtbarkeit gilt auch für die säkularen Begriffe, die in den modernen Diskursen den Gedanken der Gottebenbildlichkeit auslegen oder auch ersetzen: für den Begriff der Menschenwürde und die in ihm begründeten Menschenrechte.[5] Freiheit, Gleichheit, Brüderlichkeit – das unter diesen drei Begriffen in der französischen Revolution proklamierte Humanitätsideal lässt sich im Medium der Urgeschichte von Kain und Abel auf seinen Realitätsgehalt überprüfen. Und, wie die folgende Auslegung im Einzelnen aufweisen soll, fällt diese Prüfung zunächst negativ aus: Der Mensch, der so ist, wie hier von ihm erzählt wird, ist unfrei, ungleich und unbrüderlich. Sofern sich die Geschichte des Menschen immer noch und immer wieder im Grundriss dieser Urgeschichte bewegt, ist sie geradezu der Gegenbeweis zu den Grundannahmen des Menschenrechtsgedankens. Realistisch ist diese Sicht allerdings nur in Bezug auf *eine* Ebene der geschichtlichen Wirklichkeit. Dass der Mensch sich in seinem Verhalten der ihm zugesprochenen oder auch von ihm in Anspruch genommenen Prädikate als ‚unwürdig' erweist, widerlegt keineswegs deren im Handeln Gottes begründete Geltung. Eben dort, wo sich der Mensch als schwacher, unzulänglicher und in sich selbstwidersprüchlicher Träger der Menschenwürde zeigt, kann sich deren Begründung im Gedanken der Gottebenbildlichkeit noch einmal als in einem tieferen Sinne wirklichkeitsgemäß und somit wahr erweisen.

2. NARRATIVE ANTHROPOLOGIE

Auf die Frage „Was ist der Mensch?" mit der Erzählung von Kain und Abel zu antworten, bedeutet auch eine Kritik an Vorgaben und Erwartungen, die in der Fragestellung liegen. Dabei geht es nicht nur darum, dass diese Erzählung allzu optimistische Bilder des Menschen in Frage stellt, indem sie die Macht des Bösen und die Schwachheit des Menschen vor Augen stellt. Die Erzählung steht auch insofern in Spannung zur Fragestellung, als sie statt von *dem* Menschen von zwei besonderen Menschen handelt, die unter ihrem Eigennamen vorgestellt werden. Zielt die Frage auf das zeitlose Sein des Menschen, so konfrontiert die Erzählung mit Handlungen und Widerfahrnissen in der Zeit. Statt einer

---

[5] Die Frage einer biblischen Begründung des Begriffs der Menschenwürde wird kontrovers diskutiert. Unter Aufnahme der aktuellen juristischen und bioethischen Diskussion nimmt dazu in biblisch-theologischer Perspektive Stellung: CHRISTIAN FREVEL, Gottebenbildlichkeit und Menschenwürde. Freiheit, Geschöpflichkeit und Würde des Menschen nach dem Alten Testament, in: ANDREAS WAGNER (Hg.), Anthropologische Aufbrüche. Alttestamentliche und interdisziplinäre Zugänge zur historischen Anthropologie (FRLANT 232), Göttingen 2009, 255–274.

Definition, die in Form eines Aussagesatzes sagt, was immer und überall vom Menschen gilt, bietet dieser narrative Text ein Beziehungs- und Handlungsgefüge, das ins Offene einer noch nicht abgeschlossenen Geschichte weist.

Zugleich aber ist nicht zu verkennen, dass am Beispiel des Bruderkonfliktes zwischen Kain und Abel verdeutlicht werden soll, was für die gesamte Geschichte der Menschheit und somit auch für jeden einzelnen Menschen bestimmend ist. Es handelt sich ja nicht nur um ein einmaliges, längst vergangenes Geschehen; vielmehr zeichnet sich in dem erzählten Handlungs- und Beziehungsgefüge ein Grundmuster ab, in dem sich das Drama der Menschheitsgeschichte bis in die Gegenwart hinein bewegt. Und auch wenn sich die Antwort, die mit der Erzählung von Kain und Abel gegeben wird, nicht in einem definitionsartigen Aussagesatz zusammenfassen lässt, so kommt hier doch Charakteristisches zur Sprache, und zwar so evident, dass Leser Grundzüge ihrer eigenen Geschichte und Lebenswelt in der Erzählung wiedererkennen können und sich selbst in ihr geradezu identifiziert finden. In diesem Sinn trifft die Erzählung die Wirklichkeit des Menschen, wirft sie aber auch die Frage nach dem wahren Menschen auf.

Eben in seiner narrativen Form entspricht der hier zu interpretierende Text dem, was den Menschen wesentlich charakterisiert: Der Mensch ist ein geschichtliches Wesen. Das Sein des Menschen ist in die Geschichte eingelassen und von ihr nicht zu trennen. Es steht in der Geschichte gleichsam auf dem Spiel. In der Philosophie des 20. Jahrhunderts hat vor allem Wilhelm Schapp[6] diesen Gedanken programmatisch vertreten: „Menschen sind in Geschichten Verstrickte. Sie sind nicht zuerst Subjekte, die eine Geschichte haben oder wählen, sondern die auf sie zulaufenden Geschichten begründen sie schon zuvor. Die Geschichten sind vor den Subjekten und vor den Sachverhalten."[7] Es liegt auf der damit gewiesenen Linie einer narrativen Anthropologie, wenn Paul Ricœur den Charakter eines Menschen als verdichtete, „sedimentierte" Geschichte ansieht und pointiert den Begriff der „narrativen Identität" einführt.[8] Was sich in Form von Aussagesätzen in ein dem Menschen zugeschriebenes Prädikat verdichtet, will demnach auch umgekehrt wieder in Erzählungen hinein entfaltet und ausgelegt werden.

---

[6] WILHELM SCHAPP, In Geschichten verstrickt. Zum Sein von Mensch und Ding, Frankfurt a.M. ⁴2004.

[7] So – unter Aufnahme der Thesen Schapps – GUNDA SCHNEIDER-FLUME, Zur Frage nach dem christlichen Menschenbild, in: EVE-MARIE BECKER/PETER PILHOFER (Hg.), Biographie und Persönlichkeit des Paulus, Tübingen 2005, 347–365, 351; vgl. DIES., Vom Lebewort zur konkreten Theologie. Die Bedeutung von Luthers Schriftverständnis für Theologie und Verkündigung heute, in: JOHANNES VON LÜPKE/EDGAR THAIDIGSMANN (Hg.), Denkraum Katechismus. Festgabe für Oswald Bayer zum 70. Geb., Tübingen 2009, 451–471, 466f.

[8] PAUL RICŒUR, Das Selbst als ein Anderer, München 1996, insbes. 141–171; vgl. dazu JOHANNES FISCHER, Theologische Ethik. Grundwissen und Orientierung, Stuttgart u.a. 2002, 175.

Es entspricht dieser Einsicht, wenn Luther in seinen Thesen *De homine*[9] der philosophischen Definition, die im Vernunftvermögen des Menschen seine spezifische Differenz sieht, einen Abriss der Geschichte im Verhältnis von Gott und Mensch als theologische ‚Definition' gegenübergestellt. Die Geschichte des Menschen spannt sich aus zwischen Schöpfung und Eschaton. Als der von Gott Geschaffene ist der Mensch doch der Sünde und dem Tod und damit der Macht des Teufels unterworfen und in dieser Gegensatzspannung darauf angewiesen befreit und vollendet zu werden. Im Interim dieser Geschichte liegt das den Menschen Definierende somit nicht in einem Vermögen, das seiner Natur als Wesenskern zugerechnet werden könnte, sondern vielmehr im Geschehen der Rechtfertigung, das zwischen der ursprünglichen Gabe der Gottebenbildlichkeit und ihrer Vollendung im Eschaton vermittelt.

Liest man die Erzählung vom Brudermord in diesem universalgeschichtlichen Zusammenhang, wie er gesamtbiblisch im Spannungsbogen zwischen Genesis und Apokalypse wahrgenommen wird, so wird man sich hüten müssen, diese eine Erzählung für das Ganze zu nehmen. Was sie zu verstehen gibt, sind zweifellos Grundzüge menschlichen Lebens in der Geschichte. Sie bietet für sich genommen aber nicht die erschöpfende Antwort auf die Frage nach dem „ganzen und vollkommenen Menschen"[10]. Vielmehr weist sie über sich hinaus auf den mit der Schöpfung gesetzten Grund einerseits und auf die unter dem Begriff der Rechtfertigung angesprochene Versöhnung und Vollendung andererseits.

Von einer offenen Geschichte ist auch insofern zusprechen, als mit ihr keine abschließende Erklärung für das Faktum des Brudermords gegeben wird. Was hier erzählt wird, steht unter dem Vorzeichen der Kontingenz. Es tritt ein, ohne dass es in der Weise einer nomologischen Erklärung von bestimmten Ursachen abgeleitet werden könnte. Zwar ist der Handlungsablauf nicht unmotiviert. Aber dass es so, wie es geschieht, geschehen musste, kann man nur sagen, weil und insofern der Mensch darum weiß, dass er selbst sich nicht anders verhält und nicht anders verhalten will. Die Gründe für solches Unvermögen kann er nicht aus sich heraus setzen, um sich unter Verweis auf ihn bestimmende, aber nicht von ihm zu verantwortende Kräfte zu entschuldigen. Er selbst ist es, der sich immer wieder neu – geradezu zwanghaft, aber doch ungezwungen – aus eigenem Antrieb fehlentscheidet und so seine Freiheit verwirkt. Eben dieser Verlust der Freiheit entzieht sich einer Erklärung, die ihn psychologisch, soziologisch oder auch theologisch in einen Kausalzusammenhang einzuordnen versucht und darüber die gegenüber derartigen Kausalzusammenhängen kontingent bleibende Spontaneität des Menschen außer Acht lässt. Von einem Verlust der Freiheit als einem Verlust aus Freiheit kann nur erzählt werden.

---

[9] LDStA 1, 663–669 (WA 39/I, 175–177).
[10] Ebd., These 20: „THEologia vero de plenitudine sapientiae suae hominem totum et perfectum definit."

Eine Erzählung unterscheidet sich von einer Erklärung nicht etwa dadurch, dass sie einen geringeren Wirklichkeitsgehalt hätte oder gar nur fiktional wäre. Sie entspricht vielmehr der Wirklichkeit in ihrem geschichtlichen Charakter. Indem sie erzählt, was wirklich eintrifft, bleibt ihr immer auch der Horizont des Möglichen präsent, auch und gerade dort noch, wo dieser Horizont sich so sehr verschließt, dass von dem möglichen Anderen nur noch als von dem durch den wirklichen Geschichtsverlauf ausgeschlossenen und insofern unmöglich gewordenen Anderen geredet werden kann. Wir würden den Akt der Verfehlung, den die Theologie unter dem Begriff der Sünde bedenkt, gar nicht als solchen erkennen können, wenn wir ihn nicht als ein Sich-Verschließen gegenüber anderen Möglichkeiten verstehen könnten. Während eine Erklärung Wirklichkeit dadurch zu erfassen sucht, dass sie sie unter der Kategorie des Gesetzes als das Einzig-Mögliche interpretiert (unter den einmal angenommenen Bedingungen kann gar nichts anderes eintreten als das, was in gesetzmäßiger Folge tatsächlich eingetreten ist, eintritt und eintreten wird), bewahrt eine Erzählung das Wissen um den Kontingenzcharakter der Wirklichkeit. Was tatsächlich eingetroffen ist, kann den Horizont dessen, was möglich gewesen wäre, nicht verleugnen.

3. Gleichheit und Ungleichheit

„Es tritt Ungleichheit ein, wo Gleichheit sein sollte. Eben dies stellt die Erzählung dar."[11] Was aber ist mit Gleichheit gemeint? Und welche Ungleichheit sollte nicht sein? Gleichheit als eines der drei Hauptmomente des modernen Menschenrechtsgedankens wird zutiefst missverstanden, wenn sie als Unterschiedslosigkeit ausgelegt wird. Die Erfahrung von Ungleichheit *kann* der Würde des Menschen widersprechen. Die Herstellung identischer Menschen, die nicht mehr voneinander zu unterscheiden sind, bedeutet in jedem Fall die Aufhebung der eben in der unverwechselbaren Individualität sich ausprägenden Menschenwürde. Gleichheit als Menschenrecht kann daher nur Gleichheit unter Verschiedenen bedeuten. Sie kommt ihnen in einer bestimmten Hinsicht zu, um ihnen in anderer Hinsicht gerade den Freiraum ihrer je besonderen Individualität zu lassen.

Von daher stellt sich die Aufgabe, den Punkt zu bestimmen, an dem Ungleichheit zum Unrecht im Sinne des Menschenrechtsgedankens wird. Das Modalverb „sollen" („Es tritt Ungleichheit ein, wo Gleichheit sein *sollte*") verrät die Unumgänglichkeit der ethischen Reflexion. Die bloße Feststellung von Ungleichheiten reicht nicht hin. Es muss vielmehr unterschieden werden zwischen Ungleichheiten, die sein dürfen und um der Menschlichkeit des Menschen willen bewahrt bleiben müssen, und solchen, die nicht sein sollen. Das Problem, vor das die Erzählung von Kain und Abel stellt, ist nicht das der Ungleichheit als solcher, sondern das der ungerechten Ungleichheit. Zu fragen ist

---

[11] CLAUS WESTERMANN, Genesis, 1. Teilband (BK I/1), Neukirchen-Vluyn ³1983, 404.

daher, an welchem Punkt die Erfahrung von Ungleichheit den Stachel der Ungerechtigkeit erhält. Dieser Punkt ist indeterminiert. Wann und wo er eintritt, ergibt sich nicht zwangsläufig aus der Feststellung einer bestimmten Ungleichheit. Grundsätzlich kann jede Ungleichheit unter den Stachel der Ungerechtigkeit geraten. Ebenso grundsätzlich ist jedoch auch die Möglichkeit zu behaupten, dass Ungleiches als Mannigfaltigkeit erfahren wird. Ein Band der Einheit bewahrt dann das Verschiedene in einem kommunikativen Zusammenhang, lässt es sich ergänzen.[12] So heißt es bei Schiller:

> „Als die Kinder nun wirklich heranreiften, welche Mannigfaltigkeit kam auf einmal in diese erste Menschengesellschaft! Jeder Begriff, den sie [sc. die Eltern] ihnen mitgeteilt hatten, hatte sich in jeder Seele anders gebildet und überraschte sie jetzt durch Neuheit. Jetzt wurde der Umlauf der Gedanken lebendig, das moralische Gefühl in Übung gesetzt und durch Übung entwickelt, die Sprache wurde schon reicher [...]."[13].

Hätte nicht eben die Sprache jenes Band der Einheit sein können, das bei aller Verschiedenheit doch eine Verständigung ermöglicht, Ungleiches aufeinander bezieht und so die Menschen in ihrer jeweiligen Besonderheit aneinander Anteil nehmen lässt?

Kain und Abel sind von Anfang an ungleich. Bereits der verschiedene Zeitpunkt der Geburt kann, wofür es im Alten Testament zahlreiche Beispiele gibt, rechtliche Bedeutung gewinnen. Der eine genießt das Vorrecht der Erstgeburt, der andere muss sich mit der Position des Nachgeborenen zufriedengeben. Hinzu kommt die Ungleichheit in dem, was die beiden Brüder selbst im Laufe ihrer Lebensgeschichte werden oder aus ihrem Leben machen. „Abel wurde ein Schäfer, Kain aber wurde ein Ackermann" (V. 2). Heißt das, dass der jüngere den älteren im kulturellen Fortschritt überholt? Liegt darin das Problem? Die Exegese hat gerade an dieser Stelle immer wieder mit Erklärungsversuchen angesetzt.[14] Noch einmal sei Schiller zitiert:

---

[12] Vgl. dazu die von MICHAEL WELKER (Kirche im Pluralismus, Gütersloh 1995, 51) angemahnte Unterscheidung zwischen einem abstrakten Gleichheitspostulat und einer „Kultur schöpferischer Differenzen". Demnach ist es für die Texte der biblischen Überlieferung kennzeichnend, dass sie „geschöpfliche, natürliche und kulturelle Differenzen" nicht verdrängen und verschleiern. „Sie sehen diese Differenzen aber in fruchtbarer Weise relativiert und vermittelt – durch den schöpferischen Geist der Gerechtigkeit." Dass dieser „Geist" in der Geschichte von Kain und Abel fehlt, macht ihre Tragik aus und deutet darauf hin, dass die Versöhnung eine Sache des Heiligen Geistes ist.

[13] FRIEDRICH SCHILLER, Etwas über die erste Menschengesellschaft nach dem Leitfaden der mosaischen Urkunde, 1790, in: DERS., Sämtliche Werke in 5 Bdn., hg. v. GERHARD FRICKE und HERBERT G. GÖPFERT, München ⁶1980, Bd. 4, 767–783, 772.

[14] Vgl. WALTER DIETRICH, der im ursprünglichen Textbestand die Differenz zwischen den nicht sesshaften Kenitern und dem sesshaft werdenden Stamm Juda widergespiegelt findet: „Man ist sich bewußt, wie unterschieden die kenitische Lebensweise von der eigenen und wie viel besser die eigene als die kenitische ist" (WALTER DIETRICH, „Wo ist dein Bruder?" Zu Tradition und Intention von Genesis 4, in: HERBERT DONNER/ROBERT

„Hart also, ungleich und zweifelhaft war das Los des Ackermanns gegen das gemächliche ruhige Los des Hirten, und seine Seele mußte in einem durch so viele Arbeit gehärteten Körper verwildern. Fiel es ihm nun ein, dieses harte Schicksal mit dem glücklichen Leben des Hirten zu vergleichen, so mußte ihm diese Ungleichheit auffallen, er mußte – nach seiner sinnlichen Vorstellungsart – jenen für einen vorgezogenen Günstling des Himmels halten. Der Neid erwachte in seinem Busen, diese unglückliche Leidenschaft mußte bei der ersten Ungleichheit unter Menschen erwachen. Mit Scheelsucht blickte er jetzt den Segen des Hirten an, der ihm ruhig gegenüber im Schatten weidete, wenn ihn selbst die Sonnenhitze stach und die Arbeit ihm den Schweiß aus der Stirne preßte."[15]

Solche Erklärungen beruhen freilich auf einer verkürzten Wahrnehmung der Erzählung. Im Interesse an der Herausstellung eines schlüssigen Kausalzusammenhangs werden die Momente ausgeblendet, die dem Erzählten den Charakter des Kontingenten verleihen. Zwischen der Ausbildung zur „Verschiedenheit der Lebensweise" und dem Ausbruch des „Neides" und der „Gewalttätigkeit" steht eine Szene, in der sich in demonstrativer Weise gerade die Gleichheit der Brüder bekundet: Sie opfern beide von den Erträgen ihrer Arbeit (V. 3f). Will man nicht, wie es in der Geschichte der Exegese oft geschehen, vom Ausgang der Opferszene auf Verschiedenheiten im Wert des Opfers[16] und in der seelischen und religiösen Haltung der beiden Brüder zurückschließen (vgl. bereits Hebr 11,4), wird man zunächst gerade die Gemeinsamkeit ernstnehmen müssen, die in der Zuwendung zu Gott, im Bewusstsein ihrer Abhängigkeit und Angewiesenheit auf den Segen Gottes besteht. Die Verschiedenheit der Opfergaben entspricht der Verschiedenheit der Berufe, ändert aber nichts daran, dass die beiden Brüder sich *coram Deo* zunächst noch im gleichen ‚Stand' befinden.

Zum Bruch kommt es erst, als Gott die demonstrierte Gleichheit nicht bestätigt. Er versagt, ohne dass die Erzählung eine Begründung dafür angibt,[17] dem einen Bruder die Anerkennung, die er dem anderen gewährt. Es ist buchstäblich der Augenblick, in dem er das Opfer Abels anschaut, das Opfer Kains aber nicht anschaut, der in die Erfahrung der Ungleichheit den Stachel der Ungerechtigkeit hineintreibt. Jetzt, im Ausbleiben der erwarteten oder erhofften

---

HANHART/RUDOLF SMEND [Hg.], Beiträge zur Alttestamentlichen Theologie. Festschrift für Walther Zimmerli zum 70. Geburtstag, Göttingen 1977, 94–111, 103).
[15] SCHILLER (s. Anm. 13), 775.
[16] Vgl. HERMANN GUNKEL, Genesis, Göttingen ⁴1917, 43: „Jahve liebt den Schafhirten und das Fleischopfer, aber er will nichts wissen von dem Bauern und dem Opfer von Früchten." KLAUS-PETER JÖRNS (Kain und Abel, in: DERS. [Hg.], Von Adam und Eva bis Samuel, Göttingen 1993, 29–39, 32f), hält das für die die einzig zutreffende Erklärung und meint hier „die Basis" der von ihm scharf kritisierten „Blutopfertheologie" ausmachen zu können. Dagegen stellt HORST SEEBASS (Genesis I, Neukirchen-Vluyn 1996, 151) klar, dass auch das Opfer Kains „ein reguläres, von der Opfermaterie her nicht zu beanstandendes Opfer" war.
[17] Dass der Erzähler an dieser Frage kein Interesse hat, betonen WESTERMANN (s. Anm. 11), 403 und SEEBASS (s. Anm. 16), 151.

Anerkennung, zerreißt das Band der kommunikativen Einheit, das alles Verschiedene zur Mannigfaltigkeit verbinden kann. Indem Gott seine Gnade so unverhältnismäßig, in einer sich den Maßstäben menschlicher Gerechtigkeit entziehenden Weise, erweist, bricht das Problem der Theodizee auf. Diese Erfahrung scheint dem Menschen das Recht zu geben, seine Gerechtigkeit in eigener Machtvollkommenheit durchzusetzen. Kain jedenfalls nimmt sich das Recht. Dass er damit im Recht sei, wird man jedoch nur behaupten können, wenn man das Problem der Theodizee im Sinne einer theologischen Erklärung dazu verwendet, die Ursache des Bösen auf Gott hin zu verlagern und den Menschen dadurch zu entlasten.

Gewiss: Das Verhalten Kains ist als Reaktion auf das unerklärbare Verhalten Gottes verständlich zu machen. Aber auch als Reaktion bleibt es insofern ein spontanes Verhalten, als es der subjektiven Verfassung Kains entspringt. Dass Kain so reagiert, erweist ihn als Menschen, der die Geschichte des Sündenfalls, wie sie in Gen 3 erzählt wird, keineswegs hinter sich gelassen hat, sondern sich immer wieder neu in sie verstrickt. Im strengen Sinne unerträglich ist das unbegreifliche Walten der Gnade Gottes nur für den Menschen, dessen Lebensbewegung davon bestimmt ist, Gott gleichen zu wollen. Je höher ein Mensch in seiner Lebensbegierde greift, desto empfindlicher ist er für Kränkungen, die ihn seiner Ungleichheit im Verhältnis zu Gott überführen. Dieser Mensch kann sich die Gnade Gottes nicht gefallen lassen, ohne sie sich aneignen und durch sie seine Existenz aufwerten zu wollen. Der Augenblick, da sich ihm die Gnade verbirgt, lässt das Missverhältnis offenbar werden, in dem er sich als der adamitische Mensch einem Leben aus Gnade überhaupt verweigert. Als der Mensch, der den Standpunkt Gottes einnehmen will, befindet er sich in einer Existenzbewegung, die ihn nicht nur gegenüber Gott, sondern auch gegenüber seinem Mitmenschen beziehungslos werden lässt. Diese Existenzbewegung, die mit dem Begriff der Sünde gemeint ist, vollzieht sich darin, dass er die Gleichheit vor Gott, in der Menschen miteinander verbunden sind, gegen die Gleichheit mit Gott vertauscht. Daran zerbricht die Einheit des Menschengeschlechts.

4. Freiheit und Unfreiheit

Im Duktus jener Exegese, die in Gen 3 den Übergang von der Naturgeschichte zur Freiheitsgeschichte des Menschen erkennt,[18] läge es, die im biblischen Kon-

---

[18] Vgl. Johann Gottfried Herder, Ideen zur Philosophie der Geschichte der Menschheit, in: Ders., Werke in 10 Bdn., Bd. 6, hg. v. Martin Bollacher, Frankfurt a.M. 1989, insbes. 636–646 (Kap. 15, II); Immanuel Kant, Mutmaßlicher Anfang der Menschengeschichte, in: Ders., Werke in 10 Bdn., hg. v. Wilhelm Weischedel, Bd. 9, Darmstadt⁴1975, 83–102; Friedrich Schiller, Etwas über die erste Menschengesellschaft, (s. Anm. 13);

text unmittelbar folgende Geschichte von Kain und Abel als die erste Bewährung der erworbenen Freiheit zu interpretieren. Dass freilich diese Geschichte sich gegenüber einer derartigen Einordnung sperrig verhält, lässt sich vermuten, wenn man bemerkt, wie schnell sich die genannten Interpreten über sie hinwegsetzen. Der Text von Gen 4 wird derart verkürzt wahrgenommen, dass das urgeschichtliche Ereignis des Brudermords zur bloßen Episode wird, zum geschichtlichen Zwischenfall auf dem Wege menschlicher Kulturentwicklung. Der Brudermörder Kain tritt hier gleichsam hinter dem Ahnherrn der Kultur (vgl. Gen 4,17–22) zurück. Dass die Freiheitsgeschichte des Menschen mit einer Mordtat beginnt, scheint für das Verständnis von Freiheit nur insoweit von Bedeutung zu sein, als der Mensch aus diesem ersten Fehltritt lernen kann, ihn nicht zu wiederholen. Sein Vermögen, auf dem Weg vom Bösen zum Guten fortzuschreiten, braucht dann nicht grundsätzlich in Frage gestellt zu werden.

Demgegenüber ist im Folgenden zu zeigen, dass Gen 4 als Urgeschichte nicht nur die anfängliche und in der Folgegeschichte korrigierte Fehlentscheidung des freien Menschen darstellt, sondern die Selbstverfehlung des Menschen, der sich im Gebrauch seiner Freiheit stets neu der Unfreiheit ausliefert. Als Geschichte der usurpierten Freiheit ist sie zugleich die Geschichte der verwirkten, und zwar durch den Menschen selbst verwirkten Freiheit.

Um die damit angedeutete tragische Dialektik menschlicher Freiheit[19] recht zu verstehen, gilt es zunächst zu sehen, dass Kain insofern frei genannt werden kann, als er nicht fremdbestimmt ist. Was er tut oder unterlässt, folgt nicht einem ihm gegen seinen Willen auferlegten Gesetz; es ergibt sich vielmehr aus seiner Wahrnehmung der Situation, in der er nichts anderes als sein Interesse durchzusetzen bestrebt ist. Dass die Situation seinem Wollen widerspricht, ändert nichts an seiner Fähigkeit, die Situation seinem Willen zu unterwerfen, sich in ihr und gegen sie zu behaupten. In diesem Sinne ist er frei.

In solcher Selbstbehauptung macht Kain Gebrauch von der Erkenntnis des Guten und des Bösen, durch deren Aneignung sich der Mensch Gott entgegengesetzt hat. Die Geschichte der Freiheit bleibt in die Geschichte der Sünde verflochten. Da es sich um eine usurpierte Freiheit handelt, steht die Geschichte ihres Gebrauchs im Zeichen eines Grundwiderspruchs. Wenn Gott sich die Erkenntnis des Guten und Bösen vorbehält (Gen 2,17), so ist das nicht etwa Ausdruck einer missgünstigen Willkür, die den Menschen an der Ausübung dessen, was er sehr wohl ausüben könnte, hindern wollte. Vielmehr ist es so, dass allein Gott als Subjekt jenes Erkenntnisvermögens in Betracht kommen kann,

---

vgl. dazu auch die kritische Darstellung bei CHRISTOF GESTRICH, Die Wiederkehr des Glanzes in der Welt. Die christliche Lehre von der Sünde und ihrer Vergebung in gegenwärtiger Verantwortung, Tübingen 1989, 114–124.

[19] Vgl. RÜDIGER SAFRANSKI, Das Böse oder das Drama der Freiheit, München 1997, insbes. 31f zur biblischen Urgeschichte: „Der Mensch hat sich das Übel, das ihm in einer langen verwirrenden Geschichte widerfährt, selbst zugezogen. Das Böse [...] ist durch ihn in die Welt gekommen. Die Geschichte beginnt mit einem Betriebsunfall der Freiheit und setzt sich dementsprechend fort."

weil er allein als Schöpfer seiner Schöpfung in vollkommener Freiheit gegenüberstehen kann. Der Mensch als Teil der Schöpfung kann jedoch von der Erkenntnis des Guten und Bösen nur so Gebrauch machen, dass er seinen partikularen Standpunkt mit dem Standpunkt Gottes verwechselt und daraufhin das Gute und Böse als das *für ihn* Gute und Böse auslegt. Die Aneignung der absoluten Freiheit Gottes durch den Menschen kann nur in der Weise der Absolutsetzung seiner partikularen Existenz erfolgen; sie kann nur *verkehrt* erfolgen. Dass der Mensch, der vom Baum der Erkenntnis des Guten und Bösen gegessen hat, als der endliche Mensch, der er weiterhin bleibt, über gut und böse nach Maßgabe seines Selbstbehauptungswillens urteilt, dass er die usurpierte Macht zur Gewalt gegen seinen Bruder wendet, ist dann nur konsequent. Insofern erzählt die Geschichte vom Brudermord in der Tat den ersten Akt der erworbenen Freiheit.

Von einer Verkehrung ist dabei nicht nur insofern zu reden, als der Mensch diese Freiheit verkehrt gebraucht, sondern in einem tieferen Sinne deswegen, weil er im Gebrauch der Freiheit diese zur Unfreiheit verkehrt. In dreifacher Hinsicht lässt sich der Verlust der Freiheit, der sich im Verhalten Kains ereignet, verdeutlichen.

Zum einen: Kain, dem sich in einem göttlichen Augenblick die Gnade entzogen hat, verliert in einem darauf folgenden, aber nicht daraus ableitbaren Augenblick die Freiheit zur Wahrnehmung seines Mitmenschen. Gott schaut nicht auf Kain (V. 5a); dieser vermag nicht mehr seinen Bruder anzuschauen (V. 5b). Das Bild vom gesenkten, sich verfinsternden Blick ruft nach dem Gegenbild des aufrecht erhobenen Kopfes und des freien, dem Licht zugewandten Blicks. Frei wäre der Mensch, der seinen Mitmenschen ins Auge schauen könnte, von Angesicht zu Angesicht. Er wäre darin frei, dass er den anderen nicht nur in der verengenden Perspektive des eigenen Interesses, sondern in seinem Eigenrecht, in seiner je eigenen Individualität wahrnehmen könnte. Das hieße, so absichtslos zu schauen, dass man ganz bei dem anderen ist, ohne von diesem etwas haben zu wollen, ohne sein Bild zur Aufwertung der eigenen Person benutzen zu wollen. Das sehende Ich ist in solcher Absichtslosigkeit zugleich ganz offen und ganz anwesend; es gibt sich in seinem Blick selbst zu erkennen. Frei zu sein in diesem Sinne hat geradezu die Bedeutung von Sichfreuen-Können. Wer sich freut, ist ja außer sich, indem sein Auge, sein Denken, sein Herz vom Gegenstand seiner Freude bewegt werden, und zugleich erfährt er den Augenblick des innersten Bewegtwerdens als einen Augenblick gesteigerter Gegenwart, als einen Akt des Zu-sich-selbst-gebracht-Werdens. Kain jedoch erweist seine Unfreiheit darin, dass er so nicht zu sehen vermag. Er schaut „scheel", weil Gottes Güte einen anderen zu bevorzugen scheint (vgl. Mt 20,15), und begibt sich so der Möglichkeit, sich an der Güte Gottes in gegenseitiger Anteilnahme freuen zu können.

Zum anderen: Der Verlust dieser kommunikativen Freiheit bedeutet freilich nicht den Verlust jeglichen Kommunikationsvermögens. Kain wird von Gott angesprochen: „Warum bist du erzürnt und warum ist dein Gesicht gesenkt?" (V.

6) Mag in dieser Frage auch bereits ein Vorwurf mitschwingen,[20] so ist doch Kain kraft der Anrede die Freiheit gewährt, in der er sich von den ihn bewegenden Kräften distanzieren, sich selbst gegenübertreten und daraufhin neu entscheiden kann. Die Frage nach dem Guten und Bösen wird so wieder zur offenen Frage. Als der Unfreie, der Kain geworden ist, sofern er sich der Wahrnehmung des Bruders verschließt, wird er doch durch sprachliche Vermittlung insoweit in Freiheit gesetzt, als er seine Unfreiheit als solche erkennen und sich in der Angewiesenheit auf die Kraft des Guten erneut auf Gott beziehen kann. In der Rede Gottes an Kain liegt somit nicht etwa nur ein retardierendes Moment. Die Unterbrechung des Handlungsganges bedeutet vielmehr eine Erweiterung und Neubestimmung der vorausgesetzten Situation. So lange Kain unter dem unmittelbaren Eindruck des Zurückgesetztseins steht, kann er nicht anders als so zu reagieren, wie er reagiert. Erst durch Sprache wird diese Situation zu einem Raum der Freiheit qualifiziert. Wem die Möglichkeit zur Antwort eingeräumt wird, ist dem bloßen Reaktionszwang enthoben. Der Angesprochene kann Gesichtspunkte gewinnen, um seine Umwelt, die Beziehungen, in denen er steht, aus einem anderen Blickwinkel neu sehen lernen; er kann sich selbst im Spiegel der Wahrnehmung eines anderen neu erkennen. Ein Wortwechsel wird zum Situationswechsel, sofern der Angesprochene sich aus der anfangs eingenommenen Stellung in eine neue Beziehungskonstellation versetzen lässt.

In einer derart sprachlich vermittelten Situation kommt es – wiederum ein kontingentes Geschehen – zum eigentlichen Bruch. Kain versagt im wörtlichen Sinne. Er verstummt. Er antwortet nicht. Auf den Verlust des freien Blicks folgt der Verlust der freien Rede. Kain ist nicht so frei, um sich in Rede und Gegenrede, Frage und Antwort, Bitte und Dank, Lob und Klage einem Gegenüber auszusetzen. Wohlgemerkt: Auch die Klage gehört zu den Möglichkeiten, durch deren Wahrnehmung der Mensch in kommunikativer Verbindung mit Gott bleibt. „Mein Gott, mein Gott, warum hast du mich verlassen?" (Ps 22,2) „Warum verbirgst du dein Antlitz und hältst mich für deinen Feind?" (Hi 13,24) Während jedoch Hiob bereit bleibt, zu dem Allmächtigen zu reden, mit ihm zu rechten (13,3), ‚antwortet' Kain auf das aufgebrochene Problem der Theodizee nicht in der Beziehung zu Gott, sondern so, dass er seinen vermeintlichen Rechtsanspruch gegen seinen Bruder durchsetzt. Statt sich mit Gott auseinanderzusetzen, beseitigt er den, der mit Gott im Bunde zu stehen scheint. Auf das Verstummen vor Gott folgt unmittelbar der Mord, der tiefste Abbruch menschlicher Kommunikation.

Zum dritten: Gottes Rede, seine Frage und sein Einspruch, verhindert nicht, dass Kain dem Bösen verfällt. „Nicht wahr: Wenn du gut machst, ist Erheben, und wenn du nicht gut machst, zur Tür hin lagert die Sünde, und auf dich geht ihre Gier, du aber sollst über sie herrschen."[21] In zweifacher Richtung wird

---

[20] Vgl. WESTERMANN (s. Anm. 11) zur Stelle.
[21] Übersetzung nach WESTERMANN.

durch diese Worte die Einbildungskraft mobilisiert: einerseits durch die Vorstellung der Freiheit als einer Freiheit zum Guten, angedeutet durch das Bild des wiedergewonnenen frei aufschauenden Blicks, andererseits durch die Vorstellung der vor der Tür lauernden Sünde.[22] Zwischen beidem steht die Freiheit Kains konkret auf dem Spiel. Ist er so frei, die Sünde abzuwenden und sich zur vollkommenen Freiheit zu bestimmen? Durch sein tatsächliches Verhalten widerlegt er die Vorstellung, als sei die Freiheit eine gegenüber den Möglichkeiten des Guten und Bösen neutrale Entscheidungsfreiheit. So wenig er sich vom Bösen distanzieren kann, so wenig kann er sich dem Guten gegenüber öffnen. Nicht er herrscht über die Sünde, sondern die Sünde herrscht über ihn. Gleichwohl ist er nicht differenzlos dem Bösen verfallen. Das Böse liegt ihm bei, ja es wohnt in ihm (vgl. Röm 7,17.20f). Es kommt ihm so bedrängend nahe, dass er sich nicht von ihm befreien kann. Aber er kann nicht so weit mit dem Bösen identisch werden, dass ihm die Möglichkeit des Guten, der er sich stets aufs Neue verschließt, nicht dennoch zumindest in seiner Einbildungskraft, wenn nicht auch in seinem Willen (vgl. Röm 7,15–21) präsent bliebe. Der Gegensatz zwischen gut und böse, durch dessen Erkenntnis der Mensch göttliche Allwissenheit und Allmacht erwerben wollte, schlägt in die menschliche Existenz hinein und unterwirft diese dem Selbstwiderspruch. Im buchstäblichen Sinne wird der Mensch des Guten und Bösen inne. Ohnmächtig steht er in dem Gegensatz, ohne sich dem Bösen widersetzen und ohne seine Bestimmung zum Guten gänzlich verleugnen zu können.

---

[22] Mit beachtlichen Gründen hat BERND JANOWSKI (Jenseits von Eden. Gen 4,1–16 und die nichtpriesterliche Urgeschichte, in: DERS., Der Gott des Lebens, Neukirchen-Vluyn 2003, 134–156) die These von einem „Sündendämon" zurückgewiesen. Er rekonstruiert und übersetzt V. 7 folgendermaßen: „Ist es nicht so: wenn du es gut sein läßt, (bedeutet es) freundliche Aufnahme, und wenn du es nicht gut sein läßt, lagert er [sc. Abel] sich als (Öffnung >) Anlaß zu einer Verfehlung, und doch ist sein Verlangen zu dir hin (gerichtet), und du bist es, der über ihn herrschen/seiner walten mag." Für diese Interpretation des Textes spricht zweifellos, dass es mit ihr gelingt, die Genusinkongruenz (*die* Sünde – *der* ‚Lauerer') aufzulösen. Zudem tritt so die Parallelität in den Formulierungen von Gen 3,16 und 4,7 deutlich heraus. Hier wie dort ginge es dann um ein Verlangen, das es von Seiten Adams bzw. Kains zu beherrschen gilt. Die von JHWH ausgesprochene Warnung enthielte bereits die später (V. 9) von Kain zurückgewiesene Beauftragung: Er soll seines Bruders Hüter sein. Die Verfehlung Kains liegt in der Tat darin, dass er dieser brüderlichen Beziehung nicht gerecht wird. Gerade wenn man diese Linie zieht, wird jedoch schwer verständlich, dass in der Deutung Janowskis das Dasein und Verhalten Abels negativ konnotiert wird: als „Anlass" zur Sünde und als ungeordnetes Verlangen, das der Herrschaft eines anderen bedarf. Eine unanfechtbare Lösung dürfte im Blick auf den schwierigen Text kaum zu finden sein. Auch wenn man sich für die Lesart Janowskis entscheidet, bleibt die oben gegebene Interpretation möglich: Die Unfreiheit Kains erweist sich darin, dass er sich dem Bösen nicht zu widersetzen vermag bzw. dass er das gesollte Gute, das ihm in den Worten Gottes vorgehalten wird (er soll über seinen Bruder herrschen) nicht zu beherzigen vermag. Er verfällt der Sünde trotz und im Wissen um Gut und Böse.

Fassen wir zusammen. Die Verkehrung der Freiheit zur Unfreiheit hat sich uns in dreifacher Hinsicht als Beziehungsstörung dargestellt: als Unfähigkeit zur Wahrnehmung des Nächsten, als Unfähigkeit, Gott zu antworten und sich vor ihm zu verantworten, und schließlich als Selbstwiderspruch unter dem Gegensatz von gut und böse. So wie Unfreiheit tendenziell Beziehungslosigkeit ist, so ist umgekehrt Freiheit in einem kommunikativen Zusammenhang begründet und somit als Beziehungsfähigkeit zu verstehen.

5. Brüderlichkeit und Brudermord

Der Bestimmung zur Brüderlichkeit kann nicht tiefer widersprochen werden als durch den Brudermord. Denkbar knapp wird die Tat Kains berichtet. Weder erfahren wir von einer vorausgehenden Auseinandersetzung noch von der Handlungsweise im Einzelnen. Der überlieferte Text bricht an der Stelle ab, an der ein Wortwechsel hätte wiedergegeben werden können. „Und Kain sagte zu seinem Bruder Abel: ..." (V. 8a) Was auch immer er gesagt haben mag, wird von dem in den Schatten gestellt, ja geradezu verschluckt, was er getan hat. Seine ‚Antwort' ist die Tat: „Als sie auf dein Felde waren, da erhob sich Kain gegen seinen Bruder Abel und erschlug ihn" (V. 8b). Wichtig ist dem Erzähler vor allem dies, dass sich der Mord als ein Sich-Erheben vollzieht. Er ist die tödliche Demonstration der Überlegenheit, der verzweifelte Versuch, zu der erlittenen Unterlegenheit den Gegenbeweis anzutreten.

Was Kain durch die Tat beweisen will, ist freilich nicht nur seine relative Überlegenheit, nicht nur seine Vollmacht oder sein Vorrecht. Indem er das Mittel des Todes ergreift, verrät er vielmehr einen Anspruch auf Absolutheit, der in seiner Radikalität nur zu verstehen ist, wenn man ihn als Ausdruck der usurpierten Gottgleichheit versteht. Für den, der Gott gleichen will, muss die Erfahrung, vor Gott und von Gott zurückgesetzt zu werden, die Widerlegung seines usurpatorischen Selbstverständnisses bedeuten. Da er diese Widerlegung nicht zugeben, sein verkehrtes Verhältnis zu Gott nicht zurechtbringen kann, bleibt ihm nur der Weg, seinen Anspruch auf Gottgleichheit *coram hominibus* unter Beweis zu stellen. Nun wird unter den Bedingungen, wie sie durch den Sündenfall gegeben sind, die Erfahrung des Todes zur entscheidenden Gotteserfahrung. An ihr erfährt der Mensch die Differenz zwischen seiner endlichen, den Tod erleidenden Existenz und der uneingeschränkten, den Tod verhängenden Allmacht Gottes. Zugleich erscheint ihm diese Differenz insofern als eine aufzuhebende, als er selbst im Verhältnis zum Bruder den Tod zu verhängen vermag. Als Mörder sucht sich der gefallene Mensch in der Position Gottes zu behaupten.

Aber der tätliche Beweis der Gottgleichheit ist zugleich ein unfreiwilliger Gegenbeweis, vollzieht er sich doch in der Ablösung der Wirklichkeit des Todes von der göttlichen Allmacht, die zuerst und zuletzt schöpferische Kraft ist. Als Mörder kann der Mensch gerade nicht zum Subjekt des Wortes werden, durch das Gott seine Schöpfung ins Dasein ruft und erhält. Dass er sich weiterhin in

Abhängigkeit von diesem Wort erfährt, dass er der Angeredete bleibt, überführt ihn der Differenz, die er durch die Mordtat nur hat verschärfen können. Der protokollartige Satz, in dem der Mord festgehalten wird, wirkt im Kontext als Unterbrechung des Wortwechsels zwischen Gott und Mensch. Kain, der auf die Fragen Gottes nicht zu antworten weiß, ‚antwortet' mit der Tat, durch die er zugleich das Verhältnis zu seinem Bruder und zu Gott endgültig abzubrechen versucht.

Wie durch die unmittelbar folgenden Fragen Gottes dokumentiert wird, bleibt der zweifache Beziehungsbruch in beiderlei Hinsicht ein vergeblicher Versuch. Die Tat des Blutvergießens, die in abgründiger Tiefe verstummen lassen sollte, wird von Gott als Rede, als Schrei vernommen. Er behaftet den Menschen in den von diesem aufgekündigten Beziehungen. „Wo ist dein Bruder Abel?" (V. 9a) Und als Kain die Bruderschaft daraufhin auch noch verbal verleugnet – „Soll ich meines Bruders Hüter sein?" (V. 9b) –, gibt sich Gott als Anwalt des Ermordeten zu erkennen. Die Stimme des Blutes Abels schlägt dem Mörder kraft göttlicher Vollmacht unausweichlich und unwiderleglich entgegen. Die Brüderlichkeit, die Kain durch Ausschaltung des Bruders meinte beenden zu können, erweist sich als unkündbar, so wahr Gott selbst auf die Seite des dem Tode ausgelieferten Mitmenschen tritt.

Die Beziehung zwischen Mensch und Mensch ist von daher als eine durch das Eintreten Gottes vermittelte Beziehung zu verstehen. Dass Gott nicht eher eingreift und den Mörder nicht an seinem Tun hindert, wirft das Problem der Theodizee auf, das sich einer Lösung vor dem Forum menschlicher Vernunft und Gerechtigkeit entzieht. Gleichwohl ist der Mensch nicht endgültig und nicht total seinen mörderischen und selbstmörderischen Kräften ausgeliefert. Dass er Geschöpf Gottes ist und bleibt, bedeutet eine Qualität, die er in seinem Vernichtungswerk nicht auszutilgen vermag. In der paradoxen Aussage, dass ein getöteter Mensch „schreit", wird eine letzte Unverfügbarkeit des Menschen für den Menschen ausgedrückt. Der Versuch, die geschöpfliche Wirklichkeit dem Diktat der sündhaften Selbstbehauptung zu unterwerfen, muss eben deswegen scheitern, weil diese Wirklichkeit ihre ‚Eigenrede', ihr Wort Gottes, ihre Rede zu Gott und ihre Gegenrede gegen den in die Sünde verstrickten Menschen, unverlierbar behält (vgl. Röm 8,18–25). Im Kontext der nichtpriesterlichen Urgeschichte ist daran zu erinnern, dass der Mensch, der der Erde entstammt und zu ihr zurückkehren muss, allein durch den Anhauch Gottes zum Leben gerufen und im Leben erhalten wird (Gen 2,7). Wenn der Mensch sich dieses Leben zu unterwerfen trachtet und dem Tode ausliefert, so kann er wohl das Erdhafte zur Erde zurückkehren lassen, er kann jedoch nicht die Beziehung, in der der Mensch zu seinem Schöpfer steht, durchtrennen. Ob das vergossene Blut deswegen zu schreien vermag, weil in ihm die Seele lebendig ist (vgl. Gen 9,4f; Lev 17,11; Dtn 12,23), mag für den hier zu interpretierenden Text dahingestellt bleiben. In jedem Fall ist das Blut hier nicht nur Zeichen für die Unwiderruflichkeit des Todes – das vergossene Blut kann nicht wieder in den Körper versammelt werden –, sondern Medium einer Gottesbeziehung über den Tod hinaus.

6. GOTTEBENBILDLICHKEIT

Unter systematisch-theologischem Aspekt ist von dieser Stelle sowie von der gesamten Brudermorderzählung her nach dem Begriff der Gottebenbildlichkeit (Gen 1,26f) zurückzufragen, zumal in Gen 9,6 das Verbot des Blutvergießens explizit mit dem Gedanken der Gottebenbildlichkeit begründet wird. In welchem Sinne kann im Blick auf den Sünder, der sich gegen Gott und gegen seinen Mitmenschen zu behaupten sucht, überhaupt noch von einem Bild Gottes gesprochen werden? Die Erzählung vom Brudermord nötigt zu einer zweifachen Radikalisierung:

Zum einen: Wenn Gen 4 als Geschichte *des* Menschen zu verstehen ist, muss jede positive Inanspruchnahme der Gottebenbildlichkeit im Sinne einer dem Menschen inhärenten Qualität zutiefst fragwürdig werden. An der Radikalität des hier geschilderten Bösen scheitern alle Versuche, die Gottebenbildlichkeit in der Weise einer anthropologischen Gleichung auszulegen. Der Mensch ist nicht darin Ebenbild Gottes, dass er frei ist, Vernunft und Gewissen hat oder über unverlierbare göttliche Kräfte verfügt. In allem, was er ist und hat, kann sich seine Gottebenbildlichkeit spiegeln. Jedoch in keiner dieser anthropologischen Bestimmungen haftet sie. Die Macht der Sünde ist in der Weise totalitär, dass der ganze Mensch ihr ausgeliefert ist.[23] Ihr Ende ist das der tödlichen Auswirkung ihrer Gewalt, nicht jedoch auf die Gegenwirkung eines dem Menschen immanenten guten Prinzips zurückzuführen. Insofern kann von dem Bösen nicht radikal genug geredet werden.

Es muss freilich auch in der nötigen Bestimmtheit geredet werden. Der Sünder tritt in Gen 4 als derjenige in Erscheinung, der in dem Mitmenschen nicht mehr die gemeinsame Gottebenbildlichkeit wahrzunehmen vermag. Er sieht seinen Bruder nicht als Bruder. Seine Unfreiheit verrät sich in seiner Wahrnehmungsunfähigkeit. Wenn man den Sündenfall als Verlust der *iustitia originalis* deutet, wird man folglich beachten müssen, dass dieser Verlust nicht nur die Gerechtigkeit vor Gott, sondern zugleich auch die Gerechtigkeit unter den Menschen betrifft. Befangen im Interesse an seiner Gerechtigkeit vor Gott, vermag Kain nicht mehr seinem Bruder gerecht zu werden. Um im Verhältnis der Entsprechung zu Gott und dem Mitmenschen gehalten zu werden, müsste er zum Hören und Antworten bereit sein. Er müsste sich der schöpferischen und richtenden Rede Gottes, in der seine Existenz gründet und in der ihr die Bestimmung der Gottebenbildlichkeit zukommt, stellen. In dem Maße, in dem er sich

---

[23] Vgl. die einschlägigen Aussagen der *Konkordienformel*, in BSELK 1223,8–21 (lat.: „nihil incorruptum in corpore et anima hominis"); 1325,13–30 („corruptio totius naturae et omnium virium").

dieser Kommunikation verweigert, verdunkelt sich die Qualität der Gottebenbildlichkeit in den Spiegelungen seines Lebens. Sie wird ihm zur fremden Bestimmung.

Als solche freilich bleibt sie ihm unverlierbar erhalten. Damit ist die zweite Radikalisierung in Bezug auf den Gedanken der Gottebenbildlichkeit angesprochen. Von Gott her bleibt die Beziehung, aus der sich der Mensch in der Sünde herauslöst, unaufkündbar. Auch wenn sich der Mensch dagegen sperrt, als Geschöpf sein Leben vom Schöpfer her zu verstehen, erkennt Gott dennoch auch im gefallenen Menschen sein Geschöpf.[24] Sowohl Kain als auch Abel, deren Konflikt sich in menschlicher Perspektive als unüberbrückbare Beziehungslosigkeit darstellt, werden von Gott in der gemeinsamen Bestimmung der Geschöpflichkeit gehalten.

Abel, dessen Name (*haebael*) bereits die Hinfälligkeit seines Lebens andeutet, steht für den Menschen, der den Tod nicht etwa als das allgemeine Geschick der Vergänglichkeit und Endlichkeit kreatürlichen Lebens, sondern als das schlechthin Wider-Kreatürliche, als Wirkung menschlicher Gewalt erleidet. Von der Nichtigkeit ist insofern in einem qualitativ veränderten Sinn, gewissermaßen in einer Steigerungsform, zu reden. Dennoch endet das Leben Abels nicht im absoluten Nichts. Dass Abel als Geschöpf Träger des göttlichen Schöpfungswortes ist, kann gerade nicht zunichtegemacht werden. So wie die Existenz in der Rede Gottes gründet, so bleibt sie redend auf Gott bezogen, auch über den Tod hinaus (vgl. Hebr 11,4). In diesem Sinn ist die Gottebenbildlichkeit ein *character indelebilis*.

Im Blick auf Kain stellt sich die Frage, ob und in welchem Sinne die Bestimmung der Gottebenbildlichkeit auch über den Bruch der Sünde dem Sünder zugesprochen werden kann. Dass der Mensch auch als Sünder in der Beziehung zu Gott gehalten wird, dürfte der Sinn des rätselhaften Zeichens sein, mit dem Kain versehen wird (V. 15). So wenig er in der Lage ist, in seinem Leben das Schöpfungswort wiederzugeben, so wenig er also in diesem Sinne Bild Gottes ist, so sehr bleibt er dennoch der von Gott Gezeichnete. Gott will auch in den Missverhältnissen, in denen seine Schöpfung verkehrt und entstellt wird, sein Werk bewahrt wissen. Kain, der das Lebensrecht seiner Mitkreatur nicht zu achten weiß, verwirkt dennoch nicht sein ihm von Gott gewährtes und bewahrtes Lebensrecht. Das Zeichen, das er trägt, ist ein Zeichen des Widerspruchs: Es widerspricht der Existenzbewegung, in der er seinen Bruder und sich selbst dem Tode ausliefert. Insofern ist es ein fremdes Zeichen. Zugleich hat es jedoch den Charakter des Ureigenen, wenn es denn daran erinnert, dass Gott den Menschen zu seinem Bilde geschaffen hat. Es bleibt möglich, dass dieses Bild von neuem heraustritt. Es bleibt möglich, dass auch im Brudermörder Züge der verleugneten Brüderlichkeit wahrgenommen werden. Möglich ist es freilich nur, sofern es einen schöpferischen Blick der Liebe gibt, einen Blick, der auch den Sünder gnädig anzuschauen und ihm Gerechtigkeit zu schenken vermag.

---

[24] Vgl. BSELK 1333,3–17.

7. Jesus Christus als Ebenbild Gottes und Bruder des Menschen

Auf die Frage „Was ist der Mensch?" antwortet die Bibel, indem sie Geschichten erzählt. Der Mensch findet sich im Sprachraum der Bibel in verschiedene Geschichten „verstrickt". Unter ihnen kommt der Geschichte von Kain und Abel als Urgeschichte eine grundlegende Bedeutung zu. Wie die anderen Erzählungen der Urgeschichte ist auch sie Gegenwartsgeschichte,[25] weil und insofern sich Menschen immer wieder so verhalten, wie es von diesem ersten Brüderpaar erzählt wird. In dieses „Drama der Freiheit"[26] und somit in die Widersprüche der geschichtlichen Existenz „verstrickt" zu sein, ist allerdings eine Einsicht, die, so realistisch sie auch ist, doch nicht zureichend ist, um den „ganzen und vollkommenen Menschen"[27] zu erkennen. Innerhalb der Geschichte Gottes mit dem Menschen, von der die Bibel im großen Bogen von der Schöpfung bis zur Apokalypse erzählt, ist dieses Drama nur eine Szene, die über sich hinausweist auf eine Gegenszene, in der sich der dramatische Knoten löst. Indem von der Verkehrung und Zerrüttung eines geschwisterlichen Verhältnisses erzählt wird, deutet sich in der Negativzeichnung auch an, was der Mensch sein soll und was er ist, wenn er zu seiner Wahrheit gelangt: Hüter des Anderen, mit dem er in der Einheit der Menschheitsfamilie verbunden ist. Und indem die mit der Gottebenbildlichkeit verliehene Würde in ihrer Unzerstörbarkeit, aber auch in ihrer Verletzlichkeit und in ihrer Fremdheit herausgestellt wird, bleibt die Frage offen, ob und wie die zugesprochene Würde in ihrem „unzulänglichen Träger"[28], aber auch gegen ihn bewahrt werden und Wirklichkeit gewinnen kann.

Die biblische Antwort auf diese Frage verdichtet sich in der Geschichte Jesu Christi und rückt hier unter das Zeichen des Kreuzes. Auch hier handelt es sich um narrative Anthropologie; auch hier wird vom Menschen nicht in allgemeinen Begriffen[29], sondern in zeitlichen Kategorien gehandelt. Die Eigenart einer christlich theologischen Lehre vom Menschen gegenüber der philosophischen Anthropologie tritt durch nichts so deutlich heraus wie dadurch, dass sie auf die Frage „Was ist der Mensch?" im entscheidenden Sinn mit einem Namen antwortet, mit dem Namen Jesus Christus. Nicht das Allgemeine, das auf alle Menschen zutrifft, gibt Auskunft über das wesentlich Menschliche, sondern vielmehr das höchst Individuelle, Einzigartige, das diesen einen Menschen im Gegenüber zu den übrigen charakterisiert. Christliche Lehre vom Menschen hat dem keineswegs nur ironisch zu verstehenden Wort des Pilatus nachzudenken,

---

[25] Vgl. zur Hermeneutik der Urgeschichte auch den folgenden Beitrag, insbes. 56-58.
[26] S.o. Anm. 19.
[27] LUTHERS Thesen *De homine* (s. Anm. 9), 667 (These 20).
[28] HANS JONAS, Das Prinzip Verantwortung, Frankfurt a.M. 1979, 393 (zit. oben 30).
[29] Vgl. KANTS Verständnis der Philosophie als „das System [...] der Vernunfterkenntnisse aus Begriffen", in: Werke, Bd. 5 (s. Anm. 1), 446.

der im Angesicht des mit der Dornenkrone verspotteten, dem Tode ausgelieferten Jesus ausruft: „Seht welch ein Mensch!" – *ecce homo* (Joh 19,5).

In dieser besonderen Geschichte, die als Geschichte des Menschen Jesus erzählt wird, vollzieht sich die Rekapitulation der biblischen Urgeschichte. Das heißt zum einen: Jesus erleidet wie Abel den Tod als Opfer der Gewalt seiner Menschenbrüder. Eben dieser eine Mensch, der in einzigartiger Weise den wahren Menschen, die wahrhafte Menschlichkeit repräsentiert, wird von allen anderen Menschen verworfen, verurteilt, gekreuzigt. Wer sich selbst im Spiegel der Passionsgeschichte erkennt, kann sich als Brudermörder identifiziert finden.[30] In der Begegnung mit dem Gekreuzigten werden Menschen ihres Sünderseins überführt. Eine theologische Anthropologie, die am Ereignis des Kreuzes vorbei entworfen wird, steht immer in der Gefahr, die Tiefe des Selbstwiderspruchs und die Radikalität des Bösen zu verkennen. Von einer Rekapitulation der biblischen Urgeschichte ist zum anderen aber auch insofern zu sprechen, als Jesus erlösend in diese Geschichte eintritt. Er tritt gleichsam als der neue Menschenbruder zwischen Kain und Abel. Dieses Dazwischentreten bestimmt seine Verkündigung, wie beispielhaft an der Auslegung des Tötungsverbots und des Gebotes der Feindesliebe in der Bergpredigt (Mt 5,21– 26.43–48) gezeigt werden könnte.[31] Indem Jesus der Liebe Gottes in vollkommener Weise entspricht, ist er das Ebenbild Gottes (2Kor 4,4; Kol 1,15; Hebr 1,3), nicht in einer auf ihn beschränkten Weise, sondern so, dass er offenbar werden lässt, was der Mensch als Geschöpf Gottes immer schon ist.

Am Kreuz entscheidet sich nach der Überzeugung des christlichen Glaubens das Verhältnis von Gott und Mensch. Es kommt heraus, was der Mensch in seiner geschichtlichen Wirklichkeit, in brutaler Tatsächlichkeit, ist; und es offenbart sich, wer Gott für diesen Menschen ist: der den Widerspruch der Sünde auf sich nehmende und gerade so Versöhnung schaffende Gott. Luthers in der *Heidelberger Disputation* klassisch formulierte Einsicht, dass die Theologie des Kreuzes zu erkennen gibt, „was die Sache ist"[32], gilt sowohl für die „Sache" Gottes als auch für die „Sache" des Menschen. Dass Gott selbst am Kreuz für den Menschen eintritt, lässt die Liebe als Wesenseigenschaft Gottes erkennen, bedeutet aber auch die Zumutung, den Menschen im Gegenüber zu dem Gekreuzigten als denjenigen wahrzunehmen, der als Sünder der Versöhnung bedarf.

---

[30] Beispielhaft sei hier nur an Johann Georg Hamann erinnert, dessen Lebenswende von dieser Erkenntnis ausging: „Ich konnte es nicht länger meinem Gott verhehlen, dass ich der Brudermörder seines eingeborenen Sohnes war" (Gedanken über meinen Lebenslauf, in: JOHANN GEORG HAMANN, Londoner Schriften. Historisch-kritische Neuedition von OSWALD BAYER/BERND WEIẞENBORN, München 1993, 343,38f).

[31] Vgl. dazu die weiteren Ausführungen in: JOHANNES VON LÜPKE, Das Kreuz in der Mitte. Zur Erkenntnis Gottes und des Menschen im Angesicht des Gekreuzigten, in: DERS./CHRISTIAN BROUWER (Hg.), Ein Kreuz – viele Ansichten. Theologie des Kreuzes in Wort und Bild, Rheinbach 2015, 9–28, insbes. 21–24.

[32] LDStA 1, 52f (These 21); im Lateinischen: „Theologus crucis dicit, id quod res est."

Von diesem Zentrum des christlichen Glaubens, dem Ereignis der Menschwerdung Gottes, ausgehend, ist die Ausgangs- und Leitfrage: „Was ist der Mensch?" zu der anderen Frage weiterzutreiben: Wie wird der Mensch, der seine Menschlichkeit verfehlt, allererst zu dem Menschen, als der er von Gott geschaffen worden ist? Auch diese Frage gilt dem Menschen im Allgemeinen. Die theologische Frage ist insofern keine andere, als die Frage der Philosophie, die zu bestimmen sucht, was den Menschen zum Menschen macht. Ebenso wie diese greift sie über die Besonderheiten verschiedener Gruppen und Klassen hinaus, ohne diese Besonderheiten zu negieren. Sie fragt nach dem Menschen, der uns immer auch als der oder die Andere begegnet und doch in seinem Anderssein teilhat an der Einheit und Gemeinsamkeit des Menschseins. Eben diese Ausrichtung findet biblisch ihren Ausdruck im Begriff des Nächsten. Die Erkenntnis des Menschen ist insofern eine praktische Erkenntnis: Durch sie wird nicht nur etwas am Menschen festgestellt, sondern Menschen werden zueinander in Beziehung gesetzt, so dass sich in der durch Liebe qualifizierten Beziehung überhaupt erst zeigt, was wahrhaft menschlich ist.[33]

---

[33] Vgl. zu diesem Begriff JOHANNES FISCHER, Glaube als Erkenntnis. Zum Wahrnehmungscharakter des christlichen Glaubens (BEvTh 105), München 1989, 17–49; DERS., Theologische Ethik (s. Anm. 8), 18: „[...], dass die Wirklichkeitserkenntnis des Glaubens als *praktische Erkenntnis* begriffen werden muss in dem Sinne, dass sie den oder die *Erkennenden* lokalisiert in dem Raum des Erkannten im Unterschied zu *theoretischer Erkenntnis*, welche das *Erkannte* lokalisiert in dem Raum des oder der Erkennenden und welche dabei dessen bzw. deren Position unverändert lässt. Praktische Erkenntnis ist m.a.W. diejenige Erkenntnis, in der unser In-der-Welt-Sein, d.h. unser Sein im Raum der *Anwesenheit* bzw. *Abwesenheit* anderer, begründet ist. Von ihr hängt ab, in was für einer Welt wir lokalisiert sind. theoretische Erkenntnis bezieht sich demgegenüber auf das in der solchermaßen erschlossenen Welt *Vorhandene*."

4. Kapitel: Der Mensch im Drama der Schöpfung

Gen 6–9 in systematisch-theologischer Perspektive[1]

Die Geschichte von der Sintflut gehört zu den Urgeschichten der Menschheit. Im religionsgeschichtlichen Vergleich wird deutlich, wie viel gerade die biblische Erzählung (Gen 6,5–9,29) mit anderen Religionen verbindet. Das heißt jedoch keineswegs, dass sie innerhalb des biblischen Zeugnisses einen Fremdkörper bildete. Man täuscht sich, wenn man hier lediglich archaische, mythische ‚Schlacken' sieht, die vom Kerngehalt der Bibel abgehoben, an den Rand gerückt oder gar ausgeschieden werden könnten. Es ist vielmehr so, dass gerade dieser Text in einzigartiger Verdichtung Einsichten biblischer Gotteserfahrung erschließt und verdeutlicht. Ihm kommt eine Schlüsselbedeutung zu, nicht nur für den Zusammenhang der biblischen Urgeschichte (Gen 1–11), sondern darüber hinaus für die gesamte Geschichte Gottes mit den Menschen, wie sie in dem aus Altem und Neuen Testament gebildeten Kanon dokumentiert ist.

„Das Flutgeschehen ist die Mitte des Grundgeschehens [...]."[2] Die ihm gewidmete Erzählung ist nicht nur quantitativ unter den Urgeschichten die ausführlichste und umfangreichste;[3] sie bietet vielmehr auch in inhaltlicher Hinsicht Stoff genug, um zentrale Fragen der Theologie zu erörtern und zu klären. So wie sich die Urgeschichte in der Sintflutgeschichte verdichtet, so gewinnt diese zugleich eine tragende und orientierende Bedeutung im Gesamtkontext der biblischen Überlieferung. Hier findet sich der Kern, der die vielfältige Geschichte Gottes, von der die Bibel insgesamt zeugt, zusammenhält. Und es ist

---

[1] Der folgende Text nimmt auf und führt weiter: Johannes von Lüpke, Anvertraute Schöpfung. Biblisch-theologische Gedanken zum Thema „Bewahrung der Schöpfung" (Vorlagen NF 16), Hannover 1992, 24–50.
[2] Gerhard Liedke, Im Bauch des Fisches. Ökologische Theologie, Stuttgart ⁵1988, 141.
[3] Zu ihrer Stellung und zu ihrem Gewicht im Rahmen der Urgeschichte vgl. die gründliche Analyse von Norbert Clemens Baumgart, Die Umkehr des Schöpfergottes. Zu Komposition und religionsgeschichtlichem Hintergrund von Gen 5–9 (Herders biblische Studien, Bd. 22), Freiburg i.B. u.a. 1999.

von daher kein Zufall, dass die christliche Dogmatik, die dieser Geschichte insgesamt nachdenkt,[4] immer wieder gerade auf diese besondere Kerngeschichte zurückkommt, um in ihrem Spiegel dogmatische Fragen zu klären. Das thematische Spektrum reicht von der Schöpfungslehre bis zur Lehre von den „letzten Dingen" und umfasst Grundfragen der Heilsvermittlung, wie sie in den Lehren von Versöhnung, Rechtfertigung und nicht zuletzt in der Lehre von der Kirche bedacht werden. In der Auslegung der Geschichte von der Flut und vom Bundesschluss lässt sich eine Dogmatik *in nuce* darlegen.

1. Das Drama der Urgeschichte

Vergleicht man die biblische Urgeschichte mit einem klassischen Drama, so könnte man sagen, dass die Erzählung von der Sintflut sowohl den dritten als auch den vierten Akt und dazwischen den entscheidenden Wendepunkt, die Peripetie, umfasst. Einerseits treibt hier die dramatische Verwicklung in die äußerste Katastrophe; andererseits löst sich der dramatische Knoten; zumindest wird ein Weg erkennbar, der zwar nicht alle Gegensätze und Widersprüche ausräumt, aber doch die Hauptakteure aufs Neue zusammenkommen lässt. Konfliktverschärfung, das bedeutet: Hier verquicken sich die beiden fundamentalen Themen, das der Schöpfung und das der Sünde. Nachdem im ersten Akt die beiden Schöpfungserzählungen (Gen 1 und 2) und im zweiten Akt die Erzählungen von Schuld und Strafe (Gen 3 und 4) in konträrer Weise Ausgangspunkte und Grundlagen des dramatischen Geschehens exponiert haben, kommt es in der Flutgeschichte zwar nicht zum ersten Konflikt – denn auch Gen 3 und 4 sind ja Konfliktgeschichten –, wohl aber zu dem für das Gesamtgeschehen des urgeschichtlichen Dramas entscheidenden Konflikt. Systematisch-theologisch formuliert: Hier wird der Widerspruch ausgetragen zwischen der Wirklichkeit göttlicher Schöpfung und der Wirklichkeit menschlicher Sünde. Dabei lässt sich von einer zweifachen Krise sprechen: Einerseits treibt die Macht der Sünde in eine Krise der Schöpfung, andererseits setzt sich das göttliche Schöpfungshandeln als Krise, als Gericht der Sünde durch. Gott und Mensch werden über den Graben der Sünde hinweg zu Partnern eines Bundes, der die gesamte Schöpfung einschließt. Indem so die Möglichkeit der Kommunikation zwischen dem Schöpfer und seinen ihm widersprechenden Geschöpfen neu erschlossen wird, hat die Urgeschichte ihr Ziel erreicht.[5] Mit der Erzählung vom Bundesschluss (Gen 9,1–17) ist das Thema der Schöpfung abschließend und zugleich

---

[4] Zum Verständnis der Dogmatik als Auslegung der in der Bibel bezeugten Geschichte Gottes mit dem Menschen vgl. WILFRIED JOEST/JOHANNES VON LÜPKE, Dogmatik, Bd. 1: Die Wirklichkeit Gottes, Göttingen ⁵2010, 106–117.

[5] Gegenüber der üblichen Gliederung, derzufolge die biblische Urgeschichte Gen 1–11 umfasst, plädiert BAUMGART mit beachtlichen Argumenten für die These, dass der Abschluss der Urgeschichte bereits in Gen 9,29 erreicht ist; vgl. BAUMGART (s. Anm. 3), 9–37.

grundlegend im Blick auf die gesamte folgende Geschichte zur Sprache gekommen: „Geschaffenes und Geschaffene sind und bleiben vom Schöpfergott getragen und gefördert. Damit haben die ersten neun Kapitel der Genesis erreicht, was altorientalische Urgeschichten anstreben: Das vom Göttlichen ins Dasein und Leben Gerufene ist zugleich das vom Göttlichen stets im Dasein und Leben Gehaltene."[6]

Gleichwohl steht auch die Turmbaugeschichte (Gen 11,1-9) in einem engen thematischen Zusammenhang zur vorangegangenen Urgeschichte. Nicht nur dass sie sich als Menschheitsgeschichte von der folgenden besonderen Geschichte Abrahams und seiner Nachkommen unterscheidet, auf die sie freilich auch hinführt; bedeutsamer noch dürfte sein, dass in ihr noch einmal das Medium der Schöpfung thematisch ist: Ist Gottes Schöpfungshandeln wesentlich ein Handeln durch das Wort und ist Schöpfung mit Johann Georg Hamann als Rede Gottes „an die Kreatur durch die Kreatur"[7] zu verstehen, so betrifft die Erzählung von der Einheit und Vielheit menschlicher Sprache die Wirklichkeit der Schöpfung im Kern. Zählt man sie als fünften Akt noch zum urgeschichtlichen Drama, so endet dieses mit der offenen Frage, ob und wie es geschehen könnte, dass die gebrochene menschliche Sprache erneut zum Medium der Verständigung zwischen Schöpfer und Geschöpf wird. Der Widerspruch wird also nicht einfach aufgehoben. Die Geschichte, die der Urgeschichte folgt und sich in ihrem Grundriss bewegt, bleibt gezeichnet vom Gegensatz. Sie ist nicht die versöhnte Geschichte, auch wenn der christliche Glaube darum weiß, dass sich in ihrer Mitte die allein von Gott her zu stiftende Versöhnung offenbart hat. Dass diese Versöhnungsgeschichte typologisch auf die Sintflutgeschichte Bezug nimmt (vgl. 1Petr 3,18–22), bleibt zu beachten.

Von dieser Überlegung her lässt sich nun auch verdeutlichen, was es bedeutet, die Flutgeschichte als Urgeschichte auszulegen. Das erzählte Geschehen ist offen zur historischen Zeit; es liegt ihr nicht nur voraus, sondern ist ihr zuinnerst eingezeichnet. Es wird in der Geschichte immer wieder aktuell, so dass auch gegenwärtige Ereignisse wie z. B. zuletzt die Tsunami-Katastrophe als sintflutartiges Geschehen gedeutet werden. Aber das urgeschichtliche Geschehen ist mit keinem Ereignis in der Geschichte identisch. Es lässt sich in der Geschichte weder datieren noch distanzieren. Zu kurz greifen daher alle Interpretationen, die die Erzählung im Bezug auf eine besondere Situation im Ablauf der historischen Zeit zu verifizieren suchen, wobei es grundsätzlich keinen Unterschied ausmacht, ob man ein längst vergangenes diluviales Erdzeitalter oder die im Zeichen von Katastrophen und Krisen stehende Gegenwart als die Zeit der Sintflut deutet. Damit sei nicht bestritten, dass die ökologische Krise in eine Katastrophe globalen Ausmaßes treiben könnte. Die Selbstzerstörung der Menschheit ist erstmals objektiv möglich geworden.

---

[6] Ebd., 564.
[7] Zu diesem Satz vgl. die eingehende systematisch-theologische Interpretation von OSWALD BAYER, Schöpfung als Anrede. Zu einer Hermeneutik der Schöpfung, Tübingen ²1990, 9–32.

Gleichwohl geht die Wirklichkeit der Sintflutgeschichte und damit auch ihr Wahrheitsanspruch nicht in dem auf, was unserer Zeit ihre besondere Unheilsdimension gibt. Verkannt würde so nicht nur die tiefere und umfassendere Unheilsdimension, die mit dem Begriff der Sünde gemeint ist; außer Acht bliebe zudem, dass die biblische Erzählung von Gen 6–9 auch als Rettungsgeschichte, als Geschichte der erneuerten Schöpfung in unsere Gegenwart hineinspricht. Es gilt beides im Zusammenhang zu sehen und also die Spannung „zwischen Sintflut und Regenbogen" nicht einseitig aufzulösen. Eben das geschieht auch, wenn man allein dem Abschluss der Erzählung eine für die Menschheitsgeschichte grundlegende und bleibende Bedeutung zuerkennt und die Flutgeschichte lediglich als ein für alle Mal überwundene Vorgeschichte in Betracht zieht. Gewiss will die Erzählung zum Vertrauen auf die Wirklichkeit göttlicher Schöpfung einladen. Aber dieses Vertrauen wird zum falschen Vertrauen, wenn es nicht mehr der Möglichkeit der Vernichtung eingedenk bleibt. Die Zusage Gottes, er wolle alles Lebendige künftig „nicht mehr" verderben (Gen 8,21; 9,11.15), rechtfertigt nicht eine menschliche Weltanschauung und Weltbemächtigung, die mit der Unzerstörbarkeit der Natur rechnet und sich dem göttlichen Gerichtshandeln enthoben wähnt.[8]

Als Urgeschichte eröffnet die Geschichte von der Flut und der Rettung einen Verstehensraum und in ihm einen Weg, der stets neu zu beschreiten ist. Ihre Wahrheit lässt sich nicht dadurch feststellen, dass das erzählte dramatische Geschehen auf die Ebene geschichtlicher Faktizität abgebildet wird. Sie will vielmehr so gelesen werden, dass das erkennende Subjekt sich in die erzählte Wirklichkeit hineinversetzen lässt und sich selbst gleichsam als Mitspieler im Drama der Urgeschichte begreift. Die Erkenntnis, die auf dem Spiel steht, ist somit nicht nur Erkenntnis von Gott und Welt, sondern entscheidend Selbsterkenntnis; gilt es doch sich selbst in der Spannung von Sünde und Geschöpflichkeit zu verstehen und erneut auf Gottes schöpferisches Reden und Tun einzustellen.[9]

---

[8] Kritisch dazu HANS-PETER GENSICHEN, Die Sintflutgeschichte als Leittext in der Umweltkrise, in: EvTh 45, 1985, 211–224, insbes. 214f.

[9] Vgl. JOHANNES FISCHER, Über die Beziehung von Glaube und Mythos. Gedanken im Anschluß an Kurt Hübners „Die Wahrheit des Mythos", in: ZThK 85, 1988, 303–328, 308: „Die mythische Erkenntnis lokalisiert den Erkennenden im Zusammenhang der Wirklichkeit des in den Mythen erzählten Geschehens, indem sie zugleich und im selben Vollzug dieses Geschehen im Zusammenhang der erlebten Wirklichkeit des Erkennenden lokalisiert." Wichtig ist auch das ebd., 314f zum Problem der Erkennbarkeit der Schöpfung Ausgeführte. Zum Begriff des Mythos und seiner Bedeutung für die biblische Urgeschichte vgl. auch: HANS-PETER MÜLLER, Mythos in der biblischen Urgeschichte (Gen 1–11), in: EvErz 40, 1988, 6–18.

2. ALLMACHT UND LIEBE DES SCHÖPFERS

Das Problem der zeitlichen Struktur der Flutgeschichte verbindet sich mit dem Problem der Verhältnisbestimmung von göttlichem und menschlichem Tun, von Gottes Schöpfung und der vom Menschen bewirkten und zu verantwortenden Geschichte. Das bewahrende Handeln Gottes wird nicht ohne ein bewahrendes Handeln des Menschen erzählt. Dabei lenkt sie die Aufmerksamkeit insbesondere auf Noah als den Typus des Menschen, der das zur Rettung nötige und mögliche menschliche Werk unternimmt. Man versteht dieses Werk jedoch nur, wenn man es im Verhältnis zum Handeln Gottes sieht.

Die Erzählung konfrontiert ihre Hörer und Leser noch einmal mit dem Schöpfergott, der in seinem Handeln nicht an vorgegebene Bedingungen gebunden ist. Gott ist in seinem Handeln absolut souverän. Das wird deutlich vor allem daran, dass die Feststellung der Bosheit des Menschen sowohl den Beschluss zur Vernichtung als auch den Beschluss zur Bewahrung der Schöpfung motiviert (Gen 6,5; 8,21). Notwendig im Sinne eines festen Kausalzusammenhangs ist somit weder das eine noch das andere Handeln Gottes. Beide Beschlüsse weisen über sich hinaus auf die Allmacht des Schöpfers, der ebenso wie er die Schöpfung aus dem Nichts hervorrufen, sie auch dem vernichtenden Chaos wieder anheimfallen lassen kann, der ebenso wie er sich seiner Geschöpfe erbarmen, ihnen auch seine Barmherzigkeit verweigern kann. Die Freiheit, in der ein Töpfer über den Ton verfügt, bildend und verwerfend, kann gleichnishaft verdeutlichen, in welcher unumschränkten Freiheit Gott als Schöpfer seinem Geschöpf gegenübersteht, wie wenig er von diesem zur Rechenschaft gezogen werden kann (vgl. Jes 45,9; Jer 18,6; Sir 33,13; Röm 9,20f). Im Blick auf die letztlich entscheidende Dimension des Verhältnisses von Gott und Mensch ist der Satz des Paulus auch im Blick auf die Sintflutgeschichte theologisch unverzichtbar: Es liegt nicht an jemandes Wollen oder Laufen (Röm 9,16).

Nicht ausgeschlossen ist damit jedoch die Möglichkeit, Gottes Handeln mit seinem Geschöpf als ein anredendes und antwortendes Handeln zu verstehen. Seine unumschränkte Freiheit, in der er sich seinem Geschöpf als schlechthin überlegen erweist, ist nicht zu verwechseln mit einer beziehungslosen Willkür, in der Gott so bei sich selbst bliebe, dass ihm das Ergehen eines anderen gleichgültig wäre. „Die Nichtidentität von Gott und Welt und die schlechthinnige Transzendenz Gottes über der Welt bedeutet nicht eine Unfähigkeit Gottes für den Bezug zur Welt, sondern eine Überlegenheit, die ihm intimste Nähe zu seinen Geschöpfen erlaubt."[10] Er lässt sich von der Bosheit seiner Geschöpfe betreffen. Es reut ihn, dass er den Menschen gemacht hat; es bekümmert ihn in seinem Herzen (Gen 6,6; Lutherübersetzung; vgl. Jona 4,10f). Zweifellos handelt es sich hier um anthropomorphes Reden von Gott. Wird hier allzu menschlich

---

[10] HELMUT GOLLWITZER, Krummes Holz – aufrechter Gang. Zur Frage nach dem Sinn des Lebens, München 1970, 218.

von Gott geredet und damit seine Gottheit verfehlt? Wer freilich meint, eine ‚rein' theologische Begriffssprache sei gegenüber der anthropomorphen Rede aussagekräftiger, kann sich gerade durch unseren Text eines Besseren belehren lassen.[11] Hier geht es nicht so sehr um eine Vermenschlichung Gottes, sondern vielmehr darum, die Differenz zwischen Gott und Mensch bewusst werden zu lassen. Die Pointe der ‚angleichenden' Rede ist das Heraustreten des Andersseins Gottes. Das menschliche Herz ist darin böse, dass es in all seinem Trachten, in seinem totalitären Ausgreifen letztlich bei sich selbst bleibt, unfähig, das Andere, auf das es bedacht ist, als das Andere zu respektieren und mit ihm zu kommunizieren. Demgegenüber zeigt sich Gottes Herz als die Kraft der Anteilnahme. Es ist darin größer (vgl. 1Joh 3,20), dass es vom Anderen her und mit ihm empfinden, dass es sich die Not des Anderen zu eigen machen kann.[12]

Die schöpferische Freiheit Gottes erweist sich somit als eine Freiheit in tiefer freiwilliger Gebundenheit an seine Schöpfung, als eine Freiheit in Liebe. Es lässt ihn nicht gleichgültig, ob sein Werk gelingt oder nicht. Dass der Mensch in seinem Dichten und Trachten böse ist (Gen 6,5; 8,21), signalisiert zweifellos eine Verfehlung des guten Schöpfungswerkes. Jedoch hilft hier nicht ein zweiter nachbessernder Schöpfungsakt Gottes, als ob er ebenso, wie er dem Adam eine Rippe entnommen hat, dem Menschen das alte Herz durch ein neues Herz hätte ersetzen können. Vielmehr gilt: Der Mensch kann nicht besser geschaffen werden, als er von Gott geschaffen worden ist. Der Satz: Und siehe, es war sehr gut (Gen 1,31), gilt uneingeschränkt im Sinne einer Unverbesserlichkeit des göttlichen Schöpfungswerks. Das Böse ist nicht allein Mangel des Guten, sondern Verkehrung des Guten.

Fragt man, wie sich Gott daraufhin, bezogen auf den Einbruch des Bösen, als mächtig, ja als allmächtig erweist, so ist nach einer Macht zu fragen, die das Herz des Menschen zu bewegen vermag. „Menschenherzen [zu] wenden"[13], erfordert die Kraft des Heiligen Geistes, die von aller äußerlich wirkenden Gewaltausübung zu unterscheiden ist (vgl Sach 4,6). Der Geist, der das Innerste eines Menschen erreicht und ihn zur Freiheit gelangen lässt, wirkt freilich nicht unvermittelt. Seine Macht liegt in der Macht des Wortes. Von daher ist es zu

---

[11] Den theologischen Versuch, an der notwendig anthropomorphen Selbstmitteilung Gottes vorbei zu einer unmittelbaren Erkenntnis göttlichen Wesens aufzusteigen, hat Luther – nicht zufällig gerade an dieser Stelle seiner Genesisauslegung – einer überaus scharfen Kritik unterzogen; vgl. WA 42, 289–296.

[12] Sehr schön formuliert JÜRGEN EBACH, Noah. Die Geschichte eines Überlebenden (Biblische Gestalten, Bd. 3), Leipzig 2001, 42: „Gottes Macht zeigt sich in seiner Fähigkeit zur Schwäche – zu Gefühlen, zum Mitleiden und zur Reue. Das ist Ausdruck der unvergleichlichen Macht Gottes, die darin ihre Besonderheit hat, dass sie Macht noch über die Macht ist."

[13] PAUL GERHARDT, Zieh ein zu deinen Toren (EG 133,8): „Du Herr, hast selbst in Händen/ die ganze weite Welt,/ kannst Menschenherzen wenden,/ wie dir es wohlgefällt [...]."

verstehen, dass Luther Gottes Allmacht als die Macht seines gering erscheinenden Wortes verstanden hat.[14] Die Allmacht erweist sich hier als Macht der Freiheit; sie setzt sich nicht auf Kosten, sondern zu Gunsten der Freiheit durch.

„Die ganze Frage nach dem Verhältnis von Gottes Allmacht und Güte zum Bösen kann vielleicht [...] ganz schlicht folgendermaßen aufgelöst werden. Das Höchste, das überhaupt für ein Wesen getan werden kann, höher als alles, wozu einer es machen kann, ist dies: es frei zu machen. Eben dazu, dies tun zu können, gehört Allmacht. [...] Allmacht allein vermag unabhängig zu machen, aus dem Nichts hervorzubringen, was dadurch inneres Bestehen empfängt, daß die Allmacht sich ständig zurücknimmt."[15]

3. Das bewahrende Handeln des Menschen

Für die biblische Erzählung ist Noah der Typus des sich bekehrenden Sünders. Er vermag die Wendung zu vollziehen, die nur in Freiheit zu vollziehen ist, zu der der sich von Gott lossagende Mensch jedoch nicht die Freiheit hat. Ausdruck der notwendigen Befreiung zur Freiheit ist der Satz: Noah fand Gnade vor dem Herrn (Gen 6,8). Der Grundlosigkeit der Sünde, in der sich der Mensch der Unfreiheit überantwortet, korrespondiert die Grundlosigkeit der Gnade, durch die der Mensch in die Freiheit versetzt wird, das Gute als das Gute zu erkennen und zu bewahren. Hier wie dort, im Positiven wie im Negativen handelt es sich um kontingente Augenblicke.

Es hat eine tiefe theologische Bedeutung, dass Noah durch den Begriff der Gnade eingeführt und erst in einem zweiten Schritt durch das Attribut der Gerechtigkeit charakterisiert wird (Gen 6,9).[16] Im Gefolge der weithin anerkannten Literarkritik wird man darin zwei verschiedene Expositionen und Motivationen des Geschehens erkennen: Einmal, in der nichtpriesterlichen Urgeschichte (Gen 6,8) liegt die Initiative bei Gott. Das andere Mal ist Gottes bewahrendes Handeln seinerseits durch die moralische Integrität eines Menschen motiviert

---

[14] Vgl. dazu ausführlicher: Johannes von Lüpke, Von den großen Taten des geringen Wortes. Eine Besinnung auf den Grund der Freiheit im Anschluß an Luther, in: Albrecht Grözinger/Johannes von Lüpke (Hg.), Im Anfang war das Wort. Interdisziplinäre theologische Perspektiven (VKHW.NF 1), Neukirchen-Vluyn/Wuppertal 1998, 102–115, insbes. 108f; vgl. auch in diesem Band, 87f und 224–228.

[15] Sören Kierkegaard, Reflexionen über Christentum und Naturwissenschaft, in: Ders., Gesammelte Werke, 17. Abt., übers. von Emanuel Hirsch, Düsseldorf/Köln 1954, 124; vgl. zur Sache: Jan Bauke-Ruegg, Was heißt: „Ich glaube an den allmächtigen Gott"? In: ZThK 97, 2000, 46–79.

[16] Dass der Text in dieser Folge dem Anliegen der Gnadenlehre Augustins sowie insbes. auch der reformatorischen Rechtfertigungslehre entgegenkommt, ist nur allzu deutlich, sollte freilich nicht den Zusammenhang übersehen lassen; vgl. dazu Ebach (s. Anm. 12), 47–50.

(Gen 6,9; P).[17] Diese Scheidung entledigt freilich nicht von der Aufgabe, die beiden Motive und Erzählstränge in ihrem durch die Endredaktion des Textes erstellten Zusammenhang zu interpretieren. Die Gerechtigkeit Noahs will in einem theologischen Gefälle verstanden werden. Darauf deutet auch ihre Näherbestimmung durch die Prädikate des Vollkommenen und des Wandels mit Gott. Gerecht ist der Mensch nicht nur darin, dass „er sich den Ordnungen einer Gemeinschaft entsprechend verhält"[18], sondern darin, dass er in der Entsprechung zu seinem Schöpfer lebt. Die Integrität – das hebräische Wort, das Luther mit „ohne Tadel" übersetzt, entstammt dem kultischen Sprachgebrauch und bezeichnet dort die Fehllosigkeit des Opfertieres – besteht in einem Gottgeweiht-Sein; und sie bewährt sich in einem Lebensvollzug, der sich offenhält für Gottes Weisung. Während der böse Mensch auf die Verdrängung Gottes bedacht ist, sich somit in Konkurrenz zu ihm versteht, kann der Gerechte Gott als Gott gelten lassen. Er kann sich von ihm her verstehen und vor ihm verantworten.

Was Noah daraufhin tut, ist die Konsequenz eines solchen Wandels mit Gott. Es will als ein von Gott ermöglichtes Tun verstanden werden, als ein Kooperieren mit Gott, freilich nicht in Partnerschaft auf derselben Ebene, sondern als ein weisungsgebundenes, als ein gleichsam organisch ausführendes Handeln. Die Bezüge auf die vor dem Fall ergangenen Aufträge (Gen 1,28: „Machet euch die Erde untertan und herrschet über die Tiere!" und Gen 2,15: „dass der Mensch den Garten bebaute und bewahrte") sind deutlich zu erkennen, auch wenn sich Noahs Handeln nicht einfach aus diesen ableiten lässt. Die Machtausübung über die Tierwelt ist ganz dem Interesse an ihrer Bewahrung untergeordnet. Und der Auftrag zur Bewahrung wird über die Grenzen des Gartens ausgeweitet. Vorausgesetzt ist überdies, dass der Mensch ein zur Technik befähigtes Wesen ist. Mag diese Technik, die sich im Bau der Arche manifestiert, im Vergleich zu den technischen Errungenschaften der Moderne auch überaus bescheiden erscheinen, so liegt ihr doch schon dieselbe Struktur zugrunde: Der Mensch löst einen Teil der Natur aus dem natürlichen Kontext, vergegenständlicht, bearbeitet es und eignet es sich als Instrument an, um mit seiner Hilfe etwas hervorzubringen, was einer besonderen Zwecksetzung entspricht und sich als etwas Künstliches von der vorausgesetzten Natur unterscheidet.

In diesem Vorgang als solchem sieht der biblische Erzähler offensichtlich kein Problem. Umso fragwürdiger und für die ethische Berechtigung der Technik entscheidend ist, ob der Mensch in seinem technischen Handeln in exklusiver Weise nur seine eigene Zwecksetzung zu verwirklichen bestrebt ist und sich damit absolut setzt oder ob er sich und sein Handeln bestimmen lässt durch die Zwecke, die Gottes Schöpfungshandeln ihm selbst und der Mitkreatur einstiftet. Die Differenz wird in der Urgeschichte deutlich im Kontrast zwischen

---

[17] Vgl. CLAUS WESTERMANN, Genesis 1–11 (Biblischer Kommentar I/1), Neukirchen-Vluyn 1974, 555f.
[18] Ebd., 557.

der Arche, die Noah errichtet, und dem Turmbau zu Babel. Gigantische Bauwerke sind sie beide. Aber während das eine in einem Wandel mit Gott gründet, dient das andere gerade der Aufkündigung der Beziehung zu Gott. Beide Bauwerke haben einen Bezug auf das Ganze. Aber während in dem einen Fall das Eigene eine Funktion des Ganzen ist, wird im zweiten Fall das Ganze zur Funktion des Eigenen, wobei es nur konsequent ist, dass der Versuch einer Usurpation des Ganzen die partikulare Existenz des Menschen aufsprengt, zersplittert und in Selbstwidersprüche stürzt, wie an der Sprachverwirrung (Gen 11,7–9) zu erkennen ist.

Wodurch jedoch dient die Arche dem Ganzen? Inwiefern kann sie die Integrität der göttlichen Schöpfung bewahren? Als ein endliches Bauwerk, und mag es noch so groß sein (Gen 6,15f), kann sie nicht alles, was Gott geschaffen hat, in sich bergen. Gleichwohl steht ihre Organisation in einem Entsprechungsverhältnis zu der ursprünglichen Organisation durch Gott; sie ist schöpfungsgemäß. Das Ganze zu bewahren, kann für den Menschen nur heißen, es im Einzelnen so zu bewahren, wie Gott es geschaffen hat. Es heißt, das Einzelne in seiner ihm von Gott gegebenen „Art" (Gen 6,20; 7,14), in seiner gattungsgemäßen Besonderheit zu achten. Es gilt, den Zusammenhang zu erhalten, in dem nichts entbehrlich und nichts ersetzbar ist. Es geht um die Grundtextur, aus der sich die Welt aufbaut. Noch schärfer: Es geht um die Wahrnehmung des schöpferischen Wortes Gottes, das dem einzelnen seine Würde erteilt. Der Mensch soll „die Natur so erhalten und bewahren, daß sie als Medium des Redens Gottes tauglich bleibt."[19] Soll die Arche in diesem Sinn der Bewahrung des Gesamtzusammenhangs der Schöpfung dienen, so wird verständlich, dass der biblische Erzähler sie mit dem Raum zusammensieht, an dem Gottes Wort in der Geschichte Israels vernehmbar wird: So wie die Arche beschrieben wird, entspricht sie in vielfacher Hinsicht der „Stiftshütte", dem Zelt der Begegnung, sowie auch dem Tempel in Jerusalem. Als Ort der Bewahrung der Schöpfung deutet sie voraus auf den Ort, an dem Gott seinem Volk begegnet und in seiner Mitte wohnt.[20]

4. Gottes Treue: Schöpfung und Bund

Projiziert man das Bild des Kosmos, der in der Arche Aufnahme findet, auf die Darstellung des Schöpfungswerkes in Gen 1, wird erkennbar, dass es nur um

---

[19] Peter Stuhlmacher, Die ökologische Krise als Herausforderung an die Biblische Theologie, in: EvTh 48, 1988, 311–329, Zitat 327; ähnlich Hermann Deuser: „Schöpfungsethisch begründet sollen wir Christen (und Menschen) alles tun, was die Gott-Rede in ihrer Welt- und Menschenliebe blühen läßt", aber „nichts tun, was die Gott-Rede in ihrer Welt- und Menschenliebe verdorren läßt" (Schöpfung und Schöpfungsethik. Argumente Amerikanischer Religionsphilosophie [Ch. S. Peirce, W. James, A. N. Whitehead], in: ZEE 33, 1989, 176–185, Zitat 183).

[20] Dazu ausführlich Baumgart (s. Anm. 3), 531–552; außerdem Ebach (s. Anm. 12), 60f.

einen Teil dieses Werkes geht: um Werke des fünften und sechsten Tages. Im strengen Sinne zu bewahren sind diese nur, sofern sie offen bleiben für den übergreifenden Gesamtzusammenhang der Schöpfungswoche, rückwärts ebenso wie nach vorne, im Blick auf die vorausgehenden Schöpfungswerke, von denen sie abhängig sind, ebenso wie im Blick auf die allen gemeinsame Zukunft, an der Ruhe des siebten Tages teilzuhaben. Ob das bewahrende Handeln des Menschen gelingt, liegt somit daran, ob der Schöpfer seinem Werk, das der Mensch nur in Obhut nehmen kann, seinerseits die Treue hält, ob er ihm in schöpferischer Aktivität zugewandt bleibt. Nachdem die Erzählung zunächst gezeigt hat, dass Gott seine Schöpfung nicht ohne ein bewahrendes Handeln des Menschen bewahrt, wird nun deutlich, wie sehr der Mensch angewiesen bleibt auf das fortgesetzte Schöpfungshandeln Gottes (*creatio continua*). Was Noah und die Bewohner der Arche letztlich bewahrt, sind nicht seine Werke, sondern „allein das Vertrauen auf die Barmherzigkeit Gottes"[21].

Die Einkehr in die Arche bezeichnet in der dramatischen Geschehensfolge lediglich eine vorläufige Wendung, die in eine neue Krise hineinführt. Auch das größte Rettungsschiff muss irgendwann zum Gefängnis werden, wenn es nicht wieder an Land setzen und seine Insassen in die Freiheit entlassen kann. Wie wenig selbstverständlich das ist und wie wenig es in der Hand des Menschen liegt, weiß die Erzählung höchst dramatisch darzustellen. Die Initiative zu der zweiten, allererst entscheidenden Rettung liegt ganz auf Seiten Gottes. Er gedachte an Noah und die Tiere in der Arche (Gen 8,1). In diesem Satz wird man die Mitte der Flutgeschichte, ja geradezu das Herz der Urgeschichte überhaupt erkennen können. Indem Gott seiner Geschöpfe gedenkt, gewährt er ihnen Raum nicht nur in der endlichen, von ihm geschaffenen Wirklichkeit, sondern auch in der Ewigkeit seines Lebens. Er hat sie nicht nur einmal ins Sein gerufen, um sie daraufhin sich selbst zu überlassen; er ist kein vergesslicher, sondern ein kraft seines Wortes verlässlicher Gott.[22] Im Gedenken liegt die Unverbrüchlichkeit der Beziehung, in der Gott am Geschick des Menschen teilnimmt und ihn an sich selbst teilhaben lässt (vgl. auch Ps 8,5: „Was ist der Mensch, dass du seiner gedenkst, und des Menschen Kind, dass du dich seiner annimmst?"). Insofern meint es mehr als Erinnerung; mit ihm ist das ursprüngliche Schöpfungswort vergegenwärtigt und in Kraft gesetzt.

Gott kommt durch die Erneuerung seiner Schöpfungswerke den in der Arche vorläufig bewahrten Lebewesen entgegen. Die Werke des fünften und sechsten Tages werden erneut hineingenommen in die Werke der vorausgegangenen Tage. Es beginnt mit der Wiederkehr des Lichtes: Der Wind vertreibt die

---

[21] LUTHER, WA 42, 335,23f: „Hunc [sc. Noah] non opera, sed sola fiducia misericordiae Dei, ad quam verbum promissionis eum vocabat, conservat."

[22] Vgl. HORST SEEBASS, Genesis I. Urgeschichte (1,1–11,26), Neukirchen-Vluyn 1996, 216: „Gottes Verläßlichkeit mußte [...] auch nach der Katastrophe des Exils alle Ungewißheit über die Zukunft nehmen, denn Gottes Erinnern ist nicht bloß Gedanke [...], sondern Tat."

dunklen Regenmassen (Gen 8,1). Das mit Bedacht eingesetzte Fenster der Arche kann geöffnet werden. Nun werden erneut die Wasser geschieden und das Festland kann hervortreten. Aber auch damit ist die Rettung noch nicht gesichert. Die Erde muss wieder wie am dritten Schöpfungstag Pflanzen und Bäume hervorbringen. Wenn Noah mehrfach nacheinander Vögel aussendet, von denen erst der dritte mit dem Hoffnungszeichen des Ölblatts zurückkehrt, so ist damit überaus spannungsvoll die Angewiesenheit des Menschen auf die Mitkreatur zum Ausdruck gebracht. In der Szene der mit dem Zweig zurückkehrenden Taube verdichtet sich zu einem Bild, was Johann Georg Hamann in den bereits zitierten Satz gefasst hat: Schöpfung sei Rede Gottes „an die Kreatur durch die Kreatur"[23]. Dass Gott an den Menschen denkt, bedeutet also nicht dessen Herauslösung aus dem Kontext der übrigen Schöpfungsgeschichte. Die Zuwendung des Schöpfers teilt sich dem Menschen vielmehr im Medium durchaus weltlicher Erfahrungen mit.

Die Situation in der Arche eignet sich in besonderer Weise als Erschließungssituation der Wahrheit des Schöpfungsglaubens. Sie ähnelt in mancherlei Hinsicht der Situation „im Bauch des Fisches", in der Gerhard Liedke „unsere[n] Ort in der Schöpfung – heute"[24] erkannt hat. So unterschiedlich die Vorgeschichte in beiden Fällen, bei Noah und bei Jona, ist, das Gefühl des Eingeschlossenseins und die „Erstickungsangst"[25] stellen sich hier wie dort ein. Es ist die Grundangst, der der Mensch nicht entfliehen kann und die durch keine noch so große menschliche Anstrengung zu verarbeiten, zu überwinden ist. Es ist nicht Sache der technologischen Vernunft, diese Gefangenschaft aufzuheben. Dazu bedarf es vielmehr der Öffnung zu einer nicht technologisch bestimmten Wahrnehmung der Schöpfung,[26] um eine erneute Erfahrung der Geschöpflichkeit. Tragisch aber müsste die Geschichte ausgehen, wenn der Mensch das Fenster, durch das ihm die Rettung zuteilwerden könnte, ängstlich verschlossen hält, um sich ganz dem weiteren Ausbau seiner Welt zu widmen.

Die Situation „im Bauch des Fisches" ist freilich „nicht nur die Drohung des Grabes, das Eingeschlossensein in den gnadenlosen Folgen unserer Erdherrschaft; es ist auch der Beginn der Rettung"[27], jedoch durch den Tod hindurch. In der Taufsymbolik treffen die Sintflut- und die Jonageschichte zusammen. Die frühe Kirche hat sich die Noahgeschichte unter dem Motiv einer Rettung „durchs Wasser hindurch" (1Petr 3,20) zu eigen gemacht. Die zu Rettenden müssen in bestimmter Hinsicht sterben, d. h. sich selbst, ihrem sündigen „Dichten und Trachten" absterben. Nur vordergründig ist die Differenz zwischen dem

---

[23] S.o. Anm. 7.
[24] LIEDKE (s. Anm. 2), 209.
[25] Ebd., 211.
[26] Anregend in dieser Hinsicht: CHRISTIAN LINK, Die Spur des Namens. Wege zur Erkenntnis Gottes und zur Erfahrung der Schöpfung, Neukirchen-Vluyn 1997, 121-194; immer noch lesenswert: WERNER ELERT, Das christliche Ethos. Grundlinien der lutherischen Ethik, Tübingen 1949, 408–418 („Die Schönheit der Welt").
[27] LIEDKE (s. Anm. 2), 211.

in der Sintflut untergehenden Menschengeschlecht und der Familie Noahs damit bezeichnet, dass die einen sterben müssen, während die anderen vor dem Tode bewahrt werden.

Es ist hier ein zweifacher, paradox anmutender Sachverhalt zu bedenken. Zum einen: Wenn die zu Rettenden einer verschärften Todeserfahrung, nämlich der Angst der Verlorenheit, des Eingeschlossenseins, des Von-Gott-getrennt-Seins ausgesetzt werden, so führt das auf die Erkenntnis, dass ihr Überleben gerade nicht ein Weiterleben kraft eigener Möglichkeiten ist, sondern vielmehr das Widerfahrnis der Gnade Gottes, der den Menschen als Geschöpf in sein Schöpfungswerk hineinnimmt. Die Geretteten sind die Menschen, die sich auf die ihnen zuvor- und entgegenkommende Gnade einzulassen bereit sind, die durch das Band des Glaubens mit ihrem Schöpfer verbunden sind. Von der Bedingungslosigkeit der Gnade ist jedoch nicht nur im Blick auf sie zu sprechen, sondern zum anderen auch im Blick auf diejenigen, die sich der Rettung verschließen. Der Abschluss der Sintflutgeschichte macht in einer anstößig erscheinenden Inkonsequenz deutlich, dass Gottes Schöpfergüte auch denen gilt, die sich in ihrer Sünde von ihm abwenden (Gen 8,21). Gott hält trotz der Sünde an seinem Schöpfungswerk fest. Er bindet sich in dem, was er tut. Er bleibt sich selbst treu. Das ist der Sinn des Bundes, mit dem die Noahgeschichte abschließt und der als universaler Bund eben nicht nur ein Bund mit den „Gerechten" ist.

Sieht man in dem Bund, den Gott mit dem Menschen und mit „allem lebendigen Getier" (Gen 9,15) schließt das Ziel der Urgeschichte, so kommt hier zum Ausdruck, woraufhin die Schöpfung angelegt ist. Noch schärfer gesagt: Der Wille Gottes zur Gemeinschaft liegt seiner Schöpfung zugrunde. Vor allem Karl Barth hat in diesem Sinne den Zusammenhang von Schöpfungsgeschichte und Bundesgeschichte herausgestellt.[28] Auch Peter Brunner, der aus der Perspektive lutherischer Theologie Barths Dogmatik einer scharfen Kritik unterzogen hat, stimmt in der Schöpfungslehre mit Barth überein:

> „Die Erschaffung im Anfang ist die Eröffnung einer Geschichte zwischen Gott und der Kreatur, die durch und durch Geschichte der Verwirklichung des von Gott in Ewigkeit gewollten seligen Lebens der Kreatur, also Heilsgeschichte ist. [...] Die Schöpfung ist die Eröffnung dieses Gemeinschaftsverhältnisses, wenn auch noch nicht seine Vollendung."[29]

---

[28] KARL BARTH, Die Kirchliche Dogmatik, Bd. III/1: Die Lehre von der Schöpfung, Teil 1, Zollikon-Zürich 1945, § 41: „Die Schöpfung als äußerer Grund des Bundes" – „Der Bund als innerer Grund der Schöpfung".

[29] PETER BRUNNER, Gott, das Nichts und die Kreatur. Eine dogmatische Erwägung zum christlichen Schöpfungsglauben (1960), in: DERS., Pro ecclesia. Gesammelte Aufsätze zur dogmatischen Theologie, Bd. 2, Berlin/Hamburg 1966, 31–49, Zitat 36.

Es liegt auf dieser Linie, wenn Oswald Bayer prägnant formuliert: „Schöpfung ist Stiftung und Bewahrung von Gemeinschaft."[30] Das Gemeinschaftsverhältnis, das mit der Schöpfung gestiftet und durch den Bundesschluss bewahrt wird, ist durch das Wort vermittelt. In dieser Erkenntnis liegt der Ansatzpunkt der Lehre von der Schöpfungsmittlerschaft Jesu Christi, wie sie vor allem in der Auslegung des Johannesprologs entwickelt worden ist (vgl. weiterhin 1Kor 8,6; Eph 1,4; Kol 1,15–23; Hebr 1,3; Joh 19,30).[31] In ihr liegt sodann auch die Begründung für die schon in der Alten Kirche entwickelte Deutung der Noahgeschichte als prototypische Darstellung der Kirche. So wie Noah das dem Menschen gebotene Werk zur Rettung der Geschöpfe tut, so ist es auch das Mandat der Kirche, „mitten in der Welt der Sünde als die Kirche der begnadigten Sünder"[32] durch die Mittel von Wort und Sakrament die heilvolle Gottesgemeinschaft zu vermitteln. In diesem Sinn ist nicht nur die römisch-katholische, sondern auch die evangelische Kirche als ‚Heilsanstalt' zu verstehen. Sie ist, um noch einmal Peter Brunner zu zitieren, „die Arche des Heils"[33].

5. Die Verantwortung des Menschen im Horizont des Gerichts

In Gen 9 meint Bund primär eine einseitige Zusicherung Gottes, die zwischen ihm und seiner Schöpfung, der Menschheit, den Tieren und der Erde, gelten soll, ohne dass auf deren Seite irgendeine Bedingung zu erfüllen oder eine Gegenleistung zu erbringen wäre.[34] Diese Einseitigkeit tritt besonders krass dort hervor, wo das Bundeszeichen des Regenbogens den Gedanken einer gegenseitigen Verpflichtung nahelegt. Betont ist hier nämlich allein, dass Gott sich durch das Zeichen an seine Zusicherung erinnern lässt (Gen 9,15f). Claus Westermann trifft den Skopus der Erzählung vom Bundesschluss, wenn er formuliert: „Die Bewahrung der Menschheit und die Bewahrung des Lebens liegt vollkommen und bedingungslos bei Gott: Er denkt daran."[35]

---

[30] Oswald Bayer, Schöpfer/Schöpfung VIII. Systematisch-theologisch, in: TRE 30, 326–348, Zitat 328.
[31] Zum Verständnis der Schöpfungsmittlerschaft Jesu Christi vgl. von Lüpke, Anvertraute Schöpfung (s. Anm. 1), 84–91; Wolfgang Schoberth, „Es ist alles durch ihn und zu ihm geschaffen" (Kol 1,16). Zum Sinn der Lehre von der Schöpfungsmittlerschaft Christi, in: ders., Die Erfahrung der Welt als Schöpfung. Studien zur Schöpfungstheologie und Anthropologie, hg. v. Nadine Hamilton, Leipzig 2017, 125-155.
[32] Die Barmer Theologische Erklärung, These 3.
[33] Brunner, Vom Wesen der Kirche (1963), in: Pro ecclesia, Bd. 2 (s. Anm. 29), 283–294, Zitat 290.
[34] Vgl. Westermann (s. Anm. 17), 630f.
[35] Ebd., 635.

Der Bund, den Gott mit Noah schließt, kann auf eine doppelte Weise missverstanden werden: nicht nur, wenn er in einen menschlichen Bundesschluss übersetzt wird, dessen Bestand abhängig ist von der moralischen Anstrengung seiner Partner, sondern auch dann, wenn die Bundesverpflichtung Gottes gleichsam als eine Entpflichtung des Menschen ausgelegt wird. Dass Gott „sich als Schöpfer und Erhalter der Welt unabhängig von den moralischen Urteilen und von der moralischen Beschaffenheit seines Geschöpfes"[36] macht, bedeutet nicht die Billigung jener sündhaften Unabhängigkeit des Menschen, in der dieser sich die Beständigkeit der Welt voraussetzt, ohne sein Tun und Lassen kritisch an der Gegenwart göttlichen Schöpfungshandelns auszurichten. Noch einmal anders gesagt: Dass die Bewahrung der Schöpfung „vollkommen und bedingungslos"[37] bei dem Schöpfer liegt, entlässt den Menschen ja nicht aus seiner auf dem Felde der Schöpfung wahrzunehmenden Verantwortung, sondern qualifiziert diese vielmehr zu einer geschöpflichen, vor dem Schöpfer wahrzunehmenden Verantwortung.[38]

Zu der Wirklichkeit des Bundes gehört auch die Inanspruchnahme des Menschen, wie sie sich in seiner Segnung und Bevollmächtigung ausdrückt (Gen 9,1–7). Im Vergleich zu der ursprünglichen Beauftragung, die uns in Gen 1,28 und 2,15 vorliegt, ist die durch das Faktum der Sünde eingetretene Veränderung offenkundig. Die Gewalt, von der die Erde vor der Sintflut erfüllt war (Gen 6,11), bestimmt auch die Wirklichkeit der aus der Sintflut herausgerufenen neuen Schöpfung, die eben dadurch – in anderer Perspektive betrachtet – den Charakter der alten, auf ihre Erlösung sehnsüchtig wartenden Welt (Röm 8,18–25) erhält. Gleichwohl ist dem Menschen, der aus der Sintflut gerettet ist, die Aufgabe gestellt, die Gewalt zu begrenzen. In zweifacher Hinsicht wird er auf ein unbedingt zu Bewahrendes verwiesen.

Als erstes ist das Verbot des Blutgenusses genannt (Gen 9,4). Im Unterschied zur ursprünglichen Ordnung von Gen 1,29f ist nun zwar auch tierische Nahrung dem Menschen erlaubt. Aber ebenso wie in Gen 2,16f tritt zu der Freigabe eine Ausschlussbestimmung, die der Bewahrung des Lebens dient. Dem Griff nach dem Baum der Erkenntnis des Guten und Bösen entspricht hier das Verzehren des Fleisches mit seiner Seele, seinem Blut (Gen 9,4). In beiden Fällen verfehlt man den Sinn des Verbots, wenn man in dem Ausgeschlossenen einen Teil des Ganzen sieht, das zuvor dem Menschen eingeräumt wird, als ob es um eine nachträgliche Einschränkung der Erlaubnis ginge. Was dem Menschen vorenthalten wird, ist vielmehr der Punkt, in dem das Ganze seines Lebensraumes gründet, den sich aneignen zu wollen für ihn als endlichen Menschen nur bedeuten kann, das Ganze zu verlieren. Die Einweisung in die

---

[36] TRUTZ RENDTORFF, Vielspältiges. Protestantische Beiträge zur ethischen Kultur, Stuttgart/Berlin/Köln 1991, 141.
[37] WESTERMANN (s. Anm. 17), 38.
[38] Vgl. CHRISTIAN LINK, Der Mensch als Geschöpf und als Schöpfer, in: JÜRGEN MOLTMANN (Hg.), Versöhnung mit der Natur? (Kaiser Traktate 92), München 1986, 15–47, insbes. 43–47 („Die Struktur der geschöpflichen Verantwortung").

Grenzen der Geschöpflichkeit verwehrt nicht ein Gut, das als Gewinn in diese Grenzen einholbar wäre, dem Geschöpf Mensch wirklich zugutekommen könnte. Sie will den Menschen vielmehr davor bewahren, sich selbst – in der Doppeldeutigkeit des Wortes – das Leben zu nehmen.

In dem Verzicht auf den Blutgenuss drückt sich der Respekt vor der Seele des Tieres aus. Mit dem Begriff der Seele, der nicht ohne Grund voransteht und appositionell durch den des Blutes erklärt wird, ist auf das Leben als ein von Gott geschaffenes verwiesen. Seele meint nicht etwas, was die Tiere haben, sondern vielmehr das, was sie von Gott her sind (vgl. Gen 1,20.24.30). Wenn der Mensch die Tiere töten und ihr Fleisch essen darf, so soll er doch nicht die Ursprungsbeziehung, in der das Tier sein Leben empfangen hat, abbrechen. Paradigmatisch wird die Grenze des Verfügbaren gewahrt, wenn in der rituellen Schlachtung das Blut wieder der Erde, aus der Gott die Tiere als lebendige Seelen hervorgerufen hat (Gen 1,24), zurückgegeben wird. Man mag mit guten Gründen diesen Schlachtritus für problematisch halten. Man hat sich dadurch jedoch nicht der Aufgabe entledigt, in anderer Form den Respekt vor der Wirklichkeit des Lebens als einer von Gott geschaffenen Wirklichkeit zu erweisen.[39] Dass dem Menschen ein Tötungsrecht zur Befriedigung seines Nahrungsbedürfnisses eingeräumt wird, rechtfertigt jedenfalls nicht den totalitären Ausgriff, in dem der Mensch tendenziell das Ganze der Schöpfung nach dem bloßen Nutzwert beurteilt, sich aneignet oder nach dem Maßstab des eigenen Interesses umschafft.

Auf das Verbot des Blutgenusses folgt eine auf die Achtung menschlichen Lebens bezogene Verschärfung: Menschliches Blut darf überhaupt nicht vergossen werden. Auch dieses Verbot wird streng schöpfungstheologisch begründet. Unbedingt zu bewahren ist menschliches Leben eben deswegen, weil Gott den Menschen zu seinem Bilde geschaffen hat (Gen 9,6; vgl. 1,26f). In der Verschärfung des Verbots spiegelt sich somit die besondere Auszeichnung des Menschen vor den übrigen Geschöpfen. Sind diese in ihrer geschöpflichen Würde derart zu achten, dass der Mensch sich der Aneignung ihrer lebendigen Seele enthält, so gilt die Unverfügbarkeit des Menschen für den Menschen aufgrund seiner Gottebenbildlichkeit für seine gesamte leiblich-seelische Natur. Sowohl im Blick auf die Tiere als auch im Blick auf den Menschen gilt es, eine Seinsbeschaffenheit zu bewahren, die nur als Geschaffensein, als Bezogensein auf das schöpferische Wort Gottes angemessen zu verstehen ist. In beiderlei Hinsicht ist die vom Menschen unbedingt einzuhaltende, insofern ethisch bedeutsame Grenze Ausdruck einer theologischen Erkenntnis. Gerade die Einsicht, dass der Schöpfer seinen Geschöpfen Leben zusagt (*creatio continua*), nimmt den Menschen in die Pflicht, sich in Ehrfurcht, Behutsamkeit und Enthaltsamkeit auf die Gegenwart des schöpferischen Wortes in aller Kreatur einzustellen.

---

[39] Vgl. HEIKE BARANZKE, Schächten zwischen Tierschutz und Religionsfreiheit. Versuch einer interkulturellen Annäherung im Zeichen der Humanität, in: Scheidewege 34, 2004/05, 64–81.

Das Vertrauen auf das fortwirkende Handeln des Schöpfers in seiner Schöpfung ist somit als ein auf das Wort Gottes hörendes und ihm antwortendes, als ein verantwortliches Vertrauen zu bestimmen. Auf die Beständigkeit der Schöpfung zu vertrauen, heißt auf die Treue des in ihr wirkenden Schöpfers zu vertrauen. Zum rechten Vertrauen gehört somit, dass Gott als ein Subjekt respektiert wird, dem der Vertrauende Macht auch über sein eigenes Verhalten einräumt. Das bedeutet nicht, dass „Aussagen über Gottes Schöpfung erst durch Aktivitäten des frommen und moralischen menschlichen Subjektes validiert werden"[40], wohl aber, dass die Validität menschlicher Aktivitäten im Umgang mit der Natur davon abhängig ist, ob in ihnen respektiert wird, was Gott menschlicher Verfügungsgewalt prinzipiell entzogen hat. Gerade die Einsicht in das, was der Mensch dem schöpferisch bewahrenden Handeln Gottes überlassen darf und soll, hat Konsequenzen im Blick auf sein eigenes Tun und Lassen.

Sieht man die Aufgabe der Theologie darin, „den Sinn der Rede von Gottes Schöpfung so zu formulieren, daß das Gutsein der Schöpfung auch gegen alle denkbaren Destruktionen unserer Lebenswelt festgehalten wird"[41], so ist zweierlei zu betonen: Auf der einen Seite ist mit der Möglichkeit zu rechnen, dass der Mensch sein Zerstörungswerk in jeder nur denkbaren Weise weitertreibt, dass er, so wie er des Brudermordes fähig ist, grundsätzlich auch das Leben der Gattung Mensch und die belebte Natur überhaupt zu vernichten vermag. „Das Gutsein der Schöpfung" besteht nicht in ihrer Unzerstörbarkeit. Auf der anderen Seite ist dann die Behauptung der guten Schöpfung so zuzuspitzen, dass sie den Bruch des vom Sünder bewirkten Todes nicht ausklammert, sondern als Gericht der Sünde zur Sprache kommt.[42] „Das Gutsein der Schöpfung" meint insofern nicht ein „alle[n] denkbaren Destruktionen unserer Lebenswelt" Enthobensein, sondern ein dem Widerspruch der Sünde und des Todes ausgesetztes, unter ihm verborgenes und der Macht des Bösen konkret widersprechendes Gutsein. Wenn der christliche Glaube sich zu Jesus Christus als dem Schöpfungsmittler bekennt (vgl. Kol 1,15–17), so gibt er auch zu bedenken, dass Gott gerade auf dem Weg des Leidens, bis zum Tode am Kreuz (vgl. Phil 2,8), für

---

[40] So der Vorwurf von RENDTORFF, Wessen Krise? Zur Diskussion über „Bewahrung der Schöpfung", in: ZEE 33, 1989, 235–237, Zitat 236.

[41] FRIEDRICH WILHELM GRAF, Von der creatio ex nihilo zur „Bewahrung der Schöpfung". Dogmatische Erwägungen zur Frage nach einer möglichen ethischen Relevanz der Schöpfungslehre, in: ZThK 87, 1990, 206–223, Zitat 223.

[42] Dass der christliche Schöpfungsglaube seine Wahrheit nur im Durchgang durch das Gericht behaupten kann, stellt nachdrücklich OSWALD BAYER heraus: Schöpfung als Anrede (s. Anm. 7), 169–184 (Staunen, Seufzen, Schauen. Affekte der Wahrnehmung des Schöpfers).

seine Schöpfung eintritt, die sündhafte Verkehrung des Menschen richtend und die Güte der Schöpfung allererst eröffnend.[43]

Wer theologisch verantwortlich von der im Schöpfungswerk gründenden Würde des Menschen reden will, muss mit ihrer Unantastbarkeit zugleich auch ihre tiefe Verletzlichkeit bedenken. Dass auch der durch Menschenhand ermordete Mensch seine ihm von Gott verliehene Würde behält, ist als solche noch keine zynische Aussage. Zum Zynismus wird sie erst dann, wenn sie als eine den Mörder entlastende Aussage verwandt wird, wenn sie die Notwendigkeit, das mörderische Verhalten zu richten, außer Acht lässt. Sollte Analoges nicht auch im Blick auf den Umgang mit der Schöpfung überhaupt zu sagen sein? Dass der Mensch der Schöpfung „die geschöpfliche Disposition" nicht nehmen könne[44], ist nur dann theologisch verantwortlich gesagt, wenn bewusst wird, wie sehr der Mensch als Sünder der „geschöpflichen Disposition" zuwiderhandelt. So wenig er vernichten kann, was die Geschöpfe im Schöpfungsgedanken Gottes sind, so sehr ist er doch in der Lage, die Schöpfungswerke in ihrer Existenz nicht nur zu gefährden, sondern auch zu vernichten. Der Zynismus muss sich dann einstellen, wenn dem Hinweis auf die unzerstörbare „geschöpfliche Disposition" jegliche richtende, den Menschen in seinem Zerstörungswerk verurteilende und zurechtweisende Bedeutung bestritten wird.

Der Bund von Gen 9, der in der Selbstverpflichtung Gottes gründet, ist somit auch als ein das menschliche Selbstverständnis und Verhalten forderndes und richtendes Verhältnis auszulegen. Gott setzt ein Beziehungsgefüge, in dem der Mensch mit aller Kreatur der Bundeszusage Gottes unterstellt (vgl. Gen 9,9f.12.15-17) und damit auch zur Wahrnehmung der Mitkreatur in ihrer Bestimmtheit durch das gegenwärtige Handeln des Schöpfers verpflichtet ist. Man mag darüber streiten, ob die Theologie auf den Begriff der Schöpfungsordnungen, nachdem er durch ideologischen Missbrauch diskreditiert worden ist, verzichten soll oder ob sie ihn retten kann. Nicht strittig sollte jedoch sein, dass ihr im Duktus der Lehre von der *creatio continua* das Problem, das unter diesem Begriff zur Debatte steht, unausweichlich gestellt ist. Redet man von der Präsenz des Schöpfungswortes in der durch die Sünde geprägten Welt, muss man auch das aktuelle Bestimmtwerden und Gebundensein des Menschen durch das ihn eben nicht nur transzendental bedingende, sondern auch in bestimmter Gestalt begegnende, richtende Wort bedenken. Zur Wirklichkeit des Bundes gehören unabdingbar auch Bindungsstrukturen, die der Mensch, gerade weil er sie nicht schöpferisch zu setzen vermag, unbedingt zu bewahren hat. Der naheliegende Einwand, der auf die gefährliche Identifikation solcher Bindungsstrukturen mit bestimmten geschichtlichen Ordnungen, Institutionen hinweist, ist notwendig, insofern er dazu zwingt, innerhalb der Bindungen immer wieder die Unterschiedenheit von Gott und Mensch zur Geltung zu bringen.

---

[43] Hier ist aufzunehmen, was JÜRGEN MOLTMANN zur Einheit von Aktion und Passion im geschichtlichen Schaffen Gottes ausgeführt hat: Gott in der Schöpfung. Ökologische Schöpfungslehre, München ²1985, 217f.

[44] GERHARD SAUTER, Was heißt: nach Sinn fragen? Eine theologisch-philosophische Orientierung (Kaiser Traktate 53), München 1982, 68.

Dieser Einwand verfehlt jedoch sein berechtigtes theologisches Anliegen, wenn er den Unterschied von Gott und Mensch derart prinzipiell versteht, dass ein konkretes Eingebundensein des Menschen in eine von Gott geschaffene Wirklichkeit nicht mehr aussagbar ist und damit auch die Aufgabe obsolet wird, die Unterscheidung von Gott und Mensch als Kritik an der menschlichen Praxis konkret zu vollziehen. In solcher Kritik wird das Jüngste Gericht nicht vorweggenommen. Es wird aber das Bewusstsein wachgehalten, dass Gott seine Schöpfung auf das Gericht hin erhält, um hier und jetzt zur Umkehr zu rufen (vgl. Röm 2,4; 9,22f; 1Kor 1,8).

5. Kapitel: Der behinderte Mensch als Bild Gottes

1. Der lebendige Gott: „behindert und göttlich"?

Der lebendige Gott, den die Bibel bezeugt und zur Sprache kommen lässt, erweist sich darin als lebendig, dass er reden, sehen, hören, riechen, greifen, laufen kann. So menschlich, so anthropomorph von Gott zu reden ist ebenso anstößig wie problematisch, und das in zweifacher Hinsicht: zum einen wenn Gott auf diese Weise vermenschlicht wird und also in seiner Göttlichkeit unterbestimmt bleibt, zum anderen wenn mit der Vorstellung eines Gottes in Menschengestalt ein bestimmtes Bild des Menschen vergöttlicht wird – mit der problematischen Konsequenz, dass nicht alle Menschen an dem so verstandenen Göttlichen teilhaben. In diesem Sinn könnte die anthropomorphe Gottesrede, die Gottes Vollkommenheit leiblich auslegt, exklusiv verstanden und damit, wie die folgenden Überlegungen zeigen wollen, missverstanden werden. Denn der lebendige Gott ist gerade darin vollkommen, dass er sich inklusiv auf alles von ihm geschaffene Leben zu beziehen vermag. Als der Schöpfer lebendiger Wesen, die sich in unterschiedlicher und unterschiedlich eingeschränkter Weise bewegen können und in unterschiedlicher und unterschiedlich eingeschränkter Weise über Fähigkeiten der sinnlichen Wahrnehmung und der Sprache verfügen, ist der lebendige Gott in gesteigertem, alles umfassendem Maße ein sich bewegendes, wahrnehmendes und redendes Wesen. „Der das Ohr gepflanzt hat, sollte der nicht hören? Der das Auge gemacht hat, sollte der nicht sehen?" (Ps 94,9) Der Schöpfer, der den Menschen in dieser Leiblichkeit, Sinnlichkeit und Kommunikationsfähigkeit lebendig sein lässt, vermag sich selbst in durchaus leiblicher, sinnlicher und kommunikativer Weise auf seine Schöpfung zu beziehen. Zu seiner Gottheit gehört diese Leiblichkeit wesentlich hinzu.

Der so lebendige Gott ist keineswegs „behindert", wenn man denn unter dem Stichwort „Behinderung" an Einschränkungen, Defizite und Verluste des Wahrnehmungsvermögens, der Bewegungsfreiheit und der Kommunikationsfähigkeit denkt. Man nehme als Beispiel die Sinnesorgane Augen und Ohren. Während diese bei Menschen unterschiedlich ausgebildet und mehr oder weniger funktionsfähig sind, ist der Schöpfer, der Augen und Ohren gemacht hat, im ‚Vollbesitz' seines Wahrnehmungsvermögens: er ist stets wach – „der Hüter Israels schläft und schlummert nicht" (Ps 121,4). Eben in dieser Vollkommenheit seiner leiblichen Präsenz unterscheidet er sich von allen Menschen und von allen ‚Göttern', die von Menschen gemacht sind. Diese Götzen haben zwar „Mäuler, Augen, Ohren, Nasen, Hände und Füße", können aber mit diesen Organen doch nicht am Leben teilnehmen und kommunizieren (Ps 115,4-8). Was Menschen sich ausdenken und was dann in Gottesbildern sowie auch in Gottesbegriffen Ausdruck und Gestalt gewinnt, vermag das Sein des lebendigen Gottes weder zu erfassen noch zu reproduzieren. Von Menschen gedacht und gemacht, sind diese Götzen Mängelwesen. Zwar werden sie als Idealgestalten entworfen, um Mängel des Menschen auszugleichen. Aber als bloße Abbilder dessen, was Menschen sich als göttliches Wesen vorstellen, sind sie doch unfähig, sich auf den Menschen zu beziehen. In der Sicht der prophetischen Kritik erscheinen sie als teilnahmslos, beschränkt und in diesem Sinn als „behindert". Eben deswegen ziehen sie den Spott auf sich. Beispielhaft sei nur an die Spottrede Elias erinnert, der die auf dem Berg Karmel versammelten Baalspriester auffordert: „Ruft laut! Denn er ist ja ein Gott; er ist in Gedanken oder hat zu schaffen oder ist über Land oder schläft vielleicht, dass er aufwache." (1Kön 18,27) Dieser „Gott" scheint gerade außer Dienst zu sein oder ist verhindert; und gerade das erweist ihn als Götzen; „da war keine Stimme noch Antwort noch einer der aufmerkte." (1Kön 18,29) Da war kein lebendiger Gott, kein Gott, der Leben schafft und am Leben teilnimmt. Insbesondere im Buch des Propheten Jesaja finden sich weitere Beispiele, die das Unvermögen der „Götzen" und die Dummheit derer, die sie anbeten, drastisch herausstellen: „Keine Erkenntnis haben, die sich abschleppen mit den Klötzen ihrer Götzen und zu einem Gott flehen, der nicht helfen kann." (Jes 45,20)

Die Unterscheidung zwischen dem einen Gott, der einzig und allein so genannt zu werden verdient, und den so genannten Göttern, die es doch nicht sind, will zur rechten Gotteserkenntnis verhelfen. In ihrer Durchführung erweist sie sich freilich als schwierig. Nachdenklich muss es bereits stimmen, dass der Spott, der in den zitierten Prophetenworten den Götzen gilt, im Neuen Testament Jesus trifft und in ihm auch den Gott, den er als seinen Vater anruft und mit dem er als Sohn aufs Engste verbunden ist: „Hilf dir selber, wenn du Gottes Sohn bist" (Mt 27,40; Mk 15,30; Lk 23,37.39). Auch hier ist es wieder das Unvermögen zu helfen, das den Anspruch auf gottgleiche Autorität widerlegen soll. Es ist mithin keineswegs eindeutig, worin die Macht des lebendigen Gottes besteht und bei wem sie zu finden ist. Nicht nur der verspottete Baal scheint außer Landes zu sein; auch der Gott, für den Jesus in Wort und Tat eintritt, ist nicht immer zur Stelle, wo er erwartet wird. Es wäre somit wohl allzu einfach, würde man das Adjektiv „behindert" nur auf die falschen Götter beziehen, um im Gegensatz zu ihnen das wahrhaft göttliche Sein als unbehindertes Sein zu definieren. Und wenn man den Begriff „Mängelwesen", der in der Anthropologie zur Beschreibung des Menschen eingeführt ist,[1] auch in theologischen Zusammenhängen verwendet, dann ist durchaus fragwürdig, auf wen dieser Begriff zutrifft und was mit ihm gemeint ist. Dass die Götzen „Mängelwesen" sind, weil sie über die ihnen zugeschriebenen

---

[1] Vgl. WOLFHART PANNENBERG, Anthropologie in theologischer Perspektive, Göttingen 1983, 36–38 (zu ARNOLD GEHLEN).

Fähigkeiten nicht verfügen, ist ebenso offenkundig, wie es andererseits doch anfechtbar und umstritten ist, ob der Gott der biblischen Überlieferung frei ist von allen Mängeln, Einschränkungen und Behinderungen.

Ist der Gott, dessen Wort in der Bibel zu finden ist, wirklich unbehindert, wenn er doch den Beschränktheiten dieser irdischen, endlichen Welt keineswegs enthoben ist, sondern vielmehr in ihr wirkt und in seinem Wirken die kreatürlichen Schranken nicht einfach aufhebt? „Unser Gott ist im Himmel; er kann schaffen, was er will" – heißt es in Ps 115,3. Wirkt er aber als der Vater im Himmel auch hier auf Erden und erweist er seine Macht gerade in dem Menschen Jesus bis hin zum Tode am Kreuz, dann legt es sich nahe, von einem Gott zu reden, der sich behindern lässt und darin zum „behinderten Gott" wird. So formuliert Ottmar Fuchs: In Jesus, auf seinem Weg zum Kreuz, wird Gott „einer der Geringsten", „lässt er sich behindern" und ist er somit in dieser Geschichte „ein Behinderter unter Behinderten"[2]. Kurz: Der Gott, der den Tod am Kreuz erleidet, erweist sich als „der behinderte Gott". Eben unter diesem programmatischen Titel hat 1994 die US-amerikanische Theologin Nancy L. Eiesland einen befreiungstheologischen Entwurf veröffentlicht, der zu einer radikalen Umkehr in der Wahrnehmung „behinderter" Menschen und zugleich zu einem Umdenken in der Gotteslehre auffordert.[3] Auch bei ihr ist das Verständnis Gottes wesentlich christologisch geprägt. Den entscheidenden Impuls verdankt sie der Erzählung vom auferstandenen Christus, der sich von seinen Jüngern an Händen und Füßen anfassen und erkennen lässt (Lk 24,36–39). Der Auferstandene wird „erkannt als Gottheit, deren Hände, Füße und Seite die Zeichen deutlicher körperlicher Versehrtheit tragen"[4]. Gerade als der verwundete, verletzte Christus vermag er Menschen mit Behinderung nahe zu kommen, löst er „Gottes Verheißung ein, Gott würde mit uns sein, Leib geworden wie wir sind – behindert und göttlich"[5].

„Behindert und göttlich" zugleich – man kann in dieser Formulierung aufgenommen finden, was im altkirchlichen Bekenntnis als Einheit von Gott und Mensch in Jesus Christus behauptet wird. Hat der Sohn Gottes in Jesus Christus

---

[2] Zitiert nach ULF LIEDKE, Beziehungsreiches Leben. Studien zu einer inklusiven theologischen Anthropologie für Menschen mit und ohne Behinderung, Göttingen 2009, 97.
[3] NANCY L. EIESLAND, The Disabled God. Towards a Liberatory Theology of Disability, Nashville 1994; kurzgefasst: DIES., Dem behinderten Gott begegnen. Theologische und soziale Anstöße einer Befreiungstheologie der Behinderung, in: STEPHAN LEIMGRUBER/ANNABELLE PITHAN/MARTIN SPIECKERMANN (Hg.), Der Mensch lebt nicht vom Brot allein. Forum für Heil- und Religionspädagogik, Münster 2001, 7–25. Zu diesem Entwurf und zu kritischen Anfragen vgl. JOHANNES EURICH, Gerechtigkeit für Menschen mit Behinderung. Ethische Reflexionen und sozialpolitische Perspektiven, Frankfurt a.M./New York 2008, 347–355. Weitere Beiträge zur Rezeption und Diskussion der Thesen finden sich auch in dem Sammelband: ILSE FALK u.a. (Hg.), So ist mein Leib. Alter, Krankheit und Behinderung – feministisch-theologische Anstöße, Gütersloh 2012.
[4] EIESLAND, Dem behinderten Gott begegnen (s. Anm. 3), 10f.
[5] Ebd., 10.

den wirklichen Menschen angenommen, dann gehört dazu „auch das behinderte, kranke, schwache, hilflose und lebensunfähige Menschsein"[6]. Menschwerdung Gottes heißt somit nicht Vergöttlichung des Menschen als Steigerungsform menschlichen Vollkommenheitsstrebens; sie vollzieht sich vielmehr als Eingehen Gottes in die Gebrochenheit menschlicher Existenz, als Anteilnahme an ihrer Endlichkeit und Sterblichkeit. Das bedeutet: „Jeder Mensch, wie behindert er auch ist, nimmt durch sein Leben an dem göttlichen Leben teil."[7] In dieser Hinsicht wird die Differenz zwischen „Behinderten" und „Nicht-Behinderten" grundsätzlich aufgehoben. Die Teilhabe am göttlichen Leben geschieht nicht nach Maßgabe menschlichen Vermögens, als ob die „Starken" dem Reiche Gottes näher wären als die „Schwachen". Wie insbesondere die Seligpreisungen (Mt 5,3–10) deutlich machen, ist es eher umgekehrt das „arme", bedürftige, in aller Fragmentarität aber auch eigentümlich starke Menschsein, dem das Reich Gottes zugesagt wird. In diesem Zusammenhang gewinnt die Rede von einem „behindert und göttlich zugleich" ihren guten Sinn.

Aber heißt das auch, dass das Adjektiv „behindert" zum Gottesprädikat wird? Gewiss: Das Sein des lebendigen Gottes ist nach dem biblischen Zeugnis nicht ohne seine Leiblichkeit zu denken. Und weiterhin: Leiblichkeit Gottes, so wie sie in der Inkarnation des Sohnes Gottes in Jesus Christus konkret wird, ist nicht zu denken ohne Züge der Verletzung und Behinderung. Gerade dort, wo der Sohn Gottes auf dem Weg zum Kreuz sich gefangen nehmen, binden und in diesem Sinn behindern lässt, betonen die Evangelien freilich auch, dass er seinen eigenen Weg, den Weg der Liebe Gottes in einer eigentümlichen Souveränität geht, dass es somit die Macht Gottes ist, die sich hier ungehindert durchsetzt. Und dort, wo der auferstandene, erhöhte Christus an den Wundmalen der Kreuzigung sich zu erkennen gibt, ist er zugleich derjenige, der durch verschlossene Türen zu gehen und den Menschen in ihrer Enge und Angst nahezukommen vermag.[8] Schließlich sollte in der Betrachtung der Wunden des Gekreuzigten nicht übersehen werden, dass es sich hier um Verletzungen handelt, die auf menschliche Gewalteinwirkung zurückgehen und als solche von Gott gerade nicht gewollt sind. Hier geht es somit auch darum, den Menschen mit seiner Schuld zu konfrontieren und ihn zu einem achtsamen, ehrfürchtigen Umgang mit dem zerbrechlichen Leben zu bewegen. Der „verletzliche Gott"[9] tritt so für das fragile menschliche Leben ein, dass er zugleich der verletzenden Gewalt widerspricht. Indem er ohne jede Einschränkung das von mancherlei

---

[6] JÜRGEN MOLTMANN, Diakonie im Horizont des Reiches Gottes, Neukirchen-Vluyn 1984, 65.
[7] Ebd., 66.
[8] Darauf weist zu Recht hin EURICH, Gerechtigkeit (s. Anm. 3), 351.
[9] ANDREA BIELER, Verletzliche Körper. Theologische und systemische Überlegungen zum Kranksein, in: ILSE FALK u.a. (Hg.), So ist mein Leib (s. Anm. 3), 45–76, Zitat 57.

Brüchen, Einschränkungen, Verletzungen und Behinderungen gezeichnete Leben annimmt, werden doch die Behinderungen als solche keineswegs geheiligt oder gar vergöttlicht.[10]

Damit ist in einer ersten Annäherung das Recht, aber auch die Problematik der Rede vom „behinderten Gott" angesprochen. Um den angedeuteten christologischen und theologischen Fragen weiter nachzudenken, nehme ich im Folgenden zunächst die kreuzestheologischen Überlegungen auf und frage nach der Erkenntnis Gottes angesichts des Gekreuzigten (2.). Sodann greife ich noch einmal zurück auf den biblischen Ausgangspunkt in der Unterscheidung zwischen den Götzen und dem lebendigen Gott und frage nach der Leiblichkeit bzw. Menschengestaltigkeit Gottes (3.). Schließlich münden diese Nachfragen ein in eine Besinnung auf den Allmachtsbegriff (4.).

2. Das Bild des Gekreuzigten: Gotteserkenntnis und Theologiekritik

Nichts anderes wolle er wissen als Jesus Christus und diesen als den Gekreuzigten. So schreibt Paulus an die Gemeinde in Korinth (1Kor 2,2). Und im Brief an die Galater gibt er seiner Enttäuschung und seinem Ärger Ausdruck, dass diese sich haben verwirren lassen: „O ihr unverständigen Galater! Wer hat euch bezaubert, denen doch Jesus Christus vor die Augen gemalt war als der Gekreuzigte" (Gal 3,1). Auf Jesus am Kreuz hinschauen und ihn beharrlich im Blick behalten, das entscheidet demnach über Weisheit oder Torheit. Hier wird die alles entscheidende Erkenntnis gewonnen oder eben auch verfehlt. Zugleich ist deutlich: Was es hier zu erkennen gilt, das fügt sich nicht den Maßstäben unserer Wissenschaft und Klugheit. Es ist kein Gegenstand, über den man ein für alle Mal Bescheid wissen könnte, um dann darüber verfügen zu können. Nichts anderes als Jesus Christus, den Gekreuzigten, wissen zu wollen, das heißt auch sich darauf einzustellen und sich darauf einzulassen, dass dieser Jesus unsere geläufigen Vorstellungen und Bilder, die wir uns von ihm sowie von Gott und Mensch machen, in Frage stellt. Insofern geht es um das Bilderverbot des Dekalogs: „Du sollst dir kein Gottesbild machen noch irgendein Abbild von etwas, was oben im Himmel, was unten auf der Erde oder was im Wasser unter der Erde ist" (Ex 20,4; Dtn 5,8). Das Bild des Gekreuzigten ist die Kritik aller Gottesbilder. An ihm will erkannt werden, wer Gott in Wahrheit ist.

Es ist die Sprache des ersten Gebots, die Paulus im Blick auf den Gekreuzigten gebraucht: „Ich bin der Herr, dein Gott, du sollst keine anderen Götter haben neben mir." So wie der Gott Israels sich bekannt gemacht hat: „Ich, ich bin der Herr, und außer mir ist kein Retter" (Jes 43,11), so exklusiv stellt Paulus

---

[10] Vgl. zur Problematik der Gleichsetzung der Gottebenbildlichkeit des Menschen mit bestimmten Eigenschaften des Menschen, sei es seiner geistigen Vollkommenheit oder auch seiner körperlichen Fragilität, die grundsätzlichen Bemerkungen von EURICH, Gerechtigkeit (s. Anm. 3), 352 (im Anschluss an WILFRIED HÄRLE).

Jesus Christus „und diesen als den Gekreuzigten" den frühen Gemeinden vor Augen. Auf ihn allein sollen sie schauen. In ihm tritt der unsichtbare Gott für uns sichtbar vor Augen. Ist das wirklich so? Wer es behauptet – und die christliche Theologie hat es immer wieder behauptet! – setzt sich dem Widerspruch aus. „Gott am Kreuze", das erscheint vielen als eine geradezu gotteslästerliche, blasphemische Behauptung. Nietzsche hat eben darin „das größte Unglück der Menschheit" gesehen.

> *„Gott am Kreuze* – versteht man immer noch die furchtbare Hintergedanklichkeit dieses Symbols nicht? – Alles, was leidet, Alles, was am Kreuze hängt, ist göttlich ... Wir Alle hängen am Kreuze, folglich sind *wir* göttlich ... Wir allein sind göttlich ... Das Christenthum war ein Sieg, eine *vornehmere* Gesinnung gieng an ihm zu Grunde [...]."[11]

Mit dieser Christentumskritik, die im Kern eine Absage an die Kreuzestheologie des Paulus ist, steht Nietzsche keineswegs allein. Ihm lassen sich viele Stimmen zugesellen, die nicht nur von außen, sondern auch innerhalb der Kirche die „furchtbare Hintergedanklichkeit" der Kreuzessymbolik problematisieren. Müsste man nicht, statt den Gottesgedanken mit dem Kreuzesgeschehen zusammenzuschauen und zusammenzudenken, vom Gottesgedanken her Einspruch erheben: Will Gott wirklich dieses Leiden, diesen Tod? Wenn Gott die Liebe ist, wie kann er dann geschehen lassen, ja vollziehen, was doch so offenkundig lieblos, sinnlos ist? Und was hilft es den Leidenden, wenn ihr Leiden vergöttlicht, aber nicht überwunden, wenn das Böse nicht zum Guten gewendet wird?

Nietzsche hat zu Recht die „Hintergedanklichkeit" des Kreuzessymbols hervorgehoben. Darin zeigt sich seine theologische Sensibilität und die Ernsthaftigkeit seiner Auseinandersetzung mit dem Gottesgedanken, die ihn in einer inneren Konsequenz zum Gegenentwurf einer Anthropologie des „göttlichen Menschen" geführt hat. Wenn somit das Prädikat des Göttlichen für den Menschen in Anspruch genommen und die ‚Widergöttlichkeit' eines „Gottes am Kreuz" behauptet wird, bleibt daher zu fragen, welches theologische Konzept hier die Maßstäbe setzt. Nietzsches Kritik am Evangelium vom gekreuzigten Gott ebenso wie die im Gegenzug konzipierte „Sonne eines neuen Evangeliums"[12] setzen einen Gottesbegriff voraus, der wesentlich durch den „Willen zur Macht" bestimmt ist. Auch hier hängen Gottesbegriff und Begriff des Lebens aufs Engste miteinander zusammen. „Leben selbst ist Wille zur Macht"[13], wie

---

[11] FRIEDRICH NIETZSCHE, Sämtliche Werke. Kritische Studienausgabe in 15 Bdn., hg. von GIORGIO COLLI/MAZZINO MONTINARI, München und Berlin/New York 1980 (im Folgenden zitiert: KSA), Bd. 6, 232 (Der Antichrist, Nr. 51).
[12] KSA 2, 105 (Menschliches, Allzumenschliches I, Nr. 107).
[13] KSA 5, 27 (Jenseits von Gut und Böse, Nr. 13).

er sich vor allem auch als „Selbsterhaltungstrieb"[14], als Wille zur Selbststeigerung realisiert. Indem der Mensch diesen Willen in sich hervorbringt und ihm stattgibt, vermag er selbst als „göttlicher Mensch" die Stelle Gottes einzunehmen. Für diesen Menschen ist der Gedanke eines Gottes, der sein Leben für andere hingibt und in letzter Konsequenz den Tod am Kreuz erleidet, unerträglich.[15]

Während bei Nietzsche und der ihm folgenden Kritik der Kreuzestheologie „der Gott am Kreuz" als „ein Fluch auf Leben"[16], als Mitte und Ursprung einer lebensverneinenden, krankmachenden Religion aufgefasst wird, lässt sich umgekehrt die Botschaft des Kreuzes auch als Kritik des Gottesbegriffs verstehen, der Nietzsches Kritik und Gegenentwurf zugrunde liegt. In der theologischen Tradition, insbesondere in der reformatorischen Theologie ist immer wieder vom Kreuz her die Scheidelinie zwischen Gottesdienst und Götzendienst, zwischen dem einen wahren und lebendigen Gott und den falschen Gottheiten scharf gezogen worden. Als Beispiel zitiere ich das Votum von Adolf Schlatter aus einem Vortrag über „Das Kreuz Jesu – unsere Versöhnung mit Gott":

> „Wer von uns von den falschen Gottheiten frei werden will, der richte seinen Blick auf den Gekreuzigten. Durch Jesu Kreuz versinken die falschen Gottesbilder alle, alle kranken Religionen, die unser eigenes Erzeugnis sind. Dort wird der wahrhaftige Gott sichtbar. Es ist so, wie Jesus sagte, als er zum Kreuz ging. Damals sagte er: Nun ist Gott verklärt; jetzt ist seine Herrlichkeit sichtbar geworden [vgl. Joh 13,31f; 17,22-24]; jetzt sieht der Mensch den wahrhaftigen Gott. Deshalb, weil Gott am Kreuz Jesu seinen ganzen Willen zeigt, versöhnt er uns dort mit sich."[17]

Diese Sicht steht in einem diametralen Gegensatz zu den Auffassungen, die gerade im Anblick des Gekreuzigten den Ursprung einer krankmachenden Religion sehen und die in der Wahrnehmung Gottes im Gekreuzigten einen Akt der Blasphemie, der Gotteslästerung erkennen. In diesem Streit um das Kreuz dürfte es hilfreich sein, die Ausführungen Schlatters, mit denen er seine zitierte These verständlich zu machen sucht, weiter zu verfolgen. Er orientiert sich an drei Begriffen, die in der Lehre von den Eigenschaften Gottes geläufig sind: Macht, Wissen und Gerechtigkeit. Aus allen drei Begriffen können Götzen werden. Und das geschieht überall dort, wo das dem Menschen Mögliche, also seine Macht, sein Wissen und seine Gerechtigkeit, zu einem „göttlichen" Maximum gesteigert, so entgrenzt gedacht wird, dass darüber Gottes Eingehen in die Sphäre der Menschlichkeit außer Acht gerät. Gegenüber solchen Idealisierun-

---

[14] Ebd.
[15] Das ist freilich nur die eine Seite. Ebenso entschieden wie Nietzsche den Gedanken des gekreuzigten Gottes widerspricht, bleibt er ihm im dionysischen Gegenentwurf verhaftet; vgl. dazu HEINRICH DETERING, Der Antichrist und der Gekreuzigte. Friedrich Nietzsches letzte Texte, Göttingen 2010.
[16] KSA 13, 267 (Nachgelassene Fragmente, Frühjahr 1888).
[17] ADOLF SCHLATTER, Glaube und Wirklichkeit. Beiträge zur Wahrnehmung Gottes, hg. v. JOHANNES VON LÜPKE, Stuttgart 2002, 129.

gen erweist sich Gottes Macht, Weisheit und Gerechtigkeit, so wie sie im Gekreuzigten begegnet, als anders, ja als extrem entgegengesetzt. Vom Gegenpol des Todes am Kreuz her ist neu zu erkennen und zu entfalten, was die genannten Eigenschaften in Wahrheit bedeuten. Worin sich Gottes Macht von menschlichen Allmachtsvorstellungen unterscheidet, wird noch zu bedenken sein (vgl. unten 4.). Zu den beiden anderen Begriffen sei hier nur so viel gesagt:

Gottes Weisheit ist anderer Art als eine Universalwissenschaft, die das Ganze zu begreifen und der Wirklichkeit von Welt und Mensch auf den Grund zu kommen sucht, aber die Wirklichkeit doch nur insoweit begreift, als sie sich einem allgemeinen Begriff unterordnen und einordnen lässt.[18] Mit dem schlechthin Besonderen, unverrechenbar Individuellen und immer wieder auch befremdlichen Anderen weiß diese Weltweisheit nichts anzufangen. Genau darauf jedoch lässt sich Gottes Weisheit, so wie sie im Zeichen des Kreuzes offenbar wird, ein. Sie nimmt wahr, was sich der generalisierenden Betrachtung verbirgt; sie hat einen Sinn für den Einzelnen, die Einzelne, das Einzelne, oder um es im Anschluss an in der Sprache der Evangelien zu sagen: Sinn für die menschliche Existenz in ihrer ‚Verlorenheit', in ihrer Zerbrechlichkeit und in Ihrer Angewiesenheit auf Zuwendung.

So wie Jesus Christus als der Gekreuzigte für uns zur Weisheit Gottes geworden ist, so ist er in seiner Person auch die Gerechtigkeit Gottes (1Kor 1,30). Am Kreuz erleidet er nicht nur das Todesurteil der menschlichen Gerichtsbarkeit; indem er dieses Urteil auf sich nimmt, vollzieht er vielmehr auch das Urteil Gottes über alle menschliche Ungerechtigkeit. Er setzt Gottes Gerechtigkeit durch. Das heißt zum einen: Das Urteil ist radikal; es hat nicht nur Taten, nicht nur das, was „vor Augen ist" (1Sam 16,7), zum Gegenstand, es trifft vielmehr das, was Menschen im Innersten bewegt. Und wenn die Gerechtigkeit Gottes dort, also jenseits von Moral und menschlicher Rechtsordnung, jene tiefsitzende und alles durchdringende Verfehlung, die in der Bibel Sünde genannt wird, verurteilt, so heißt das zum anderen auch, dass sie dort Recht schafft. Das Kreuz ist der Ort, von dem her alles zurechtgebracht wird. Die Gerechtigkeit Gottes wird hier offenbar als eine schöpferische Gerechtigkeit, als eine Gerechtigkeit, die dem Menschen im Innersten und von daher ganz gerecht wird. Ohne menschliche Ungerechtigkeit zu verharmlosen oder scheinbar gnädig über sie hinwegzusehen, wendet sich Gott denen zu, „die hungert und dürstet nach Gerechtigkeit" (Mt 5,6). ‚Sättigen' kann diese Gerechtigkeit Gottes freilich nur, weil sie die Gerechtigkeit des Schöpfers ist, der seine Geschöpfe in ihrer Besonderheit und Bedürftigkeit kennt. Es entspricht diesem Verständnis der Gerechtigkeit Gottes, wenn Nancy L. Eiesland eine Praxis der Gerechtigkeit fordert,

---

[18] Vgl. zu dieser Unterscheidung die eindringliche Besinnung von JÖRG BAUR, Weisheit und Kreuz, in: DERS., Einsicht und Glaube. Aufsätze Bd. 2, Göttingen 1994, 99–110; ebd. 100f: „[...] um die Einheit des Ganzen zu bewahren, scheidet weisheitliches Denken die Kreuzesmomente der von uns erfahrenen Welt dadurch aus, daß es sie begreifend unterbringt."

die sich in erster Linie als „gerechtes Hinhören" („just listening") vollzieht und so „Wechselseitigkeit und gegenseitige Achtung der Unterschiede" herbeiführt.[19]

Fassen wir zusammen: Im Angesicht des Gekreuzigten erkennen wir Gottes Sohn und mit ihm den wahren Gott. In seiner Menschlichkeit erkennen wir zugleich Gottes Macht und Weisheit, seine Gerechtigkeit im Widerspruch zu allen menschlichen, allzumenschlichen Vorstellungen vom Göttlichen, Vorstellungen, die sich als Vergötzungen menschlicher Macht und Vernunft erweisen und als solche dem wirklichen Menschen in seiner Endlichkeit gerade nicht gerecht werden. Und von daher gilt: Ohne ein Bedenken dessen, was das Wort vom Kreuz über Gott zu verstehen gibt, wird das Sein des lebendigen Gottes missverstanden. Erst am Kreuz wird offenbar, wer er in Wahrheit ist.

3. Gott in Menschengestalt und der menschliche Körper als Raum der Gotteserfahrung

Der in Jesus Christus Mensch gewordene Gott ist im Unterschied zum „Gott der reinen Vernunft" dadurch charakterisiert, dass er „das menschliche Leben nicht entleert und vernichtet, sondern schafft und füllt"[20]. Er macht sich das menschliche Leben auch in seiner Leiblichkeit zu eigen. Die Behauptung, wie sie sich z. B. bei Philo von Alexandrien findet, Gott sei „frei von den unvernünftigen Leidenschaften der Seele und den Teilen und Gliedmaßen des Körpers"[21], wird eine am biblischen Zeugnis orientierte Theologie so nicht nachsprechen können. Für sie ist die anthropomorphe Rede von Gott nicht nur unvermeidbar, sondern auch angemessen. Der Fehler der Götzendiener liegt nach dem Zeugnis der Bibel nicht darin, dass sie sich Gott anthropomorph vorstellen; vielmehr

---

[19] EIESLAND, Dem behinderten Gott begegnen (s. Anm. 3), 12; vgl. ebd.: „Zu häufig haben auf Zeit ent-hinderte Menschen eifrig Strategien entworfen, um dem zu begegnen, was sie für ungesundes Leben Behinderter halten, ehe sie gerecht gehört haben. Sie haben versucht, für uns zu sprechen, indem sie entschieden haben, wie und wo wir am besten Gott dienen können, ehe sie gerecht gehört hatten. [...] Der Prüfungsprozess in Kirche und Gesellschaft muss anfangen mit gerechtem Hinhören, dem Hören auf Rufe nach Gerechtigkeit, wie sie Menschen mit Behinderungen aussprechen, die unter uns leben."
[20] ADOLF SCHLATTER, Das christliche Dogma, Stuttgart ⁴1984, 286.
[21] Zitiert nach ANDREAS WAGNER, Gottes Körper. Zur alttestamentlichen Vorstellung der Menschengestaltigkeit Gottes, Gütersloh 2010, 43; zur Vorstellung der Körperlichkeit Gottes vgl. die Monographie von CHRISTOPH MARKSCHIES, Gottes Körper. Jüdische, christliche und pagane Gottesvorstellungen in der Antike, München 2016, zu PHILO ebd., 63–66.

darin, dass für sie der körperlich vorgestellte Gott stumm bleibt. Zugespitzt gesagt: Gott wird in seiner Leiblichkeit unterschätzt. Der biblische Gott aber ist ein Gott mit Leib und Seele.[22]

Aufgenommen ist diese biblische Gottesrede, wenn Luther pointiert vom körperlichen Gott (*deus corporeus*)[23] redet und diesen dem rein geistig gedachten Gott der Philosophen entgegenstellt:

> „Die Welt will den Gott, der menschliche Natur an sich genommen hat, geboren ist, gepredigt, die Welt um die Sünde gestraft und des Vaters Willen ihr verkündigt hat, nicht haben, sehen noch hören, sondern verfolgt und lästert ihn und schlägt ihn endlich tot als einen Aufrührer, Gotteslästerer und Mörder. dagegen sucht sie mit höchstem Fleiß, Unkosten, Mühe und Arbeit durch andere unzählige Wege den unsichtbaren, unbegreiflichen Gott in seiner Majestät."[24]

Gottes Majestät, abgehoben von seiner leiblichen Zuwendung zu denken, greift aber zu kurz, es verfehlt die wahre Gottheit. Luther gibt dazu an anderer Stelle „ein grob[es] Gleichnis":

> Es ist so, als wollte ich einen „großen Landherrn" rühmen, „von dem ich doch nichts wüsste noch sagen könnte, was oder wer er wäre, und noch daran zweifelte, ob er ein Mensch wäre, Leib und Seele hätte. Lieber, was würde das für ein Herr sein, von dem ich sagte, dass er in seinem Wesen und Natur keinen Arm noch Bein, Kopf oder Leib hätte? Als wenn ich vom Kurfürsten zu Sachsen oder von einem Grafen zu Mansfeld sagte: das ist ein Kurfürst oder ein Graf zu Mansfeld, und hat doch weder Leib, Kopf noch Strumpf, Hände oder Füße."[25]

Wer sich einen solchen Gott vorstellt, „der da in seinem göttlichen Wesen keinen Sohn habe", nimmt ihm „damit Hände und Füße, das ist seine vollkommene Gottheit, wie er sich hat offenbart und will erkannt sein."[26]

So wie es im Blick auf die Erkenntnis eines Menschen unzulänglich und trügerisch ist, lediglich seine Machtstellung zu kennen, nicht aber zu wissen, wie er seine Macht ausübt, wie er im Innersten gesonnen ist und wie er handelt, ebenso weiß man auch von Gott zu wenig, wenn man sich ihn lediglich als den höchsten Machthaber vorstellt, dabei aber von „Leib" und „Seele" absieht. In der Abstraktion von den leiblichen Lebensäußerungen und Handlungsweisen Gottes wird hier zugleich das Innerste seines Herzens verfehlt. Die Vollkommenheit Gottes ist nicht jenseits seiner Leiblichkeit zu finden, sondern nur in ihr. Wenn Luther hier so entschieden für die Leiblichkeit Gottes votiert, für ei-

---

[22] Vgl. insbesondere zum alttestamentlichen Befund die aufschlussreiche Monographie von WAGNER, Gottes Körper (s. Anm. 21).
[23] WA.TR 1, 467,32 (Nr. 925).
[24] WA.TR 1, 468,8–12 (Nr. 925), sprachlich leicht modernisiert.
[25] WA 51, 152,4–12.
[26] Ebd., 152,13–16.

nen Gott mit „Händen und Füßen", so eben deswegen, weil sich in den Bewegungen nach außen zeigt, was Gott im Innersten bewegt. Gott offenbart sich mit Leib und Seele und will vom Menschen mit Leib und Seele erkannt werden.

Eben deswegen greift eine Erkenntnisbemühung fehl, die Gott als absolute Größe, „abgesondert von den Kreaturen"[27] als in sich abgeschlossene Vollkommenheit zu begreifen sucht. Gegen derartige Versuche einer „philosophischen oder metaphysischen"[28] Gotteslehre vertritt Luther den Grundsatz: „Gott ist nicht unter der Kategorie der Substanz, sondern unter der Kategorie der Relation zu suchen."[29] Das Sein Gottes ist Sein in Beziehung.[30] Es will mithin nicht jenseits seiner Erscheinungsweisen gesucht werden; vielmehr geht es darum, in den Phänomenen das Für-uns-Sein Gottes wahrzunehmen und in seinen Äußerungen zugleich die Mitteilung dessen, was er wesentlich ist. „Christen halten sich an den sichtbaren Gott und an das sichtbare Regiment Gottes, das ist: an den Sohn Gottes, unseren Herrn Jesum Christum"[31].

> In ihm, „welcher Mensch geworden ist, geboren zu Bethlehem, gelegen in der Krippen und in seiner Mutter Schoß, persönlich gepredigt, Zeichen und Wunder getan in Galiläa und im jüdischen Lande, am Kreuz gehangen, gestorben und vom Tode auferstanden, letztlich Apostel gesandt in alle Welt und in seinem Namen predigen lassen Buße und Vergebung der Sünde, hat Gott sich offenbart, was sein Wille sei gegen uns und wie er von uns will erkannt und geehret sein."[32]

Der menschgewordene Sohn Gottes verkündigt nicht nur den wahren Gott, er „ist" vielmehr in seiner menschlichen Gestalt „der wahrhaftige Gott und das ewige Leben"[33].

Wird Gott in Jesus Christus so körperlich wahrgenommen, so heißt das auch, dass der menschliche Körper in seiner Beschränktheit und Fragmentarität zum Ort der Gegenwart Gottes werden kann. „Gott ist im Fleische", dieses „Wunder" und „Geheimnis" der Weihnacht (EG 41,4; vgl. 1Tim 3,16) ereignet sich primär in der einen und einzigartigen Person Jesu Christi, bezieht aber auch Menschen in ihrer je individuellen Leiblichkeit ein. Es will mit allen Sinnen wahrgenommen werden (1Joh 1,1–3). Gott ist auch insofern *im* Fleisch, als

---

[27] WA 43, 240,23f (Genesisvorlesung, 1535–45; zu Gen 22,16).
[28] Ebd., 240,23.
[29] „Deum quaerendum esse non in praedicamento substantiae, sed relationis." So die bei JOHANN GERHARD überlieferte Formulierung: Loci theologici, prooemium de natura theologiae, 28; in der Ausgabe von ED. PREUSS, Bd. 1, Berlin 1863, 8; vgl. ebd., 287 (loc. II, 94) sowie bei Luther WA 40/II, 354,3f; 421,6f (22–24); 40/III, 62,38–63,20; 334,23–26; 42, 634,20–22; 635,19; 46, 337,4f. (27f).
[30] Zu den trinitätstheologischen Aspekten dieses Satzes vgl. die einschlägigen Studien von CHRISTOPH SCHWÖBEL, Gott in Beziehung. Studien zur Dogmatik, Tübingen 2002; Gott im Gespräch. Theologische Studien zur Gegenwartsdeutung, Tübingen 2011.
[31] WA 45, 281,15f (Predigt über Kol 1,9–20, 21.11.1537).
[32] Ebd., 280,27–34.
[33] Ebd., 281,27.

er leiblich im Raum und im Horizont unseres Leibes begegnet. Der menschliche Leib in seinen vielfältigen individuellen Ausprägungen ist gewürdigt, zum „Tempel" des göttlichen Geistes zu werden (vgl. 1Kor 3,16f; 6,19).[34] Entscheidend dabei ist, dass diese Tempelqualität nicht abhängig ist von Graden der Vollkommenheit, die sich auf der Skala geistiger oder körperlicher Fähigkeiten einzeichnen ließen. Die Einwohnung Gottes setzt weder Höchstformen in der Ausbildung des menschlichen Geistes noch Idealgestalten seiner Körperlichkeit voraus. Vielmehr erweist sich der Geist Gottes gerade darin als vollkommen, dass er sich in vollkommener Weise mitzuteilen vermag, indem er auf die vielfältig differenzierte leibliche Lebenswirklichkeit eingeht und so ihre Trennungen aufhebt.[35]

4. Allmacht und Ohnmacht des Wortes

Mit der Behauptung, Gott sei behindert, wird der Glaube an den allmächtigen Gott in Frage gestellt. Ob freilich damit der Gottesgedanke überhaupt bestritten wird, hängt davon ab, wie man den Begriff der Allmacht versteht. Zum einen ist unter diesem Begriff die Differenz zu bedenken: Im Gegenüber und im Gegensatz zu den in mehrfacher Hinsicht eingeschränkten, behinderten und sich gegenseitig beschränkenden und behindernden Geschöpfen, kommt Gott als der eine und einzige in Betracht, der uneingeschränkt wirkt und sich in seiner Macht auf alles zu beziehen vermag. Die Rede von einem behinderten Gott erscheint in dieser Hinsicht als absurd. Zum anderen ist unter dem Begriff der Allmacht aber auch Gottes kommunikative Verbundenheit mit seiner Schöpfung zu verstehen. Der Schöpfer steht seiner Schöpfung so wenig fremd gegenüber, dass er sich vielmehr auf alles Kreatürliche einzulassen vermag. Das wird konkret in der Menschwerdung Gottes in Jesus Christus, die „inklusiv" alles Menschsein umfasst und nur insofern exklusiv ist, als sie die Sünde des Kommunikationsabbruchs negiert und überwindet.

Die beiden Aspekte, die im Begriff der Allmacht zusammenkommen, sind nun noch eingehender zu bedenken. Allmacht im erstgenannten Sinn ist eine Eigenschaft, die einzig und allein Gott zukommt. Sie bezeichnet „den kategorialen Unterschied"[36] zwischen Schöpfer und Geschöpf. Während die Geschöpfe

---

[34] In dieser Hinsicht sind Erfahrungen und Einsichten mystischer Theologie aufzunehmen; vgl. dazu exemplarisch die Hinweise auf GERTRUD VON HELFTA bei BENITA JOSWIG, Transitwege jenseits von Krankheit und Gesundheit, in: ILSE FALK u.a. (Hg.), So ist mein Leib (s. Anm. 3), 143–156.

[35] Gott ist in der bedingungslosen und rückhaltlosen Mitteilung seiner Güte „vollkommen" (Mt 5,43-48). Darin dürfte der theologische Grund des Gedankens der Inklusion liegen. Dieser Vollkommenheit zu entsprechen, heißt dann, die Differenzen zwischen Menschen nicht als trennende Differenzen, sondern als Möglichkeiten wechselseitiger Bereicherung wahrzunehmen.

[36] WILFRIED HÄRLE, Dogmatik, Berlin/New York ⁴2007, 262–266.

in Abhängigkeit existieren, angewiesen auf Lebenskräfte, die sie nur empfangen können, über die sie also nicht aus sich heraus und für sich verfügen können, ist der Schöpfer so frei und zugleich so mächtig, dass er – um es noch einmal mit den Worten des 115. Psalms zu sagen – schaffen kann, was er will. Schlechthinnige Freiheit und Allmacht sind eins. Klassisch lässt sich dieser Zusammenhang bei Augustin studieren. Gott wird eben deswegen zu Recht der Allmächtige genannt, „weil er vermag, was auch immer er will, und weil der Erfolg seines allmächtigen Willens nicht durch den Willen irgendeiner Kreatur gehindert wird."[37] Als der Allmächtige vermag Gott seinen Willen ungehindert durchzusetzen. Gottes Wille ist dadurch gekennzeichnet, dass er „gewiss und unwandelbar und überaus wirksam" („certa et immutabilis et efficacissima")[38] ist. Was Gott will, tut er auch. Und was er tut, entspricht seinem Willen. Seine einzigartige Macht erweist sich darin, dass Wollen und Tun übereinstimmen. Sie ist darin allmächtig, dass sie sich gegen alle Widerstände durchzusetzen vermag. Sie ist in ihrer eigenen Effektivität nicht aufzuhalten.

Dieses Verständnis von Allmacht hat zweifellos seine Plausibilität, seine logische Evidenz, steht aber vielleicht gerade deswegen auch im Verdacht, ein logisches Konstrukt zu sein, das in Spannung steht zur Gotteserfahrung. Eben unter der Voraussetzung eines solchen Begriffs von Allmacht brechen die Fragen auf, die als Theodizeeproblematik erörtert werden und theoretisch wohl niemals befriedigend beantwortet werden können. Will Gott wirklich alles, was er schafft? Und wenn nicht alles, was geschieht, auf seinen Willen zurückgeführt werden kann, lässt sich dann überhaupt noch der Gedanke der Allmacht aufrechterhalten? So viel ist deutlich: Der Gedanke, dass Gott in seinem Tun unumschränkt ist, hat eine dunkle Kehrseite. Die behauptete Einheit von Willen und Tun Gottes, ist in unserer Erfahrung keineswegs durchsichtig auf einen guten Willen. Wenn Luther in seiner Schrift gegen Erasmus (*De servo arbitrio*) den Gedanken der Allmacht Gottes in dem Sinne auslegt, dass Gott „Leben, Tod und alles in allem wirkt"[39], so betont er zugleich, dass Gott in dieser Allwirksamkeit der „verborgene Gott" ist.

Dass Gott nach dem Zeugnis der Bibel ein Gott des Lebens ist, der das Leben seiner Geschöpfe, nicht aber den Tod will, ist damit nicht bestritten. Eher könnte man sagen, dass es Luther darum geht, den Glauben in der Situation des Widerspruchs zu behaften. Der Gedanke der Allmacht wird seinem Gebrauch im Sinne einer Allerklärung oder Totalrechtfertigung entzogen. Die Differenzen

---

[37] AUGUSTIN, Enchiridion 24,96: „neque enim ob aliud veraciter vocatur omnipotens, nisi quoniam quidquid vult potest, nec voluntate cuiuspiam creaturae voluntatis omnipotentis impeditur effectus." Zur Interpretation dieser Definition sowie zu Kontexten und Parallelstellen im Werk Augustins vgl. JAN BAUKE-RUEGG, Die Allmacht Gottes. Systematisch-theologische Erwägungen zwischen Metaphysik, Postmoderne und Poesie (TBT 96), Berlin/New York 1998, 416–430.

[38] AUGUSTIN, Enchiridion, 24,95.

[39] LDStA 1, 404,33f: „Deus absconditus in maiestate, neque deplorat neque tollit mortem, sed operatur vitam, mortem, et omnia in omnibus."

zwischen Gut und Böse, zwischen Leben und Tod, zwischen dem, was dem Leben dient, und dem, was tödlich ist, werden nicht aufgehoben. Und zur Wahrnehmung dieser Differenz gehört auch, dass sich jedes Menschenleben in der Spannung zwischen Last und Begabung bewegt und zum ‚Stoff' von Lob und Klage, Dank und Bitte werden kann. Alles ist von Gottes Wirken umfangen und durchdrungen; nichts fällt aus seiner Macht heraus. Und eben daraufhin, im Vertrauen darauf ist dann konkret in den Spannungen und Widersprüchen des Lebens nach der Erkenntnis und Durchsetzung dessen zu suchen, was das Leben gegen die Kräfte des Todes fördert.

Darauf zu vertrauen, dass Gottes Macht in allem wirksam ist, heißt somit gerade nicht, alles auf Gottes Willen zurückzuführen und als ‚gottgewollt' zu rechtfertigen. Die Behauptung, alles, was auch immer geschieht, könne und solle nicht anders sein, es sei vielmehr notwendig so und es sei gut so, wie es ist, setzt dort ein Gleichheitszeichen, wo der christliche Schöpfungs- und Vorsehungsglaube durchaus die Differenzen offenhält.[40] Wer Gott anruft und darum bittet, dass sein Wille geschehen möge, weiß auch darum, dass nicht alles, was in der Welt und im Leben eines Menschen geschieht, mit dem Willen Gottes übereinstimmt. Dass es Menschen am „täglichen Brot" mangelt, dass sie aneinander schuldig werden und dass sie der Versuchung durch das Böse unterliegen, widerspricht dem Willen Gottes, bezeichnet aber auch die Wirklichkeit, in der und gegen die sich seine Herrschaft durchsetzen kann und soll. Auf Gottes Schöpfermacht zu vertrauen, heißt dann, mit den Worten Dietrich Bonhoeffers gesagt, zu glauben, „daß Gott aus allem, auch aus dem Bösesten, Gutes entstehen lassen kann und will" und dafür Menschen „braucht [...], die sich alle Dinge zum Besten dienen lassen."[41]

---

[40] Zur Kritik an einer Vorsehungslehre, die im Rekurs auf Gottes Allmacht alles als „notwendig" festschreibt und rechtfertigt vgl. die klärenden und insbesondere auch für den Umgang mit Behinderung hilfreichen Ausführungen von GUNDA SCHNEIDER-FLUME, Überlegungen zu Vorsehung und Behinderung, in: DIES., Glaube in einer säkularen Welt. Ausgewählte Aufsätze, Leipzig 2006, 274–282, insbes. 278: „[...] Versuche, die Theodizee frage mittels der Providenzlehre zu lösen, stabilisieren Behinderung, Leiden und Leidenszustände, durch ein Theoriegebilde, das Wirklichkeit als Notwendigkeit festschreibt und dadurch den Blick über die Realität des Leidens hinaus verstellt. In der biblischen Tradition steht dagegen die Hoffnung auf den Realismus des Erbarmens, der zwar nichts erklärt, sich aber nicht mit der Feststellung des Gegebenen als notwendig begnügt. [...] Das Vertrauen des christlichen Glaubens lässt sich in das Bekenntnis fassen: ‚[E]s gibt kein Außerhalb Gottes.' Aber in diesem Zusammenhang ist Gott nicht als der von ferne her planende Verursacher gedacht, sondern als der, der nahe ist." Dieses Nahesein Gottes ist als die Nähe seines Wortes (Dtn 30,14) auszulegen.

[41] DIETRICH BONHOEFFER, Widerstand und Ergebung. Briefe und Aufzeichnungen aus der Haft, hg. v. CHRISTIAN GREMMELS u.a. (Dietrich Bonhoeffer Werke, Bd. 8), Gütersloh 1998, 30 (Einige Glaubenssätze über das Walten Gottes in der Geschichte).

Was bedeutet diese grundsätzliche Unterscheidung für den Umgang mit Behinderung? Ist Behinderung Teil der guten Schöpfung Gottes?[42] Was ist Gottes Wille in Bezug auf das Leben mit Behinderungen? Ulrich Bach hat diese Frage für sich so beantwortet: „Gott will, dass dieses Leben mein Leben ist."[43] Die Pointe dieses Satzes wird deutlich, wenn man ihn auf Meinungen bezieht, denen zufolge behindertes Leben von Gott eigentlich nicht gewollt sein könne. Wer so denkt, macht nicht nur eine Aussage über den Menschen, vielmehr denkt er auch Gott nach Maßgabe dessen, was menschlich als normal und vollkommen gilt. Ulrich Bach erkennt darin ein Muster, das seinen klassischen Ausdruck in Goethes *Prometheus* gefunden hat: „Hier sitze ich, forme Götter nach meinem Bilde"[44]. Gott wird als Gott der Starken konzipiert, als Inbegriff von Vollkommenheiten, an dem gemessen das Leben mit Behinderungen als Menschsein „zweiter Wahl"[45] erscheint.

Will Gott, dass „ich" ein Leben mit Behinderungen als „mein" Leben führe, so darf und soll ich in diesem Leben sein Wirken wahrnehmen. Hier hat der Glaube an Gottes Vorsehung sein Recht und hier gewinnt auch der Gedanke des ungehinderten, allmächtigen Wirkens Gottes noch einmal eine besondere Färbung. Mit Paul Gerhardt kann dann gesagt und gesungen werden: „Weg hast du allerwegen,/ an Mitteln fehlt dir's nicht;/ dein Tun ist lauter Segen,/ dein Gang ist lauter Licht;/ dein Werk kann niemand hindern,/ dein Arbeit darf nicht ruhn,/ wenn du, was deinen Kindern/ ersprießlich ist, willst tun." Dass Gottes Werk alles zu durchdringen vermag und durch nichts zu hindern ist, meint nun, dass es sich auch gegen alle widrigen Umstände durchzusetzen vermag. Die so verstandene Macht ist kommunikative Macht. Sie liegt, wie insbesondere Luther immer wieder betont, in Gottes Wort begründet. Als Macht des Wortes ist Gottes Allmacht ebenso schwach wie stark. Sie lässt sich bewegen; sie setzt sich dem Widerspruch aus; sie wird verdrängt; Menschen können sich über sie hinwegsetzen. Das Wort Gottes ist „ohnmächtiger [...] denn eine Fliege"[46]. Es ist nur ein Hauch, sterblich und hinfällig, und doch Träger des schöpferischen Wirkens Gottes. In all seiner Schwäche ist das Wort Gottes doch mächtiger als alle menschlicherseits ausgeübte Gewalt. Es wirkt in das Innerste eines Menschen. Es ist des Herzen mächtig. Es kann Freiheit schaffen und auf freie Menschen so einwirken, dass sie ihre eigene Antwort geben. Es ist jene Macht, die den Menschen zum Ebenbild Gottes werden lässt.

---

[42] Vgl. dazu die differenzierten Überlegungen von GÜNTER THOMAS, Behinderung als Teil der guten Schöpfung Gottes? Fragen und Beobachtungen im Horizont der Inklusionsdebatte, in: JOHANNES EURICH/ANDREAS LOB-HÜDEPOHL (Hg.), Behinderung – Profile inklusiver Theologie, Diakonie und Kirche, Stuttgart 2014, 67–97.
[43] ULRICH BACH, Boden unter den Füßen hat keiner. Plädoyer für eine solidarische Diakonie, Göttingen 1980, 99.
[44] Ebd.
[45] Ebd., 100.
[46] WA 48, 154 (Bibel- und Bucheinzeichnungen Nr. 200).

Die These, Gottes Allmacht liege in seinem Wort, mag als eine allzu steile theologische Behauptung erscheinen, die vielleicht auch Erinnerungen an eine als autoritär und doktrinär verstandene Theologie des Wortes Gottes weckt. Um solche Vorurteile und Missverständnisse auszuräumen, sei abschließend die These in zweifacher Hinsicht erläutert:

Zum einen: Wenn Gottes Macht in seinem Wort liegt, so ist das Wort in einer genau zu bestimmenden Funktion gemeint. Nicht das Wort der Aussage und Feststellung, nicht Sprache als Instrument der Weltbemächtigung, primär geht es um die Zusage, also um Sprechakte, die Menschen ihren je individuellen Namen geben, Worte, die einen anderen Menschen ansprechen, so dass er oder sie als „ich" geachtet wird und daraufhin zum „Ich" wird. Es ist diese Sprache, die einen Menschen zum Subjekt macht, die ihn als „ich" sein und werden lässt und insofern schöpferische Kraft hat. Kurz: Diese Sprache schafft Freiheit. Und sie wirkt so auf Menschen ein, dass sie ihre je eigene Antwort geben.

Zum anderen: Gottes Macht im Wort wahrzunehmen, heißt auch die Vielfalt der Sprachen wahrzunehmen. Wir gehen aus von verschiedenen Sprachen, die es ineinander zu übersetzen gilt. Keinesfalls geht es hier um eine Engführung auf die lautgebundene Sprache. Der Leib als ganzer und in seiner je besonderen ‚Gebrochenheit' ist Sprachorgan, Medium der Kommunikation. Und Gott ist als Schöpfer des Menschen in seiner Leiblichkeit und Sprachlichkeit auch Ursprung und Quelle der Sprachen. Denkt man an die Sprachen im Plural, so sind diese zweifellos auch gezeichnet von der Zersplitterung, wie sie die biblische Urgeschichte auf den Turmbau zu Babel zurückführt (Gen 11,1-9).[47] Indem wir verschiedene Sprachen sprechen und gebärden, erfahren wir uns nicht zuletzt auch als eingeschränkt und behindert. Zwischen den Sprachen liegen die Hindernisse. In der Sprache liegt aber zugleich auch die Macht, diese Hindernisse und Behinderungen zu überwinden. So menschlich lässt sich die göttliche Macht erfahren.[48] In dieser Menschlichkeit erweist sich Gott als lebendig.

---

[47] Die Erzählung vom Turmbau zu Babel erklärt nicht nur, wie es zur Sprachenvielfalt und zu den Schwierigkeiten der Verständigung gekommen ist – nämlich dadurch, dass Menschen gerade nur noch die *eine* Sprache, die Sprache ihres Werkes, gebrauchen wollten; sie deutet in einer gesamtbiblischen Interpretation auch darauf hin, dass Gottes Wort gegenläufig zum Aufwärtsstreben des Menschen zur Erde herunter fährt, sich in die vielen Sprachen hineinbegibt und zwischen ihnen Verständigung schafft, ohne die Vielfalt in eine Einheitssprache hinein aufzuheben. In diesem Sinn formuliert JOHANN GEORG HAMANN, Londoner Schriften, hg. von OSWALD BAYER/BERND WEIBENBORN, München 1993, 282: „Die Verwirrung der Sprache ist eine Geschichte, ein Phaenomenon, ein fortdauerndes Wunder, und ein Gleichnis, wodurch Gott noch immer fortfährt mit uns zu reden."

[48] Dass und in welchem Sinn „die dialogische Dimension des Menschseins" grundlegend für die Kultur des Zusammenlebens von Menschen mit ihren jeweiligen Behinderungen ist, zeigt KLAUS VON LÜPKE, Von der Kultur des Zusammenlebens in Vielfalt. Entwicklungsperspektiven inklusiver Behindertenhilfe, Essen 2010, insbes. 61–82.

Teil II
Der gerechtfertigte Mensch

6. Kapitel: Rechtfertigungslehre als Schlüssel zum Verständnis des Menschen

1. Die Lehre von der Rechtfertigung: Mitte der Schrift und Schlüssel zur Erkenntnis der Wirklichkeit von Mensch und Welt

Die Einsicht, „dass der Mensch nicht durch Werke des Gesetzes, sondern „allein durch den Glauben" gerecht wird, gilt zu Recht als *die* entscheidende reformatorische Erkenntnis. Zu erkennen und dessen gewiss zu werden, dass mit der Botschaft von der Rechtfertigung des Sünders das Allesentscheidende gesagt ist, heißt allerdings gerade nicht, alles zu durchschauen und eine alles umfassende Theorie gewonnen zu haben. Der Artikel, den Luther so entschieden als den einen, auf den alles ankommt, in die Mitte der christlichen Lehre stellt, ist zugleich der Artikel mit dem er niemals ‚fertig' geworden ist. Stets von neuem hat er sich um sein rechtes Verständnis gemüht. Wenn man Luthers theologische Biographie verfolgt, kann man den Eindruck gewinnen, dass er überaus beharrlich bei der auf dem Weg der Reformation gewonnenen Erkenntnis geblieben ist und diese unermüdlich wiederholt hat. Immer wieder geht es um dasselbe. Aber niemals verfestigt sich diese Erkenntnis zu einem ein für alle Mal gewonnenen Wissen, das man bloß abzurufen brauchte. Vielmehr will diese Erkenntnis immer wieder neu gewonnen werden. Und in neuen Kontexten und unter neuen Fragestellungen erkundet, kann sich die Erkenntnis, die man schon zu kennen meint, als durchaus neu erweisen.

In Luthers Worten kommt dieser Charakter der reformatorischen Erkenntnis folgendermaßen zum Ausdruck:

> „So wie ihr schon oft gehört habt, höchst geschätzte Brüder [optimi fratres], dass jener eine Artikel von der Rechtfertigung wohl als einziger wahre Theologen bildet [constituit], so ist es deswegen notwendig in der Kirche, dass er nicht nur oft wiederholt, sondern ebenso häufig eingeübt wird [ut saepe repetendus, ita frequenter exercendus]. Denn [...] jener *locus* ist reichhaltig und unbegreiflich [opulentus et incomprehensibilis], wie sehr er sich auf unsere Natur bezieht. Denn er ist vor dem

gesamten menschlichen Wahrnehmungsvermögen [de omni humano sensu] verborgen [absconditus]."[1]

Mit Paulus kann daher auch Luther sagen, er habe es noch nicht ergriffen, aber jage ihm weiter nach (Phil 3,12f).

> Es ist eben „nicht so, wie einige meinen, wenn sie das eine und andere Wort gehört haben, schon glauben, sie seien somit Theologen. Sie irren sich bei weitem. Denn wie sehr wir auch vorangeschritten sind, wir bleiben dennoch in den Anfängen [in principiis]. [...] Eine so große und so schwierige Sache ist der Glaube und so scharfsinnig ist eine Disputation über den Glauben; deswegen ist ein vielfacher Gebrauch dieser Lehre notwendig; und je mehr sie festgehalten wird, desto mehr gefällt sie."[2]

Die Lehre von der Rechtfertigung einzuüben und in Gebrauch zu halten, das heißt für Luther zweierlei: Zum einen setzt er das, was er im Hören auf eine einzelne Bibelstelle verstanden hat, immer wieder neu dem Gesamtzeugnis der Heiligen Schrift aus. Zum anderen gilt es zu entdecken, dass und wie sich unter dem Wort von der Rechtfertigung „unsere Natur", also die die Wirklichkeit des menschlichen Lebens in der Welt erschließt. Beides sei im Folgenden erläutert.

2. Rechtfertigungslehre in der Auslegung von Röm 3,28

Zunächst zu Luthers Umgang mit der Heiligen Schrift, also zu den hermeneutischen Voraussetzungen und Implikationen seiner Rechtfertigungslehre und Anthropologie: Die eine Stelle, mit der Luther besonders gerungen und an der ihm das Verständnis der Gerechtigkeit Gottes im Sinne der *iustitia passiva* aufgegangen ist, war bekanntlich Röm 1,16f: „Im Evangelium wird die Gerechtigkeit, die vor Gott gilt, offenbart, welche kommt aus Glauben im Glauben." Und wenn man weitere einzelne Bibelstellen hervorheben will, so ist im Römerbrief vor allem Röm 3,28 zu nennen: „So halten wir nun dafür, dass der Mensch gerecht wird ohne des Gesetzes Werke, allein durch den Glauben." Genau diesem Satz hat Luther mehrere Thesenreihen gewidmet, in denen er „aufs Sorgfältigste die einzelnen Worte jener paulinischen Aussage aus Römer 3 prüft"[3]. In der Tat geht Luther Wort für Wort vor. Die in dem Leitsatz („hominem iustificari fide absque operibus legis") vorkommenden Substantive „Mensch", „Glaube", „Werke" und „Gesetz" sowie das Verb „gerechtfertigt werden" geben die Themen an, denen sich Luther jeweils schwerpunktmäßig zuwendet: Ausdrücklich herausgestellt ist das in den Überschriften zu den ersten beiden und zur letzten

---

[1] WA 39/I, 87,3–9 (Disputatio de iustificatione).
[2] WA 39/I, 87,11–18 (Disputatio de iustificatione).
[3] So die Überschrift der ersten Sammelveröffentlichung der in den Jahren 1535 bis 1537 entstandenen Thesen: „IN SEQUENTIBUS QUINque Disputationibus dilegentißime expendit Doctor Martinus Lutherus singulas voces huius Paulini dicti, Roma. 3". Die Thesen werden hier zitiert nach LDStA 2, 401–441.

Thesenreihe: „De fide", „De lege" und „De operibus legis et gratiae". Die dritte Thesenreihe behandelt den Vorgang des Gerechtfertigtwerdens mit Hilfe der Unterscheidung zwischen der „ratio iustificandi coram Deo" und „coram hominibus". Mit der vierten Thesenreihe wird sodann der Blick auf den Menschen gerichtet, genauer gesagt: auf den Menschen, der als Sünder der Rechtfertigung bedarf („homo iustificandus").

Den einen Satz Wort für Wort auszulegen, heißt nun allerdings gerade nicht, das mit dem Wort Gemeinte isoliert zu betrachten. Vielmehr gilt es die Begriffe in ihrem Zusammenhang zu bedenken. Sie bilden ein „semantisches Feld"[4], in dem sie einander ergänzen oder auch widersprechen, so oder so aber konstitutiv aufeinander bezogen sind. In Röm 3,28 findet Luther dieses Beziehungsfeld aufs Äußerste verdichtet, gleichsam verknotet, und mit seinen Thesen unternimmt er nichts anderes, als dass er von je unterschiedlichen Ausgangspunkten und in immer wieder neuen Verhältnisbestimmungen die eine „Sache" zu verstehen sucht, die hier zur Sprache kommt. In diesem Sinn handelt es sich um ein systematisches Vorgehen, freilich um eine solches, das die Systematik dem Wortlaut des Textes zu entnehmen sucht und sich im sorgfältigen Hören von einem bloßen Konstruieren unterscheidet.[5]

Was Luther zu Glaube, Gesetz, Rechtfertigung, Sünde und Werken des Menschen ausführt, greift also vielfältig ineinander. Dass es sich hier um einen Zusammenhang handelt, ist für Luther in einer doppelten Voraussetzung begründet, wie sie sich für ihn als Glaubensgewissheit erschlossen hat. Zum einen ist es seine Überzeugung, dass die Heilige Schrift als Werk des Heiligen Geistes eine Einheit bildet. Was Paulus schreibt, findet er in der Vielstimmigkeit biblischer Zeugnisse weniger in Frage gestellt als vielmehr bestätigt, so wie in einem Orchester ein Instrument im Zusammenspiel mit anderen allererst recht zum Klingen gebracht wird. Entsprechend rekurriert Luther in seiner Paulusexegese immer wieder auch auf andere biblische Zeugen, insbesondere auch auf das Johannesevangelium. Assertorisch formuliert er: „Die Schrift verkündet ..." (I, These 28: „Scriptura autem clamat ...). Der Reichtum des Artikels von der Rechtfertigung liegt insofern in dem unausschöpfbaren Reichtum der Heiligen Schrift als ganzer begründet.

Will man in diesem Sinn vom Schriftprinzip Luthers sprechen, sollte man zur Klarstellung auch die zweite Voraussetzung beachten. Noch ‚prinzipieller' als die Schrift ist für Luther Christus als das Wort, das „im Anfang" war (Joh

---

[4] Vgl. dazu auch die hermeneutischen Überlegungen von Michael Wolter, Paulus. Ein Grundriss seiner Theologie, Neukirchen-Vluyn 2011, 342.

[5] Insofern mag man bezweifeln, ob das, was wir „paulinische Rechtfertigungslehre" nennen, immer „die Konstruktion eines theologischen Begründungszusammenhangs [bedeutet], der seinen Ort nicht in der Sprache der paulinischen Briefe hat, sondern in der Sprache der Paulusinterpretation" (so Wolter [s. Anm. 4] 342). Luther jedenfalls entwickelt ‚seine' Rechtfertigungslehre konsequent in der Entfaltung des paulinischen Sprachgebrauchs.

1,1) und mit dem schöpferischen Wort Gottes identisch ist. In einer These formuliert (I, These 41): „Die Schrift darf nicht gegen, sondern muss für Christus verstanden werden, das heißt, entweder bezieht man sie auf ihn oder lässt sie nicht als wahre Schrift gelten."[6]

Mit dieser christologischen These ist gleichsam der Angelpunkt benannt, von dem her sich entscheidet, was unter Glaube, Gesetz, Rechtfertigung, Sünde und Werken des Menschen in Wahrheit zu verstehen ist. „Zusammengefasst: Christus ist Herr, nicht Knecht, Herr über den Sabbat, über das Gesetz, und über alles." (I, These 40) Er ist „von Gott als Haupt und als Führer zu Gerechtigkeit und Leben eingesetzt, durch den und in dem wir leben und gerettet werden." (I, These 48) Noch schärfer zugespitzt: „Wenn nun die Gegner die Schrift gegen Christus treiben, dann treiben wir Christus gegen die Schrift." (I, These 49) In der Begegnung mit dem lebendigen Christus wird die Schrift sprechend. Eben das wird man aber auch für Paulus als eine seine Theologie insgesamt bestimmende Erfahrung annehmen dürfen. Die als Damaskuserlebnis bezeichnete Lebenswende hat ja entscheidend geprägt und umgeprägt (vgl. nur Phil 3,7–10), was Paulus fortan als Wahrheit des Glaubens im Blick auf Gesetz und Gerechtigkeit vertreten hat. Sofern Luther dieses *solus Christus* in aller Klarheit herausgestellt hat, ist seine Theologie durchaus im Sinne des Paulus.[7]

Aber gilt das ebenso auch für die Konsequenzen, die Luther aus dieser Einsicht für das Verständnis von Glaube, Gesetz, Rechtfertigung, Sünde und Werken gezogen hat? Ohne Luthers einschlägige Ausführungen ausführlich kommentieren zu können,[8] hebe ich nur die Gedanken heraus, die mir im Gespräch mit der neueren Paulusforschung als Korrektiv und Herausforderung wichtig erscheinen.

1. Ein reduktives Verständnis des Gesetzes und der „Werke des Gesetzes" im Sinne des Zeremonialgesetzes verkennt sowohl die universale Bedeutung des Heilswerks Jesu Christi als auch die Gleichheit von Juden und Heiden in ihrer Erlösungsbedürftigkeit. „Paulus redet einfach und umfassend [simpliciter et universaliter] vom Gesetz" (II, These 4). Würde er nur vom Zeremonialgesetz

---

[6] „Et Scriptura est, non contra, sed pro Christo, intelligenda, ideo vel ad eum referenda vel pro vera Scriptura non habenda."

[7] Vgl. HANS-CHRISTIAN KAMMLER, „New Perspective on Paul" – Thesen und Probleme, in: DERS./RAINER RAUSCH (Hg.), Paulus und Luther – ein Widerspruch? (Dokumentationen der Luther-Akademie Sondershausen-Ratzeburg, Bd. 10), Hannover 2013, 25–60, 25f (Zitat von OTFRIED HOFIUS) und 57f.

[8] Für weiterführende Studien sei verwiesen auf: GERHARD EBELING, Die Rechtfertigung vor Gott und den Menschen. Zum Aufbau der dritten Thesenreihe Luthers über Röm 3,28; DERS., Sündenblindheit und Sündenerkenntnis als Schlüssel zum Rechtfertigungsverständnis. Zum Aufbau der vierten Thesenreihe Luthers über Röm 3,28; beide Aufsätze in: DERS., Lutherstudien, Bd. 3: Begriffsuntersuchungen, Textinterpretationen, Wirkungsgeschichtliches, Tübingen 1985, 223–257 und 258–310; WILFRIED HÄRLE, Die Entfaltung der Rechtfertigungslehre Luthers in den Disputationen von 1535–1537, in: LuJ 71, 2004, 211–228; teilweise wieder abgedruckt in: DERS., Menschsein in Beziehungen, Studien zur Rechtfertigungslehre und Anthropologie, Tübingen 2005, 21–38.

oder Kultgesetz und den in ihm gebotenen Werken wie dem der Beschneidung reden, verlöre auch die Erlösung ihre universale, alle Menschen betreffende Bedeutung. Christus hätte mit seinem Tod nichts anderes bewirkt, „als nur die Juden vom Kultgesetz zu befreien oder nur den Kult abzuschaffen" (II, These 18). Für die Heiden bliebe diese Erlösung irrelevant. Ihnen würde „die Befreiung vom Gesetz und seinen Sünden verkündigt, die es bei ihnen nicht gibt" (II, These 24). Und – so könnte man Luthers Argumentation ergänzen – ginge es Paulus lediglich darum, die Heiden vom Kultgesetz auszunehmen, dieses aber für die Juden weiterhin gelten zu lassen, bliebe unklar, worin die erlösende Bedeutung des Kreuzestodes Jesu für die Juden bestünde. Nun sieht Paulus aber beide, Juden ebenso wie Heiden, in derselben Situation: „Die ganze Welt ist vor Gott schuldig, weil aus Werken des Gesetzes kein Mensch gerechtfertigt wird." (II, These 7; vgl. Röm 3,10–20) Werke des Gesetzes sind demnach solche, an denen alle Menschen schuldig werden und mit denen sie gegenüber dem „simpliciter et universaliter" verstandenen Gesetz schuldig bleiben. Dass Paulus das Gesetz in diesem weiten, das moralische Gesetz einschließenden Sinne versteht, wird nicht zuletzt in Röm 7 deutlich, wenn Paulus dort das letzte Gebot des Dekalogs und zugleich das urgeschichtliche Gebot aus Gen 2 als Stimme des Gesetzes anführt („Du sollst nicht begehren!" Vgl. II, These 6).

2. Glaube ist die dem Werk und Wirken Jesu Christi gemäße Lebenseinstellung. Weil und insofern Glaube für Paulus strikt Christusglaube ist, gilt die exklusive Formulierung des *sola fide*. Der Glaube rechtfertigt uns „ohne Gesetz und Werke", weil und insofern „Gottes Barmherzigkeit" in Jesus Christus das Werk vollbringt, um das wir uns mit unseren Werken vergeblich bemühen (vgl. I, These 25). Glaube bedeutet anzunehmen, was uns in Christus durch das Evangelium mitgeteilt wird. Als *fides apprehensiva* (I, These 12) ist er streng von einer bloßen Betrachtung (*fides historica*) und bloßem Wissen zu unterscheiden. So wenig er sich in bloßer Spekulation erschöpft, so sehr nimmt er das, was im Evangelium zugesprochen wird, in Gebrauch (vgl. I, 20). Allein ein solcher Glaube bringt „Christus in uns zur Wirkung [...] gegen Tod, Sünde und Gesetz" (I, These 10). Seine Kraft liegt im Empfangen, in einer Passivität, die zugleich schöpferische Aktivität freisetzt. Eben weil es sich um eine im strengen Sinn schöpferische Potenz handelt, kann der Mensch sie sich nicht selbst zuschreiben. Der wahre Glaube muss als „Gabe des Heiligen Geistes verstanden werden" (I, These 1). Er ist lebendig, sofern er Christus wirken lässt. Rechtfertigungsglaube und Schöpfungsglaube bilden hier zwei Seiten einer einzigen Erkenntnis: „Wie es lästerlich ist zu behaupten, man sei sein eigener Gott, Schöpfer und Hervorbringer, so lästerlich ist [auch die Behauptung], man werde durch seine Werke gerechtfertigt." (I, 71)

3. Rechtfertigung ist für Luther ein schöpferischer Prozess, der durch eigene Werke bzw. Werke aus eigener Kraft nicht herbeigeführt werden kann, der aber wahrhaft gute Werke geradezu automatisch (*sponte*; vgl. I, These 34) zur Folge hat. In diesem Prozess ist der Mensch kraft des Heiligen Geistes en-

gagiert. Rechtfertigung bedeutet nicht nur, dass der Mensch, der auch als Glaubender noch Sünder ist, „um Christi willen als gerecht betrachtet" wird (III, These 33). Vielmehr wird der Mensch im Glauben in einen Prozess des Gerechtfertigtwerdens hineingezogen. In diesem Prozess liegt das Ziel der Gerechtigkeit zwar außerhalb dessen, was er mit seinen Werken ergreifen kann; insofern handelt es sich um eine Gerechtigkeit „extra nos et aliena nobis" (III, These 27). Gleichwohl oder auch eben deswegen ist es aber auch eine Gerechtigkeit, die den Menschen im Innersten zu bewegen vermag, eine Gerechtigkeit, die ihn auf den Weg des Gerechtwerdens führt. „Dass der Mensch gerechtfertigt wird, bedeutet nämlich nach unserer Meinung, dass er noch nicht gerecht ist, sondern sich erst in einer Bewegung oder einem Lauf auf die Gerechtigkeit zu befindet." (III, These 23)

4. Das Missverhältnis des Menschen zum gegebenen Gesetz besteht darin, dass er es nicht erfüllen kann, und zwar deswegen nicht erfüllen kann, weil er es in der Tiefe seines Herzens nicht erfüllen will und dieses Wollen von sich aus nicht zum Guten verändern kann.[9] Der Unwille und zugleich die Unfähigkeit des Menschen ist darin begründet, dass „das Gesetz Gottes [...] nicht tief in unserem Herzen" wohnt (II, These 82). Eben hier, wo das Gesetz nicht (oder noch nicht) eingekehrt ist, wurzelt die Sünde in jenem radikalen Sinn, den Luther insbesondere in der vierten Thesenreihe zu bedenken gibt. Die Sünde „groß zu machen" („Peccatum est valde magnificandum et amplificandum." IV, These 28), das heißt für Luther vor allem, die Sünde vom ersten Gebot her zu verstehen: Dieses Gebot fordert den Glauben des Herzens, zu dem der Mensch als Sünder gerade nicht bereit ist. Der Unglaube manifestiert sich konkret darin, dass die Menschen nicht an den gekreuzigten Christus glauben, in dem ihnen doch die Barmherzigkeit Gottes begegnet. „Nicht an Christus glauben ist ungläubig, unwissend und von Gott abgewandt sein, der Christus als Retter verheißen hat. Darum sagt Paulus zu Recht, dass alles in den Unglauben eingeschlossen ist, damit sich Gott über alles erbarme. Dieser Unglaube zieht alle anderen Sünden nach sich, denn er ist die Hauptsünde gegen das erste Gebot." (IV, Thesen 9–11) Im Spiegel des Gesetzes, das vom ersten Gebot her verstanden und ausgelegt werden will, wird die Sünde in ihrer Wurzel deutlich. Das Gesetz führt zur Erkenntnis der Sünde (Röm 3,20). Um die Sünde jedoch zu überwinden, bedarf es des Evangeliums, das im Herzen die Wende vom Unglauben zum Glauben zu bewirken vermag und damit auch das Missverhältnis des Menschen unter dem Gesetz ins Positive wendet.

5. Das Gesetz und die ihm entsprechenden Werke sind notwendig. „Alle Werke sind notwendig, sowohl die des Gesetzes als auch die der Gnade." (V,

---

[9] Wenn KAMMLER (s. Anm. 7), 38f, den „fundamentalen Unterschied zwischen Paulus auf der einen Seite und lutherisch geprägten Paulusinterpreten [...] auf der anderen Seite" darin erkennt, dass diese die Verfehlung in einem gerecht werden *Wollen* sehen, während Paulus selbst behauptet, „dass der Mensch durch ‚Gesetzeswerke' *nicht* gerecht werden *kann*", so dürfte Luther selbst auch in dieser Hinsicht sehr wohl mit Paulus übereinstimmen.

These 1) Der Mensch hat zeit seines Lebens mit dem Gesetz zu tun. Er kann es und soll es auch nicht ‚loswerden' (vgl. V, These 28: „Das Gesetz ist also nicht in der Weise erledigt, als sei es nichts oder als müsse man sich nicht nach ihm richten"). Und es soll als das verbindliche Dokument des Willens Gottes erfüllt werden, durch den Glauben „in diesem Leben" (V, These 17) und durch die Liebe „im künftigen Leben [...], wenn wir als neue Schöpfung Gottes vollkommen sein werden." (V, These 18) Das Ende des Gesetzes ist insofern ein eschatologisches Datum (vgl. das Futur in V, These 26). Erst wenn die „Sache selbst" („res ipsa", V, These 19), um die es im Gesetz geht, vollkommen präsent sein wird, wenn der Wille Gottes uns zur „Natur" geworden sein wird (vgl. V, These 22), erst dann wird das Gesetz in seiner Erfüllung aufgehoben sein. Im Glauben an das Evangelium, das als Kraft der neuen Schöpfung wirksam ist, wird dieses Ende allenfalls vorweggenommen.

3. Gottes Gerechtigkeit im Bezug auf die Lebenswirklichkeit

In der Auslegung dieses einen Satzes Röm 3,28, so wie ihn Luther im gesamtbiblischen Zusammenhang liest, verfolgt er *ein* Thema, hält er fest an dem einen Hauptartikel in dem wachsenden Bewusstsein, dass es in diesem Artikel um eine unendlich reiche und deswegen nicht ein für alle Mal auf den Begriff zu bringende Wahrheit geht. Nicht abzuschließen ist diese Übung im Umgang mit der Heiligen Schrift auch deswegen, weil das biblische Wort für Luther mehr als ein bedeutungsvolles Zeichen ist. Es ist nicht nur unter dem Gesichtspunkt der Semantik auszulegen. Vor allem gilt es die in diesem Wort liegende Kraft wahrzunehmen, und zwar als eine Kraft, die den Menschen, der dieses Wort hört, zu bewegen und zu verändern vermag. Diesem Wort, das als Wort Gottes aufgefasst werden will, eignet in diesem Sinn eine schöpferische Qualität. Und wenn in der Heiligen Schrift von der Gerechtigkeit Gottes die Rede ist, so in dem Sinn, dass das Wort vollzieht, was es sagt. Es wird mithin nicht nur über Rechtfertigung geredet, sondern Menschen werden kraft des biblischen Wortes ins rechte Verhältnis versetzt. Ihnen widerfährt die Gerechtigkeit Gottes. Und so sehr der Mensch auf dieses Gerechtfertigtwerden angewiesen bleibt, so wenig kann er mit dem Artikel von der Rechtfertigung fertig werden.

Die Schrift so in Gebrauch zu nehmen führt somit auch zu einem neuen Umgang mit der Lebenswirklichkeit. Unter diesem Gesichtspunkt ist es nur konsequent, dass Luther das Verständnis der Rechtfertigung in beständigem Umgang mit den Psalmen und ab 1535 dann auch in der Auslegung der Genesis einübt und zu bewähren sucht. Die Lehre von der Rechtfertigung will in Bezug auf das gegebene Leben gebraucht werden. Sie ist ja auch deswegen so reich und unbegreiflich, weil sie sich auf die gesamte Natur bezieht („quantum attinet ad nostram naturam").[10] Man versteht sie sachgemäß, wenn man in ihrem Licht die Wirklichkeit von Welt und Mensch zu erkennen sucht. Zur Meditation der Heiligen Schrift kommt somit ein Ringen mit der weltlichen Erfahrung und mit der weltlichen Vernunft, die diese Erfahrung auf den Begriff zu bringen sucht. Der Umgang mit der Erfahrung und dem erfahrungsbezogenen Wissen ist das Feld, das für Luther unter dem Begriff der Anfechtung steht. Hier gilt es das Geglaubte in den Spannungen und Widersprüchen der Erfahrung zu behaupten und zugleich die Vernunft auf die Grenzen ihrer Kompetenz zu verweisen. Der Glaube räumt der Vernunft ihr Recht ein, bestreitet aber zugleich ihren Anspruch, das Ganze der Wirklichkeit von Welt und Mensch erkennen oder gar beherrschen zu können. Der Glaube, der sich dem Wirken des Wortes Gottes verdankt, überlässt die Weltwirklichkeit nicht der Vernunft, sondern sucht in ihr das Wirken desselben Wortes wahrzunehmen. Eben weil das Wort Gottes, das in der Heiligen Schrift vernehmbar wird, das Wort des Schöpfers ist, der alle Dinge geschaffen hat und noch erhält, ist nun auch das Sein aller Dinge auf das in ihm wirkende Wort hin auszulegen. Und das ist in der Tat eine ebenso große wie unabschließbare Aufgabe. Luther hat sich dieser Aufgabe gestellt, indem er Rechtfertigungslehre und Schöpfungslehre aufeinander verwiesen und als spannungsvolle Einheit verstanden hat. Insbesondere seine große Genesisvorlesung ist das Dokument einer solchen Verschränkung beider Lehren.

In diesem werkgeschichtlichen und zugleich systematisch-theologischen Zusammenhang sind auch seine Thesen „Über den Menschen" (*De homine*) entstanden,[11] in ihm gewinnen sie ihr ihr besonderes Profil. Sie setzen beides voraus: eine erneute intensive Beschäftigung mit dem Artikel von der Rechtfertigung, konzentriert auf Röm 3,28 als Grundtext, und eine weit ausgreifende Auslegung der Genesis im Streitgespräch mit der Philosophie als der Weisheit dieser Welt.

4. Luthers Thesen *De homine* als Beitrag zum Gespräch zwischen Philosophie und Theologie

Nach diesen grundsätzlichen Bemerkungen wenden wir uns nun den Thesen *De homine* im Blick auf ihren Sachgehalt zu.[12] Sie beziehen sich kritisch auf die

---

[10] S.o. Anm. 1.

[11] WA 39/I, 175–177, hier zitiert nach LDStA 1, 663–669. Zum werkgeschichtlichen Kontext vgl. GERHARD EBELING, Disputatio de homine, Teil 1: Text und Traditionshintergrund, Tübingen 1977, 6–8.

[12] Im Folgenden nehme ich noch einmal meine Darstellung auf, die in die Neubearbeitung der Dogmatik von Wilfried Joest eingegangen ist: WILFRIED JOEST/JOHANNES VON LÜPKE, Dogmatik II: Der Weg Gottes mit dem Menschen, Göttingen ⁵2012, 15–18. Eine prägnante Zusammenfassung der „Grundzüge der lutherischen Anthropologie" auf der Grundlage der Thesen *De homine* und unter Aufnahme der einschlägigen Arbeiten von Wilfried Joest bietet WILFRIED HÄRLE, „Der Mensch wird durch den Glauben gerechtfertigt", in: DERS., Menschsein in Beziehungen (s. Anm. 8), 169–190.

philosophische Definition des Menschen als *animal rationale*, indem sie zum einen deren Wahrheitsmoment hervorheben, zum anderen aber auch deren Unzulänglichkeit aufzeigen. Die theologische Definition, die den Menschen als ein durch Gottes schöpferisches und rechtfertigendes Wort bestimmtes und insofern auf den Glauben angelegtes Wesen zu verstehen gibt, wird dem philosophischen Wissen des Menschen um sich selbst entgegengesetzt, allerdings nicht ohne sich den Fragen zu stellen, die von Seiten der Philosophie aufgeworfen werden. Bei Luther und in der altprotestantischen Dogmatik ist es insbesondere die aristotelische Lehre von den vier Ursachen, die als Grundriss dient, um das anthropologische Wissen zu ordnen und Philosophie und Theologie sowie allgemeines Wissen und aus der Heiligen Schrift gewonnene Weisheit aufeinander zu beziehen.[13] Die Frage „Was ist der Mensch?" differenziert sich danach in vier Fragen, von denen jeweils zwei in polarer Spannung einander gegenüber stehen und aufeinander verweisen. Graphisch lässt sich diese Struktur durch ein Achsenkreuz verdeutlichen.

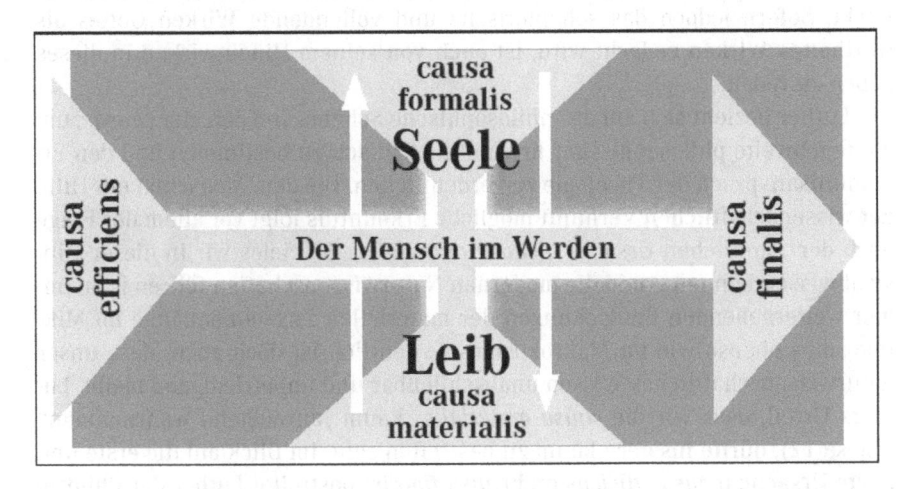

Die erste Achse, die man als Vertikale zeichnen kann, nimmt die aristotelischen Fragen nach der *causa materialis* und nach der *causa formalis* auf. Beide Fragen betreffen den Menschen, so wie er geworden und Zeit seines Lebens zusammengesetzt ist („ut est in facto"). In diesem Sinn geht es um die Natur des Menschen. Zum einen besteht diese aus Stoffen, die unter der Leitfrage nach der *causa materialis* erforscht werden können, zum anderen stellt sich die Frage, was dieses materielle Gebilde ‚formt' und dadurch allererst zum Menschen

---

[13] Vgl. die Thesen 12–17; dazu den Kommentar von GERHARD EBELING, Disputatio de homine, Teil 2: Die philosophische Definition des Menschen, Tübingen 1982, 333–452; vgl. für die altprotestantische Dogmatik JOHANN FRIEDRICH KÖNIG, Theologia positiva acroamatica (Rostock 1664), hg. und übers. von Andreas Stegmann, Tübingen 2006, 92–95. Hier findet sich die Unterscheidung zwischen dem Sein des Menschen in seinem Werden („ut est in fieri") und dem Sein im Sinne des Daseins bzw. des Geschaffenseins („ut in facto esse").

macht (*causa formalis*). Die traditionelle Anthropologie denkt hier an den Akt der Beseelung als den eigentlichen Akt der Menschwerdung. Der Mensch besteht daraufhin, so lautet die von Philosophie und Theologie weithin übereinstimmend gegebene Antwort, aus Leib und Seele, aus Materie und Geist. Diese bilden die für die Natur des Menschen konstitutiven Prinzipien, genauer gesagt: die *principia constitutiva interna*.

Davon zu unterscheiden ist eine zweite Achse, die in der vorgeschlagenen Graphik die Horizontale bildet. Sie verbindet die extrinsischen Prinzipien (*causae extrinsecae*), die über die Natur des Menschen hinaus auf ihren ersten und letzten Bezugspunkt in Gott verweisen: *causa efficiens* und *causa finalis*. Das Leben des Menschen ist gekennzeichnet durch Werden und Vergehen. Und im Blick auf diese zeitliche Existenz („ut est in fieri") stellt sich die Doppelfrage nach Anfang und Ende, nach dem Woher und Wohin. Es handelt sich hier um Grenzfragen, zu deren Beantwortung die traditionelle Dogmatik über die Grenzen des irdischen Lebens hinaus auf die Wirklichkeit und Wirksamkeit Gottes blickt. Sofern jedoch das schöpferische und vollendende Wirken Gottes als worthaftes Wirken gedacht wird, ist auch von seinem Hineinwirken in dieses Leben zu reden.

Luther bezieht sich auf das philosophische Schema von den vier *causae*, um die Reichweite philosophischer Erkenntnis kritisch zu bestimmen und den Erkenntnisanspruch der Theologie zu verdeutlichen. Die dem Menschen mit Hilfe der wissenschaftlichen Vernunft mögliche Erkenntnis folgt vor allem der Frage nach der „stofflichen Ursache" (*causa materialis*). So vieles wir in dieser Hinsicht wissen können – und die modernen Naturwissenschaften führen ja zu immer weitergehenden Entdeckungen der materiellen Zusammenhänge im Mikrokosmos ebenso wie im Makrokosmos –, deutlich ist doch auch, dass unser naturwissenschaftliches Wissen unabschließbar und unbefriedigend bleibt. Luthers Urteil, dass wir die *causa materialis* „kaum hinreichend wahrnehmen" (These 12), dürfte insofern kaum zu bestreiten sein. Im Blick auf die erste und letzte Ursache (*causa efficiens* und *causa finalis*) bestreitet Luther der Philosophie jegliches Wissen: Sie kenne „ohne Zweifel nicht die wirkende Ursache und entsprechend auch nicht die Zweckursache" (These 13); noch schärfer gesagt: sie verkennt diese, indem sie dem irdischen Leben und seinen immanenten Bedingungen und Interessen verhaftet bleibt (These 14). Und schließlich: „Über die gestaltende Ursache (*causa formalis*) aber, als welche sie die Seele bezeichnen, wurde nie und wird nie unter Philosophen Einigkeit erzielt" (These 15). Der Dissens in der Erkenntnis der Seele spitzt sich zu auf die Frage nach der Vernunft. Die Philosophie weiß von der Bestimmung und Majestät der Vernunft nur *a posteriore* (These 10). Sie kennt nicht das der Vernunft zugrundeliegende Wort Gottes. Und sie verkennt, dass die Vernunft bezogen auf das schöpferische Wort Gottes sich im Missverhältnis befindet: Auch die Vernunft ist nach dem Sündenfall unter der Macht des Teufels (These 24).

Indem die Theologie kritisch die Grenzen der „menschlichen Weisheit" aufweist, kann sie deren Leistungen innerhalb ihrer Grenzen gar nicht hoch genug schätzen. Die Vernunft als das Vermögen der Welterkenntnis und Weltbeherrschung ist geradezu „etwas Göttliches" (These 4). Sobald sie jedoch ihre eigenen Grenzen verkennt und urteilend über ihr Erkenntnisvermögen hinausgeht, verkehrt sich ihr Licht zur Finsternis. Die Vernunft, die ihre eigene Unwissenheit überspielt und urteilend auf das Ganze auszugreifen sucht, wird totalitär. Als Pointe der theologischen Kritik „menschlicher Weisheit" erweist sich somit die Bestreitung aller Ansprüche, über ein Ganzes und hier insbesondere über den „ganzen Menschen" definierend zu urteilen. Wenn demgegenüber die Theologie die Erkenntnis des „ganzen und vollkommenen Menschen" für sich reklamiert (These 20), so geht es ihr im Gegenzug gerade darum, die Definition für Gottes Urteil offenzuhalten. Statt in Begriffen zu definieren, erzählt Luther in kürzester Fassung die Geschichte Gottes mit dem Menschen: Der Mensch, geschaffen durch Gott zu seinem Bilde und zu dem Ziel, in Ewigkeit mit ihm zu leben, gefallen in die Gefangenschaft der Sünde und des Teufels, nun aber in Christus gerechtfertigt, um allein im Glauben an ihn zum Ziel seines Lebens gerettet zu werden. Die „theologische Definition", die Luther geläufigen philosophischen Definitionen gegenüberstellt, gibt das irdische Leben als Zwischenzeit (*interim*) zwischen dem Urdatum der Schöpfung und der zukünftigen Vollendung zu verstehen. Pointiert wird die eschatologisch ausgerichtete Gottesbeziehung als Wesensbestimmung des Menschen herausgestellt, ohne deswegen das Anfangsdatum der in Gottes Schöpfungshandeln begründeten Gottebenbildlichkeit zu leugnen. Was es um den Menschen ist, will aus dem erkannt werden, dass und wie Gott mit ihm umgeht. Und Gott will auf Ewigkeit hin mit ihm umgehen.

Diese narrative theologische Anthropologie übersteigt nicht die Grenzen, innerhalb deren sich die endliche Vernunft nur bewegen kann. Aber sie sieht an den Grenzen zugleich die Einfallstore des schöpferischen Wirkens Gottes. Sofern Gott durch sein Wort wirkt, sind diese Grenzen Orte der Kommunikation: An ihnen erfährt sich der Mensch geradezu dem Wort Gottes ausgesetzt. Das gilt für die Frage nach der Seele des Menschen, die ihn im Sinne der *causa formalis* allererst zum Menschen macht, ebenso wie für die Fragen nach Anfang und Ende. So wie der Mensch, in die Innerlichkeit seiner Seele einkehrend, auf einen unergründlichen und zugleich sprachlich bewegten Ursprungsraum trifft, so münden auch die äußersten Daten seiner irdischen Existenz in den Sprachraum des Wortes Gottes, der in dieses Leben ruft und aus dem Tod heraus auferweckt. Als ein vom Wort Gottes angeredetes, gleichsam umfasstes Wesen vermag der Mensch sich nicht abschließend zu erfassen oder zu definieren, weder im Rekurs auf seine Natur noch in der Introspektion der Selbsterkenntnis. Er kommt seiner Existenz nicht auf den Grund. Die Grunderfahrung des evangelischen Rechtfertigungsglaubens, dass ein Mensch sich selbst außerhalb seiner selbst angenommen findet, prägt somit auch den Schöpfungsglauben und die ihm folgende Selbsterkenntnis des Menschen. Als Geschöpf, das vom Wort Gottes lebt, ist er sich selbst entzogen und zugleich auf einen Grund bezogen, von dem her er sich empfängt und seiner selbst gewiss sein kann. In dieser Relationalität ist die unaufhebbare Differenz zwischen Schöpfer und Geschöpf gewahrt und zugleich die Kommunikation eröffnet, die beide zusammenkommen lässt.

5. DAS THEOLOGISCHE VERSTÄNDNIS DES MENSCHEN IN DER AKTUELLEN DEBATTE

Menschsein heißt „In-Beziehung-Sein."[14] Dieser Grundaussage wird in der gegenwärtigen evangelischen Theologie und insbesondere auch in der bioethischen Diskussion kaum jemand widersprechen wollen. Luthers Einsicht, dass sowohl von Gott als auch vom Menschen nicht unter der Kategorie der Substanz, sondern unter der Kategorie der Beziehung zu reden und zu denken sei,[15] scheint sich weithin durchgesetzt zu haben. Unter dem Begriff einer relationalen Anthropologie können jedoch durchaus verschiedene Konzeptionen präsentiert werden. Man sollte daher genauer nachfragen, welche Beziehungen jeweils im Blick sind und wie sie gewichtet werden. Wilfried Härle hat in der bioethischen Diskussion zu Recht die Unterscheidung zwischen „immanent-relationalen" und „transzendent-relationalen Begründungstheorien" angemahnt[16] und damit der Sache nach die zweifache Relationalität zur Geltung gebracht, wie wir sie uns von Luther her als Zusammenhang immanenter und extrinsischer Prinzipien verdeutlicht haben.

Nimmt man dieses Beziehungsgefüge als Grundlage, lässt sich nun auch zeigen, wo Reduktionen im Verständnis des Menschen eintreten und welche Konsequenzen sich daraus ergeben können. Bringt man Luthers Verständnis des Menschen in die gegenwärtige Diskussion ein, so könnte sie ihr kritisches Potential nicht nur als Kritik der Philosophie, sondern auch als Kritik einer bestimmten Ausprägung moderner Theologie erweisen. In beiderlei Hinsicht ist die Reduktion auf die Wahrnehmung des Menschen im Binnenverhältnis der *principia interna* zu kritisieren. Während die spezifisch philosophische Reduktion darin besteht, die externen, im Wort Gottes liegenden Gründe der menschlichen Existenz prinzipiell auszublenden, besteht das Problem der modernen Theologie möglicherweise darin, dass sie die Externität des Gottesverhältnisses in die Binnenrelation des Selbstverhältnisses einzieht und darin aufgehoben

---

[14] CHRISTOPH SCHWÖBEL, Menschsein als Sein-in-Beziehung. Zwölf Thesen für eine christliche Anthropologie, in: DERS. Gott in Beziehung. Studien zur Dogmatik, Tübingen 2002, 193–226, hier 193: „Das Verständnis des Menschen als Sein-in-Beziehung ist ein gemeinsames Element anthropologischer Reflexion in der Gegenwart." Zu verweisen ist unter diesem Gesichtspunkt vor allem auf die Studien von WILFRIED HÄRLE in: DERS., Menschsein in Beziehungen (s. Anm. 8), 363–479.
[15] S.o. 83, Anm. 29.
[16] WILFRIED HÄRLE, Der Mensch Gottes. Die öffentliche Orientierungsleistung des christlichen Menschenverständnisses, in: DERS., Menschsein in Beziehungen (s. Anm. 8), 363–378, insbes. 370–373.

sieht. Damit ist überschriftartig formuliert, was im Folgenden noch genauer zu zeigen ist.

Die zuerst genannte kritische Anfrage richtet sich an die Adresse der philosophischen Anthropologie. Wenn die Philosophie die externen Relationen zu einer ersten und letzten Ursache ausblendet, gelangt sie konsequent zu einer Anthropologie, die sich im Zirkel von naturwissenschaftlicher Analyse und humanistischer Konstruktion bewegt und den Menschen darin zu definieren sucht. Die beiden Hinsichten auf den Menschen hat Immanuel Kant klassisch als physiologische Anthropologie und pragmatische Anthropologie voneinander unterschieden und aufeinander bezogen: „Die physiologische Menschenkenntnis geht auf die Erforschung dessen, was die Natur aus dem Menschen macht, die pragmatische auf das, was er, als freihandelndes Wesen, aus sich selber macht, oder machen kann und soll."[17] In beiderlei Hinsicht ist die Lehre vom Menschen am *factum* orientiert, einerseits an der Faktenwirklichkeit,[18] wie sie sich in der naturwissenschaftlichen Betrachtung darstellt, andererseits an dem Machbaren, mithin an dem, was der Mensch in der Bearbeitung des Stoffes, aus dem er besteht, aus sich machen kann. Zugrunde liegt ein Verständnis der menschlichen Vernunft, demzufolge wir letztlich nur das verstehen, „was wir selbst *machen* können"[19].

Es ist diese erkenntnistheoretische Grundeinstellung, die den Gegensatz von Materialismus und Idealismus unterfängt, so dass beide nur allzu leicht in ihr vermeintliches Gegenteil umschlagen. Die materialistische Sicht, wie sie mitunter in der Embryonenforschung und in der Neurobiologie eingenommen wird, ist dann nur die Voraussetzung für den idealistischen Entwurf eines ‚verbesserten' Menschen. Der Stoff, den die Natur bereitstellt – man denke an das embryonale oder auch an das neuronale Zellgewebe – wird zum Baustoff der menschlichen Selbstkultivierung. Dass dieser wissenschaftlich-technische Umgang des Menschen mit seiner Natur sein Recht hat, insbesondere dort wo es um den Auftrag der Medizin geht, wird man von Luthers Verständnis der Vernunft her nicht bestreiten. Problematisch wird das ‚Laboratorium', in dem der Mensch Subjekt und Objekt der Bearbeitung ist, erst dann, wenn er definierend über das Ganze seiner Existenz meint verfügen zu können. Dann wird die Relation, in der der Mensch sich selbst von Gott her empfängt und bei Gott seine

---

[17] Immanuel Kant, Anthropologie in pragmatischer Hinsicht, in: Ders., Werke in zehn Bdn., hg. v. Wilhelm Weischedel, Darmstadt ⁴1975, Bd. 10, 399.

[18] Vgl. zu diesem Begriff: Hans-Jürgen Fischbeck, Die Doppelstruktur der Wirklichkeit als Fakten- und Beziehungswirklichkeit. Bemerkungen zur Wirklichkeit Gottes im Licht der Quantentheorie, in: Nikolaus Schneider/Frank Vogelsang (Hg.), In welcher Wirklichkeit leben wir. Naturwissenschaftliche, philosophische und theologische Zugänge, Neukirchen-Vluyn 2007, 129–141.

[19] So Kant; vgl. die Zitate und Hinweise zum philosophiegeschichtlichen Hintergrund bei Oswald Bayer, Schriftautorität und Vernunft – ein ekklesiologisches Problem, in: Ders. Autorität und Kritik. Zu Hermeneutik und Wissenschaftstheorie, Tübingen 1991, 39–58, insbes. 42–44.

Zukunft hat, nicht nur methodisch ausgeblendet, sondern negiert, mit der Konsequenz, dass das Sein des Menschen mit dem gleichgesetzt wird, was er in den Grenzen seines irdischen Lebens aus sich zu machen vermag. Dann droht eben jene Verwechslung von Schöpfer und Geschöpf, die Luther unter dem Vorzeichen des Rechtfertigungsglaubens aufs Schärfste kritisiert hat: „Wie es lästerlich ist [quam blasphemum est] zu behaupten, man sei sein eigener Gott, Schöpfer und Hervorbringer, so lästerlich ist [auch die Behauptung], man werde durch seine Werke gerechtfertigt."[20]

Blendet man aber die Perspektive des Rechtfertigungs- und Schöpfungsglaubens ein, stellt sich das Verhältnis von Materialismus und Idealismus noch einmal anders dar. Die materialistische Anthropologie ist theologisch zu radikalisieren, sofern der Mensch als ganzer, einschließlich seiner geistigen Kräfte, als „bloßer Stoff" (*pura materia*)[21] des göttlichen Handelns angesehen wird. Zu bestreiten ist mithin die Annahme einer der Zeitlichkeit grundsätzlich enthobenen geistigen Substanz des Menschen. Auch und gerade in der Sphäre des Geistes ist der Mensch ein abhängiges Wesen, nach der berühmten Formulierung Pascals „ein Schilfrohr, das denkt"; seine Vernunft „ist nach jeder Richtung zu biegen"[22]. Sofern jedoch das göttliche Wort die im umfassenden Sinne verstandene Materie zu durchdringen vermag, ist diese keineswegs bloßes Material, über das der Mensch nach Belieben verfügen könnte. Der Geist Gottes, der worthaft in die Schöpfung eingeht, ist von den Werken der Schöpfung nicht zu trennen. Steht am Anfang (*in principio*) nicht der bloße Stoff, sondern das Wort, der Logos im Sinne des Johannesprologs, und ist die Natur insgesamt vom diesem Logos durchdrungen, dann ist der Materialismus daraufhin zu radikalisieren und zugleich von daher zu überwinden.

Gleiches gilt auch für sein idealistisches Widerspiel. Sosehr allen Gleichsetzungen, die etwas im Menschen, seine Vernunft, seinen Personkern, sein Selbst, mit Gott identifizieren, zu widersprechen ist, sosehr mithin die Sündenlehre in antiidealistischer Frontstellung zur Geltung zu bringen ist, sowenig ist damit die dem Menschen in der Beziehung zu Gott zukommende, ihm zugesprochene göttliche Würde und Verantwortung negiert. Mit dem Gedanken der Gottebenbildlichkeit ist nicht nur ein Verständnis des Menschen im Sinne einer unantastbaren, als heilig zu achtenden Größe (*res sacra*; Seneca) aufgenommen; es wird auch die Vernunft als Vermögen verantwortlicher Herrschaft über die Welt bekräftigt und gefördert. Gott „schuf den Menschen sich zum Bilde, zum Bilde Gottes schuf Er ihn – Wir sind seines Geschlechts", notiert Johann Georg Hamann am 14.11.1784 in einem Brief an Jacobi, um interpretierend und präzisierend sogleich hinzuzufügen: „die Differentia specifica liegt blos darinn, daß wir noch in der Mache sind, und unser Leben noch verborgen mit Christo in

---

[20] LDStA 2, 410f (1. Thesenreihe über Röm 3,28, These 71).
[21] LDStA 1, 668f (De homine, These 35).
[22] BLAISE PASCAL, Über die Religion und über einige andere Gegenstände (Pensées), hg. v. EWALD WASMUTH, Heidelberg [8]1978, 167 und 140 (Nr. 347 und 274).

Gott. Unsere Vernunft muß warten und hoffen – Dienerin nicht Gesetzgeberin der Natur seyn wollen."[23]

Die Kategorie der Gottebenbildlichkeit haftet an den externen Gründen des menschlichen Lebens, die Luther mit Hilfe der aristotelischen Terminologie als *causa efficiens* und *causa finalis* herausstellt. Was der Mensch als Ebenbild Gottes ist, lässt sich weder am „Stoff" seines Leibes ablesen, noch mit einer Qualität seiner Seele identifizieren. Er ist Gottes Ebenbild „im Werden"[24], und das durchaus kontrafaktisch, im Widerspruch zu seiner Selbstauslegung.[25] Gott und Mensch in Beziehung zueinander zu denken, das heißt für Luther vor allem auch, von einer gestörten, ja verkehrten Beziehung auszugehen. Der *homo iustificandus* ist der *homo peccator*, der „angeklagte und verlorene Mensch", der aus sich selbst heraus sein Leben zu verstehen und zu ‚bewerkstelligen' sucht und gerade in seiner Selbstbezogenheit das ihm von Gott gewährte Leben verfehlt. So heißt es in der 4. Thesenreihe über Röm 3,28: „Die Sünde muss groß gemacht und ausgeweitet werden [magnificandum et amplificandum], damit die Rechtfertigung so groß gemacht wird, wie es nur geht."[26] Oswald Bayer hat von den beiden „kommunizierenden Röhren"[27] gesprochen: Sündenlehre und Christologie bzw. Gnadenlehre beeinflussen einander, und das radikale Verständnis des einen ist nicht ohne ein ebenso radikales Verständnis des anderen zu gewinnen.

Diese doppelte Radikalität wird freilich abgeschwächt, wenn nicht überhaupt preisgegeben, wenn dezidiert moderne protestantische Theologie die soteriologische Thematik auf dem Boden der Subjektivität zu fassen sucht. Damit ist die Problematik benannt, die gegenwärtig innerhalb der evangelischen Theologie zu einer kontroversen Diskussion herausfordert. Beispielhaft sei hier nur auf die Veröffentlichungen des Wiener Theologen Christian Danz verwiesen.[28] Dogmatik ist nach Danz „der begriffliche und reflexive Ausdruck der Selbstdurchsichtigkeit, die mit

---

[23] Johann Georg Hamann, Briefwechsel, hg. v. Walther Ziesemer/Arthur Henkel, Bd. 5, Frankfurt a.M. 1965, 265,26–30.

[24] Vgl. oben Anm. 13: „Ut est in fieri"; zur grundsätzlichen Bedeutung einer auf das „Werden" eingestellten Hermeneutik der Schöpfung vgl. Johannes von Lüpke, Erkenntnis im Morgenlicht. Zur Hermeneutik der Schöpfung, in: ders./Edgar Thaidigsmann (Hg.), Denkraum Katechismus. Festgabe für Oswald Bayer zum 70. Geburtstag, Tübingen 2009, 257–278.

[25] Ausführlicher dazu s.o. in diesem Band 49f.

[26] LDStA 2, 432f (4. Thesenreihe über Röm 3,28, These 28).

[27] Oswald Bayer, Christus für uns. Die Heilsbedeutung des Todes Jesu für die Sendung der Kirche, in: Karl-Hermann Kandler (Hg.), Sind wir noch Kirche Jesu Christi. Die Vorträge der Lutherischen Tage 2011 und 2012, Neuendettelsau 2012, 45–63, hier 50f (bezogen auf das Verhältnis von Christologie und Sündenlehre).

[28] Vgl. zusammenfassend: Christian Danz, Einführung in die evangelische Dogmatik, Darmstadt 2010. Ähnliche Tendenzen zeigen sich auch bei Notger Slenczka; vgl. insbes. dessen Aufsatz: Fides creatrix divinitatis. Zu einer These Luthers und zugleich zum Verhältnis von Theologie und Glaube, in: von Lüpke/Thaidigsmann (Hg.), Denkraum Katechismus (s. Anm. 24), 171–195.

dem Vollzug des Glaubens verbunden ist."[29] Sie ist „die begrifflich ausgearbeitete Thematisierung der durch die religiösen Selbstdeutungen vermittelten Selbstdurchsichtigkeit der endlichen Freiheit und in diesem Sinne eine begriffliche Selbstbeschreibung der protestantisch-christlichen Religion."[30] Die Reflexion der Dogmatik richtet sich auf den Glauben als einen ebenfalls selbstreflexiven Vorgang. Das religiöse Subjekt erscheint hier primär als ein an sich selbst interessiertes Subjekt. Ihm geht es um Selbstdeutung und Selbstdurchsichtigkeit. Es will und soll sich seiner Freiheit bewusstwerden und kann dies nur, indem es seine Freiheit als endliche Freiheit begreift. Der Gottesgedanke ist in dieser zweifach gestaffelten Selbstreflexion (auf den Ebenen des Glaubens und der Dogmatik) keineswegs ausgeschlossen, sondern vielmehr eingeschlossen. Das Sich-seiner-selbst-bewusst-Werden und das Innewerden Gottes konvergieren, ja koinzidieren. Indem das religiöse Subjekt sich als Wesen endlicher Freiheit erkennt, weiß es sich zugleich von Gott unterschieden und von ihm bestimmt. Die Gotteserfahrung ist nichts anderes als die Erfahrung der Bestimmtheit im Vollzug der Selbstbestimmung. Danz formuliert das so: „Die mit dem Glauben verbundene Freiheit [...] baut sich auf über eine durch das Gottesverhältnis aufgebaute Einsicht in die Dialektik des Vollzugs der Selbstbestimmung. Danach steht das Gottesverhältnis für die sich am Orte des Individuums einstellende Durchsichtigkeit, dass Gott die in jedem Akt der Selbstbestimmung bereits in Anspruch genommene Bestimmtheit der Selbstbestimmung ist."[31]

Mit diesen programmatischen Formulierungen beruft sich Danz auf Luther. Dessen Glaubens- und Freiheitsverständnis soll unter den Bedingungen der Moderne zur Geltung gebracht werden. Bei genauerer Hinsicht zeigen sich jedoch Transformationen, wenn nicht gar Umkehrungen, die von Luthers reformatorischer Theologie her zu problematisieren sind. Die Problematik konzentriert sich auf die Verhältnisbestimmung von Wort und Glaube. Während Danz den Glauben als Selbstdeutung auf Selbstdurchsichtigkeit hin versteht, geht es im reformatorisch verstandenen Glauben um Widerfahrnisse, die der glaubende Mensch erleidet. Zu glauben heißt primär: sich auf eine Autorität außerhalb seiner selbst zu verlassen, von der her der Mensch im Glauben sich angenommen, verurteilt und gerechtfertigt erfährt. Lässt sich diese externe Relation, die den Rechtfertigungsglauben charakterisiert (*coram Deo*), in die Internität der Selbstreflexion überführen? Zwar weiß auch Danz, dass der Glaube „als das unableitbare Geschehen des Sich-Verstehens des Menschen [...] nach protestantischer Überzeugung nur durch eine äußere Vermittlung zustande" kommt, aber diese Vermittlung wird doch in die Unmittelbarkeit des Selbstverhältnisses hinein aufgehoben, wenn denn „das äußere Wort [...]

---

[29] CHRISTIAN DANZ, Gott und die menschliche Freiheit, Studien zum Gottesbegriff in der Neuzeit, Neukirchen-Vluyn 2005, 212.
[30] Ebd.
[31] Ebd., 5.

dann zum Ziel [kommt], wenn es beim Einzelnen den Glauben wirkt und sich darin überflüssig macht."³²

Worauf aber ist der Glaube aus? Hält man sich an die traditionelle evangelische Dogmatik, wäre an dieser Stelle der Begriff der Gewissheit zu erwarten. Und nach der viel zitierten Formulierung Luthers aus der großen Galaterbriefvorlesung ist „unsere Theologie deswegen gewiss, weil sie uns außerhalb unserer selbst setzt"³³. Wird nun das *extra nos* der Gewissheit in das *intra nos* der Selbstdurchsichtigkeit transponiert, bleibt die Frage offen, auf welchen Grund hin und wodurch Glaubende sich selbst durchsichtig werden.³⁴ Kann und soll der Mensch sich selbst auf den Grund kommen? Eine theologische Anthropologie, die von Luther lernt, wird diese Frage letztlich verneinen. Es wäre ja schon viel, wenn einem Menschen *etwas* im Labyrinth der Seele klar würde. Vollkommene Klarheit aber bleibt dem Eschaton vorbehalten. Sie stellt sich ein, wenn ich Gott „von Angesicht zu Angesicht" begegne, wenn ich „erkennen werde, wie ich erkannt bin" (1Kor 13,12) und wenn dann das Bild Gottes, das in diesem Leben nur getrübt, verunreinigt und gebrochen präsent ist, vollkommen wieder hergestellt sein wird.³⁵ Bis dahin wandeln wir im Glauben, nicht im Schauen (2Kor 5,7).

---

[32] Danz, Einführung (s. Anm. 28), 153.
[33] WA 40/I, 589,8: „Ideo nostra theologia est certa, quia ponit nos extra nos".
[34] Es ist anzunehmen, dass sich Danz an Kierkegaards Glaubensverständnis aus der *Krankheit zum Tode* anschließt (Gesammelte Werke, 24. und 25. Abt., übers. von Emanuel Hirsch, Düsseldorf 1954, 81): „Glaube ist: daß das Selbst, indem es es selbst ist und es selbst sein will, durchsichtig sich gründet in Gott."
[35] Vgl. LDStA 1, 668f (De homine, Thesen 38f).

7. Kapitel: Der Mensch im Licht der Gerechtigkeit Gottes
Reformatorische Rechtfertigungslehre und neuzeitliche Anthropologie

1. Sonne der Gerechtigkeit

Mitten in der Bibel, zum Abschluss des Alten und an der Schwelle zum Neuen Testament, verdichtet sich im Buch Maleachi die prophetische Verkündigung im Bildwort von der „Sonne der Gerechtigkeit": Allen, die den „Namen" des Herrn fürchten, „soll aufgehen die Sonne der Gerechtigkeit und Heil unter ihren Flügeln" (3,20). Das Bild, das sich nicht zuletzt durch das geistliche Liedgut[1] dem religiösen Bewusstsein tief eingeprägt hat, deutet weit zurück in die Religionsgeschichte, hat es sich doch schon im alten Mesopotamien – und wohl nicht nur dort – nahegelegt, den Gott der Sonne als Gott der Gerechtigkeit zu verehren.[2] Und das Bildwort weist weit voraus, kann es doch auch in unserer spätmodernen Zeit, in der das Heil unter vielerlei Namen gesucht und versprochen wird, an die immer noch unabgegoltene Verheißung der Gerechtigkeit erinnern und Hoffnung wecken.

Die hier in Rede stehende Sonne sei immer im Aufgang begriffen („semper est in ortu"), bemerkt Luther zur Stelle; sie leuchte durch den Heiligen Geist Tag und Nacht, ohne durch Wolken gehindert zu werden.[3] Und doch ist ihre Gegenwart alles andere als selbstverständlich. Ob die Strahlen dieser Sonne auch wahrgenommen, ob sie in der ihnen eigenen Wahrheit erkannt und anerkannt werden, ob es also wirklich zur heilsamen Ankunft des Sonnenlichtes auf der Seite seiner Empfänger kommt, das ist eine durchaus offene Frage. Sie entscheidet sich Luther zufolge im Hören auf das Wort des Evangeliums. Durch

---
[1] Man denke nur an das auf Christian David zurückgehende und sprachlich immer wieder modernisierte Lied *Sonne der Gerechtigkeit*, das bis in die Gegenwart hinein nichts von seiner Aktualität und Beliebtheit eingebüßt hat (EG 262 und 263).
[2] Vgl. Eckart Otto, Art. Gerechtigkeit. Alter Orient und Altes Testament, in: RGG⁴, Bd. 3, Tübingen 2000, Sp. 702.
[3] WA 13, 701,16f (Vorlesung über die Kleinen Propheten, 1524–26).

dessen Vermittlung vermag die Sonne der Gerechtigkeit so tief in das menschliche Herz einzukehren, dass sie dort gegenwärtiger ist als die sichtbare, körperliche Sonne am Himmelszelt.[4] Leuchtet die im Bildwort zugesagte Wahrheit ein, so geschieht damit mehr als eine Beleuchtung des menschlichen Lebens von außen; in der Gegenwart des Wortes Gottes wird ein Mensch zuinnerst ins Licht gestellt und als ganzer zurechtgebracht.

Die folgenden Erwägungen zur Lehre von der Rechtfertigung wollen dieser Verheißung und der durch sie eröffneten Erfahrung nachdenken. Dass die mit den Mitteln des Verstandes mögliche Einsicht immer hinter dem zurückbleibt, was das Wort Gottes in seiner eigenen Kraft im Herzen des Menschen ausrichtet, ist dabei von vornherein zuzugeben, entledigt uns freilich nicht der Aufgabe, möglichst deutlich zu bezeichnen, was die Botschaft von der Rechtfertigung bedeutet und wodurch sie heilsam zur Wirkung kommen will. Es empfiehlt sich, bei der Durchführung dieser Aufgabe das Bildwort, von dem wir ausgegangen sind, im Auge zu behalten. Es kann uns in zweifacher Hinsicht einen Vorbegriff vermitteln, den es in allen weiteren Überlegungen zu beachten gilt.

Zum einen ist bereits die Sprachform bedenkenswert. Die Gerechtigkeit Gottes kommt als Verheißung zur Sprache. Sie wird zugesagt, indem Menschen angesprochen und durch metaphorische Rede dazu eingeladen werden, ihr Leben inmitten der Schöpfung auf die verheißene Gerechtigkeit noch einmal neu und anders zu sehen. Hier geht es nicht um Wahrheit im Sinne der urteilenden Vernunft, die feststellt, was der Fall ist, um in ihrem Urteil Recht zu behalten. Hier geht es vielmehr um eine poetische Wahrheit, die in eine Bewegung des Lebens hineinführt. Das Wort vollzieht, was es sagt. Es beschreibt nicht nur die aufgehende Sonne als zu beobachtendes Naturereignis; es lässt die Sonne aufgehen. In diesem Sinne versteht Luther die prophetische Verheißung als Evangelium: „Die Sonne geht auf, wann [immer] das Evangelium verkündigt wird, unter ihren Flügeln wird Zuflucht gefunden, wann immer geglaubt wird."[5]

Zum anderen: Im Spiegel des Bildworts ist das Thema der Rechtfertigungslehre und mit ihr das Thema der evangelischen Theologie überhaupt zu erkennen. So entschieden und ausschließlich hier die Perspektive auf die Gerechtigkeit Gottes hin zentriert wird – daß sein Name gefürchtet und geheiligt wird, ist entscheidend –, so wenig behält Gott seine Gerechtigkeit für sich. Gottes Gerechtigkeit ist die sich mitteilende, die sich schenkende Gerechtigkeit. Alles theologische Nachdenken auf diesen Punkt einzustellen, heißt dann zugleich den Raum zu eröffnen, in dem allen Menschen Gerechtigkeit zuteilwerden soll,

---

[4] Ebd., Z. 14–17: „Radii autem illi sunt verbum euangelii penetrantis corda et videtur sol ille tantum oculis cordis i. e. fide et praesentior est piis quam est iste visibilis et corporalis sol, quia per spiritum sanctum fulget die noctuque nec impeditur nubibus, semper est in ortu."
[5] Ebd., Z. 26f: „Oritur sol, quando praedicatur euangelium, sub alas confugitur, quando creditur."

so dass sie in Wahrheit menschlich werden können. In unumkehrbarem Gefälle geht es somit um eine zweistellige Beziehung: Die Sache der Theologie liegt im Zusammenkommen Gottes und des Menschen; alle theologischen Gedanken sind zu beziehen auf den „rechtfertigenden Gott und den Menschen als Sünder"⁶.

Wenn im Untertitel dieses Kapitels der Begriff der Anthropologie neben den der Rechtfertigung gestellt ist, so soll damit expliziert werden, was – recht verstanden – in der streng theologisch zu bestimmenden Aufgabe der Rechtfertigungslehre impliziert ist. Und es soll zugleich kritisch einer Verselbständigung der anthropologischen Thematik ebenso wie der Vermischung von Theologie und Anthropologie gewehrt werden. Es wird vielmehr darum gehen, die Bedeutung einer im Geschehen der Rechtfertigung begründeten Lehre vom Menschen im Gegenüber zur anthropologischen Selbstdeutung des Menschen zu verdeutlichen.

2. GRUNDLINIEN REFORMATORISCHER RECHTFERTIGUNGSLEHRE

Das Bildwort von der Sonne der Gerechtigkeit verbindet nicht nur die Geschichte des Kommens Gottes in die Welt, wie sie im Alten und Neuen Testament erzählt wird. Es verbindet auch reformatorische und katholische Rechtfertigungslehre. Man beachte in dieser Hinsicht das Zitat, mit dem das Rechtfertigungsdekret des Tridentinischen Konzils einsetzt: Dargelegt werden soll „die wahre und gesunde Lehre von der Rechtfertigung, wie sie ‚die Sonne der Gerechtigkeit' (Mal 4,2), Christus Jesus, ‚der Urheber und Vollender unseres Glaubens' (Hebr 12,2) lehrte"⁷. Jesus Christus ist der einzigartige Lehrer der Gerechtigkeit Gottes, indem er zugleich ihr vollmächtiger Vermittler ist. So vieles im ökumenischen Gespräch immer noch strittig ist, in dieser Hinsicht sind sich die römisch-katholische Kirche und die lutherische Kirche einig.

Fragen mag man gleichwohl, ob dieses christologische Einverständnis tragfähig ist, wenn doch nach wie vor unklar ist, in welchem Verhältnis Christologie und Rechtfertigungslehre zueinander stehen, und wenn nach wie vor strittig ist, ob mit der Rechtfertigungslehre nur „ein unverzichtbares Kriterium" gemeint ist, „das die gesamte Lehre und Praxis der Kirche auf Christus hin orientieren will"⁸, oder ob die Rechtfertigungslehre den einen Hauptpunkt der christlichen Lehre bezeichnet, gleichsam das Herz oder die Sonne, die alles, was sonst

---

[6] WA 40/II, 327,11–328,2 (Vorlesung über Ps. 51; 1532).
[7] HEINRICH DENZINGER, Kompendium der Glaubensbekenntnisse und kirchlichen Lehrentscheidungen, hg. v. PETER HÜNERMANN, Freiburg i.B. u. a. ³⁷1991, 502 (DH 1520).
[8] Gemeinsame Erklärung zur Rechtfertigungslehre 18; zit. nach dem Abdruck in: JOHANNES BROSSEDER u. a. (Hg.), Überwindung der Kirchenspaltung. Konsequenzen aus der

in der Theologie thematisch ist, allererst ins rechte Licht treten lässt. Luther hat keinen Zweifel daran gelassen, dass es hier um die „Erkenntnis der Wahrheit und des Lebens" geht und dass, „wenn diese Erkenntnis der Rechtfertigung verloren ist, zugleich Christus und das Leben und die Kirche verloren gehen"; ohne sie „bleibt kein Urteil der Lehre und der Geister, sondern Finsternis und Blindheit nehmen alles ein"[9].

Versuchen wir das „Licht", um dessen Bewahrung und Weitergabe Luther besorgt ist,[10] in vierfacher Hinsicht genauer in den Blick zu fassen und damit die Grundentscheidungen der reformatorischen Rechtfertigungslehre zu verdeutlichen. Wir begeben uns damit auf das Feld, das durch das Geviert der bekannten Exklusivpartikel (*solus Christus, sola gratia, solo verbo, sola fide*) gleichsam als Eckpunkte abgesteckt ist.[11]

1. Für Luthers Theologie ist es bezeichnend, dass Rechtfertigungslehre und Christologie streng als Einheit verstanden werden.[12] Jesus Christus und er allein (*solus Christus*) *ist* die Sonne der Gerechtigkeit. Und eben dieses sein wesentliches Sein auszulegen und zu präzisieren, ist das Anliegen der Rechtfertigungslehre. Sie ist keineswegs zentraler als die Christologie. Aber sie ist unabdingbar, um das Zentrum der christlichen Theologie zu treffen. Jesus Christus, seine Person als wahrer Mensch und wahrer Gott ebenso wie sein Heilswirken für uns, ist demnach nur recht verstanden, wenn er vorrangig und grundlegend als Gabe der Gerechtigkeit Gottes erkannt und angenommen wird.

2. Die Gerechtigkeit Gottes, so wie sie von Christus verkündet wird und in ihm wirklich ist, gleicht der Sonne insbesondere auch darin, dass sie „über Böse

---

Gemeinsamen Erklärung zur Rechtfertigungslehre, Neukirchen-Vluyn 1999, 36. Die Unklarheit der Kriteriologie (vgl. dazu insbes. die scharfe Kritik von EBERHARD JÜNGEL, Um Gottes willen – Klarheit! Kritische Bemerkungen zur Verharmlosung der kriteriologischen Funktion des Rechtfertigungsartikels – aus Anlaß einer ökumenischen „Gemeinsamen Erklärung zur Rechtfertigungslehre", in: ZThK 94, 1997, 394–406) ist durch die Interpretationsbemühung der „Gemeinsamen offiziellen Feststellung des lutherischen Weltbundes und der katholischen Kirche" vom 11.6.1999 keineswegs behoben; vgl. dort Anhang 3: „Die Rechtfertigungslehre ist Maßstab oder Prüfstein des christlichen Glaubens. Keine Lehre darf diesem Kriterium widersprechen." Dass alle Lehre positiv im Licht des Rechtfertigungsartikels zu interpretieren ist, ist damit ja noch nicht gesagt. Und in welchem Verhältnis dieses Kriterium zu den anderen Kriterien steht, von denen sich die Katholiken „in Pflicht genommen sehen" (Gemeinsame Erklärung 18), bleibt offen.

[9] WA 40/III, 335, 21–25 (Vorlesung über Ps 130; 1532/33).
[10] Vgl. ebd., Z. 26f.
[11] Zur Entfaltung einer an diesen vier Exklusivpartikeln orientierten Rechtfertigungslehre vgl. EBERHARD JÜNGEL, Das Evangelium von der Rechtfertigung des Gottlosen als Zentrum des christlichen Glaubens. Eine theologische Studie in ökumenischer Absicht, 126–219; außerdem: Rechtfertigung und Freiheit. 500 Jahre Reformation 2017. Ein Grundlagentext des Rates der EKD, Gütersloh 2014.
[12] Grundlegend aufgenommen in: WILFRIED JOEST/JOHANNES VON LÜPKE, Dogmatik, 2 Bde., Göttingen ⁵2010 und ⁵2012; vgl. ebd. Bd. 1, 102f.

und über Gute" aufgeht (Mt 5,45), dass sie also nicht nach Würdigkeit und Verdienst derer fragt, die sie empfangen, sondern vor allem danach, ob sie sich ihr auszusetzen bereit sind. Die Gerechtigkeit widerfährt allein aus Gnade (*sola gratia*). Als solche erscheint sie in moralischer Hinsicht höchst ungerecht, liegt sie „jenseits von Gut und Böse".

3. Die Gnade Gottes, die Jesus im Gleichnis eines Naturvorgangs zur Sprache bringt, ist doch nicht als Naturgeschehen fassbar. Es handelt sich ontisch und noetisch um ein Geschehen des Wortes (*solo verbo*). Als solches entzieht es sich einer Beobachtung, die von einem neutralen Standpunkt außerhalb oder oberhalb der Relation von Wort und Glaube erfolgt. Rechtfertigung vollzieht sich in einer rational unaufhebbaren Spannung zur allgemeinen Erfahrung und Erkenntnis. Die Frage nach der Gerechtigkeit Gottes findet im Glauben nur so ihre Antwort, dass dabei die Frage nach der Gerechtigkeit im Horizont der Geschichtserfahrung zur offenen, mit den Mitteln der endlichen Vernunft nicht zu beantwortenden Frage wird. Das Licht der Vernunft scheitert an der Frage der Gerechtigkeit Gottes.[13] Der Atheismus ist die durchaus rationale Konsequenz dieses Scheiterns: „Siehe, so leitet Gott diese körperliche Welt in äußerlichen Dingen, dass, wenn du das Urteil der menschlichen Vernunft ansiehst und ihm folgst, du gezwungen bist zu sagen, entweder dass kein Gott ist, oder dass er ungerecht ist, wie jener Poet sagt: ‚Ich werde oft von dem Gedanken beunruhigt, daß es keine Götter gibt'"[14]. Will man dieser Konsequenz entgehen, so bedarf es eines anderen Lichtes der Erkenntnis. Das Problem der Theodizee ist nicht im Horizont der Vernunft oder des „Lichtes der Natur" lösbar; es findet eine erste Antwort – keine Lösung! – vielmehr nur im „Lichte des Evangeliums", wobei dieses „Licht des Wortes und des Glaubens" noch einmal über sich hinaus weist auf das „Licht der Herrlichkeit"[15].

4. Am Gleichnis des Sonnenlichts wird schließlich auch die Einheit von Externität und Effektivität deutlich, die das reformatorische Glaubensverständnis charakterisiert. So unerreichbar, uneinholbar fern die Sonne oben am Himmel steht, so eindringlich nahe wirkt sie belebend in das irdische Geschehen hinein. Alles hängt daran, dass diejenigen, die ganz von ihrer Wirkungsmacht leben, diese außerhalb ihrer selbst stehen lassen und eben nicht als eigene Kraft für sich beanspruchen. Im Glauben findet ein Mensch den Grund seiner Existenz außerhalb seiner selbst, um gerade so in Wahrheit zu sich selbst gebracht zu werden. Die überaus aktive, wirkmächtige, zuinnerst verwandelnde Kraft der

---

[13] In welcher Weise Rechtfertigungsglaube und Theodizeefrage zusammenhängen, zeigt OSWALD BAYER, Aus Glauben leben. Über Rechtfertigung und Heiligung, Stuttgart ²1990.
[14] WA 18, 784,36–39 (De servo arbitrio), hier in der Übersetzung von THOMAS REINHUBER, Kämpfender Glaube. Studien zu Luthers Bekenntnis am Ende von De servo arbitrio (TBT 104), Berlin/New York 2000, 20.
[15] Ebd., 21; zum Traditionshintergrund und zur Bedeutung der Lehre von den drei Lichtern bei Luther vgl. die Interpretation REINHUBERS, ebd., 186–233.

Rechtfertigung und die schlechthinnige Passivität ihrer Empfänger sind zwei Seiten eines Geschehens.[16] Rechtfertigung ist ein ebenso schöpferisches wie – aufseiten des Menschen – nur in reiner Rezeptivität (*sola fide*) wahrzunehmendes Geschehen. In ihm erweist sich der Schöpfer als der Neuschöpfer, der seine Schöpfung zuinnerst zu durchdringen und zu erneuern vermag. Hier gilt jene Doppelbewegung, die Luther in seiner Schrift *Vom Abendmahl Christi* folgendermaßen faßt: „[...] du must dis wesen Christi / so er mit Gott eine person ist / gar weit ausser den Creaturn setzen / so weit als Gott draussen ist / widderumb so tieff vnd nahe ynn alle Creatur setzen / als Gott drynnen ist"[17].

Im Lichte der schöpferischen Gerechtigkeit Gottes klärt sich, wer Gott in Wahrheit ist; und es klärt sich zugleich, wer der Mensch in Wahrheit ist. In beiderlei Hinsicht kommt der Rechtfertigung definierende Bedeutung zu. Zu erinnern ist hier zunächst an Luthers bekannte Definition aus seiner Disputation *De homine* (1536): Theologisch verstanden, sei der Mensch das Wesen, das durch Glauben gerechtfertigt wird (Röm 3,28).[18] Im Glauben lässt er Gott an sich und mit sich handeln, ist er als ganzer „der Stoff", den Gott „zu seiner herrlichen zukünftigen Gestalt" bildet („pura materia ad futurae formae suae vitam").[19] Diese These impliziert die radikale Unfreiheit des Menschen, der sich aus eigenen Kräften nicht dem Heil zuwenden kann. Einschließlich seiner geistigen Kräfte ist der „Mensch dieses Lebens" der Vergänglichkeit, ja der Nichtigkeit unterworfen; und er ist zugleich das Geschöpf, das der Schöpfer nicht aus seinen Händen entlässt. So sehr er sich „in Sünden" befindet, so sehr wird er doch täglich gerechtfertigt oder eben, sofern er sich dem Wirken Gottes verschließt, verunstaltet.[20] So wie das Sein des Menschen ganz im Werden liegt und somit als „Gottes Handeln an ihm"[21] zu verstehen ist, so ist das Sein Gottes als Tätigsein, als dieses Tun zu denken: Im Akt des „Erlösens" und „Befreiens" erweist sich, wer Gott in Wahrheit ist („Hoc enim vere est esse Deum: redimere et liberare").[22]

---

[16] GERHARD TERSTEEGEN hat in seinem Lied *Gott ist gegenwärtig* die Metapher des Sonnenlichtes daraufhin ausgelegt: „Du durchdringest alles;/ laß dein schönstes Lichte,/ Herr, berühren mein Gesichte./ Wie die zarten Blumen/ willig sich entfalten/ und der Sonne stille halten,/ laß mich so/ still und froh/ deine Strahlen fassen/ und dich wirken lassen" (EG 165,6).

[17] MARTIN LUTHER, Studienausgabe, Hg. v. HANS-ULRICH DELIUS, Bd. 4, Berlin 1986, 96,22–97,1 (WA 26,336).

[18] WA 39/I, 176; gut zugänglich in LDStA 1, 668f, (These 32).

[19] Ebd., These 35.

[20] Ebd., These 39.

[21] GERHARD EBELING, Disputatio de homine, Teil 3: Die theologische Definition des Menschen (Lutherstudien, Bd. II/3), Tübingen 1989, 472.

[22] WA 40/III, 375,16–19; der Satz entspricht Luthers grundsätzlicher Empfehlung, aus dem „Nomen deus [...] ein verbum [zu] machen" und dieses zu „coniugirn" (WA 48, 203; Nr. 273 der Bibel- und Bucheinzeichnungen); dazu JOHANNES VON LÜPKE, Theologie als „Grammatik zur Sprache der heiligen Schrift". Eine Studie zu Luthers Theologieverständnis, in: NZSTh 34, 1992, 227–250, insbes. 241–246.

Das freilich ist „von größerer Würde und größerem Glanz, als es vom menschlichen Geist gedacht werden kann"[23]. Hier zeigt sich noch einmal die vernunftkritische, systemsprengende Bedeutung der Rechtfertigungslehre. So sehr alle theologische Lehre auf das Zentrum des Rechtfertigungsglaubens auszurichten ist, so wenig fügt sich doch das Ganze der Theologie dem Zugriff der theologischen Vernunft. Diese muß vielmehr ihre eigenen Erkenntnismöglichkeiten relativieren in Hinsicht auf das externe Licht des Evangeliums, in dem das letzte Licht der Herrlichkeit schon jetzt in Zeit und Geschichte zum Vorschein kommt.[24]

3. Die „Kopernikanische Wende" zur Anthropologie: Der Mensch im Mittelpunkt

Auch wenn die „Sonne der Gerechtigkeit" Gottes immer im Aufgang begriffen ist und ihre Strahlen aussendet, wechseln doch die Phasen der Geschichte. Sie unterscheiden sich durch die je besondere Wahrnehmung, Messung, Wertschätzung oder auch Missachtung des schöpferischen Wirkens Gottes. Und denken wir an unsere Gegenwart, so ist der Eindruck wohl nicht von der Hand zu weisen, dass uns jene Erfahrung der innersten Präsenz der Gerechtigkeit Gottes, wie sie in der reformatorischen Theologie Luthers zum Ausdruck kommt, fern gerückt ist. Leben wir, verglichen mit dem Zeitalter der Reformation, nun in einer Phase der Sonnenfinsternis? Man kann ja die Reformation als eine Zeit der Entdeckung des Wortes Gottes und somit als eine Zeit der Aufklärung in dessen Licht verstehen; und man mag fragen, ob die sogenannte Aufklärung, deren Programm immer noch unsere Gegenwart bestimmt, nicht auch eine eigentümliche Verdunkelung heraufgeführt hat.[25] Man hüte sich jedoch vor allem Dualismus, der Licht und Finsternis voneinander scheidet und dabei nicht nur die eigene Aufklärungsbedürftigkeit vergisst, sondern auch vor allem davon absieht, dass Gottes Licht nach dem Zeugnis der Bibel ein solches ist, in dem alle Geschöpfe das Leben haben und das in die Finsternis einzugehen und sie zu durchdringen vermag.

Zur Diagnose der Gegenwart dürfte es hilfreich sein, an einen anderen ‚Sonnenaufgang' zu erinnern, von dem her sich neuzeitliches Denken weithin verstanden hat und noch versteht. Programmatisch hat Christian Wolff seine 1720

---

[23] WA 40/III, 375,15–19.
[24] Vgl. noch einmal die Lehre von den drei Lichtern am Ende von *De servo arbitrio* (s. Anm. 15).
[25] In dieser kritischen Sicht sind sich so verschiedene Denker wie Johann Georg Hamann und Friedrich Nietzsche durchaus einig; vgl. die Hinweise in meinem Beitrag: Der Aberglaube der Vernunft. Zur Diagnose des Todes Gottes bei Hamann und Nietzsche, in: Oswald Bayer (Hg.), Johann Georg Hamann. „Der hellste Kopf seiner Zeit", Tübingen 1998, 190–205, insbes. 191–193.

erstmals erschienenen *Vernünfftige[n] Gedancken von Gott, der Welt und der Seele des Menschen* mit einem Titelbild versehen, das eine Sonne zeigt, wie sie aus dunklen Wolken hervorbricht und die Welt, die Natur ebenso wie die Kultur, beleuchtet[26]: Die Vernunft, die mit ihren Gedanken über Gott, Welt und Mensch den bloßen Glauben in die Deutlichkeit des Begriffs zu überführen und die Finsternis des Aberglaubens zu vertreiben sucht, hypostasiert sich hier zur „Sonne", zum Mittelpunkt des Alls. So wie das alte ptolemäische Weltbild im Zuge der ‚kopernikanischen Wende' durch ein heliozentrisches Weltbild ersetzt worden ist, so scheint sich auch im Selbstverständnis des Menschen eine Revolution vollzogen zu haben, in deren Konsequenz dieser sich selbst kraft seiner Vernunft als Maß aller Dinge und nicht zuletzt als Autor seiner selbst setzt. „Soll die Philosophie den Menschen nützlich werden; so mache sie den Menschen zu ihrem Mittelpunkt", proklamiert Johann Gottfried Herder im Jahr 1765 und knüpft daran die Erwartung: „[...] wenn man den Gesichtspunkt der Weltweisheit in der Art ändert, wie aus dem Ptolemäischen, das Kopernikanische System ward, welche neue fruchtbare Entwickelungen müssen hier nicht zeigen, wenn unsre ganze Philosophie Anthropologie wird"[27].

Mit Herder stehen wir in jener Zeit des Umbruchs, durch den der Begriff der Anthropologie seine spezifisch moderne Prägung und seine bis heute aktuelle Bedeutung als Leitbegriff der Wissenschaft gewonnen hat.[28] Es handelt sich hier um eine auf breiter Front vollzogene Neuorientierung, als deren Protagonisten neben Herder vor allem Kant, aber auch Goethe und Schiller zu nennen sind. Kant, einer der Königsberger Lehrer Herders, hat bekanntlich seine in der *Kritik der reinen Vernunft* vorgelegte Neubegründung der Erkenntnistheorie und Metaphysik in Analogie zur ‚kopernikanischen Wende' verstanden;[29] und er hat die Autorität der Vernunft, die „nur das einsieht, was sie selbst nach ihrem Entwurfe hervorbringt"[30], konsequent auch in einer Anthropologie geltend gemacht, die als „pragmatische" Anthropologie danach fragt, was der Mensch „als freihandelndes Wesen, aus sich selber macht, oder machen kann und soll"[31].

---

[26] Vgl. KARL BARTH, Die protestantische Theologie im 19. Jahrhundert. Ihre Vorgeschichte und ihre Geschichte (1946), Zürich ³1960, 16.

[27] JOHANN GOTTFRIED HERDER, Werke in zehn Bdn., Bd. 1: Frühe Schriften 1764–1772, hg. v. ULRICH GAIER, Frankfurt a.M. 1985, 125 und 134 (Wie die Philosophie zum Besten des Volkes allgemeiner und nützlicher werden kann; 1765); vgl. ebd., 103 und 132 („Einziehung der Philosophie auf Anthropologie").

[28] Vgl. ODO MARQUARD, Zur Geschichte des philosophischen Begriffs „Anthropologie" seit dem Ende des achtzehnten Jahrhunderts (1965), in: DERS., Schwierigkeiten mit der Geschichtsphilosophie, Frankfurt a.M. 1973, 122–144; DERS., Art. Anthropologie, in: HWPh 1, Sp. 362–374.

[29] IMMANUEL KANT, Werke in zehn Bdn., hg. v. WILHELM WEISCHEDEL, Darmstadt 1975, Bd. 3, 25 (Kritik der reinen Vernunft, B XVIf).

[30] Ebd., 23 (B XIII).

[31] KANT, Werke (s. Anm. 29), Bd. 10, 399 (Anthropologie in pragmatischer Hinsicht; 1798).

Dass in der Folge der Wende zur Anthropologie „neue fruchtbare Entwickelungen" nicht nur zum Nutzen des Menschen, sondern auch zugunsten seiner Menschlichkeit eingetreten sind, ist nicht zu bestreiten; man denke an die vielfältigen Errungenschaften der Kultur, die dem Menschen einen im Vergleich zu früheren Zeiten ungleich größeren Freiraum gegenüber den Gewalten der Natur und damit auch neue Möglichkeiten gegeben haben, etwas aus sich zu machen. Nicht zuletzt ist in dieser Perspektive auch jene Entwicklung der Rechtskultur zu würdigen, die sich in der Kodifizierung der Menschenrechte niedergeschlagen hat. Zweifellos hat die Orientierung an der Vernunft als der allen Menschen gemeinsamen Bestimmung dazu beigetragen, hinter dem, was Menschen als Vertreter eines Standes, eines Volkes und einer Religion an Besonderheiten haben, die ihnen gemeinsame Würde, die ihnen als „bloßen" Menschen zukommt, zu achten. Ob das Ethos der Menschenrechte durch Vermittlung der christlichen Tradition herausgebildet oder eher gegen das positive Christentum erkämpft worden ist, braucht hier nicht entschieden zu werden; wichtig festzuhalten ist lediglich, dass in der modernen Rechtskultur Anliegen wirksam sind, die der reformatorischen Lehre von der Rechtfertigung entsprechen.

Gleichwohl dürfen darüber nicht die Spannungen und Widersprüche außer Acht bleiben, die zwischen der rechtfertigungstheologisch begründeten Lehre vom Menschen einerseits und der modernen Anthropologie, die im Lichte der Vernunft die Wirklichkeit des Menschen aufzuklären sucht, andererseits liegen. Die kritische Frage lautet, ob die Vernunft „der Sphär[e]" treu geblieben ist, „die Gott ihr zu erleuchten gab", könnte es doch sein - so Lessing -, daß sie „allzuhoch" oder auch „allzutief herab" steigt.[32] Anders als die Planeten, die „ihre vorgeschrieb'ne Reise" unbeirrbar vollenden,[33] ist die Bahn der Vernunft nicht festgelegt. Sie soll, so sagt Luther in seinen Thesen *De homine*, „eine Sonne und eine Art göttlicher Macht sein, gesetzt, um diese Dinge (sc. die unter den Herrschaftsauftrag von Gen 1,28 fallenden Belange) in diesem Leben zu verwalten"[34]. Bleibt sie in dieser „Sphäre", so ist sie in der Tat „das Beste im Vergleich mit den übrigen Dingen des Lebens und geradezu etwas Göttliches"[35]. Um in ihrer „Sphäre" zu bleiben bedarf sie freilich eines „höheren Lichtes", das sie „regiert"[36]. Im Gegen-

---

[32] GOTTHOLD EPHRAIM LESSING, Werke in acht Bdn., hg. v. HERBERT G. GÖPFERT, München 1970–1979, Bd. 1, 163f (An den Herrn Marpurg; 1749).
[33] JOHANN WOLFGANG GOETHE, Sämtliche Werke. Briefe, Tagebücher und Gespräche in 40 Bdn., I. Abt., Bd. 7/1: Faust hg. v. ALBRECHT SCHÖNE, Frankfurt a.M. 1994, 25 (Prolog im Himmel, Z. 243–246).
[34] LDStA 1, 664 (De homine, These 8): „Hoc est, ut sit sol et numen quoddam ad has res administrandas in hac vita positum."
[35] Ebd., These 4: „Et sane verum est, quod ratio omnium rerum res et caput et prae ceteris rebus huius vitae optimum et divinum quiddam sit."
[36] Das Magnificat, verdeutscht und ausgelegt (1521), zit. Nach DDStA 1, 363–483, Zitat 379: „Und wenn nicht der Geist, durch den Glauben wie durch ein höheres Licht erleuchtet, dieses Licht der Vernunft regiert, kann sie niemals ohne Irrtum sein."

über zur „Sonne der Gerechtigkeit", die im Glauben an das Wort Gottes wahrgenommen wird, ist die Vernunft eine abhängige, aufklärungsbedürftige Größe, gleichsam nur ein „Mondlicht"[37].

Himmelweit ist dieses menschliche Vernunftlicht von dem Sonnenlicht des Wortes Gottes geschieden. Jedoch, so wie der Mond sich vor die Sonne schieben und deren Strahlen absorbieren kann, so kann auch die Vernunft den Versuch unternehmen, das göttliche Licht, das Licht der Gnade und das Licht der Herrlichkeit, in sich zu versammeln. Dass dieser Versuch zum Scheitern verurteilt ist, dass er geradezu ein aberwitziges Unterfangen, das Ergreifen einer unmöglichen Möglichkeit bedeutet, ist nicht zu verkennen. Ebenso deutlich ist jedoch auch, dass er nicht ohne Folgen bleibt. In beiderlei Hinsicht legt sich die Erinnerung an die biblische Geschichte vom Sündenfall nahe. Wenn wir die Geschichte der neuzeitlichen Vernunft im Grundriss der Urgeschichte interpretieren, so ist damit keineswegs behauptet, dass der Fall sich allererst mit dem Übergang zur Neuzeit vollzogen habe, als ob die vorangegangenen Zeiten weniger von der Sünde beherrscht gewesen wären; zu bestreiten aber ist der für neuzeitliches Denken nun doch charakteristische Anspruch, die Geschichte der Sünde dadurch hinter sich zurücklassen zu können, dass die menschliche Vernunft sich in sich selbst begründet.

Weiß man um die Instabilität der Vernunft, um die abgründigen Gefahren ihrer Selbstverfehlung, dann kann theologische Kritik nur darauf zielen, die Vernunft in ihrer Bahn zu halten und zu stärken, sie mithin in ihre Grenzen zu weisen, innerhalb deren sie dem Leben dienen kann und soll. Im Sinne einer Aufklärung der Aufklärung gilt es vor allem, einem Selbstverständnis menschlicher Vernunft zu widersprechen, demzufolge diese sich selbst zur alles entscheidenden göttlichen Vernunft verklärt und sich die Gottesprädikate des Schöpfers und Richters zuspricht. Klassisch hat Friedrich Schiller eine solche Selbstverklärung in die Worte gefasst:

> „Bloß organische Wesen sind uns ehrwürdig als Geschöpfe, der Mensch aber kann es uns nur als Schöpfer (d. i. als Selbsturheber seines Zustandes) sein. Er soll nicht bloß, wie die übrigen Sinnenwesen, die Strahlen fremder Vernunft zurückwerfen, wenn es gleich die göttliche wäre, sondern er soll, gleich einem Sonnenkörper, von seinem eigenen Lichte glänzen"[38].

Der idealistische Überschwang, wie er hier zum Ausdruck kommt, kann freilich nicht über die Kehrseite, über die Schattenseite der Programmatik hinwegtäuschen.

In philosophischer Perspektive ist hier zunächst an die eigentümliche Dialektik zwischen idealistischen und materialistischen Deutungen des Menschen

---

[37] So JOHANN GEORG HAMANN, s. u. bei Anm. 65.
[38] FRIEDRICH SCHILLER, Werke. Nationalausgabe, hg. v. LIESELOTTE BLUMENTHAL/BENNO VON WIESE, Bd. 20: Philosophische Schriften, Tl. 1, Weimar 1962, 277 (Über Anmut und Würde).

zu erinnern.³⁹ Ist der Mensch in letzter Instanz „Selbsturheber seines Zustandes", dann ist er ganz sich selbst überantwortet, dann wird alles an ihm zur bloßen Materie, zum Produkt. Und in einem eigentümlichen Umschlag, wie er bis in die jüngsten bioethischen Debatten hinein zu beobachten ist, wird dann auch das Vernunftvermögen, das einerseits als Substanz, als schöpferische Kraft in Anspruch genommen wird, zur abhängigen Variablen materieller Prozesse, zum Produkt des Zufalls erklärt.

Theologisch lässt sich diese Dialektik als Ausdruck eines ungeklärten Verhältnisses von Schöpfer und Geschöpf interpretieren. Dass der Mensch beides sei, Schöpfer und Geschöpf, gehört zu den geradezu dogmatischen Thesen der modernen Kulturanthropologie. Bereits Herder hat darauf hingewiesen, wenn er 1768 an Hamann schreibt: „In der Reihe unsrer Betrachtungen über die sich aus einander wickelnde Zustände der Menschen fanden wir nirgends so sehr eine Lücke, als: wie wurden wir aus einem Geschöpf Gottes, das, was wir jetzt sind, ein Geschöpf der Menschen?"⁴⁰ Die „Lücke" und die mit ihr verknüpfte Frage erlaubt durchaus eine schöpfungstheologische Interpretation und Antwort: Gott hat kraft seines Wortes den Menschen so geschaffen, dass dieser als sprachbegabtes Wesen sein Leben in Verantwortung gestalten und ausbilden kann und soll. Von dieser Antwort, die dem Wunder der Sprache im Übergang vom Werk Gottes zum Werk des Menschen die entscheidende Bedeutung beimisst, ist die spezifisch anthropologische Antwort zu unterscheiden, die sich in der Nachfolge Herders über Nietzsche und Gehlen weithin durchgesetzt hat und die nicht zuletzt auch der von Sloterdijk erhobenen Forderung der Anthropotechnik zugrunde liegt.⁴¹ Der Mensch ist demnach wesentlich ein „Zuchtwesen"⁴². Als das „noch nicht festgestellte Tier"⁴³ (Nietzsche) wird er sich selbst zur Aufgabe, die zu lösen ihn nicht so sehr als hörendes und redendes Wesen, sondern entscheidend als „handelndes Wesen" fordert. Kurz: Er macht sich zu dem, was er ist.

Der Widerspruch dieser Anthropologie zur reformatorischen Lehre vom Menschen verschärft sich noch, wenn man bedenkt, dass der Mensch, der als Züchter seiner selbst die Rolle des Schöpfers zu übernehmen sucht, damit auch die Rolle des Herrn über Leben und Tod übernimmt. „Er unterscheidet, wählet und richtet"; und ist er es „allein", der dieses „Unmögliche" vermag⁴⁴, dann ersetzt er Gott auch in dem Amt des Richters. So wie er seine Urteile fällt und

---

³⁹ Ausführlicher unten 128-130.
⁴⁰ JOHANN GEORG HAMANN, Briefwechsel, hg. v. WALTHER ZIESEMER/ARTHUR HENKEL, Bd. 2, Wiesbaden 1956, 408f.
⁴¹ Vgl. dazu die Elmauer Rede, s.o. in diesem Band 18, Anm. 10.
⁴² Vgl. ARNOLD GEHLEN, Der Mensch. Seine Natur und seine Stellung in der Welt, Wiesbaden ¹³1986, 32 und 361f.
⁴³ FRIEDRICH NIETZSCHE, Sämtliche Werke. Kritische Studienausgabe in 15 Bdn., hg. v. GIORGIO COLLI/MAZZINO MONTINARI (im Folgenden abgekürzt: KSA), Bd. 5, 81 (Jenseits von Gut und Böse, Nr. 62).
⁴⁴ GOETHE, Sämtliche Werke (s. Anm. 33), I. Abt., Bd. 1, 334 (Das Göttliche, Z. 37–40).

exekutiert, begibt er sich jedoch zwangsläufig auch in die Rolle des Angeklagten. Der Rechtsstreit, der unter dem Titel der Theodizee als ein Ringen mit Gott ausgetragen wird, wird zur Anthropodizee. Der Mensch hat sich nun in letzter Instanz vor sich selbst zu rechtfertigen. Die Frage jedoch bleibt, und sie stellt sich nun erst recht in aller Schärfe, ob der Mensch sich in dieser Weise gerecht zu werden vermag. Findet er seine Rechtfertigung, indem er seine eigene Gerechtigkeit aufrichtet?

4. Nach dem Tode Gottes: Rechtfertigung des Menschen durch den Menschen (Nietzsche)

Auf der offenen Frage der Rechtfertigung zu beharren, liegt nicht zuletzt auch in der Konsequenz jener Diagnose der Neuzeit, die Friedrich Nietzsche in antitheologischer Frontstellung vorgetragen hat.

> „Was thaten wir", so lässt er den „tollen Menschen" ausrufen, „als wir diese Erde von ihrer Sonne losketteten? Wohin bewegt sie sich nun? Wohin bewegen wir uns? Fort von allen Sonnen? Stürzen wir nicht fortwährend? Und rückwärts, seitwärts, vorwärts, nach allen Seiten? Giebt es noch ein Oben und ein Unten? Irren wir nicht wie durch ein unendliches Nichts? Haucht uns nicht der leere Raum an? Ist es nicht kälter geworden? Kommt nicht immerfort die Nacht und mehr Nacht? Müssen nicht Laternen am Vormittage angezündet werden?"[45]

Mit dem Tod Gottes ist die „Sonne der Gerechtigkeit" im Sinne des christlichen Schöpfungs- und Rechtfertigungsglaubens untergegangen. Es bleibt aber in der Finsternis und Kälte der nachchristlichen Moderne das Bedürfnis nach Rechtfertigung;[46] es bleibt die verzweifelte Hoffnung, dennoch die Welt und das eigene Leben bejahen zu können. Der freie Geist, der allem Gottesglauben den Abschied gegeben hat, will gleichwohl am Ende nichts anderes als „ein Ja-sagender" sein;[47] frei will er sich fühlen „im liebevollsten Muss"[48].

Die Hoffnung, die sich hier auf dem Boden der Verzweiflung zu gewinnen sucht, richtet sich auf den Menschen. Genauer gesagt, ist es der schöpferische Mensch, dem die Vollmacht der Rechtfertigung zuerkannt wird:

---

[45] KSA 3, 481 (Fröhliche Wissenschaft, Nr. 125); zur Interpretation dieses Stücks vgl. die oben Anm. 25 genannte Studie, insbes. 193–196.

[46] Dass und in welchem Sinn Nietzsches Denken um die Frage der Rechtfertigung kreist, zeigt Jörg Baur in seinem Aufsatz: Überlegungen zur Präsenz der reformatorischen Thematik, in: ders., Einsicht und Glaube. Aufsätze [Bd. 1], Göttingen 1978, 123–136, insbes. 133ff.

[47] KSA 3, 523 (Fröhliche Wissenschaft, Nr. 276).

[48] Ebd., 521 (Motto zum 4. Buch der „Fröhlichen Wissenschaft").

„[...] der Genius selbst wird jetzt aufgerufen, um zu hören, ob dieser, die höchste Frucht des Lebens, vielleicht das Leben überhaupt rechtfertigen könne; der herrliche schöpferische Mensch soll auf die Frage antworten: ‚bejahst denn du im tiefsten Herzen dieses Dasein? Genügt es dir? Willst du sein Fürsprecher, sein Erlöser sein? Denn nur ein einziges wahrhaftiges Ja! Aus deinem Munde – und das so schwer verklagte Leben soll frei sein'."[49]

Der Mensch wird sich so selbst zum Gegenstand des Glaubens:

„[...] gönnt mir Einen Blick nur auf etwas Vollkommenes, zu-Ende-Gerathenes, Glückliches, Mächtiges, Triumphirendes, an dem es noch Etwas zu fürchten giebt! Auf einen Menschen, der den Menschen rechtfertigt, auf einen complementären und erlösenden Glücksfall des Menschen, um desswillen man den Glauben an den Menschen festhalten darf! –"[50]

Das theologische Vokabular erinnert wohl nicht zufällig an die reformatorische Rechtfertigungslehre. Auch hier ist der Mensch noch unterwegs zu seiner zukünftigen Gestalt, auch hier wird die Frage seiner Definition zu einer Sache des Glaubens,[51] mit dem sich wie in Luthers Auslegung des 1. Gebotes (Gott „über alle Dinge fürchten, lieben und vertrauen") auch das Motiv der Furcht verbindet. Und auch hier sind die Prädikate des rechtfertigenden und schöpferischen Handelns nur zwei Seiten einer Vollmacht. Beide aber werden von Nietzsche radikal anthropologisch, auf ein Selbstverhältnis des Menschen hin gewendet. Es geht um ein Verhältnis, das auf der transmoralischen Ebene liegt, „jenseits von Gut und Böse". Es geht aber um ein tätig zu ergreifendes, ja zu schaffendes Verhältnis. Der Glaube muss seinen Gegenstand allererst schaffen. Er ist, um eine Wendung Luthers, die in ihrem ursprünglichen Kontext ganz anders gemeint ist, zu zitieren, „creatrix divinitatis"[52]. Sowohl die transmoralische Bedeutung der Rechtfertigung als auch die Notwendigkeit ihrer schöpferischen Herstellung gibt Nietzsche im 289. Aphorismus der *Fröhlichen Wissenschaft* eindrücklich zu bedenken:

„Erwägt man, wie auf jeden Einzelnen eine philosophische Gesammt-Rechtfertigung seiner Art, zu leben und zu denken, wirkt – nämlich gleich einer wärmenden, segnenden, befruchtenden, eigens ihm leuchtenden Sonne, wie sie unabhängig von Lob und Tadel, selbstgenugsam, reich freigebig an Glück und Wohlwollen macht, wie sie unaufhörlich das Böse zum Guten umschafft, alle Kräfte zum Blühen und Reifwerden bringt und das kleine und grosse Unkraut des Grams und der Verdriesslichkeit gar nicht aufkommen lässt: – so ruft man zuletzt verlangend aus: oh dass

---

[49] KSA 1, 363 (Schopenhauer als Erzieher).
[50] KSA 5, 278 (Genealogie der Moral I, 12).
[51] Vgl. LUTHERs Thesen *De homine*, insbes. These 32.
[52] WA 40/I, 360,5f: „Fides est creatrix divinitatis, non in persona, sed in nobis." Zur Interpretation vgl. NOTGER SLENCZKA, Fides creatrix divinitatis. Zu einer These Luthers und zugleich zum Verhältnis von Theologie und Glaube, in: VON LÜPKE/THAIDIGSMANN (Hg.), Denkraum Katechismus. Festgabe für Oswald Bayer zum 70. Geburtstag, Tübingen 2009, 171–195.

doch viele solche neue Sonnen noch geschaffen würden! Auch der Böse, auch der Unglückliche, auch der Ausnahme-Mensch soll seine Philosophie, sein gutes Recht, seinen Sonnenschein haben!"[53]

Wenn Nietzsche in diesem Zusammenhang ausruft: „eine neue Gerechtigkeit thut noth!"[54], darf man durchaus die bessere Gerechtigkeit assoziieren, die das Thema der Bergpredigt Jesu ist (Mt 5,20 in Verbindung mit Mt 5,43–48); und auch das für Luthers reformatorische Entdeckung entscheidende Verständnis der Gerechtigkeit Gottes als einer gerechtmachenden Kraft wird aufgenommen und parodiert. Es gilt, und darauf kommt es Nietzsche an, die Sonne der Gerechtigkeit als gnadenhafte Quelle des Lichtes zu erschließen. Eben dieser evangelische Grundzug tritt deutlich zu Beginn des Textes heraus, der von Nietzsche bewußt als Anti-Evangelium und zugleich als „sein" Evangelium konzipiert worden ist: *Also sprach Zarathustra*.

„Als Zarathustra dreissig Jahr alt war, verliess er seine Heimath und den See Urmi und gieng in das Gebirge. Hier genoss er seines Geistes und seiner Einsamkeit und wurde dessen zehn Jahre nicht müde. Endlich aber verwandelte sich sein Herz, - und eines Morgens stand er mit der Morgenröthe auf, trat vor die Sonne hin und sprach zu ihr also: ‚Du grosses Gestirn! Was wäre dein Glück, wenn du nicht die hättest, welchen du leuchtest! Zehn Jahre kamst du hier herauf zu meiner Höhle: du würdest deines Lichtes und deines Weges satt geworden sein, ohne mich, meinen Adler und meine Schlange; aber wir warteten deiner an jedem Morgen, nahmen dir deinen Ueberfluss ab und segneten dich dafür. Siehe! Ich bin meiner Weisheit überdrüssig, wie die Biene, die des Honigs zu viel gesammelt hat, ich bedarf der Hände, die sich ausstrecken, ich möchte verschenken und austheilen, bis die Weisen unter den Menschen wieder einmal ihrer Thorheit und die Armen wieder einmal ihres Reichthums froh geworden sind. Dazu muß ich in die Tiefe steigen: wie du des Abends thust, wenn du hinter das Meer gehst und noch der Unterwelt Licht bringst, du überreiches Gestirn! - ich muss, gleich dir, untergehen, wie die Menschen es nennen, zu denen ich hinab will. [...] Zarathustra will wieder Mensch werden.'"[55]

Wenn Zarathustra der Sonne den Rücken zukehrt und vom Berge absteigt, so doch nicht, ohne dass er ihr ihre Wahrheit abgewonnen hätte. Es ist gerade die Einsicht in das Wesen des „großen Gestirns": „Was wäre dein Glück, wenn du nicht Die hättest, welchen du leuchtest!" Es ist doch gerade das Wesen der Sonne, dass sie nicht für sich sein kann. Ihre Vollkommenheit liegt doch nicht darin, dass sie ihre Strahlen in sich selbst verschließt und genießt. Der vermeintliche Reichtum einer in sich abgeschlossenen Vollkommenheit erweist sich hier als Armut. „Ich kenne nichts ärmers/ Unter der Sonne als euch Götter"- lässt Goethe seinen Prometheus ausrufen.[56] Und er steht mit dieser Kritik

---

[53] KSA 3, 529.
[54] Ebd.
[55] KSA 3,571 (Fröhliche Wissenschaft, Nr. 342); vgl. KSA 4, 11f (Zarathustra's Vorrede).
[56] GOETHE, Sämtliche Werke (s. Anm. 33), I. Abt., Bd. 1, 203.

an der „kümmerlichen Existenz" der einsam für sich seienden himmlischen Wesen nicht allein. Schon Luther konnte den Gott des Aristoteles als „ens miserrimum", als ‚höchst' elendes Wesen verspotten;[57] und Lessing verband „mit der Idee eines persönlichen schlechterdings unendlichen Wesens, in dem unveränderlichen Genusse seiner allerhöchsten Vollkommenheit", eine „solche Vorstellung von unendlicher Langerweile, daß ihm angst und weh dabei wurde."[58] In dieser Tradition steht Nietzsche. Und um seine atheistische Wendung zu verstehen, die er unter der Maske des Zarathustra proklamiert, muss man auch die theologische Einsicht würdigen, von der er ausgeht. Gott, so wie er im Gleichnis der Sonne symbolisiert ist, ist ein Wesen, das seine Vollkommenheit mitteilt. Es ist ein überaus beziehungsreiches Wesen; es ist darauf aus, dass andere seine Vollkommenheit empfangen. Es entspricht der großzügigen, verschwenderischen Art, in der Gott seine Güte ausstrahlt und verschenkt, dass Menschen sie aufnehmen, sie in gewisser Hinsicht ihm abnehmen und weitergeben. Die Menschwerdung des Göttlichen, die Zarathustra zu vollziehen bestrebt ist, liegt sie nicht in der Logik des göttlichen Überflusses?

5. Zur Wahrnehmung des Menschen im Licht der Gerechtigkeit Gottes

Wie also verhält sich die von Nietzsche nach dem Tode Gottes, nach der Nacht der Gottesfinsternis wahrgenommene, geahnte und geforderte „Sonne eines neuen Evangeliums"[59] zur „Sonne der Gerechtigkeit", wie sie sich im Evangelium von Jesus Christus mitteilt? Mit dieser Frage kehren wir zurück zu den einführenden Überlegungen zur biblischen Rechtfertigungsbotschaft. Was könnte diese Botschaft dem Menschen bedeuten, der hindurchgegangen ist durch die skizzierten Phasen der Aufklärung, vom Aufgang der Sonne der Vernunft bis hin zur Erfahrung der Gottesfinsternis? In gewisser Hinsicht hat sich seine Natur aufgeklärt, ist er sich selbst in einem Maße durchsichtig geworden, dass er es sich zutraut, die Gründe seiner Existenz entschlüsseln, aufdecken und mit Hilfe des gewonnenen Wissens das Projekt des Menschen selbst in die Hand nehmen zu können.

---

[57] WA.TR 1, 73 (Nr. 155).
[58] Lessing, Werke (s. Anm. 32), Bd. 8, 572 (Jacobi-Gespräch).
[59] Vgl. KSA 2, 105 (Menschliches, Allzumenschliches I, Nr. 107): Auf dem Weg zur Freiheit wird „der erste Versuch gemacht, ob die Menschheit aus einer moralischen sich in eine weise Menschheit umwandeln könne. Die Sonne eines neuen Evangeliums wirft ihren ersten Strahl auf die höchsten Gipfel in der Seele jener Einzelnen (sc. in denen der Versuch gemacht wird): da ballen sich die Nebel dichter, als je, und neben einander lagert der hellste Schein und die trübste Dämmerung."

Wenn wir in dieser Situation nach der Bedeutung der biblischen Rechtfertigungsbotschaft fragen, so geht es nicht nur um Deutlichkeit im Sinne der wissenschaftlichen Logik; es geht nicht um einen Beitrag, der unserem anthropologischen Wissen nun ein theologisches Spezialwissen hinzufügt. Intendiert ist vielmehr ein Klarwerden in einem ästhetischen Sinn,[60] ein Erkenntnisgewinn, der Sinnlichkeit und Verstand beansprucht. Ein solches Klarwerden vollzieht sich nicht allein durch Analyse, nicht allein durch begriffliche Distinktionen und Definitionen; es bedarf vielmehr eines synthetischen Aktes, wie er sich wesentlich durch Sprache vollzieht und sich nicht zufällig in Bildern verdichtet. Dass wir von einem Bildwort ausgegangen sind, erweist sich insofern als sachgemäß.

Wenn dieses Bildwort einleuchtet, stellen sich Klärungen in mehrfacher Hinsicht ein:

1. Im Geschehen der Rechtfertigung klärt sich das Bild Gottes. In der verwirrenden Vielzahl von Bildern, die sich Menschen von Gott machen, um sie zu behaupten oder auch zu verwerfen, vermag die Zusage der Gerechtigkeit und Gnade Gottes klarzustellen, wer Gott in Wahrheit ist. Im 18. Jahrhundert, zur Zeit der Aufklärung, hat Albrecht von Haller in poetischer Form *Gedanken über Vernunft, Aberglauben und Unglauben* vorgetragen, die am Ende zur Gotteserkenntnis mit folgenden Worten einladen:

> „Gott, der in allem strahlt,/ Hat in der Gnade sich erst deutlich abgemalt;/ Vernunft kann, wie der Mond, ein Trost der dunkeln Zeiten,/ uns durch die braune Nacht mit halbem Schimmer leiten;/ Der Wahrheit Morgen-Rot zeigt erst die wahre Welt,/ Wann Gottes Sonnen-Licht durch unsre Dämmerung fällt."[61]

Gott, der „in einem Lichte wohnt, da niemand zukommen kann" (1Tim 6,16), der in seiner „Natur", wie Luther sagt, „unbegreiflich und unendlich" ist, hat sich „in seinem Wort und in den Zusagen, in die er sich eingehüllt hat", doch eindeutig zu erkennen gegeben.[62] In seinem Wort, das den Namen Jesus Christus trägt, ist sein Bild in aller nur denkbaren Klarheit wahrzunehmen. Er ist das authentische Bild Gottes (2Kor 4,4).

2. Indem auf seinem Angesicht aufleuchtet, wer Gott in Wahrheit ist, entsteht zugleich die Erkenntnis dessen, was der Mensch, der zum Ebenbild Gottes geschaffen ist, in Wahrheit ist und wozu er kraft des Wortes Gottes gebildet

---

[60] Angeregt ist die Unterscheidung zwischen begrifflich-logischer Deutlichkeit und ästhetischer Klarheit durch das Sprachdenken Hamanns sowie durch Hinweise von Josef Simon, der über Hamann hinaus an Leibniz, Alexander Gottlieb Baumgarten – auf ihn geht der Begriff der „ästhetischen Deutlichkeit" zurück - und Kant erinnert; vgl. JOSEF SIMON, Sprachphilosophie, Freiburg i.B./München 1981, 167–180.
[61] ALBRECHT VON HALLER, Die Alpen und andere Gedichte, hg. v. ADALBERT ELSCHENBROICH, Stuttgart 1965, 36.
[62] WA 40/III, 336,29–31.

wird. So wenig dieses Bild an besonderen Eigenschaften des Menschen aufweisbar oder mit bestimmten Zuständen seiner Entwicklung identifizierbar ist, so sehr wird die Frage nach der Identität zur offenen Frage, offen nicht im Sinne der Beliebigkeit, sondern offen im Sinne der Geschichte Gottes mit den Menschen. In dieser Geschichte ist der Mensch „von Anfang an zum Bild Gottes gemacht" und doch als der Sünder noch unterwegs zu seiner „zukünftigen Gestalt"[63]. Mit einem Satz aus dem 1. Joh gesagt: „Es ist noch nicht erschienen, was wir sein werden. Wir wissen aber, wenn es erscheinen wird, dass wir ihm gleich sein werden" (3,2).

3. Der Mensch, der in Jesus Christus und durch ihn in das Licht des schöpferischen Wortes Gottes gerückt wird, erfährt damit auch eine Aufklärung, die in den innersten Raum der menschlichen Existenz hineinleuchtet. Gemeint ist jene innerseelische Wirklichkeit, die im biblischen Sprachgebrauch als Herz bezeichnet wird. Im Herzen entscheidet sich, wer ein Mensch wirklich ist. Es entscheidet sich freilich gleichsam hinter dem Rücken der rationalen Selbsterkenntnis und Selbstbestimmung. Als Vernunftwesen, als *animal rationale*, ist der Mensch des Grundes und der Tiefe seiner Existenz gerade nicht mächtig. Er ist, mit Luther gesagt, ein vernünftiges Lebewesen, dessen Vernunft doch vom „Dichten und Trachten" seines Herzens (Gen 6,5; 8,21) abhängig ist: „animal rationale, habens cor fingens"[64]. Im Kräftespiel der Affekte, die sich im Herzen sammeln und miteinander streiten, ist der Mensch Geschöpf und Sünder zugleich. Hier erfährt er, wie sehr er mitsamt seiner Vernunft in eine Geschichte verstrickt ist, die zu bestimmen er immer schon zu spät kommt. Hier erfährt er nicht zuletzt auch, wie wenig die Einsicht des Verstandes über den Willen vermag. Die Aufklärung des Verstandes bleibt dann ein „kaltes unfruchtbares Mondlicht [...] ohne Wärme für den feigen Willen"[65].

4. Sofern der Mensch auch als Sünder, der sich von Gott abwendet, dennoch als Geschöpf im Wirkungsraum der Schöpfung, im Einstrahlungsraum des schöpferischen Wortes sein Leben empfängt, lebt er, ob er darum weiß oder nicht, von der Gnade Gottes. Diese Gnade als solche anzunehmen, sie wahr zu

---

[63] Vgl. LUTHERS Thesen *De homine*, Thesen 21 und 38; zu vergleichen ist hier auch HAMANNS Verständnis der Gottebenbildlichkeit, wie es in einem Brief an Jacobi vom 14.11.1784 (Briefwechsel, Bd. 5, 265,26–30) so zum Ausdruck kommt: „Er schuf den Menschen sich zum Bilde, zum Bilde Gottes schuf Er ihn – Wir sind Seines Geschlechts – die Differentia specifica liegt blos darinn, daß wir noch in der Mache sind, und unser Leben noch verborgen mit Christo in Gott. Unsere Vernunft muß warten und hoffen – Dienerin nicht Gesetzgeberin der Natur seyn wollen." Im Kontext der heutigen Lebenswelt hat WILFRIED HÄRLE nachdrücklich auf das „Gegebensein" des menschlichen Daseins und die in ihm liegende „schöpfungsmäßige Bestimmung" hingewiesen: Zur Gegenwartsbedeutung der „Rechtfertigungs"-Lehre. Eine Problemskizze, in: DERS., Menschsein in Beziehungen. Studien zur Rechtfertigungslehre und Anthropologie, Tübingen 2005, 67–105, insbes. 90–94.

[64] WA 42, 348,37–42.

[65] So HAMANN in seinem berühmten Brief an Christian Jacob Kraus vom 18.12.1784, Briefwechsel, Bd. 5, 289–292.

nehmen, ist Sache des Glaubens. Er lässt den Menschen in die Wahrheit seiner Existenz gelangen; ihm kommt in diesem Sinne eine definierende Bedeutung zu. Definition ist hier freilich alles andere als Abgrenzung. Der Glaube, der den Menschen werden läßt, was er von Gott her ist, hält ihn eben in jener Urbeziehung, in der er als Geschöpf sein Leben empfängt und vor Gott zu verantworten vermag. Der Rechtfertigungsglaube erschließt in diesem Sinne den Schöpfungsglauben und stärkt mit ihm nicht zuletzt auch die Verantwortlichkeit des Menschen.

5. In der Einheit von Rechtfertigungsglauben und Schöpfungsglauben gründet nicht nur eine neue Wahrnehmung des menschlichen Lebens, sondern eine neue Wahrnehmung der Schöpfung überhaupt. Auch in dieser Hinsicht geht es noch einmal um bildliche Qualitäten. Was sieht ein Mensch in den Dingen dieser Welt: nur das Material, aus dem er etwas Besseres im Sinne des ihm Nützlichen zu machen sucht? Das gewiss auch. Aber vor allem Werk und durch die menschliche Bearbeitung hindurch will die Welt als Schöpfung, als Gabe des Schöpfers wahrgenommen werden, der alles „sehr gut" macht (Gen 1,31). Durch den Glauben wird die Welt als Schöpfung erkannt (Hebr 11,3); durch den Glauben und das in ihm wahrgenommene Wort erhält sie ihren Glanz zurück.[66] Das Geschehen der Rechtfertigung, das den Glaubenden von den Gewalten der Sünde und des Todes erlöst, erschließt eine Mitgeschöpflichkeit, in der dem Glaubenden mit dem eigenen Leben auch „die andern Gaben Gottes angenehm werden"[67]. „Das heißt also Gott mit seinen eigenen Farben malen, so daß uns dieses Leben und alle Kreaturen lieblich werden"[68].

Der Artikel der Rechtfertigung sei der Hauptartikel der Theologie; er „bewahre und lenke alle kirchliche Lehre und richte unser Gewissen vor Gott auf"[69]. Ist die Welt ohne ihn nichts als „Tod und Finsternisse"[70], so gewinnt sie mit ihm und durch ihn Leben und Licht. Dieser auf das Ganze der Schöpfung gehende Wahrheitsanspruch ist nur verständlich und nur deswegen zu vertreten, weil und insofern in Jesus Christus das Wort hörbar wird, durch das alles geschaffen ist (Joh 1,3f). Als das Wort Gottes, als Mittler der Schöpfung und Erlösung, ist er die „Sonne der Gerechtigkeit", die „immer im Aufgang begriffen ist"[71].

---

[66] Vgl. CHRISTOF GESTRICH, Die Wiederkehr des Glanzes in der Welt. Die christliche Lehre von der Sünde und ihrer Vergebung in gegenwärtiger Verantwortung, Tübingen ²1995.
[67] WA 40/III, 375,26.
[68] Ebd., Z. 29f; zur Einheit von Schöpfungs- und Rechtfertigungsglauben vgl. auch OSWALD BAYER, Rechtfertigung. Grund und Grenze der Theologie, in: DERS., Leibliches Wort. Reformation und Neuzeit im Konflikt, Tübingen 1992, 19–34; JOHANNES VON LÜPKE, Anvertraute Schöpfung. Biblisch-theologische Gedanken zum Thema „Bewahrung der Schöpfung" (Vorlagen. Neue Folge 16), Hannover 1992, insbes. 111–120.
[69] WA 39/I, 205,2–5.
[70] Ebd.
[71] S. o. Anm. 3.

8. Kapitel: Verletzbarer Körper – Begnadeter Mensch

1. Gegen die anthropologische „Einheitssucht"

Der Dichter Jakob Michael Reinhold Lenz, dessen Begabung es nahelegen könnte, ihn als einen „begnadeten Menschen" zu bezeichnen, und dessen tragisches Geschick doch auch die Verletzbarkeit und Zerbrechlichkeit des Menschen in seelischer und leiblicher Hinsicht zu bedenken gibt, eben dieser Lenz, dem Georg Büchner mit seiner gleichnamigen Erzählung ein Denkmal gesetzt hat, hat in eindrücklichen Formulierungen davor gewarnt, die Wirklichkeit des Menschen auf ein einziges Prinzip zurückzuführen:

> „Wir sind einmal zusammengesetzte Wesen und eine unendliche Reihe von Begriffen aus einem ersten einzigen Begriff herzuleiten, wird uns vielleicht erst dann möglich sein, wenn unsre ihrer Natur nach einfache Seele von dieser wunderlich zusammengesetzten Masse Materie getrennt ist, an die es dem Schöpfer gefallen, sie festzumachen [...]."[1]

Die „Einheitssucht", das „Bestreben alles auf eins zurückzubringen"[2], steckt freilich tief im menschlichen Verstand; sie erinnert an die urgeschichtliche Verfehlung, von der die biblische Erzählung vom Turmbau zu Babel berichtet. Seit jeher ist der Mensch darauf aus, alles in einem gedanklichen Zusammenhang zu begreifen, gleichsam in einem Gebäude des Wissens unterzubringen und sich verfügbar zu machen.

> „Der menschliche Verstand ist von der Art, daß er in jeder Wissenschaft, oft in seiner gesamten Erkenntnis, auf ein erstes Principium zu kommen strebt, welches alsdenn die Basis wird auf der er baut, und, wenn er einmal zu bauen angefangen, von welcher er nie wieder abgeht, es müßte dann der Herr vom Himmel selbst herabfahren und ihm die Sprache verwirren."[3]

Will die Vernunft dieser Verwirrung entgehen, so ist sie gut beraten, auf die Konstruktion des Ganzen aus einem Prinzip zu verzichten:

---

[1] Jakob Michael Reinhold Lenz, Werke und Briefe in 3 Bdn., hg. v. Sigrid Damm, München/Wien 1987, Bd. 2, 500 (Versuch über das erste Principium der Moral).
[2] Ebd.
[3] Ebd.

„[...] geben Sie das einzige erste Principium nur ganz dreist in allen Wissenschaften auf, oder lassen Sie uns den Schöpfer tadeln, daß er uns nicht selbst zu einem einzigen Principium gemacht hat. Ich weiß wohl, daß gewisse Psychologen uns gern überreden möchten wir wären entweder ganz Geist, oder ganz Materie. Aber warum fürchten denn alle Nationen des Erdballs den Tod, da sie doch sehen, daß kleine niedliche Würmer von uns essen, die eben so gut Materie sind als wir. Warum verlieren wir lieber einen Arm, ein Bein, als den Kopf, an dem die Materie nichts mehr wiegt, als an jenen. Ja dort oben in der Zirbeldrüse sitzt etwas, das sagt: Ich bin, und wenn das Etwas fort ist, so hört das Ich bin auf. Wenn Hände Mund und Kehle ganz unbesorgt daran arbeiten, Speise und Trank in unsern Magen hinabzuschicken, so ruft der fremde Herr dort oben in der Zirbeldrüse einmal über das andere: Halt lieber Mund! es ist zuviel lieber Mund! du wirst dir den Magen verderben. Kurz meine Herren wir sind Hermaphroditen, gedoppelte Tiere sowohl in unserm Wesen, als in unsern Kenntnissen und den Prinzipien derselben."[4]

2. Das Geheimnis der Einheit von Geist und Materie

Es dürfte gewiss reizvoll und aufschlussreich sein, dem Gespräch, das hier zwischen jenem rätselhaften „Etwas", das „Ich bin" sagen kann, und verschiedenen Organen des Körpers verläuft, weiter nachzudenken. Sind wir, die wir mit anderen, mit unsresgleichen in ein Gespräch zu treten vermögen, auch in uns selbst ein Gespräch? Und ist der Körper nur Empfänger jener Befehle, die „der fremde Herr", wo auch immer er sitzt, ausgehen lässt? Ist der Körper nur ausführendes Organ? Oder ist es eher umgekehrt, dass die Herrschaft auf der Seite des Leibes zu suchen ist, so wie Nietzsche es durch Zarathustra lehren lässt: „Leib bin ich ganz und gar, und nichts ausserdem; und Seele ist nur ein Wort für ein Etwas am Leibe."[5] Ist die „kleine Vernunft", die „Ich" zu sagen vermag, vielleicht doch nur „ein kleines Werk- und Spielzeug deiner grossen Vernunft", eben des Leibes?[6]

Mit diesen Fragen sind wir mitten im Dickicht der philosophischen Debatte, die unter dem Titel des Leib-Seele-Problems seit der antiken Philosophie geführt wird. Wir können ihr im Rahmen der gestellten Thematik nicht ausweichen; wir können sie aber auch nicht zureichend verhandeln. Damit wir uns hier nicht verlaufen oder verfangen, sollten wir zunächst die von Lenz vorgebrachte Warnung in ihrer wissenschaftskritischen Bedeutung ernstnehmen. Es ist die Gefahr aller wissenschaftlichen Betrachtung des Menschen, dass sie die Vielfalt der menschlichen Lebenswirklichkeit auf eine im Menschen selbst liegende Grundwirklichkeit zurückzuführen sucht, um von daher dann umgekehrt das Ganze des Lebens abzuleiten, zu konstruieren, vielleicht auch zu erweitern und zu verbessern. Ob dabei der Schlüssel zur Rekonstruktion der Ganzheit

---

[4] Ebd., 501f.
[5] Friedrich Nietzsche, Sämtliche Werke. Kritische Studienausgabe in 15 Bdn., hg. v. Giorgio Colli/Mazzino Montinari, München und Berlin/New York 1980 (abgekürzt: KSA), Bd. 4, 39 (Also sprach Zarathustra. Von den Verächtern des Leibes).
[6] Ebd.

eher auf der Seite der Materie oder eher auf der Seite des Geistes gesucht wird, ob der Mensch mithin in prinzipieller Hinsicht ganz als Geist oder ganz als Materie verstanden wird, bezeichnet eine Alternative, der noch einmal eine wissenschaftstheoretisch und theologisch zu problematisierende Grundentscheidung vorausliegt: Der ganze Mensch soll ganz aus sich selbst, aus einem Moment seiner selbst verstanden und erklärt werden. Trifft man aber hier eine andere Grundentscheidung, so lässt sich auch die Alternative von Materialismus und Idealismus überwinden. Damit ist schon auf den theologischen Ansatz hingedeutet, der noch genauer zu bezeichnen ist. Zuvor aber sei das Verhältnis von materialistischen und idealistischen Interpretationen des Menschseins noch genauer beleuchtet.

In der zuerst genannten Perspektive wird das Sein des Menschen der Kategorie des Stoffes, der Materie subsumiert. Klassisch lässt sich eine in diesem Sinne materialistische Anthropologie bei französischen Philosophen des 18. Jahrhunderts studieren, z. B. bei Baron d' Holbach, in dessen *System der Natur* von 1770 folgende Sätze zu lesen sind:

> „Der Mensch ist ursprünglich nur ein unmerklicher Punkt, dessen Teile formlos sind, dessen Beweglichkeit und Leben sich unseren Augen entziehen, kurz, in dem wir keine Zeichen der Eigenschaften wahrnehmen, die wir *Gefühl, Intelligenz, Denken, Kraft, Vernunft* usw. nennen. Dieser Punkt entwickelt sich, dehnt sich aus und wächst in der ihm angepaßten Gebärmutter durch das fortwährende Hinzufügen von Stoffen, die seiner Seinsweise verwandt sind, die er an sich zieht, die sich mit ihm verbinden und verschmelzen. Er gelangt zur Reife, wenn er diesen Ort verläßt, der einige Zeitlang geeignet war, die schwachen Ansätze seiner Maschine zu erhalten, zu entwickeln und zu stärken"[7].

Dass dieser Materiepunkt sich zu einer empfindungsfähigen, denkenden „Masse" entwickelt, setzt dabei nichts anderes voraus als den materiellen Stoffwechsel.

> „In allen Erscheinungen, die der Mensch uns von seiner Geburt an bis zu seinem Ende zeigt, sehen wir nur eine Folge von notwendigen Ursachen und Wirkungen, die mit den allgemeinen Naturgesetzen übereinstimmen. Alle seine Wirkungsarten, seine Empfindungen, seine Ideen, seine Leidenschaften, seine Willensäußerungen, sein Wirken sind notwendige Folgen seiner Eigentümlichkeiten und der Eigentümlichkeit der Dinge, die ihn in Bewegung setzen."[8]

Ist es hier die Materie, die den Geist aus sich heraus entwickelt, so ist es in der idealistischen Perspektive genau umgekehrt. „Es ist der Geist, der sich den Körper baut", heißt es bei Friedrich Schiller,[9] und damit ist eine Ansicht resümiert,

---

[7] Zitiert nach WILLI OELMÜLLER/RUTH DÖLLE-OELMÜLLER/CARL-FRIEDRICH GEYER, Diskurs: Mensch (Philosophische Arbeitsbücher, Bd. 7), Paderborn u.a. 1985, 127.
[8] Ebd., 128.
[9] Wallensteins Tod, III/13, Z. 1813.

die seit Aristoteles immer wieder Befürworter gefunden hat. „Die Seele ist Ursache und Prinzip des lebenden Körpers."[10] Die Geistnatur des Menschen wird hier als das eigentliche Sein aufgefasst, als substantielle Größe, dergegenüber alle übrigen Eigenschaften lediglich akzidenteller Art sind. Während diese dem Werden und Vergehen, mannigfachen Veränderungen in der Zeit ausgeliefert sind, bleibt der Mensch doch im Innersten seiner Seele derselbe. Zur Verdeutlichung der beiden anthropologischen Erklärungsansätze mag man sich ein Bild vor Augen stellen, das nicht zuletzt deswegen bedeutungsvoll ist, weil es an die Herkunft des Begriffs der Kultur erinnert: Einerseits erscheint der Mensch als Ackerboden, der aus sich heraus Pflanzen hervorbringt und der ebenso wie die übrige Natur der Bearbeitung, der Kultivierung, der Zucht bedarf. Andererseits aber versteht er sich als Kultivator, wenn nicht gar als Schöpfer, der kraft seines Geistes der Natur als bloßem Stoff seine Zwecke aufzuprägen und einzuprägen vermag.

Die materialistische Perspektive, in der alles aus bloß physischen Prozessen abgeleitet wird, und die idealistische Perspektive, in der die Überlegenheit des Geistes über die Natur geltend gemacht wird, sind einander entgegengesetzt und doch in einem anthropologischen Konzept aufeinander bezogen: Der Mensch ist zugleich Schöpfer und Geschöpf seiner selbst. Die Debatten über den Status des frühen embryonalen Lebens liefern Belege für das eigentümliche Ineinander und Miteinander der vermeintlich gegensätzlichen Denkmodelle. Einerseits, so wird gesagt, sei der Mensch am Anfang seines Werdens nichts anderes als ein seelenloser „Zellhaufen", ein Rohstoff, aus dem vieles, u. a. auch ein ganzer Mensch gemacht werden kann. Andererseits wird gerade durch diese Einschätzung der idealistische Glaube, um nicht zu sagen Aberglaube, gefördert, der menschliche Geist sei so mächtig, sich seinen eigenen Körper zu bauen. Was ist der Mensch? Die Frage bleibt offen. Um es in den Worten Nietzsches zu sagen: „im Menschen ist Stoff, Bruchstück, Überfluss, Lehm, Koth, Unsinn, Chaos; aber im Menschen ist auch Schöpfer, Bildner, Hammer-Härte, Zuschauer-Göttlichkeit und siebenter Tag: - versteht ihr diesen Gegensatz?"[11]

3. Jenseits von Materialismus und Idealismus

Lässt sich die Theologie durch diese Frage herausfordern und besinnt sie sich auf die in der Bibel überlieferte Antwort, könnte sie einen Weg weisen, der über die bezeichnete Dialektik von Materialismus und Idealismus hinausführt. Auch nach theologischer Lehre ist der Mensch ein Wesen, das aus Leib und Seele besteht. Aber um diese Zweiheit, dieses rätselhafte Verhältnis des Materiellen und Geistigen zu verstehen und in rechter Weise zu bestimmen, rekurriert sie auf eine dritte Größe, von der her das Zusammenspiel der beiden ‚Bestandteile'

---

[10] Aristoteles, De anima, 415b.
[11] KSA 5, 161 (Jenseits von Gut und Böse, Nr. 225).

erfolgt. Der Mensch ist, so Luther in seinen Thesen *De homine*, Geschöpf Gottes, *creatura Dei*, und als Geschöpf besteht er „aus Fleisch und atmender, lebendiger Seele"[12].

Versuchen wir uns diese theologische Grundbestimmung nochmals in einem Bild, in einer Skizze zu verdeutlichen. Luther hat in seiner Auslegung des Magnificat im Anschluß an 1. Thess 5,23 drei Größen, drei Teile des Menschen unterschieden und im Gleichnis des Heiligtums interpretiert.[13] So wie das Heiligtum (nach Exodus 26,33f und 40,1ff) aus einem Allerheiligsten, einem Heiligen und einem Hof aufgebaut ist, so gehört zum Menschen der Geist, als „das Haus, darin der Glaube und Gottes Wort wohnen", sodann die Seele unter Einschluss der Vernunft, durch die der Mensch in der Lage ist, mit weltlichen Dingen umzugehen, und drittens der Leib mit seinen Gliedern. Dass hier von drei Teilen die Rede ist, darf nicht darüber hinwegtäuschen, dass im strengen Sinne nur die beiden letztgenannten Größen Teile des Menschen sind. Das Allerheiligste des Geistes meint die Gegenwart Gottes im Menschen, auf die sich der Mensch als leiblich-seelisches Wesen einzustellen hat, um zum Bilde Gottes zu werden. Und eben über diese Gegenwart Gottes und die ihr entsprechende Geistesgegenwart verfügt der Mensch nicht aus eigenen Kräften.

Was der Mensch ist, bestimmt sich in der Wahrnehmung und Anerkennung der Relationen zwischen Gott und Mensch, ohne dass dabei die welthafte, leibliche Vermittlung des Verhältnisses ausgeblendet werden dürfte. Der Mensch ist Mensch im Gegenüber zu Gott. In dieser Hinsicht ist die Differenz zwischen Schöpfer und Geschöpf - gegen alle Versuche ihrer anthropologischen Aufhebung - strikt zu wahren. Der Mensch ist aber auch in seiner Geschöpflichkeit inmitten der Schöpfung getragen und durchdrungen von der worthaft vermittelten Gegenwart Gottes. In dieser Hinsicht ist die kommunikative Einheit von Schöpfer und Geschöpf zu betonen. Gerade weil die Theologie den Menschen von einem Prinzip jenseits seiner selbst, nämlich vom schöpferischen Wort Gottes her versteht bedenkt sie auch die Gemeinschaft, in der Gott und Mensch sowie auch Geist und Materie, Seele und Leib miteinander verbunden oder auch in Spannung und Widerspruch aufeinander verwiesen sind.

Von diesem Ansatz her ist die materialistische Anthropologie insofern zu radikalisieren, als der Mensch als ganzer, einschließlich seiner geistigen Kräfte, als „bloßer Stoff" (*pura materia*)[14] des göttlichen Handelns angesehen wird. Zu bestreiten ist mithin die Annahme einer der Zeitlichkeit grundsätzlich enthobenen geistigen Substanz des Menschen. Auch und gerade in der Sphäre

---

[12] LDStA 1, 666f (= WA 39/I, 176): „homo est creatura Dei, carne et anima spirante constans, ab initio ad imaginem Dei facta" (These 21).

[13] Das Magnificat, verdeutscht und ausgelegt (1521), hier zitiert nach: MARTIN LUTHER, Ausgewählte Schriften, hg. v. KARIN BORNKAMM/GERHARD EBELING, Frankfurt a.M. 1982, Bd. 2, 115–196, 124f.

[14] LDStA 1, 668f (De homine, These 35).

des Geistes ist der Mensch ein abhängiges Wesen, nach der berühmten Formulierung Pascals „ein Schilfrohr, das denkt"; seine Vernunft „ist nach jeder Richtung zu biegen"[15]. Sofern jedoch das göttliche Wort die im umfassenden Sinne verstandene Materie zu durchdringen vermag, ist diese keineswegs bloßes Material, über das der Mensch nach Belieben verfügen könnte. Der Geist Gottes, der worthaft in die Schöpfung eingeht, ist von den Werken der Schöpfung nicht zu trennen. Steht am Anfang (*in principio*) nicht der bloße Stoff, sondern das Wort, der Logos im Sinne des Johannesprologs, und ist die Natur insgesamt vom diesem Logos durchdrungen, dann ist der Materialismus daraufhin zu radikalisieren und zugleich von daher zu überwinden.

Gleiches gilt auch für sein idealistisches Widerspiel. Sosehr allen Gleichsetzungen, die etwas im Menschen, seine Vernunft, seinen Personkern, sein Selbst, mit Gott identifizieren, zu widersprechen ist, sosehr mithin die Sündenlehre in antiidealistischer Frontstellung zur Geltung zu bringen ist, sowenig ist damit die dem Menschen in der Beziehung zu Gott zukommende, ihm zugesprochene göttliche Würde und Verantwortung negiert. Mit dem Gedanken der Gottebenbildlichkeit ist nicht nur ein Verständnis des Menschen im Sinne einer unantastbaren, als heilig zu achtenden Größe (*res sacra*; Seneca[16]) aufgenommen; es wird auch die Vernunft als Vermögen verantwortlicher Herrschaft über die Welt bekräftigt und gefördert. Gott „schuf den Menschen sich zum Bilde, zum Bilde Gottes schuf Er ihn - Wir sind seines Geschlechts", notiert Johann Georg Hamann am 14.11.1784 in einem Brief an Friedrich Heinrich Jacobi, um interpretierend und präzisierend sogleich hinzuzufügen: „die Differentia specifica liegt blos darinn, daß wir noch in der Mache sind, und unser Leben noch verborgen mit Christo in Gott. Unsere Vernunft muß warten und hoffen - Dienerin nicht Gesetzgeberin der Natur seyn wollen."[17]

Damit haben wir in Grundzügen eine Orts- und Aufgabenbestimmung einer theologischen Lehre vom Menschen gefunden. Ihr Ausgangspunkt liegt jenseits von Materialismus und Idealismus. Ohne eines auf das andere zurückzuführen, hat sie das Zusammenkommen, die kommunikative Einheit von Geist und Körper und darin zugleich das Zusammenkommen, die kommunikative Einheit von Schöpfer und Geschöpf zu bedenken.

Das Band der Einheit freilich ist ein überaus empfindliches, zerbrechliches Medium. Sosehr es hier um einen lebensnotwendigen Zusammenhang geht, sowenig kann dieser doch gesetzmäßig rekonstruiert werden. Die beiden Adjektive, die in unserer Titelformulierung auftauchen, „verletzbar" und „begnadet", deuten genau darauf hin: Was der Mensch in der Einheit von Geist und Körper als Geschöpf Gottes wesentlich ist, entzieht sich der wissenschaftlichen Feststellung. Es ist keine Naturkonstante, keine Substanz im Sinne einer unverlierbaren Eigenschaft. Das rechte Zusammenspiel, in dem sich die Menschlichkeit

---

[15] BLAISE PASCAL, Über die Religion und über einige andere Gegenstände (Pensées), hg. v. EWALD WASMUTH, Heidelberg [8]1978, 167 und 140 (Nr. 347 und 274).
[16] SENECA, Epistulae morales ad Lucilium 95,33.
[17] Briefwechsel, hg. von WALTHER ZIESEMER/ARTHUR HENKEL, Bd. 5, 265,26—30.

des Menschen entscheidet, ist labil, zerstörenden Kräften ausgesetzt, aber auch von jener von außen kommenden Begünstigung abhängig, die theologisch als Gnade bedacht werden will.

4. MENSCHSEIN IM EMPFANGEN DER GNADE

Unter den zahlreichen Gestalten, die in der Geschichte des Alten und Neuen Testamentes als begnadet gelten, kommt Maria, der Mutter Jesu, zweifellos eine besondere Bedeutung zu. Folgt man einer gewichtigen Auslegungstradition, so repräsentiert sie am reinsten, am deutlichsten, was es heißt, Gnade und in ihr die Erfüllung des Menschseins zu finden (Lk 1,30). Insbesondere die katholische Theologie hat von der Mariologie her Grundorientierungen der Anthropologie gewonnen.[18] Maria ist, mit Karl Rahner gesagt, „die konkreteste Verwirklichung des vollkommen Christen"[19]. An ihr ist exemplarisch, geradezu urbildlich zu erkennen, wie der Mensch im Empfangen der Gnade sich selbst an Gott verliert, um sich selbst doch von ihm her neu zu gewinnen. Im Empfangen der Gnade kommunizieren Leib und Seele und zugleich Gott und Mensch miteinander.

Dass in der Interpretation und Einschätzung der Maria tiefgreifende Differenzen zwischen römisch-katholischer und evangelischer Theologie aufbrechen, ist offenkundig. Sie betreffen insbesondere die Fragen der Gnadenmittlerschaft Marias und damit die Frage der menschlichen Mitwirkung am Heil überhaupt. Es sollte jedoch über diesen nach wie vor strittigen kontroverstheologischen Fragen nicht übersehen werden, dass auch Luther in Maria „das allervornehmste Exempel der Gnade Gottes" gesehen hat.[20] Nicht zufällig hat er gerade in der Auslegung des *Magnificat*, des Lobgesangs der Maria, zentrale Einsichten seiner evangelischen Lehre vom Menschen formuliert.

Im Anschluss an Luthers Auslegung erscheinen mir vor allem folgende Motive als grundlegend und wegweisend für eine am Evangelium orientierte theologische Lehre vom Menschen:

---

[18] Vgl. FRIEDRICH-WILHELM KÜNNETH, Maria, das römisch-katholische Bild vom christlichen Menschen. Der Zusammenhang von Anthropologie und Mariologie in der gegenwärtigen römisch-katholischen Theologie des deutschen Sprachraums (AGTL 7), Berlin 1961.
[19] Zitiert ebd., 44.
[20] LUTHER, Magnificat (s. Anm. 13), 150; WALTER KARDINAL KASPER weist zu Recht darauf hin, „dass Maria die beste Auslegung dessen ist, was als Mitte reformatorischer Lehre gilt, des sola gratia und des sola fide, alles allein aus Gnade, alles aufgrund des Glaubens" (Katholische Kirche. Wesen – Wirklichkeit – Sendung, Freiburg i.B. u.a. 2011, 218)

Ein Mensch empfängt seine Würde, indem er von Gott angesehen wird.

Maria preist Gott, ihren Heiland, der die Niedrigkeit seiner Magd angesehen habe (Lk 1,47f). Eben „das Ansehen" gilt Luther als „das erste Werk Gottes" und zugleich als „das größte, in dem die anderen alle hängen und aus dem alle fließen"[21]. Die Frage, *was* der Mensch ist, kann nicht abstrahiert werden von der vorrangigen Frage, *wie* er gesehen wird, aus welcher Perspektive, unter welchem Blickwinkel. Es gibt hier nicht jene wissenschaftliche Betrachtungsweise, die das Bild des Menschen vom objektiven Befund her zu gewinnen und an ihm zu überprüfen bemüht ist. Dem Ansehen kommt vielmehr eine seinsstiftende Bedeutung zu. In der Sprache der Rechtfertigungstheologie gesagt: Das Ansehen fällt einem Menschen unverdientermaßen zu; er wird gewürdigt „ohne all [s]ein Verdienst und Würdigkeit"[22]. In diesem Sinne sind das „allein aus Gnade" (*sola gratia*) des Rechtfertigungsglaubens und das „aus nichts" (*ex nihilo*) des Schöpfungsglaubens zusammenzudenken. Gottes Sehen ist ebenso rechtfertigend wie schöpferisch. In beiderlei Hinsicht ist die Voraussetzungs- und Bedingungslosigkeit des göttlichen Wirkens zu betonen. So wie der Beter des 139. Psalms bekennt: „Deine Augen sahen mich, als ich noch nicht bereitet war" (V. 16), so weiß auch Maria um die zuvorkommende Gnade Gottes, die allem vorausliegt, was Menschen werden und aus sich machen können. Setzt man für „Ansehen", wie eben schon angedeutet, den heute so lebhaft diskutierten Begriff der Würde ein, so wird man sagen müssen: Ob einem Menschen Würde zuerkannt wird, entscheidet sich weder an Seinsqualitäten, die in ihm selbst zu begründen wären, noch in Fähigkeiten und Leistungen, durch die er seinen Wert und seine Bedeutung vor anderen zu beweisen sucht; die Würde ist vielmehr streng extern begründet: im zuvorkommenden, ebenso schöpferischen wie rechtfertigenden Erweis der Gnade Gottes.

Perspektiven und Maßstäbe kehren sich um: Das Große wird klein – das Kleine wird groß.

Den Menschen so zu sehen, genauer: ihn so angesehen zu glauben, bedeutet gegenüber den geläufigen anthropologischen Orientierungen eine geradezu revolutionäre Neubestimmung. Die Perspektiven – und wir sehen den Menschen immer nur perspektivisch, in einer bestimmten Hinsicht! – werden umgestellt; und mit ihnen verändern sich auch die Maßstäbe, anhand deren wir das Sein des Menschen einschätzen und würdigen. Schon die Tatsache, dass hier der Erfahrung einer Frau exemplarische Bedeutung für die Wahrnehmung des Menschseins überhaupt zuerkannt wird, ist bemerkenswert. Welche politische

---

[21] LUTHER, Magnificat (s. Anm. 13), 147. Zur systematisch-theologischen Interpretation vgl. EDGAR THAIDIGSMANN, Gottes schöpferisches Sehen. Elemente einer theologischen Sehschule im Anschluß an Luthers Auslegung des Magnificat, in: DERS., Einsichten und Ausblicke, Berlin 2011, 3-22.

[22] Vgl. LUTHERS Auslegung des 1. Artikels des Glaubensbekenntnisses im *Kleinen Katechismus*, in BSELK 870,16.

Brisanz darin liegt, zeigt sich nicht zuletzt darin, dass Luther seine Auslegung des *Magnificat* einem Fürsten widmet, um ihn vor einem Missbrauch der ihm anvertrauten Macht, vor einer „Vermessenheit" zu warnen, die dazu führt, dass ein Mensch „Gottes vergißt" und „seiner Untertanen nicht achtet"[23]. Während der Mensch als Sünder nach hohen Dingen trachtet und darüber das Geringe buchstäblich ‚übersieht' und als unbedeutend verwirft, während er Gottgleichheit durch Steigerung seiner Macht zu erreichen sucht, dringt der Blick Gottes und mit ihm auch seine Wirksamkeit in die Tiefe. In dieser Blickrichtung wird das vermeintlich Hohe zum Geringen, das Niedrige, vermeintlich Nichtige aber wird groß geachtet. Gottes einzigartige Macht erweist sich nicht nur in der Überbietung des Großen, sondern vor allem auch in der ‚Unterbietung' des Kleinen.[24] Gerade so, in das Allerkleinste und Geringste eingehend, vermag Gott so große Dinge zu tun.

Gott handelt in leiblicher Vermittlung und ist im Leib gegenwärtig.
In dieser Perspektive kommt es zu einer theologischen Interpretation der Leiblichkeit des Menschen und damit auch zu einer Neubestimmung des Verhältnisses von Leib und Seele. Wenn Luther den Schöpfungsglauben im *Kleinen Katechismus* mit den Worten auslegt, Gott habe mich geschaffen „samt allen Kreaturen", er habe „mir Leib und Seele, Augen, Ohren und alle Glieder, Vernunft und alle Sinne gegeben" und erhalte sie noch,[25] so steht hier nicht zufällig die Mitkreatürlichkeit und Leiblichkeit des Menschen an erster Stelle. Dass es dem Schöpfer gefallen hat, Seele und Vernunft des Menschen an „dieser wunderlich zusammengesetzten Masse Materie" festzumachen,[26] behindert keineswegs die Ausbildung seiner geistigen Existenz, noch wird dadurch die Gottebenbildlichkeit verdunkelt. Umgekehrt ist es gerade der Geist, der dem göttlichen Gnadenhandeln dadurch im Wege steht, dass er sich über seine Leibgebundenheit hinwegzusetzen trachtet. War und ist die theologische Lehre vom Menschen immer wieder der Gefahr ausgesetzt, Gottes Schöpfungshandeln mit der Geistbegabung zu identifizieren und darüber die weltlich-leibliche Vermittlung des Menschlichen zu überspringen, zu ‚übersehen', so akzentuiert Luther und die ihm folgende Theologie umgekehrt gerade die leibliche Dimension als Raum der Schöpfung und Gegenwart Gottes. So wie Maria den Sohn Gottes leiblich empfängt und sich selbst in ihrer ganzen, leiblich-seelischen Existenz als „Werkstatt" versteht, „darin er [sc. Gott] wirkt"[27], so betont Luther überhaupt

---

[23] LUTHER, Magnificat (s. Anm. 13), 117.
[24] Vgl. LUTHER, WA 26, 339,33-340,2: „Nichts ist so klein, Gott ist noch kleiner, Nichts ist so gros, Gott ist noch grösser, Nichts ist so kurtz, Gott ist noch kürtzer, Nichts ist so lang, Gott ist noch lenger, Nichts ist so breit, Gott ist noch breiter, Nichts ist so schmal, Gott ist noch schmeler und so fort an, Ists ein unaussprechlich wesen uber und ausser allem, das man nennen odder dencken kann."
[25] BSELK 870,9-11.
[26] S.o. Anm. 1.
[27] LUTHER, Magnificat (s. Anm. 13), 157.

die Leiblichkeit und damit auch die Räumlichkeit und Zeitlichkeit des göttlichen Handelns. Vor allem die Abendmahlstheologie hat in dieser Hinsicht die Wahrnehmung geschärft. So heißt es in einer der Abendmahlsschriften Luthers:

> Wenn Gott schafft und erhält, „so muß er daselbst sein und seine Kreatur sowohl im Allerinwendigsten als im Allerauswendigsten machen und erhalten. Darum muß er ja in einer jeglichen Kreatur in ihrem Allerinwendigsten, Auswendigsten um und um, durch und durch, unten und oben, vorn und hinten selbst dasein, daß nichts Gegenwärtigeres und Innerlicheres sein kann in allen Kreaturen denn Gott selbst mit seiner Gewalt. Denn er ist's, der die Haut macht. Er ist's, der auch die Gebeine macht. Er ist's, der die Haare auf der Haut macht. Er ist's auch, der das Mark in den Gebeinen macht. Er ist's, der ein jegliches Stücklein am Haar macht. Er ist's, der ein jegliches Stücklein am Mark macht. Er muß ja alles machen, beide, Stück und Ganzes."[28]

Der ganze Mensch verdankt sich der Gnade.

Die Gnade durchdringt mithin den ganzen Menschen; sie ist es, die den Menschen in der Vielfalt seiner Teile allererst ganz werden lässt. Und sofern mit dem Begriff der Gnade ein, wenn nicht gar das spezifische Thema der Theologie benannt ist,[29] kann man zugespitzt sagen: Allein die Theologie vermag den Menschen als ganzen wahrzunehmen.[30] Während die anthropologischen Entwürfe, die auf der Basis der Selbstanalyse die Wirklichkeit des Menschen aus sich heraus zu begreifen suchen, die Ganzheit zwangsläufig verfehlen, wahrt die Theologie gerade dadurch die Ganzheit des Menschen, dass sie ihn von außerhalb seiner selbst her versteht. „Der *ganze* Mensch ist als solcher nur erfahrbar, wo die Ganzheit des Menschen schon transzendiert ist."[31] Versteht man nun das Jenseits, von dem her der Mensch seine Ganzheit gewinnt, unter dem Begriff der Gnade, so übersetzt sich der Transzendenzbezug in eine eigentümlich Doppelbewegung. Die Gnade ist dem Menschen einerseits entzogen, unerreichbar; sie liegt außerhalb unserer selbst, ohne dass wir uns ihrer bemächtigen können. Und zugleich kommt sie in einer Weise zu uns, dass sie in unser Innerstes hineinwirkt und uns eben nicht nur von außen, sondern von innen und somit ganz zu bestimmen vermag. In beiderlei Hinsicht ist die Wirklichkeit der Gnade von dem zu unterscheiden, was ein Mensch *hat*. Luther macht diese Differenz und damit auch die Eigenart der Gnade deutlich, indem er sie von „Gütern" oder „Gaben" unterscheidet. „Die Güter" – und dabei mag man an alles denken, was in der Auslegung des Schöpfungsglaubens im *Kleinen Katechismus* an Gütern

---

[28] WA 23, 135,1—10 (Daß diese Worte Christi „Das ist mein Leib" noch feststehen; 1527).
[29] Vgl. WA 40/II, 328,1f.
[30] Vgl. LUTHERS Thesen *De homine*, These 20, in: LDStA 1, 666f.
[31] EBERHARD JÜNGEL, Der Gott entsprechende Mensch. Bemerkungen zur Gottebenbildlichkeit des Menschen als Grundfigur theologischer Anthropologie, in: DERS., Entsprechungen: Gott – Wahrheit – Mensch. Theologische Erörterungen (BevTh 88), München 1980, 290—317, Zitat 292.

aufgezählt wird: von den Gliedern des Körpers über die Sinnesorgane und das seelisch-geistige Vermögen bis hin zu den äußeren Gütern „Kleider und Schuh, Essen und Trinken, Haus und Hof, Weib und Kind, Acker, Vieh"[32] – sind wohl der Wirkungsraum der Gnade, aber sie sind nicht die Gnade selbst. Es ist daher ein Missverständnis, wenn ein in besonderer Hinsicht begabter Mensch eben deswegen als begnadet gilt. „Die Güter sind nur Geschenke, die zeitlich währen. Aber die Gnade und das Ansehen ist das Erbe, das ewig bleibt."[33] Die Gnade steht und fällt nicht mit jenem zeitlichen Lebensprozess, in dem wir Gaben empfangen und auch wieder verlieren. Die Anerkennung als Mensch, wie sie in Gottes Gnade begründet ist, darf daher nicht von dem Gegebensein bestimmter Eigenschaften und Fähigkeiten des Menschen abhängig gemacht werden. Gegenüber einer solchen kurzschlüssigen Identifikation geht es im Rekurs auf die Gnade darum, den Vorgang des Gebens offenzuhalten, in gewisser Hinsicht zu steigern und zu intensivieren. „In den Gütern gibt er [sc. Gott] das Seine, im Ansehen und der Gnade gibt er sich selbst. In den Gütern empfängt man seine Hand, aber im gnädigen Ansehen empfängt man sein Herz, seinen Geist, seinen Mut und Willen."[34]

Jesus Christus: der gebrochene Leib, der die ganze Gnade gewährt.

Die Gnade, die den Menschen ganz werden lässt, die seine Gebrechlichkeit heilt, die seine zeitliche Existenz in Ewigkeit bewahrt, sie ist nach dem biblischen Zeugnis eine solche, die in die Zeitlichkeit und Gebrochenheit dieses irdischen Lebens einzugehen vermag und sich gerade darin als mächtig erweist. Wenn der christliche Glaube bekennt, die rettende Gnade sei in Jesus Christus erschienen (Tit 2,11) und in ihm wohne die ganze Fülle der Gottheit (Kol 2,9), so erkennt er das Kommen der Gnade nicht nur in der geheimnisvollen Ankunft in der leiblichen Empfängnis durch Maria. Er denkt vielmehr auch an das Kreuz, an dem Jesus und in ihm Gott selbst erleidet, was im 22. Psalm Gott geklagt wird: „Ich bin ausgeschüttet wie Wasser, alle meine Knochen haben sich voneinander gelöst; mein Herz ist in meinem Leibe wie zerschmolzenes Wachs. Meine Kräfte sind vertrocknet wie eine Scherbe, und meine Zunge klebt mir am Gaumen, und du legst mich in des Todes Staub" (Ps 22,15f). So ist der Mensch! Weit entfernt davon, sich selbst am Leben halten, sich selbst zur Einheit integrieren zu können, ist er mannigfachen dissoziierenden Kräften von außen, aber auch von innen durch sich selbst ausgeliefert. Und eben dieses Menschsein teilt Jesus auf seinem Weg des Lebens und Sterbens. „Seht welch ein Mensch! Ecce homo!" – ob es Pilatus mit dieser Äußerung (Joh 19,5) ernst war oder nicht, die christliche Theologie und die ihr folgende Lehre vom Menschen kann vom Bild des Gekreuzigten nicht absehen. Indem sie sich an ihm orientiert, unterscheidet sie sich von allen anthropologischen Entwürfen, die aus ihrem Idealbild des vollkommenen Menschen alle Züge des Leidens, des

---

[32] BSELK 870,10-12.
[33] LUTHER, Magnificat (s. Anm. 13), 152.
[34] Ebd.

Schmerzes und der Zerbrechlichkeit zu tilgen suchen. Die Gnade Jesu Christi ist gerade darin vollkommene Gnade, dass sie gebrochene Gnade ist. In gebrochener Gestalt ist sie doch ganz da. In dieser Hinsicht sei noch einmal an das Abendmahl erinnert: Hier will das Ganze im Fragment, das Allergeistigste im allergeringsten Brocken des ausgeteilten Brotes wahrgenommen werden, leiblich und seelisch.

5. Das Herz: ein bewegter Beweger

Wir haben uns zu Beginn warnen lassen vor der anthropologischen „Einheitssucht", vor dem babylonischen Turmbau der Vernunft, die den Menschen aus einem Prinzip zu rekonstruieren und auch zu konstruieren versucht. Die theologische Lehre vom Menschen, die wir von Luther her entwickelt haben, hat uns in der Tat polare Spannungen verdeutlicht, die nicht einseitig aufgelöst werden können. Gegenläufige Bewegungen kommen im Menschen zusammen. Er lebt in Widersprüchen. Was logisch unvereinbar zu sein scheint, was wissenschaftlich nicht auf einen Begriff zu bringen ist, will doch theologisch von Gottes Wort her zusammengedacht werden.

Aber abgesehen davon, ob wir damit nicht doch das Sein des Menschen von einem Prinzip her gedacht haben, eben vom Prinzip des Wortes Gottes, bleibt die Frage am Schluss zu stellen, ob es nicht auch im Menschen ein Zentrum gibt, in dem die Gegensätze zusammengehalten, ausgehalten oder gar vereinigt werden. Wo wäre denn im Menschen jene Einheit zu suchen, die seinem Verwiesensein auf das Externum der Gnade entspricht? Wo kommt die Gnade, die dem Menschen von außen zugesprochen wird, im Innersten an? Wo findet sie ihre Wohnung? Unter Aufnahme der biblischen Überlieferung hat die christliche Theologie seit alters auf diese Fragen geantwortet, indem sie auf das Herz verwiesen hat.[35] Im Zentrum des Leibes gelegen, ist das Herz in symbolischem Verständnis zugleich das Vermögen einer eigentümlichen Exzentrizität. Im Herzen geht ein Mensch aus sich heraus, um sich von außerhalb seiner selbst neu zu gewinnen. Gemeint ist eine Wirklichkeit, in der Leibliches und Seelisches miteinander kommunizieren, eine Wirklichkeit, von der angemessen wohl eher in symbolischer Sprache als in streng wissenschaftlicher Terminologie zu reden ist.

Das Herz ist gewiss nicht das erste, was sich in der embryonalen Entwicklung des Menschen ausbildet. Aber ihm kommt doch eine eigentümliche Priorität zu. Bevor ein Mensch zur Welt kommt, wird er, wie es in einer alten sprachlichen Wendung überaus bedeutungsvoll heißt, ‚unter dem Herzen getragen'. Und auch für die Ausbildung der eigenen leiblich-seelischen Existenz gilt, was Johann Georg Hamann einmal in die Worte gefasst hat: „das Herz schlägt früher,

---

[35] Vgl. zum folgenden meinen Artikel „Herz", in: RGG⁴, Bd. 3, Tübingen 2000, Sp. 1695–97.

als unser Kopf denkt"[36]. Eben das Schlagen des Herzens und der in ihm sich vollziehende Rhythmus von Kontraktion und Expansion, von Systole und Diastole erinnert ähnlich wie der Vorgang des Einatmens und Ausatmens an die Grundbefindlichkeit des Menschen. Wir haben unser Leben nicht in uns und aus uns. Wir haben es vielmehr nur in der Doppelbewegung des Eingehens und Ausgehens. Die Grundspannung zwischen Anfang und Ende wird hier gegenwärtig gehalten. Hier ist die Endlichkeit, die geschöpfliche Abhängigkeit und Unbeständigkeit leiblich und seelisch zu spüren. Das Organ, das den Menschen in Bewegung hält, ist ein überaus empfindliches Gebilde, bewegend nur, indem es sich bewegen lässt: ein bewegter Beweger.

In zweifacher Hinsicht sei das Gesagte noch weiter ausgeführt. Zum einen geht es um das Verhältnis von Zeitlichkeit und Ewigkeit. Im Herzen erfährt der Mensch die Sterblichkeit. Und je aufmerksamer die christliche Theologie darauf geachtet hat, desto weniger hat sie sich die Annahme einer unsterblichen Seele zu eigen machen können. Sie hat aber auch gerade vom Herzen her den Begriff der Ewigkeit neu zu denken gelernt. Das Ewige ist nicht der Zeit enthoben. Wenn Gott dem Menschen, wie es im Buch des Predigers Salomo heißt (3,11), die Ewigkeit ins Herz gegeben hat, dann gewinnen die hier wohnenden Tugenden die Bedeutung des Ewigen. Im Herzen wohnen die vornehmsten Gaben des Geistes: Glaube, Liebe und Hoffnung, eben die Kräfte, die den Menschen in seinem sterblichen Leben und darüber hinaus mit Gottes ewigem Leben in Verbindung halten.

Der Mensch besitzt diese Tugenden jedoch nicht als natürliche Eigenschaften. Von daher ist zum anderen die Grundspannung zu bedenken, wie sie in Luthers Theologie in aller Deutlichkeit herausgestellt wird: Der Mensch ist Sünder, und er ist in der Kraft des Wortes Gottes der begnadete, gerechtfertigte Mensch (*simul iustus et peccator*). Beides hat seinen Ort im Herzen. Hier entspringen die sündhaften Regungen, ist doch „das Dichten und Trachten des menschlichen Herzens böse von Jugend auf" (Gen 6,5; 8,21); und manifestiert sich die Sünde darin, dass das Herz zum „steinernen Herzen" wird. Das Herz ist aber auch der Ort, an dem Gott im Innersten des Menschen wirkt, um ihn von Grund auf und daher ganz zu erneuern. Eben das geschieht durch Gnade. Durch sie gewinnt das Herz jene eigentümliche Stabilität, jene Lebendigkeit, in der Bewegung und Ruhe zusammenkommen. Luther dürfte diese Gestimmtheit gemeint haben, wenn er einen Satz aus der Quelle der Heiligen Schrift, der wir nun das letzte Wort lassen wollen, so übersetzte: Es ist ein köstlich Ding, dass das Herz fest werde, welches geschieht durch Gnade (Hebr 13,9).

---

[36] Briefwechsel, hg. v. ZIESEMER/HENKEL, Bd. 6, 27,30.

Teil III
Herz, Seele, Vernunft und Sprache

9. Kapitel: Die Frage nach Einheit und Identität

1. Bilder vom Menschen als normative Entwürfe

Wie wir sehen und was wir sehen, ist immer schon geprägt durch Bilder, die wir gleichsam im Kopf haben. An ihnen orientieren wir uns. Sie liefern uns Gesichtspunkte. Und sie wirken auf unsere Wahrnehmung ein, teils indem sie uns deutlicher sehen lassen, was andere vielleicht übersehen, teils aber auch indem sie die Wahrnehmung dessen, was nicht ins Bild passt verhindern. Gerade weil Bildern des Menschlichen in diesem Sinn eine entscheidende, maßgebende Bedeutung zukommt, ist es gut, sie nach Möglichkeit offenzulegen und zu reflektieren.

Ich beginne daher mit einer Besinnung auf Bilder vom Menschen, die als Leitbilder sowie als normative Entwürfe die Wahrnehmung, die Diagnose und auch die Therapie von Befunden des Menschlichen bestimmen oder beeinflussen. Wer im Blick auf bestimmte Symptome von Persönlichkeitsstörungen, von Entzweiung und Widerstreit redet, geht bewusst oder unbewusst von einem Idealbild aus, das durch Einheit und Harmonie gekennzeichnet ist. Ob etwas als Störung gilt, hängt davon ab, was als Friede erlebt oder auch nur gewünscht und gefordert wird. So können Kinder als störend empfunden werden, wenn sie in einen geschlossenen Kreis der Erwachsenenwelt eindringen. Eben derselbe Vorgang kann aber auch als beglückend, als heilsame Unterbrechung oder als Erweiterung eines Lebenskreises wahrgenommen werden. Es ist mithin die Frage, wo diese imaginäre Kreislinie liegt und ob sie als geschlossene Mauer oder als offene Grenze aufgerichtet wird. Je nachdem, welches Ordnungsmodell zugrunde liegt, wird man anders mit „Störungen" umgehen. An der Grenze, wo Störungen aufbrechen oder einbrechen, zu arbeiten, kann dann zum einen bedeuten, das Störende dadurch zu überwinden, dass man es in ein vorhandenes Ordnungsgefüge einpasst. Es kann aber auch bedeuten, dass dieses Ordnungsgefüge geöffnet, störungsfreundlicher gestaltet wird. Kurz: Von welchem Verständnis von Ordnung gehen wir aus, wenn wir im Blick auf die Persönlichkeit eines Menschen von Störungen oder Zerrüttung sprechen?

Damit verbindet sich die zweite Frage: Von welchem Verständnis von Einheit lassen wir uns leiten, wenn wir Entzweiung und Vielgestaltigkeit als Krankheit beurteilen? Positiv gewendet: In welchem Sinn ist eine gesunde Persönlichkeit durch Einheit charakterisiert? Einheit der Person schließt keineswegs die Variabilität ihrer Erscheinungsformen und Zustände aus. Gemeint ist nicht eine starre Identität, wie sie in der leblosen Materie etwa eines Steines vorliegt. Lebewesen sind dem Wandel in der Zeit nicht nur ausgesetzt, sondern vollziehen Wandlungen in der Zeit, durchlaufen in Ihrer Lebensgeschichte verschiedene Veränderungen, die bis in das Innerste der Seele reichen. Und die Seele selbst kann zur selben Zeit durchaus Vielgestaltiges in sich beherbergen. Die Frage nach dem Ordnungsgefüge kehrt hier wieder als Frage nach dem „Identitätsgehäuse"[1]. Die Metapher des Hauses kann der Verdeutlichung des Verhältnisses von Einheit und Vielheit dienen. So wie ein Haus eine Mehrzahl von Räumen in sich schließt und eine Vielzahl von verschiedenen Bewohnern in sich beherbergen kann, so setzt es doch auch Grenzen, an denen mit dem Einschließen immer auch ein Ausschließen verbunden ist. Es kann nicht alles aufgenommen, nicht alles integriert werden. Aber ob an der Grenze die Einfügung in ein „vorgegebenes Identitätsgebäude" gefordert wird oder ob dieses Identitätsgebäude selbst sich weitet und dem Anderen Raum gewährt – das ist eine offene Frage. Es ist die Frage, die in der philosophischen Anthropologie seit der Antike gestellt worden ist und die bis heute das Nachdenken bewegt und nicht zuletzt in der popularphilosophischen Literatur ihren Niederschlag findet: „Wer bin ich – und wenn ja, wie viele?"[2]

Im Folgenden wähle ich aus dem Bilderbogen der philosophischen Anthropologie nur zwei Blätter aus, um dann in einem weiteren Gedankengang biblisch-theologische Perspektiven auf den Menschen einzubeziehen. Dabei lasse ich mich in beiden Durchgängen leiten von der Frage nach Vielheit und Einheit sowie von der Frage nach dem jeweiligen Ordnungsmodell.

2. VIELGESTALTIGKEIT UND EINHEIT DER SEELE (PLATON UND NIETZSCHE)

Der Gedanke, dass der Mensch eine Vielzahl recht unterschiedlicher Kräfte in sich schließt, die es zu vereinigen gilt, findet sich klassisch schon bei Platon.[3] Er zeichnet ein Bild, das man sich auch als anthropologische Pyramide vorstellen kann. Unten eine relativ große Basis, gefüllt von einem „bunten und vielköpfigen Tier", das sich aus „zahmen und wilden Tieren" zusammensetzt, darüber erhebt sich die kleinere Gestalt eines Löwen, schließlich kommt die Figur eines Menschen in zweifacher Weise zur Darstellung: zum einen geht es um den inneren Menschen, der den übrigen Seelenkräfte, die als tierartige Wesen vorgestellt werden, prinzipiell

---

[1] Dieser Begriff findet sich z.B. bei HEINER KEUPP, Prekäre Verortungen in der Spätmoderne: Zum Patchwork Personaler und Kollektiver Identitäten, in: Integrative Therapie 36, 2010, 7–29, 13.

[2] RICHARD DAVID PRECHT, Wer bin ich – und wenn ja, wie viele? Eine philosophische Reise, München 2007.

[3] PLATON, Politeia, Buch IX, 588bff.

überlegen ist. Zum anderen ist der Mensch lediglich die äußere Hülle, der diese Trias der Seelenvermögen in sich schließt. Ob der Mensch, der als solcher in Erscheinung tritt, auch wirklich Mensch ist, das entscheidet sich daran, ob er die übrigen Seelenvermögen zu befrieden und zu beherrschen vermag. Im Bild des Menschen spiegelt sich bekanntlich das Modell des Staates und der gesellschaftlichen Ordnung. Beide Sphären stehen in der Gefahr, dass die in ihnen waltenden Kräfte „sich untereinander beißen und im Streite verzehren". Weder der politische Friede noch die seelische Gesundheit verstehen sich von selbst. Sie sind vielmehr einzuüben, indem hier wie dort der Gerechtigkeit zur Herrschaft verholfen wird. Als Leitbild gilt hier die Arbeit eines Bauern, der die zahmen Tiere nährt und aufzieht und zugleich den wilden Tieren wehrt, wobei er sich die Kraft des Löwen zu Hilfe nehmen kann, „auf dass er so, für alle gemeinsam sorgend, nachdem er sie untereinander und mit ihm selbst befreundet, sie so erhalte."

Das hier gezeichnete Bild des Menschen nimmt realistisch wahr, dass der Mensch ein konfliktträchtiges Wesen ist. In der Lokalisierung sowie auch in der Bewältigung des Streitpotentials ist es allerdings von der eher optimistischen Annahme geleitet, dass der innere Widerstreit sich auf das ‚Untergeschoss' der Seele, also auf den Bereich der Begierde und des Triebhaften, beschränken und sich deshalb von oben her, vom Verstand als dem Göttlichen im Menschen beherrschen lässt. Diese Herrschaft will Platon keineswegs als Unterdrückung verstehen; lediglich die „wilden" Tiere gilt es zu zähmen, die „zahmen" aber sollen befreit werden, mit dem Ziel, dass „die ganze Seele" sich zum Besten entwickeln kann. Eben deswegen soll sie nach ihrer „edelsten Natur geordnet" werden, was bedeutet, dass sie „Besonnenheit und Gerechtigkeit mit Weisheit annimmt"[4]. Wohlgemerkt: Es ist das Bild einer ganzheitlichen, Leib und Seele umfassenden und harmonisch prägenden Ordnung, das hier entworfen wird. Nicht im Blick ist dabei jedoch die Möglichkeit, dass der innerseelische Widerstreit bis auf das ‚Obergeschoss' der Vernunftnatur des Menschen durchschlagen und diese in eine Vielzahl von Vernünften zersplittern könnte. Offen bleibt dabei auch die Frage, wovon die Vernunft ihrerseits abhängig ist, um die ihr zugetraute Herrschaftsfunktion ausüben zu können.

Damit sind Fragen und Probleme angesprochen, die sich verdeutlichen lassen, wenn man in der Geschichte der philosophischen Anthropologie spätere Kapitel aufschlägt und die Entwicklung von der Moderne zur Postmoderne verfolgt. Eine in diesem Zusammenhang durchaus klassisch zu nennende Konzeption findet sich bei Nietzsche, der griechisches Denken einerseits rezipiert, andererseits aber auch einer radikalen Neuinterpretation und Umwertung unterzieht. Als Überschrift könnte man die These setzen, die Novalis formuliert hat: „Pluralism ist unser innerstes Wesen."[5] Nietzsche erhebt diese Einsicht zum Programm: „Meine Hypothese: Das Subjekt als Vielheit". „Die Annahme des einen Subjekts ist vielleicht nicht notwendig; vielleicht ist es ebensogut erlaubt, eine Vielheit von Subjekten anzunehmen, deren Zusammenspiel und Kampf unserem Denken und überhaupt

---

[4] Ebd., 591b.
[5] Dieses und das folgende Zitat nach KEUPP (s. Anm.1), 12.

unserem Bewusstsein zugrunde liegt." Statt innerhalb der einen Seele die verschiedenen Tiergestalten der Disziplin einer Herrschaftsinstanz zu unterwerfen, könnte man doch auch, so das Experiment, für das sich Nietzsche einsetzt, die Seele ‚umfänglicher' werden lassen, so dass sie das Gegensätzliche in sich ohne Einheitszwang austrägt. In den Gedichten zur *Fröhlichen Wissenschaft* findet man folgende Fassung: „Scharf und milde, grob und fein,/ Vertraut und seltsam, schmutzig und rein,/ Der Narren und Weisen Stelldichein:/ Diess Alles bin ich, will ich sein,/ Taube zugleich, Schlange und Schwein!"[6]

Vor dem Hintergrund des dreistufigen Menschenbilds, das wir bei Platon kennengelernt haben, lässt sich Nietzsches Konzeption zum einen als eine Rehabilitation der Tiefe auffassen. Statt die Sphäre des Triebhaften, der Begierden zu perhorreszieren, soll sie nun als Quellgrund ungeahnter Kräfte zugelassen werden. Zum anderen und mit dieser Ermutigung zur Tiefe korrespondierend steht Nietzsches Entwurf für die Entthronung der Vernunft als Herrschaftsinstanz. Dem disziplinierenden Zugriff der Vernunft auf die Triebnatur des Menschen gilt es zu wehren. Und in dieser Hinsicht wiederholt sich bei Nietzsche im Gegenentwurf zu Platon zugleich die Verknüpfung von gesellschaftlichen und innerpsychischen Ordnungsvorstellungen. Die Überwindung dessen, was die Fülle und Vielfalt des Menschlichen diszipliniert und einschränkt, geschieht freilich nicht ohne Kraftanstrengung. Unter diesem Gesichtspunkt kommt nun der mittleren Instanz eine entscheidende Bedeutung zu. Der Löwe steht für die kämpferische Natur im Menschen; in ihr ist bei Platon die soldatische Tugend der Tapferkeit angesiedelt. Im Dienst der herrschenden Vernunft kann sie dazu beitragen, die Triebe und Begierden zu bändigen und eine gerechte Ordnung herbeizuführen. Bei Nietzsche kommt dem Löwen eine andere Aufgabe zu: der Kampf, in dem seine Kraft benötigt wird, gilt nun den Instanzen, die den Menschen gleichsam von oben und von außen unterwerfen und fremdbestimmen. Dagegen, konkret gegen die überlieferten Werte, gegen die Gehorsamsforderungen von Religion und Moral, gegen den „großen Drachen" des „Du sollst!" setzt der Löwe sein „ich will"[7]. Er wirft die Fesseln des alten Gesetzes ab, er zerbricht die „alten Tafeln" und indem er sein „heiliges Nein" spricht, verschafft sich die Freiheit „zu neuem Schaffen". Dieser Löwe als Inbegriff eines starken Willens ist allerdings auch bei Nietzsche nicht die höchste Instanz. Zur Verwirklichung des wahrhaft Menschlichen gehört noch eine letzte Verwandlung: die Verwandlung des Löwen zum Kind.

„Unschuld ist das Kind und Vergessen, ein Neubeginnen, ein Spiel, ein aus sich rollendes Rad, eine erste Bewegung, ein heiliges Ja-sagen. Ja, zum Spiele des Schaffens [...] bedarf es eines heiligen Ja-sagens: seinen Willen will nun der Geist, seine Welt gewinnt sich der Weltverlorene."[8]

---

[6] Friedrich Nietzsche, Sämtliche Werke. Kritische Studienausgabe in 15 Bdn., hg. v. Giorgio Colli/Mazzino Montinari, München und Berlin/New York 1980 (abgekürzt: KSA), Bd. 3, 355.
[7] KSA 4, 30 (Zarathustra I; Von den drei Verwandlungen).
[8] Ebd., 31.

Die gewaltige Anstrengung des Willens hebt sich somit am Ende auf in eine spielerische, einfältige Einwilligung des Ja-Sagens. Auch in dieser Konzeption, die so stark von Motiven des Kampfes geprägt ist, ist die Sehnsucht nach einer letzten Einheit und Harmonie spürbar und in ihr auch das Vertrauen, dass es im Menschen etwas Vertrauenswürdiges gibt, so etwas wie eine edle Natur, die sich zum Guten selbst entfalten kann und soll und zu deren Verwirklichung nichts anderes nötig ist als ein entschiedenes Wollen und zugleich ein Glauben an sich selbst. Dass hier christliche Motive und insbesondere Motive des Evangeliums einfließen, ist deutlich. Das Motiv des Kindes, zu dem sich der Mensch verwandeln soll, erinnert wohl nicht zufällig an die Verheißung der Gotteskindschaft im Neuen Testament. Und in dem Wunsch, auf der höchsten Stufe der Selbstverwirklichung nur noch ein „Ja-Sagender" zu sein, ist der Kerngedanke evangelischer Rechtfertigungslehre, der Gedanke einer Rechtfertigung *sola fide* durchaus aufgenommen. Die Frage ist nur, wer dieses „heilige Ja" zu sprechen vermag. Bei Nietzsche ist es der schöpferische Mensch, dem die Vollmacht der Rechtfertigung zuerkannt wird:

> „[...] der Genius selbst wird jetzt aufgerufen, um zu hören, ob dieser, die höchste Frucht des Lebens, vielleicht das Leben überhaupt rechtfertigen könne; der herrliche schöpferische Mensch soll auf die Frage antworten: ‚bejahst denn du im tiefsten Herzen dieses Dasein? Genügt es dir? Willst du sein Fürsprecher, sein Erlöser sein? Denn nur ein einziges wahrhaftiges Ja! aus deinem Munde – und das so schwer verklagte Leben soll frei sein'."[9]

Ein solches „einziges wahrhaftiges Ja" hätte die Kraft, die Vielfalt und Widersprüchlichkeit des menschlichen Lebens zu überwinden und in eine „Polyphonie" des Lebens zu übersetzen. Dietrich Bonhoeffer, der sich als Theologe auf Nietzsches Kritik eingelassen hat, hat in dieser Richtung weitergedacht. Nüchtern wusste er um das Zerbrechen der großen Einheitskonzeptionen, um die Fragmentarität des menschlichen Lebens. Der Glaube an eine im Menschen selbst liegende Kraft des Guten hat sich ihm als Illusion entlarvt. Gleichwohl oder gerade deswegen bewegt ihn die Frage Nietzsches, die Frage nach einem letzten Ja, das das menschliche Leben zur Ganzheit nicht vereinheitlicht, sondern in der Vielfalt zusammenklingen lässt. Nehmen wir diese Frage auf, um jetzt in einem zweiten Teil einzukehren in die biblische Sprachwelt, so geht es im Wechsel von der philosophischen zur theologischen Anthropologie gewiss nicht um eine pauschale Verwerfung der Philosophie, als hätte sie uns nichts zu sagen. Eher könnte es uns so ergehen wie Augustin, der im Blick auf seine Beschäftigung mit der platonischen Philosophie sagen konnte, er habe in ihr durchaus viel Wahres erkannt. Dieses Wahre findet er in den biblischen Schriften wieder, freilich – und da liegt der Unterschied – „mit Empfehlung der Gnade"[10]. Was heißt es, das menschliche Leben in all seiner Vielfalt und Widersprüchlichkeit im Licht der Gnade wahrzunehmen?

---

[9] KSA 1, 363 (Schopenhauer als Erzieher).
[10] AUGUSTINUS, Confessiones. Bekenntnisse, übers. und hg. v. JOSEPH BERNHART, München 1955, 356: cum commendatione gratiae (VII,21,27).

3. Der Mensch im Dialog

Die biblische Rede vom Menschen trägt ungeheure Spannungen und Gegensätze in sich und widersetzt sich so der Konstruktion *eines* Menschenbilds. „Was ist der Mensch?" Diese Grundfrage aller Anthropologie wird durchaus verschieden beantwortet, und man mag fragen, ob sie nicht erst im Eschaton ihre Antwort finden wird. „Was ist der Mensch?" Einerseits steht er Gott nahe, ist er als Herrscher in dieser Welt mit einer königlichen, geradezu göttlichen Vollmacht ausgezeichnet (Ps 8,6). Andererseits ist er doch nur ein Hauch, „gleich wie nichts; seine Zeit fährt dahin wie ein Schatten" (Ps 144,4). Zwischen Hoheit und Vergänglichkeit gibt es kein Vermögen des Menschen, das dieser Polarität von vornherein entzogen wäre, mithin keine göttliche Hoheit, die nicht auch ‚fallen' und sich in tiefe Widersprüche verstricken könnte, und auf der anderen Seite keine Niedrigkeit, in die nicht auch der Glanz des göttlichen Segens einstrahlen könnte. Die Sprache der Psalmen, die seit der Alten Kirche immer wieder als das eigentliche Lehrbuch der Anthropologie gelesen und verstanden worden sind, ist gerade darin lehrreich und aufschlussreich, dass sie gleichsam unzensiert die Fülle und Widersprüchlichkeit des menschlichen Lebens in Worte fasst. Wenn sie einen Einblick in die Innenwelt der Seele gewähren, so stellt sich die Seele als eine Bühne dar, auf der sehr verschiedene Stücke zur Aufführung kommen. Und es sind Erzählungen, Lieder und Dramen, die ihren Autor und Dramaturgen nicht in sich haben. Hier kommt der Mensch also nicht als Autor seiner eigenen Lebensgeschichte in Betracht, wohl aber als derjenige, der sich in allen Lebenssituationen vor Gott aussprechen kann, in Lob und Dank sowie auch in der Klage. Ob sich die Dissonanzen zu einer Einheit zusammenfügen, bleibt dem überlassen, der in Lob und Klage angerufen wird und dessen Antwort erbeten und sehnsüchtig erwartet wird: „Meine Seele wartet auf den Herrn mehr als die Wächter auf den Morgen. Denn bei dem Herrn ist die Gnade und viel Erlösung bei ihm." (Ps 130,7) Spannungen werden hier nicht ausgeglichen oder vorschnell harmonisiert, sondern ausgehalten. Lässt sich in dieser Vielfalt, in der die Psalmen Menschliches zur Sprache bringen, überhaupt eine Einheit ausmachen, so liegt diese im dialogischen Charakter, der alles, was Menschen in der Seele bewegt, auf Gott in Rede und Gegenrede zu beziehen vermag. An die Stelle einer im Menschen selbst gesuchten substantiellen Größe tritt damit die geglaubte, erhoffte und immer wieder erbetene Verlässlichkeit des Wortes Gottes im Gegenüber zum Menschen.

10. Kapitel: Die Seele als Raum der Gottesbegegnung

1. See und Seele. Eine metaphorische Annäherung

Ob das deutsche Wort „Seele" etymologisch mit dem Wort „See" zusammenhängt oder ob es sich hier nur um eine zufällige Gemeinsamkeit im Lautbestand der beiden Wörter handelt,[1] in jedem Fall hat sich die See- und Wassermetaphorik als überaus aufschlussreich zur Erkenntnis der Seele erwiesen. Goethes Gedicht *Gesang der Geister über den Wassern* formuliert die These:

> „Des Menschen Seele gleicht dem Wasser", um dann das Gleichnis in mehrfacher Hinsicht auszumalen und auszudeuten: „Vom Himmel kommt es [sc. das Wasser], / Zum Himmel steigt es, / Und wieder nieder / Zur Erde muß es, / Ewig wechselnd."[2]

So wie das Wasser zwischen Himmel und Erde in der Doppelbewegung des Niederschlags und des Aufstiegs begriffen ist, so ist auch die Seele in einer doppelten Bewegung auf Himmel und Erde bezogen. Im Wechsel ihrer Zustände erfährt sie ihre Zeitlichkeit und zugleich ihre Ewigkeit, wenn denn die beiden Bewegungen einander immer wieder ablösen. In anderer Weise und durchaus im Widerspruch zur Vorstellung einer ewigen Wiederkehr des Gleichen weiß auch die christliche Anthropologie um das Zusammenkommen von Zeit und Ewigkeit in der menschlichen Seele. Die Seele ist der Raum, in dem die Unbeständigkeit des menschlichen Lebens erfahren und erlitten wird. Hier erfährt sich der Mensch Mächten ausgeliefert, die auf ihn einwirken, ohne dass er sie

---

[1] Die etymologischen Wörterbücher geben hier verschiedene Auskünfte: im Grimmschen Wörterbuch (Bd. 9, Leipzig 1899) heißt es, das Wort sei „von nicht aufgeklärter herkunft und verwandtschaft"; man habe es zwar „früher" mit „see" zusammengestellt, „was lautlich sehr gut stimmt, rücksichtlich der bedeutung sich aber nur durch künstliche, wenig einleuchtende construktionen vermitteln" lasse (Sp. 2851). Gleichwohl wird diese etymologische Herleitung: Seele als „die vom See stammende, zum See gehörige", weiter tradiert; vgl. Friedrich Kluge/Alfred Götze, Etymologisches Wörterbuch der deutschen Sprache, Berlin [16]1953, 713 und Duden. Das große Wörterbuch der deutschen Sprache in 10 Bdn., Bd. 8, Mannheim [3]1999, 3502.

[2] Johann Wolfgang Goethe, Sämtliche Werke in 40 Bdn., Abt. I, Bd. 1: Gedichte 1756–1799, hg. v. Karl Eibl, Frankfurt a.M. 1987, 318 (Gesang der Geister über den Wassern, 1779).

in seine Gewalt bringen könnte. Hier kann aber auch das Ewige in der Zeit gegenwärtig werden, sei es nun, dass es in das zeitliche Leben einfällt, oder sei es, dass sich die Zeit zur Ewigkeit öffnet.

Mit der Wassermetaphorik kann so der fließende Charakter des menschlichen Lebens verdeutlicht werden, bis hin zu der Dramatik eines Sturzbaches, der von einer „hohen, / Steilen Felswand" herunter strömt; es kann aber auch in der Metapher des Sees eine relative Beständigkeit zum Ausdruck kommen, wenn denn „in dem glatten See / Weiden ihr Antlitz / Alle Gestirne."[3] Übertragen auf die Wirklichkeit der Seele heißt das: Dort, wo die Seele sich sammeln kann und zur Ruhe kommt, taugt sie zum Spiegel des Himmels. In der Logik des Bildes wird ein Zusammenhang erkennbar, der in der Logik begrifflicher Distinktionen paradox erscheint: Hier kommen Endlichkeit und Unendlichkeit, Immanenz und Transzendenz zusammen. Im Gleichnis eines Sees erscheint die Seele als ein begrenzter, endlicher Raum, in der Horizontale eingefasst durch das sie umgebende Ufer, in der Vertikale gehalten von einem mehr oder weniger tief liegenden Grund und auf der Oberfläche dem offenen Himmel begegnend.[4] So wenig See und Seele ihre Umgebung in sich einholen und fassen können, so sehr sind sie doch auf das Außerhalb ihrer Endlichkeit bezogen: Sie verdanken sich der Quelle, aus der ihnen der Zustrom neuen Lebens widerfährt, und sie haben ihr Telos in einem Jenseits, das man traditionell gern in den Unendlichkeitsmetaphern des Meeres[5] und des Himmels ausgedrückt findet.

---

[3] Ebd.

[4] Im Blick auf weitere metaphorische Motive sei beispielhaft auf Goethes Gedicht *Auf dem See* verwiesen, in dem das Umgebensein und Aufgehobensein in der Natur auf die Aktualität des Schöpferischen hin ausgelegt wird; vgl. GOETHE, Gedichte 1756–1799 (s. Anm. 2), 169 und 297.

[5] Rückblickend heißt es bei FRIEDRICH NIETZSCHE: „Einst sagte man Gott, wenn man auf ferne Meere blickte; nun aber lehrte ich euch sagen: Übermensch." (Sämtliche Werke. Kritische Studienausgabe in 15 Bdn., hg. von GIORGIO COLLI/MAZZINO MONTINARI, München und Berlin/New York 1980 [im Folgenden zitiert: KSA], Bd. 4, 108 [Zarathustra II, Auf den glückseligen Inseln]). – Das Meer als Gottesmetapher bleibt freilich in der Dichtung auch weiterhin faszinierend. Dafür nur ein Beispiel aus der jüngsten Literatur: „Ich erlebe einen Moment der Geborgenheit [...] immer dann, wenn ich mich am Meer oder an einem anderen Gewässer befinde. Und die Sonne sorgt dafür, dass kleine Lichtkristalle auf dem Wasser sichtbar werden. Ich weiß nicht, wie ich's erklären soll. Ich stelle mir immer vor, dass sie für jeden anders leuchten. Dass ihre Form, ihre Anordnung, ihre Choreographie dem Auge des Betrachters angepasst sind. Dass das Leuchten, das ich in dem jeweiligen Moment auf der Wasseroberfläche wahrnehme, mir auf eine Weise ganz persönlich zugedacht ist. Und das ist ein gutes Gefühl." (BENJAMIN LEBERT, Im Winter dein Herz, Hamburg 2012, 45). Man kann hier in poetischer Sprache ausgedrückt finden, was die Theologie meint, wenn sie Gott in seiner Unendlichkeit zugleich als „Gott für mich" zu verstehen sucht, mithin als den Gott, der sich jedem Menschen in seiner Individualität zuwendet und mit dem jeder Mensch in seiner je besonderen Lebenssituation, mit seiner je individuellen Seele zu kommunizieren vermag.

Ob die Seele in ihrer Endlichkeit zum Spiegel der himmlischen Unendlichkeit wird, hängt von ihrer ‚Gestimmtheit' ab. Sie ist ja – und auch darin gleicht sie dem See – unterschiedlichen Einwirkungen ausgesetzt, die sie in Unruhe halten und in verschiedene Richtungen treiben können. Was in der äußeren Natur die Stürme, Winde und Strömungen sind, das sind im Haushalt der Seele die Affekte, die Gefühle und Stimmungen. Die Seele hat ihre unterschiedlichen Temperaturen, Spannungen und ‚Aggregatzustände'.

Wie die damit gestellte Aufgabe der Seelsorge wahrgenommen wird, hängt nicht zuletzt davon ab, was unter der Seele verstanden wird. Was ist die Seele?[6] Wie verhält sie sich zu ihrem „Grund"? Und wenn wir diesen Grund in Gott erkennen, stellt sich die weitere Frage, ob und in welchem Sinn die Seele auf Gott bezogen ist. Ist dieser Bezug so wesentlich, dass die Seele, die sich in sich selbst zu begründen sucht, letztlich sich selbst verfehlen muss? Wie sind Gott und die Seele aufeinander bezogen?

2. Gott und die Seele. Das klassische Programm (Augustin)

Gott und die Seele begehre er zu erkennen, sagt Augustin in den *Selbstgesprächen*, und auf die Nachfrage hin, ob es nicht noch mehr Wissenswertes für ihn gäbe, fügt er bekräftigend hinzu: „überhaupt nichts"[7]. Es ist so, als würde neben diesem herausragenden, einzig interessanten Doppelgegenstand alles andere bedeutungslos, belanglos. Wenn nach Gott und der Seele gefragt wird, tritt die Welt in den Hintergrund. Sie wird zur Nebensache. Damit ist nicht bestritten, dass auch die Welt Gegenstand des menschlichen Wissens ist. Aber dieses Wissen ist doch kategorial anderer Art als das Wissen um Gott und die Seele. Das eine fällt in den Bereich der Wissenschaft von den zeitlichen Dingen; das andere ist Sache der Weisheit, die sich auf das Ewige versteht. Nun gehört zwar auch die Seele zu diesem zeitlichen Leben; aber sie ist doch zugleich der Ort, an dem dieses über sich selbst hinausweist. Sie ist der Ort, der in der Endlichkeit dieses

---

Dass und wie „Gott und die Seele" aufeinander bezogen sind und zusammenkommen können, soll im Folgenden weiter bedacht werden.

[6] In den gängigen Lehrbüchern zur Seelsorge wird diese ontologische Frage, wenn überhaupt, dann sehr knapp behandelt; vgl. z. B. Michael Klessmann, Seelsorge. Begleitung, Begegnung, Lebensdeutung im Horizont des christlichen Glaubens, Neukirchen-Vluyn [4]2012, 25–30. In der systematischen Theologie werden seit einigen Jahren die alten Fragen nach dem Sein der Seele, nach ihrer Sterblichkeit oder Unsterblichkeit, wieder intensiv erörtert; vgl. dazu insbes. Christof Gestrich, Die Seele des Menschen und die Hoffnung der Christen. Evangelische Eschatologie vor der Erneuerung, Frankfurt a.M. 2009.

[7] Aurelius Augustinus, Selbstgespräche. Von der Unsterblichkeit der Seele, lateinisch und deutsch, hg. v. Karl Bayer u.a. (Sammlung Tusculum), München/Zürich 1986, 18 (Soliloquia I, 2,7): „Deum et animam scire cupio. Nihilne plus? Nihil omnino!"

irdischen und zerbrechlichen Lebens offen ist für die Wirklichkeit Gottes. In der Seele ist der Mensch ausgerichtet auf das glückselige Leben in Gott. So ist er geschaffen, auch wenn er in seiner durch die Sünde bestimmten Existenz diese Bestimmung nicht wahrhaben will. „Du hast uns geschaffen hin zu dir, und unruhig ist unser Herz, bis es Ruhe findet in dir"[8]. Gott ist der Raum, in den die Seele einzukehren hofft; und zugleich ist die Seele der Raum, in den Gott einkehrt. Gott und die Seele kommen so zusammen, dass sie in doppelter Weise ineinander liegen. Nur in dieser Beziehung werden sie erkannt. Je für sich betrachtet, bleiben sie unerkennbar. Also: Will der Mensch sich selbst erkennen, muss er sich auf Gott hin überschreiten. Will er Gott erkennen, muss er in sich selbst einkehren. In der Wendung nach innen eröffnet sich der Zugang zur Transzendenz. Nirgendwo sonst. Die Welt als solche zeugt zwar davon, dass sie von Gott geschaffen ist; aber um Gott selbst zu erkennen, erweist sich die Erkenntnis der Außenwelt als unzureichend. In dieser Hinsicht gilt der Vorrang der Innenwelt.

So heißt es in den *Confessiones*:

„Ich wandte mich auf mich und sprach zu mir: wer bist nun du? Und gab zur Antwort: Mensch. Und da sind in mir mir zugegen Körper und Seele, eines draußen, das andere drinnen. Was von beiden ist's, wo ich meinen Gott suchen soll, den ich ja schon durch den Körper von der Erde bis zum Himmel gesucht hatte, soweit ich als Boten die Strahlen meiner Augen aussenden konnte? Aber besser ist, was innen ist. Denn alle körperlichen Boten brachten Meldung dem der den Vorsitz hat und urteilt über die Antworten des Himmels und der Erde und aller Dinge in ihnen, wenn sie sagen: ‚nicht wir sind Gott, und er selbst hat uns erschaffen.' Der innere Mensch hat dies erkannt durch den Dienst des äußeren; ich, der innere, habe dies erkannt, ich, der Geist, durch die Sinne meines Körpers."[9]

Der Seele, dem inneren Menschen, gebührt der Vorrang vor dem Leib; sie ist „das Bessere", weil sie „die Masse des Körpers bewegt und ihm Leben verleiht, wie kein Körper es einem anderen Körper gibt." Aber auch sie ist noch auf eine höhere Instanz hin zu relativieren: „Dein Gott aber ist auch dir des Lebens Leben."[10] Gott selbst hat seinen Ort „über dem Haupt der Seele"; aber um dorthin zu gelangen, muss der Mensch sich zunächst in die Seele begeben und in ihr und durch sie aufsteigen.[11]

---

[8] AUGUSTINUS, Confessiones. Bekenntnisse, lateinisch und deutsch, hg. und übersetzt von JOSEPH BERNHART, München 1955, 13 (I, 1,1); die Übersetzung Bernharts ist hier und im Folgenden leicht verändert.
[9] Ebd., 499/501 (Confessiones X, 6,9).
[10] Ebd., 501 (Confessiones X, 6,10).
[11] Ebd., 503 (Confessiones X, 7,11).

3. GOTT ODER DIE SEELE. DIE MODERNE ENTGEGENSETZUNG (NIETZSCHE)

Augustin hat das Paradigma geprägt, von dem sich die abendländische christliche Theologie bis in die Neuzeit hinein hat leiten lassen. Indem der Mensch sich selbst zu erkennen sucht, findet er sich geradezu notwendig auf Gott verwiesen. Noch im 18. Jh. konnte Lessing konstatieren: „Sie, die Selbsterkenntnis, war allezeit der nächste Weg zu der Religion, und ich füge hinzu, der sicherste."[12] Eben im Zeitalter der Aufklärung wird jedoch dieser Weg auch fundamental in Frage gestellt. Führt die Selbsterkenntnis von selbst und in ihrer eigenen Konsequenz hin zu Gotteserkenntnis? Kann die Seele nicht auch atheistisch verstanden werden? Und ist sie überhaupt ein Gegenstand der Erkenntnis?

Die Abkehr vom augustinischen Paradigma vollzieht sich zunächst unter dem Vorzeichen einer erkenntnistheoretischen Skepsis. In einem Dialog Diderots wird die Frage aufgeworfen: „Was halten Sie von der Seele?" Und die Antwort, die man auch als Antwort auf Augustins eingangs zitierte Aussage lesen kann, lautet: „Ich spreche nicht von dem, was ich nicht zu erkennen vermag." Genauer wird dieses Nichtwissen ausgelegt als ein Nichtwissen der Substanz. „Da ich ihre Substanz nicht kenne, wie sollte ich wissen, ob sie unsterblich ist?"[13] Bestritten wird mithin nicht jegliches Wissen von der Seele, wohl aber die Vorstellung, die Seele sei substanzhaft zu denken als selbstständiger Träger von Eigenschaften. Die Abkehr gilt der Ontologie der Seele oder der metaphysischen Psychologie. Und sie vollzieht sich zugleich als Hinwendung zur empirischen Psychologie.

Die Seele ist ein Phänomen der Natur, das als solches genauso untersucht werden kann wie andere Phänomene. Was den seelischen Phänomenen aber zugrunde liegt, was sie an sich ist, entzieht sich der Erkenntnis. Seit der Aufklärung hat sich eine empirische Psychologie herausgebildet, von der schon im 19. Jh. gesagt worden ist, sie sei „eine Psychologie ohne Seele"[14]. Seelische Phänomene werden untersucht, sofern sie an objektiven Daten erkennbar sind. Es

---

[12] GOTTHOLD EPHRAIM LESSING, Werke in acht Bdn., hg. von HERBERT G. GÖPFERT, Bd. 1, München 1970, 170.

[13] Zitiert nach MAX HORKHEIMER, Zur Idee der Seele, in: HANS JÜRGEN SCHULTZ (Hg.), Was weiß man von der Seele? Erforschung und Erfahrung, Stuttgart/Berlin 1967, 11–19, Zitat 15.

[14] FRIEDRICH ALBERT LANGE, Geschichte des Materialismus und Kritik seiner Bedeutung in der Gegenwart, Bd. 2: Geschichte des Materialismus seit Kant (1875), Leipzig 1902, 381. Zur Erläuterung heißt es ebd.: „In den wenigen Erscheinungen, welche einer genaueren Beobachtung bisher zugänglich gemacht sind, liegt nicht die mindeste Veranlassung, eine Seele, in irgendwelchem näher bestimmten Sinne, überhaupt anzunehmen, und der versteckte Grund zu dieser Annahme liegt eigentlich immer nur in der Ueberlieferung, oder in dem stillen Drang des Herzens, dem verderblichen Materialis-

geht um das Seelische im Spiegel seiner materiellen Äußerungen oder Bedingungen. Die Psychologie verbündet sich mit der Neurologie, in der jüngeren Entwicklung mit der Neurobiologie. Ihr Begriff von Wissenschaft folgt dem der Naturwissenschaften. An die Stelle der alten Metaphysik der Seele ist weithin eine Physik der Seele getreten. Aber braucht diese naturwissenschaftliche Psychologie überhaupt noch den Begriff der Seele? Bezeichnend dürfte das folgende Votum des Neurobiologen Francis Crick sein: „Ein moderner Neurobiologe braucht die religiöse Vorstellung einer Seele nicht, um das Verhalten von Menschen und anderen Lebewesen zu erklären. Man erinnert sich hier daran, wie Napoleon, als Pierre-Simon Laplace ihm das Sonnensystem erklärt hatte, fragte: ‚Und wo kommt Gott in all das hinein?' Worauf Laplace erwiderte: ‚Sire, ich brauche diese Hypothese nicht.'"[15]

Am radikalsten dürfte Friedrich Nietzsche diesen Paradigmenwechsel von der Metaphysik zur Physik der Seele proklamiert und vollzogen haben. Seine Parole lautet „Hoch die Physik!"[16]

> Wir „müssen [...] die besten Lerner und Entdecker alles Gesetzlichen und Nothwendigen in der Welt werden: wir müssen Physiker sein, um [...] Schöpfer sein zu können, – während bisher alle Werthschätzungen und Ideale auf Unkenntnis der Physik oder im Widerspruch mit ihr aufgebaut waren. Und darum: Hoch die Physik! Und höher noch das, was uns zu ihr zwingt, – unsre Redlichkeit!"[17]

Darin liegt das Hauptinteresse: die Natur so zu erkennen, dass wir sie verändern können, dass wir etwas Neues aus ihr machen können und dadurch zu Schöpfern werden. Erhebt der Mensch sich damit selbst zum Schöpfer über die Natur, dann werden für ihn die Themen der alten Metaphysik „Gott und die Seele" uninteressant. Sie fallen aus dem Kanon dieser Wissenschaft heraus. Wer sich noch mit ihnen befasst, beweist damit nur, dass er noch einem eigentlich schon überwundenen Denken verhaftet bleibt. Ihm geht es so wie Kant, über den Nietzsche spottet, er habe sich „das Ding an sich" erschlichen und sei „zur Strafe dafür [...] vom ‚kategorischen Imperativ' beschlichen" worden und „mit ihm im Herzen [habe] er sich wieder zu ‚Gott', ‚Seele', ‚Freiheit' und ‚Unsterblichkeit' zurückverirrt, einem Fuchse gleich, der sich in seinen Käfig zurückverirrt"[18].

---

mus entgegenzutreten. Dadurch wird denn ein doppeltes Unheil angerichtet. Die naturwissenschaftliche Psychologie wird verpfuscht und verfälscht; die Rettung und Stärkung des Idealen aber, das man durch den Materialismus bedroht glaubt, wird versäumt, weil man Wunder was geleistet zu haben wähnt, wenn man für das alte Fabelwesen der Seele einen neuen Schimmer von Beweisführung vorbringt."

[15] Zitiert nach JOSEF QUITTERER, Ist unser Selbst Illusion oder neurobiologische Realität? Ein Beitrag zur Aktualität des Seelenbegriffs, in: PETER NEUNER (Hg.), Naturalisierung des Geistes – Sprachlosigkeit der Theologie? Die Mind-Brain-Debatte und das christliche Menschenbild (QD 205). Freiburg i.B. 2003, 79–97. Zitat 81.
[16] KSA 3, 560 (Fröhliche Wissenschaft, Nr. 335).
[17] Ebd., 563f.
[18] Ebd., 562.

Die Metaphysik als Rückzugsort und zugleich als Ort der Gefangenschaft – so stellt es sich in dieser Sicht dar. Der Weg zur schöpferischen Freiheit aber wird durch die Physik gebahnt. Indem sie die Natur in ihrer Gesetzmäßigkeit und Notwendigkeit erforscht, indem sie erkennt, warum es sich so und nicht anders verhält, entdeckt sie zugleich Möglichkeiten der Veränderung. Eine Welt, die man analysiert und rekonstruiert, kann man auch nach den erkannten Gesetzen synthetisieren und konstruieren. Das gilt nicht zuletzt auch für die Innenwelt der Seele. Auch sie stellt sich in dieser wissenschaftlichen Perspektive als etwas Machbares dar. Zweierlei ist hier zu betonen. Zum einen: Die Seele als ein „etwas" anzusehen und zu behandeln, das heißt ihr Personalität und Subjektivität abzusprechen. In Nietzsches Formulierung: „Leib bin ich ganz und gar, und Nichts ausserdem; und Seele ist nur ein Wort für ein Etwas am Leibe."[19] Zum anderen: Das Etwas der Seele ist eine machbare, eine veränderbare, eine abhängige Größe. In dem Maße, in dem wir ihre Funktionsweise durchschauen, können wir sie verbessern. Neurodegenerative Prozesse können aufgehalten, positive Leistungen können unterstützt, vielleicht sogar neue Fähigkeiten induziert werden. Hier eröffnet sich das weite Feld medizinischen Handelns bis hin zu den Möglichkeiten des Neuro-Enhancement. Über die neuronale Basis des Gehirns lässt sich das Potential der Seele steigern und optimieren.

Zeichnet sich hier die Möglichkeit einer Seele nach Entwurf ab, so stellt sich freilich die Frage, wer für diesen Entwurf verantwortlich ist. Der Naturalisierung der Seele zu einem machbaren Etwas korrespondiert ein gesteigerter schöpferischer Anspruch, der im Gegenüber zur Natur erhoben wird und damit eigentümlich ortlos erscheint. Aber gehört nicht auch dieses schöpferische Bewusstsein, das sich den Stoff, aus dem sich die Seele aufbaut, unterwirft, auch zur Seele? Ist somit die Seele beides: Geschöpf und Schöpfer? Nietzsche war sich dieser Dialektik durchaus bewusst. Die Losung „Hoch die Physik!" ist der Metaphysik entgegengesetzt, aber indem sich mit dieser Physik der Anspruch der schöpferischen Selbsthervorbringung verbindet, tritt sie auch das Erbe der alten Metaphysik an. So wie der Physiker zum Schöpfer wird, so soll der Mensch überhaupt die Stelle Gottes einnehmen und den Tod Gottes als seine eigene Tat vollziehen. Die Seele, in der klassischen Theologie Augustins der Ort der Gotteserkenntnis und der Gottesbeziehung gedacht, wird damit zur „Mördergrube"[20], also zu dem Ort, an dem die Beziehung zum Schöpfer aufgekündigt und in eine Selbstbeziehung eingeholt wird. An die Stelle der Konjunktion „Gott und die Seele" tritt die Disjunktion „Gott oder die Seele". Der Mensch wird sich

---

[19] KSA 4, 39 (Zarathustra I, Von den Verächtern des Leibes).
[20] So die hellsichtige Diagnose Johann Georg Hamanns; vgl. dazu JOHANNES VON LÜPKE, Der Aberglaube der Vernunft. Zur Diagnose des Todes Gottes bei Hamann und Nietzsche, in: OSWALD BAYER (Hg.), Johann Georg Hamann. „Der hellste Kopf seiner Zeit", Tübingen 1998, 190–205.

selbst zum Gott. „Einst sagte man Gott, wenn man auf ferne Meere blickte; nun aber lehrte ich euch sagen: Übermensch."[21]

Der „Übermensch" im Sinne Nietzsches ist derjenige, dessen Seele sich in radikaler Weise in sich selbst zu sammeln unternimmt, um sich nicht an ein Außerhalb in Gott zu verlieren. Nun gilt: „Das neue Große nicht über sich, nicht außer sich sehen, sondern aus ihm eine neue Funktion unser selbst machen. Wir sind der Ozean, in den alle Flüsse des Großen fließen müssen."[22] Die Seele entwirft sich als „Umfang der Umfänge"[23]. In der Metaphorik des Sees gibt Nietzsche diese Umkehrung folgendermaßen zu bedenken:

> „Excelsior! – ‚Du wirst niemals mehr beten, niemals mehr anbeten, niemals mehr im endlosen Vertrauen ausruhen – du versagst es dir, vor einer letzten Weisheit, letzten Güte, letzten Macht stehen zu bleiben und deine Gedanken abzuschirren – du hast keinen fortwährenden Wächter und Freund für deine sieben Einsamkeiten – du lebst ohne den Ausblick auf ein Gebirge, das Schnee auf dem Haupte und Gluten in seinem Herzen trägt – es gibt für dich keinen Vergelter, keinen Verbesserer letzter Hand mehr – es gibt keine Vernunft in dem mehr, was geschieht, keine Liebe in dem, was dir geschehen wird – deinem Herzen steht keine Ruhestatt mehr offen, wo es nur zu finden und nicht mehr zu suchen hat, du wehrst dich gegen irgend einen letzten Frieden, du willst die ewige Wiederkunft von Krieg und Frieden: – Mensch der Entsagung, in Alledem willst Du entsagen? Wer wird dir die Kraft dazu geben? Noch hatte Niemand diese Kraft.' – Es gibt einen See, der es sich eines Tages versagte, abzufließen, und einen Damm dort aufwarf, wo er bisher abfloss: seitdem steigt dieser See immer höher. Vielleicht wird gerade jene Entsagung uns auch die Kraft verleihen, mit der die Entsagung selber ertragen werden kann; vielleicht wird der Mensch von da an immer höher steigen, wo er nicht mehr in einen Gott ausfließt."[24]

4. Gott und die Seele in Kommunikation

Will die Theologie die Wahrheit des christlichen Glaubens in der Gegenwart verantworten, hat sie sich dieser atheistischen Herausforderung zu stellen. Aber welche Antworten kann sie geben? Bleibt ihr nur der Weg zurück in den „Fuchsbau der Metaphysik"? Diesen Weg zu empfehlen, hieße das Recht der Kritik zu leugnen, die an der klassischen metaphysischen Seelenlehre ja nicht ohne Grund geübt worden ist. Wenn das metaphysische Konzept der Seele diese als Substanz zu denken sucht und in der Weise des Dualismus von der anderen

---

[21] S.o. Anm. 5.
[22] KSA 9, 621.
[23] KSA 4, 279 (Zarathustra III, Von der großen Sehnsucht).
[24] KSA 3, 527f (Fröhliche Wissenschaft, Nr. 285: Excelsior); ausführlicher dazu: Johannes von Lüpke, Homo poeta. Zur atheistischen Wendung eines Gottesprädikats bei Nietzsche, in: Ulrich H.J. Körtner (Hg.), Poetologische Theologie. Zur ästhetischen Theorie christlicher Sprach- und Lebensformen. Ein Werkstattbericht (Interdisziplinäre Forschung und fachverbindender Unterricht, Bd. 2), Ludwigsfelde 1999, 214–234.

Substanz des Körpers nicht nur unterscheidet, sondern ihr gegenüber verselbständigt, dann dürfte es sich in der Tat als unhaltbar erwiesen haben. Wenn es kein Zurück zur Metaphysik gibt, dann in diesem präzisierten Sinn: Kein Zurück zur Vorstellung einer substanzhaft gedachten Seele.

Es lässt sich jedoch zeigen, dass die alte Theologie, als deren Protagonisten ich hier Augustin vorgestellt habe, die Wirklichkeit der Seele gerade nicht als für sich bestehende Substanz verstanden hat, sondern konstitutiv als ein relationales Gefüge, in dem die Seele nur dann recht erkannt wird, wenn sie als eine auf ihren Grund in Gott bezogene und von ihm abhängige Größe verstanden wird und somit die Einheit von Gottes- und Selbstbeziehung gewahrt bleibt.

Mit Hilfe eines relationalen Verständnisses kann die Brücke geschlagen werden zwischen der altkirchlichen Theologie und einer modernen Phänomenologie, die gerade von der unhintergehbaren Einheit von Leib und Seele ausgeht und dabei um die Irreduzibilität beider Größen weiß: Weder können die leiblichen Prozesse auf den reinen Geist noch die seelischen Vorgänge auf bloß Materielles reduziert werden. Das Sein des Menschen ist konstitutiv ausgespannt zwischen den beiden Polen und kann angemessen nur als Beziehungswirklichkeit verstanden werden. Was damit gemeint ist, sei unter folgenden Gesichtspunkten angedeutet:

Zunächst und grundlegend: Die Seele bildet einen Innenraum, der sich von der Außenwelt unterscheidet. Die Innen-Außen-Differenz ist unhintergehbar. Bei allem, was wir von außen in den Blick nehmen, bleibt die Frage, ob es sich von innen anders darstellen könnte. Es bleibt die Differenz der Perspektiven: Was an Wirkungen der Seele aus der Perspektive der 3. Person erkennbar und darstellbar ist, ist nicht mit dem identisch, wie die Seele selbst in der Perspektive der 1. Person ihre Befindlichkeit im Leib erfährt und zum Ausdruck bringt.

Die Seele ist als der Innenraum der Außenwelt doch nicht kommensurabel mit dieser. Sie hat eine eigentümliche Weise der Gegenwart, die sich von der Lokalität in der Außenwelt unterscheidet. Die scholastische Theologie hat verschiedene Weisen der Gegenwart unterschieden und die reformatorische Theologie hat diese Unterscheidung in der Abendmahlslehre rezipiert.[25] Danach kann eine Sache „localiter" gegenwärtig sein, aber zum anderen auch „spiritualiter": Die Seele ist im Körper, aber sie ist doch nicht kommensurabel mit ihm. Sie ist in ihrer räumlichen Gegenwart nicht einzuordnen, nicht eindeutig zu verorten. In den Worten Luthers: „Der Ort ist wohl leiblich und begreiflich und hat seine Maße nach der Länge, Breite und Dicke; aber das, so drinnen ist, hat nicht gleiche Länge, Breite oder Dicke mit der Stätte, darin es ist, ja es hat gar keine Länge oder Breite."[26]

---

[25] Vgl. LUTHER, WA 26, 328–332 (Vom Abendmahl Christi) und BSELK 1494-1497.
[26] WA 26, 328,23–26.

So wenig der Innenraum der Seele mit der Außenwelt kommensurabel ist, so sehr ähnelt die Seele doch darin der Außenwelt, dass sie ihrerseits kosmische Dimensionen hat. „Im Innern ist ein Universum auch", dichtet Goethe.[27] Und eindrücklich hat Augustin die Innenwelt der Seele zu erkunden gesucht, um auf diesem Weg der inneren Unendlichkeit und Unergründlichkeit inne zu werden.[28] In den weiten Hallen der Erinnerung (*memoria*), des Bewusstseins stößt man nirgendwo an Grenzen. Schon Heraklit hat diese Erfahrung zum Ausdruck gebracht. „Der Seele Grenzen kannst du im Gehen nicht ausfindig machen, und ob du jegliche Straße abschrittest; so tiefen Sinn hat sie."[29] Die Seele ist sich selbst unergründlich. Und das heißt dann auch: So weit sich das seelische Erleben ausspannt, so wenig vermag der Mensch sich in dieser Weite zu fassen, so eng ist sein Bewusstsein, zu eng, um sich selbst erkennen zu können.[30]

Zur Dialektik der Raumerfahrung kommt die Dialektik der Zeiterfahrung. Diese wird besonders deutlich, wenn man die Seele unter der Symbolik des Herzens versteht. Der Herzschlag ist die beständige Erinnerung an die Endlichkeit, mit ihm ist die Möglichkeit des Todes ständig präsent. Wir erfahren uns in unserer Sterblichkeit. Aber zugleich ist die Seele der Ort, an dem die Vergänglichkeit in gewisser Weise auch aufgehoben wird. Augustin hat Zeit als *distentio animi* definiert.[31] Und damit ist zu bedenken gegeben, dass wir in unserer Seele die Modi der Zeit zusammenhalten können. So hören wir in einer Tonfolge nicht nur distinkt den jeweils erklingenden Ton, sondern eine Melodie, in der das Vergangene noch und das Zukünftige schon präsent ist. Man könnte schon darin eine Ahnung der Ewigkeit erkennen. Der christliche Glaube geht hier noch einen Schritt weiter. Gott hat die Ewigkeit in unser Herz gelegt, heißt es beim Prediger Salomo (3,11). Und die Gaben des Geistes, die wir im Herzen empfangen, Glaube, Liebe und Hoffnung, sind gleichsam Fenster in die Ewigkeit.

Schließlich: Die Seele ist Ort der Kommunikation. In ihr hat das Sprachvermögen seinen Ort.[32] Und gerade an ihm wird die Unhintergehbarkeit der leibseelischen Einheit des menschlichen Lebens deutlich. Wir nehmen sprachliche Äußerungen leiblich, sinnlich wahr und verstehen sie geistig. „Wörter haben

---

[27] GOETHE, Sämtliche Werke in 40 Bdn., Abt. I, Bd. 2: Gedichte 1800–1832, hg. v. KARL EIBL, Frankfurt a.M. 1988, 379 und 490.

[28] AUGUSTINUS, Confessiones (s. Anm. 8), 503ff (X, 8,12ff).

[29] Fragment B 45, in: HERMANN DIELS, Die Fragmente der Vorsokratiker, hg. v. WALTHER KRANZ, Bd. 1, Berlin ¹⁸1974, 161.

[30] AUGUSTINUS, Confessiones (s. Anm. 8), 508 (X, 8,15): animus ad habendum se ipsum angustus est.

[31] Ebd., 654 (Confessiones XI, 26,33).

[32] Zur Verankerung der Sprache im Unbewussten vgl. die Hinweise von JOACHIM RINGLEBEN, Die Sprache und das Unbewusste – Rohgedanken zur Konstellation. Humboldt, Lacan und Freud (mit einer Anmerkung zu Arno Schmidt), in: WzM 68, 2016, 466–481.

[...] ein ästhetisches und logisches Vermögen."³³ Und die Seele ist genau der Ort, an dem beides zusammenkommt. Hier wird leiblich, im Gehirn, unter Beteiligung besonderer Areale, Sprache verarbeitet und produziert. Und mit diesem leiblichen Prozess ist konstitutiv das Verstehen als geistiger Akt verbunden. Das Rätsel der Seele in ihrer leib-seelischen Einheit verdichtet sich auf das Rätsel der Sprache: Was ist Sprache?

In dieser überaus komplexen Relationalität korrespondiert die Seele der Wirklichkeit Gottes, die ihrerseits relationalen Charakter hat. Auch und erst recht im Blick auf Gott gilt der erkenntniskritische Grundsatz, wie ihn Luther mehrfach eingeschärft hat: Nicht unter der Kategorie der Substanz, verstanden als an und für sich Seiendes, sondern unter der Kategorie der Relation erschließt sich der Gegenstand der Theologie.³⁴ Dabei kommen verschiedene und durchaus gegensätzliche Relationen zusammen. Keineswegs geht es nur um eine Kausalbeziehung, in der Gott als erste Ursache, alles Andere aber als das von Gott letztlich Verursachte und damit Abhängige wahrgenommen wird.

Gottes Beziehung zu der von ihm geschaffenen Welt umfasst den Gegensatz von Außenwelt und Innenwelt. Gott ist weder nur außen noch nur innen. Klassisch hat wiederum Goethe diesen Gedanken zum Ausdruck gebracht:

„Was wär ein Gott, der nur von außen stieße,
Im Kreis das All am Finger laufen ließe!
Ihm ziemts, die Welt im Innern zu bewegen,
Natur in sich, Sich in Natur zu hegen,
So daß was in ihm lebt und webt und ist,
Nie seine Kraft, nie Seinen Geist vermisst."³⁵

Dass Goethe hier biblische Sprache aufnimmt, ist deutlich. Zitiert wird die Areopagrede des Paulus, in der der Apostel das Gespräch mit der griechischen Philosophie und Poesie sucht: „Fürwahr, er ist nicht ferne von einem jeden unter uns. Denn in ihm leben und weben und sind wir" (Apg 17,27f). Der Schöpfer, so hat es die christliche Schöpfungslehre immer wieder betont, ist nicht ein Hersteller, der ein Werk hervorbringt, um es dann sich selbst zu überlassen. Er ist vielmehr in seinem Werk, schöpferisch und erhaltend wirksam. Als der Erbauer des Schiffes ist er zugleich in ihm zugegen, so dass dieses ohne seine fortlaufende Wirksamkeit gar nicht existieren könnte. Er bewegt die Schöpfung von außen und von innen. Er umfasst sie und ist zugleich in ihr.

In Gott fallen die Extreme des Allergrößten und Allerkleinsten zusammen. Nikolaus von Kues hat dafür den Begriff der *coincidentia oppositorum* geprägt.

---

[33] JOHANN GEORG HAMANN, Metakritik über den Purismum der Vernunft, § 15; zitiert nach: OSWALD BAYER, Vernunft ist Sprache. Hamanns Metakritik Kants, Stuttgart-Bad Cannstatt 2002, 374.
[34] S.o. 83, Anm. 29.
[35] GOETHE, Gedichte 1800–1832 (s. Anm. 27), 379.

Gott ist das Maximum, über das hinaus nichts Größeres ist; und er ist gegenläufig dazu zugleich das Minimum, das in den kleinsten Teil der Schöpfung einzugehen vermag. So umgreift er die Differenz von Teil und Ganzem, so vermag er das Ganze zu umfassen und ist zugleich als ganzer in der partikularen Wirklichkeit gegenwärtig. Bezogen auf die Wirklichkeit der Seele hat schon Augustin diese doppelte Relationalität formuliert. Gott ist „superior summo meo et interior intimo meo."[36]

Die Beziehung des Schöpfers zu seinen Geschöpfen ist sprachlich vermittelt. Das Wort ist das Band der Gemeinschaft zwischen Gott und Mensch. Das heißt zum einen. Was Gott und Mensch verbindet, geht aus Gott selbst hervor. Anders als ein Handwerker, der sich zur Herstellung seiner Werke äußerer Instrumente bedient, die er dann auch wieder beiseitelegen kann, schafft Gott mit der Kraft, die aus dem Innersten seiner selbst hervorgeht. Er ist selbst beteiligt und geht in seinem Wort selbst in die Schöpfung ein. Das Wort als Band der Gemeinschaft zwischen Gott und den Geschöpfen, das heißt zum anderen auch: Die Geschöpfe haben ihr Sein im Wort. Ihr Sein kann nicht abstrahiert werden von dem Geschehen des Wortes Gottes, in dem sie geschaffen werden.

In diesem Sinne betont Luther die bleibende Präsenz und unaufhörliche Wirksamkeit des schöpferischen Wortes in den Geschöpfen. „[...] wie himel, Erden, Sonn, Mond, Stern, menschen und alles, was da lebet, durchs wort im anfang geschaffen sind, also werden wie wünderbarlich durch dasselbe regirt und erschafen."[37] Zusammenfassend schreibt Luther in seinen Predigten über das 1. Buch Mose (1527):

> „[...] kein Creatur vermag yhr wesen von sich selbs zu haben, Darümb so lang ein Creatur weret, so lang weret das wort auch, so lang die erde tregt odder vermag zu tragen, so gehet ymmer das sprechen on auffhören. Also verstehe Mosen, wie er uns Gott fürhelt ynn allen Creaturen und durch die selbigen zu Gott füre: So bald wir die Creaturen ansehen, das wir dencken: sihe da ist Gott, also das alle Creaturen ynn ihrem wesen und wercken on unterlas getrieben und gehandhabt werden durch das wort."[38]

Mit dieser sprachlichen Vermittlung des Gottesverhältnisses ist eine besondere Weise der Gegenwart verbunden. Von den beiden schon genannten Weisen der Gegenwart ist noch eine dritte zu unterscheiden, die allein Gott zukommt. Ähnlich wie die Seele im Körper gegenwärtig ist, so ist auch Gott an verschiedenen Orten gegenwärtig, und zwar so, dass er in der Partikularität, in den verschiedenen Orten jeweils ganz gegenwärtig zu sein vermag. „Alle Kreatur sind ihm

---

[36] AUGUSTINUS, Confessiones (s. Anm. 8), 114 (III, 6,11); vgl. JOACHIM RINGLEBEN, Interior intimo meo. Die Nähe Gottes nach den Konfessionen Augustins (ThSt 135), Zürich 1988.
[37] WA 46, 558,35–38 (Auslegung von Joh 1 und 2; 1537/38).
[38] WA 24, 37,21–38,10.

durchläufig und gegenwärtig."³⁹ Gott ist so gegenwärtig, dass der Mensch sich vor ihn gestellt weiß, sich erkannt weiß. Wir erkennen Gott nur so, dass wir uns zugleich von ihm erkannt wissen (1Kor 13,12).

Und das heißt nun auch umgekehrt: Um sich selbst zu erkennen und zu sich selbst zu kommen, gilt es sich auf die Gegenwart Gottes einzustellen, sein gegenwärtiges Wirken wahrzunehmen und geschehen zu lassen. Als Ort der Vergegenwärtigung Gottes ist die Seele in der Tat ein Heiligtum⁴⁰, ein „inneres Sanctum"⁴¹. Darauf bezogen lässt sich die Aufgabe der Seelsorge folgendermaßen bestimmen: „Seelsorge [...] ist Arbeit in der Präsenz des äußeren Sanctums und Arbeit am inneren Sanctum. Anders ausgedrückt: Seelsorge geschieht in dem klaren Bewußtsein der Gegenwärtigkeit Gottes, die das persönlichkeitsspezifische Heilige evoziert und so die Probleme, Fragen und Krisen des Lebens neu sortiert und gewichtet."⁴²

5. Seele im „Beziehungsnetz". Ein dichterisches Nachwort

Was können wir von der Seele wissen? Augustin wollte nichts Anderes als „Gott und die Seele" erkennen, und er war sich zugleich dessen bewusst, dass dieses gesuchte Wissen über das Wissen, so wie es in den Wissenschaften erworben wird, hinausgeht. Die gesuchte Erkenntnis liegt auf der Ebene der Weisheit⁴³, die immer auch um die Grenzen der menschlichen Erkenntnis weiß. Lassen wir uns am Ende von einem Dichter an diese Begrenztheit des Wissens und zugleich an die unergründliche und in ihrem Beziehungsreichtum niemals auszudenkende Wirklichkeit der Seele erinnern:

> „Wenn wir in einem jener Bücher lesen, in denen die menschliche Seele beschrieben wird, so ist alles klar, die Kräfte sind gesondert, die Verrichtungen fertig, und die Sache liegt vor uns; seh'n wir dann aber in die Seele selber, so ist es wieder dunkel, magische Dinge geschehen, als stünde in jenem Buche noch nicht das Rechte, wir ahnen endlose Gebiete, dann blitzt es oft auf, als läge hinter denen erst noch recht ein seltsames Land, und so fort, daß das Herz sich vor sich selber fürchten möchte – wer weiß, wie weit es geht; eine gelegentliche That, ein glücklicher

---

³⁹ WA 26, 330,9f.
⁴⁰ Vgl. dazu Luthers Aufnahme des Tempelgleichnisses zur Erkenntnis des Menschen: WA 7,550,19–551,24 (Magnificatauslegung; 1521): das Heiligtum der Seele ist ausgerichtet auf das Allerheiligste, mithin auf den Ort der Gottesbegegnung, wo „der glawbe und gottis wort innen" wohnen (550,30f).
⁴¹ Christiane Burbach, Seelsorge in der Kraft der Weisheit. Perspektiven einer Re-Vision der Konzeptualisierung von Poimenik, in: WzM 52, 2000, 51–68, insbes. 57–59.
⁴² Ebd., 59.
⁴³ Unter dem Begriff der Weisheit lässt sich nochmals die Brücke zu den Diskursen der Praktischen Theologie schlagen; vgl. dazu außer dem in Anm. 41 genannten Aufsatz die Weiterführung in: Christiane Burbach, Weisheit und Lebenskunst: Horizonte zur Konzeptualisierung von Seelsorge, in: WzM 58, 2006, 13–27.

Blick der Wissenschaft zuckt zuweilen den Schleier weg, aber das Ahnen ist dann schauerlicher, als das Wissen [...]. Wie tief mag der Abgrund erst noch sein, blos an seinem Rande hat die Wissenschaft ein Kerzlein angezündet [...]." Und was hier zur Verwunderung Anlass gibt, das ist zum einen die Verbindung der Seele mit den Sinnen, die ihr als „ihre Diener" „den festen beschränkten Bau der Welt in ihre Unendlichkeit hereintragen müssen". Zum anderen ist es das geistige Beziehungsnetz, in das die Seele eingelassen ist. „[...] wie zahllos, mannigfaltig, unbegreiflich müssen [...] jene Fäden und Brücken sein, die zwischen Geist und Geist gespannt sind, Niemand hat sie gesehen und gezählt, und dennoch sind sie da, und mehr, als die Zahl der Sterne am Firmament – auf ihnen geht die fremde Seele zu den unsern herüber, liebt sie, haßt sie, umhüllt sie, schmeichelt ihr, zieht sie aus dem Leibe, und nimmt sie zu sich hinüber – – unbegreiflich, unausstaunbar sind wir oft gekettet an ein anderes, lechzen nach ihm, verspritzen unser Blut für ihn – und wissen nicht warum. [...] wir wollen nicht weiter grübeln – o es ist ein Abgrund, in dem Gott und die Geister wandeln – die Seele in Momenten der Verzückung antizipirt ihn oft, die Poesie in kindlicher Unbewußtheit lüftet ihn zuweilen, aber die Wissenschaft mit ihrem Hammer und Richtscheite steht noch weit von ihm ab [...] Sie besieht und beschreibt den Körper, das Wesen liegt noch in heiliger Finsterniß, wie am ersten Schöpfungstage, und wer weiß, ob uns nicht erst nach und nach im Jenseits oder im jenseits des Jenseits die Siegel von den Dingen abfließen werden?"[44]

---

[44] ADALBERT STIFTER, Brigitta, in: DERS., Sämtliche Erzählungen nach den Erstdrucken, hg. v. WOLFGANG MATZ, Bd. 1, München 2005, 531–533. – Als Bestätigung dieses poetischen Zeugnisses lässt sich lesen, was kein geringerer als SIGMUND FREUD über den Beitrag der Dichter zur „Seelenkunde" geschrieben hat (Der Wahn und die Träume in W. Jensens „Gradiva", in: Gesammelte Werke, chronologisch geordnet, Bd. 7: Werke aus den Jahren 1906–1909, London 1941, 33): Das „Zeugnis" der Dichter ist „hoch anzuschlagen, denn sie pflegen eine Menge von Dingen zwischen Himmel und Erde zu wissen, von denen sich unsere Schulweisheit noch nichts träumen läßt. In der Seelenkunde gar sind sie uns Alltagsmenschen weit voraus, weil sie da aus Quellen schöpfen, welche wir noch nicht für die Wissenschaft erschlossen haben."

11. Kapitel: Das exzentrische Herz

1. Das doppeldeutige Herz und die Einheit von Leib und Seele

Es stimmt nicht genau, dass das Herz in der Mitte des menschlichen Körpers liegt. Wir wissen, dass es in der Regel ein wenig nach links verschoben ist, daher spüren wir den Herzschlag stärker, wenn wir uns auf die linke Seite legen. Dennoch reden wir vom Herzen, um das Innerste, also das Zentrum im Menschen zu bezeichnen; und wir haben dafür kein treffenderes Wort. Offenbar gibt es nichts, was noch zentraler wäre als diese Größe, die wir als Herz bezeichnen. Aber es handelt sich hier eben um ein geringfügig ‚verrücktes‘, ein exzentrisches Zentrum.

Zur Bestimmung dieser exzentrischen Mitte halten wir uns nicht an quantifizierende, geometrische Messverfahren, mit deren Hilfe wie mit einem Zirkel von den Grenzen des Körpers ausgehend eine Mitte ausfindig gemacht werden könnte, was aber vermutlich auch nur annäherungsweise zu einem Ergebnis führen würde – ebenso wie ja auch auf der Landkarte das Zentrum eines Landes wie Deutschland nicht eindeutig auszumachen ist und es mehrere Dörfer gibt, die den Rang des Zentrums für sich beanspruchen. Dass das Herz trotz seiner leicht exzentrischen Lage im Körper dennoch als dessen Zentrum gilt, erschließt sich auf einem anderen Weg: nämlich dann, wenn man die Frage stellt, was den Menschen im Ganzen bewegt und zusammenhält. Dem Herzen wird eben deswegen eine zentrale Bedeutung zuerkannt, weil es den ganzen Körper mit Blut versorgt, also bis in die feinsten und äußersten Gefäße durchwaltet und weil sich mit der Erfahrung des Herzschlags eine tiefe Selbsterfahrung verbindet, aufgrund deren wir uns selbst mit unserem Herzen identifizieren.

So verstanden ist das Herz nicht nur ein zentrales Körperorgan; es steht vielmehr für das, was den Menschen als leib-seelische Ganzheit „im Innersten zusammenhält". Mit dem Wort „Herz" ist beides gemeint: das Körperorgan, das zuständig ist für die Aufrechterhaltung des Blutkreislaufs, und die Seele, die den gesamten Körper lebendig sein lässt, eben beseelt und kraft deren der Mensch über das verfügt, was wir Ichbewusstsein, Vernunft und Geist nennen. Insofern ist das Wort „Herz" doppeldeutig, kann aber gerade als Metapher den Zusammenhang und die Einheit der beiden Sphären verdeutlichen. Körper und Geist oder Leib und Seele sind ja nicht zwei Hälften, die man abgelöst voneinander, je für sich begreifen könnte. Sie wirken vielmehr in vielfältiger Weise ineinander. Wenn also in der Rede vom Körperorgan Herz auch Seelisches mitschwingt und wenn in der Äußerung des seelischen Herzens auch der körperliche Herzschlag zu vernehmen ist, so ist das durchaus sachgemäß. Noch einmal: Wir haben offenbar kein treffenderes Wort, um diese Einheit zum Ausdruck zu bringen.

Die Rede vom Herzen wahrt die Einheit in der Verschiedenheit von Leib und Seele und hat insofern eine kritische Funktion gegenüber monistischen Konzeptionen, die das Menschsein als Ganzes entweder auf physiologische Prozesse oder auf den reinen Geist meinen zurückführen und von einem dieser Prinzipien ableiten zu können. Der vom Herzen her verstandene Mensch ist jedoch mehr und anderes als in den einseitigen materialistischen oder idealistischen Erklärungen gefasst wird. In seiner Leiblichkeit ist er mehr als ein rein geistiges Wesen und zugleich mehr als ein bloß körperliches Aggregat. Dieses zweifache „mehr" verdichtet sich gleichsam im Herzen. Friedrich Christoph Oetinger schreibt in seinem *Biblischen und emblematischen Wörterbuch*:

> „Herz bildet ab den Quell-Punct aller feurigen Kräften, sie seien geistlich oder leiblich. Darum redet die *Schrift* nicht nur von Verstand und Willen, sondern vom Herzen, Seele, Verstand und andern Kräften, weil jenes viel zu wenig sagt. Es will also die Schrift lieber sinnbildlich mehr sagen, als mit den Philosophen ohne Bild zu wenig."[1]

Im Folgenden suche ich diesen ‚Mehrwert', der sich mit der Rede vom Herzen verbindet, im Gespräch mit der theologischen Tradition, aber auch mit anderen Stimmen aus Dichtung und Philosophie genauer zu erkunden.

2. WAS DEFINIERT DEN MENSCHEN: HERZ ODER VERNUNFT?

Eine erste Überlegung gilt der Bedeutung des Herzens für die Definition des Menschen. Bekanntlich lautet die philosophische Definition des Menschen, wie sie klassisch von Aristoteles geprägt worden ist, der Mensch sei das Lebewesen, das den Logos, also Sprache und Vernunft hat. Ins Lateinische übersetzt: Der Mensch ist *animal rationale*. Eben kraft seiner Vernunftbegabung unterscheidet er sich von den übrigen Tieren, denen er sonst in vielfacher Hinsicht gleicht. Auch die Tiere sind beseelt, und sie haben ein Herz. Der Verweis auf das Herz führt demnach nicht auf die spezifische Differenz oder das Wesen des Menschen. Oder vielleicht doch?

Dass man vom Herzen her die Vernunft des Menschen durchaus kritisch betrachten kann, lässt sich bei Luther lernen. Luther kann die klassische Defi-

---

[1] FRIEDRICH CHRISTOPH OETINGER, Biblisches und emblematisches Wörterbuch, Teil I, Berlin/New York 1999, 384.

nition rezipieren im Blick auf das Weltverhältnis des Menschen. In der Tat befähigt die Vernunft den Menschen zur Herrschaft über die übrige Schöpfung, die ihm anvertraut ist. In dieser Hinsicht ist die Vernunft geradezu „etwas Göttliches"[2]. Aber diese Auszeichnung darf doch nicht die Gefährdung übersehen lassen, der der Mensch trotz aller Vernunftbegabung und in aller Vernunfttätigkeit ausgeliefert ist. Auf sie weist Luther hin, indem er die klassische philosophische Definition des Menschen mit einem Zusatz, mit einer angehängten Partizipialkonstruktion versieht: Der Mensch ist „animal rationale habens cor fingens"[3], zu deutsch: Der Mensch ist ein vernünftiges Lebewesen, das ein einbildungskräftiges Herz hat. Der Mensch hat Vernunft. Aber hat die Vernunft auch das Herz im Griff? Oder ist es umgekehrt, dass das Herz die Vernunft steuert?

Im Herzen hat die Einbildungskraft ihren Ort. Man kann darin eine Tiefendimension menschlicher Rationalität erkennen. Unsere Vernunft, auch noch die wissenschaftlich aufgeklärte Vernunft, schöpft aus Quellen der Intuition; sie denkt in Bildern und Gleichnissen. Und man kann bezweifeln, ob sie jemals diesen Schatz, der in bildlicher, metaphorischer Rede zum Ausdruck kommt, in eine eindeutige, rein rationale Begrifflichkeit wird übersetzen können. „Auch die Wissenschaft spricht nur in Gleichnissen" hat der Physiker Hans-Peter Dürr eines seiner Bücher überschrieben[4], und dass sie sich der Bilder und Gleichnisse bedient, ist nicht etwa ein ihr immer noch anhaftender Mangel, den man durch präzise Begriffe, mathematische Formeln und streng logische Schlussfolgerungen beheben könnte und sollte. Vielmehr liegt in solcher Rede ein Bedeutungsüberschuss, ein Reichtum, mit dem es achtsam umzugehen gilt.

Im Zeitalter der Aufklärung hat Johann Georg Hamann nachdrücklich die Bedeutung des Ästhetischen und Poetischen herausgestellt: „In Bildern besteht der ganze Schatz menschlicher Erkenntniß und Glückseeligkeit."[5] Dieser Schatz verdankt sich sinnlichen Erfahrungen, die unser Denken zutiefst prägen und von denen es bleibend abhängig ist. Im Blick darauf gibt es so etwas wie eine Priorität der Ästhetik vor der Logik, der Sinnlichkeit vor dem Verstand, der Poesie vor der Wissenschaft, eine Priorität, die man für die Entwicklung des Menschengeschlechts ebenso wie für die individuelle Bildung geltend machen kann: „Poesie ist die Muttersprache des menschlichen Geschlechts; wie der Gartenbau, älter als der Acker: Malerey, – als Schrift: Gesang, – als Deklamation:

---

[2] LDStA 1, 665 (Über den Menschen, These 4).
[3] WA 42, 348,38 (Genesis-Vorlesung).
[4] Hans-Peter Dürr, Auch die Wissenschaft spricht nur in Gleichnissen. Die neue Beziehung zwischen Religion und Naturwissenschaften, Freiburg i.B. 2004.
[5] Johann Georg Hamann, Sämtliche Werke, hg. v. Josef Nadler, Bd. 2, Wien 1950, 197,22–24 (Aesthetica in nuce).

Gleichnisse, – als Schlüsse: Tausch, – als Handel."⁶ Dazu passt die ebenso einfache wie bedeutungsvolle Einsicht: „das Herz schlägt früher, als unser Kopf denkt"⁷.

Der Mensch kommt nicht als fertiges Vernunftwesen zur Welt. Er ist nicht das Lebewesen, das Vernunft *hat*. Er ist vielmehr dazu bestimmt, vernünftig zu werden. Entsprechend hat Immanuel Kant die klassische Definition so präzisiert: Der Mensch ist ein „mit Vernunftfähigkeit begabtes Tier (animal rationabile)", das „aus sich selbst ein vernünftiges Tier (animal rationale) machen kann"⁸ und soll. Dieser Prozess des Vernünftigwerdens kommt vom Herzen her, er hat seine Wurzeln in der Dimension der sinnlichen Erfahrung und der darauf bezogenen Einbildungskraft. Unterwegs zur Vernunft kann der Mensch freilich seine Bestimmung auf zweifache Weise verfehlen.

Zum einen droht die ‚Pflanze' der Vernunft zu verkümmern, wenn sie sich als „reine Vernunft" von aller Sinnlichkeit zu reinigen sucht, mithin von ihrer Wurzel abschneidet. Genau auf diese Problematik zielt Hamanns Kritik an Kant, wenn er dessen *Kritik der reinen Vernunft* einer *Metakritik* unterzieht. Dahinter steht die biblische Einsicht, wie sie im Wort Jesu über die Ehe von Mann und Frau überliefert ist: „Was Gott zusammengefügt hat, soll der Mensch nicht scheiden" (Mk 10,9 par). Übertragen auf das Verhältnis von Herz und Kopf heißt das: Beide sind gerade in ihrer unaufhebbaren Differenz aufeinander bezogen. Nur wenn sie zusammenwirken und miteinander kommunizieren, kommt der Mensch zur Vernunft, zu einer, wie Hamann sagt, „ächte[n], lebendige[n], verhältnismäßige[n] Vernunft"⁹.

Genau dieses Ziel kann aber auch noch auf eine andere Weise verfehlt werden, dann nämlich, wenn der Mensch sich von dem, was ihn im Herzen bewegt, einfach treiben lässt. Wenn Luther dem Menschen ein einbildungskräftiges Herz attestiert, denkt er vor allem auch an die Launen des Herzens, an die wechselnden Affekte, die das Denken willkürlich in die verschiedensten Richtungen lenken. Statt diese Affekte beherrschen zu können, lässt sich die Vernunft von ihnen einnehmen. „Man müsste eine Richtschnur haben", bemerkt Pascal und fügt hinzu: „Die Vernunft bietet sich an, aber sie ist nach jeder Richtung zu biegen, also gibt es keine."¹⁰ Ähnlich sieht es Hamann, wenn er seinen allzu vernunftgläubigen Zeitgenossen entgegenhält, die Vernunft sei ein „unbestimmtes Organ", eine „wächserne Nase", ein „Wetterhahn"¹¹. So wie sich eine

---

⁶ Ebd., Z. 15–17.
⁷ HAMANN, Briefwechsel, Bd. 6, hg. v. ARTHUR HENKEL, Frankfurt a.M. 1975, 27,30 (an Hans Jacob von Auerswald am 28.7.1785).
⁸ IMMANUEL KANT, Werke in zehn Bänden, hg. v. WILHELM WEISCHEDEL, Darmstadt ⁴1975, Bd. 10, 673 (Anthropologie in pragmatischer Hinsicht).
⁹ HAMANN, Briefwechsel, Bd. 7, hg. v. ARTHUR HENKEL, Frankfurt a.M. 1979, 168,34 (an Jacobi am 27.4.1788).
¹⁰ BLAISE PASCAL, Über die Religion und über einige andere Gegenstände (Pensées), übers. und hg. v. EWALD WASMUTH, Heidelberg ⁸1978, 140 (Nr. 274).
¹¹ HAMANN, Sämtliche Werke (wie Anm. 5), Bd. 3, 107,8f (Neue Apologie des Buchstaben h).

Wetterfahne oder ein Wetterhahn im Wind dreht und wendet, so dreht und wendet sich auch die Vernunft, je nachdem welche Leidenschaften und Gefühle das Herz bewegen und dann auch auf die Vernunft einwirken. Das höhere Seelenvermögen – und als solches gilt die Vernunft in der philosophischen Anthropologie – befindet sich auf schwankendem Grund. Es lässt sich bewegen von Kräften, die wir dem unteren Seelenvermögen zurechnen, die sich aber der ‚von oben' ausgeübten Herrschaft entziehen. Das heißt nicht, dass die Vernunft gar nichts im Umgang mit den im Herzen wirkenden Kräften ausrichten könnte. Es bleibt ein Spannungsverhältnis, in dem Kopf und Herz miteinander ringen. Deutlich ist aber auch, dass die Vernunft nicht in der Lage ist, die Befindlichkeit des Herzens von Grund auf zu bestimmen. Eben darin zeigt sich die Unfreiheit des Menschen. Er kann sich nicht aus eigenen Kräften beherrschen.

In psychoanalytischer Sicht hat Sigmund Freud diesen Befund in die These gefasst: Der Mensch ist „nicht Herr im eigenen Hause".[12] Dass er es nicht ist, kann freilich auch so verstanden werden, dass er es noch nicht ist, aber werden soll. Und unstrittig ist, dass er darauf bedacht ist, sich durchzusetzen und Herrschaft auszuüben, im Umgang mit anderen, aber auch im Umgang mit sich selbst. Die Frage ist nur, welches Vermögen ihm dazu verhilft. Welche Macht ist es, die im Verhältnis von Kopf und Herz Frieden, Gerechtigkeit und Freiheit stiftet?

Zunächst gilt es, den Zustand der Unbeherrschtheit genauer zu betrachten. Martin Luther hat dafür eindrucksvolle Bilder gefunden und damit auch ein Beispiel dafür geliefert, dass wir im Reden über das Herz auf Bilder angewiesen sind. In seiner *Vorrede auf den Psalter* schreibt er:

> „[...] ein menschlich Herz ist wie ein Schiff auf einem wilden Meer, welches die Sturmwinde von den vier Orten der Welt treiben. Hier stößt her Furcht und Sorge vor zukünftigem Unfall; dort fährt Grämen her und Traurigkeit von gegenwärtigem Übel. Hier weht Hoffnung und Vermessenheit von zukünftigem Glück; dort bläset her Sicherheit und Freude in gegenwärtigen Gütern. Solche Sturmwinde aber lehren mit Ernst reden und das Herz öffnen und den Grund herausschütten. Denn wer in Furcht und Not steckt, redet ganz anders von Unfall, als der in Freuden schwebt. Und wer in Freuden schwebt, redet und singet ganz anders von Freuden als der in Furcht steckt. Es gehet nicht von Herzen (spricht man), wenn ein Trauriger lachen oder ein Fröhlicher weinen soll; das ist, seines Herzens Grund stehet nicht offen und ist nicht heraus. Was aber ist das meiste im Psalter anders als solch ernstlich Reden in allerlei solchen Sturmwinden? Wo findet man feinere Worte von Freuden, als die Lobpsalmen oder Dankpsalmen haben? Da siehest du allen Heiligen ins Herz wie in schöne lustige Gärten, ja wie in den Himmel, wie feine, herzliche, lustige Blumen darinnen aufgehen von allerlei schönen, fröhlichen Gedanken gegen Gott und seine Wohltat. Wiederum, wo findest du tiefere, kläglichere, jämmerlichere

---

[12] Vgl. MICHAEL KLESSMANN, „... nicht Herr im eigenen Haus". Ein Beitrag zum Gespräch über die Freiheit des Willens zwischen Theologie und Psychoanalyse bzw. humanistischer Psychologie, in: JOHANNES VON LÜPKE, Gott – Natur – Freiheit. Theologische und naturwissenschaftliche Perspektiven, Neukirchen-Vluyn 2008, 130–146.

Worte von Traurigkeit als die Klagepsalmen haben? Da siehest du abermal allen Heiligen ins Herz, wie in den Tod, ja wie in die Hölle. Wie finster und dunkel ist's da von allerlei betrübtem Anblick des Zorns Gottes! Also auch, wo sie von Furcht oder Hoffnung reden, brauchen sie solche Worte, daß dir kein Maler also könnte die Furcht oder Hoffnung abmalen, und kein Cicero oder Redekundiger also vorbilden."[13]

Übersetzt man die Einsichten, die Luther hier in metaphorischer Sprache und in Aufnahme der Sprache der Psalmen formuliert, in die Begrifflichkeit der Anthropologie, lässt sich festhalten: Das Herz ist der Raum, in dem die Affekte zu Hause sind und das gesamte Seelenleben des Menschen einschließlich seiner Vernunft in durchaus verschiedener, ja gegensätzlicher Richtung bestimmen. In diesen Gegensätzen, die sich zwischen Furcht und Sorge einerseits und Hoffnung und Freude andererseits auftun, ist der Mensch seiner selbst nicht mächtig. Dass er nicht „Herr im eigenen Hause ist", ist eine zutiefst verunsichernde, bedrückende Erfahrung, die sich aber – wenn die „Sturmwinde" von der anderen Seite wehen – in eine beglückende Erfahrung wenden kann: vor Freude gerät ein Mensch, wie es heißt, „aus dem Häuschen", erfährt er das Außer-sich-Sein der Freude als ein vertieftes, beglückendes Zu-sich-selbst-Kommen.

Was ist der Mensch? Das spezifisch Menschliche ist offenbar noch nicht zureichend erfasst, wenn wir es nur unter dem Begriff der Vernunft fassen. Auch Lachen und Weinen sind spezifisch menschliche Phänomene[14] und auf dem Weg der Menschwerdung des Menschen von nicht zu unterschätzender Bedeutung. Theologisch interpretiert, steht dieser Weg unter der Verheißung, ein Weg zur Freude zu sein. So heißt es im 16. Psalm: „Du tust mir kund den Weg zum Leben: Vor dir ist Freude die Fülle und Wonne zu deiner Rechten ewiglich" (Ps 16,11). Und Jesus verheißt seinen Jüngern: „Ich will euch wiedersehen. Und euer Herz soll sich freuen, und eure Freude soll niemand von euch nehmen" (Joh 16,22).

3. Zwischen Zeit und Ewigkeit, zwischen Sünde und Gnade

Mit diesen Sätzen, nach denen der Mensch wesentlich zur Freude bestimmt ist, sind wir von der allgemeinen Anthropologie bereits übergewechselt zur theologischen Lehre vom Menschen. In theologischer Perspektive, also im Blick auf

---

[13] Luthers Vorreden zur Bibel, hg. v. Heinrich Bornkamm, Frankfurt a.M. 1983, 67.

[14] Vgl. Helmuth Plessner, Lachen und Weinen (1941), in: ders., Gesammelte Schriften, hg. v. Günter Dux u.a., Darmstadt 2003, Bd. 7, 201–387; dazu Frank Vogelsang, Die Anarchie des Lachens, in: ders./Johannes von Lüpke (Hg.), Die Torheit als höhere Weisheit? Zur Kreativität des Perspektivwechsels (Begegnungen 33 [Dokumentation einer Tagung der Ev. Akademie im Rheinland, Bonn, 9.–11. November 2012]), Bonn 2013, 83–90.

die Beziehung des Menschen zu Gott und Gottes zu ihm, ist nun auch die Bedeutung des Herzens noch einmal genauer zu bedenken. Dabei stellen sich insbesondere zwei Fragen: die erste betrifft das Verhältnis von Zeit und Ewigkeit, die zweite das Verhältnis von Sünde und Gnade.

Im Blick auf die erstgenannte Frage könnte es aufschlussreich sein, die besondere Bedeutung der Rede vom Herzen im Vergleich zur geläufigen Rede von der Seele zu erheben. Könnte man nicht ohne Bedeutungsverlust an den Stellen, an denen wir bislang vom Herzen gesprochen haben, auch das Wort „Seele" einsetzen? Dass die beiden Wörter sich in ihrem Bedeutungsgehalt überschneiden und vielfach synonym gebraucht werden, ist unstrittig. Gleichwohl verbinden sich mit der Rede vom Herzen spezifische Konnotationen, mit denen diese auch in Gegensatz zu Vorstellungen von der Seele tritt. Schlaglichtartig wird das deutlich, wenn man dem Konzept der Unsterblichkeit der Seele die Erfahrung des Herzens als Erfahrung der Sterblichkeit gegenüberstellt. Das Aussetzen des Herzschlags war auf lange Zeit das entscheidende Zeichen zur Feststellung des Todes und ist auch nach der Einführung des Hirntodkriteriums ein wichtiges Indiz im Prozess des Sterbens. Und unabhängig von allem, was objektiv messbar ist, empfinden Menschen am Herzen ihre eigene Endlichkeit: Wir spüren den Herzschlag so, dass wir ihn zählen können, und dabei wird mehr oder weniger bewusst, dass diese Reihe wie alles Zählbare endlich ist, und die Möglichkeit, dass der Herzschlag plötzlich aussetzen könnte, macht Angst, wobei die Angst auch mit der Enge des Herzens zu tun hat. Das Herz bildet einen begrenzten Raum, genauer gesagt zwei Kammern. Im Gegensatz zu solcher im Herzen empfundenen Enge und Endlichkeit verbindet sich mit der Seele eher die Vorstellung des Unendlichen und Unergründlichen. Der vorsokratische Philosoph Heraklit hat dazu die folgende Sentenz formuliert: „Der Seele Grenzen kannst du im Gehen nicht ausfindig machen, und ob du jegliche Straße abschrittest; so tiefen Sinn hat sie."[15] Der Seele eignet eine unermessliche Weite und Tiefe; und sie durchdringt den ganzen Körper. Von jeder Körperzelle, schon im frühesten embryonalen Stadium, lässt sich sagen, dass sie beseelt ist. Luther nimmt diese leibliche Präsenz als eine Analogie für die göttliche Allgegenwart in den Gaben des Abendmahls: „Nimm vor dich die Seele, welches eine einzige Kreatur ist, und ist doch im ganzen Leibe zugleich, auch in der kleinsten Zehe; so daß, wenn ich das kleinste Glied am Leibe mit einer Nadel steche, so treffe ich die ganze Seele, daß der ganze Mensch zappelt."[16]

Man wird die Differenz zwischen Erfahrungen und Vorstellungen der Seele und des Herzens nicht zu scharf zeichnen dürfen; denn es ist in beiderlei Richtung mit Übertragungen zu rechnen. Hier geht es allein um besondere Akzentsetzungen, die eher an der leiblichen Erfahrung des Herzens haften und dann

---

[15] Fragment B 45, in: HERMANN DIELS, Die Fragmente der Vorsokratiker, hg. v. WALTHER KRANZ, Bd. 1, Berlin [18]1974, 161.

[16] Sermon von dem Sakrament des Leibes und Blutes Christi, wider die Schwarmgeister (1526), in: Luther Deutsch, hg. v. KURT ALAND, Bd. 4, Stuttgart/Göttingen ²1964, 186–213, hier 189f.

auch das seelische Erleben prägen. Zur Zeitlichkeit, Endlichkeit und Sterblichkeit des Herzens fügt sich des Weiteren die räumliche Vorstellung, die das Herz als Gefäß verschiedener und gegensätzlicher Inhalte auffasst. Bei Augustin findet sich der Vergleich der Seele mit einem Haus, das nicht nur eng und baufällig, also durch Endlichkeit und Sterblichkeit charakterisiert ist, sondern sich auch in einem reinigungsbedürftigen Zustand befindet: „Es ist manches darin, woran dein [Gottes] Auge sich stoßen mag"[17]. Das Herz ist der Ort, wo die Sünde wohnt, ohne dass der Mensch über die Macht verfügt, diese Mitbewohnerin vor die Tür zu setzen. Im Herzen findet er sich der Macht des Bösen geradezu ausgeliefert. Und vom Herzen her lässt er sich zum Tun des Bösen bewegen. Die biblische Urgeschichte erzählt von diesem „Hang zum Bösen" und hält im Sinne einer Diagnose fest: „Das Dichten und Trachten des menschlichen Herzens ist böse von Jugend auf" (Gen 6,5; 8,21). Gemeint ist hier nicht nur das moralisch Böse, sondern die Sünde im Sinne eines verfehlten Gottesverhältnisses. „Das Dichten und Trachten des menschlichen Herzens" besteht dann vor allem darin, dass es sich Gottesbilder macht. Es ist geradezu eine „Fabrik der Idole, der Götzenbilder"[18]. Im Herzen produziert der Mensch Bilder des Göttlichen, an die er zugleich ‚sein Herz hängt'.[19] Auch in dieser religiösen Hinsicht ist das Herz Sitz der Einbildungskraft. In der Erbauungsliteratur, insbesondere im Pietismus, finden sich zahlreiche Illustrationen, die dem Menschen als Sünder gleichsam einen Spiegel vorhalten, in dem ihm sein Innerstes vor Augen gestellt wird, um ihn zur Buße und zur Umkehr zu rufen.[20]

Dazu gehört dann auch das Gegenbild des neuen Menschen, dessen Neuwerdung sich gleichfalls im Herzen vollzieht. Man könnte unter Aufnahme der Hausmetaphorik sagen: Wo zuvor die Sünde gewohnt und ihr Unwesen getrieben hat, ziehen nun neue Bewohner ein, die das verschmutzte Haus von Grund auf reinigen. Das Herz wird dann zum Ort der Wiedergeburt des Menschen. Dass es dazu kommt, hängt freilich entscheidend von Gaben ab, über die der Mensch nicht von sich aus verfügen kann. Er kann sie nur empfangen und sollte daher die Tür offenhalten, damit der neue Bewohner einziehen kann. Dieser neue Bewohner ist der Heilige Geist mit seinen größten Gaben: Glaube, Liebe und Hoffnung. Mit ihnen vollzieht sich nicht nur die Reinigung des Herzens, sondern auch dessen Weitung und Öffnung hin zur Ewigkeit.

Damit kommen wir noch einmal zurück auf die Erfahrung der Sterblichkeit, die sich mit dem Herzen verbindet. Wir hatten sie eben dem Gedanken der Unsterblichkeit der Seele entgegengesetzt. Nun zeigt sich, dass auch die Anthropologie des Herzens eine Hoffnung über den Tod hinaus erlaubt, allerdings

---

[17] AUGUSTINUS, Confessiones I, 5,6.

[18] JOHANNES CALVIN, Unterricht in der christlichen Religion. Institutio Christianae Religionis, hg. v. MATTHIAS FREUDENBERG, Neukirchen-Vluyn 2008, I, 11,8.

[19] Vgl. Luthers Auslegung des 1. Gebots im *Großen Katechismus*.

[20] Vgl. CHRISTOF WINDHORST, Theologie mit Herz bei Martin Luther und „Herzensfrömmigkeit" im Pietismus, in: Wort und Dienst. Jahrbuch der Kirchlichen Hochschule Bethel Bd. 28, 2005, 157–181.

nicht eine ungebrochene Hoffnung auf ein unendliches Weiterleben, sondern die Hoffnung auf das ewige Leben, das durch Glaube, Liebe und Hoffnung vermittelt ist. Das so qualifizierte ewige Leben ist dem Menschen ins Herz gegeben. Das bedeutet: Er darf in der Zeitlichkeit dieses Lebens schon an den Gaben des ewigen Lebens teilhaben. So heißt es im Buch des Predigers Salomo: „Gott hat alles schön gemacht zu seiner Zeit, auch hat er die Ewigkeit in ihr Herz gelegt; nur das der Mensch nicht ergründen kann das Werk, das Gott tut, weder Anfang und Ende." (Pred 3,11) Er kann den Reichtum des ewigen Lebens weder ausschöpfen, noch kann er ihn sich aneignen. Aber er darf sich dem ewigen Leben anvertrauen, sich von Glaube, Liebe und Hoffnung bewegen lassen. So bewegt bleibt er gerade nicht bei sich selbst.

4. Das kommunizierende Herz: Der bewegte Beweger

Im Herzen ist der Mensch konstitutiv auf Anderes, auf ein Außerhalb-seiner-Selbst bezogen. Die Identität des Menschen vom Herzen her zu bestimmen, heißt, eine unaufhebbare Zweiheit zu bedenken. Das gilt in physiologischer Hinsicht im Blick auf das Herz als Organ des Körpers, sofern dieses aus zwei Kammern besteht und in der Doppelbewegung von Systole und Diastole begriffen ist. Nur in dieser Gegenläufigkeit der Bewegungen, im Empfangen und Weitergeben ist das Herz der Motor des Organismus, mithin kein unbewegter Beweger, der aus sich heraus und in eigener Machtvollkommenheit die Lebensvollzüge beherrschen könnte, sondern ein bewegter Beweger, der darauf angewiesen und angelegt ist, Kräfte zu empfangen und weiterzugeben. Das Herz ist weder autark noch autonom. Eben das gilt nun auch im Blick auf das Herz als seelisches Organ. Was die Seele bewegt, liegt nicht in ihrer eigenen Verfügung. Insofern ist hier von der Unfreiheit des Willens zu reden, einer Unfreiheit, die auch nicht durch Anstrengungen des Verstandes als des vermeintlich höheren Seelenvermögens zu überwinden ist. Affekte lassen sich nicht durch vorsätzliches Wollen steuern, allenfalls durch andere Affekte. Dann freilich ist eine Verwandlung des Herzens durchaus möglich, dann kann sich eigentümliche Freiheitserfahrung einstellen. Frei ist der Mensch dann, wenn er sich von Herzen am Leben freut und das, was er tut, von Herzen gern tut. Solche Freiheit ist Gnade; sie verdankt sich dem Wirken eines Anderen und kann nur im Dialog oder im Wortwechsel bestehen. Insofern mag man von kommunikativer Freiheit sprechen.

Dieser Zusammenhang von Gnade und Freiheit des Herzens bedarf noch weiterer Erläuterung. Dazu orientiere ich mich an einem Satz aus dem Hebräerbrief, den man in diesem Zusammenhang als Kurzformel verwenden kann. In Luthers Übersetzung lautet der Satz (Hebr 13,9): „Es ist ein köstlich Ding, dass das Herz fest werde, welches geschieht durch Gnade." Die Rede von dem Festwerden des Herzens markiert einen mittleren Weg zwischen den Extremen des labilen, schwankenden Herzens einerseits und dem verfestigten, steinernen Herzen andererseits. Die Festigkeit ist nicht ohne die Offenheit, in der ein

Mensch sich bewegen, sich etwas zu Herzen gehen lässt, und sie ist nicht ohne die Bereitschaft, aus sich heraus zu gehen und am Leben anderer teilzunehmen. Es ist diese Gegensatzspannung zwischen Rezeptivität und Spontaneität, die das Herz stark werden lässt, ohne dass das Herz diese Stärke in sich selbst versammeln, gleichsam speichern und aus sich heraus schöpfen könnte. Der Grund der Festigkeit ist bleibend extern und kommt einem Menschen als Gnade zu. Auch das Geschehen der Gnade lässt sich dann noch einmal differenzieren. Mit Goethe kann man von „zweierlei Gnaden" sprechen, wobei Goethe primär an den Atemvorgang denkt:

> „Im Athemholen sind zweyerley Gnaden:/ Die Luft einziehn, sich ihrer entladen./ Jenes bedrängt, dieses erfrischt;/ So wunderbar ist das Leben gemischt./ Du danke Gott, wenn er dich preßt,/ Und dank' ihm, wenn er dich wieder entläßt."[21]

Die beiden „Gnaden" wirken gegenläufig und schließen sich im Vollzug gegenseitig aus, bilden aber gerade so eine dialektische Einheit, wie sie in der evangelischen Theologie als Einheit von Gesetz und Evangelium ausgelegt wird. Bedrängnis und Forderung einerseits, Erfrischung und Lösung andererseits sind zu unterscheiden, dürfen aber nicht voneinander getrennt werden.

Was diese Doppelbewegung der leiblich und seelisch erfahrenen Gnade für das Selbstverhältnis des Menschen bedeutet, dazu hat sich Goethe an anderer Stelle folgendermaßen geäußert: „Von einer Seite" seien wir „genötigt", „uns zu verselbsten", anders gesagt: eine selbstverantwortliche und in diesem Sinne freie Persönlichkeit auszubilden; andererseits sollten wir jedoch „in regelmäßigen Pulsen uns zu entselbstigen nicht versäumen"[22]. Gerade wer sich der Nötigung und Notwendigkeit der Selbstwerdung unterworfen weiß, braucht immer wieder Momente der Entlastung, Momente, in denen er oder sie sich selbst loslassen kann. „Statt heißem Wünschen, wildem Wollen,/ Statt läst'gem Fordern, strengem Sollen,/ Sich aufzugeben ist Genuß."[23] Aber „finden" wir uns wirklich „im Grenzenlosen"[24], also dort, wo wir uns als einzelne einem namenlosen Ganzen ausliefern? Soll Selbstaufgabe nicht zum Selbstverlust führen, dann gilt es im grenzenlosen Meer möglicher Beziehungen solche zu entdecken und einzugehen, bei denen sich Loslassen und Empfangen die Waage halten. Es geht hier um eine Balance, die überaus empfindlich, störungsanfällig ist und eben deswegen immer wieder des Ausgleichs und der korrigierenden Einstellung bedarf.

---

[21] JOHANN WOLFGANG GOETHE, Sämtliche Werke in 40 Bdn., I. Abt., Bd. 3/I: West-östlicher Divan, hg. v. HENDRIK BIRUS, Frankfurt a.M. 1994, 15.
[22] GOETHE, Werke. Hamburger Ausgabe in 14 Bdn., hg. v. ERICH TRUNZ, Bd. 9, München [12]1994, 353 (Dichtung und Wahrheit, Teil II, 9. Buch).
[23] GOETHE, Werke (s. Anm. 22), Bd. 1, München [16]1996, 368 (Eins und Alles).
[24] Ebd.

5. Das Herz und die Liebe

Wenn wir etwas von Herzen tun, dann sind wir ganz dabei, dann sind wir selbst die Aktiven, die eben nicht von außen zum Tun des Guten genötigt werden müssen, sondern von selbst, aus eigenem Antrieb das Gute tun. Luther nennt ein solches Tun ein „spontanes und fröhliches" Tun und erkennt darin das Charakteristikum der Freiheit eines Christenmenschen. Freiheit und Freude gehören hier eng zusammen. Und in der Freude, so hatte ich erinnert, geht ein Mensch aus sich heraus, kann er geradezu „aus dem Häuschen" geraten.

Solche Exzentrizität des Herzens kennt noch eine äußerste Steigerung, wenn ein Mensch in der Liebe sein Herz geradezu an einen anderen oder eine andere verliert. Man kann sein Herz verschenken – und gerade dadurch sein Glück finden. Abschließend sei diese Erfahrung mit einem Gedicht Friedrich Rückerts verdeutlicht, das Robert Schumann vertont hat und das gerade als Lied zu Herzen gehen kann:

> „Du meine Seele, du mein Herz,
> Du meine Wonn', o du mein Schmerz,
> Du meine Welt, in der ich lebe,
> Mein Himmel du, darein ich schwebe.
> O du mein Grab, in das hinab
> Ich ewig meinen Kummer gab.
> Du bist die Ruh', du bist der Frieden,
> Du bist der Himmel mir beschieden.
> Daß du mich liebst, macht mich mir wert,
> Dein Blick hat mich vor mir verklärt,
> Du hebst mich liebend über mich,
> Mein guter Geist, mein bessres Ich!"[25]

Es sind die Personalpronomina „Du" und „Ich", die als erstes und letztes Wort diesem Gedicht seine eigentümliche Spannung verleihen. Das Wort der Anrede „Du" ist das erste Wort, und es ist die Dominante, die in den zwölf Zeilen insgesamt zwölfmal vorkommt und sich als tragende Größe erweist. Wenn diesem „Du" am Ende ein „Ich" korrespondiert, so ist dieses doch kein anderes als das anfänglich angeredete „Du". Das „Ich", das der Dichter sprechen lässt, also das sogenannte lyrische Ich, findet sich selbst in der anderen Person als seinem „bessere[n] Ich". Es verliert sich geradezu an das „Du", um sich von ihm her neu zu empfangen. Es hat sich nicht als Selbstverhältnis, sondern kommt allererst im „Du" und durch das „Du" zu sich selbst. Eben diese Erfahrung wird hier als Erfahrung des Herzens zur Sprache gebracht. Auch hier kommen im Raum des Herzens verschiedene Affekte und Stimmungen zusammen: „Wonne" und „Schmerz", „Kummer", aber auch „Ruhe" und „Frieden". Und mit den Affekten

---

[25] Friedrich Rückert, Liebesfrühling, in: ders., Ausgewählte Werke, hg. v. Annemarie Schimmel, Bd. 1 (insel taschenbuch 1022), Frankfurt a.M. 1988, 92 (vertont von Robert Schumann).

und Stimmungen verändert sich auch die Erfahrung des Raumes, der sich einmal zum „Himmel" weiten, dann aber auch wieder zum „Grab" verengen kann. Anklänge an das bekannte Lied aus Goethes *Egmont* sind unverkennbar: „Himmelhoch jauchzend, / Zum Tode betrübt; / Glücklich allein / Ist die Seele, die liebt."[26] Die Liebe ist es, die diese gegensätzlichen Erfahrungen in sich aushält und über sich hinaus auf ein größeres Glück hin überschreitet. In Rückerts Gedicht vollzieht sich ein solcher Überschritt dadurch, dass der Raum des Herzens, in dem die liebende Person „lebt" und „schwebt", Subjektqualität gewinnt: Das angeredete „Du" ist die Instanz, die das „Ich" grundlegend zu verändern und zu erneuern vermag: „Daß du mich liebst, macht mich mir wert, / Dein Blick hat mich vor mir verklärt, / Du hebst mich liebend über mich". Das „Ich" empfängt sich vom Anderen her. Und sofern das „Du" diese Macht hat, das „Ich" hervorzubringen, erweist es sich als „mein besseres Ich", „mein" Ich freilich nur insofern, als ich es gerade nicht für mich selbst beanspruche, sondern dem Anderen oder der Anderen überlasse.

Es legt sich nahe, diese Erfahrung theologisch zu deuten und zu vertiefen. Wenn Gott Liebe ist (1Joh 4,16), dann ist er jener „Himmel", in dem wir leben und schweben (vgl. Apg 17,28: „in ihm leben, weben und sind wir"). Gott ist „größer als unser Herz" (1Joh 3,20) und zugleich in einer Weise sich uns zuwendend, dass wir uns von ihm angesehen, gerechtfertigt und geliebt erfahren dürfen. Seine Liebe hat schöpferische Kraft,[27] als solche bleibt sie allerdings nicht abständig, vielmehr ist sie in der Kraft des Heiligen Geistes „ausgegossen in unsere Herzen" (Röm 5,8). Lässt ein Mensch sich von diesem Geist der Liebe bewegen, dann kann auch von diesem „Du" Gottes gesagt werden: „Du hebst mich liebend über mich, / Mein guter Geist, mein bessres Ich!"

---

[26] GOETHE, Werke (s. Anm. 22), Bd. 4, München ¹³1994, 411 (Egmont, 3. Aufzug, Klärchens Wohnung).

[27] Vgl. dazu Luthers klassische Unterscheidung zwischen der Liebe Gottes und der Liebe des Menschen: „Die Liebe Gottes findet nicht, sondern schafft das Liebenswerte, die Liebe des Menschen geschieht von dem ihr Liebenswerten her." (LDStA 1, 60,7f [Heidelberger Disputation These XXVIII]). Zur Erläuterung siehe in diesem Band, 314f.

12. Kapitel: „Heilig, gerecht und gut"

Theologische Kritik der Vernunft im Horizont der Aufklärung

1. Dialektik des Gesetzes und der Vernunft

„Heilig" nennt Paulus das Gesetz; und das Gebot sei „heilig, gerecht und gut" (Röm 7,12), es sei „zum Leben gegeben" (Röm 7,10). Resümierend hält er fest: „Wir wissen, dass das Gesetz geistlich ist" (Röm 7,14). Aber ist das Gesetz so gut, dass es das Heilige, Gerechte und Gute mitzuteilen und den Menschen zum Tun des Guten zu bewegen vermag? Ist es mit Gott, dem Guten und der Quelle alles Guten, identisch? Wohl kaum. „Niemand ist gut als Gott allein" (Mk 10,18 parr). Das Gesetz jedoch ist eine vermittelnde Instanz, von Gott „durch die Hand eines Mittlers" gegeben (Gal 3,19). Es ist Menschen anvertraut, die diese göttliche Gabe auch verkennen und missbrauchen können. Und dass sie es tatsächlich missbrauchen, seiner Kraft berauben und somit schwächen (Röm 8,3), davon geht Paulus aus. Eben dort, wo er das Gesetz so positiv würdigt und verteidigt, richtet sich der Blick auf den Menschen, der nicht in der Lage ist, dem Gesetz als der guten Gabe Gottes zu folgen. Wenn das Gesetz nicht das Gute, die Gerechtigkeit und das Leben bewirkt, sondern im Gegenteil der Sünde und dem Tod Vorschub leistet, so liegt das an der Verfassung des Menschen, der „unter die Sünde verkauft" (Röm 7,14) ist und sich nicht aus eigenen Kräften aus dieser Sklaverei befreien kann. Auch die geistigen Kräfte des Menschen, sein Erkenntnis- und Willensvermögen, sind darin eingeschlossen. Dass „in mir, das heißt in meinem Fleisch, nichts Gutes wohnt" (Röm 7,18), ist eine Aussage über den inneren Menschen, über die Unfähigkeit und Ohnmacht seines Willens wie auch über die Grenzen seines Verstandes.

Die Apologie des Gesetzes scheint somit in eine Verurteilung dessen einzumünden, was wir als Vernunft bezeichnen. Stellt Paulus dem heiligen Gesetz die unheilige, widergöttliche, sündhafte Vernunft gegenüber? Ist sie also alles andere als „heilig, gerecht und gut"? Einer solchen negativen Wertung widerspricht Paulus allerdings ausdrücklich. Auch die Vernunft ist Gabe Gottes. Paulus ist so wenig ein Verächter der Vernunft, dass er an anderer Stelle ihren Gebrauch nachdrücklich einfordert (vgl. 1Kor 14,1-19). Und dass die Vernunft im Fleisch, unter der Macht der Sünde gefangen ist, ändert nichts daran, dass sie von sich aus auf das Gute bedacht ist. Der innere Mensch freut sich am Gesetz (Röm 7,22). Es gibt in ihm ein „Gesetz des Verstandes", das dem „Gesetz der Sünde" widerstreitet (Röm 7,23) und darin dem geistlichen, von Gott gegebenen Gesetz entspricht, zwar ohnmächtig, aber doch so, dass ihm der Wille Gottes gleichsam eingeschrieben ist. Darf man also auch von diesem Gesetz, das der Mensch in sich trägt und das wir unter dem Begriff der Vernunft fassen können, sagen, es sei „heilig, gerecht und gut"?

Ausdrücklich behauptet hat das Johann Georg Hamann: „Die Vernunft ist heilig, recht und gut [...]."[1] Diese „paulinische Denkfigur"[2] ist geradezu der Schlüssel zu seiner kritischen, genauer gesagt: metakritischen Besinnung auf die Vernunft. In einem Brief an Johann Gotthelf Lindner vom 3. Juli 1759 heißt es:

> „Unsere Vernunft ist [...] eben das, was Paulus das Gesetz nennt – und das Gebot der Vernunft ist heilig, gerecht und gut. Aber ist sie uns gegeben – uns weise zu machen? eben so wenig als das Gesetz der Juden sie gerecht zu machen, sondern uns zu überführen von dem Gegentheil, wie unvernünftig unsere Vernunft ist, und daß unsere Irrthümer durch sie zunehmen sollen, wie die Sünde durch das Gesetz zunahm. Man setze allenthalben wo Paulus vom Gesetz redt – das Gesetz unsres Jahrhunderts und die Losung unserer Klugen, und Schriftgelehrten – die *Vernunft*: so wird Paulus mit unsern Zeitverwandten reden; und seine Briefe werden nicht mehr einer Trompete ähnlich seyn, nach deßen Schall sich keiner zum Streit rüstet, weil sie unverständlich das Feldzeichen giebt."[3]

Diesem Einfall Hamanns, Gesetz und Vernunft einander gleichzusetzen, wollen wir im Folgenden nachdenken. Wenn ich dabei gleichsam die von ihm angebotene „Trompete" zum Klingen zu bringen suche, nehme ich freilich nicht nur seine Gedanken auf. Es wird sich zeigen, dass Hamanns Metakritik der Vernunft weitgehend mit Luthers Kritik der Vernunft übereinstimmt. Hier wie dort geht es um die Doppelfrage, wie gesetzlich die Vernunft und wie vernünftig das Gesetz ist. Zunächst nehmen wir jene Grundfrage auf, die Hamann mit den „Klugen" seines Zeitalters teilt: Wie vernünftig ist die Vernunft?

---

[1] JOHANN GEORG HAMANN, Sämtliche Werke, hg. v. JOSEF NADLER, Bd. 2, Wien 1950, 108,19 (Wolken).

[2] Vgl. ELFRIEDE BÜCHSEL, Paulinische Denkfiguren in Hamanns Aufklärungskritik. Hermeneutische Beobachtungen zu exemplarischen Texten und Problemstellungen, in: NZSTh 30, 1988, 269–284.

[3] JOHANN GEORG HAMANN, Briefwechsel, Bd. 1, hg. v. WALTHER ZIESEMER/ARTHUR HENKEL, Wiesbaden 1955, 355,36–356,9; neben Röm 7,12 ist hier auch 1Kor 14,8 zitiert. Wiederholt kommt Hamann auf diese Analogie von Vernunft und Gesetz zurück, zusammenfassend in einem Brief an Friedrich Heinrich Jacobi vom 16.1.1785: „Ich hab es bis zum Eckel und Ueberdruß wiederholt, daß es dem Philosophen wie den Juden geht; und beyde nicht wißen, weder was *Vernunft* noch was *Gesetz* ist, wozu sie gegeben, zur Erkenntnis der Sünde und Unwissenheit – nicht Gnade u Wahrheit, die *geschichtlich offenbart* werden muß, und sich nicht ergrübeln, noch ererben noch erwerben läßt." (Briefwechsel, Bd. 5, hg. v. ARTHUR HENKEL, Frankfurt a.M. 1965, 326,20–24).

2. ZWEIFEL AN DER VERNUNFT. HINWEISE ZUR VERNUNFTKRITIK DER AUFKLÄRUNG

Dem Einfall Hamanns liegt der Zweifel zugrunde, der die neuzeitliche Philosophie seit ihren Anfängen bei Descartes bewegt. Bezweifelt wird, dass die Vernunft mit sich identisch ist; so wie sie sich selbst versteht und gebraucht, ist sie keineswegs immer schon die wahre Vernunft. Eben weil sie Täuschungen verfallen und ihre Aufgabe verfehlen kann, bedarf es der Anstrengungen der Selbstreflexion und Korrektur, muss sie allererst zur Vernunft gebracht werden oder sich selbst als Vernunft ausbilden. Ebenso wie das Gesetz bei Paulus hat auch die Vernunft ihre Geschichte, in der sie mit sich selbst in Widerspruch geraten kann, aber auch dazu bestimmt ist zu sich selbst zu kommen. Der Mensch hat Vernunft, um vernünftig zu werden. Die klassische Definition des Menschen als *animal rationale* lässt sich daher mit Immanuel Kant so präzisieren: Der Mensch ist ein „mit Vernunftfähigkeit begabtes Tier (animal rationabile)", das „aus sich selbst ein vernünftiges Tier (animal rationale) machen kann"[4] und soll. Der Vernunft, die den Menschen von den übrigen Lebewesen unterscheidet, ist ein Sollgehalt eingeschrieben. Bereits damit deutet sich die Relevanz des Gesetzesbegriffs für das Verständnis der Vernunft an. Sich unter dem Gesetz und durch Gesetzgebung selbst zu verwirklichen, ist eine Möglichkeit der Vernunftwerdung der Vernunft. Ob sie zureichend ist, wird von Luther her noch zu fragen sein. Zunächst halten wir lediglich die genannte Differenz fest: Die Vernunft, die der Mensch als Instrument der Erkenntnis gebraucht, ist nicht identisch mit der wahren Vernunft. Als Organ der Aufklärung bedarf sie zugleich selbst der Aufklärung. Vernunftkritik ist somit beides: Kritik, die sich der Vernunft als Organ bedient, und dieses Organ zugleich auf seine Tauglichkeit hin überprüft und in diesem Sinn zu reinigen unternimmt. Die Frage, wie vernünftig die Vernunft sei und wie sie sich zur wahren Vernunft ausbilden könne, liegt insofern im Duktus der Aufklärung.

Zur Verdeutlichung der Problematik beziehe ich mich auf einen Schriftsteller, der weithin als Aufklärer *par excellence* gilt: Gotthold Ephraim Lessing. Bekanntlich war es ihm darum zu tun, die Aufklärung nicht zuletzt auch in Sachen der Religion voranzutreiben. Indem er *Fragmente* aus der verborgen gehaltenen *Apologie oder Schutzschrift für die vernünftigen Verehrer Gottes* des Hermann Samuel Reimarus veröffentlicht und damit die zeitgenössische Theologie herausgefordert hat, wollte er nicht nur Glaubensaussagen auf den Prüfstand der Vernunft stellen. Ihm ging es vielmehr zugleich darum, die auf beiden Seiten in Anspruch genommene Vernunft daraufhin zu befragen, ob sie der Sache der Religion angemessen ist. Es ist die Frage nach dem Maß der Vernunft. Und dass dieses Maß durch die Art und Weise, wie die Gegner im Fragmentenstreit von der Vernunft Gebrauch machen, verfehlt werden kann, ist die Voraussetzung

---

[4] IMMANUEL KANT, Werke in zehn Bänden, hg. v. WILHELM WEISCHEDEL, Darmstadt ⁴1975, Bd. 10, 673 (Anthropologie in pragmatischer Hinsicht).

seiner Aufklärung der Vernunft. „Der wahre Christ", so gibt er dem Theologen, dem Hamburger Hauptpastor Johann Melchior Goeze, zu bedenken, ist „misstrauisch auf seine Vernunft" und „stolz auf seine Empfindung"[5].

Diesem Misstrauen liegt die Einsicht in die Unzuverlässigkeit der Vernunft zugrunde. In einem frühen Lehrgedicht bringt Lessing seine Zweifel an der Vernünftigkeit der Vernunft in folgenden Worten zum Ausdruck:

> „Die grübelnde Vernunft dringt sich in alles ein,
> Und will, wo sie nicht herrscht, doch nicht entbehret sein.
> Ihr flucht der Orthodox; denn sie will seinen Glauben,
> Der blinde Folger heischt, den alten Beifall rauben.
> Und mich erzürnt sie oft, wenn sie der Schul entwischt,
> Und spitzgem Tadel hold in unsre Lust sich mischt.
> gebietrisch schreibt sie vor, was unsern Sinnen tauge,
> Macht sich zum Ohr des Ohrs, und wird des Auges Auge.
> Dort steigt sie allzuhoch, hier allzutief herab,
> Der Sphär nie treu, die Gott ihr zu erleuchten gab.
> Die ist des Menschen Herz, wo sich bei Irrtums Schatten
> Nach innerlichem Krieg, mit Lastern Laster gatten,
> Wo neues Ungeheur ein jeder Tag erlebt,
> Und nach dem leeren Thron ein Schwarm Rebellen strebt.
> Hier laß, Vernunft, dein Licht, uns unsern Feind erblicken,
> Hier herrsche sonder Ziel, hier herrsch uns zu beglücken.
> Hier findet Tadel, Rat, Gesetz und Strafe statt.
> Doch so ein kleines Reich macht deinen Stolz nicht satt.
> Du fliehst auf Abenteur ins Elend zu den Sternen,
> Und baust ein stolzes Reich in unermeßnen Fernen,
> Spähst der Planeten Lauf, Zeit, Größ und Ordnung aus,
> Regierst die ganze Welt, nur nicht dein eignes Haus."[6]

Vernunftkritik heißt hier, die Sphären zu unterscheiden und bezogen auf sie die Zuständigkeit der Vernunft zu begrenzen. Unterscheidung und Begrenzung sind deswegen notwendig, weil die Vernunft ihrem eigenen Herrschaftsstreben so verfallen kann, dass sie darüber ihre eigentliche Bestimmung verfehlt. Statt sich selbst zu disziplinieren und das innere Universum des Herzens zum Guten zu bestimmen, sucht sie sich das äußere Universum zu unterwerfen, greift sie nach den Sternen und verlässt die ihr zugewiesene ‚Umlaufbahn'. Die Macht, die sie in der Erkenntnis und Unterwerfung der äußeren Natur ausübt, steht jedoch in einem krassen Missverhältnis zu ihrer Ohnmacht im Verhältnis zu den Bewegkräften, die den Menschen im Innersten bestimmen. Die Freiheit, die sie im Umgang mit der Welt ausübt und gewinnt, verkehrt sich zur Unfreiheit dort, wo es um die Selbstbestimmung zum Guten geht. Auch dort kann sie sich

---

[5] GOTTHOLD EPHRAIM LESSING, Werke und Briefe in zwölf Bdn., hg. v. WILFRIED BARNER, Bd. 9: Werke 1778–1780, hg. v. KLAUS BOHNEN und ARNO SCHILSON, Frankfurt a.M. 1993, 203 (5. Anti-Goeze).

[6] LESSING, Werke in acht Bdn., hg. v. HERBERT G. GÖPFERT, Bd. 1, München 1970, 163f (An den Herrn Marpurg).

freilich zu viel zutrauen. Anmaßend ist die Vernunft nicht nur in der Grenzenlosigkeit ihres Ausgriffs auf die Welt als ganze; anmaßend ist sie auch darin, dass sie in die Sphäre der Sinnlichkeit meint hineinregieren zu können, ohne doch des Herzens mächtig zu sein.

Wie vernünftig ist eine Vernunft, die die Grenzen ihrer Kompetenz verkennt und überschreitet? Genau das ist die Frage, die Lessing Minna von Barnhelm in der gleichnamigen Komödie in den Mund legt.[7] Auch hier spiegeln sich im Text der Dichtung sehr grundsätzliche philosophische Überlegungen. Der Major von Tellheim beruft sich auf „Vernunft und Notwendigkeit", um zu begründen, dass er seine geliebte Minna vergessen müsse. Diese aber lässt sich nicht mit einer solchen vermeintlich vernünftigen Antwort abspeisen. Sie verlangt eine Antwort seines Herzens: „Lieben Sie mich noch, Tellheim? – Ja, oder Nein." Die Vernunft, auf die sich Tellheim beruft und deren gebietender Autorität er sich unterwirft, droht unvernünftig zu werden, wenn sie sich jener Sphäre des Herzens zu bemächtigen sucht, in der sie mit ihren Gründen doch nichts auszurichten vermag. Mit Pascal möchte man hier sagen: „Das Herz hat seine Gründe, die die Vernunft nicht kennt" („le coeur a ses raisons, que la raison ne connaît point").[8] Und bezogen auf die von Lessing später formulierte Unterscheidung zwischen „notwendigen Vernunftswahrheiten" und „zufälligen Geschichtswahrheiten"[9] wird hier deutlich, dass das Reich der Notwendigkeit durchaus begrenzt ist und dass die Vernunft, die nichts anderes als „notwendige Vernunftswahrheiten" gelten lässt, die Lebenswirklichkeit in ihrer Zufälligkeit sowie auch in ihrer Vielfalt und Freiheit verfehlt. Dass sie sich mit der Forderung des Notwendigen nicht nur zur Wirklichkeit der Liebe, sondern auch zur Wirklichkeit der Religion ins Missverhältnis begibt, zeigt Lessing nicht zuletzt auch mit der Ringparabel in *Nathan der Weise*, sofern hier mit der bewusst gewählten Sprachform eines Gleichnisses das in der Fragestellung des Sultans implizierte Vernunftverständnis scharf kritisiert wird.[10] Seine Aufklärung der Vernunft zielt auf eine Weisheit, die sich der Grenzen der Vernunft bewusst wird und dem „Anderen der Vernunft"[11] sein Recht und seine Bedeutung zuerkennt.

---

[7] Im Folgenden zitiert nach: LESSING, Werke und Briefe (s. Anm. 5), Bd. 6: Werke 1767–1769, hg. v. KLAUS BOHNEN, Frankfurt a.M. 1985, 44f (II. Akt, 9. Auftritt).

[8] BLAISE PASCAL, Über die Religion und über einige andere Gegenstände (Pensées), übers. und hg. v. EWALD WASMUTH, Heidelberg ^{8}1978, 141 (Nr. 277).

[9] LESSING, Werke und Briefe (s. Anm. 5), Bd. 8: Werke 1774–1778, hg. v. ARNO SCHILSON, Frankfurt a.M. 1989, 441 (Über den Beweis des Geistes und der Kraft).

[10] Man lese unter diesem Gesichtspunkt insbes. den Sammlungsmonolog Nathans (III/6): „als ob die Wahrheit Münze wäre!"; zur Interpretation ausführlicher: JOHANNES VON LÜPKE, Wege der Weisheit. Studien zu Lessings Theologiekritik (GTA 41), Göttingen 1989, 125–133.

[11] Vgl. HARTMUT BÖHME/GERNOT BÖHME, Das Andere der Vernunft. Zur Entwicklung von Rationalitätsstrukturen am Beispiel Kants, Frankfurt a.M. ^{3}1999.

Um Selbstbegrenzung der Vernunft geht es auch, wenn Immanuel Kant sowohl die theoretische Vernunft als auch die praktische Vernunft einer fundamentalen Kritik unterzieht. Von Lessing herkommend, lässt sich sein Anliegen so formulieren: Es gilt die Vernunft in ihrer Sphäre zu halten. Das heißt zum einen, sie daran zu hindern, in jene Überwelt des Übersinnlichen auszuschwärmen, in der sie doch nichts zu erkennen vermag, weil und insofern ihr Erkenntnisvermögen eben an die Sinnlichkeit und damit an den *mundus sensibilis* gebunden ist. Und das heißt zum anderen, die Vernunft dort stark zu machen, wo sie sich als praktische Vernunft, als Kraft zum Tun des Guten gegen widerstrebende Affekte und Neigungen durchzusetzen hat. Es ist hier nicht der Ort, um die Durchführung dieser doppelten Kritik im Einzelnen nachzuzeichnen. Ich will hier lediglich darauf aufmerksam machen, dass in beiden Kritiken der Begriff des Gesetzes eine zentrale Stellung einnimmt. Sowohl die Erkenntnis der Natur als auch die moralische Selbstbestimmung werden von Kant gesetzesförmig gedacht.

Dabei handelt es sich in beiden Sphären um ein Gesetz, das der Vernunft gleichsam eingeschrieben ist. Zugespitzt kann Kant im Blick auf die Erkenntnis der Natur formulieren: „der Verstand schöpft seine Gesetze (a priori) nicht aus der Natur, sondern schreibt sie dieser vor."[12] Um die Urschrift des Gesetzes zu erkennen, ist die Vernunft gehalten, in sich einzukehren und der Bedingungen der Möglichkeit der Erfahrung inne zu werden. Und durchaus analog ist dem Menschen auch das moralische Gesetz, wie es sich im kategorischen Imperativ artikuliert, mit seiner Vernunftnatur eingegeben. Die Vernunft ist autonome Vernunft. Sie ist sich selbst Gesetz. Und sie kommt zur Vernunft, wenn sie sich streng an den Leitfaden dieses Gesetzes hält.

3. KRITIK DER GESETZLICHEN VERNUNFT

Mit dem Begriff des Gesetzes ist der Punkt benannt, an dem die Kritik der Vernunft, wie sie paradigmatisch von Kant durchgeführt worden ist, noch einmal kritisch zu befragen ist. Johann Georg Hamann hat für diese Kritik der Kritik den Begriff der Metakritik geprägt.[13] Seine auf Kants *Kritik der reinen Vernunft* antwortende *Metakritik* bestreitet nicht das Recht und die Notwendigkeit der Kritik; sie teilt vielmehr das Anliegen einer kritischen Rückwendung der Metaphysik auf den Boden der Erfahrung. Aber sie fragt nach dem, was im Prozess

---

[12] IMMANUEL KANT, Werke in zehn Bdn., hg. v. WILHELM WEISCHEDEL, Darmstadt ⁴1975, Bd. 5, 189 (Prolegomena zu einer jeden künftigen Metaphysik die als Wissenschaft wird auftreten können).

[13] Vgl. seine *Metakritik über den Purismum der Vernunft*, eingehend kommentiert von OSWALD BAYER, Vernunft ist Sprache. Hamanns Metakritik Kants, Stuttgart-Bad Cannstatt 2002; zur mehrschichtigen Bedeutung des Begriffs der Metakritik verweise ich auf meinen Aufsatz: Metakritische Theologie. Überlegungen zu Gegenstand und Methode der Theologie im Gespräch mit Oswald Bayer, in: NZSTh 41, 1999, 203–224, insbes. 206–213.

der selbstkritischen Disziplinierung der Vernunft ausgeblendet und verdrängt wird. Sie stellt das Selbstverständnis und den Machtanspruch der selbstkritischen Vernunft in Frage und bedient sich dabei der paulinischen Figur der Gesetzeskritik. Sie lässt sich als die Anwendung der Unterscheidung von Gesetz und Evangelium auf den Begriff der Vernunft verstehen.

Das Unternehmen der Metakritik setzt somit theologische Einsichten voraus. Was der Mensch ist und wie vernünftig seine Vernunft ist, entscheidet sich daran, ob und wie sich diese zu Gottes Wirken in seinem Wort verhält. Es entspricht der Rede Gottes in Gesetz und Evangelium, wenn die Theologie Gott und Mensch strikt unterscheidet, den Menschen also in seine Geschöpflichkeit einweist, um gerade dadurch die Kommunikation zwischen Schöpfer und Geschöpf zu eröffnen und Gottes Zuwendung zum Menschen wahrzunehmen. In dieser Beziehung auf das Wort Gottes klärt und bildet sich wahre Vernunft.

Indem sich die Metakritik am Logos Gottes orientiert und sich von ihm als der uneinholbaren Quelle des Lichtes leiten lässt, kann sie das Erkenntnisvermögen des Menschen sehr wohl in seinen Grenzen würdigen. Die Fragen, die in Bezug auf diese weltliche oder irdische Vernunft zu stellen sind, nehmen sie in ihrem eigenen Anspruch und in ihrer eigenen Kriteriologie durchaus ernst. Das klassische Beispiel einer solchen Vernunftkritik findet sich in Luthers Thesen *De homine*[14], wenn Luther hier die Leistung der Vernunft genau an den Kriterien misst, die sich die Philosophie in ihrer aristotelischen Gestalt selbst gegeben hat. Maßgebend für ihre Rationalität ist demnach das Geviert der Ursachen (*causa efficiens, causa finalis, causa materialis* und *causa formalis*), das gleichsam das Gesetz bildet, nach dem die weltliche Vernunft begründetes Wissen zu gewinnen sucht. Ihren eigenen Ansprüchen kann diese Vernunft nach Luther Einschätzung allerdings nur eingeschränkt genügen. Einzig in Bezug auf die Erkenntnis der Natur am Leitfaden der *causa materialis* gelangt sie zu einigermaßen gesicherten Erkenntnissen. Sie vermag mithin zu erkennen, woraus die Wirklichkeit von Welt und Mensch in materieller Hinsicht besteht, sie weiß aber nicht, woher die Dinge dieser Welt kommen, wohin sie letztlich gehen und wodurch sie belebt und wesentlich geprägt werden.

In diesem Schema lässt sich nun auch der gesetzliche Charakter der Vernunft verdeutlichen. Als naturwissenschaftliche Vernunft, so wie sie sich in der Neuzeit ausgebildet hat und das Selbstverständnis der Vernunft weithin dominiert, versteht sie sich auf das Faktum; sie rekonstruiert das verwirklicht Vorhandene auf seine materiellen Ursachen und stellt die Bestandteile in einen gesetzlichen Zusammenhang. Und eben diese unter der Kategorie des Gesetzes erfolgende Rekonstruktion erlaubt dann die technische Umformung. Die Vernunft, die sich auf das Gesetz versteht, erkennt die Natur in dem Maße, in dem sie selbst etwas aus ihr machen kann. Insofern wird die Wirklichkeit werkförmig verstanden. Dass die Vernunft sich in dieser Weise der vorhandenen Wirklichkeit zu bemächtigen vermag, macht ihre Größe sowie auch ihre Würde aus.

---

[14] WA 39/I, 175–177, mit deutscher Übersetzung in LDStA 1, 663–669; zur Interpretation s.o. 98-102.

Luther kann ihr in diesem Zusammenhang sogar Göttlichkeit attestieren. Kraft der ihm gegebenen Vernunft kann und soll der Mensch die ihm übertragene Herrschaft über die Erde (*dominium terrae*) ausüben.

Wenn sich jedoch die weltliche Vernunft das Ganze zu unterwerfen sucht, überschreitet sie die ihr gesetzten Grenzen. Das Ganze, ob man dabei an das Universum oder an den einzelnen, individuell besonderen Menschen in seiner Ganzheit denkt, ist nicht Gegenstand einer Vernunft, die doch nur ein Teil des Ganzen ist und die Wirklichkeit immer nur von einem endlichen Standpunkt und somit nur in partikularer Perspektive wahrzunehmen vermag. Klassisch hat Blaise Pascal diese Erkenntnissituation zum Ausdruck gebracht:

> „Wie sollte es möglich sein, dass ein Teil das Ganze kenne? Aber vielleicht wird er beanspruchen, wenigstens die Teile zu kennen, die ein gemeinsames Maß mit ihm haben? Aber die Teile der Welt stehen alle derart in Zusammenhang, sind so miteinander verflochten, dass ich es für unmöglich halte, einen ohne den andern und ohne das Ganze zu verstehen. [...] Da also alle Dinge verursacht und verursachend sind, bedingt und bedingend, mittelbar und unmittelbar, und da alle durch ein natürliches und unfassbares Band verbunden sind, das das Entfernteste und Verschiedenste umschlingt, halte ich es weder für möglich die Teile zu kennen, ohne dass man das Ganze kenne, noch für möglich, dass man das Ganze kenne, ohne im Einzelnen die Teile zu kennen."[15]

Kurz: Diese endliche Vernunft ist nicht die Vernunft Gottes, steht aber in der Gefahr sich mit ihr zu verwechseln.[16]

Wie vernünftig ist die gesetzliche Vernunft wirklich, wenn sie doch ihre Bestimmung auch verfehlen kann und immer wieder verfehlt? Vernünftig ist sie dann, wenn sie verhältnisgemäß ist. Hier ist noch einmal an die Analogie von Gesetz und Vernunft zu erinnern: Sowohl die Vernunft als auch das Gesetz sind Gaben Gottes, die dazu bestimmt sind, den Menschen ins rechte Verhältnis zu Gott, seinem Schöpfer, zu seinen Mitgeschöpfen und zu sich selbst zu ver-

---

[15] PASCAL, Über die Religion (s. Anm. 8), 48 (Nr. 72).
[16] Vgl. dazu die kritischen Bemerkungen Hamanns über Kant aus einem Brief an Johann Gotthelf Lindner vom 12. Oktober 1759, in: Briefwechsel, Bd. 1 (s. Anm. 3), 425,30–36: Kant „beruft sich auf das *Gantze*, um von der Welt zu urtheilen. Dazu gehört aber ein Wissen, das kein *Stückwerk* mehr ist. Vom Gantzen also auf die Fragmente zu schließen, ist ebenso als vom Unbekannten auf das Bekannte. Ein Philosoph, der mir also befiehlt, auf das *Ganze* zu sehen, thut eine ebenso schwere Forderung an mich, als ein anderer, der mich befiehlt auf das *Herz* zu sehen, mit dem er schreibt. Das ganze ist mir eben verborgen, wie mir Dein Herz ist. meinst Du denn, daß ich ein Gott bin?" Ausgehend von dieser Passage hat RAINER RÖHRICHT eindringliche Reflexionen zum wissenschaftstheoretischen Status der Theologie vorgelegt: Theologie als Hinweis und Entwurf. Eine Untersuchung der Eigenart und Grenzen theologischer Aussagen, Gütersloh 1964, 75–80.

setzen. Treffend hat Hamann von „ächter, lebendiger, verhältnismäßiger Vernunft"[17] gesprochen und damit den Gegenbegriff zur „reinen", verhältnislosen Vernunft formuliert. Unter dem Begriff der „verhältnismäßigen Vernunft" denkt er nicht nur an das Zusammenspiel von Sinnlichkeit und Verstand, von Leib und Seele. Gemeint sind auch die sozialen Verhältnisse, etwa wenn Hamann behauptet, „Geselligkeit" sei „das wahre Principium der Vernunft und Sprache"[18]. In den vielfältigen kreatürlichen Verhältnissen geht es nicht zuletzt immer auch um das Grundverhältnis zwischen Gott und Mensch. Während „diese und jene Philosophie" darauf aus ist, „Dinge" abzusondern, „die gar nicht geschieden werden können", und so „Dinge ohne Verhältniße, Verhältniße ohne Dinge" annimmt[19], sucht Hamann der „metaphysische[n] Scheidekunst"[20] dadurch zu wehren, daß er die natürliche, im Schöpfungswort Gottes begründete Einheit von „Vernunft und Sprache"[21] hervorhebt. Diese Einheit geht auf eine göttliche „Einsetzung" zurück und erhält von daher einen gleichsam sakramentalen Charakter.[22] Von dieser Vernunft kann in der Tat gesagt werden, dass sie „heilig, gerecht und gut" ist.

Ebenso wie das Gesetz kann freilich die zum Leben gegebene Vernunft sich im Gebrauch des Menschen zum Instrument des Todes verkehren. Statt die verschiedenen Dinge miteinander kommunizieren zu lassen, trennt sie, was zusammengehört, unterbricht sie den Wortwechsel, um sich das schöpferische Wort selbst anzumaßen. Indem der Mensch sich selbst zum Schöpfer seiner Vernunft erklärt, verwechselt er sich mit dem Logos selbst und täuscht sich zugleich darüber, wie wenig er dem Anspruch Gottes gerecht wird. Die Vernunft wird zum Instrument der Selbstrechtfertigung. Für Hamann ist insbesondere der Selbstruhm der Vernunft ein Indiz ihrer Selbstverfehlung.

---

[17] HAMANN, Briefwechsel, Bd. 7, hg. v. ARTHUR HENKEL, Frankfurt a.M. 1979, 168,34 (an Jacobi am 27.4.1788).

[18] Ebd., Z. 13f.

[19] Ebd., Z. 15–17.

[20] HAMANN, Sämtliche Werke, hg. v. JOSEF NADLER, Bd. 3, Wien 1951, 142,6f; vgl. 144,7 (3. Hierophantischer Brief); daß die Philosophie „scheidet", was Gott zusammengefügt hat (vgl. Mk 10,9 par), und „umgekehrt" in eins setzt, was theologisch zu unterscheiden ist, wird von Hamann immer wieder als ihre Grundverfehlung herausgestellt: vgl. ebd., 40,3–5 (Philologische Einfälle und Zweifel); 300,31–36 (Golgatha und Scheblimini); 278,14f (Rezension); 286,32–34 (Metakritik); Londoner Schriften, hg. v. OSWALD BAYER/BERND WEIßENBORN, München 1993, 112,32–113,2; Briefwechsel, Bd. 6, hg. v. ARTHUR HENKEL, Frankfurt a.M. 1975, 534,16–19 (an Jacobi am 24.8.1786); Bd. 7 (s. Anm. 17), 158,16f (an Jacobi am 23.4.1787); dazu OSWALD BAYER, Vernunft ist Sprache (s. Anm. 13), 106f und 337–341.

[21] HAMANN, Sämtliche Werke, Bd. 3, 300,31–301,2 (Golgatha und Scheblimini) unter Aufnahme einer Formulierung Ciceros: „RATIO et ORATIO".

[22] Ebd., 300,34 und 288,3f; 289,21f (Metakritik). Mit BAYER, Vernunft ist Sprache (s. Anm. 13), 375f. und 419–422, kann man in diesem sakramentalen Verständnis der Sprache geradezu den Skopus der *Metakritik* sehen.

"Die Gesundheit der Vernunft ist der wohlfeilste, eigenmächtigste und unverschämteste Selbstruhm, durch den alles zum voraus gesetzt wird, was eben zu beweisen war, und wodurch alle freye Untersuchung der Wahrheit gewaltthätiger als durch die Unfehlbarkeit der römisch-katholschen Kirche ausgeschloßen wird."[23]

Noch einmal ist hier kritisch zurückzufragen: Wie vernünftig ist eine Vernunft, die sich selbst für unfehlbar hält, in solcher Selbsteinschätzung aber ihre eigene Bedingtheit verkennt? In den Worten Hamanns lauten Frage und Antwort so: „[...] was ist die hochgelobte Vernunft mit ihrer Allgemeinheit, Unfehlbarkeit, Überschwenglichkeit, Gewißheit und Evidenz? ein Ens rationis, ein Ölgötze, dem ein schreyender Aberglaube der Unvernunft göttliche Attribute andichtet."[24]

Dass dem Selbstruhm der Vernunft eine Fiktion, ein Wunschbild, ja ein Götzenbild zugrunde liegt, kann freilich nur einleuchten, wenn man um den wahren, lebendigen Gott weiß, der sich in seinem Wort selbst mitteilt. Diese Gotteserkenntnis aber liegt außerhalb der Kompetenz der gesetzlichen Vernunft. Sie verdankt sich dem Hören auf die Stimme des Evangeliums. Welche Vernunft diesem Wort entspricht, soll abschließend im Rekurs auf Luthers Theologie wenigstens noch angedeutet werden.[25]

4. Gotteserkenntnis im Sprachraum von Gesetz und Evangelium

Gotteserkenntnis ist für Luther gebunden an das Wort, in dem sich Gott selbst gibt. „Er will durch keine andere Vernunft, denn allein durch sein Wort erkannt werden."[26] Wie aber verhält sich diese Vernunft, die sich auf das Wort Gottes einzustellen vermag und sich von diesem her empfängt, zu der allgemeinen Vernunft und ihren Möglichkeiten der Gotteserkenntnis?

Die scharfe Antithetik, in der Luther die beiden Erkenntniswege einander entgegengesetzt, wäre missverstanden, wenn sie als Verwerfung der Vernunft und damit als Absolutsetzung des Glaubens aufgefasst würde. In der deutlichen Kontrastierung geht es Luther vielmehr darum, die Grenzen der im Licht der natürlichen Vernunft möglichen Gotteserkenntnis aufzuweisen, die Vernunft aber sehr wohl bei der Aufgabe der Gotteserkenntnis zu behaften. Diesem Ziel dient es, wenn er die für seine gesamte Theologie maßgebende Unterscheidung

---

[23] HAMANN, Sämtliche Werke, Bd. 3, 189,18–22 (Zweifel und Einfälle).
[24] Ebd., 225,3–5 (Konxompax).
[25] Die folgenden Ausführungen greifen zurück auf meinen Aufsatz: Gott in seinem Wort wahrnehmen. Überlegungen zu einem nachmetaphysischen Gottesverständnis im Anschluss an Anselm von Canterbury und Martin Luther, in: KLAUS HELD/THOMAS SÖDING (Hg.), Phänomenologie und Theologie (QD 227), Freiburg i.Br. u.a 2009, 74–105, hier 101–104.
[26] WA 33, 594,40–595,2 (Wochenpredigten über Joh 6–8; 1530–1532; zu Joh 8,25).

von Gesetz und Evangelium auch auf das Verhältnis von Philosophie und Theologie anwendet. Es gibt „zweierlei Erkenntnis Gottes", eine aus dem Gesetz, die andere aus dem Evangelium.[27]

Die Gotteserkenntnis der allgemeinen Vernunft ist ebenso notwendig und ebenso allgemein wie das Gesetz, das nach Röm 2,15 allen Menschen ins Herz geschrieben ist. Kraft des Gesetzes können alle Menschen nicht nur wissen, „dass ein Gott sei", sondern auch dass er als Regent die Natur und die Geschichte lenkt und dass Menschen ihm Gehorsam, aber auch Liebe und Vertrauen schuldig sind.[28] „So weit kommt die Vernunft in Gotteserkenntnis, dass sie hat cognitionem Legalem, dass sie weiß Gottes Gebot, und was recht oder unrecht ist."[29] Diese Erkenntnis, die Luther ausdrücklich auch den Philosophen zugesteht,[30] schließt auch das Wissen um die erste Tafel des Dekalogs, mithin ein religiöses Wissen ein, sie bleibt jedoch insofern unzulänglich, als sie den Menschen nicht in das rechte Gottesverhältnis zu setzen vermag. Es mangelt sowohl an der Erkenntnis des Sünderseins – „dass alle Menschen in Sünden geboren und verdammt sind"[31] – als auch an der Erkenntnis der Gnade: Vom „Abgrund göttlicher Weisheit und Willens" und von der „Tiefe seiner Gnade und Barmherzigkeit, wie es im ewigen Leben zugehen werde, da weiß die Vernunft nicht einen Tropfen davon, und ist ihr gar verborgen, sie redet davon wie der Blinde von der Farbe."[32] Die Vernunft weiß um Gott, aber sie sieht ihn nicht.[33] Und weil sie ihn nicht wahrnimmt, vermag sie auch nichts von ihm zu empfangen.

Eben um das rechte Sehen, die rechte Wahrnehmung und um das Empfangen geht es in der Gotteserkenntnis des Evangeliums. „Durch den eingeborenen Sohn", der nach Joh 1,18 in des Vaters Schoß ist und uns den sonst für uns unsichtbaren Gott auslegt, „und durch das Evangelium lernt man Gott gerade ins Angesicht sehen"[34]. Während die gesetzliche Erkenntnis der Vernunft Gott nur von hinten sieht, wie er den Menschen „den Rücken zukehrt"[35], lässt das Evangelium erkennen, wie Gott einen Menschen anschaut, was er von ihm will

---

[27] WA 46, 667,8f (Auslegung von Joh 1 und 2 in Predigten; 1537/38).
[28] Vgl. ebd., 666,20–26.
[29] Ebd., 668,9f.
[30] Ebd., 668,10f.
[31] Ebd., 669,28f.
[32] Ebd., 669,12–15.
[33] Vgl. WA 19, 206,31–207,6 (Auslegung des Propheten Jona; 1526): Die Vernunft kann „die Gottheit" nicht „recht austeilen noch recht zueignen, dem sie allein gebührt. Sie weiß, dass Gott ist. Aber wer oder welcher es sei, der da recht Gott heißt, das weiß sie nicht. [...] Also spielt [...] die Vernunft ‚Blinde Kuh' mit Gott und tut eitel Fehlgriffe und schlägt immer daneben, dass sie das Gott heißt, was nicht Gott ist, und wiederum nicht Gott heißt, was Gott ist"; dazu OSWALD BAYER, Martin Luthers Theologie. Eine Vergegenwärtigung, Tübingen ³2007, 116–123.
[34] WA 46, 673,8f (Auslegung von Joh 1 und 2 in Predigten; 1537/38).
[35] Ebd., 672,25f.

und wie er ihm gegenüber „gesinnt"[36] ist. Und indem es Gott so sehen lässt, gibt es dem Menschen auch Anteil an der Fülle der Gnade und Wahrheit, die in Christus leibhaftig ist (Joh 1,14). Die evangelische Gotteserkenntnis ist teilgebende, kommunikative Erkenntnis. Sie erschließt die Gemeinschaft von Gott und Mensch.

Dazu kann es freilich nur kommen, wenn der Mensch, der sich als Sünder Gott gegenüber verschließt, das Gericht geschehen lässt, das Jesus Christus am Kreuz vollzieht. Das Angesicht Gottes will im Angesicht des Gekreuzigten wahrgenommen werden. „Dass wir durch den Tod Christi Gnade und Wahrheit haben"[37], das ist jedoch eine Einsicht, die der natürlichen Vernunft als Torheit erscheinen muss. Um sie zu begreifen, muss sie selbst gerichtet, ‚umgekehrt' und neu ausgerichtet werden. Aus eigenen Kräften vermag sie diese Wende nicht zu vollziehen. Die evangelische Erkenntnis „wächst in unseren Gärten nicht"[38]; sie muss vielmehr „von oben herab verkündigt [...] und ins Herz gebildet [werden]."[39] Eben weil die Erkenntnis so tief in das Innerste des Herzens hineingehen, ‚einleuchten' soll, kann sie nicht aus dem Eigenen hervorgebracht werden. Hier ist der Mensch ganz angewiesen auf die Mitteilung, die ihm von außen, von oben zuteilwird. Hier geht es um „eine himmlische und göttliche Frömmigkeit, die ein ewiges Leben schafft. Denn sie steht nicht in [des] Menschen Vermögen und vergänglichen Werken, sondern hat einen anderen ewigen Grund, mit welchem sie auch ewig bleiben muss."[40] Damit bringt Luther Grundeinsichten reformatorischer Rechtfertigungslehre in erkenntniskritischer Hinsicht zur Geltung: der *iustitia passiva* entspricht die *cognitio passiva*. Die Erkenntnis, die dem Menschen das ewige Heil, die Gerechtigkeit und Glückseligkeit erschließt, ist „kein Werk, sondern geht vor allen Werken."[41] Sie vollzieht sich „gar inwendig im tiefsten Grund des Herzens" und besteht darin, „dass wir empfangen und nehmen."[42]

Mit Hilfe der Unterscheidung von Gesetz und Evangelium gelangt Luther zu einer Vernunftkritik, die das menschliche Erkenntnisvermögen in einer Hinsicht, bezogen auf die Sphäre der Natur und Geschichte, gar nicht hoch genug rühmen kann, um ihr dann doch in anderer Hinsicht, bezogen auf die Gotteserkenntnis, jegliche Eigenkompetenz zu bestreiten. Die Vernunft — so formuliert Luther einmal im rechtfertigungstheologischen Zusammenhang — „kennt nichts anderes als das Gesetz"[43]. Indem sie das Gesetz in seinen verschiedenen Ausprägungen in Natur, Geschichte und sozialer Ordnung als Verfassung der

---

[36] Ebd., 673,6f.
[37] Ebd., 673,19f.
[38] Ebd., 669,9.
[39] Ebd., 670.21f.
[40] WA 28, 100,16—18 (Wochenpredigten über Joh 16—20; 1528/9; zu Joh 17,3).
[41] Ebd., 100,23f.
[42] Ebd., 100,23.25f.
[43] WA 40/I, 474,22f (Galaterbriefkommentar, 1531 bzw. 1535): „ratio nihil aliud novit quam legem".

Weltwirklichkeit zu erkennen vermag, erweist sie sich als eine gute Gabe Gottes, die in Wissenschaft, Technik und Kunst Großartiges leisten kann und soll.[44] Das Gesetz aber „gibt nichts anderes als Weltliches"[45]. Um die Wirklichkeit Gottes und sein Wirken in der Schöpfung zu vernehmen, bedarf es eines anderen Wortes und einer anderen Vernunft. Genauer gesagt: Um Gott zu erkennen, bedarf die Vernunft der Aufklärung im Licht des Wortes Gottes, durch das sie erneuert und zu ihrer ursprünglichen Bestimmung zurückgeführt wird.

---

[44] Vgl. dazu noch einmal Luthers Thesen *De homine*.
[45] WA 40/I, 555,2 (Galaterbriefkommentar; 1531 bzw. 1535): „lex nihil dat quam mundanum."

13. KAPITEL: „... KEIN KRÄFTIGER NOCH EDLER WERK ALS REDEN"

Von der Macht der Sprache bei Luther

Luthers Behauptung, es sei „kein krefftiger noch edler werck am Menschen [...] denn reden"[1], lässt sich als Kurzformel seiner theologischen Lehre vom Menschen auffassen. Und sofern sie den Menschen entscheidend durch sein Sprachvermögen definiert sieht, lässt sich von ihr her auch Luthers Sprachlehre in anthropologischer Hinsicht entfalten. Das soll im Folgenden unternommen werden.

1. LUTHERS KURZFORMEL UND DIE FRAGE NACH DER DEFINITION DES MENSCHEN

Bedeutsam ist diese Kurzformel nicht nur in dem, was sie über das Sprachvermögen des Menschen sagt; an ihr lässt sich zudem exemplarisch aufzeigen, wie Luther selbst mit der Sprache umgeht. Die Formulierung in ihrem Kontext ist auch ein kleines Sprachkunstwerk, das es verdient unter rhetorischen Gesichtspunkten gewürdigt zu werden.

Indem Luther die Komparativformen der Adjektive „kräftig" und „edel" verneint, gibt er besonders nachdrücklich zu verstehen, dass mit ihnen das Höchste im Menschen gemeint ist. Wenn über die Sprache hinaus nichts Höheres dem Menschen zu eigen ist, dann gebührt ihr eben die Stellung des Allerhöchsten. Nicht noch einmal auf andere Größen zu überschreiten, ist sie die alles bestimmende, alles prägende Instanz der menschlichen Natur. In diesem Sinne ist sie von prinzipieller Bedeutung. Die Sprache, genauer: der Sprachgebrauch der Rede, macht den Menschen zum Menschen.

Solche Hervorhebung steht freilich im Gegensatz zu einem geläufigen Selbstverständnis des Menschen, demzufolge es die Vernunft ist, die den Menschen definiert. Wenn der Mensch kraft seines Vernunftvermögens sich der Sprache als eines Werkzeugs bedient, um seine Gedanken mitzuteilen, dann scheint doch alles dafür zu sprechen, der Vernunft die Stellung des höchsten

---
[1] WA.DB 10/I, 100,12.

Seelenvermögens zuzuweisen. Diese philosophische Anthropologie bildet die Vorlage, zu der sich Luther mit seiner dezidiert theologischen Lehre vom Menschen kontrastierend ins Verhältnis setzt. Das Streitgespräch, in dem Recht und Grenzen philosophischer Anthropologie verhandelt werden, hat Luther in seinen Thesen *De homine* explizit, die aristotelische Definition des Menschen als „animal rationale, sensitivum, corporeum" zitierend,[2] durchgeführt. Hier, in seiner Vorrede auf den Psalter, wird diese philosophische Sicht auf den Menschen eher indirekt korrigiert. Dass mit der Aussage, das Reden sei das kräftigste und edelste Werk „am Menschen", eine Antithese formuliert ist, wird deutlich, wenn man ihr Gegenüber in der aristotelischen Anthropologie ausfindig macht.

Auch Aristoteles fragt nach dem „spezifisch Menschlichen" im Unterschied zu den Lebensvollzügen, die der Mensch mit den übrigen Lebewesen gemeinsam hat.

> „An das Leben der Ernährung und des Wachstums dürfen wir also nicht denken. Hiernach käme ein sinnliches Leben in Betracht. Doch auch ein solches ist offenbar dem Pferde, dem Ochsen und allen Sinnenwesen gemeinsam. So bleibt also nur ein nach dem vernunft-begabten Seelenteile tätiges Leben übrig, und hier gibt es einen Teil, der der Vernunft gehorcht, und einen anderen, der sie hat und denkt. Da aber das tätige Leben in doppeltem Sinne verstanden wird, so kann es sich hier nur um das aktuell oder wirklich tätige Leben, als das offenbar wichtigere, handeln."[3]

Das „eigentümliche Werk und die eigentümliche Verrichtung des Menschen" besteht demnach „in vernünftiger oder der Vernunft nicht entbehrender Tätigkeit der Seele"[4]. Die *differentia specifica* des Menschen liegt also in einem Werk, in einem Vermögen, kraft dessen der Mensch seine übrigen seelischen und körperlichen Kräfte zu beherrschen vermag. Das oberste Seelenvermögen kommt hier als Herrschaftsvermögen in Betracht. Und als das „vornehmste" ist es zugleich „etwas Göttliches" im Menschen. „... wenn es auch klein ist an Umfang, so ist es doch an Kraft und Wert das bei weitem über alles Hervorragende. Ja, man darf sagen: dieses Göttliche in uns ist unser wahres Selbst, wenn anders es unser vornehmster und bester Teil ist."[5]

Liest man Luthers Aussagen über das spezifisch Menschliche im Vergleich mit dieser klassischen philosophischen Konzeption, treten die Unterschiede scharf hervor.

Eine erste Frage betrifft den Begriff des Werkes, der für die aristotelische Bestimmung des Menschen leitend ist, von Luther aber in einer eigentümlich

---

[2] LDStA 1, 664f (= WA 39/I, 175, These 1).
[3] ARISTOTELES, Nikomachische Ethik I,6, nach der Übersetzung von EUGEN ROLFES, bearbeitet von Günther Bien (Philosophische Schriften in sechs Bänden, Bd. 3), Darmstadt 1995, 11f.
[4] Ebd., 12.
[5] Ebd., 250f (Buch 10,7); man beachte auch die Fortsetzung des Zitats: „Mithin wäre es ungereimt, wenn einer nicht sein eigenes Leben leben wollte, sondern das eines anderen. [...] Was einem Wesen von Natur eigentümlich ist im Unterschied von anderen, ist auch für dasselbe das Beste und Genußreichste."

ironischen Brechung aufgenommen wird. Lässt sich das Reden den Werken des Menschen, seinen aktiven Verrichtungen zuordnen? Im Kontext der Psaltervorrede hebt Luther gerade die Differenz zwischen Werken und Worten und den Vorrang der letzteren hervor.

Es sei „des Psalters edle tugent vnd art das ander bücher wol viel von wercken der heiligen rumpeln, aber gar wenig von yhren worten sagen, Da ist der Psalter ein ausbund, darynn er auch so wol vnd süsse reucht, wenn man drynne lieset, das er nicht alleine die werck der heiligen erzelet, sondern auch yhre wort, wie sie mit Gott gered und gebettet haben, vnd noch reden vnd beten"[6].

Gewiss ist ein Mensch tätig, wenn er redet. Aber diese Tätigkeit ist doch etwas anderes als Aktivitäten und Handlungen, die einem subjektiven Vermögen als Leistung zugerechnet werden können. Kann der Mensch die Sprache so beherrschen wie er Instrumente zu selbstgesetzten Zielen einsetzen und gebrauchen kann? Oder liegt im Gebrauch der Sprache immer auch eine fundamentale Passivität, eine Abhängigkeit des Sprechers von der Sprache, die ihn prägt und ihm die Möglichkeiten seines Denkens zuspielt? Darauf könnte hindeuten, wenn Luther das Reden als ein Werk „am Menschen" bezeichnet.

Die hier zu bedenkende Eigenart der Sprache im Unterschied zu den Werken lässt sich noch deutlicher erkennen, wenn man die beiden Adjektive bedenkt, die Luther in der Form des verneinten Komparativs dem Substantiv „Werk" zuordnet: „kräftig" und „edel". Mit beiden Adjektiven werden der Sprache Eigenschaften zugesprochen, die kaum unwidersprochen bleiben können. Luther selbst weiß um das Recht gegenteiliger Aussagen, die gerade auf die Schwäche und auf die Allgemeinheit der Sprache hindeuten. Dass sie „kräftig", ja „kräftiger" als alle anderen Werke des Menschen sei, ist eine paradoxe Behauptung, die in Spannung steht zu der Erfahrung, dass das bloße Reden immer wieder wenig, allzu wenig bewirkt. Worin also liegt die Kraft der in dieser Hinsicht so schwachen Sprache? Was kann sie und sie allein schaffen? Worin ist sie „kräftiger" als alle Werke? Diesen Fragen wird noch genauer nachzugehen sein. Hier achten wir noch auf das zweite, unmittelbar abgeschlossene Attribut des Redens.

Bei dem Adjektiv „edel" ist die Konnotation „vornehm" und somit die Differenz zum „Gemeinen" mitzuhören. Man verbindet mit dem „Edlen" Rangunterschiede in soziologischer ebenso wie in psychologischer Hinsicht. Hier wie dort ist mit „edel" das höher oder am höchsten Stehende markiert. Wenn Luther jedoch dem Reden als solchem – ohne besondere Qualifizierungen! – das Prädikat „edel" zuspricht, sind solche Abstufungen durchbrochen, geradezu umgekehrt. Es geht ihm nicht um ein besonders elaboriertes Sprechen, sondern um das Reden, zu dem jeder Mensch, auch und gerade der „gemeine Mann" und die „gemeine Frau" in der Lage ist. Die Sprache des Psalters ist gerade insofern vorbildlich als „alle Heiligen", also alle Angehörigen der christlichen Gemeinde,

---

[6] WA.DB 10/1, 100,3–8.

in ihm Worte finden können, in denen sie ihr Eigenes ausgedrückt finden können und durch die sie zur Gemeinschaft der Heiligen verbunden werden.

> Im Psalter findet „ein ieglicher, ynn waserley sachen er ist, Psalmen vnd wort drinnen [...], die sich auff seine sachen reimen, vnd yhm so eben sind, als weren sie alleine vmb seinen willen also gesetzt, das er sie auch selbs nicht besser setzen noch finden kann noch wündschen mag. Welchs denn auch dazu gut ist, das wenn einem solche wort gefallen vnd sich mit yhm reymen, das er gewis wird, er sey ynn der gemeinschaft der heiligen, vnd hab allen heiligen gangen, wie es yhm gehet, weil sie ein liedlin alle mit yhm singen [...]."[7]

Der König David, der als Autor der Psalmen gilt, wird hier nicht in seiner königlichen Rolle gewürdigt, sondern als Repräsentant einer allgemeinen Menschlichkeit, der er Sprache verleiht.

Es geht in dieser Kurzformel mithin um die Sprache als ein elementar und allgemein menschliches Vermögen. Mit ihm verbinden sich freilich, wenn man auf den näheren Kontext achtet, durchaus göttliche Prädikate. Sprache zeichnet den Menschen als Kreatur gegenüber anderen Kreaturen aus. In ihr wirkt aber zugleich göttliche Schöpfermacht, wenn denn in ihr die Kraft wirkt, die einen Menschen lebendig sein lässt. „Es ist ia ein stummer mensch gegen einem redenden, schier als ein halb todter mensch zu achten"[8]; „kräftig" und „edel" im Superlativ ist das Reden also deswegen, weil in ihm Gottes Schöpfermacht wirksam ist. Die Sprache ist insofern menschlich und göttlich. Auch in dieser Hinsicht kann ein Vergleich mit der Anthropologie des Aristoteles der Verdeutlichung dienen. Hier ist es ja das Vernunftvermögen, das als das höchste Seelenvermögen zugleich ein Göttliches ist. Genau in dieses *confinium* tritt bei Luther die Sprache. Sie ist es, die zwischen Gott und Mensch vermittelt.

Redend haben Gott und Mensch miteinander zu tun. Das heißt: Sprache ist das Medium, in dem und durch das Gott am Menschen handelt, und zugleich das Medium, in dem und durch das sich der Mensch Gott zuwendet und ihm antwortet. In seiner reformatorischen Schrift *Von der babylonischen Gefangenschaft der Kirche* hat Luther grundsätzlich, geradezu axiomatisch behauptet: „Gott hat niemals anders mit den Menschen gehandelt und handelt niemals anders mit ihnen als durch das Wort der Verheißung, und umgekehrt können auch wir niemals anders mit ihm handeln als im Glauben an das Wort seiner Zusage."[9] Noch einmal anders gesagt:

> „Es gibt keinen anderen Weg, auf dem der Mensch mit Gott übereinkommen oder mit ihm handeln könnte, als durch den Glauben. [...] Nicht der Mensch ist durch irgendwelche welbst vollbrachten Werke der Urheber der Seligkeit, sondern Gott durch seine Verheißung. Alles hängt ab und wird getragen und bewahrt von ‚seinem

---

[7] WA.DB 10/1, 102,23–30.
[8] WA.DB 10/1, 100,10f.
[9] WA 6, 516,30–32.

kräftigen Wort', durch das er uns gezeugt hat, damit wir ‚die Erstlinge seiner Schöpfung' seien."[10].

Der Glaube ist Antwort auf diese Zusage. Er verdankt sich dem „kräftigen Wort" (Hebr 1,3) und äußert sich dann auch seinerseits, indem er Gott im Gebet anruft. Eben für diesen sprachlichen Umgang mit Gott ist der Psalter das Enchiridion, das Handbuch, das in den rechten Wortwechsel zwischen Gott und Mensch einübt.

Wenn wir nach der Macht der Sprache bei Luther fragen, ist also im Entscheidenden nach einer göttlichen Macht gefragt, allerdings nach einer solchen, die in die kreatürliche Sprache einzugehen und durch sie zu wirken vermag.

2. MENSCHSEIN IM WERDEN. DER MENSCH ALS SPRACHWESEN ZWISCHEN LÜGE UND WAHRHEIT

Es ist ein besonderes Wort, das als Gottes Wort in der menschlichen Sprache kräftige Wirkungen zeitigt. Keineswegs alles menschliche Reden steht mit dem Wirken Gottes im Einklang. Vielmehr ist davon auszugehen, dass der Mensch als Sünder die Schöpfungsgabe der Sprache immer schon missbraucht und sich dem „Wort der Wahrheit" verschließt. Dieses Wort, das nach Jakobus 1,18 die Kraft hat, die Wiedergeburt, die Neuschöpfung aus Gott, zu bewirken, ist in der Welt ‚Mangelware'. In einem frühen Text Luthers, auf dem Weg zur Reformation als Synodalrede geschrieben, heißt es:

> „Es wimmelt die ganze Welt, ja sie ist heute geradezu überschwemmt von vielen und mannigfachen schmutzigen Lehren: von so viel Gesetzen, so viel Meinungen der Menschen und endlich so viel Aberglauben wird das Volk allenthalben mehr überschüttet als gelehrt, so daß das Wort der Wahrheit nur schwach schimmert, an vielen Stellen nicht einmal wie ein Fünkchen. Und was kann das für eine Geburt sein, wo durch das Wort der Menschen und nicht durch Gottes Wort gezeugt wird? Wie das Wort, so die Geburt, wie die Geburt, so das Volk. Wir pflegen uns zu wundern, wie im Volke Christi ein so großes Regiment führen: Zwietracht, Zorn, Neid, Hochmut, Ungehorsam, böse Lust, Prassen, und die Liebe weithin erkaltet, der Glaube ausgelöscht wird, die Hoffnung zunichte wird: Hört auf, bitte ich, euch zu wundern. Alle diese Dinge sind nicht zu verwundern."[11]

Verwunderlich sind die genannten Missstände eben deswegen nicht, weil in ihnen, und das heißt im Negativbeispiel, deutlich wird, wie sehr Menschen in ihrem Verhalten durch Sprache geprägt werden. Die Regel „Wie das Wort, so die Geburt, wie die Geburt, so das Volk" gilt im Negativen wie im Positiven. Die Sprache bildet den Grund, aus dem die Werke hervorgehen. Verkehrter Sprachgebrauch bringt verkehrtes Verhalten hervor. Deswegen kann Luther die Lüge

---

[10] WA 6, 514,21–25; Übers. nach LDStA 3, 219,27–34.
[11] WA 1,12,15–24; übers. nach: Luther 79, 2008, 2–10, hier 4.

als den „größten Feind der menschlichen Gesellschaft"[12] bezeichnen. „Unser größter Feind ist die eigene Sprache, und man muss sich vor ihr nicht weniger in Acht nehmen als vor dem größten [äußeren] Feind. Und je geringer, desto schädlicher, geringer in der Realität, aber der größte in der Wirkungsmacht. Denn nichts verletzt das Gewissen leichter als die Sprache."[13] Das geringe Wort kann Gewaltiges, nicht zuletzt auch Gewalttaten bewirken.

Kommt der Sprache somit entscheidende Bedeutung für die Sphäre der Werke zu, so verschärft sich die Problematik noch dadurch, dass der Mensch die eigene Sprache nicht in der eigenen Gewalt hat. In dieser Hinsicht nimmt Luther die Weisheit des Jakobusbriefes auf (Jak 3,1–12): „Wenn [ein Mensch] die Sprache zähmen kann, kann er auch seinen Leib vor der Sünde bewahren, denn, wer nicht sündigt in der Sprache, hat ohne Zweifel auch seine übrigen Glieder schon gezähmt und hält sie durch Gehorsam im Zaum."[14] Der Konditionalsatz ist hier als Irrealis zu verstehen: Wenn der Mensch die Sprache beherrschen könnte, dann könnte er auch die Sünde in seinen übrigen leiblichen Vollzügen überwinden. Er kann es aber nicht. Allenfalls ist er in der Lage, gute Taten vorzutäuschen, insbesondere auch durch einen Sprachgebrauch, der sich fromm gibt, ohne es wirklich zu sein. Viele sind überaus „geschwätzig" (verbosissimi) im Widerspruch zur Befindlichkeit ihres Herzens. Die Sprache schafft hier nur eine „leere Religion" und ermangelt der Gerechtigkeit, das heißt: „außen glänzend und innen leer: deswegen verführt [ein solch geschwätziger ‚Heiliger'] nicht nur andere, sondern auch sein Herz, indem er sich für religiös hält, ohne es zu sein."[15]

Mit der Rede vom Herzen ist in anthropologischer Hinsicht die Instanz benannt, aus dem die Sprache hervorgeht. Das Herz ist die Quelle oder auch der Schatz, aus dem Böses und Gutes entspringt (vgl. Mt 12,35). In dieser Widersprüchlichkeit, in der gegensätzliche Affekte den Menschen im Innersten bewegen, ist das Herz ein „Ungeheuer"[16]. Es ist, so Luthers Übersetzung von Jer 17,9, „ein trotzig und verzagt Ding; wer kann es ergründen?" Eben in jener Sphäre, in der die Sünde ihren Wurzelgrund hat, kann der Mensch sich nicht auf den Grund kommen, sich nicht selbst bestimmen. Luthers Lehre vom Menschen, wie sie sich in der frühen Dekalogauslegung ausbildet, bewegt sich im Grundriss der Unterscheidung von Werk, Wort und Herz und fasst diese Trias in einem Gefälle, das vom Herzen über die Sprache zur Ebene der Handlungen führt. Es geht ihm in dieser Unterscheidung um den ganzen Menschen, eben

---

[12] WA 1, 511,12: „humanae societatis maximus hostis est mendacium" (Decem praecepta Wittenbergensi praedicata populo).

[13] WA 1, 475,20–23: „maximus hostis noster est lingua propria atque ab ea non minus cavendum quam ab inimico maximo, Et quo est minor, eo nocentior, minor in re, sed maximus in virtute. Nihil enim facilius laedit conscientiam quam lingua."

[14] WA 1, 475,1–3: „si potest linguam domare, potest etiam totum corpus suum a peccato custodire, quia, qui non peccat in lingua, sine dubio et alia membra iam domata et oboedientia habet sub froeno."

[15] WA 1, 474, 8–14.

[16] WA 1, 510,39: „monstrum humani cordis".

um den Menschen, der „mit Herzen, Mund und Händen" nach Gottes Willen leben soll, aber dazu als Sünder nicht in der Lage ist, weil die Sünde ihn als ganzen in den Widerspruch gegenüber Gott treibt. Dass es so um den Menschen steht, wird im Dekalog offenkundig, in dem sich genau diese Trias spiegelt. Das erste und ihm korrespondierend auch das letzte Gebot betrifft den Menschen in der Sphäre des Herzens. Dort ist der Sitz der Begierden, der Affekte und der innersten Willensregungen, und dort soll der Glaube als das unbedingte Vertrauen auf den allein wahren Gott Platz greifen. Das Herz ist der Quellgrund, aus dem die Worte, deren rechter Gebrauch im zweiten und im vorletzten Gebot gefordert ist, und die Werke, die Gegenstand der übrigen Gebote sind, hervorgehen.

Das Wort, die Sprache bildet hier die Mitte. Durch sie ist der Mensch als Geschöpf ausgezeichnet. „Allein dem Menschen sind Vernunft und Rede gegeben, deren Amt es ist, die Wahrheit zu sagen."[17] An dieser Formulierung ist zunächst das Begriffspaar „Vernunft und Sprache" („ratio et sermo") bemerkenswert. Die Vernunft ist somit konstitutiv als sprachliches Vermögen gefasst. „Ohne Sprache keine Vernunft" – so wird Johann Georg Hamann im 18. Jahrhundert als ein von Luther tief geprägter Sprachdenker den Sachverhalt auf den Punkt bringen. Vernunft- und Sprachvermögen zusammen bilden die *differentia specifica* des Menschen gegenüber den übrigen Lebewesen. Charakteristisch für Luthers Lehre vom Menschen ist sodann, dass die Gaben von Vernunft und Sprache, die den Menschen auszeichnen, einer Bestimmung unterliegen, der der Mensch faktisch nicht entspricht und aus eigenen Kräften, aus Kräften seiner Vernunft und Sprache nicht entsprechen kann. Vernunft und Sprache sind ihm gegeben, um „die Wahrheit zu sagen". Das ist ihr „Amt". Weil aber Vernunft und Sprache im Verhältnis zum Herzen abhängige Größen sind, weil also das Denken und Reden des Menschen von den Affekten des Herzens bewegt werden, kann er seine Bestimmung zur Wahrheit nicht selbst verwirklichen. In der späten Genesisvorlesung hat Luther die philosophische Definition des Menschen, die ihr Recht hat, mit einem Zusatz versehen: Der Mensch ist „animal rationale habens cor fingens"[18], zu deutsch: Der Mensch ist ein vernünftiges Lebewesen, das ein einbildungskräftiges Herz hat.[19] Der Mensch hat Vernunft und Sprache. Aber der Gebrauch dieser Gaben unterliegt dem Herzen, das der Mensch gerade nicht zu beherrschen vermag.

Ist der Mensch als ganzer der Sünde und damit der Unfreiheit verfallen, ist „sein ganzes Gutes nicht innerhalb seiner, sondern außerhalb seiner in Gott und seiner Barmherzigkeit"[20] gelegen. Die „Besserung des Lebens", die Luther

---

[17] WA 1, 511,7f: „soli enim homini ratio et sermo data sunt, quorum officium est veritatem dicere."
[18] WA 42, 348,38 (Genesis-Vorlesung).
[19] Ausführlicher s.o. 164-168.
[20] WA 1, 427,32f: „totumque suum bonum non intra se, sed extra se in deo et misericordia eius situm".

programmatisch als Reformation fordert und betreibt, ist umso gründlicher und beständiger, als sie nicht aus dir, sondern aus Gott, der deinem Vorsatz bei weitem zuvorkommt beginnt."[21] Kommen wir noch einmal zurück auf die oben zitierte Formel: „Wie das Wort, so die Geburt, wie die Geburt, so das Volk", so ist hier nun die in der Rede von der Geburt implizierte Passivität zu betonen. Dass der Mensch als Individuum und als soziales Wesen in den Gemeinschaften des Volkes und der Kirche seine Bestimmung verwirklicht und zu seiner Wahrheit gelangt, hängt ganz von dem Wort ab, das ihm gesagt werden muss. Sprachwesen ist er in dieser schlechthinnigen Angewiesenheit auf ein ihm von außerhalb seiner selbst ihm zugesagtes Wort. Für die Kirche heißt das: Sie „subsistiert" nicht in sich selbst, sondern allein in dem Wort, durch das sie ernährt und vollendet werden.[22] Was diese Einsicht für für das ökumenische Gespräch bedeuten könnte, ist hier nicht weiter zu verfolgen. Konzentrieren wir uns auf die anthropologischen Aspekte. Der Mensch hat den Grund seiner selbst nicht in seiner eigenen Natur, sondern nur in der Weise, dass er sich selbst von außerhalb seiner selbst empfängt und in diesem Sinn geboren wird.

Damit ist deutlich, dass das Menschsein nicht als eine an und für sich bestehende und aus sich heraus zu verwirklichende Größe zu verstehen ist. Ebenso wenig wie Gott ist auch der Mensch nach Luther unter der Kategorie der Substanz zu verstehen, sondern entscheidend unter der Kategorie der Relation, also als ein Beziehungswesen. Um den Menschen als ganzen und in seiner Wahrheit zu erkennen, gilt es mithin auf den Prozess zu achten, in dem er zu sich selbst, zur Verwirklichung seiner Bestimmung gebracht wird. Eben dieser Prozess ist wesentlich ein sprachlicher Vorgang. Der Mensch gelangt in seine Wahrheit, indem ihm das Wort der Wahrheit gesagt wird und er sich selbst im Wort der Wahrheit erkennt.

Allein im Wort findet der Mensch Grund und Element seiner Freiheit. Klassisch hat Luther diese Einsicht in der Schrift *Von der Freiheit eines Christenmenschen* zum Ausdruck gebracht:

> „Zum Fünften. Es hat die Seele nichts anderes, weder im Himmel noch auf Erden, worin sie leben kann, recht, frei und Christ sei, als das heilige Evangelium, das Wort Gottes von Christus gepredigt. [...] Wenn sie [...]das Wort hat, so braucht sie sonst nichts mehr, sondern sie hat an dem Wort Genüge, hat Speise, Freude, Frieden, Licht, Erkenntnis, Gerechtigkeit, Wahrheit, Weisheit, Freiheit und alles Gute im Überschwang."[23]

Grund der Freiheit ist das Wort Gottes, indem der Mensch in ihm sein Leben, das, was ihn erhält und nährt, findet. Das Wort hat somit auch die Qualität des Lebensraums und des „Lebensmittels". Von ihm her und in ihm lebend, gelangt

---

[21] WA 1, 417,34f: „Haec enim emendatio vitae tanto est solidior et constancior, quo non ex te, sed ex deo longe votum tuum praeveniente cepit."
[22] WA 1, 13,38f: „Stat fixa sententia, ecclesiam non nasci nec subsistere in natura sua, nisi verbo Dei." Vgl. auch WA 30/II, 650,19–21.
[23] Zitiert nach DDStA 1, 283/285.

der Mensch zu einer Freiheit, die er aus sich heraus durch nichts in der Welt gewinnen könnte.

Dieser Vorgang, durch den der Mensch wahrhaft Mensch wird, gelangt in der Zeit zwischen Geburt und Tod niemals zum Abschluss. Er bleibt Mensch im Werden. Wenn Luther plastisch das Wort Gottes als „die göttliche Gebärmutter" bezeichnet, „in der ich geboren werde"[24], so ist der präsentische und damit unabgeschlossene Charakter des Prozesses der Geburt scharf herausgestellt. Der Mensch wird geboren, ohne jemals die „Gebärmutter" des ihn schaffenden und bildenden Wortes zu verlassen.[25]

Vorausgesetzt ist hier, dass Gott selbst sich des Wortes bedient, um den Menschen ins Leben zu rufen, schöpferisch zu bilden und zu erhalten. Bedenkt man die Tugenden des Wortes in dieser theologischen Perspektive, sind die Unterscheidungen wichtig, die Luther im Blick auf das Wort Gottes in seiner ihm eigenen Wirksamkeit trifft. In erster Linie geht es dann um die Unterscheidung zwischen dem Wort des Gesetzes und dem Wort des Evangeliums. Diese Unterscheidungslehre soll hier nicht weiter verfolgt werden. Nur so viel ist festzuhalten: Auch diese Unterscheidung steht unter der Leitfrage nach der Wirkungsmacht: wie setzt sich Gottes Wort als Wort der Wahrheit gegen und für den Menschen durch? Wir konzentrieren uns im Folgenden auf dieselbe Frage, nun aber in anthropologischer Perspektive. Wie kann ein menschliches kreatürliches Wort zum Organ des schöpferischen und richtenden Handelns Gottes werden? Welche Eigenschaften der Sprache sind in dieser Hinsicht zu erkennen?

3. Menschliche Sprache und das Geheimnis der Schöpfung

Der erste Schritt zur Erkenntnis ist hier wie auch sonst so oft das Eingeständnis des Nicht-Wissens und das Staunen. Die Sprache und zwar das Reden als leiblicher Vollzug gehört für Luther zu den Dingen, die wir „nicht verstehen", auch wenn wir sie mit unseren „fünf Sinnen begreifen" können.[26] Luther nennt hier als Beispiel das Werden eines Menschen im Mutterleib. „Eine Mutter kann nicht sagen, wie es zugehet, wie sie ein kindelein empfehet, und wie es sich neret von ihrem hertzen und von ihren bluths tropffen wachse, auch wie sie Milch in ihren brusten bekomme, noch dennochs treget sie das kindt und gebiers zur

---

[24] WA 40/I, 597,7 (Große Galaterbriefvorlesung).
[25] Hier fügen sich die Schlussthesen aus Luthers *Disputatio de homine* nahtlos ein (Thesen 35–40): „homo huius vitae est pura materia Dei ad futurae formae suae vitae" (These 35). „Interim in peccatis est homo et in dies vel iustificatur vel polluitur magis" (These 39).
[26] WA 47, 26,29f.

welt."²⁷ Auch wenn wir heute dank der modernen Naturwissenschaft über diesen Prozess vielerlei wissen und das heißt das „Begreifen" mit unseren fünf Sinnen weiter unter Zuhilfenahme neuer Instrumente erweitert haben, stellt sich doch auf einer anderen Ebene die Frage nach dem Wie: Wie entsteht Leben? Die Naturwissenschaft versteht sich auf Fakten. Aber kann sie auch das Werden, die Wirklichkeit im status nascendi aufklären. Auf diese Ebene bezieht sich Luther, wenn er grundsätzlich behauptet: „wir konnen nicht verstehen das thun, dorinnen wir leben."²⁸ In diesem Zusammenhang gibt Luther auch das Wunder der Sprache zu bedenken:

> „So hatt noch kein mensch auf erden je sagen konnen, wie es doch zugehe, das sich die zunge im maul uberwerffe und plapper und nehme die Stimme zu hulffe und breche die Stimme dieselbe also, das viel leute horen konnen die rede. So ist auch noch nie keiner kommen, der do hette sagen konnen, was lachen oder was weinen sej"²⁹.

Zahlreiche weitere Beispiele folgen. Das Staunen Luthers gilt hier „leiblichen Dingen", die wir heute in ihrer Körperlichkeit zweifellos erforschen können und immer noch weitergehend erforschen. Das eigentliche Wunder in der Leiblichkeit ist freilich, dass solche körperlichen Vorgänge zum Organ geistiger Wirkungen werden können.

Genau dieses Wunder stellt Luther im Zusammenhang einer Würdigung der Musik im Blick auf die menschliche Stimme heraus:

> „[...] es haben sich wol die Philosophi vnd gelerten leut hart beulissen vnd bemühet, dieses wunderbarlich Werck vnd Kunst der Menschlichen Stimme zu erforschen vnd begreiffen, wie es zugieng, das die Lufft durch eine solche kleine vnd geringe bewegung der Zungen, vnd darnach auch noch durch eine geringere bewegung der kelen oder des halses, also auff mancherley art vnd weise, nach dem, wie es durch das gemüt geregieret und gelencket wird, auch also krefftig vnd gewaltig Wort, Laut, Gesang vnd Klang von sich geben könne, das sie so fern vnd weit, geringes herumb, von jederman vnterschiedlich nicht allein gehört, sondern auch verstanden vnd vernommen wird."³⁰

Das Wunder der Sprache besteht also in einem doppelten Übertragungsvorgang: Was einen Menschen im Gemüt bewegt, kommt leiblich zum Ausdruck, und diese Äußerungen werden von verschiedenen Menschen wiederum nicht nur sinnlich gehört, sondern auch im Geist verstanden. Dieses *commercium mentis et corporis* ist das Geheimnis der Sprache. Oder, um noch einmal Johann

---

[27] WA 47, 26, 26–29.
[28] WA 47, 26,25f.
[29] WA 47, 25,18–22.
[30] WA 50, 370,18–26.

Georg Hamann zu zitieren: Wörter haben „ein ästhetisches und logisches Vermögen"[31]. Wie aber beides miteinander zusammenhängt, ist ein komplexes Phänomen, das sich einer einlinigen, sei es nun materialistischen oder idealistischen Erklärung entzieht.

Luther geht es allerdings auch gar nicht darum, dieses Wunder zu erklären. Sein Interesse gilt der Macht des Wortes, wie sie sich in der Erfahrung erweist. Die Macht des Wortes will erprobt werden. Wie stark es ist, erweist sich in der Situation der Anfechtung.

> „Wenn wir auch ynn anfechtung versuchet hetten, wie Gottes wort sterckt und einen mut macht, so kündten wirs verstehen, weyl es aber nicht versucht ist, so ist es kald und schmeckt nicht. Aber wenn es kömpt, das man hend und füsse mus lassen gehen und kann nur das wort erhalten, so sihet man, was es fur ein krafft ist, das kein Teuffel so starck ist, das ers umb stosse, ob er wol beisset und wils verschliengen, ist yhm aber ein glüender feuriger spies. Es ist ein gering wort, das widder schein noch ansehen hat, doch so es durch den mund odder rede yns hertz gefasset wird und versucht, wird mans gewar, was es kann."[32]

Diese Erfahrung widerspricht freilich dem Urteil der Vernunft: „Nach der Vernunft ist es wahr, daß Gott der größte Narr aller Narren ist, daß er seine Sache mit dem Wort und mit der Predigt anrichtet"[33], hält sie doch das Wort für „ohnmächtiger [...] denn eine Fliege"[34]. „Die Welt will und kann nicht glauben, daß Gottes Wort Gottes Macht sei. Denn sie siehet mit viehischen Augen die Buchstaben oder den mündlichen Hall an, denket nicht, daß etwas mehr dahinter sei, sonderlich solche große Kraft Gottes"[35]. Anders urteilt der Glaube, der sich das Wort gesagt sein lässt. Die Macht des Wortes wird im Herzen erfahren, und dort ist sie die einzige Macht, die einen Menschen im Innersten erreichen und verwandeln kann. Darin ist das schwache Wort geradezu allmächtig.

---

[31] JOHANN GEORG HAMANN, Metakritik über den Purismum der Vernunft, dazu: OSWALD BAYER, Vernunft ist Sprache. Hamanns Metakritik Kants, Stuttgart-Bad Canstatt 2002, 374.
[32] WA 24, 576,5–13.
[33] WA 33, 620, 26–29 (Wochenpredigt über Joh 8,28 vom 25.11.1531).
[34] WA 48, 154 (Bibel- und Bucheinzeichnungen, zu Joh 8,51; 1542).
[35] Ebd. 156f.

Teil IV
Freiheit

14. Kapitel: Auf dem Weg zur Freiheit

1. Umstrittene Freiheit

Die Naturwissenschaft, so wie sie sich in der Neuzeit etabliert hat und das gegenwärtige Verständnis von Wissenschaft und Vernunft weithin dominiert, arbeitet mit den Mitteln des Experiments; und sie hat in der Neurobiologie auch Testanordnungen entwickelt, um die Realität der Freiheit auf den Prüfstand zu stellen. Dass viele Vertreter der Zunft aus diesen Experimenten auf den illusionären Charakter unseres Freiheitsbewusstseins schließen, ist die Herausforderung, der wir uns mit den folgenden Überlegungen stellen. Behauptet wird: Wir meinen frei zu sein, sind es aber in Wirklichkeit nicht; wir meinen frei zu sein, weil und insofern wir unsere Handlungen auf Willensakte zurückführen, die wir uns selbst, uns als Subjekt zurechnen. In Wirklichkeit aber fallen die Entscheidungen in unserem Gehirn, in einem komplexen Prozess von neuronalen Schaltungen, noch bevor sie auf der Ebene unseres Ichbewusstseins ratifiziert werden. Heißt es in einer biblischen Weisheit, die sprichwörtlich geworden ist: „Der Mensch denkt, Gott lenkt"[1], so lautet die Auskunft heutiger Neurowissenschaften ähnlich: Der Mensch meint Herr seines Denkens und seines Wollens zu sein, im Grund aber ist es sein Gehirn, das die Bewegungen seines Denkens und Wollens lenkt. Sind sich also Naturwissenschaft und Theologie darin einig, die Freiheit des Willens zu bestreiten? Sehen beide in dem Menschen und seinen geistigen Fähigkeiten abhängige Größen, getrieben von Kräften und Mächten, über die sie nicht verfügen können? Ist der Mensch also nichts anderes als ein Spielball, der geworfen wird, ohne selbst über den Lauf bestimmen zu können?

Diese Vorstellung provoziert zum Widerspruch. Sind wir nicht als freie Wesen geschaffen, die mehr sind als Steine, mehr und anderes als bloß materielle Gebilde? Gehört nicht zum Wesen des Menschen seine Vernunft und seine Verantwortungsfähigkeit? Gewiss, die Theologie redet von dieser Würde des Menschen, sie sieht in ihm Gottes Ebenbild, bestimmt zu einem Leben im Geist und in Verantwortung vor Gott. Aber sie weiß doch auch um die andere Seite, an die

---

[1] „Des Menschen Herz erdenkt sich seinen Weg; aber der Herr lenkt seinen Schritt" (Spr 16,9). „In eines Mannes Herzen sind viele Pläne" (Spr 19,21). Was er davon verwirklicht, liegt freilich nicht in seiner Gewalt. In diesem Sinn gilt: „Des Menschen Tun ist nicht in seiner Gewalt; und es liegt in niemandes Macht, wie er wandle oder seinen Gang richte" (Jer 10,23).

wir durch die neuen Erkenntnisse der Neurowissenschaften erinnert werden: dass der Mensch weit weniger, als er meint, seiner selbst mächtig ist, dass sein Wille mancherlei Affekten ausgeliefert ist, kurz: dass sein Willens- und Urteilsvermögen geradezu versklavt ist. Eben das ist die Diagnose, die insbesondere Martin Luther gegenüber dem Humanisten Erasmus nachdrücklich und polemisch zur Geltung gebracht hat: „Dass der freie Wille nichts sei", das begegnet uns hier als theologische These.

Aber ist damit jegliche Freiheit bestritten? Und was ist nun genauer unter Freiheit und Unfreiheit zu verstehen?

2. Eine biblische Hinführung

In diese Diskussion trete ich als Theologe ein. Nun ist die Theologie keine experimentell verfahrende Wissenschaft; sie kennt allenfalls Gedankenexperimente. Und sie hält sich, um zu Erkenntnissen zu kommen, an sprachliche Dokumente, insbesondere an Geschichten. Ich setze daher mit einer Geschichte und einem in die Geschichte eingebetteten Wortwechsel ein. Das Volk Israel ist aus Ägypten, dem Sklavenhaus, herausgeführt worden und hat das verheißene Land in Besitz genommen. Nicht Mose, sondern sein Nachfolger Josua blickt nun zurück auf den langen Weg, der hinter den Israeliten liegt, und gibt die Geschichte als eine Geschichte der Führungen des Gottes Israels zu verstehen. „So spricht der Herr, der Gott Israels", so beginnt seine Rede an das Volk, die noch einmal die Befreiungsgeschichte rekapituliert und in ihr das Handeln dieses Gottes erkennt, der sich dadurch signifikant von anderen Göttern unterscheidet. Der geschichtliche Rückblick mündet ein in die Mahnung und den Aufruf zur Entscheidung:

> „So fürchtet nun den Herrn und dient ihm treulich und rechtschaffen und lasst fahren die Götter, denen eure Väter gedient haben [...]. Gefällt es euch aber nicht, dem Herrn zu dienen, so *wählt* euch heute, wem ihr dienen *wollt*: [...].
> *Ich aber und mein Haus wollen dem Herrn dienen.*
> Da antwortete das Volk und sprach: Das sei ferne von uns, dass wir den Herrn verlassen und andern Göttern dienen! [...]
> Josua sprach zum Volk: Ihr *könnt* dem Herrn *nicht* dienen; denn er ist ein heiliger Gott, ein eifernder Gott, der eure Übertretungen und Sünden nicht vergeben wird.
> Das Volk aber sprach zu Josua: *Nein*, sondern wir *wollen* dem Herrn dienen.
> Da sprach Josua zum Volk: Ihr seid Zeugen gegen euch selbst, dass ihr euch den Herrn *erwählt* habt, um ihm zu dienen. Und sie sprachen: *Ja!* – " (Jos 24,14–22)

Von Freiheit ist in dieser Textpassage nicht ausdrücklich die Rede. Man findet im alttestamentlichen Hebräisch keinen Begriff, der den Freiheitsbegriffen, wie wir sie im Griechischen, Lateinischen und Deutschen kennen, äquivalent wäre. Aber unverkennbar sind hier Phänomene und Vollzüge zur Sprache gebracht, die wir unter dem Begriff der Freiheit fassen können. Und es könnte sich gerade als hilfreich erweisen, dass hier noch nicht *einem* Begriff subsumiert wird, was sich in der Erfahrung durchaus vielfältig und widersprüchlich darstellt. Achten wir also auf die konkreten Vollzüge und ihre sprachlichen Bezeichnungen: Es geht um Ja-Sagen und Nein-Sagen, und für das letztere findet sich hier noch die plastische Formulierung: fahren lassen. Es geht um Wählen, Erwählen und Wollen, und es geht dabei um das, was Menschen gefällt. Mit der Frage nach dem Wollen verbindet sich die Frage nach dem Können, und nicht zuletzt es geht um Bindungen und Beziehungen, wie sie hier unter dem Stichwort „dienen" angesprochen werden.

Schon dieses Vokabular macht deutlich: Die Wirklichkeit, die wir meinen, wenn wir von Freiheit reden, ist überaus komplex. Statt von *der* Freiheit zu reden und diese dann entweder zu bejahen oder zu verneinen, müssen wir zunächst unterscheiden. Welche Freiheit ist gemeint? Und es könnte sein, dass wir eine Form der Freiheit bestreiten und dabei zugleich eine andere Form der Freiheit für uns in Anspruch nehmen. In der einen Hinsicht nehmen wir uns als abhängig, als unfrei war. In der anderen Hinsicht lösen wir Abhängigkeiten, machen wir uns frei oder erfahren wir uns als frei.

3. Problemanzeige: Die bestrittene und die in Anspruch genommene Freiheit

Gerade ein solches Zugleich von Bestreitung und Behauptung dürfte charakteristisch sein für unsere gegenwärtige Situation und Debattenlage.

Die Negation der Freiheit des Willens ist ja nur die eine Seite, die gegenläufig mit einer Position, mit einer Inanspruchnahme der Freiheit verknüpft ist. Die eine Seite der Dialektik lässt sich als Naturalisierung menschlicher Subjektivität bezeichnen. Gerhard Roth hat diese Auffassung in einem griffigen Satz zusammengefasst: „Nicht das Ich, sondern das Gehirn hat entschieden." [2] Dieser Satz sei richtig; denn „eine Entscheidung treffen" sei „ein Vorgang, dessen Auftreten objektiv überprüfbar" sei. „Auf den linken oder rechten Knopf zu drücken oder [...] durch eine linke oder eine rechte Tür zu gehen", solche Entscheidungen trifft „nicht das wollende und bewusst erlebende Ich", sondern das Gehirn. „Da aus der Dritten-Person-Perspektive eine Entscheidung getroffen wurde und nicht das Ich entschieden hat, kann es nur das Gehirn sein – ein weiterer Akteur ist nicht in Sicht!" Man wird dem insofern zustimmen müssen, als unter den methodischen Bedingungen der biologischen Forschung kein anderer Akteur sichtbar werden kann. Das bedeutet jedoch keineswegs, dass es keinen anderen Akteur geben könnte. Vor allem aber bleibt hier außer Acht, welche Möglichkeiten des Handelns die neurobiologischen Erkenntnis dem Beobachter selbst vermittelt.

---

[2] Gerhard Roth, Worüber dürfen Hirnforscher reden – und in welcher Weise? In: Christian Geyer (Hg.), Hirnforschung und Willensfreiheit. Zur Deutung der neuesten Experimente (edition suhrkamp 2387), Frankfurt a.M. 2004, 66–85, 77, dort finden sich auch die folgenden Zitate.

Einerseits verflüchtigt sich die Subjektivität des Menschen zu einem Epiphänomen neuronaler Prozesse. Subjektivität wird auf Natur zurückgeführt. In diesem Sinne wird vermeintliche Macht als Ohnmacht entlarvt. Der Mensch kann nach dieser Diagnose gar nicht anders als so zu handeln, wie es die Natur bestimmt. Dabei wird „Natur" verstanden als ein in sich geschlossenes Kausalgefüge, wie es sich in der naturwissenschaftlichen Betrachtung und Behandlung darstellt. Diese neurobiologische Depotenzierung des Menschen fügt den drei von Sigmund Freud klassisch benannten Kränkungen, die die neuzeitliche Naturwissenschaft dem Menschen bereits zugefügt hat, eine weitere hinzu: Verloren hat er nicht nur seine Mittelpunktstellung im Weltall (Kopernikus), nicht nur seine Sonderstellung im Gegenüber zu den Tieren (Darwin), nicht nur seine Herrschaft im Haushalt der Seele (Freud); nun wird seine Abhängigkeit noch einmal radikaler gefasst als ein Ausgeliefertsein des Geistes überhaupt an physische Vorgänge.

Zugleich aber ist mit dieser Verlusterfahrung – wie mit den vorigen auch! – ein Zuwachs verknüpft, der als Machtgewinn über die Natur verbucht werden kann. Prozesse, die bisher als unbeeinflussbar, unbeherrschbar hingenommen werden mussten, erweisen sich in dem Maße, in dem sie durchschaut, kausal erklärt und rekonstruiert werden können, als veränderbar. So wie der aus der Mittelpunktstellung im All der Schöpfung verstoßene Mensch zugleich derjenige ist, der sich erkenntnistheoretisch und praktisch in der Ausübung seiner technischen Vernunft als Mitte setzt, so ist der sich selbst neurobiologisch depotenzierende Mensch zugleich derjenige, der Macht über sich selbst gewinnt. Die „Selbstverkleinerung" des Menschen, der sich selbst „als bloßes Produkt der Evolutionsgeschichte" ansieht und sich somit in den Naturzusammenhang zurücknimmt, ist paradoxerweise zugleich die Voraussetzung dafür, dass der Mensch mehr aus sich machen kann.[3] Indem er den Zusammenhang von Gehirn und Geist als Kausalzusammenhang erkennt, kann er nun seinerseits über Eingriffe in das Gehirn auch geistige Prozesse bestimmen. Als der sich selbst naturalisierende stellt er sich selbst zugleich der bloßen Natur gegenüber. Indem er sie kultiviert, unterwirft er sie sich. Das gilt nicht nur für die äußere Natur, sondern auch für seine eigene physische Konstitution.

Einerseits gelten die neuronalen Prozesse als die Determinanten, die darüber entscheiden, was wir auf der Ebene des Bewusstseins wollen und denken. So betrachtet gibt es, wie der prominente Hirnforscher Wolf Singer sagt, keinen Dirigenten im Kopf.[4] Es gibt „Aktivitätszustände", so etwas wie eine „Aktivitätswolke", aber keinen Akteur, der für diese Zustände und Verknüpfungen verantwortlich zu machen wäre. „Ein dynamischer Zustand von Netzwerken im Großhirn" gilt als „die Bedingung für Bewusstsein". Andererseits erlaubt gerade

---

[3] INGOLF U. DALFERTH, Die Selbstverkleinerung des Menschen, in: ZThK 105, 2008, 94–123, 106 (unter Aufnahme einer Formulierung von Nietzsche).
[4] WOLF SINGER, Das Abenteuer unseres Bewusstseins, in: FAZ vom 29. April 2008; daraus die folgenden Zitate im Text.

diese Einsicht in die Funktionsweise „hirninterner Prozesse" auch deren Kontrolle und Beeinflussung. Derselbe Wolf Singer, der eben die Existenz eines Dirigenten im Kopf bestritten hat, spricht sich in demselben Artikel für meditative Praktiken aus, durch die es möglich sei, bestimmte Hirnfunktionen zu verändern. „So wie man motorische Fertigkeiten lernen kann, lassen sich auch interne Zustände willentlich herbeiführen und durch Training stabilisieren. Aber es bedarf der Anleitung und erheblicher Selbstkontrolle und Disziplin, denn man muss versuchen, mit willentlicher Kontrolle hirninterne Prozesse in den Fokus der Aufmerksamkeit zu nehmen." Wolf Singer beschließt den zitierten Artikel mit den Sätzen: „Unbestritten ist es erstrebenswert, sein Inneres kennenzulernen, eine bessere Kontrolle über seine Affekte zu erlangen, gute Gefühle zu trainieren und sie zu kultivieren, wie Empathie. Wertvoll ist auch die Erfahrung, dass sich solche Fähigkeiten üben lassen. Und nicht zuletzt sind meditative Praktiken ein äußerst wirksames Antidot gegen Fremdbestimmung, Extroversion und Hektik."

Man kann diese Sätze auch als Offerte an die Theologie lesen. Meditation und Bewusstseinswandel sind ja im Raum der Religion beheimatet, und es obliegt der Theologie, solche Praxis kritisch zu reflektieren und anzuleiten. Dieser Aufgabe sollte sie sich nicht entziehen. Und sie sollte Wolf Singer, den ich hier als Repräsentanten für eine breite Strömung der Neurobiologie und -philosophie zitiere, auch darin beim Wort nehmen, dass es in den Kontroversen um die Freiheit entscheidend um die Kultur der Freiheit geht. Die Frage ist dann nicht die nach der Freiheit überhaupt: Ist der Mensch frei oder unfrei? Vielmehr ist zu fragen, was die Freiheit fördert, wodurch wir sie gewinnen, erhalten und vielleicht steigern können, aber auch wodurch wir sie verspielen, verkehren und einschränken. So zu fragen ist eben deswegen so wichtig, weil wir die Freiheit in gewisser Hinsicht gar nicht loswerden können. Mit Sartre gesagt: Der Mensch ist zur Freiheit „verdammt"[5]. Oder etwas weniger pathetisch: Es gehört zur Natur des Menschen, dass er zur Freiheit organisiert ist. Damit bin ich bei einer ersten Einsicht, die von theologischer Seite aus in das Gespräch über die Freiheit einzubringen ist.

4. Unterscheidungen

Der Mensch unterscheidet sich von den übrigen Kreaturen durch einen relativ größeren Handlungsspielraum, wenn nicht überhaupt dadurch, dass er im strengen Sinne ein Wesen ist, das handeln kann und muss. Er ist, wie schon die

---

[5] JEAN-PAUL SARTRE, Ist der Existentialismus ein Humanismus? In: DERS., Drei Essays (Ullstein-Taschenbuch Nr. 304), Frankfurt a.M. 1973,

alte Dogmatik gesagt hat, kein „Klotz" oder „Stein"[6]. Und er ist in seinen Bewegungen nicht allein außengesteuert, sondern er bewegt sich selbst. Er ist, mit einer Formulierung Herders gesagt, der „erste *Freigelassene* der Schöpfung"[7]. Und es liegt auf derselben Linie, wenn Nietzsche ihn als das „noch nicht festgestellte Tier"[8] bezeichnet. Frei von gewissen Zwängen der Natur ist er gerade so genötigt, sich das Nötige zum Leben selbst zu besorgen. „Wer nicht unter physischem Zwang steht, kann das tun, wozu er motiviert ist."[9] Man bezeichnet diese Freiheit gern als Handlungsfreiheit. Sie setzt ein Sich-bewegen-Können voraus, durch das sich der Mensch von der unbelebten Materie sowie graduell auch von anderen Lebewesen unterscheidet. Mit Wilfried Härle lässt sich diese Freiheit verstehen „als die dem Menschen von Natur aus eigene Fähigkeit, in den Grenzen seiner Möglichkeiten durch selbstbestimmte Wahlakte Handlungen (einschließlich Unterlassungen) zu vollziehen, wenn er dies will"[10]. Dass der Mensch „von Natur aus" über diese Freiheit verfügt, ist theologisch nicht zu bestreiten, vielmehr schöpfungstheologisch zu bestätigen. Schon die altprotestantische Dogmatik konnte von einer „libertas naturae"[11] sprechen, die mit der Eigenschaft des Willens identisch ist. Gemeint ist „die innere Freiheit, vermöge welcher der Wille des Menschen freiwillig, aus freien Stücken, ungezwungen, von einer eingeborenen Kraft und Neigung bewegt wird und ein inneres Prinzip seiner Bewegung hat"[12]. Sofern der Mensch ein wollendes Wesen ist,

---

[6] Vgl. BSELK 1356,4–1358,9 (FC.SD II: Vom freien Willen; Rechtschreibung modernisiert): Einem Klotz oder Stein gleicht der Mensch lediglich „in geistlichen und göttlichen Sachen", nicht aber „in weltlichen und äußerlichen Geschäften, was die Nahrung und leibliche Notdurft betrifft". Hier ist er „witzig [verständig, klug], vernünftig und fast [sehr] geschäftig". Und auch in geistlicher Hinsicht ist er insofern „der Freiheit fähig", als er „durch Gottes Gnade zum Guten bekehrt und wahrhaftig frei *werden* kann" – so wenig er als Sünder dieses Werk der Befreiung aus sich heraus leisten kann; vgl. weiter ebd., 1372,21–39.

[7] JOHANN GOTTFRIED HERDER, Werke in zehn Bdn., Bd. 6: Ideen zur Philosophie der Geschichte der Menschheit, hg. v. MARTIN BOLLACHER, Frankfurt a.M. 1989, 145f.

[8] FRIEDRICH NIETZSCHE, Sämtliche Werke. Kritische Studienausgabe in 15 Bdn., hg. v. GIORGIO COLLI und MAZZINO MONTINARI, München und Berlin/New York 1980 (abgekürzt: KSA), Bd. 5, 81 (Jenseits von Gut und Böse, Nr. 62).

[9] EDUARD SPRANGER, Lebensformen. Geisteswissenschaftliche Psychologie und Ethik der Persönlichkeit, Tübingen ⁸1950, 227.

[10] WILFRIED HÄRLE, Der (un-)freie Wille aus reformatorischer und neurobiologischer Sicht, in: DERS., Menschsein in Beziehungen. Studien zur Rechtfertigungslehre und Anthropologie, Tübingen 2005, 253–303, Zitat 303.

[11] JOHANN GERHARD, Loci theologici (1. Aufl. 1610–1622), hg. v. EDUARD PREUSS, Bd. 2, Berlin 1864, 238 (De libero arbitrio, § 5), zitiert und im theologiegeschichtlichen Zusammenhang interpretiert bei THEODOR MAHLMANN, Die Interpretation von Luthers *De servo arbitrio* bei orthodoxen lutherischen Theologen, vor allem Sebastian Schmidt (1617–1696), in: NOTGER SLENCZKA/WALTER SPARN (Hg.), Luthers Erben. Studien zur Rezeptionsgeschichte der reformatorischen Theologie Luthers. Festschrift für Jörg Baur zum 75. Geb., Tübingen 2005, 73–136, Zitat 103.

[12] Ebd.

verfügt er über diese Freiheit – auch nach dem Fall. Dass der Mensch willentlich und in diesem Sinne frei handelt, ist nicht etwas, was er auch unterlassen könnte.

Von dieser Handlungsfreiheit ist nun zweitens die Willensfreiheit zu unterscheiden. Zwar ist der Wille das Prinzip freier Handlungen. Aber er ist deswegen keineswegs so frei, dass er seiner selbst mächtig wäre, dass er das eigene Wollen „durch selbstbestimmte Wahlakte [...]verändern"[13] könnte, dass er wollen könnte, „was er wollen will"[14]. Hier setzt die Problematik an, die im Zentrum der philosophischen und theologischen Debatte steht. Die Freiheit im Sinne der Freiheit der Selbstbestimmung setzt voraus, dass der Wille über die dazu erforderliche Macht verfügt. Aber hat er diese Freiheit? Theologisch, zumindest wenn man den Einsichten der reformatorischen Theologie folgt, hat hier die Rede vom unfreien Willen ihren Ort. So sehr der Wille in Handlungen wirksam und mächtig ist, so wenig lässt er sich selbstbestimmt steuern, so wenig ist der Mensch aus sich heraus seines Wollens mächtig. Melanchthon hat diese Unfreiheit eindrucksvoll aufgewiesen, indem er von der Sphäre der äußeren Werke, die sich in der Tat steuern lassen, die Sphäre der inneren Motive und Affekte unterschieden hat. Die tieferen Beweggründe des menschlichen Verhaltens liegen im Herzen, dort, wo der Mensch sich von Affekten bewegen lässt, ohne diese durch Anstrengungen seines Verstandes und seines Willens steuern zu können.[15] Der Mensch ist nicht Herr im eigenen Haus. In dieser Einsicht stimmen Psychoanalyse und theologische Anthropologie, zumindest die der Reformatoren, überein.

Ist der Mensch aber in dieser Sphäre, die in der biblischen Anthropologie als Herz bezeichnet wird, zum Wollen des Guten befreit, dann ist er zugleich der Freiheit im Sinne eines indifferenten Wahlprinzips enthoben. Dann, aber auch nur dann ist er so frei, dass er gar nichts anderes mehr will, als er tun soll, so frei, dass er gar nichts anderes mehr tun kann als das Gute, zu dem er bestimmt ist und zugleich sich selbst bestimmt. Dann besteht seine Freiheit in der völligen Einwilligung in den Willen Gottes. Im Unterschied zur Handlungs- und zur Willensfreiheit könnte man diese Freiheit als „Lebensfreiheit" bezeichnen. Dann lässt sich mit Lessing sagen: „Ich danke dem Schöpfer, daß ich muß;

---

[13] HÄRLE (s. Anm. 10), 303.
[14] Aus dem Gedicht *Apropos „Freier Wille"* von MASCHA KALÉKO, In meinen Träumen läutet es Sturm. Gedichte und Epigramme aus dem Nachlaß, hg. und eingeleitet von GISELA ZOCH-WESTPHAL (dtv Taschenbuch 1294), München 1977, 148:
A.: „Wir tun nur, was wir sollen."
B.: „Der Mensch kann, was er will."
A.: „Gewiß. Doch kann er wollen,
   das, was er wollen will?"
[15] PHILIPP MELANCHTHON, Loci communes (1521), lat.-dt., übers. von HORST GEORG PÖHLMANN, Gütersloh 1993 (Kap. 1: De hominis viribus adeoque de libero arbitrio). Vgl. in diesem Band 236.

das Beste muß."[16] Und man versteht, warum Luther sich befreit und entlastet fühlen konnte, wenn er die Sorge um sein Heil aus den eigenen Händen in die Hände Gottes legen durfte. Er würde es gar nicht wollen,

> „dass mir ein freies Willensvermögen gegeben wird oder irgendetwas in meiner Hand belassen würde, wodurch ich nach dem Heil streben könnte. [...] Denn mein Gewissen wäre, und wenn ich auch ewig lebte und wirkte, niemals gewiss und sicher, wie viel es tun muss, damit Gott Genüge getan wäre. [...] Aber weil Gott jetzt mein Heil meinem Willensvermögen entzogen und in seines aufgenommen und zugesagt hat, mich nicht durch mein Werk und mein Laufen, sondern durch seine Gnade und seine Barmherzigkeit zu retten, bin ich sicher und gewiss, dass er treu ist; er wird mich nicht belügen. Ferner ist er mächtig und groß, so dass keine Dämonen, keine widrigen Umstände ihn werden niederzwingen oder mich ihm entreißen können."[17]

Die geschichtliche Situation des Menschen ist gekennzeichnet durch die Spannung zwischen der Freiheit der Natur, die den Menschen zum willentlichen Handeln organisiert hat, und der noch ausstehenden Freiheit, die ihn in seinem Wollen mit dem Gesollten übereinstimmen lässt. Die Frage, ob der Mensch frei oder unfrei ist, lässt sich also weder einfach bejahen noch einfach verneinen. Der Mensch ist nicht so frei, dass er gar nicht mehr befreit werden müsste. Und er ist nicht so unfrei, dass er gar nicht befreit werden könnte.

5. Freiheit und Sprache

Wege zur Freiheit – unter dieser Überschrift ließen sich zahlreiche Erzählungen der Bibel vorstellen und interpretieren. Man denke noch einmal an die eingangs erinnerte Erzählung vom Auszug aus Ägypten. Man denke an die Gleichniserzählung vom verlorenen Sohn (Lk 15,11-32). Und man denke nicht zuletzt an die Mahnung des Paulus: „Zur Freiheit hat uns Christus befreit! So steht nun fest und lasst euch nicht wieder das Joch der Knechtschaft auflegen." (Gal 5,1) Fragen wir von daher abschließend nach den spezifisch theologischen Beiträgen zur Kultur, zur Förderung und Pflege der Freiheit. Dabei nehme ich noch einmal auf, was die Geschichte vom Bundesschluss zu Sichem (Jos 24) hierzu zu denken gibt.

Die Frage der Freiheit verquickt sich mit der Gottesfrage. Im Horizont der biblischen Erzählung ist das die Frage nach dem einen, allein vertrauenswürdigen Gott, in scharfer Entgegensetzung zu den anderen Göttern. Es geht um das erste Gebot, so wie Luther es im *Großen Katechismus* ausgelegt hat. In Frage steht, woran der Mensch sein Herz hängt. Eben „das Trauen des Herzens

---

[16] GOTTHOLD EPHRAIM LESSING, Werke in 8 Bdn., hg. v. HERBERT G. GÖPFERT, Bd. 8, München 1979, 448 (Zusätze des Herausgebers zu den Philosophischen Aufsätzen von Karl Wilhelm Jerusalem).
[17] WA 18, 783,17–33 (De servo arbitrio); übers. von ATHINA LEXUTT, in LDStA 1, 651, 1–23.

macht beide: Gott und Abgott". Bezogen auf unsere gegenwärtige Kultur wäre zu fragen, wovon der Mensch sich in seinem Streben nach Freiheit abhängig macht, an welche göttlichen Mächte er sich bindet. Die Werbesprache bietet für diesen Zusammenhang viele Beispiele. Da wird an den Wunsch, an die Sehnsucht nach Freiheit appelliert, aber dann sind es doch immer wieder nur dingliche Güter, die angeblich Freiheit verbürgen, aber doch ihre je spezifischen Abhängigkeiten mit sich bringen.

Wie frei sind wir wirklich? Die Israeliten sind gefragt, ob Sie dem Gott, dem sie ihre Freiheit verdanken, dienen wollen. Und sie können auf diese Frage „ja" oder „nein" sagen. Eben diese beiden Wörter sind gleichsam die Elemente der Freiheit. Allerdings zeigt sich hier bei näherer Betrachtung eine eigentümliche Asymmetrie. Es fällt uns mitunter schwer „nein" zu sagen, und dann sagen wir leichtfertig „ja". Aber gerade dann merken wir auch, wie schwer es ist wirklich und wahrhaftig ja zu sagen. Der Mensch ist ein Nein-sagen-Könner. Er kann sich lossagen. Aber kann er auch in gleicher Weise Ja sagen? Brücken hinter sich abzubrechen, Beziehungen abzubrechen, ist oft leichter als Brücken zu bauen und Beziehungen zu pflegen. Daran merken wir, wie wenig wir unseres eigenen Herzens mächtig sind. Wenn wir einem anderen Menschen versprechen, ihm oder ihr treu zu sein, dann ist dieses Jawort ein solches, das wir in dem Bewusstsein sprechen, darin auf Gottes Hilfe angewiesen zu sein. Unter diesem Aspekt verbindet sich das Problem der Freiheit mit dem der Treue.

Und schließlich: das Problem der Freiheit ist ein Problem der Sprache. Die Beziehung zwischen Gott und Mensch ist durch Sprache vermittelt. Gottes schöpferisches Handeln ist nach dem Zeugnis der Bibel wesentlich ein sprachliches Handeln. Und dass der Mensch ins Sein geworfen wird, bedeutet dann: Er wird ins Sein gerufen und in seinem Leben, wie Luther einmal formulieren kann, „ohne Unterlass getrieben und gehandhabt [...] durch das Wort"[18]. Und Gott ist nicht ein solcher Gott, „der nur von außen stieße"[19]; er ist kein Billardspieler, der mit einem ersten Anstoß eine Kausalkette in Gang setzen und dann ablaufen ließe. Er bleibt nicht außerhalb des Spielfelds; vielmehr bewegt er seine Schöpfung auch „im Innern"[20]. Gottes Handeln lässt sich daher nicht auf ein kausal-mechanisches Wirken reduzieren. Es ist wesentlich sprachlicher Art. Welche Bedeutung der Sprache im Blick auf das Thema Freiheit zukommt, zeigt sich in Erfahrungen, die wir machen, indem wir miteinander reden. Wenn Menschen miteinander reden, wirken sie zweifellos aufeinander ein. Aber sie erfahren dabei auch, wie wenig sie über ihre jeweiligen Gesprächspartner verfügen können. Ein Wort ruft das andere hervor. Rede und Gegenrede sind aufeinander bezogen. Fragen werden beantwortet. Antworten werden in Frage gestellt. Es geht hin und her im Wortwechsel, und mitunter verlaufen die Verbindungen kreuz und quer. Für alles, was wir sagen, aber gilt: wir können

---

[18] WA 24, 38,9f.
[19] JOHANN WOLFGANG VON GOETHE, Werke in 14 Bdn. (Hamburger Ausgabe), Bd. 1, München [16]1996, 357.
[20] Ebd.

es nur sagen, weil ein Zuvor-Gesagtes uns angesprochen und bewegt hat. Und indem wir sprechen, verhelfen wir auch anderen zur Sprache. Was in der Kommunikation geschieht, lässt sich als ein Geflecht von Wechselwirkungen darstellen. Es ist aber als ein sprachliches Beziehungsnetz von einem Kausalgefüge im strengen Sinn zu unterscheiden. Eine mit den Mitteln der Sprache sich vollziehende Kommunikation verläuft nicht kausal-mechanisch, als ob ich nur einen Hebel betätigen müsste, um eine berechenbare Bewegung herbeizuführen; es handelt sich hier eben nicht um eine chemische Reaktion, die stets nach einem gleichen Muster abläuft. Die sprachliche Reaktion ist nicht durch die vorangehenden Eingaben programmiert, so wie ich eine Schreibmaschine oder einen Computer bediene. Hier, im Umgang mit technischen Geräten bewirke ich durch gezielten Tastendruck die dieser Einwirkung genau ‚entsprechende' Reaktion: Das Gerät reproduziert auf dem Bildschirm das eingegebene Wort. Und ein Gerät ist ein gutes Gerät, wenn es macht, was ihm ‚gesagt' wird. Anders aber verhält es sich mit der sprachlichen Kommunikation. Sie gelingt, wenn sie einen Menschen sein je eigenes sagen lässt. Da liegt der Reichtum gerade in der Variationsbreite möglicher Antworten.

Nun ließe sich freilich einwenden, dass auch die mit der Sprache verbundene Freiheitserfahrung illusionär ist. Wir meinen in unseren Antworten frei zu sein. Aber in der neurobiologischen Betrachtung sei es deutlich, dass unser sprachliches Handeln genauso determiniert sei wie alles Handeln. Was und wie wir etwas sagen, sei das zwangsläufige Ergebnis einer zweifachen Kausalkette: einerseits ist es bestimmt durch die empfangenen äußeren Reize, die gewisse Reaktionen in uns hervorrufen. Andererseits ist die Reaktion auch durch die inneren Bedingungen bestimmt, die in der Persönlichkeit eines Menschen liegen, die also seinen Charakter ausmachen. Wenn wir einen Menschen sehr gut kennen, können wir wissen, was er oder sie in einer gegebenen Situation sagen wird.

Aber sind unsere Worte nur ein Oberflächenphänomen, das lediglich zum Ausdruck bringt, was in der Tiefe des Gehirns schon im Vorhinein entschieden wäre? Dann müssten wir ja gar nicht mehr miteinander zu reden. Dann würde ein Mensch lediglich abspulen, was als Programm in ihn hineingelegt worden ist. Dann könnten wir einen Menschen kennenlernen, indem wir ihm beim Reden zuschauen und die neuronalen Schaltungen verfolgen, die seinem Reden voraus- und zugrundeliegen. Eine solche Erkenntnis, ein solcher Umgang von Menschen mit Menschen wäre eine Reduktion, die wir zu Recht als unmenschlich empfinden. Da wird ein Mensch verobjektiviert, sein „Ich", so wie es sich sprachlich artikuliert, wird auf ein „Es" zurückgeführt, das als Grundschicht angenommen wird.

Aber ist diese Erklärung die einzig mögliche? Und ist sie zureichend? Ein Mensch artikuliert sich ja nicht automatisch, sondern nur, wenn er angesprochen wird. Insofern ist Sprache nicht nur ein Oberflächenphänomen, sondern vielmehr von prinzipieller Bedeutung.[21] Dass wir miteinander sprechen und eben nicht nur übereinander sprechen, ist zutiefst menschlich. Es wahrt unsere Menschlichkeit. Diese prinzipielle Bedeutung lässt sich in zweifacher Hinsicht akzentuieren: Zum einen wirkt Sprache identitätsbildend. Das, was wir den Charakter eines Menschen nennen, seine Individualität, sein unverwechselbares Sosein, bildet sich nicht aus, ohne dass er sich angesprochen erfährt. Ein Mensch wird bei seinem Namen gerufen und eben damit zur Freiheit berufen. Zum anderen: Sprache hält die Identitätsbildung offen. Sie legt einen Menschen nicht fest auf das, was er geworden ist. Sie lässt ihn sich selbst aussprechen. Eben hatten wir gesagt: Wenn wir einen Menschen sehr gut kennen, können wir wissen, was er in einer gegebenen Situation sagen wird. Jetzt müssen wir sagen: Wir können einen Menschen nur kennenlernen, wenn wir mit ihm reden und ihm damit die Möglichkeit zusprechen, sich selbst auszusprechen, sich selbst mitzuteilen. Seine Freiheit ist dann im strengen Sinn „zugesagte Freiheit" oder auch „Freiheit als Antwort".[22]

---

[21] Auf die Bedeutung sprachlichen Handelns weist auch hin ULRICH H. J. KÖRTNER, „Lasset uns Menschen machen". Christliche Anthropologie im biotechnologischen Zeitalter, München 2005, 72–76. In der Auseinandersetzung mit Gerhard Roth gibt er zu bedenken (ebd., 75): „Sprache, die selbstverständlich immer eines physikalischen Übertragungsmediums bedarf, dient [...] keineswegs nur der (nachträglichen) Deutung von Prozessen, sondern sie erzielt spezifische Wirkungen. Auch wenn diese nicht ohne die interpretatorische Eigenleistung des Angeredeten, d.h. nicht ohne Konstruktionsleistung seines Gehirns zustande kommt, muß man doch von einer Kausalität nicht nur des Mentalen, sondern auch des Verbalen sprechen."
[22] Aufgenommen sind damit programmatische Formulierungen von Oswald Bayer; zur Erläuterung und Vertiefung sei verwiesen auf: OSWALD BAYER, Freiheit als Antwort. Zur theologischen Ethik, Tübingen 1995.

15. Kapitel: Befreiende Allmacht

1. Aufgehobene Freiheit

„Was verlieren wir, wenn man uns die Freiheit abspricht?"[1] Diese Frage, wie sie einst von Lessing gestellt wurde, mag irritieren. Die Freiheit ist ja ein hohes Gut, das wir vielleicht zuweilen unterschätzen, das wir aber kaum überschätzen können. An der Freiheit hängt die Würde des Menschen; an der Würde hängen die Menschenrechte; und das heißt: Wer die Freiheit bestreitet, tastet die Menschlichkeit des Menschen überhaupt an. Auch wenn das zunächst nur theoretisch geschieht, so sind doch Konsequenzen im Verhalten von Menschen untereinander absehbar und kaum zu vermeiden. Wenn wir im Anderen nicht mehr ein Wesen mit eigenem Willen und eigenem Recht sehen, wenn wir also einander nicht mehr als freie Menschen achten, dann werden wir einander zu willenlosen und rechtlosen Werkzeugen. Das ist in der Tat eine gespenstische, beängstigende Vorstellung: eine Gesellschaft von Menschen, die einander manipulieren und instrumentalisieren, eine Gesellschaft von Sklaven und Sklavenhaltern, einander ausgeliefert ohne jegliche Sicherungen. Mit dem Gedanken der Freiheit und mit dem Respekt vor der Freiheit entfallen die moralischen Skrupel, das Schuldbewusstsein ebenso wie die Verantwortung voreinander und füreinander. Was verlieren wir also, wenn die Freiheit negiert wird? Als erste Antwort legt sich nahe: Wir verlieren alles, was unsere Menschlichkeit ausmacht. Mit der Freiheit fällt auch die Moral. Ohne Freiheit keine Menschenwürde, kein Recht, keine Verantwortung.

Allerdings ist die Freiheit auch eine höchst ambivalente, zweideutige Größe. Mit ihr verknüpfen sich mancherlei Schwierigkeiten. Die Auszeichnung, dass der Mensch ein freies Wesen ist, wird immer wieder auch als Belastung erfahren – wer die Wahl hat, hat die Qual. Und dabei liegt das Quälende nicht allein in der Unüberschaubarkeit der Alternativen, zwischen denen uns die Wahl schwerfällt. Quälend ist auch, dass wir mit unserem Wollen so wenig bewirken. Die Ohmacht des Willens lässt uns an der Freiheit verzagen oder gar verzweifeln. Was nützt uns die Freiheit, wenn wir mit ihr kaum etwas anfangen können? Wenn wir das Gute wollen, aber doch nicht über die Kraft verfügen, es ausführen zu können?

---

[1] Gotthold Ephraim Lessing, Werke in 8 Bdn., hg. v. Herbert G. Göpfert, Bd. 8, München 1979, 448 (Zusätze des Herausgebers zu den Philosophischen Aufsätzen von Karl Wilhelm Jerusalem).

Von daher mag die Antwort, die Lessing auf die eingangs zitierte Frage gibt, verständlicher werden:

> „Was verlieren wir, wenn man uns die Freiheit abspricht? Etwas – wenn es Etwas ist – was wir nicht brauchen; was wir weder zu unserer Tätigkeit hier, noch zu unserer Glückseligkeit dort brauchen. Etwas, dessen Besitz weit unruhiger und besorgter machen müßte, als das Gefühl seines Gegenteils nimmermehr machen kann. – Zwang und Notwendigkeit, nach welchen die Vorstellung des Besten wirket, wie viel willkommner sind sie mir, als kahle Vermögenheit, unter den nämlichen Umständen bald so, bald anders handeln zu können? Ich danke dem Schöpfer, daß ich muß; das Beste muß. Wenn ich in diesen Schranken selbst so viel Fehltritte noch tue: was würde geschehen, wenn ich mir ganz allein überlassen wäre? Einer blinden Kraft überlassen wäre, die sich nach keinen Gesetzen richtet, und mich darum nicht minder dem Zufalle unterwirfet, weil dieser Zufall sein Spiel in mir selbst hat?"[2]

Könnte es also sogar sein, dass wir etwas gewinnen, „wenn man uns die Freiheit abspricht"? Wenn Lessing sich zur Unfreiheit des Willens bekennt, so begründet er diese These allerdings nicht mit naturwissenschaftlichen Erkenntnissen. Er schließt sich vielmehr philosophischen Konzeptionen an, die sich insbesondere mit den Namen Spinoza und Leibniz verbinden. Und er formuliert zugleich eine theologische Einsicht, die im Glauben an Gott, den Schöpfer begründet ist. „Ich danke dem Schöpfer, daß ich muß; das Beste muß." Der Verzicht auf das Vermögen, so oder so „handeln zu können", fällt leicht, wenn ein Mensch dessen gewiss wird, dass das, was ihn bestimmt und bewegt, nicht nur mächtiger, sondern auch besser ist als alles, was er aus sich heraus zu tun unternimmt. Vorausgesetzt ist hier, dass der Natur- und Geschichtszusammenhang, in dem der Mensch sein Leben empfängt und führt, umfangen und durchdrungen ist vom Wirken Gottes. Der Mensch verliert seine Freiheit an die Natur, indem er diese zugleich als Raum der Gnade Gottes versteht und erfährt. Im Hintergrund steht der Glaube an den Schöpfer, der seine Werke nicht sich selbst überlässt, sondern sie in seinen Händen hält, unter seiner Vorsehung zu einem guten Ende führt.

Mit seinem Bekenntnis zur Unfreiheit des Willens meinte Lessing „ein ehrlicher Lutheraner"[3] zu sein. Und in der Tat hat sich Luther im Streitgespräch mit Erasmus ähnlich geäußert. Auch er versteht und akzeptiert die Unfreiheit des Willensvermögens, weil und insofern er sich auf Gottes Gnade verlässt und sich im Handeln Gottes ‚gut aufgehoben' weiß. Er würde es gar nicht wollen,

> „dass mir ein freies Willensvermögen gegeben wird oder irgendetwas in meiner Hand belassen würde, wodurch ich nach dem Heil streben könnte. Nicht nur deshalb, weil ich in so vielen widrigen Umständen und Gefahren und weiter bei so vielen angreifenden Dämonen nicht im Stande wäre, zu bestehen und es zu behaupten, denn *ein* einziger Dämon ist mächtiger als alle Menschen und nicht ein Mensch würde gerettet; sondern weil ich auch dann, wenn es keine Gefahren, keine widrigen Umstände, keine Dämonen gäbe, dennoch gezwungen würde, mich andauernd

---

[2] Ebd., 448f.
[3] Ebd., 570 (F. H. Jacobi über seine Gespräche mit Lessing).

ins Ungewisse hinein anzustrengen und Lufthiebe zu machen. Denn mein Gewissen wäre, und wenn ich auch ewig lebte und wirkte, niemals gewiss und sicher, wie viel es tun muss, damit Gott Genüge getan wäre. [...] Aber weil Gott jetzt mein Heil meinem Willensvermögen entzogen und in seines aufgenommen und zugesagt hat, mich nicht durch mein Werk und mein Laufen, sondern durch seine Gnade und seine Barmherzigkeit zu retten, bin ich sicher und gewiss, dass er treu ist; er wird mich nicht belügen. Ferner ist er mächtig und groß, so dass keine Dämonen, keine widrigen Umstände ihn werden niederzwingen oder mich ihm entreißen können."[4]

Was gewinnen wir, „wenn man uns die Freiheit abspricht"? Unter dem Eindruck der eben zitierten Bekenntnisse, die in dem Verlust des freien Willenvermögens einen Grund zur Dankbarkeit und zum Lobpreis Gottes sehen, ist man geneigt, die Frage ähnlich paradox, dialektisch zu beantworten, wie Jesus das Verhältnis von Tod und Leben bestimmt hat: „Wer seine Seele behalten will, der wird sie verlieren; und wer seine Seele um meinetwillen und um des Evangeliums willen verliert, der wird sie behalten" (Mk 8,35; vgl. Mt 10,39; Joh 12,25). Was Jesus im Blick auf die Seele zu bedenken gibt, lässt sich auch auf die Freiheit, die ja *eine*, wenn nicht *die* wesentliche Eigenschaft der Seele ist, beziehen: Wer die Freiheit für sich selbst beansprucht, verliert sie; wer sie aber preisgibt, indem er sich einem anderen überlässt, wird sie gewinnen. Ebenso wie die Seele und das Leben überhaupt hat in dieser Sicht auch die Freiheit verschiedene Qualitäten je nachdem, ob sie als Eigenschaft im Sinne des Besitzes von einem Subjekt beansprucht oder als Gabe in der Beziehung zu einem anderen empfangen wird. Während die Freiheit des auf sich selbst gestellten Subjekts eine verzweiflungsvolle Angelegenheit ist, erscheint die durch den Verlust dieser Freiheit gewonnene andere Freiheit als eine gelöste, erlöste Existenzweise. Die eine ist gekennzeichnet durch die Erfahrung der Vergeblichkeit, durch die Unruhe, durch „Lufthiebe" (Luther) und bei aller Anstrengung und Bemühung durch die Bedrängnis, in der eine „blinde Kraft" (Lessing) oder gar dämonische Mächte (Luther) ihr Spiel mit dem Menschen treiben. Die andere Freiheit aber verbindet sich mit Gewissheit und Zuversicht. Der zu dieser Freiheit befreite Mensch erfährt sein Leben und mit ihm seine Freiheit aufgehoben in der tragenden, bergenden und bewegenden Macht Gottes, so dass er nun gar nicht anders kann, als sich seines Lebens zu freuen und Gutes zu tun.

2. Freiheit als Problem der Macht

Die Frage, was wir verlieren und was wir gewinnen, „wenn man uns die Freiheit abspricht", hat sich in der Philosophie- und Theologiegeschichte immer wieder gestellt, und sie stellt sich heute, herausgefordert durch die naturwissenschaftliche, insbesondere neurobiologische Forschung noch einmal in besonderer Zuspitzung. Wenn wir in die heutige Debatte eintreten, sollten wir aus der eben

---

[4] WA 18, 783,17–33 (De servo arbitrio); übers. von Athina Lexutt, in LDStA 1, 651,1–23.

in aller Kürze herangezogenen Tradition zumindest die folgenden Einsichten festhalten, um die Fragestellung zu verdeutlichen und notwendige Unterscheidungen zu treffen:

So wie die Frage der Freiheit von Luther und Lessing verstanden und mit der Behauptung der Unfreiheit des Willens beantwortet wird, ist sie entscheidend eine Frage der Macht. Nach der Freiheit zu fragen, heißt hier zu fragen, ob und wie weit der Mensch seines Lebens mächtig ist. Es geht um die Einschätzung dessen, was der Mensch vermag. Genauer: In Frage steht das Vermögen des Menschen in Bezug auf seine eigene Existenz und seine Stellung vor Gott. Thematisch ist sein Selbstverständnis im Gegenüber zu Gott. Dabei ist vorausgesetzt, dass der Mensch eben durch die Möglichkeit, sich zu sich selbst zu verhalten, wesentlich charakterisiert ist. Es liegt den klassischen Verfechtern der Lehre von der Unfreiheit des Willens fern, zu bestreiten, dass der Mensch über ein seelisch-geistiges Vermögen verfügt, kraft dessen er sich als Person von seiner leiblichen Natur unterscheidet, sich auf diese bezieht und sich seiner selbst bewusst ist. Kurz: Die These von der Unfreiheit des Willens impliziert nicht die Negation der Personalität. Und ebenso wenig wird bestritten, dass der Mensch, der sich in der Relation zu Gott als abhängig erfährt, im Verhältnis zur Welt doch so frei ist, dass er die Güter, die er zum Leben braucht, erkennen und gebrauchen kann. Die Frage ist nur, ob er mit allem, was er in dieser Hinsicht vermag, irgend etwas leisten kann, was ihn vor Gott rechtfertigt. Mit dem Eingeständnis, dass „mit unserer Macht" im Blick auf die Rettung und Bewahrung unseres Lebens „nichts getan" ist[5], ist nicht bestritten, dass wir Macht haben, um im Umgang mit der Welt alles Mögliche zu tun. Der theologische ‚Determinismus', so wie er sich im Glauben an einen göttlichen Ratschluss, der Natur und Geschichte im Ganzen und im Einzelnen bestimmt, ausprägt, muss also keineswegs jene relative Freiheit des Menschen im Verhältnis zur Welt ausschließen. Und umgekehrt ist zu fragen, ob eine Auffassung, die den Menschen im Naturzusammenhang determiniert sieht und in dieser Hinsicht seine Willensfreiheit bestreitet, damit auch die Möglichkeit ausschließt, diesen Naturzusammenhang im Schöpfungsglauben wahrzunehmen, ihn also in den Horizont des Gottesverhältnisses hineinzustellen. Genau dieser Problemzusammenhang, in dem sich die Frage der Freiheit des Menschen als theologische, das Verhältnis von Gott und Mensch betreffende Frage stellt, soll im Folgenden bedacht werden.

Dazu ist es hilfreich, ja notwendig, den Begriff der Freiheit zu differenzieren. Um noch einmal Lessings Formulierungen aufzunehmen, so sind hier zumindest zwei Stufen der Freiheit zu unterscheiden: zum einen die Freiheit als die „kahle Vermögenheit, unter den nämlichen Umständen bald so, bald anders handeln zu können", und zum anderen die Freiheit, in der ein Mensch des Guten so gewiss ist, dass er gar nichts anderes mehr wollen kann, als dem Guten

---

[5] So Luther in dem Lied *Ein feste Burg ist unser Gott* (EG 362,2).

zu dienen.⁶ Die erstgenannte Freiheit wird heute zumeist als Handlungsfreiheit bezeichnet. Sie impliziert die Macht, in Naturprozesse einzugreifen und die Natur umzugestalten. Indem man dem Menschen die Freiheit in diesem Sinn zuerkennt, ist jedoch noch nicht entschieden, ob er auch die Möglichkeit hat, den in diesen Handlungen wirksamen Willen selbst zu steuern und zum Guten zu lenken. Damit ist die Frage nach der Willensfreiheit im Sinne der reformatorischen Theologie gestellt, eben die Frage, die Luther im Streitgespräch mit Erasmus auf das Verhältnis zum Willlen Gottes zugespitzt und in dieser Hinsicht entschieden verneint hat.

Es entspricht diesen Differenzierungen im Freiheitsbegriff, wenn Hans Jonas⁷ drei Stufen bzw. Grade der Macht unterscheidet. Auf der ersten Stufe gewinnt der Mensch Macht über die Natur. Die neuzeitliche Naturwissenschaft und die durch sie entwickelte Technik geben ihm die Mittel, um „eine unerschöpflich scheinende Natur" sich zu Nutze zu machen. Die progressive Steigerung der Macht steht unter dem Vorzeichen der Notwendigkeit, schlägt aber auf den Menschen zugleich als Zwang zurück. „Die Macht ist selbstmächtig geworden." Sie macht den Menschen „zum willenlosen Vollstrecker seines Könnens". Der Mensch kann sich der Ausübung seiner Macht nicht entziehen. Als der Machthaber und fortschreitend Machtgewinnende befindet er sich zugleich in der „wunderlichen Ohnmacht [...], dem immer weiteren und vorhersehbar selbstzerstörerischen Fortschritt ihrer selbst [sc. der Macht] und ihrer Werke noch Einhalt zu gebieten." Diese „Ohnmacht gegenüber dem selbstgenährten Zwang der Macht zu ihrer progressiven Ausübung" lässt nach einer „Macht dritten Grades" fragen, nach einer „Macht über die Macht", nach einer Macht, die dem Menschen die Freiheit gewährt, die er in der Dialektik der von ihm ausgeübten Macht gerade verliert.⁸

Die Frage von Hans Jonas, die Frage nach einer „Macht über die Macht" fordert die Theologie zur Antwort heraus. Wie können Einsichten der Theologie auf die skizzierte Problemlage bezogen werden? Was hat die Theologie zu diesem Freiheitsdiskurs beizutragen? Um eine Antwort zu finden, greife ich noch einmal auf die reformatorische Theologie Luthers zurück.

---

⁶ Vgl. zur Differenzierung des Freiheitsbegriffs oben 207-210 und WILFRIED JOEST/JOHANNES VON LÜPKE, Dogmatik, Bd. 2: Der Weg Gottes mit dem Menschen, Göttingen ⁵2012, 52–58.

⁷ HANS JONAS, Das Prinzip Verantwortung. Versuch einer Ethik für die technologische Zivilisation, (suhrkamp taschenbuch 1085), Frankfurt a.M 1984, 253f; daraus die folgenden Zitate im Text.

⁸ Zur Verhältnisbestimmung von Macht und Freiheit bei HANS JONAS vgl. auch DERS., Macht oder Ohnmacht der Subjektivität. Das Leib-Seele-Problem im Vorfeld des Prinzips Verantwortung (suhrkamp taschenbuch 1513), Frankfurt a.M. 1987; die Vielschichtigkeit des Freiheitsbegriffs bei Jonas erschließt und verdeutlicht UDO LENZIG, Das Wagnis der Freiheit. Der Freiheitsbegriff im philosophischen Werk von Hans Jonas aus theologischer Perspektive (Forum Systematik, Bd. 28), Stuttgart 2006.

Das freie Willensvermögen, das *liberum arbitrium*, sei ein „göttlicher Name", der keinem anderen als der göttlichen Majestät zukomme.[9] So hat es Luther im Streitgespräch mit Erasmus klargestellt. „Nomen divinum", das heißt: Was mit Freiheit gemeint ist, trifft nur auf Gott zu. Nur von Gottes Sein her ist zu verstehen, was Freiheit wirklich ist. Dieser „göttliche Titel", wie *nomen divinum* in der neuesten Übersetzung[10] wiedergegeben wird, ist eine Bezeichnung, die Gott in einzigartiger Weise gegenüber allen Kreaturen und insbesondere im Gegensatz zum Menschen auszeichnet; denn für den Menschen gilt, dass er frei genannt wird, ohne doch frei zu sein; seine Freiheit ist, wie Luther in der *Heidelberger Disputation* formuliert hat, „ein bloßer Name": „Liberum arbitrium post peccatum, res est de solo titulo"[11]. Das Wort „Freiheit" wird in dieser Verwendung zu einer „leeren, gehaltlosen Vokabel"[12]. Die so genannte Freiheit des Menschen, die doch in Wahrheit keine Freiheit ist, und die Wirklichkeit der Freiheit, wie sie allein in Gott besteht, sind somit streng zu unterscheiden. Mit dieser Unterscheidung entscheidet sich die Erkenntnis Gottes und die Erkenntnis des Menschen, Theologie und Anthropologie. In beiderlei Hinsicht kommt der Freiheitsthematik das entscheidende Gewicht zu.

Worin ist die behauptete Unterscheidung zwischen Gottes wirklicher Freiheit und der scheinbaren Freiheit des Menschen begründet? An welchen Kriterien ist sie ausweisbar? Dass das Prädikat der Freiheit allein Gott zukomme, begründet Luther, indem er Psalmworte zitiert. Die göttliche Majestät „kann und tut (wie der Psalm singt) alles, ,was sie will im Himmel und auf Erden': Wenn dies den Menschen zugebilligt wird, könnte ihnen mit gleichem Recht auch die Göttlichkeit selbst zugebilligt werden."[13] Der Gott, der in den Psalmen angerufen wird, erweist sich darin als Gott, dass er „kann" (*potest*) und „tut" (*facit*), was er „will" (*vult*). Eben das erhebt ihn nach Ps 135,5f über alle Götter; eben das unterscheidet ihn nach Ps 115,3f von den Götzen, die von Menschenhand gemacht sind: „Unser Gott ist im Himmel, er kann schaffen, was er will." Der Mensch aber erfährt sich nach Röm 7 als derjenige, der lediglich das Wollen hat, ohne es vollbringen zu können (Röm 7,18). Er tut nicht, was er will, und tut, was er nicht will (Röm 7,15f). In dieser Zerrissenheit und Selbstwidersprüchlichkeit ist der Mensch himmelweit von Gott geschieden, für den ja eben dieses charakteristisch ist, dass bei ihm Wollen, Können und Tun eine untrennbare Einheit bilden.

Die drei Verben „wollen", „können" und „tun" sind gleichsam die Baumaterialien, aus denen der Begriff der Freiheit zu bilden ist. Oder anders gesagt: Sie bezeichnen die Schichten, die den Begriff der Freiheit zu einem vielschich-

---

[9] WA 18, 636,28f: „liberum arbitrium esse plane divinum nomen, nec ulli posse competere quam soli divinae maiestati" (in LDStA 1, 294,4f).
[10] LDStA 1, 295,6 (übers. von Athina Lexutt).
[11] LDStA 1, 46,13f (Heidelberger Disputation, These XIII., übers. v. WILFRIED HÄRLE).
[12] LDStA 1, 294,28: „inane vocabulum" (De servo arbitrio).
[13] Ebd., 295,7–10.

tigen, komplexen Begriff machen. Bleiben wir zunächst in dem Sprachzusammenhang, der uns durch die zitierten Psalmworte erschlossen wird, so ist primär nach der Freiheit Gottes zu fragen. Als Freiheit wird auf den Begriff gebracht, was in der hymnischen Sprache der Psalmen von der schöpferischen Macht Gottes gesagt wird. Als Schöpfer ist Gott derjenige, der kann und tut, was er will. Als Schöpfer, „der Himmel und Erde gemacht hat" (Ps 115,15), erweist er seine Macht freilich nicht nur in der Natur, sondern auch in Geschichtstaten, ist er derjenige, der seine Gerechtigkeit durchsetzt, der seinem Volk Recht schafft (Ps 135,14).

Es entspricht diesem Kontext und Erfahrungshintergrund, wenn das theologische Nachdenken über die Freiheit Gottes sich in besonderer Weise auf den Begriff der Allmacht zugespitzt hat. Klassisch lässt sich dieser Zusammenhang bei Augustin studieren. Gott wird eben deswegen zu Recht der Allmächtige genannt, „weil er vermag, was auch immer er will, und weil der Erfolg seines allmächtigen Willens nicht durch den Willen irgendeiner Kreatur gehindert wird."[14] Als der Allmächtige vermag Gott seinen Willen ungehindert durchzusetzen. Unter Aufnahme der Trias von „wollen", „können" und „tun" ist dieser Begriff so zu explizieren: Gottes Wille ist dadurch gekennzeichnet, dass er „gewiss und unwandelbar und überaus wirksam" („certa et immutabilis et efficacissima")[15] ist. Was Gott will, tut er auch. Und was er tut, entspricht seinem Willen. Seine einzigartige Macht erweist sich darin, dass Wollen und Tun übereinstimmen. Sie ist darin allmächtig, dass sie sich gegen alle Widerstände durchzusetzen vermag. Sie ist in ihrer eigenen Effektivität nicht aufzuhalten.

Die unumschränkte Freiheit Gottes, der kann und tut, was er will, steht in einem scharfen Gegensatz zur Unfreiheit des Menschen, der das, was er will, doch nicht auszuführen vermag, und gleichwohl tut, was er gar nicht will. Die Unfreiheit des Menschen tritt in den Widersprüchen zu Tage, die innerhalb der Trias von Können, Wollen und Tun aufbrechen. Was in Gottes Allmacht eine Einheit bildet, tritt auf Seiten des Menschen auseinander und gegeneinander. Sein tatsächliches Tun unterschreitet und überschreitet sein Wollen. Und andererseits unterschreitet und überschreitet sein Wollen sein Können. Sein Wille ist alles andere als „gewiss und unwandelbar und überaus wirksam" („certa et immutabilis et efficacissima")[16]; er ist in sich unsicher, wandelbar und unfähig,

---

[14] AUGUSTIN, Enchiridion 24,96: „neque enim ob aliud veraciter vocatur omnipotens, nisi quoniam quidquid vult potest, nec voluntate cuiuspiam creaturae voluntatis omnipotentis impeditur effectus." Zur Interpretation dieser Definition sowie zu Kontexten und Parallelstellen im Werk Augustins vgl. JAN BAUKE-RUEGG, Die Allmacht Gottes. Systematisch-theologische Erwägungen zwischen Metaphysik, Postmoderne und Poesie (TBT 96), Berlin/New York 1998, 416–430.

[15] AUGUSTIN, Enchridion, 24,95.

[16] AUGUSTIN, Enchiridion, 24,95.

wirklich auszuführen, was er sich vorgenommen hat. Er ist wechselnden Affekten ausgeliefert, ohne sie beherrschen zu können. Er bedarf zur Ausführung seines Willens einer Kraft, über die er nicht aus sich heraus verfügt.[17]

Eben dieser Mensch, der in Röm 7 zur Selbsterkenntnis findet, befindet sich im Gegenüber zum Schöpfer nicht nur in der geschöpflichen Abhängigkeit, sondern im Widerspruch der Auflehnung gegen den Schöpfer. Der in diesem Sinne durch die Sünde unfrei werdende Mensch ist nun allerdings seinerseits darauf aus, Gottes Allmacht zu gewinnen. Ist Gott als der Allmächtige darin frei, dass er seinen Willen durchzusetzen vermag, so wird gerade diese unumschränkte Freiheit für den Menschen zum Trugbild, das ihn seine geschöpfliche Freiheit verlieren lässt. Die vom Menschen usurpierte Allmacht ist zugleich die Verkehrung seiner Freiheit. Er verfällt, wie Augustin es in den *Confessiones* formuliert, einem „dunklen Gleichnis der Allmacht"[18], einem Bild, das ihm vortäuscht, was er doch als Geschöpf sich gar nicht zueignen kann. Ob die Allmacht Gottes den *attributa communicabilia* zugerechnet werden sollte[19], wird auf diesem Hintergrund fragwürdig. So viel dürfte deutlich sein: Sie gehört nicht zu den Eigenschaften, die der Mensch nachahmen könnte und sollte, sie gehört nicht zu den *attributa imitabilia*.[20]

3. BEFREIENDE ALLMACHT

Festzuhalten ist: Gott entzieht sich in seiner Allmacht und Freiheit der Usurpation durch den Menschen. Aber ist er wirklich allmächtig, wenn er doch mit der Schöpfung auch seinen Geschöpfen und unter ihnen insbesondere dem Menschen Macht und Freiheit einräumt? Und bleibt er der Allmächtige, wenn er in dem Menschen einen Gegenspieler findet, der seinem Willen widerspricht, seinem Wirken zuwiderhandelt, der also eine Wirklichkeit hervorbringt, die nicht mit der von Gott gewollten und gewirkten Schöpfung übereinstimmt? Wie ist das Verhältnis von Schöpfer und Geschöpf näher zu bestimmen? In der jüngeren schöpfungstheologischen Diskussion wird in diesem Zusammenhang vielfach auf den Gedanken der Selbstbeschränkung Gottes zurückgegriffen, wie er in der jüdischen Kabbala unter dem Begriff des *Zimzum* gefasst und von Hans Jonas als Grundzug eines „Gottesbegriffs nach Auschwitz" vertreten worden

---

[17] Vgl. JOHANN GERHARD, Loci theologici, hg. v. ED. PREUSS, Bd. 1, Berlin 1863, 335 (De natura Dei, § 198): „Hominis quidem voluntas non ita efficax est, ut eo ipso, quod velit aliquid esse ex se, statim illud esse incipiat, unde praeter voluntatem indiget potentia exsequente, sed Dei essentia, tam operosa et actuosa est, ut eo ipso, quo aliquid vult esse, statim fiat atque adsit, unde praeter voluntatem non indiget aliqua potentia."

[18] AUGUSTIN, Confessiones II,6,14: „tenebrosa omnipotentiae similitudine".

[19] So Johann Gerhard; vgl. dazu BAUKE-RUEGG, Die Allmacht Gottes (s. Anm. 14), 303–312.

[20] Vgl. GERHARD, Loci theologici (s. Anm. 17), Bd. 1, 297 (De natura Dei, § 105).

ist.²¹ Nach dieser Auffassung liegt bereits im Akt der Schöpfung, sofern sie den Geschöpfen Freiheit und Freiraum gewährt, ein Verzicht auf göttliche Macht. Der Schöpfer, der seinen Geschöpfen Macht einräumt, kann nicht mehr als der Allmächtige angesehen werden. Hans Jonas formuliert es so: „Im bloßen Zulassen menschlicher Freiheit liegt ein Verzicht der göttlichen Macht."²²

Aber verzichtet er wirklich auf seine schöpferische Macht? Zieht er sich wirklich aus dem Drama der Schöpfung zurück? Luther hat in *De servo arbitrio* ein solches Gottesverständnis aufs schärfste zurückgewiesen: Als Zuschauer, der sich aus dem Weltgeschehen zurückhielte, wäre Gott „ein lächerlicher Gott" („ridiculus Deus"); er ist jedoch allmächtig „nicht allein dem Vermögen nach, sondern auch der Wirksamkeit nach" („non solum potentia, sed etiam actione")²³. Er ist der „ohne Unterlass Wirkende" („inquietus actor"), der „in allen seinen Geschöpfen wirkt und nicht zulässt, dass eines müßig geht"²⁴; er ist es, der „in seiner Majestät Leben, Tod und alles in allem wirkt"²⁵. Bezeichnet man dieses Wirken Gottes als „Allwirken"²⁶, so ist damit *eine* Bedeutung des Begriffs der Allmacht zum Ausdruck gebracht, freilich eine Bedeutung, die diesen Begriff nicht nur präzisiert, sondern auch fragwürdig erscheinen lässt. Festzuhalten ist: Auch „das Böse und Lebenswidrige" liegt „im Machtbereich Gottes"; andernfalls „gäbe es herrenlose Gewalten neben ihm oder ihm gegenüber".²⁷ Gott teilt seine Macht nicht mit anderen Mächten und Gewalten. „Seine Schöpferkraft läßt sich nicht sistieren, sie hört nicht auf zu wirken [...], auch wenn sie durch die perversio der Sünde mißbraucht wird."²⁸ Es ist freilich gerade diese in allem irdischen Geschehen anzunehmende Gegenwart und Wirksamkeit Gottes, die nicht nur seine Güte und Gerechtigkeit, sondern auch seine Allmacht zweifelhaft erscheinen lässt. Statt den Widerspruch der Sünde und die Gewalt des Todes zu überwinden und sich so als der unüberwindbar Mächtige, als der wahrhaft Allmächtige zu erweisen, lässt er jenen Mächten, die doch seinem schöpferischen Wirken zuwiderhandeln, ihren Lauf. Dass er sie gleichwohl zu überwinden vermag, ist hier nicht erkennbar. Umfasst und durchdringt Gottes Wirken als „Allwirken" auch die Wirklichkeit, die von der Gegenmacht der

---

²¹ HANS JONAS, Der Gottesbegriff nach Auschwitz, in: DERS., Philosophische Untersuchungen und metaphysische Vermutungen, Frankfurt a.M. 1992, 190–208, insbes. 201ff; JÜRGEN MOLTMANN, Trinität und Reich Gottes. Zur Gotteslehre, Gütersloh ³1994, 123–127; DERS., Gott in der Schöpfung. Ökologische Schöpfungslehre, München 1985, 98–102.
²² JONAS, Gottesbegriff (s. Anm. 21), 205.
²³ LDStA 1, 488,5f; 489,5–7.
²⁴ Ebd., 466,27f; 467,36–38.
²⁵ Ebd., 404,34; 405,42.
²⁶ THOMAS REINHUBER, Kämpfender Glaube. Studien zu Luthers Bekenntnis am Ende von De servo arbitrio (TBT 104), Berlin und New York 2000, 118f.
²⁷ OSWALD BAYER, Gottes Allmacht, in: DERS., Zugesagte Gegenwart, Tübingen 2007, 111–125, 117.
²⁸ Ebd., 118.

Sünde und des Todes geprägt und beherrscht wird, so entzieht es sich doch dem Begreifen, *wie* Gott seine Macht in dieser Wirklichkeit durchsetzt. In diesem Sinn führt der so verstandene Begriff der Allmacht auf die Rede vom *Deus absconditus*. Als der „alles in allem Wirkende" ist er „so dunkel und unbestimmt, daß er mit dem Teufel verwechselbar wird."[29] Keineswegs lässt sich das Weltgeschehen auf eine göttliche Kausalität zurückführen. Eben deswegen ist auch der Begriff eines theologischen Determinismus höchst problematisch.[30] Die Vorstellung von Gott als „irgend einer angeblichen Zweck- und Sittlichkeitsspinne hinter dem großen Fangnetz-Gewebe der Ursächlichkeit"[31], wie Nietzsche einmal karikierend formuliert hat, greift fehl. Die hinter dem kausalen Gefüge der Weltwirklichkeit gesuchte göttliche Instanz erweist sich als eine höchst zweideutige Größe.[32]

Zweideutig, wenn nicht mehrdeutig bleibt damit auch der Begriff der Allmacht.[33] Wenn „das Bekenntnis zur Allmacht Gottes" nicht verwechselt werden darf „mit dem metaphysischen Postulat der Allkausalität Gottes", demzufolge Gott „alles ohne Unterschied bewirkt"[34], und wenn doch an dem Gedanken festzuhalten ist, dass Gott in allem wirkt, dann ist genauer zu fragen, *wie* Gott seine Macht erweist und wodurch er sich als der Allmächtige erweist. Luthers Antwort auf diese Frage lautet: Gottes Allmacht liegt in der alles hervorrufenden,

---

[29] Ebd., 117.

[30] Vgl. REINHUBER (s. Anm. 26), 122f.

[31] FRIEDRICH NIETZSCHE, Sämtliche Werke. Kritische Studienausgabe in 15 Bdn., hg. v. GIORGIO COLLI/MAZZINO MONTINARI, München und Berlin/New York 1980 (abgekürzt: KSA), Bd. 5, 357 (Genealogie der Moral, 3. Abhandlung, 9).

[32] Wilfried Joest hat zu Recht gefragt (WILFRIED JOEST/JOHANNES VON LÜPKE Dogmatik I: Die Wirklichkeit Gottes, Göttingen ⁵2010, 27): „Könnte streng genommen ein solches Rückschlussverfahren von dem empirischen Weltbestand auf ‚Gott' als prima causa zu mehr führen als zu einem ‚X absolutum' mit *unbestimmtem* Gesicht?" Man könnte auch fragen, ob diese Gottesvorstellung einer dem Kausalgeflecht der Welt letztlich zugrundeliegenden „Zweck- und Sittlichkeitsspinne" nur ein Gottes*bild* ist, ein Schemen ohne Körper, ohne Substanz, vielleicht ein solches, in dem sich nur widerspiegelt, wie der Mensch die Welt zu begreifen und zu beherrschen sucht. Ist dieser Gott nur eine Projektion, ein blasser Doppelgänger der menschlichen Vernunft?

[33] Dass von Gottes Allmacht „nicht univok geredet werden" könne, ist die These, die OSWALD BAYER in dem bereits zitierten Aufsatz (s. Anm. 27) vertritt (ebd., 121): „Die Allmacht seiner [sc. Gottes] Liebe und Barmherzigkeit ist für uns eine andere als die seiner unbegreiflich schrecklichen Verborgenheit, auch eine andere als die seines in der Überführung der Sünde verständlichen Zornes und seiner die alte Welt trotz der Sünde auf seine Zukunft hin bewahrenden Langmut. So kann ‚Allmacht' nur als mehrdeutiges Metaprädikat gebraucht werden."

[34] WOLFGANG SCHOBERTH, Gottes Allmacht und das Leiden, in: WERNER H. RITTER u. a., Der Allmächtige. Annäherung an ein umstrittenes Gottesprädikat, Göttingen 1997, 43–67, 61 (unter Aufnahme der von GIJSBERT VAN DEN BRINK vorgeschlagenen Unterscheidung zwischen „omnipotence" und „allmightiness").

alles richtenden und alles vollendenden Macht seines Wortes. Kurz: „Gottes Allmacht ist die Allmacht seines Wortes."[35]
Dieser definitorische Satz gilt zunächst in schöpfungstheologischer Hinsicht. „Wenn er spricht, so geschieht's" (Ps 33,9). Durch sein Wort ruft er ins Sein. Und durch sein Wort erneuert und bewahrt er seine Schöpfung. Beides: die anfängliche Schöpfung und ihre Bewahrung sind als kommunikative Akte zu verstehen. „Keine Kreatur vermag ihr Wesen von sich selbst zu haben; darum so lange eine Kreatur währt, so lange währt das Wort auch, so lange die Erde trägt oder vermag zu tragen, so geht immer das Sprechen ohne Aufhören."[36] Und mit diesem Sprechen, in diesem Wort äußert sich Gott selbst, ist er in seiner Schöpfung zuinnerst präsent: die biblische Schöpfungsgeschichte hält uns Gott vor „in allen Kreaturen" und will uns „durch dieselben zu Gott führe[n]: So bald wir die Kreaturen ansehen, dass wir denken: Siehe, da ist Gott, also dass alle Kreaturen in ihrem Wesen und Werken ohne Unterlass getrieben und gehandhabt werden durch das Wort."[37]

Als Schöpfer und Erhalter „muss er daselbst sein und seine Kreatur sowohl im Allerinwendigsten als im Allerauswendigsten um und um, durch und durch, unten und oben, vorn und hinten selbst da sein, dass nichts Gegenwärtigeres noch Innerlicheres sein kann in allen Kreaturen denn Gott selbst mit seiner Gewalt."[38]

In diesem Sinn kann man auch Luthers Schöpfungsverständnis als „panentheistisch" bezeichnen.[39]

Dass Gottes schöpferische Allmacht in seinem Wort liegt, unterscheidet sie von allen Formen gewaltsamer Produktion und Manipulation und entzieht sie zugleich dem Zugriff einer Erkenntnis, die sich der Wirklichkeit Gottes zu bemächtigen sucht. „Das Wirken des lebendigen, freien Gottes kann nicht in einem deterministischen Gedankenzusammenhang gefaßt werden."[40] Als ein Wirken durch das Wort, als ein kommunikatives Wirken schafft und erhält es eine „Beziehungswirklichkeit"[41], die durch Freiheit qualifiziert ist. Das gilt in theologischer Hinsicht, sofern die Schöpfung in Gottes freier Selbstbestimmung

---

[35] BAYER (s. Anm. 27), 113.
[36] WA 24, 37,27–29 (Predigten über das 1. Buch Mose; 1527).
[37] Ebd., 37,30f; 38,9f.
[38] WA 23, 134,1–6 (Dass diese Worte Christi „das ist mein Leib" noch feststehen; 1527).
[39] Vgl. KLAUS MICHAEL MEYER-ABICH, Mitwahrnehmung Gottes in der Welt. Grundzüge eines christlichen Pan(en)theismus, in: VON LÜPKE (Hg.), Gott – Natur – Freiheit. Theologische und naturwissenschaftliche Perspektiven, Neukirchen-Vluyn 2008, 41–61. Goethes Naturverständnis („Was wär' ein Gott, der nur von außen stieße [...]") nimmt zweifellos Motive reformatorischer Schöpfungstheologie auf.
[40] REINHUBER (s. Anm. 26), 122.
[41] Vgl. zu diesem Begriff in der Unterscheidung von der „Faktenwirklichkeit" HANS-JÜRGEN FISCHBECK, Die Wirklichkeit des Geistes im Gehirn und der freie Wille des Menschen, in: VON LÜPKE (s. Anm. 39), 110–120.

gründet; und es gilt anthropologisch, sofern der Mensch als Geschöpf zur Freiheit bestimmt ist. Gottes Allmacht erweist sich gerade darin, dass er sich so zum Menschen in Beziehung setzt, dass dieser sich ungezwungen als er selbst auf Gott und seine Mitkreaturen zu beziehen vermag.[42] Indem Gott den Menschen als personales Wesen schafft, gewährt er ihm die Fähigkeiten, sich von sich selbst zu unterscheiden und sich hörend und antwortend auf andere zu beziehen. Und indem er ihn so schafft, lässt er ihn im Gegenüber zu sich in relativer, kreatürlicher Freiheit existieren.[43] Schöpfung ist insofern auch ein Akt der Frei-Setzung. Und sie ist im Blick auf Gott selbst ein Akt der Einräumung und Unterscheidung. Mag man in dieser Hinsicht von einer Selbstbegrenzung Gottes sprechen, so muss diese jedoch keineswegs als Beschränkung oder gar als Verzicht auf seine Allmacht verstanden werden. Mit Peter Brunner ist zu sagen, dass Gott seine Allmacht „gerade darin" erweist, „daß er – statt uns mit seiner Allmacht zu zwingen – sich uns gegenüber dadurch begrenzt, daß er uns den Raum der kreatürlichen Freiheit selbst einräumt."[44]

Einräumung kreatürlicher Freiheit ist nicht Rückzug Gottes aus der Schöpfung. Vielmehr wirkt er als der allmächtige Schöpfer in den „Raum der kreatürlichen Freiheit" hinein, und zwar so, wie es um der Freiheit willen sinnvoll, um nicht zu sagen notwendig ist. Gott befreit den Menschen zum rechten Gebrauch seiner kreatürlichen Freiheit, indem er ihn durch sein in menschlicher Rede ergehendes Wort anredet und zur Verantwortung ruft. Dass Gott sich so menschlich dem Menschen zuwendet, ist freilich für die menschliche Vernunft alles andere als selbstverständlich. Sie neigt dazu, Macht mit Gewalt zu verwechseln, und hält das Wort für „ohnmächtiger [...] denn eine Fliege"[45]. „Die Welt will und kann nicht glauben, dass Gottes Wort Gottes Macht sei. Denn sie

---

[42] In unübertroffener Eindringlichkeit und Klarheit hat PETER BRUNNER diesen Zusammenhang von Allmacht und Freiheit durchdacht; insbesondere sei auf seinen Aufsatz „Die Freiheit des Menschen in Gottes Heilsgeschichte" (1959) nachdrücklich verwiesen, in: DERS., Pro ecclesia. Gesammelte Aufsätze zur dogmatischen Theologie [Bd. 1], Berlin und Hamburg 1962, 108–125.

[43] BRUNNER, ebd., 111: „Wo Gott sich ein Du gegenübergesetzt hat, hat er in diesem Gegenüber auch einen kreatürlichen Willen gesetzt, der wohl sein Werk ist und nur durch sein Wirken Bestand hat, der aber nicht *sein* Wille ist und doch ‚etwas' ist und sogar Wille ist und darum dem Willen Gottes als etwas von ihm Unterschiedenes und Besonderes tatsächlich gegenübersteht. [...] Daß Gott diese Wirklichkeit und Besonderheit des kreatürlichen Willens auch seinerseits nicht zerstört oder zu einem wesenlosen Schein degradiert, sondern als das, was sie ist, gelten läßt – sogar in alle Ewigkeit, darin zeigt sich die Kondeszendenz des Schöpfers, die mit dieser Einräumung die Möglichkeit eines geschichtlichen Gemeinschaftsverhältnisses schafft."

[44] Ebd., 115; sachlich übereinstimmend formuliert OSWALD BAYER (Art. Schöpfer/Schöpfung, VIII. Systematisch-theologisch, in: TRE 30, 326–348, 339): „Indem er [sc. Gott] seinen Geschöpfen Freiheit und Eigenständigkeit gewährt, begrenzt er seine Freiheit nicht, sondern betätigt sie als *deus actuosissimus* gerade in seinem penetranten In-sein."

[45] WA 48, 154 (Bibel- und Bucheinzeichnungen Nr. 200).

siehet mit viehischen Augen die Buchstaben oder den mündlichen Hall an, denket nicht, dass etwas mehr dahinter sei, sondern solche große Kraft Gottes"[46].

Für den Glauben jedoch erschließt sich in diesem vermeintlich ohnmächtigen Wort die größere Macht, die sich gerade darin erweist, dass es den Widerspruch des Menschen zu überwinden vermag. „Allein" das Wort, genauer: das Wort Gottes, das in Jesus Christus zum menschlichen Wort geworden ist, „dringt in den Grund des Herzens hinein und wirkt durch den Heiligen Geist"[47], was mit anderen Mitteln gerade nicht bewirkt werden kann: die innerste Erneuerung, die den Menschen ‚freiwillig', ungezwungen mit dem Willen Gottes übereinstimmen lässt. Das Wort Gottes, wie es von Luther in der Dramatik von Gesetz und Evangelium als wirksames Wort wahrgenommen wird, schafft das, was durch äußere Gewalt nicht zu schaffen ist: Es setzt den Menschen richtend und befreiend ins rechte Verhältnis zu Gott und erweist sich darin als schöpferische Kraft.[48] Es schafft Freiheit. Allein das Wort vermag das. Allein durch das Wort und im Wort findet der Mensch den Grund seiner Freiheit.

Umschreibt man den Begriff der Allmacht so, so bezieht sie sich auf anderes. Sie ist Macht in Beziehungen, Macht im Gegenüber, Macht in der Geschichte. Sie ist also nicht zu verwechseln mit jener von Hans Jonas[49] kritisierten „absolute[n] Alleinmacht", die „in ihrer Einsamkeit keinen Gegenstand, auf den sie wirken könnte", hätte. Nur von der so verstandenen Allmacht gilt, dass sie „ein sich selbst widersprechender, selbstaufhebender, ja sinnloser Begriff ist". „Absolute Freiheit wäre leere Freiheit, die sich selber aufhebt." Werden aber Freiheit und Allmacht als Prädikate des Schöpfers verstanden, dann sind sie gar nicht ohne die Beziehung des Schöpfers zu seinen Geschöpfen zu denken. Als Schöpfer ist Gott so frei, dass er Anderes sein lässt. Als Schöpfer ist er so mächtig, dass er die ins Sein gerufenen Geschöpfe nicht sich selbst überlässt, sondern sie in seiner Macht bewahrt, richtet und vollendet.

„Vielleicht", so Sören Kierkegaard, kann „die ganze Frage nach dem Verhältnis von Gottes Allmacht und Güte zum Bösen [...] ganz schlicht folgender-

---

[46] WA 48, 156f (Bibel- und Bucheinzeichnungen Nr. 204).
[47] WA 10/III, 173,11f (Predigt über Joh 10,1ff, 1522).
[48] Eben diese schöpferische Kraft ist gemeint, wenn das Wort Gottes als Same bezeichnet wird: „Dies ist ein Same, der nicht verwandelt werden kann, bleibt ewig, er verwandelt aber mich, also dass ich in ihn gewandelt werde, und was böse in mir ist von meiner Natur gar vergeht." (WA 12, 299,3–5; Auslegung des 1. Petrusbriefs, 1523) „Obwohl das Wort gering ist und nichts scheint, weil es aus dem Mund geht, so ist doch so eine überschwängliche Kraft darin, dass es die, so daran hängen, zu Kinder Gottes macht" (ebd., 300,28–31; vgl. Joh 1,12f).
[49] HANS JONAS, Der Gottesbegriff nach Auschwitz, in: DERS., Philosophische Untersuchungen und metaphysische Vermutungen, Frankfurt a.M. 1992, 190–208, 201f; ebd. auch die folgenden Zitate.

maßen aufgelöst werden. Das Höchste, das überhaupt für ein Wesen getan werden kann, höher als alles, wozu einer es machen kann, ist dies: es frei zu machen. Eben dazu, dies tun zu können, gehört Allmacht."[50]

Sofern das Wort zwischen Gottes Allmacht und Freiheit und der Freiheit des Menschen vermittelt, ist weder die Freiheit Gottes noch die Freiheit des Menschen von diesem vermittelnden Geschehen des Wortes zu abstrahieren. Freiheit ist im strengen Sinne als Beziehung, als „kommunikative Freiheit"[51] zu denken. So hat es Dietrich Bonhoeffer in *Schöpfung und Fall* prägnant formuliert:

> „Kein Mensch ist frei ‚an sich' [...]. Freiheit ist keine Qualität des Menschen, keine noch so tief irgendwie in ihm aufzudeckende Fähigkeit, Anlage, Wesensart. Wer den Menschen auf Freiheit hin durchforscht, findet nichts von ihr. Warum? weil Freiheit nicht eine Qualität ist, die aufgedeckt werden könnte, kein Besitz, kein Vorhandenes, Gegenständliches, auch keine Form für Vorhandenes, sondern weil Freiheit eine Beziehung ist und sonst nichts."[52]

Dass sie als solche im naturwissenschaftlichen Experiment nicht feststellbar ist, verwundert daher nicht, erlaubt freilich nicht den Schluss, dass die Freiheit eine bloße Illusion sei. Ihre Wirklichkeit erweist sich vielmehr in der Kommunikation, in der sich Menschen angesprochen und zur Antwort sowie zu verantwortlichem Handeln berufen erfahren.[53] Und ihre Wahrheit gewinnt sie durch jenes besondere Sprachgeschehen, das die Theologie als Wort Gottes auslegt: dessen Erkenntnis die Menschen so frei werden lässt, dass sie sich in ihrer ganzen Existenz im schöpferischen Wirken Gottes gut „aufgehoben" wissen:

> „Ich danke dem Schöpfer, daß ich muß; das Beste muß. Wenn ich in diesen Schranken selbst so viel Fehltritte noch tue: was würde geschehen, wenn ich mir ganz allein überlassen wäre? Einer blinden Kraft überlassen wäre, die sich nach keinen Gesetzen richtet, und mich darum nicht minder dem Zufalle unterwirfet, weil dieser Zufall sein Spiel in mir selbst hat?"[54]

---

[50] SÖREN KIERKEGAARD, Reflexionen über Christentum und Naturwissenschaft, in: DERS., Gesammelte Werke, 17. Abt., übers. von EMANUEL HIRSCH, Düsseldorf/Köln 1954, 124; vgl. zur Interpretation: BAUKE-RUEGG (s. Anm. 14), 175–177.
[51] WOLFGANG HUBER, Folgen christlicher Freiheit. Ethik und Theorie der Kirche im Horizont der Barmer Theologischen Erklärung, Neukirchen-Vluyn ²1985, 117–119 (mit Verweis auf MICHAEL THEUNISSEN, der den Begriff eingeführt hat).
[52] DIETRICH BONHOEFFER, Schöpfung und Fall, hg. v. MARTIN RÜTER und ILSE TÖDT (DBW 3), München 1989, 58.
[53] Zur Bedeutung der Sprache vgl. oben 210-213.
[54] S. Anm. 2.

16. Kapitel: Die Freiheit, ja und nein zu sagen

Was ist Freiheit anderes als das Vermögen, „ja" oder „nein" zu sagen? Die so kurzen einsilbigen, leicht zu erlernenden und so selbstverständlich gebrauchten Wörter „ja" und „nein" sind zweifellos Signal- und Schlüsselwörter menschlicher Freiheitserfahrung. Wer auf eine Bitte oder eine Frage „ja" oder „nein" sagen kann, erfährt sich in seiner Antwort als nicht festgelegt. Uns ist freigestellt, ob wir uns für oder gegen eine uns in der Frage vorgelegte Meinung entscheiden, ob wir einer Bitte Folge leisten oder uns ihr verweigern, ob wir dem auf uns ausgeübten Druck nachgeben oder Widerstand leisten. An der uns zugesprochenen Möglichkeit, so oder so zu antworten, erfahren wir uns als frei.

Nun gibt es freilich Situationen, in denen die Umstände geradezu diktieren, was wir antworten: Angebote, die so verlockend sind, dass wir gar nicht anders können, als uns bejahend auf sie einzulassen, aber auch Widerfahrnisse, die so schrecklich sind, dass wir nur mit einem Nein antworten und reagieren können. Wenn es sich so eindeutig verhält, dann wird die andere Möglichkeit zur ausgeschlossenen Möglichkeit. Die Wirklichkeit verfügt geradezu über uns; und es lässt sich vorhersagen, was Menschen daraufhin sagen werden, weil sie doch gar nicht anders können, als so zu reagieren.

In solchen Situationen zeigt sich, dass die Wörter „ja" und „nein" nicht nur im Reich der Freiheit zu Hause sind; sie sind dem Reich der Notwendigkeit, dem Determinationszusammenhang der Natur keineswegs entnommen sind. Sind wir nicht gerade im Gebrauch dieser Partikel weit stärker durch die äußeren Umstände bestimmt, als wir meinen? Ist also unser Freiheitsbewusstsein trügerisch? Der Schalter, der zwischen den beiden mit „ja" und „nein" bezeichneten Stellungen entscheidet, würde dann letztlich von außen bedient. Die Vorstellung, wir seien es, die mit Hilfe der uns zur Verfügung stehenden Wörter schalten und walten, kippt in die entgegengesetzte Auffassung, derzufolge wir in unserem Sprachgebrauch und dem durch dieses produzierten Selbstbewusstsein geschaltet und gesteuert werden. Aber lässt sich die Freiheitsfrage im Sinne einer derartigen Kippschaltung nur mit „ja" oder „nein" beantworten?

Mit dieser Frage befinden wir uns mitten in dem Problemdickicht, in das uns die neuere neurobiologische Forschung geführt hat. Die durch diese Forschung ausgelöste Diskussion kann hier nicht weiter verfolgt werden. Beabsichtigt ist im Folgenden vielmehr eine Erinnerung an theologische Einsichten, wie sie vor allem aus der reformatorischen Theologie zu beziehen sind. Deren Aktualität könnte sich gerade darin erweisen, dass sie dialektisch das Problem der menschlichen Freiheit reflektiert. Auf die Frage, ob der Mensch frei ist, antwortet sie mit „ja" und „nein". Die Wirklichkeit der Freiheit stellt sich in dieser Perspektive als widersprüchlich dar; und sie gewinnt ihre Eindeutigkeit im Sinne der wahren Freiheit nur so, dass dem Menschen Freiheit zugesprochen wird. Damit ist die Pointe der im folgenden darzulegenden evangelischen Freiheitsauffassung schon angedeutet: Die Freiheit hängt am Wort; sie ist abhängig von sprachlichen Vorgängen. Und es ist von daher kein Zufall, daß wir uns gerade in unserem Sprachvermögen, in der Möglichkeit, „ja" oder „nein" zu sagen, als frei erfahren.

1. JA UND NEIN: GRUNDAUSSAGEN UND SPANNUNGEN REFORMATORISCHER FREIHEITSLEHRE

Die reformatorische Theologie hat auf die Frage, ob der Mensch frei sei, verneinend und bejahend geantwortet, und zwar beides mit gleicher Entschiedenheit. Sieht man in der Freiheitsthematik den Kern der Theologie Martin Luthers, so begegnet dieser eine Kern nur in einer Zweiheit, in einem überaus spannungsgeladenen Zueinander verschiedener, ja entgegengesetzter Aussagen. Des Gegensatzes eine Seite hat ihren Ausdruck in der Schrift *Von der Freiheit eines Christenmenschen* gefunden. Des Gegensatzes andere Seite ist das Thema der gegen Erasmus gerichteten Streitschrift *Vom unfreien Willen*. Ebenso entschieden, wie dort dem Menschen die Freiheit zugesprochen wird, wird sie ihm hier abgesprochen. Handelt es sich um These und Antithese? Lässt sich der Gegensatz in einer höheren Einheit aufheben? So viel ist jedenfalls deutlich: Das Spannungsverhältnis lässt sich nicht werkgeschichtlich entschärfen, als ob Luther sein Denken in Sachen Freiheit verändert hätte. Nein, auch der Luther von 1520 wusste die These vom unfreien Willen zu vertreten. Und der Luther von 1525 hat mit seinem Angriff auf die These von der Freiheit des Willens keineswegs sein Plädoyer für die „Freiheit eines Christenmenschen" widerrufen. Man muss sich also, wenn man das Thema Freiheit in der Schule der Theologie Luthers behandelt, auf eine zweifache Perspektive einlassen.

Blickt man in der angedeuteten Doppelperspektive auf die empirische Existenz des Menschen, so stellt sich diese überaus spannungsgeladen, ja widersprüchlich dar: Der Mensch ist zur Freiheit bestimmt und nimmt doch zugleich als Sünder diese Bestimmung immer schon verkehrt wahr. Man könnte von einer selbstwidersprüchlichen Freiheit reden. Wie also steht es um die Freiheit unter den Voraussetzungen der Sünde? Ist der Mensch überhaupt frei? Und wenn er es nicht ist, wie wird er frei? Eben das sind die Fragen, die vom biblischen Zeugnis her zu stellen sind.

Einerseits ist die Freiheit eine noch ausstehende, zukünftige Wirklichkeit und insofern Gegenstand der Hoffnung. Die Freiheitsbotschaft des Neuen Testaments ergeht an zentralen Stellen in der Form der Verheißung: „Ihr werdet die Wahrheit erkennen, und die Wahrheit wird euch frei machen" (Joh 8,32); der Weg „von der Knechtschaft des vergänglichen Wesens zu der herrlichen Freiheit der Kinder Gottes" (Röm 8,21) ist noch nicht abgeschlossen. So wie wir auf Hoffnung hin gerettet sind (Röm 8,24), so ist auch die Freiheit, zu der uns Christus befreit hat, dem Menschen nicht so zu eigen, dass er sie nicht mehr verlieren könnte (Gal 5,1.13); vielmehr ist sie eine Gabe des Geistes (2Kor 3,17); und dieser ist den Glaubenden gleichsam als „Anzahlung" auf das zu erwartende Erbe hin gegeben (2Kor 1,22; 5,5). Die gegebene Freiheit weist über sich selbst hinaus auf die kommende Vollendung. Zwar ist uns schon im Glauben die Gotteskindschaft gegeben, aber „es ist noch nicht erschienen, was wir sein werden" (1Joh 3,2). Kurz: Wir sind frei, indem wir uns auf dem Weg zur Freiheit befinden.

Andererseits: dieser Weg zur Freiheit kommt schon von der Freiheit her. Das gilt christologisch, wenn denn Christus als der Retter geglaubt wird, der die unter den Mächten der Sünde und des Todes versklavten Menschen befreit hat. Und es gilt, sofern Christus der Schöpfungsmittler ist, auch im Blick auf die Schöpfung. Ist der Mensch durch ihn geschaffen und dazu bestimmt, ihm als Ebenbild Gottes zu gleichen, dann ist die Berufung zur Freiheit grundlegend für seine geschöpfliche Existenz überhaupt. Die Aussage in der Erklärung der Menschenrechte, dass alle Menschen frei geboren seien, steht in Entsprechung zu der biblischen Einsicht, dass alle Menschen als Ebenbild Gottes geschaffen sind. Als solche bringen sie die Freiheit schon mit auf die Welt, auch wenn sie sich erst in einem Prozess der Interaktion zu selbstbewussten und verantwortlichen Personen entwickeln. Als mit Freiheitsrechten ausgestattete Personen sind sie auch dann zu schützen und zu achten, wenn sie die unter den Begriffen Selbstbewusstsein und Verantwortung gefasste Personalität noch nicht ausgebildet haben, wenn sie diese verlieren und wenn sie ihrer eigenen Bestimmung zuwiderhandeln und ihre Freiheit verwirken. Auch der schuldig gewordene Mensch wird, sofern er für sein Handeln zur Verantwortung gezogen wird, als frei angesehen und gewürdigt. In diesem Sinne ist die Freiheit nun doch ein in Gottes Schöpfungswort begründetes Urdatum der Menschheit und jedes einzelnen Menschen. Bereits der Akt der Schöpfung ist ein Akt der Freisetzung.

Also: Der Mensch ist ein freies Wesen und ist doch noch unterwegs zur Freiheit. Wie frei ist er wirklich?

2. ZWISCHEN NEIN-SAGEN-KÖNNEN UND JA-SAGEN-WOLLEN: DIE WIRKLICHKEIT DER FREIHEIT

Um uns die Dynamik und Dramatik der Freiheitsgeschichte zwischen Uranfang und noch ausstehender Vollendung zu verdeutlichen, versuchen wir zunächst die anthropologischen Grundannahmen zu verdeutlichen. Dass der Mensch zur Freiheit strebt, ist nicht etwas, das er auch unterlassen könnte. Seiner Freiheitsbewegung, die seine Lebensgeschichte und Weltgeschichte ausmacht, liegt eine Notwendigkeit zugrunde. Die Kulturanthropologie hat nachdrücklich diese Notwendigkeit herausgearbeitet: Hatten wir eben im Horizont des Schöpfungsglaubens gesagt, der Akt der Schöpfung sei ein Akt der Freisetzung, so lautet der analoge Satz der modernen Anthropologie: Die Natur hat den Menschen so organisiert, dass er sich selbst als Subjekt seines Lebens ergreifen muss. Er ist, mit einer berühmten Formulierung Johann Gottfried Herders gesagt, „der erste *Freigelassene* der Schöpfung"[1]. Will man hier das positive Prädikat der Freiheit vermeiden, kann man auch sagen: Der Mensch findet sich in der Welt gleichsam ausgesetzt vor, heimatlos, abgekoppelt, entlassen aus dem bergenden Mutterschoß der Natur. Er ist „das noch nicht festgestellte Tier"[2];

> er „ist kränker, unsicherer, wechselnder, unfestgestellter als irgend ein Thier sonst [...]: er, der grosse Experimentator mit sich, der Unbefriedigte, Ungesättigte, der um die letzte Herrschaft mit Thier, Natur und Göttern ringt, – er, der immer noch unbezwungene, der ewig Zukünftige, der vor seiner eignen drängenden Kraft keine Ruhe mehr findet, so dass ihm seine Zukunft unerbittlich wie ein Sporn im Fleische jeder Gegenwart wühlt [...]."[3]

Der so organisierte und eben unvollkommen organisierte oder sogar desorganisierte Mensch kann gar nicht anders, als sich in das Abenteuer der Freiheit zu stürzen.

Nietzsche hat aus dieser Diagnose programmatische Konsequenzen gezogen. Er hat aus der Not eine Tugend gemacht. Der „freie Geist", wie er ihn als Typus entworfen hat, hat „sein entscheidendes Ereigniss in einer grossen Loslösung"[4] gehabt. „Wir haben das Land verlassen und sind zu Schiff gegangen! Wir haben die Brücke hinter uns, – mehr noch, wir haben das Land hinter uns

---

[1] JOHANN GOTTFRIED HERDER, Werke in zehn Bdn., hg. v. MARTIN BOLLACHER u.a., Bd. 6: Ideen zur Philosophie der Geschichte der Menschheit, hg. v. MARTIN BOLLACHER, Frankfurt a.M. 1989, 145f (1. Teil, 4. Buch, Abschnitt IV: „Der Mensch ist zu feinern Trieben, mithin zur Freiheit organisieret").
[2] FRIEDRICH NIETZSCHE, Sämtliche Werke. Kritische Studienausgabe in 15 Bdn., hg. v. GIORGIO COLLI/MAZZINO MONTINARI, München und Berlin/New York 1980 (abgekürzt: KSA), Bd. 5, 81 (Jenseits von Gut und Böse, Nr. 62).
[3] KSA 5, 367 (Zur Genealogie der Moral III, 13).
[4] KSA 2, 15 (Menschliches, Allzumenschliches., Vorrede von 1886 zum 1. Bd., 3. Abschnitt).

abgebrochen! Nun, Schifflein! Sieh' dich vor!"⁵ Das „Land" unserer Herkunft, das sind die überlieferten Lehren der Moral und Religion, die den Menschen bislang gebunden, festgehalten haben, von denen er sich aber nun, da er sie als Illusionen oder als bloße Konventionen zu durchschauen lernt, lösen kann, um ein in jeder Hinsicht freies Leben „im Horizont des Unendlichen"⁶ zu gewinnen. Das Ereignis des Todes Gottes meint eben diese Loslösung:

> „[...] endlich erscheint uns der Horizont wieder frei, gesetzt selbst, dass er nicht hell ist, endlich dürfen unsre Schiffe wieder auslaufen, auf jede Gefahr hin auslaufen, jedes Wagniss des Erkennenden ist wieder erlaubt, das Meer, unser Meer liegt wieder offen da, vielleicht gab es noch niemals ein so ‚offenes Meer'. -"⁷

Freiheit, so wie sie hier vor Augen gestellt und versprochen wird, ist Freiheit im offenen Horizont, innerhalb dessen alles möglich zu sein scheint und innerhalb dessen es allein darauf ankommt, das relativ Beste, das jeweils für mich als Bedürfnissubjekt Beste auszuwählen. Es ist die Freiheit des „flexiblen Menschen", der darauf aus ist, das Bestmögliche für sich zu suchen und aus sich zu machen. Richard Sennett, der Autor des gleichnamigen Buches, findet das Konzept schon bei dem Renaissancephilosophen Pico della Mirandola (1463–1494) in dessen *Rede über die Würde des Menschen*: „Der Mensch ist ein Lebewesen von verschiedenartiger, vielgestaltiger und sprunghafter Natur."⁸ In dieser Flexibilität sei es dem Menschen gegeben, „zu haben, was er wünscht, zu sein, was er will."⁹ Der Mensch ist so flexibel, dass er sich das Vermögen der Vögel und Fische anzueignen und sich entsprechend umzugestalten, umzuschaffen vermag. Er ist eben nicht nur Mensch. Der Einwand, es sei doch keine Unfreiheit, dass der Mensch „nicht wie ein Adler fliegen oder wie ein Wal schwimmen" könne¹⁰, greift hier offenbar nicht. Wenn der Mensch es lernen kann, bedeutet es dann nicht doch eine Steigerung seiner Freiheit?

Der derart wandlungsfähige Mensch erfährt seine Freiheit in der Ungebundenheit. Er ist nicht festgelegt auf den Erdboden, dem er nach der biblischen Schöpfungserzählung entnommen ist. Er vermag alles zu verlassen, um sich auf neue Räume einzulassen. Und er hat seit dem im Dunklen liegenden Anfang der Menschwerdung bis heute einen weiten Weg zurückgelegt. In einem Bild verdeutlicht: Der Mensch ist bis ans äußerste Ende gegangen und sitzt nun gleichsam am Ende eines Steges. Der Kontinent seiner Herkunft liegt im Rü-

---

⁵ KSA 3, 480 (Die fröhliche Wissenschaft, Nr. 124).
⁶ Ebd.
⁷ KSA 3, 574 (Die fröhliche Wissenschaft, Nr. 343).
⁸ Pico della Mirandola, De hominis dignitate (PhB), 11; zit. nach Richard Sennett, Der flexible Mensch. Die Kultur des neuen Kapitalismus (1998), Taschenbuchausgabe (Siedler Nr. 75576) 2000, 136.
⁹ Ebd. (Pico della Mirandola, 7).
¹⁰ Formulierung von Claude Adrien Helvétius (zitiert in der FAZ. 3.3.2004).

cken. Er hat sich denkbar weit von seinem Heimatboden, von seiner erdgebundenen Existenzweise entfernt. Er hat den Punkt erreicht, an dem sich ihm das Universum unbegrenzter Möglichkeiten eröffnet. Nichts kann mehr dazwischentreten. So sitzt er zwischen Himmel und Meer. Und er hat offenbar die Möglichkeit, sich in beiden Elementen frei zu bewegen, absolut frei.

Himmel und Meer freilich sind in der Tradition Symbole der Unendlichkeit, Symbole Gottes. Wir verbinden Gottes Sein mit der Weite und Grenzenlosigkeit des Himmels ebenso wie mit der Tiefe und Unabschließbarkeit des Meeres. Nietzsche lässt seinen Zarathustra sagen: „Einst sagte man Gott, wenn man auf ferne Meere blickte; nun aber lehrte ich euch sagen: Übermensch."[11] Er denkt dabei an den Menschen, der frei geworden ist, um in den offenen Horizont hinein aufzubrechen; er denkt an den Menschen der darin frei geworden ist, dass ihm nichts mehr unmöglich ist. Alles ist möglich, wenn man es nur will!

Wir haben das Freiheitsideal des „flexiblen Menschen" damit zugespitzt auf das Konzept der absoluten, der unbedingten Freiheit. Aber auch hier verhält es sich mit der Freiheit dialektisch. Das Motto „Völlig losgelöst" ist ein Ausdruck der heutigen Stimmungslage. In ihm äußert sich das Nein-Sagen-Können in seiner aufs Ganze gehenden Konsequenz. Man versteht jedoch diese Tendenz nur recht, wenn man auch die Kehrseite bedenkt. „Völlig losgelöst", allen Bindungen enthoben, erfährt sich der Mensch doch plötzlich dem Drang, der Sehnsucht nach einer neuen totalen Bindung ausgeliefert. Gerade am äußersten Punkt des Steges, also dort, wo der Mensch ganz auf sich gestellt ist, wo das feste Land weit hinter ihm und das offene Meer vor ihm liegt, wo seine Freiheit zur riskanten Freiheit wird, da wird die tiefe Sehnsucht wach, die das endliche Leben geborgen wissen möchte in der Weite der Ewigkeit. Da möchte man sich des Unverlierbaren, des Bleibenden vergewissern. Da ergibt sich ein neuer Verstehenszugang zu den großen Leitworten Glaube, Liebe und Hoffnung. Auch das lässt sich bei Nietzsche prototypisch studieren. Der „freie Geist" will am Ende nichts anderes, als „ein Ja-sagender" sein[12], frei will er sich fühlen „im liebevollsten Muss"[13]. In einer eigentümlichen Koinzidenz der Gegensätze kommen Freiheit und Notwendigkeit, Zeitliches und Ewiges, Menschliches und Göttliches zusammen. „Man möchte", so Else Lasker-Schüler, „immer das seligbrausende Gewässer anbetend umarmen. Eine Erlösung sondergleichen, sich der Welle hinzugeben; Hochzeit feiert das Geschöpf mit dem Meer."[14] Hier wird das Meer zum „heilige[n] Element"; die Natur wird geradezu sakramental, als Mittel der Erlösung, als Ort der Versöhnung in Anspruch genommen.

---

[11] KSA 4, 108 (Zarathustra II, Auf den glückseligen Inseln).
[12] KSA 3, 276 (Die fröhliche Wissenschaft, Nr. 276).
[13] Ebd., 521 (Motto zum 4. Buch der „Fröhlichen Wissenschaft").
[14] ELSE LASKER-SCHÜLER, Das Meer (aus: Konzert), in: Gesammelte Werke in drei Bänden, hg. v. FRIEDHELM KEMP, Frankfurt a.M. 1996, Bd. 2, 758).

3. Unfreiheit als Unvermögen, Ja zu sagen

Zwischen dem Nein-sagen-Können und dem Ja-sagen-Wollen steht die Freiheit konkret auf dem Spiel. Der Mensch ist zweifellos, wie Max Scheler es einmal formuliert hat, „der ‚Neinsagenkönner', der ‚Asket des Lebens', der ewige Protestant gegen alle bloße Wirklichkeit"[15]. Aber ebenso unstrittig dürfte sein, daß er nicht in gleicher Weise auch ein „Jasagenkönner" ist. Während das Tier „immer ‚Ja' zum Wirklichsein sagt"[16], ist das Jawort des Menschen alles andere als selbstverständlich. Ob der Mensch, der um die Möglichkeit des Jasagens weiß und der „ja" sagen will, auch wirklich „ja" sagen kann, hängt von Umständen ab, über die er nicht allein, wenn überhaupt verfügt.

Dabei ist zunächst an die äußeren Umstände zu denken. Die Welt muss so sein, dass wir „ja" sagen, dass wir sie wirklich bejahen können. Aber ist sie so? Ein Ja-Wort, das die Widersprüche, das Nicht-sein-Sollende in der erfahrenen Weltwirklichkeit überspielt, wäre eine falsche Antwort, ein zutiefst unwahres Wort. Es wäre gelogen. Als Lüge prallt es gleichsam an der Wirklichkeit ab. Und wenn trotzdem das Ja gewagt wird, dann zehrt es gleichsam von der Verheißung einer anderen, einer besseren Welt, in der sich erfüllt, was wir bejahend vorwegnehmen. Noch einmal sei dazu Nietzsche das Wort gegeben:

> „Es ist kein Zweifel, der Wahrhaftige, in jenem verwegenen und letzten Sinne, wie ihn der Glaube an die Wissenschaft voraussetzt, bejaht damit eine andre Welt als die des Lebens, der Natur und der Geschichte; und insofern er diese ‚andre Welt' bejaht, wie? Muss er nicht ebendamit ihr Gegenstück, diese Welt, unsre Welt – verneinen? ..."[17]

Der Ja-sagen-Wollende wird so immer wieder auf sein Nein-sagen-Können zurückgeworfen.

Dass ihm das Ja-Sagen so schwerfällt, ist freilich nicht nur Ausdruck der Wahrhaftigkeit, die darauf beharrt, dass die Bejahung der gemeinten Wirklichkeit entsprechen und insofern wahr sein soll. Hinzu kommt das Problem des subjektiven Vermögens, zu dem einmal gegebenen Wort zu stehen. Sind wir so frei, dass wir mit unserer ganzen Person das mit einem Ja-Wort gegebene Versprechen erfüllen. In dieser Hinsicht verknotet sich nun das Problem der Freiheit mit dem Problem der Treue. Auch im Blick auf diesen Zusammenhang erweist sich wiederum Nietzsche als scharfsinniger Diagnostiker:

> „Man kann Handlungen versprechen, aber keine Empfindungen; denn diese sind unwillkürlich. Wer jemandem verspricht, ihn immer zu lieben oder immer zu hassen oder ihm immer treu zu sein, verspricht Etwas, das nicht in seiner Macht steht; wohl aber kann er solche Handlungen versprechen, welche zwar gewöhnlich die Folgen der Liebe, des Hasses, der Treue sind, aber auch aus anderen Motiven entspringen können; denn zu einer Handlung führen mehrere Wege und Motive. Das

---
[15] MAX SCHELER, Die Stellung des Menschen im Kosmos, München 1947, 56.
[16] Ebd.
[17] KSA 3, 577 (Fröhliche Wissenschaft, Nr. 344).

> Versprechen, Jemanden immer zu lieben, heisst also: so lange ich dich liebe, werde
> ich dir die Handlungen der Liebe erweisen; liebe ich dich nicht mehr, so wirst du
> doch die selben Handlungen, wenn auch aus anderen Motiven, immerfort von mir
> empfangen: so dass der Schein in den Köpfen der Mitmenschen bestehen bleibt,
> dass die Liebe unverändert und immer noch die selbe sei."[18]

Am Problem der Treue verdeutlicht sich das Problem der Freiheit. Das heißt: Das Problem der Freiheit ist ein Problem der Treue. Der Wille, kraft dessen ein Mensch jemandem verspricht, „ihm immer treu zu sein", trägt beides in sich: das entschiedene Nein zu allen Bindungen, sofern sie nur durch Herkunft und gesellschaftliche Konvention bedingt und legitimiert sind, und zugleich das ebenso entschiedene Ja zum ganzen Leben, wie es sich im Horizont des Möglichen als verheißungsvoll, einladend darstellt. Einerseits zum Äußersten radikalisierte Selbstbestimmung, andererseits der Wunsch, der das eigene Leben in einem Ganzen so gut aufgehoben wissen will, dass ein Mensch nur noch ja dazu sagen kann; beides wollend, ist ein Mensch angewiesen auf Verlässlichkeit und muss nun doch an sich selber erfahren, wie wenig er zum verlässlichen Partner in einer dauerhaften Beziehung taugt. Wer es nicht vermag, für das gegebene Wort ganz einzustehen, ist unfähig zur Treue und ist eben darin unfrei. Das Ich, das etwas verspricht, hat sich selbst nicht in der Gewalt. Es ist seiner eigenen Affekte nicht mächtig. Es ist unbeherrscht, launisch, ein Spielball der Einflüsse, von denen es sich treiben lässt.[19]

In dieser psychologischen Formulierung geht es um einen Sachverhalt, den auch die Theologie im Blick hat, wenn sie von der Unfreiheit des Willens redet. Das menschliche Herz ist, wie es beim Propheten Jeremia heißt, ein trotzig und verzagt Ding (Jer 17,9). Es unterliegt nicht der vorsätzlichen willentlichen Steuerung. Es hat vielmehr als Sitz der Affekte seinen eigenen Willen. Nicht anders als Nietzsche verweist zum Beispiel auch Melanchthon darauf, dass „die inneren Affekte nicht in unserer Gewalt" sind; „denn durch Erfahrung und Gewohnheit erleben wir, daß der Wille nicht aus eigenem Antrieb Liebe, Haß oder ähnliche Affekte ablegen kann, sondern ein Affekt wird durch den (anderen) Affekt besiegt"[20].

---

[18] KSA 2, 76f (Menschliches, Allzumenschliches I, 58).
[19] Zu der Freiheitsproblematik, die hier zur Sprache kommt, lässt sich bei PETER BIERI (Das Handwerk der Freiheit. Über die Entdeckung des eigenen Willens, München/Wien 2001) Klärendes und Weiterführendes nachlesen: Das Verständnis von Freiheit im Sinne „unbedingter Freiheit" verwechselt den freien Willen mit einem „launische[n] Wille[n], auf den wir uns nicht verlassen könnten" (234). Zugespitzt: „Es gibt nichts Teuflischeres als die unbedingte Freiheit. Wer sie nicht hat, dem erscheint sie als das Höchste, weil sie ein Höchstmaß an Ungebundenheit und Unabhängigkeit des Willens bedeutet. Erfährt sie dann jemand [...], so merkt er schnell, daß sie das genaue Gegenteil von Freiheit darstellt, nämlich vollkommene Ohnmacht einem unberechenbaren Willen gegenüber." (239)
[20] PHILIPP MELANCHTHON, Loci communes (1521), lat.-dt., übers. von HORST GEORG PÖHLMANN, Gütersloh 1993, 37 (Kap. 1: De hominis viribus adeoque de libero arbitrio).

Die Ohnmacht des Willens in dieser Hinsicht mindert nicht die Macht, mit der er darauf aus ist, Freiheit zu gewinnen. Der Wille zur Freiheit ist ungebrochen. Und er muss sich um so stärker zur Geltung bringen, als er nicht darauf vertrauen kann, dass andere ihr Versprechen halten. Worauf denn kann er sich verlassen? Wer hält sein Wort? Die Natur, die über Jahrtausende als Inbegriff des Vorgegebenen, des unabänderlich Konstanten angesehen werden konnte, erweist sich mehr und mehr bis in die Anfangsgründe, bis in den Bauplan des Lebens hinein als manipulierbar. Und die Welt des Sozialen, in der einst die „Stände" relative Stabilität gewährleisten konnten, unterliegt nicht erst seit heute einer Dynamisierung, die auf der einen Seite immer wieder neue Möglichkeiten der Tätigkeit, des Konsums und der Kommunikation erschließt, auf der anderen Seite aber auch bisher geltende Verbindlichkeiten aufkündigt. Die Dynamik des Arbeitsmarktes ebenso wie die der neuen Medien liefern dafür eindrückliche und erschreckende Belege. In dieser Situation, die durch fortschreitende ‚Verflüssigung' bisheriger Konstanten gekennzeichnet ist, wird Freiheit mehr und mehr zu einer vom Individuum je für sich zu lösenden Aufgabe.

Wenn es aber richtig ist, dass keiner seines Herzens und der in ihm wurzelnden Affekte mächtig ist, dass keiner sich selbst befreien kann, dann muss das dem Einzelnen gleichwohl zugemutete Projekt der Freiheit zu einer verzweiflungsvollen Angelegenheit werden. Unter dem positiven Leitbegriff der Freiheit verbergen sich Ansprüche, die auf das Individuum überfordernd, belastend, wenn nicht gar lähmend zurückschlagen.

4. Nein und Ja: Gottes Wort als Grund der Freiheit

Sich auf diese Situation der selbstwidersprüchlichen Freiheit einzustellen und in ihr nach wirklich befreienden Wegen zu suchen, bezeichnet eine Aufgabe, die nicht einseitig zu lösen ist. So naheliegend es ist, auf die Krise der Freiheit mit der Beschwörung überindividueller Ordnungen zu antworten, so notwendig es auch ist, zur Treue zu ermahnen und die Stimme des Gesetzes dort zur Geltung zu bringen, wo Versprechen gebrochen werden, so wenig hilft es im Blick auf die Wurzel des Problems. Auf die negative Dialektik, in der sich die Probleme von Freiheit und Treue miteinander verknoten, ist in einer positiven dialektischen Bewegung zu antworten, in der die beiden Größen im rechten Rhythmus zusammenspielen.

Lässt sich die damit gestellte Aufgabe psychologisch lösen? Bei Goethe findet sich dazu die folgende Anweisung: „Von einer Seite" seien wir „genötigt", „uns zu verselbsten", anders gesagt: eine selbstverantwortliche und in diesem Sinne freie Persönlichkeit auszubilden; andererseits sollten wir jedoch „in regelmäßigen Pulsen uns zu entselbstigen nicht versäumen"[21]. Gerade wer sich

---

[21] Johann Wolfgang von Goethe, Werke. Hamburger Ausgabe in 14 Bdn., hg. v. Erich Trunz, Bd. 9, München 1981, 353 (Dichtung und Wahrheit, Teil II, 9. Buch).

der Nötigung und Notwendigkeit der Selbstwerdung unterworfen weiß, braucht immer wieder Momente der Entlastung, Momente, in denen er oder sie sich selbst loslassen kann. „Statt heißem Wünschen, wildem Wollen,/ Statt läst'gem Fordern, strengem Sollen,/ Sich aufzugeben ist Genuß."[22] Aber „finden" wir uns wirklich „im Grenzenlosen"[23], also dort, wo wir uns als einzelne einem namenlosen Ganzen ausliefern?

Soll Selbstaufgabe nicht zum Selbstverlust führen, dann gilt es im grenzenlosen Meer möglicher Beziehungen solche zu entdecken und einzugehen, bei denen sich Loslassen und Empfangen die Waage halten. Es geht hier um eine Balance, die überaus empfindlich, störungsanfällig ist und eben deswegen immer wieder des Ausgleichs und der korrigierenden Einstellung bedarf. Um sie zu finden und zu wahren, sind wir entscheidend auf das Medium der Sprache angewiesen. Worte entscheiden über Freiheit und Unfreiheit. Man denke hier an biblische Worte wie: Adam wo bist Du? Oder: Ich habe dich bei deinem Namen gerufen, du bist mein! Eben das sind die Worte, die wir nicht abrufen können, in denen aber gerade die Macht liegt, die über Freiheit und Unfreiheit entscheidet.

Von hier aus erschließt sich eine Einsicht, die in Luthers Traktat *Von der Freiheit eines Christenmenschen* nachzulesen ist:

> „Es hat die Seele nichts anderes, weder im Himmel noch auf Erden, worin sie leben kann, recht, frei und Christ sei, als das heilige Evangelium, das Wort Gottes von Christus gepredigt. [...] Wenn sie [...]das Wort hat, so braucht sie sonst nichts mehr, sondern sie hat an dem Wort Genüge, hat Speise, Freude, Frieden, Licht, Erkenntnis, Gerechtigkeit, Wahrheit, Weisheit, Freiheit und alles Gute im Überschwang."[24]

Die Beziehung, die durch das Wort Gottes vermittelt ist, ist eine Beziehung zwischen Ungleichen. Sie entspricht mithin nicht dem Modell einer symmetrisch auszubalancierenden Beziehung. Mit ihr ist geradezu ein Gegengewicht zur menschlichen Selbstauslegung und Selbstbegründung gesetzt. Dabei soll die Metapher des Gegengewichts nicht nur an die Widerständigkeit, an die unaufhebbare Andersheit des göttlichen Redens und Handelns erinnern. Sie soll vielmehr auch verdeutlichen, inwiefern gerade in dem ungleich größeren, tiefer begründeten Gewicht eine dem Menschen zugutekommende Macht liegt. Hier gilt die eigentümlich paradoxe Logik des Kreuzes, wie sie in der christlichen Erbauungsliteratur immer wieder eingeübt worden ist: Was zunächst gegen uns ist, erweist sich als ein Geschehen für uns, das auch noch unseren Widerspruch zu überwinden vermag[25]. Es sei versucht, unser Nachdenken über Freiheit und Treue von daher noch einmal theologisch zu vertiefen.

---

[22] GOETHE, Werke (s. Anm. 21), Bd. 1, München 1981, 368 (Eins und Alles).
[23] Ebd.
[24] Zitiert nach DDStA 1, 283/285.
[25] Vgl. JOHANN ARNDT, Vom wahren Christentum, Buch II, 47. Kapitel: Erläuterung des Bildes einer Schlaguhr, „die durch die schweren Gewichte und ihre Last in rechten Gang

Zum einen liegt in dem Wort Gottes ein Zeichen des Widerspruchs, das das menschliche Freiheitsstreben seiner Sündhaftigkeit überführt und menschliche Freiheit im Gegenüber zu Gottes unumschränkter Souveränität heilsam begrenzt. Solche Grenzziehung ist notwendig, weil und insofern Menschen immer wieder dazu neigen, sich göttliche Macht anzumaßen. Die menschliche Freiheit, die als geschöpfliche Freiheit nur bestehen kann, wenn der Mensch zu hören und zu antworten bereit ist, verkehrt sich zu einer quasigöttlichen Machtvollkommenheit im Sinne einer Selbstvollkommenheit, in der sich der Mensch der konkreten Verantwortung entzieht. Bezogen auf diesen Freiheitswahn, der Freiheit mit der Allmacht, alles Mögliche zu tun, verwechselt, kommt dem Wort Gottes primär eine kritische, richtende Funktion zu. Es ist „lebendig und kräftig und schärfer als jedes zweischneidige Schwert und dringt durch, bis es scheidet Seele und Geist, auch Mark und Bein, und ist ein Richter der Gedanken und Sinne des Herzens" (Hebr 4,12). Vor Gott gestellt zu werden, das heißt dem zu begegnen, vor dem alles „bloß und aufgedeckt" liegt, das heißt sich auf den einzustellen, „dem wir Rechenschaft geben müssen" (Hebr 4,13).

Ohne diese Verkündigung des richtenden Gesetzes droht alles Reden von der Liebe und Güte Gottes zur billigen Vertröstung zu werden. Ist aber das Gegengewicht der Allmacht Gottes in dieser Hinsicht gleichsam gesichert, dann kann, ja dann muss sie auch als eine solche zur Sprache gebracht werden, die sich auf eine Geschichte mit der Schöpfung einlässt. Gottes Allmacht ist gerade darin mächtiger als alle vermeintliche Allmacht seiner Geschöpfe, dass er sich ihnen in Treue verbindet. Als der treue Gott lässt der Schöpfer das Werk seiner Hände nicht fahren. Die Asymmetrie im Verhältnis von Gott und Mensch ist nun auszulegen als das Übergewicht seiner Treue im Gegenüber zur Untreue des Menschen (vgl. Röm 3,3; 2Tim 2,13). Auf die unheilvolle Dialektik der Sünde, die den Menschen im Griff nach der Freiheit treulos werden lässt, antwortet Gott in der Dialektik seines Wortes, wie es in Gesetz und Evangelium begegnet.

In dieser Gegensatzspannung stehen Nein und Ja einander in einem unaufhebbaren Widerspruch gegenüber. Das Ja schwächt nicht das Nein. Der barmherzige Gott hält an der im Gesetz zur Geltung gebrachten Gerechtigkeit fest und setzt sie im Gericht am Sünder und gegen den Sünder durch. So steht er zu dem einmal gegebenen Wort. Dennoch ist das Nein weder das erste noch das letzte Wort Gottes. Die Übermacht des Ja-Wortes, das schon der Schöpfung zugrunde liegt, offenbart sich in Jesus Christus, in dem nach Paulus (2Kor 1,20) das Ja auf alle Gottesverheißungen lebendig ist. In diesem Ja-Wort spricht sich, wie Luther einmal in einer Predigt gesagt hat, „die ganze Gottheit" aus:

---

gebracht wird, daß sie fein leicht fortgehet, und eine Stunde nach der andern richtig hält. Also ist auch gläubigen Christen nicht hinderlich, wenn ihnen Gott nach seinem allweisen Rath ein schweres Kreuzgewicht anhänget, denn dadurch werden sie nur aufgemuntert, desto hurtiger und besser in ihrem Christenthum fortzugehen."

„Wollt ihr Gott hören, Gott bei euch haben und bei Gott seyn, so dürft ihr euere Ohren und Augen nicht anderswo hinkehren, denn zu mir [sagt Christus]. Höret ihr nun mich, so höret ihr Gott; sehet ihr mich, so seht ihr Gott, denn das ist beschlossen, entweder durch mich Gott gehöret oder gesehen, oder nimmermehr gehöret und erkannt. Daraus folgt nun weiter, daß, wenn Christus ein freundlich Wort redet, daß die ganze Gottheit ja dazu sage, ich schweige, daß die Welt oder der Teufel könnte ein Nein daraus machen"[26]

5. DIE FREIHEIT EINES CHRISTENMENSCHEN

Die Freiheit eines Christenmenschen verdankt sich diesem Ja-Wort. Versuchen wir abschließend diese Freiheit zu charakterisieren, so werden wir freilich noch einmal auf das Zueinander von Verneinung und Bejahung verwiesen. Dabei ist an den Kern reformatorischer Theologie zu erinnern, in dem sich zwei einander entgegengesetzte, aber doch unablösbar aufeinander bezogene Hälften finden. Das Zueinander von Nein und Ja lässt sich in zweifacher Hinsicht verdeutlichen:

Zum einen: Freiheit im Sinne der Freiheit eines Christenmenschen lässt sich nicht erwerben. Sie lässt sich nicht ins Werk setzen. Wir können sie nicht machen. Keiner wird dadurch frei, dass er es sich vornimmt frei zu werden. Was sich machen lässt, ist immer nur der Akt der Befreiung als ein Sich-Lossagen von bisherigen Bindungen. Aber diese Freiheit der Emanzipation ist noch nicht die Freiheit im Sinne der Freiheit eines Christenmenschen. Diese wird dem Menschen von außerhalb seiner selbst zugesagt. Sie wird ihm geschenkt im Glauben. Frei sind wir aus Gnade, und wir sind es, sofern wir uns glaubend auf die Gnade verlassen. Sich verlassen, das ist hier durchaus wörtlich zu nehmen: sich selbst loslassen, von sich selbst absehen. Wir gewinnen die Freiheit nur, indem wir selbst sie in gewisser Hinsicht gerade nicht zu eigen haben.

Zum anderen: Freiheit kommt nicht dem Menschen zu, sondern im strengen Sinne allein Gott. Freiheit ist ein Gottesname, ein Gottesprädikat, kann Luther sagen. Und er nimmt damit eine Einsicht auf, die schon beim Kirchenvater Augustin nachzulesen ist: Nur der Allmächtige ist frei. Allmächtig aber ist, wer kann, was er will, ohne in der Ausübung seines Willens durch den Willen eines anderen behindert zu werden. In diesem Sinne ist nur Gott frei, weil nur er aller Dinge mächtig ist. Der Mensch aber wird nur frei, wenn er um seine Unfreiheit Gott gegenüber weiß, wenn er gerade nicht sein will wie Gott, sondern sich seiner Grenzen und seiner Abhängigkeit bewusst bleibt.

Menschliche Freiheit ist geschöpfliche Freiheit, Freiheit in Abhängigkeit und so dann auch: Freiheit im Miteinander der Geschöpfe, im Respekt vor dem Wollen anderer, in Ehrfurcht vor dem Wollen Gottes. Dass dem Menschen die Freiheit im Sinne der umumschränkten Allmacht entzogen ist, erschließt sich so als die Voraussetzung dafür, dass er sie von Gott – vermittelt durch sein Wort – empfangen kann. An die Stelle der absoluten Freiheit tritt dann die

---

[26] WA 52, 324,13–19 (Pfingstpredigt über Joh 14,23–31 von 1532).

"kommunikative" Freiheit, die in einer doppelten Beziehung, in einer doppelten Bewegung begriffen ist:

> in der Weise, "dass ein Christenmensch nicht in sich selbst lebt, sondern in Christus und seinem Nächsten. In Christus durch den Glauben, im Nächsten durch die Liebe. Durch den Glauben fährt er über sich in Gott. Aus Gott fährt er wieder unter sich durch die Liebe und bleibt doch immer in Gott und in göttlicher Liebe, wie Christus Joh 1 sagt: Ihr werdet den Himmel offen stehen sehen und die Engel auf- und absteigen über den Sohn des Menschen.'"[27]

Haben wir die Freiheit nicht aus uns heraus und für uns, so sind wir darauf angewiesen, dass sie uns stets aufs Neue gegeben wird. Eben das geschieht durch Sprache. Freiheit wird uns zugesprochen. Bereits der anfangs erwähnte Sprechakt der Frage kann als Gewährung von Freiheit verstanden werden. Indem wir fragen und gefragt werden, räumen wir einander die Freiheit ein, mit Ja oder Nein zu antworten. Aber ob die gegebene Antwort wahr und in einem tieferen Sinne frei ist, entscheidet sich noch nicht mit der Frage. Die Erfahrung, dass Menschen ja sagen und doch nicht zu ihrem Wort stehen, wird schon in der Verkündigung Jesu zur Sprache gebracht (Mt 21,28–31; vgl. auch Mt 5,37). Und Bertolt Brecht gibt in seinem Stück *Der Jasager und der Neinsager* zu bedenken:

> "Wichtig vor allem zu lernen ist Einverständnis. Viele sagen ja, und doch ist da kein Einverständnis. Viele werden nicht gefragt, und viele sind einverstanden mit Falschem. Darum: Wichtig zu lernen vor allem ist Einverständnis."[28]

Eben das Einverständnis, das ein ebenso freies wie wahres Ja-Wort erst möglich macht, ist ohne ein zuvor gesagtes, schlechterdings verlässliches Wort nicht zu denken. Gründet sich menschliche Rede in einem solchen Wort, dann gewinnt sie freilich mit dem Vermögen der echten Bejahung zugleich auch die Kraft zu einem ebenso entschiedenen Nein. Die Bereitschaft und Fähigkeit zum Widerstand und die Treue zu dem einmal gegebenen Wort sind dann zwei Seiten einer Freiheit. Für beide gilt das Wort Jesu aus der Bergpredigt: "Eure Rede soll ‚ja ja', ‚nein nein' sein; was über dieses hinausgeht, das ist vom Bösen" (Mt 5,37; vgl. Jak 5,12).

---

[27] *Von der Freiheit* eines *Christenmenschen*, zitiert nach DDStA 1, 315,31-38.
[28] BERTOLT BRECHT, Der Jasager und der Neinsager (edition suhrkamp 171), Frankfurt a.M. 1966, 19.

17. Kapitel: Grenzen der Definitionsmacht
Zum Verhältnis von Normkultur und Nutzenkultur aus der Sicht evangelischer Theologie

1. Der Mensch als Beziehungswesen

„Der Mensch ist ein Beziehungswesen."[1] Man wird kaum einen Beitrag der evangelischen Theologie zur gegenwärtigen bioethischen Debatte finden, in dem diese These nicht vorgetragen oder als Grundüberzeugung vorausgesetzt würde. „Menschsein heißt In-Beziehung-Sein."[2] Die Frage „Was ist der Mensch?" lässt sich demnach nicht so beantworten, dass man auf Eigenschaften verweist, die einem Menschen an und für sich, abstrahiert von seinen Beziehungen zu anderen kennzeichnen. Vielmehr sind Beziehungen wesentlich für das Sein des Menschen. Sie „kommen nicht zu unserem Sein als Menschen hinzu, sondern sie machen es aus."[3] Um welche Beziehungen aber geht es? Und – wenn denn die These theologisch gemeint ist – wie verhält sich die Gottesbeziehung des Menschen zu den vielfältigen zwischenmenschlichen und weltlichen Beziehungen?

Als Andere, auf die jeder Mensch angewiesen ist, um als Mensch leben zu können, kommen zunächst andere Menschen in Betracht. Der Mensch kommt zur Welt, „empfangen und genähret/ Vom Weibe wunderbar"[4]; und er bleibt ein bedürftiges Wesen, so lange er lebt. Die Relationalität seiner Natur konkretisiert sich in der fundamentalen Passivität, in der ein Mensch aufgenommen, angenommen und bewahrt, ins Leben gesetzt und lebendig erhalten *wird*. Dazu bedarf er nicht nur der Nährstoffe, sondern auch der Menschen, die sie ihm vermitteln und geben. Eine Versorgung, die zwar die Zufuhr von nährenden

---

[1] EKD-Synode, Timmendorfer Strand, 3.–8.11.2002, Thesen zum Schwerpunktthema „Was ist der Mensch?" (3. These), in: epd-Dokumentation 48/2002, 18.

[2] Wilfried Härle in seinem Einführungsvortrag zur EKD-Synode November 2002; wiederabgedruckt in: ders., Menschsein in Beziehungen. Studien zur Rechtfertigungslehre und Anthropologie, Tübingen 2005, 435.

[3] Ebd.

[4] Matthias Claudius, Der Mensch, in: ders., Sämtliche Werke, hg. von Jost Perfahl, Darmstadt 1980, 248.

Stoffen sicherstellt, aber die menschliche Zuwendung und Kommunikation auf Dauer ausschaltet, gilt zu Recht als unmenschlich. Die biblische Einsicht, dass der Mensch „nicht vom Brot allein lebt" (Dtn 8,3; Mt 4,4 par), dürfte als anthropologische Erkenntnis allgemeine Zustimmung finden. Auch wer die anschließende theologische Behauptung, der Mensch lebe „von einem jeden Wort, das aus dem Mund Gottes geht", nicht anerkennt, wird doch nicht die anthropologische Einsicht bestreiten: Der Mensch ist in seiner gesamten Existenz angewiesen auf kommunikative Beziehungen, durch die und in denen er seinen spezifisch menschlichen Charakter ausbildet und bewährt. Dass er jenes besondere Lebewesen ist, das sich durch den Logos, durch Sprache und Vernunft auszeichnet, setzt somit das Angesprochenwerden voraus. Dabei ist Sprache in einem weiten, die leibliche Kommunikation einschließenden Sinn zu verstehen. Der Mensch lebt davon, dass er als Mensch von anderen Menschen angenommen und angesprochen wird.

Nach theologischer Auffassung geht es in dieser geschöpflichen Kommunikation zugleich um die Beziehung zu dem einen Anderen, dem alle Menschen ihr Leben verdanken. Die Frage „Was ist der Mensch?" verbindet sich im biblischen Denken mit dem Staunen darüber, „dass du [sc. Gott] seiner gedenkst, dass du dich seiner annimmst" (Ps 8,5). Diese im Nebensatz angesprochenen Erfahrung ist von entscheidender Bedeutung: Das Leben eines Menschen ist im Wort Gottes, im Gedenken und somit in der Beziehung Gottes zu ihm begründet.[5] Für sich genommen, herausgelöst aus den lebensentscheidenden Beziehungen, aber ist es „Staub", geradezu nichts. „Ist doch der Mensch gleichwie nichts; seine Zeit fährt dahin wie ein Schatten" (Ps 144,4). In dem Versuch sich selbst auf den Grund zu kommen, erfährt der Mensch seine Hinfälligkeit und Nichtigkeit; er ist bloß ein „Hauch" (Ps 78,39; Jes 2,22; Hiob 7,7.16). Und zugleich wird er auf den Grund außerhalb seiner selbst verwiesen, von dem er sich in seiner ganzen Existenz nur empfangen kann. Auch die Gottebenbildlichkeit, durch die er sich vor den anderen Kreaturen auszeichnet, ist keine Qualität, die mit einer Eigenschaft, etwa mit seiner Vernunftbegabung, gleichgesetzt und an ihm festgestellt werden könnte. Als Ebenbild Gottes ist er vielmehr konstitutiv als ein vom Wirken Gottes abhängiges Wesen verstanden. Das Bild, das er ist, leuchtet auf, sofern es sich von einer externen Quelle des Lichtes her empfängt; es wird sichtbar im Lichte eines anderen. Es entspricht dieser biblischen Sicht, wenn Martin Luther den Menschen theologisch durch das Geschehen der Rechtfertigung, mithin durch das ihm von außen zugesprochene Wort

---

[5] Dass und in welchem Sinne das Menschsein vom Gedenken Gottes her zu verstehen ist, zeigt GUNDA SCHNEIDER-FLUME, Der Realismus der Barmherzigkeit in der Gesellschaft. Überlegungen zur theologischen Debatte um die Bioethik, in: ThLZ 130, 2005, 727–740, insbes. 733; zur systematisch-theologischen Auslegung von Ps 8 im Kontext der Bioethik: OSWALD BAYER, Selbstschöpfung? Von der Würde des Menschen, in: DERS., Zugesagte Gegenwart, Tübingen 2007, 272–289.

Gottes definiert sah.[6] Und er hat damit auf dem Feld der Anthropologie nur zur Geltung gebracht, was er im Blick auf die Erkenntnisaufgabe der Theologie überhaupt gefordert hat: Wir sollten dialektisch denken, indem „wir uns von der einfachen und absoluten Aussageweise der Substanz verlegen auf die Aussageweise der Relation"[7].

Die Einsicht in den relationalen Charakter des Menschseins bezeichnet den gemeinsamen Nenner, auf den sich evangelische Theologen auch dort noch verständigen können, wo sie im Blick auf die neuen Errungenschaften der Biotechnologie zu verschiedenen, miteinander nicht zu vereinbarenden ethischen Urteilen gelangen.[8] Dieser Dissens, der in den Stellungnahmen zu den Streitfragen der Bioethik aufbricht, deutet darauf hin, dass bereits auf der Ebene der theologischen Anthropologie die Relationalität des Menschseins verschieden ausgelegt wird. Strittig ist, wie sich die beiden eben unterschiedenen Beziehungsgefüge, das anthropologisch-empirische einerseits und das theologisch-transzendente andererseits, zueinander verhalten.[9] Eine Gruppe von evangelischen Ethikern, deren Position auch in die 2002 veröffentlichte Argumentationshilfe der EKD[10] eingegangen ist, versteht die Relationalität vor allem als die biologisch und sozial vermittelte Interaktionsstruktur, ohne die sich ein menschlicher Embryo nicht als Mensch entwickeln kann. Sowohl auf natürlichem Weg als auch durch künstliche Befruchtung entstehen freilich Embryonen, die aus dem relationalen Gefüge, das entwicklungsbiologisch für ihre Menschwerdung konstitutiv ist, sofort, kaum dass sie entstanden sind, wieder herausfallen oder gar nicht erst in dieses aufgenommen werden. Seien „die äußeren Bedingungen für eine Entwicklung, insbesondere die Einnistung in die Gebärmutter einer Frau, nicht gegeben", so könne „aus faktisch-empirischen Gründen nicht von sich entwickelnden Menschen gesprochen werden"[11]. Aus

---

[6] *Disputatio de homine* (1536), in: WA 39/I, 174–180; vgl. dazu die Textfassung, Übersetzung und eingehende Kommentierung von GERHARD EBELING: Disputatio de homine, 3 Bde. (Lutherstudien, Bd. II/1–3), Tübingen 1977, 1982 und 1989; dort Bd. 1, 22 (These 32). Luthers Thesen werden im Folgenden nach der Übersetzung von Gerhard Ebeling zitiert.

[7] WA 40/III, 334,23–26: „ex simplici et absoluto substantiae praedicamento transferre in praedicamentum relationis". Weitere Nachweise oben 83, Anm. 29.

[8] Vgl. dazu: Im Geist der Liebe mit dem Leben umgehen. Argumentationshilfe für aktuelle medizin- und bioethische Fragen. Ein Beitrag der Kammer für Öffentliche Verantwortung der EKD (EKD-Texte 71), Hannover 2002; außerdem: Starre Fronten überwinden. Eine Stellungnahme evangelischer Ethiker zur Debatte um die Embryonenforschung, in: REINER ANSELM/ULRICH H.J. KÖRTNER (Hg.), Streitfall Biomedizin. Urteilsfindung in christlicher Verantwortung, Göttingen 2003, 197–208.

[9] Vgl. zur Unterscheidung zwischen „immanent-relationalen" und „transzendent-relationalen Begründungstheorien" WILFRIED HÄRLE, Der Mensch Gottes. Die öffentliche Orientierungsleistung des christlichen Menschenverständnisses, in: DERS., Menschsein in Beziehungen (s. Anm. 2), 363-378, insbes. 370-372.

[10] Im Geist der Liebe mit dem Leben umgehen (s. Anm. 8).

[11] Ebd., 22.

der Einsicht, dass kein Mensch sich entwickeln kann, wenn sich nicht andere seiner annehmen, und dass insbesondere die mit der Nidation erfolgende Aufnahme in die Gebärmutter von entscheidender Bedeutung ist, wird hier gefolgert, dass bis zu diesem entscheidenden Akt der Annahme über das Menschsein des Embryos noch nicht entschieden sei. Mit der Betonung der Relationalität verbindet sich somit die Behauptung einer ontologischen Unentschiedenheit in der frühesten Embryonalentwicklung. Aus dem Embryo *kann* etwas anderes werden als ein Mensch. Genauer: Sofern er definitiv nicht zum Menschen werden kann, weil die zu seiner Entfaltung und Bewahrung erforderlichen Beziehungen nicht gegeben sind, darf aus ihm etwas anderes gemacht werden als ein Mensch, etwa ein Ersatzgewebe, das anderen Menschen therapeutisch nützen kann. In diesem Sinne plädieren einige evangelische Theologen dafür, zwischen menschlichem Leben und dem Leben eines werdenden Menschen „kategorial" zu unterscheiden.[12]

So rechnet Jörg Dierken „eine wie auch immer geartete Differenz zwischen dem normativen Kern des Humanum – also dem, was der Mensch als Mensch ist, darf oder auch sein soll – und dessen empirischer Basis in naturalen Zuständen des biologischen Gattungswesens ‚homo sapiens'" geradezu „zu den Bedingungen der bioethischen Debatten"[13]. „Dass es sich bei den embryonalen Zellen, die für Diagnostik und Forschung ‚seligiert' und ‚verbraucht' werden, [...] um menschliches Leben handelt", bedeute keineswegs zwangsläufig, dass dieses menschliche Leben „Träger des normativen Kerns des Humanum" sei.[14] Am exponiertesten hat Johannes Fischer diese Unterscheidung zwischen menschlichem Leben und Leben eines Menschen als eine Unterscheidung zwischen „etwas" und „jemand" zur Geltung zu bringen gesucht.[15] Nicht alles menschliche Leben sei demnach als Leben eines Menschen zu achten. Den in ihrer Entwicklung scheiternden Embryonen wird hier der Status des Menschen abgesprochen. Daraus, dass diese das Ziel der Menschwerdung nicht erreichen können, weil ihnen die Entwicklungsmöglichkeiten entzogen sind, folgert Fischer, dass es sich hier gar nicht um Menschen handele. Was „kein Mensch wird", weil es sich nicht zu einem solchen entwickeln kann, bleibt „etwas anderes [...] als ein Mensch"[16].

---

[12] U.a. EBERHARD JÜNGEL, Hoffen, Handeln – und Leiden. Zum christlichen Verständnis des Menschen aus theologischer Sicht, in: DERS., Beziehungsreich. Perspektiven des Glaubens, Stuttgart 2002, 13–40, Zitat 17.
[13] JÖRG DIERKEN, Docta ignorantia oder: Die Freiheit des Endlichen. Theologische Überlegungen zu aktuellen Fragen der Bioethik, in: ZEE 46, 2002, 86–108, 88.
[14] Ebd., 90.
[15] In Kurzform: JOHANNES FISCHER, Vom Etwas zum Jemand. Warum Embryonenforschung mit dem christlichen Menschenbild vereinbar ist, in: Zeitzeichen 3/2002, 11–13; ausführlicher: DERS., Die Schutzwürdigkeit menschlichen Lebens in christlicher Sicht, in: ANSELM/KÖRTNER (Hg.), Streitfall Biomedizin (s. Anm. 8), 27–45.
[16] FISCHER, Schutzwürdigkeit (s. Anm. 15), 32.

Bei aller Zurückhaltung, die in der evangelischen Theologie gegenüber einem vermeintlich katholischen ontologischen Denken geübt wird,[17] ist doch nicht zu verkennen: Die kategoriale Unterscheidung zwischen menschlichem Leben und Leben eines Menschen, ausgelegt als Unterscheidung zwischen „etwas" und „jemand", hat die Qualität eines ontologischen Urteils. Man mag darin einen Beweis für die Unausweichlichkeit der ontologischen Entscheidung sehen: Sein oder Nicht-Sein? Ist jeder Embryo Mensch oder sind einige es nicht? Auch wer diese Fragen offen zu halten bedacht ist, indem er die äußeren Umstände, die Lebensverhältnisse darüber entscheiden lässt, kommt nicht umhin, dieses im Lebensprozess sich vollziehende Urteil, demzufolge einzelne Embryonen als Menschen angenommen, andere aber verworfen werden, ontologisch zu gewichten. Dabei ist deutlich, dass dieses ontologische Urteil nicht nur weitreichende ethische Konsequenzen hat, sondern auch ethisch motiviert und interessiert ist. Gibt es menschliches Leben, das nicht Leben eines Menschen ist, so unterscheidet es sich qualitativ nicht von dem Leben, das Menschen nutzen und verbrauchen dürfen. Ein Leben, das nicht „Träger des normativen Kerns des Humanum"[18] ist, bzw. ein embryonaler Organismus, der keinen Menschen „verkörpert"[19], fällt aus dem Schutzbereich der unter dem Begriff der Menschenwürde stehenden Normkultur heraus, um der am Begriff des Nutzens orientierten Kultur zugeführt zu werden. Haben die Embryonen, die nicht zur Einnistung gelangen, gar nicht „die Bestimmung [...], sich als Menschen oder zu einem Menschen im personalen Gegenüber zu Gott zu entwickeln"[20], so können und dürfen sie anderen Bestimmungen unterworfen werden. Normativ ‚entkernt', als seelenloses Gebilde betrachtet, fallen sie der Nutzenkultur anheim, deren Grundzug eben darin besteht, dass der Mensch der Natur seine Zwecke aufprägt und somit für seine Bedürfnisse instrumentalisiert.

Gegen eine derartige Ausweitung der Nutzenkultur auf menschliche Embryonen lassen sich jedoch Einsichten anführen, die im christlichen Verständnis der Schöpfung und des Menschen als eines Geschöpfes Gottes tief verankert sind. Vom biblischen Schöpfungsglauben her, so wie er in der Tradition der

---

[17] Es ist üblich geworden, die Ontologie im Sinne einer Substanzontologie von einer relationalen Ontologie zu unterscheiden. Die erstere gilt als katholisch, während die zweite als spezifisch evangelisch gilt. Eben diese Entgegensetzung dürfte freilich problematisch sein und zu einer Verzeichnung auf beiden Seiten, in der Darstellung katholischer ebenso wie evangelischer Positionen führen. Substanzontologische und relationsontologische Gesichtspunkte sind miteinander zu verbinden. Vgl. PETER DABROCK in: DERS./LARS KLINNERT/STEFANIE SCHARDIEN, Menschenwürde und Lebensschutz. Herausforderungen theologischer Bioethik, Gütersloh 2004, 166f: „Eine nicht nur, aber *auch* theologisch nachvollziehbare Menschenwürde-Konzeption wird in der Klammer der umfassenderen Relationsontologie (‚der Mensch wird durch die *Anrede* Gottes zum Menschen') substanzontologische Gesichtspunkte (‚der Mensch wird durch die Anrede Gottes zum *Menschen*') in die theologische Anthropologie integrieren müssen."

[18] S.o. Anm. 14.

[19] FISCHER, Schutzwürdigkeit (s. Anm. 15), 33.

[20] Ebd., 35.

evangelischen Theologie reflektiert wird, soll im folgenden Abschnitt (2.) der Begriff der Nutzenkultur kritisch gewürdigt werden, um daraufhin die Sonderstellung des Menschen, die unter dem Begriff der Normkultur angesprochen ist, theologisch zu interpretieren. Dazu ist es zunächst erforderlich, die theologische Perspektive auf den Menschen im Verhältnis zu anderen Weisen der Wahrnehmung zu verdeutlichen (3.). Das theologische Verständnis des Menschen als Ebenbild Gottes widerspricht den Versuchen einer abschließenden Selbstbeurteilung (4.). Dass diese Begrenzung menschlicher Definitionsmacht um der Freiheit willen geboten ist, soll abschließend (5.) vom Rechtfertigungsglauben her zumindest noch angedeutet werden.

2. Recht und Grenze der Nutzenkultur

Unter dem Aspekt der Nutzenkultur betrachtet, folgen die Techniken der Biomedizin einem seit langem eingeübten und vielfach bewährten Muster: „Der Mensch lebt von Anfang an nur durch fortwährende Eingriffe in die Natur. Er reißt [...] den Erdboden pflügend auf, sät und erntet, jagt und fischt, züchtet und schlachtet, setzt Spalierobst flach an die Wand, wirft das Unkraut achtlos weg – und schont sich selber nicht [...]."[21] Mit der Gentechnik, der Forschung an Embryonen und der zur Diskussion stehenden Nutzung embryonaler Stammzellen zu therapeutischen Zwecken wird lediglich fortgesetzt, was der Mensch spätestens seit der neolithischen Revolution im Umgang mit der außermenschlichen Natur gelernt und immer weiter ausgebildet hat: Er bearbeitet die Natur, um sie sich nutzbar zu machen. Unter seinen Händen wird die rohe Natur zur Kultur veredelt. An der Landwirtschaft, der *agricultura*, lassen sich paradigmatisch Grundvorgänge dieser auf den Nutzen des Menschen ausgerichteten Kultur erkennen: Der Erdboden wird aufgebrochen, umgepflügt. Unter den natürlich vorkommenden Pflanzen und Tieren wird eine Auswahl getroffen, Einzelnes wird bevorzugt, Anderes verworfen und eliminiert. Und Verschiedenes, was in der Natur getrennt vorkommt, wird kombiniert. In diesen Akten der Kultivierung wird die Natur zum Material, das der Mensch auf den naturgesetzlichen Zusammenhang hin untersucht, um es dann seinen Zwecken dienstbar zu machen. „Und wenn sich nun zu Rind, Esel und Hausschwein, zu Kiwi und Nektarine [...] das künstliche Insulin, die Gentomate, der geheilte Alzheimer oder eines fernen Tages auch ein therapeutischer Klon gesellen, geschieht nichts prinzipiell Neues."[22] Wenn also heute menschliche Embryonen zum Gegenstand der Forschung, der Selektion und Veränderung gemacht werden, so handelt es sich grundsätzlich und methodisch um gleichartige Kulturtechniken:

---

[21] Volker Gerhardt, Geworden oder gemacht? Jürgen Habermas und die Gentechnologie, in: Matthias Kettner (Hg.), Biomedizin und Menschenwürde (edition suhrkamp 2268), Frankfurt a.M. 2004, 272–291, 285.

[22] Ebd., 286.

Auch hier wird ein gegebener Zusammenhang aufgebrochen. Es wird ausgewählt und verworfen, um das Nützliche in seinem Wachstum zu fördern. Veränderung wird verstanden als Verbesserung, Veredelung nach Maßgabe wünschenswerter Eigenschaften. Neu ist lediglich, dass hier eben das Material bearbeitet wird, aus dem der Mensch selbst hervorgeht. Wie der Ackerboden der äußeren Natur so wird hier der Grundstoff der eigenen Natur bearbeitet: der Stoff, der den Menschen bildet und insofern von konstitutiver Bedeutung für ihn ist.

Um zu einer ethischen Beurteilung der neuesten Kulturtechniken, die unter dem Begriff der Anthropotechnik diskutiert werden,[23] zu gelangen, ist zunächst an die grundsätzliche Einschätzung der Kultur in der abendländischen Tradition zu erinnern. Neben dem mit dem Namen Prometheus verknüpften Kulturentstehungsmythos[24] und in deutlicher Spannung zu ihm hat hier insbesondere die biblische Tradition prägend gewirkt. Beide Schöpfungsberichte der Bibel (Gen 1 und 2) sind sich in der grundsätzlichen Bejahung der Kultur einig. Die Kulturtätigkeit des Menschen ist alles andere als ein frevlerisches Unterfangen, sofern sie in einem Auftrag des Schöpfers selbst gründet. Der Mensch darf und soll sich die Erde untertan machen (Gen 1,28). Diesem viel zitierten und kritisierten Herrschaftsauftrag des ersten Berichts entspricht die im zweiten Schöpfungsbericht überlieferte Weisung, der Mensch solle den Garten bebauen und bewahren (Gen 2,15). Auch sie schließt die Bevollmächtigung zur Kultur ein. Grundsätzlich ist die Schöpfung dem Menschen zur Nutzung freigegeben. „Du [sc. der Herr] lässest Gras wachsen für das Vieh, und Saat zu Nutz dem Menschen, dass du Brot aus der Erde hervorbringst", heißt es in Ps 104,14. Dass in der Schöpfung „eines dem anderen nützt" (Jesus Sirach 42,25), ist Inbegriff ihrer vollkommenen Ordnung. Der Schöpfer, der den Menschen als ein bedürftiges Lebewesen geschaffen und zur verantwortlichen Herrschaft berufen hat, hat zugleich vorgesorgt, dass dieser seine elementaren Bedürfnisse befriedigen kann. Er darf, ja er soll auf seinen Nutzen bedacht sein, wobei freilich immer wieder kritisch zurückzufragen ist, ob das, was der Mensch als nützlich ansieht, wirklich nützt und vor allem ob es allen Menschen zugutekommt. Ethisch zentral ist daher die Frage nach dem rechten Gebrauch der Güter, wobei das Kriterium in einer Gerechtigkeit liegt, die insbesondere die Armen und Leidenden zu ihrem Recht kommen lässt.

Der Lobpreis auf die Schöpfung, deren Güte sich darin erweist, dass sie für den Menschen Gutes bereithält, ist in der Christenheit immer wieder angestimmt worden, besonders eindrücklich auch in der Tradition der evangelischen Theologie und Frömmigkeit. „Was ist gutes in der Welt, das nicht mir gut

---

[23] Vgl. dazu insbes. die provozierende Elmauer Rede von PETER SLOTERDIJK, Regeln für den Menschenpark. Ein Antwortschreiben zu Heideggers Brief über den Humanismus (1998), Frankfurt a.M. ⁸2004, insbes. 42–45 und 50.

[24] Vgl. PLATON, Protagoras 320c–322d, in: Werke in 8 Bdn., hg. v. GUNTHER EIGLER, Darmstadt 1977, Bd. 1, 114–119.

wäre?", heißt es bei Paul Gerhardt.²⁵ Und Johann Arndt, dessen Bücher *Vom wahren Christentum* (1605–1610) den evangelischen Glauben über Jahrhunderte tief geprägt haben, versteht die Erde als „eine große Schatz- und Speisekammer Gottes, darin ein großer Segen und Vorrath für Menschen und Vieh" sei²⁶. Die Erdgewächse sind von ihrem Schöpfer eingerichtet als „eine große Apotheke", sie sind als „ein groß Kräuterbuch ganz wunderlich und vollkömmlich geschrieben"²⁷. Der Mensch hat in der Natur ein Buch vor sich, dessen „herrliche, schöne, lebendige Buchstaben" er „lesen und zusammensetzen" soll; „in dem allergeringsten Gräslein und Sämlein, welches du gar gering und für unnütz achtest, ist größere Weisheit Gottes, Kraft und Wirkung, als du ergründen kannst. Denn Gott hat nichts unnützes geschaffen. Darum siehe zu, daß du Gott in seinen Werken nicht verachtest. Ich sage dir, es ist der tausendste Theil der Kräuterkraft noch nie ergründet."²⁸ In dieser Perspektive erscheint die Entzifferung des genetischen Codes lediglich als ein weiterer Akt des Lesens im Buch der Natur, das dem Menschen eben dazu gegeben ist, dass er seine Buchstaben „lesen und zusammensetzen" soll. In dieser Perspektive mag man auch fragen, ob die überzähligen Embryonen, die nach der künstlichen Befruchtung übrigbleiben oder auch auf natürlichem Wege abgehen, nicht zu etwas besserem „nütze" sein könnten, als so schnell, kaum dass sie ins Leben getreten sind, schon wieder zu vergehen.

Das große Ja zur Kultur und insbesondere auch zur Heilkunst wird in der christlichen Tradition jedoch keineswegs unkritisch gepredigt. Nicht erst die ökologische Krise hat das Bewusstsein dafür hervorgerufen, dass die Natur nur dann recht genutzt wird, wenn sie auch als Werk und Gabe ihres Schöpfers geachtet wird. Die dem Menschen frei gegebene Nutzung ist scharf abzugrenzen von einer Ausnutzung oder Vernutzung, die den Ordnungszusammenhang, in dem „eines dem anderen nützt" (Jesus Sirach 42,25) zu zerstören droht. Eben um des recht verstandenen Nutzens willen hat der Mensch primär zu fragen und zu hören, wozu die Gaben der Natur geschaffen sind und worin sie ihre eigene, von Gott gegebene Bedeutung haben. Er hat es im Umgang mit der Natur nicht nur mit Materialien zu tun, denen er seine Zwecke nach Belieben aufprägen dürfte; vielmehr gilt es die den Dingen der Natur als Schöpfungsgaben eingestifteten Zwecke zu erkennen und sie nach Maßgabe des Willens Gottes zu nutzen.²⁹ Dass diese Unterscheidung zwischen menschlichem Nutzenkalkül

---

²⁵ Zitiert nach JÖRG BAUR, Von der Treue des Glaubens zur Erde, in: DERS., Einsicht und Glaube. Aufsätze, Göttingen 1978, 97–111, Zitat 103.
²⁶ JOHANN ARNDT, Sechs Bücher vom wahren Christentum, nebst dessen Paradies-Gärtlein, 13. Abdruck der neuen Stereotypausgabe, Stuttgart o. J., 549 (Buch 4.1, Kap. 3).
²⁷ Ebd., 548.
²⁸ Ebd., 548f.
²⁹ Vgl. Bonhoeffers Kritik an einem „banausische[n] Pragmatismus", der die Natur ohne Rücksicht auf deren wesenhafte Bestimmung dem Nutzen des Menschen unterwirft und so missbraucht. Die von Bonhoeffer geforderte „Verantwortung für Dinge, Zu-

und göttlicher Zweckbestimmung im Zuge der neuzeitlichen Naturbemächtigung, die eine teleologische Ordnung der Natur prinzipiell negiert,[30] weithin als obsolet gilt, ist deutlich. Auch ein säkulares Naturverständnis, das sich von theologischen Deutungskategorien lossagt, kommt freilich nicht umhin, die Grenzen der Nutzbarkeit der Natur zu reflektieren. Nicht zuletzt die moderne Landwirtschaft hat das Bewusstsein dafür geschärft, dass die Erde nur dann ihren Ertrag für den Menschen abwirft, wenn dieser die Quellgründe der Fruchtbarkeit unbearbeitet lässt und so dafür Sorge trägt, dass die genutzte Natur sich regenerieren kann.

Von solchen Grenzen der Nutzbarkeit ist eine unbedingt zu wahrende Grenze nochmals zu unterscheiden: Der Mensch darf nicht an seinesgleichen tun, was ihm im Verhältnis zu den übrigen Kreaturen erlaubt ist. Er darf nicht Menschenblut vergießen. In dieser Hinsicht gilt ein absolutes Nein. Die Begründung dieses biblischen Urgebotes (Gen 9,6) rekurriert auf dieselbe Bestimmung, die auch seiner Bevollmächtigung zur Kultur zugrunde liegt. Dass Gott den Menschen zu seinem Bilde gemacht hat (Gen 1,26f; 9,6), bezeichnet seine Machtstellung, die ihm die Nutzung der außermenschlichen Kreatur erlaubt, und entzieht ihn zugleich der Nutzbarmachung durch sich selbst. Als Ebenbild Gottes ist der Mensch zu einer Freiheit berufen, die er in rechter Weise nur dann ausübt, wenn er sie im Umgang mit seinesgleichen zu achten weiß. Den beiden Aspekten der Gottebenbildlichkeit entspricht in der überlieferten Schöpfungslehre die Doppelthese, alles sei um des Menschen willen geschaffen, der Mensch aber sei um seiner selbst willen geschaffen; dabei ist der Nutzen des Menschen freilich nicht der letzte Zweck der Dinge; vielmehr soll der Mensch die ihm überlassene Natur so gebrauchen, dass die Ehre Gottes als „letzter Zweck der Schöpfung" respektiert wird.[31]

In der Philosophie hat vor allem Immanuel Kant diese Sonderstellung des Menschen im Sinne seiner Selbstzwecklichkeit herausgestellt. Zur Verdeutlichung sei eine Passage aus dem Aufsatz *Mutmaßlicher Anfang der Menschengeschichte* (1786) zitiert: Den letzten und entscheidenden Schritt auf dem Wege zur Menschwerdung habe der Mensch dadurch vollzogen,

---

stände, Werte" gibt es „nur unter der strengen Wahrung der ursprünglichen, wesenhaften und zielhaften Bestimmung aller Dinge, Zustände, Werte durch Christus" (DIETRICH BONHOEFFER, Ethik, hg. v. ILSE TÖDT u.a. [Dietrich Bonhoeffer Werke, Bd. 6], München 1992, 259).

[30] Vgl. ROBERT SPAEMANN/REINHARD LÖW, Die Frage wozu? Geschichte und Wiederentdeckung des teleologischen Denkens, München/Zürich 1981.

[31] Vgl. z. B. JOHANN ANDREAS QUENSTEDT (1617–1688): „Finis creationis ultimus est Dei gloria. [...] Finis intermedius est hominum utilitas. Omnia enim Deus fecit propter hominem, hominem autem propter se ipsum. Ps CXV, 16." Zit. bei HEINRICH SCHMID, Die Dogmatik der ev.-luth. Kirche dargestellt und aus den Quellen belegt, neu hg. von H. G. PÖHLMANN, Gütersloh 1979, 120.

„daß er (wiewohl nur dunkel) begriff, er sei eigentlich der Zweck der Natur, und nichts, was auf Erden lebt, könne hierin einen Mitbewerber gegen ihn abgeben. Das erste Mal, daß er zum Schafe sagte: der Pelz, den du trägst, hat dir die Natur nicht für dich, sondern für mich gegeben, ihm ihn abzog, und sich selbst anlegte (V. 21 [Gen 3,21]): ward er eines Vorrechtes inne, welches er, vermöge seiner Natur, über alle Tiere hatte, die er nun nicht mehr als seine Mitgenossen an der Schöpfung, sondern als seinem Willen überlassene Mittel und Werkzeuge zu Erreichung seiner beliebigen Absichten ansah. Diese Vorstellung schließt (wiewohl dunkel) den Gedanken des Gegensatzes ein: daß er so etwas zu keinem Menschen sagen dürfe, sondern diesen als gleichen Teilnehmer an den Geschenken der Natur anzusehen habe"[32].

Vor dem Hintergrund dieser von Kant eingeschärften Unterscheidung tritt die Problematik der jüngsten biotechnischen Verfahren deutlich heraus: Der Mensch ist im Begriff, die Technik, die er in der Nutzung der Tiere gelernt hat – man denke nur an das Klonschaf Dolly! – nun auch auf den Umgang mit Angehörigen seiner eigenen Gattung zu übertragen. In der Weiterführung des kulturellen Fortschritts droht so die für das kulturelle Selbstverständnis des Menschen in moralischer Hinsicht bislang konstitutive Grenze überschritten zu werden, wenn denn menschliche Embryonen nicht mehr als „Mitgenossen an der Schöpfung", sondern als bloße „Mittel und Werkzeuge" zu Nutzen anderer Menschen angesehen werden.

Aber *sind* sie wirklich Mitgeschöpfe gleichen Ranges, gleicher Würde? Um diese ontologische Frage zu beantworten, sind wir zunächst auf unsere Wahrnehmung verwiesen. Was sehen wir in den Lebewesen, die unzweifelhaft der Gattung Mensch angehören, denen aber doch nicht die leiblich-sozialen Bedingungen gewährt werden, unter denen sie sich als Menschen nur entwickeln können: Sind sie *etwas* Nutzbares oder *jemand* Anzuerkennendes und in der ihm eigenen Würde zu Achtendes? Sieht man in den Zellgebilden, die aus der Vereinigung von Ei- und Samenzelle hervorgehen, Menschen im frühesten Stadium ihrer Lebensgeschichte, dann sind sie auch dann als „Mitgenossen an der Schöpfung" zu achten, wenn sie, aus welchen Gründen und zu welchem Zeitpunkt auch immer, in ihrer weiteren Entwicklung scheitern. Sieht man aber in jenen Zellgebilden dem „Willen [des Menschen] überlassene Mittel und Werkzeuge zu Erreichung seiner beliebigen Absichten", so vollzieht sich mit der Erweiterung der Nutzenkultur zugleich eine Zurücknahme der unter dem Begriff der Menschenwürde gefassten Normkultur.

3. PERSPEKTIVEN DER WAHRNEHMUNG DES MENSCHEN

Die Frage, womit bzw. mit wem wir es zu tun haben, wenn wir menschliche Embryonen zum Gegenstand der Forschung, der Selektion und der Bearbeitung

---

[32] IMMANUEL KANT, Werke in 10 Bdn., hg. v. W. WEISCHEDEL, Bd. 9, 90f.

machen, gibt Anlass, nach den Voraussetzungen und Perspektiven der Wahrnehmung zu fragen. Wer oder was in den embryonalen Zellgebilden gesehen wird, hängt auch von der Art und Weise ab, *wie* sie gesehen werden. Die theologische Perspektive, die im Folgenden verdeutlicht werden soll, geht davon aus, dass die Wirklichkeit der Schöpfung im Glauben an das ihr zugrundeliegende und in ihr wirksame Wort Gottes wahrgenommen werden will. Als maßgebend und insbesondere auch das evangelische Verständnis der Schöpfung prägend hat sich hier der Satz aus dem Hebräerbrief erwiesen (Hebr 11,3): „Durch den Glauben erkennen wir, dass die Welt durch Gottes Wort gemacht ist, so dass alles, was man sieht, aus nichts geworden ist." Die Schwierigkeiten, eine solche, auf die besonderen Erkenntnisvoraussetzungen der biblischen Überlieferung rekurrierende Sichtweise im gegenwärtigen ethischen Diskurs, also unter den Bedingungen des Pluralismus und der weltanschaulichen Neutralität des Staates, zur Geltung zu bringen, sind nicht zu verkennen. „Dezidiert theologische Argumente finden [...] in ethischen Diskursen immer schwerer Gehör."[33] Man kann freilich mitunter auch den Eindruck gewinnen, dass evangelische Theologie und evangelische Kirche zu schnell resignieren, indem sie Einsichten des Glaubens entweder appellativ als moralische Forderung zur Sprache bringen oder aber auf die allgemeine religiöse Bedeutung eines „elementaren Kreaturgefühls"[34] reduzieren.

Die Sichtweise des christlichen Glaubens lässt sich verdeutlichen, wenn man sie einerseits von der naturwissenschaftlichen Wahrnehmung der Wirklichkeit unterscheidet und andererseits mit der Selbsterkenntnis verbindet. Während die Naturwissenschaften neuzeitlichen Typs die Wirklichkeit erfassen, indem sie zugleich von den je besonderen Beziehungen zwischen dem erkennenden Subjekt und der betrachteten Sache absehen, ist die subjektive, in der Selbsterkenntnis begründete Sichtweise dadurch charakterisiert, dass ein Mensch im Gegenüber eines anderen sich selbst wiedererkennt und daher in ihm ein Wesen gleichen Ranges und gleicher Würde anerkennt. Die theologische Sicht bezieht sich kritisch auf beide Wahrnehmungsweisen, indem sie in der gegebenen Wirklichkeit von Welt und Selbst das Wirken und die Anrede Gottes als des Schöpfers und Erhalters wahrzunehmen sucht. Den drei Weisen der Wahrnehmung entsprechen verschiedene Sprachformen: Kennzeichnend für die Perspektive der Naturwissenschaften sind ihre in der 3. Person formulierten Aussagesätze („er, sie, es ist ..."); kennzeichnend für die zweite Sicht ist ihr Bezug auf die in der 1. Person zum Ausdruck kommende Selbsterkenntnis.

---

[33] Verantwortung für das Leben. Eine evangelische Denkschrift zu Fragen der Biomedizin. Im Auftrag der Evangelischen Kirche in Österreich erarbeitet von ULRICH H.J. KÖRTNER in Zusammenarbeit mit MICHAEL BÜNKER, in: epd-Dokumentation Nr. 4/2002, 34–59, Zitat 37.

[34] Ebd., 58.

Die Theologie schließlich versteht das menschliche Subjekt und seine Lebenswelt unter dem Vorzeichen der 2. Person als eine von dem Schöpfer ins Sein gerufene und angesprochene Wirklichkeit.[35]

Versuchen wir nach dieser summarischen Charakterisierung die Reichweite und die Grenzen der verschiedenen Wahrnehmungsweisen im Blick auf das bioethische Problemfeld genauer zu bestimmen. Deutlich ist: Die Fragen nach dem Status embryonalen Lebens und nach seiner ethisch verantwortbaren Behandlung würden sich gar nicht stellen, wenn nicht die molekularbiologische Forschung sichtbar und behandelbar gemacht hätte, was zuvor dem Blick und Zugriff entzogen war. Der ungeheure Fortschritt auf dem Weg der wissenschaftlichen Selbsterforschung des Menschen kann freilich nicht darüber hinwegtäuschen, dass dieser Weg, dessen Ende nicht absehbar ist, in methodischer Hinsicht begrenzt ist. Die auf den Menschen angewandte Biologie wirft Fragen auf, die sie als Naturwissenschaft nicht beantworten kann. Das Wissen, das sie bereitstellt, betrifft die materielle Beschaffenheit des Menschen. In der Sprache der aristotelischen Ursachenlehre formuliert: Sie fragt nach der *causa materialis*. In dieser Betrachtung, die das menschliche Leben auf seine stofflichen Bestandteile im Naturzusammenhang hin untersucht, lässt sich freilich nicht erkennen, was den Menschen zum Menschen macht und was ihn als Menschen definiert. Diese Frage, die Frage nach der *causa formalis*, die in der klassischen metaphysischen Anthropologie unter dem Begriff der Seele verhandelt worden ist, entzieht sich einer streng naturwissenschaftlichen Beantwortung.

Die Verlegenheit der biologischen Anthropologie im Blick auf die metaphysischen Fragen, die sie aufwirft, zeigt sich deutlich in der jüngsten Debatte, die über den Status des embryonalen Lebens geführt wird. In ihr stehen Positionen einander gegenüber, die nicht miteinander zu vereinbaren sind. Soll man schon dem frühsten Entwicklungsstadium, unmittelbar nach der Vereinigung von Ei- und Samenzelle eine erste Form der Seele zuschreiben? Ist mithin schon hier das vorhanden, was den Menschen zum Menschen macht? Oder, wenn man diese Vorstellung, die sogenannte präformistische Theorie, nicht teilt oder sie gar als absurd verwirft, ist es dann plausibler, den *actus primus* der Beseelung erst später anzusetzen? Dann käme die Seele erst hinzu. Wir hätten erst das materielle Substrat menschlichen Lebens, streng genommen ein „Etwas", aus dem dann erst durch das Hinzukommen der Seele das Leben eines Menschen, ein „Jemand" würde. Dass auch diese Theorie, die sogenannte epigenetische Theorie, ihre Probleme hat, ist offenkundig. Wodurch erfolgt also die Beseelung? Und gibt es eine Zäsur zwischen „Etwas" und „Jemand", zwischen menschlichem Leben im biologischen Sinne und dem Leben eines Menschen? Und woran ist feststellbar, ob wir es mit einem seelenlosen Zellverband, einem bloß materiellen Gebilde, oder mit einer leib-seelischen Ganzheit zu tun haben, die einen Menschen im Werden verkörpert?

---

[35] Vgl. zu diesem Verständnis der Schöpfung: OSWALD BAYER, Schöpfung als Anrede. Zu einer Hermeneutik der Schöpfung, Tübingen ²1990.

Im Blick auf diese Fragen lässt uns die neuzeitliche Naturwissenschaft im Stich. Und sie vermag ebensowenig die Fragen nach Anfang und Ende eines Menschenlebens definitiv zu beantworten. Um noch einmal die Verbindung zur aristotelischen Ursachenlehre herzustellen: In den im bioethischen Zusammenhang erörterten Fragen nach Anfang und Ende melden sich die alten Probleme der *causa efficiens* und der *causa finalis*. Woher kommt ein Mensch und wohin geht er? Nun ist das menschliche Leben jedoch eingelassen in einen Naturzusammenhang, in dem sich weder eine erste, unhintergehbare Ursache noch ein letztes, unüberschreitbares Ziel finden lassen. Immer gibt es noch ein Zuvor und immer noch ein Danach. Die schroffe Diskontinuität, wie sie theologisch unter dem Begriff der Schöpfung aus dem Nichts gedacht wird, lässt sich naturwissenschaftlich nicht denken. Aus nichts wird nichts – lautet der schon von Epikur (in seinem Brief an Herodotos) vertretene Grundsatz. Und seine Kehrseite kommt in den Worten Goethes so zum Ausdruck: „Kein Wesen kann zu nichts zerfallen. Das Ew'ge regt sich fort in allen"[36]. Für das durch die Naturwissenschaft maßgebend geprägte Bewusstsein sind die Begriffe von Anfang und Ende undeutlich geworden. Insbesondere die Stammzellforschung irritiert oder verlockt uns mit der Vision, durch Reprogrammierung von Zellen wieder auf den Anfang zurückzukommen und im Rückgriff auf anfängliches Leben das Ende des Lebens hinauszuschieben, wenn nicht gar die Endlichkeit überhaupt zu überwinden.

Die begrenzte Reichweite naturwissenschaftlicher Aussagen über den Menschen bedeutet keineswegs, dass sie im Blick auf die anstehenden ethischen Probleme unerheblich wären.[37] Auch wenn die Biologie als Naturwissenschaft die Fragen der Definition des Menschen im Blick auf die Wirklichkeit der Seele

---

[36] JOHANN WOLFGANG VON GOETHE, Werke. Hamburger Ausgabe in 14 Bdn., Bd. 1, [16]1996, 369 (Vermächtnis).

[37] Vgl. CHRISTIAN SCHWARKE, Biologie und Ethik. Deutung und Bedeutung naturwissenschaftlicher Forschung im Kontext ethischer Urteilsbildung, in: ANSELM/KÖRTNER (Hg.), Streitfall Biomedizin [s. Anm. 8], 99–109, 106: „Wenn naturwissenschaftliche Befunde […] weder übergangen werden können noch letztlich begründende Kraft für ethische Entscheidungen haben, muss ein Drittes gesucht werden. Dieses Dritte liegt in einem Umgang mit naturwissenschaftlichen Beobachtungen, der deren Charakter als jeweils gewählte Ausschnitte der Wirklichkeitsbeschreibung ernst nimmt." Ungeachtet dieser Forderung nach einem Dritten, bewegen sich die Überlegungen Schwarkes freilich vornehmlich im Spannungsfeld zwischen den Polen von Naturwissenschaft und Ethik, ohne dass erkennbar würde, inwiefern die Theologie im Blick auf diesen Dual eine dritte, gegenüber Wissen und Moral eigenständige Größe vertritt. „Naturwissenschaftliche Befunde gewinnen ihre Bedeutung als Argumente in der ethischen Debatte aus ihrer illustrativen Qualität für normativ verankerte Ziele und Wertvorstellungen, die als solche bewusst gehalten werden." (107) Man fragt sich, ob hier nicht doch kategorial zu unterscheidende Ebenen ineinandergeschoben werden: Inwiefern lässt sich Normatives illustrieren? Und lassen sich aus der „illustrativen Qualität" naturwissenschaftlicher Befunde argumentative Schlüsse ziehen? Und vor allem: Worin sind die „Ziele und Wertvorstellungen" verankert? Reicht es, sie „als solche bewusst" zu halten, wenn sie sich möglicherweise Überzeugungen verdanken, die über die Ethik hinausweisen?

sowie im Blick auf Anfang und Ende nicht entscheiden kann, so kann sie doch Anhaltspunkte liefern. Insbesondere zwei biologische Feststellungen sind für unser Urteil über den Status embryonalen Lebens bedeutungsvoll.

Zum einen: Mit der Verschmelzung von Ei- und Samenzelle tritt ein Lebewesen auf, das sich nicht nur von seinen Erzeugern, Vater und Mutter, herleitet, sondern sich auch als ein drittes signifikant und unableitbar von ihnen unterscheidet. Bis zur Verschmelzung sind Ei- und Samenzelle dem mütterlichen bzw. väterlichen Organismus zuzurechnen, danach bilden sie ein eigenes Leben, das die es genetisch charakterisierende Eigenart zwar nicht selbstständig ausbilden kann, aber doch in seine weitere Entwicklung, von diesem Anfang an, mitbringt. Zum anderen: Die aus der Kernverschmelzung hervorgehende Zelle verfügt über ein gewaltiges Differenzierungs- und Wachstumspotential. Die gängige Bezeichnung des Embryos im frühesten Stadium seiner Entwicklung als „Zellhaufen" ist daher nicht nur despektierlich, sondern auch unangemessen im Blick auf den biologischen Befund. Ein Haufen besteht aus übereinander geschichteten, aufgehäuften Einzelteilen, die allenfalls in sich zusammensacken können, aber gerade das nicht vermögen, was den vermeintlichen „Zellhaufen" für die Forschung und eventuelle therapeutische Verwendung interessant macht: die ungeheure Differenzierungs- und Entfaltungsfähigkeit, seine Vitalität, die sich nicht zuletzt in der Langlebigkeit der Stammzelllinien dokumentiert. Gerade im Vergleich mit den adulten Stammzellen gewinnt man den Eindruck, dass die embryonalen Zellen eine unausschöpfliche Lebensressource darstellen und geradezu als Quelle „ewigen Lebens" begehrt sind.

Die Frage, ob es sich bei dem biologisch so zu beschreibenden Leben um das Leben eines Menschen („jemand") oder lediglich um menschliches Leben („etwas") handelt, ist damit freilich noch nicht beantwortet. Weiterführend und klärend ist hier die Erkenntnis, die wir auf dem Weg der Selbsterkenntnis retrospektiv gewinnen. Zweifellos verstehen wir auch schon das vorgeburtliche Leben als einen Teil unserer je eigenen Lebensgeschichte. Die erste Ultraschallaufnahme gilt selbstverständlich als unser erstes Bild. Und wenn wir es technisch könnten, würden wir auch das Bild der Zygote, kurz nach der Befruchtung als Bild unseres eigenen Lebens ansehen. In dem Werden, das unser je eigenes Leben ausmacht, sehen wir keine Zäsur, die es erlauben würde, dieses früheste Stadium unserer Entwicklung aus unserer Lebensgeschichte auszuschließen. In der 1. Person-Perspektive formuliert: Ich bin ‚ich', lange bevor ich selbst „ich" sagen kann, und ich hätte niemals der werden können, der ich in meinem Selbstbewusstsein bin, wenn ich nicht auch diese früheste Phase durchlaufen und in ihr die vorbehaltlose Annahme als Mensch erfahren hätte. Von dieser Sicht, die mir im Blick auf das eigene Leben offensichtlich ist, kann ich freilich nicht abstrahieren, wenn es um gleichartiges Leben, um ‚meinesgleichen' geht.

Die theologische Wahrnehmung des Menschen knüpft an die Selbsterkenntnis an und weist zugleich die Anthropologie der wissenschaftlichen Vernunft in ihre Grenzen. Exemplarisch lässt sich das an Luthers Thesen *Über den*

Menschen[38] zeigen. Was Luther hier zur Unterscheidung und Zuordnung von philosophischer und theologischer Lehre ausführt, lässt sich durchaus auf die heute strittige Verhältnisbestimmung von Biologie und Theologie übertragen. Seine Disputationsthesen sind in zwei große Blöcke, gleichsam in zwei Tafeln aufgeteilt. Auf der ersten „Tafel" (Thesen 1–19) ist wiedergegeben, was die Philosophie, die „menschliche Weisheit", über den Menschen zu sagen vermag. Die zweite (Thesen 20–40) ist der Theologie gewidmet, die Luther zufolge „aus der Fülle ihrer Weisheit den ganzen und vollkommenen Menschen definiert" (These 20). Die theologische Lehre vom Menschen wird vorgetragen als Kritik aller Anthropologie, die das Sein des Menschen ohne Berücksichtigung seiner Gottesbeziehung zu bestimmen sucht. Kritik heißt hier Aufweis der Grenzen, innerhalb deren die Philosophie zu gültigen Aussagen über den Menschen kommt. Kritik heißt aber auch Zurückweisung eines Wahrheitsanspruchs, der die Bedingtheit der eigenen Erkenntnismöglichkeiten verkennt. Die kritisierte Anthropologie ist im Recht, wenn sie im Blick auf den sterblichen und irdischen Menschen seine Vernunftbegabung als wesentliche Eigenschaft und Bestimmung herausstellt. Mit der Vernunft ist dem Menschen eine geradezu „göttliche" Kraft gegeben, die ihn befähigt, den Herrschaftsauftrag (Gen 1,28) auszuführen und Wissenschaften und Künste zu entwickeln (Thesen 4f). Trotz aller Hochschätzung der wissenschaftlichen Vernunft im Horizont der Welt ist ihr Vermögen jedoch dort, wo es um das Verhältnis des Menschen zu Gott und zu sich selbst geht, kritisch zu bestimmen. Wenn man nach dem ganzen Menschen fragt, so weiß die bloß „menschliche Weisheit" der Philosophie „über den Menschen nahezu nichts" (These 11). Ihre Bemühungen bleiben zum Scheitern verurteilt, „solange er [sc. der Mensch] sich nicht in der Quelle selbst, welche Gott ist, wahrgenommen hat" (These 17).

Das Nichtwissen philosophischer Anthropologie sucht Luther im Rückgriff auf ihre eigenen Kategorien aufzuzeigen, und zwar anhand der bereits herangezogenen aristotelischen Ursachenlehre: Im Blick auf die „stoffliche Ursache" (*causa materialis*) gilt, dass wir diese „kaum hinreichend wahrnehmen" (These 12). Sind hier immerhin Erkenntnisse und – aus heutiger Sicht geurteilt – ein kumulativ wachsender Wissensgewinn möglich, so verfügt die Philosophie doch im Blick auf die erste und letzte Ursache (*causa efficiens* und *causa finalis*) über keinerlei Wissen: Sie kennt „ohne Zweifel nicht die wirkende Ursache und entsprechend auch nicht die Zweckursache" (These 13); noch schärfer gesagt: sie verkennt diese, indem sie dem irdischen Leben und seinen immanenten Bedingungen und Interessen verhaftet bleibt.[39] Und schließlich: „Über die gestaltende Ursache (*causa formalis*) aber, als welche sie die Seele bezeichnen, wurde nie und wird nie unter Philosophen Einigkeit erzielt" (These 15). Indem die Theologie kritisch die Grenzen der „menschlichen Weisheit" aufweist, kann sie

---

[38] *Disputatio de homine* (s. Anm. 6).

[39] These 14: „Als Zweckursache setzt sie nämlich nichts anderes als irdische Wohlfahrt; und sie weiß nicht, daß die wirkende Ursache Gott der Schöpfer ist."

deren Leistungen innerhalb ihrer Grenzen gar nicht hoch genug schätzen. Sobald diese Vernunft jedoch ihre eigenen Grenzen verkennt und urteilend über ihr Erkenntnisvermögen hinausgeht, verkehrt sich ihr Licht zur Finsternis. Die Vernunft, die ihre eigene Unwissenheit überspielt und urteilend auf das Ganze auszugreifen sucht, wird totalitär.

Als Pointe der theologischen Kritik „menschlicher Weisheit" erweist sich somit die Bestreitung aller Ansprüche, über ein Ganzes und hier insbesondere über den „ganzen Menschen" definierend zu urteilen.[40] Wenn demgegenüber die Theologie die Erkenntnis des „ganzen und vollkommenen Menschen" für sich reklamiert, so geht es ihr im Gegenzug gerade darum, die Definition für Gottes Urteil offenzuhalten. Sie übersteigt nicht die Grenzen, innerhalb deren sich die endliche Vernunft nur bewegen kann. Aber sie sieht an den Grenzen zugleich die Einfallstore des schöpferischen Wirkens Gottes. Sofern Gott durch sein Wort wirkt, sind diese Grenzen Orte der Kommunikation: An ihnen erfährt sich der Mensch geradezu dem Wort Gottes ausgesetzt. Das gilt für die Frage nach der Seele des Menschen, die ihn im Sinne der *causa formalis* allererst zum Menschen macht, ebenso wie für die Fragen nach Anfang und Ende. So wie der Mensch, in die Innerlichkeit seiner Seele einkehrend, auf einen unergründlichen und zugleich sprachlich bewegten Ursprungsraum trifft,[41] so münden auch die äußersten Daten seiner irdischen Existenz in den Sprachraum des Wortes Gottes, der in dieses Leben ruft und aus dem Tod heraus auferweckt. Kurz und prägnant formuliert Luther: „Wie wir im Worte sind gewesen, also müssen wir wieder ins Wort fahren, wenn wir nun aufhören zu sein. Im Worte sind wir gewesen, ehe wir waren Menschen. In das Wort treibet es Johannes [indem er] lehret [...], wie sie ewig im Worte bleiben werden"[42]. Als ein vom Wort Gottes angeredetes, gleichsam umfasstes Wesen vermag der Mensch sich nicht abschließend zu erfassen oder zu definieren, weder im Rekurs auf seine Natur noch in der Introspektion der Selbsterkenntnis. Er kommt seiner Existenz nicht auf den Grund. Die Grunderfahrung des evangelischen Rechtfertigungsglaubens, dass ein Mensch sich selbst außerhalb seiner selbst angenommen findet, prägt somit auch den Schöpfungsglauben und die ihm folgende Selbsterkenntnis des Menschen. Als Geschöpf, das vom Wort Gottes lebt, ist er sich selbst entzogen und zugleich auf einen Grund bezogen, von dem her er sich empfängt und seiner selbst gewiss sein kann. In dieser Relationalität ist die „absolute

---

[40] Vgl. dazu auch: CHRISTIAN LINK, „Lasset uns Menschen machen, ein Bild das uns gleich sei". Die Grenzen der Cooperatio des Menschen mit Gott, in: RUDOLF WETH, Der machbare Mensch. Theologische Anthropologie angesichts der biotechnischen Herausforderung, Neukirchen-Vluyn 2004, 35–55, insbes. 42.

[41] Vgl. dazu weitere Hinweise in: JOHANNES VON LÜPKE, Von den großen Taten des geringen Wortes. Eine Besinnung auf den Grund der Freiheit im Anschluß an Luther, in: ALBRECHT GRÖZINGER/JOHANNES VON LÜPKE (Hg.), Im Anfang war das Wort. Interdisziplinäre theologische Perspektiven (VKHW.NF 1), Neukirchen-Vluyn/Wuppertal 1998, 102–115, insbes. 106–108.

[42] WA 45, 392,9–15 (Predigt über Joh 6,29, 1537).

Differenz zwischen Schöpfer und Geschöpf"[43] gewahrt und zugleich die Kommunikation eröffnet, die beide zusammenkommen lässt.

4. DER MENSCH ALS EBENBILD GOTTES

„Der Mensch ist ein Beziehungswesen." Diese Grundaussage evangelischer Theologie lässt sich nun in dreifacher Hinsicht präzisieren: im Blick auf das Ende, den Anfang und das Zentrum, das in der kommunikativ bewegten Einheit von Leib und Seele gegeben ist. In diesem Beziehungsgefüge, aus dem keiner der genannten Bezugspunkte herausgebrochen werden darf, lebt der Mensch als Ebenbild Gottes, indem er sich ganz vom schöpferischen und rechtfertigenden Wort Gottes bestimmen und bewegen lässt.

Zunächst zur Bestimmung des Endes: Eben dort, wo ein Lebenslauf im Tode endet, erinnert der christliche Glaube an die offene Bestimmung eines Menschen: Es ist noch nicht erschienen, was wir sein werden (1Joh 3,2). Was der Mensch als Geschöpf Gottes ist, geht niemals in dem auf, was er in den Grenzen seines irdischen Lebens hat werden oder aus sich hat machen können. Die Definitionsmacht dem Wort Gottes zuzuerkennen heißt somit, dem Tod diese Macht zu bestreiten. Der Tod beendet das zeitliche Leben eines Menschen, er ‚spricht' jedoch nicht ‚das letzte Wort' über das gelebte Leben. Dieses letzte Wort Gott zu überlassen, ist das Anliegen der theologischen Rede von der eschatologischen Vollendung. Für jeden Menschen, wie kurz oder auch wie lange sein zeitliches Leben währt, gilt, dass der Prozess seiner Menschwerdung unabgeschlossen bleibt, ja unabschließbar ist. Zeit seines Lebens und durch den Tod hindurch geht er seiner Vollendung entgegen; in den Worten Luthers gesagt:

> „Der Mensch dieses Lebens ist Gottes bloßer Stoff zu dem Leben seiner zukünftigen Gestalt. [...] Und wie sich Erde und Himmel im Anfang zu der nach sechs Tagen vollendeten Gestalt verhielt, nämlich als deren Stoff, so verhält sich der Mensch in diesem Leben zu seiner zukünftigen Gestalt, bis dann das Ebenbild Gottes wiederhergestellt und vollendet sein wird."[44]

Betont man in diesem Sinn die Zukünftigkeit, in der sich die Gottebenbildlichkeit des Menschen im Angesicht Gottes vollendet, so heißt das keineswegs, die Anfänglichkeit, in der ein Mensch zum Ebenbild Gottes geschaffen ist, zu leugnen.[45]

---

[43] JÜRGEN HABERMAS, Glauben und Wissen. Friedenspreisrede 2001, in: DERS., Zeitdiagnosen. Zwölf Essays 1980–2001 (edition suhrkamp 2439), Frankfurt a.M. 2003, 249–262, 262.

[44] *De homine* (Thesen 35.37f), bei EBELING (s. Anm. 6), 23.

[45] Gegen KLAUS TANNER, der sich auf die eschatologische Deutung der Gottebenbildlichkeit bei Luther beruft, um deren Verständnis im Sinne einer grundlegenden, von Anfang an gegebenen Bestimmung abzuweisen: Thesen zur ethischen Argumentation in

Beides, das erste und das letzte Wort gehören vielmehr untrennbar zusammen. So wie der Mensch zeit seines Lebens unterwegs ist, hin zu seiner noch ausstehenden zukünftigen Vollendung, so kommt er doch schon in seinem gesamten Werden von einem ersten Wort her, das ihn als Ebenbild Gottes ins Sein gerufen hat. „Der Mensch ist Gottes Geschöpf aus Fleisch und lebendiger Seele bestehend, von Anbeginn zum Bilde Gottes gemacht [...]."[46] Eben weil die Qualifikation von außerhalb dieses zeitlichen Lebens erfolgt, gilt sie für die gesamte Lebenszeit. Eben weil sie keine zusätzliche Qualifikation ist, die irgendwann einmal in den Werdeprozess eingreift, ist keine Phase von dieser Bestimmtheit auszunehmen. Auch wenn der Mensch ihr in seinem Lebensvollzug nicht entspricht, auch wenn er ihr als Sünder widerspricht, so bedeutet das doch keineswegs, dass sie für ihn hinfällig würde. Er bleibt im Widerspruch zur Sünde und somit kontrafaktisch zur Ebenbildlichkeit bestimmt.

Die Bestimmung zur Gottebenbildlichkeit bleibt also allen Stufen der Verwirklichung auf dem Wege gegenüber transzendent. Sie lässt sich nicht verinnerlichen, indem sie mit bestimmten Eigenschaften, Gestalten, Ausformungen der irdischen Existenz identifiziert wird. Kurz: Sie lässt sich nicht unter der Kategorie der Substanz fassen. Ebensowenig freilich ist sie etwas bloß Akzidentelles. Die Beziehung, die für das Sein und Werden des Menschen als Ebenbild Gottes konstitutiv ist, entzieht sich nicht nur der Vereinnahmung, sondern auch der Veräußerung. Dass sie den Menschen als ganzen bestimmt, heißt auch, dass sie ihn von innen heraus prägt. Die äußere Beziehung, in der der Mensch von Gott her und auf Gott hin lebt, ist nicht zu denken ohne die innere Beziehung, die das Geheimnis seiner leib-seelischen Existenz ausmacht und ohne die er gar nicht zu Gott in Beziehung treten könnte. Indem Gott den Menschen ins Sein ruft, schafft er ihn als ein „aus Fleisch und lebendiger Seele" bestehendes Wesen. Der Schöpfungsvorgang ist somit nicht zweistufig zu denken, als ob zunächst nur ein seelenloses, bloß materielles Gebilde entstünde, aus dem dann in einem zweiten Akt, dem Akt der Formung und Beseelung, der Mensch gemacht würde.[47] Vielmehr ist der Mensch schon im allerfrühesten Stadium seiner Entwicklung, also schon ab der Bildung eines neuen Organismus in der Verschmelzung von Ei- und Samenzelle, eine „geprägte Form, die lebend

---

Fragen der Biomedizin, in: WETH (Hg.), Der machbare Mensch, (s. Anm. 40), 101–111, insbes. 110f.

[46] *De homine* (These 21), bei Ebeling (s. Anm. 6), 19.

[47] Die biblische Schöpfungsvorstellung, die in der alten Kirche auf den Gedanken der *creatio ex nihilo* zugespitzt worden ist, unterscheidet sich tiefgreifend von der Vorstellung eines Demiurgen, der wie ein Handwerker eine vorgegebene Materie lediglich bearbeitet. Unverkennbar ist dieses Verständnis von ‚Schöpfung' in doppelter Anwendung im gegenwärtigen bioethischen Diskurs präsent: als Unterstellung im Blick auf die Natur, an der der Mensch handelt, und als Leitbild seines eigenen, vermeintlich schöpferischen Handelns.

sich entwickelt"[48]. Er entwickelt sich nicht zum Menschen. Seiner Entwicklung liegt vielmehr eine „sich durchhaltende Wesensform"[49] zugrunde. In die Sprache der Theologie übersetzt: Der Mensch wird zum Ebenbild Gottes, weil er eben dazu, seiner gesamten Entwicklung zuvorkommend, gemacht ist.

„Dass sich der Mensch einer abschließenden Definition entzieht", wird auch in der bereits genannten „Stellungnahme evangelischer Ethiker zur Embryonenforschung" betont.[50] Als Ebenbild Gottes ist er mehr, als sich in der Perspektive der empirischen Betrachtung darstellt und daraufhin beurteilen lässt. Nun sollte man meinen, dass diese Einsicht einen konsequenten Definitionsverzicht nach sich ziehen müsste, und ist dann um so verwunderter, wenn einzelne evangelische Ethiker im Blick auf den Status von Embryonen meinen, definitiv zwischen menschlichen Wesen, die zu Menschen werden können, und solchen, die es niemals mehr werden können, unterscheiden zu können. Die Kategorie der Gottebenbildlichkeit, die menschliches Leben der Definition durch andere Menschen entzieht, wird nun zur Legitimationsformel seiner Definierbarkeit. Sie sei, so wird gesagt, nicht zuständlich zu fassen; sie meine vielmehr den Menschen im Prozess des Werdens. Sie gelte dem menschlichen Leben nur, sofern es sich zum Menschen entwickeln kann. Gewiss: Das Sein des Menschen liegt im Werden. Menschsein heißt Unterwegssein unter der Bestimmung der Gottebenbildlichkeit. Aber das heißt ja nun gerade nicht, dass Phasen dieses Werdens von ihrer Bestimmung ausgenommen werden könnten, als ob auf dem Wege ein Anfangsdatum festgestellt werden könnte, von dem an einem menschlichen Leben die Bestimmung der Gottebenbildlichkeit zukäme, oder auch ein Enddatum, an dem diese Bestimmung hinfällig würde.

Eben ein solches definitorisches Urteil wird jedoch gefällt, wenn menschlichen Embryonen das Prädikat des Menschen abgesprochen wird. Geurteilt wird hier über Anfang und Ende des Lebens. Geurteilt wird über Leben und Tod. Das zum Tod verurteilte Leben gilt als ein solches, das gar nicht erst als Leben eines Menschen angefangen hat. Dabei mag man zunächst den Eindruck haben, als würde nur ratifiziert, was ohnehin entschieden ist. Es ist doch die Natur, die so verschwenderisch Leben schafft, um es doch zu einem großen Teil gleich wieder sterben zu lassen. Wenn sie dem Leben, das sie hervorbringt, die äußeren Bedingungen, unter denen es nur heranwachsen kann, teils gewährt, teils aber auch vorenthält, dann bewegt sich doch die menschliche Entscheidung, das von der Natur zum Tode verurteilte Leben zu nutzen, im Rahmen des von der Natur Erlaubten. Aber abgesehen von dem grundsätzlichen Einwand, der in einer solchen Rechtfertigung menschlichen Verhaltens durch die Natur einen naturalis-

---

[48] GOETHE, Werke (s. Anm. 36), Bd. 1, 359, (Urworte. Orphisch); dazu die klärenden philosophischen Ausführungen von GEROLD PRAUSS, Geprägte Form, doch zweckbewußt zerstückelt, in: FAZ vom 28.11.2001: „Menschenwesen" kommt „keineswegs von außen her hinzu, sondern ist tatsächlich: immer schon von innen her gegeben [...]."

[49] PRAUSS, ebd.

[50] Starre Fronten überwinden (s. Anm. 8), 203.

tischen Fehlschluss sieht, ist hier auch zu bedenken, wie weit die äußeren Umstände ihrerseits durch menschliche Eingriffe hergestellt werden und möglicherweise auch verändert werden können. Zwischen den Embryonen, die natürlicherweise abgehen, und solchen, die gezielt auf künstlichem Wege entstehen, ist also noch einmal zu unterscheiden. Und vor allem ist genauer nach dem Vorgang des Todes zu fragen. Auch wenn es unvermeidbar ist, dass ein Embryo in kürzester Zeit sterben wird, ist es doch der Eingriff des Menschen, der diesem verhängten Tod zuvorkommt. In der umstrittenen Embryonenforschung, die darauf aus ist, embryonale Stammzellen zu entnehmen und zu züchten, ist die Tötung des Embryos notwendige Voraussetzung. Mit diesem Akt wird in den Prozess des Sterbens eingegriffen. Man lässt die Embryonen nicht sterben, sondern man tötet sie, um zu nutzen, was an ihnen nutzbar ist. Tötung heißt dann gerade nicht, menschliches Leben, soweit es sterblich ist, dem Tode zu überlassen, es zum Staub der Erde zurückkehren zu lassen. Es heißt vielmehr in jener Paradoxie, die wir aus der Debatte um Hirntod und Organtransplantation kennen, menschliches Leben möglichst lebendig sterben zu lassen. Es wird für tot erklärt, sofern es das Leben eines Menschen war oder hätte werden können, und es wird zugleich lebendig gehalten, um anderen Menschen als Mittel der Heilung und Lebensverlängerung und somit als Quelle des Lebens dienen zu können. In diesem Sinne wird Leben neu definiert: Das zunächst auf die Entwicklung eines Menschen angelegte Programm wird für nichtig erklärt und durch ein anderes ersetzt. Ein potentieller Jemand wird neu definiert als ein Etwas, das den Menschen, die den Status eines Jemand gewonnen haben, als Ressource zur Lebenserhaltung dienen kann.[51]

Vergleicht man diesen Definitionsakt mit der Festlegung des Anfangs eines Menschenlebens auf das Datum der Verschmelzung von Ei- und Samenzelle, so geht es nicht nur um Terminfragen, über die man sich aufgrund biologischer Befunde verständigen könnte. Dass beide Positionen Anhalt haben an dem, was sich empirisch-wissenschaftlich erheben lässt, heißt ja nicht, dass das Recht, so oder so zu definieren, empirisch ausweisbar wäre. Zu fragen ist vielmehr darüber hinaus nach dem Handlungszusammenhang und nach den in ihm wirksamen ethischen Interessen. Wer heute dafür plädiert, das Leben des Menschen mit dem Punkt der Kernverschmelzung anfangen zu lassen, leugnet nicht, dass das Zur-Welt-Kommen eines Menschen einen Prozess darstellt, in dem diesem

---

[51] Der Einwand, es werde nur dasjenige menschliche Leben genutzt, das gar nicht die Möglichkeiten habe, als Mensch heranzuwachsen, greift insofern nicht, als ja diese Möglichkeiten grundsätzlich gewährt werden können, zwar nicht für alle ‚überzähligen' Embryonen, aber doch für die wenigen, die der experimentellen Forschung unterworfen werden. Man kann über die Möglichkeit der Embryonenadoption kontrovers diskutieren. Dass es diese Möglichkeit gibt, zeigt jedoch: Die Menschwerdung des Embryos, der zum Gegenstand der Forschung und möglichen Nutzung gemacht wird, ist keineswegs endgültig ausgeschlossen; sie *wird* vielmehr ausgeschlossen, indem Menschen so und nicht anders mit ihm umgehen.

Anfang andere Anfänge in einem komplexen Bedingungs- und Beziehungsgefüge vorausgehen. Der Anfang ist Moment eines Weges und stellt sich der molekularbiologischen Betrachtung in zeitlicher Erstreckung dar. Wenn man ihm gleichwohl eine entscheidende Bedeutung beimisst, so geht es nicht um die Ausblendung dieses Kontextes im Sinne einer punktgenauen Definition.[52] Vielmehr ist intendiert, das Werden eines Menschen möglichst weitgehend der Verfügungsmacht durch andere zu entziehen, um ihn sich selbst definieren zu lassen. Und keineswegs muss sich mit dieser Anfangsbestimmung die Auffassung verbinden, dass „der Mensch in hohem Maße durch sein Genom ‚definiert'"[53] sei. Das theologische Anliegen ist es ja gerade, das den Menschen Definierende in jener Externität zu belassen, in der es das ganze Leben umfasst, durchdringt und bestimmt, ohne mit einer seiner innerweltlichen Konstituentien identisch zu sein.

Liegt somit der Fixierung des Lebensanfangs auf den Punkt der Kernverschmelzung das Anliegen zugrunde, die Definitionsmacht des Menschen zu begrenzen und das ganze Leben eines Menschen als ein extern von Seiten des schöpferischen Wortes Gottes definiertes und von daher sich selbst definierendes zu achten, so zeigt sich auf der Seite derer, die diese Bestimmung des Anfangs für eine unzulässige Reduktion halten, ein umgekehrtes Bild. Die Zurückhaltung gegenüber substanzontologischen Bestimmungen des Menschen eröffnet den Raum, in dem dann pragmatisch entschieden wird, welche Gestalten menschlichen Lebens als Menschen anzusehen sind und welche nicht unter diesen Begriff fallen. Die Unmöglichkeit, den Menschen im Rekurs auf seine Natur zu definieren, und die Möglichkeit, über menschliches Leben im Zuge seiner Kultivierung definierend zu verfügen, sind zwei Seiten eines Sachverhalts. Dass nicht alle menschlichen Embryonen als Menschen definiert sind, wird dann letztlich dadurch bewiesen, dass sich etwas anderes aus ihnen machen lässt.

5. DER RECHTFERTIGUNGSGLAUBE UND DIE KULTUR DER FREIHEIT

Der Streit über die Definition des Menschen erweist sich hier als Streit über die vom Menschen ausgeübte Definitionsmacht. Um deren Begrenzung geht es, wenn die evangelische Theologie mit Luther daran erinnert, dass ein Urteil über den ganzen Menschen, über Anfang und Ende allein Gott zusteht. Damit ist nicht bestritten, dass der Mensch bevollmächtigt ist, den Mitgeschöpfen Namen zu geben. Dieser Grundakt menschlicher Kultur (vgl. Gen 2,19), durch den der

---

[52] So das Missverständnis von KLAUS TANNER, Der menschliche Embryo – ein embryonaler Mensch? In: „Zum Bild Gottes geschaffen". Bioethik in evangelischer Perspektive. Vorträge eines Kongresses der Evangelischen Kirche in Deutschland am 28./29.1.2002 in Berlin (epd-Dokumentation 9/2002), 26–31, 27.
[53] Starre Fronten überwinden (s. Anm. 8), 202.

Mensch sich die Mitwelt verfügbar macht, ist jedoch theologisch darauf zurückbezogen, dass Gott zuvor sein schöpferisches Wort gesprochen hat. Menschliche Namengebung ist insofern ein responsorischer Akt, der kritisch daraufhin zu bedenken ist, ob er einem zuvor gesprochenen Wort entspricht. Dass jener Akt der Totalverfügung, der Embryonen zu Ressourcen der Zellkultur umdefiniert, zu einer theologischen Deutung, die in ihnen Mitgeschöpfe, die wie wir ins Leben gerufen worden sind, im Widerspruch steht, dürfte deutlich geworden sein. Zieht man hier eine scharfe Grenze zwischen Normkultur und Nutzenkultur, so bleibt doch zunächst offen, ob sich diese Grenze auch auf den Problemfeldern markieren lässt, die unter den Begriffen der Präimplantationsdiagnostik und der Eugenik kontrovers diskutiert werden. Hier geht es ja um Akte, die zwar nicht das Menschsein von Embryonen in Frage stellen, wohl aber deren Qualität zu bestimmen suchen und aufgrund von Qualitätsurteilen über Leben und Tod entscheiden. Handelt es sich bei diesen Akten der Diagnostik, der Selektion und der gezielten Veränderung des genetischen Programms gleichfalls um Übergriffe einer am Nutzen orientierten Kultur auf Kosten der allen Menschen geschuldeten, bedingungslosen Anerkennung?

Um diese Frage zu beantworten, gehen wir noch einmal aus von der zentralen Einsicht, die wir Luthers Thesen *Über den Menschen* entnommen haben: Der Mensch entzieht sich der Selbstdefinition, weil und insofern er durch Gottes schöpferisches Handeln an ihm definiert wird. Gottes schöpferisches Handeln ist dabei als worthaftes Handeln verstanden. Es verdichtet und konzentriert sich in dem Wort des Evangeliums, das den Menschen allein aus Gnade rechtfertigt. Die theologische Definition des Menschen spitzt sich daher auf die Kurzformel zu, „dass der Mensch durch Glauben gerechtfertigt werde"[54]. Schöpfungsglaube und Rechtfertigungsglaube stimmen darin überein, dass sie dem unbedingten Wohlwollen Gottes, seinem zuvorkommenden Ja-Wort eine über das ganze Leben eines Menschen entscheidende Kraft einräumen. In diesem Wort sieht Luther nicht zuletzt auch die „Freiheit eines Christenmenschen" begründet. Es ist das Wort im Sinn des Evangeliums, das einen Menschen so frei werden lässt, dass er, der Sorge um sich selbst enthoben, ganz in der Liebe zu leben vermag.

Die im Glauben wahrgenommene bedingungslose Anerkennung, die einem Menschen durch das Wort Gottes „ohne alle [s]ein Verdienst und Würdigkeit"[55] zuteil wird, unterscheidet sich fundamental von aller bedingten Wertschätzung, die die Annahme und Anerkennung eines Menschen davon abhängig sein lässt, dass er über bestimmte Eigenschaften verfügt, bestimmte Leistungen erbringt und entsprechende Erwartungen erfüllt. Das bedeutet gewiss nicht, dass Urteile

---

[54] *De homine* (These 32), bei EBELING (s. Anm. 6), 22; vgl. zur Bedeutung der Rechtfertigungslehre für ein relationales Verständnis der Menschenwürde: REINER ANSELM, Die Würde des gerechtfertigten Menschen. Zur Hermeneutik des Menschenwürdearguments aus der Perspektive der evangelischen Ethik, in: ZEE 43, 1999, 123–136.

[55] LUTHER, Auslegung des 1. Artikels des Glaubensbekenntnisses im *Kleinen Katechismus*, in BSELK 870,16.

über die Qualität von Menschen, über ihre je besonderen Eigenschaften in jedem Fall verwerflich wären. Sowohl in der Wirtschaft als auch in der menschlichen Liebe haben Auswahlentscheidungen, die in dem Sosein von Menschen begründet sind, ihr Recht. Die Grenzüberschreitung vollzieht sich erst dann, wenn mit der Feststellung und Bewertung von Eigenschaften das Urteil über das Recht zu leben verknüpft wird. Einen Menschen als Menschen zu würdigen, heißt, ihm von Anfang an, seiner gesamten Persönlichkeitsentwicklung zuvorkommend, das Recht einzuräumen, um seiner selbst willen da zu sein. Es heißt, in ihm sein ureigenes Selbst, sein unableitbar und unverwechselbar Eigenes zu achten und ihn darin auch anders sein zu lassen, als es den Vorstellungen und noch so verständlichen Wünschen seiner Eltern und Mitmenschen entspricht. Zu fragen ist daher, welches ‚Wort' am Anfang eines Lebensweges steht: Ist es das Wort einer ganzheitlichen Annahme, wie sie bereits leiblich darin zum Ausdruck kommt, dass ein Embryo ganz im mütterlichen Uterus aufgehoben und geborgen ist und wie sie anerkannt und verstärkt wird, wenn Eltern ihrem Kind zu verstehen geben: „Du darfst so sein, wie du bist!" Oder schiebt sich in dieses Anfangsgeschehen das Diktat von Menschen, die das von ihnen erzeugte Leben ihrer Definitionsmacht unterwerfen: Es soll so und nicht anders werden, als sie es wollen.

Ohne den damit bezeichneten Widerspruch abzuschwächen, ist freilich auch daran zu erinnern, dass die beiden Grundworte einander keineswegs gleichrangig sind. Der diktierende Eingriff des Menschen, der genetische Merkmale zu bestimmen sucht und anhand ihrer eine Auswahlentscheidung trifft, kann die bedingungslose Anerkennung wohl überlagern oder verdrängen, er kann jedoch das Wort, in dem der christliche Glaube den Grund des Lebens und der Freiheit erkennt, nicht ersetzen oder auslöschen. Das heißt: Auch für die Menschen, an deren Lebensanfang mit den Mitteln der Präimplantationsdiagnostik, der genetischen Manipulation oder sogar des Klonens eingegriffen worden ist, ist es nicht ausgeschlossen, ihr so entstandenes Leben als Gabe des Schöpfers anzunehmen und im Glauben die Gnade der Rechtfertigung zu erfahren. Auch die Menschen, die aufgrund bestimmter Interessen und Präferenzen gezeugt worden sind, werden deswegen nicht einfach zu Produkten ihrer Produzenten.[56] Gleichwohl wird man daraus nicht den Schluss ziehen dürfen, dass die genannten Techniken die Freiheit überhaupt nicht beeinträchtigen könnten.

In welchem Sinn von einer Gefährdung der Freiheit gesprochen werden kann,[57] ist abschließend in zweifacher Hinsicht zu verdeutlichen. Zum einen: Ein Lebenswerturteil, das aufgrund bestimmter Eigenschaften den einen das Lebensrecht abspricht und anderen zuspricht, unterwirft tendenziell das Leben

---

[56] Vgl. NOTGER SLENCZKA, Genforschung und Menschenbild, in: DERS., Der Tod Gottes und das Leben des Menschen. Glaubensbekenntnis und Lebensvollzug, Göttingen 2003, 279–294, 289: „Auch ein gentechnisch veränderter Mensch ist ein eigenes Subjekt und unabhängig von dem, der ihn manipulierte."
[57] Vgl. hierzu JÜRGEN HABERMAS, Die Zukunft der menschlichen Natur. Auf dem Weg zu einer liberalen Eugenik? Frankfurt a.M. 2001.

aller Menschen einer nach denselben Kriterien erfolgenden Selbst- und Fremdbeurteilung. Die Frage, ob ein Mensch leben darf, der dieselben Merkmale aufweist, aufgrund deren Embryonen verworfen werden, führt gewiss nicht zwangsläufig zur Vernichtung des geborenen ‚lebensunwerten' Lebens. Sie wirft jedoch zumindest einen Schatten auf das Selbstverständnis nicht nur des Menschen, an dessen Lebensanfang ein Akt der Selektion steht, sondern auch der Gesellschaft, die eine derartige Qualitätskontrolle ihrer Mitglieder vollzieht oder billigt. So wie die natürliche Zeugung durch künstliche Eingriffe überlagert und überformt wird, so kommt es auch auf der Ebene des Menschenbildes und des Selbstverständnisses zur Überlagerung der genannten ‚Botschaften': Verkündet die eine das unbedingte Recht zu leben: „Du darfst so sein, wie du bist.", so ist doch in der Sprache der vom Menschen hergestellten Tatsachen auch das Gegenwort zu vernehmen: „Deinem Dasein liegt eine menschliche Entscheidung über das Sosein zugrunde." Erkennt die Theologie in dem ersten Wort den im Sinn des Evangeliums gedeuteten Grund der Freiheit, so gehört das zweite Wort in die Sphäre des Gesetzes. Das eine Wort entlastet Menschen davon, sich selbst für ihre Existenz rechtfertigen zu müssen. Es entzieht ihr Leben jener Welt der Güter und Werke, über die sie einander Rechenschaft schuldig sind. Das andere Wort aber belastet Menschen eben mit dieser Rechenschaftspflicht.

Damit ist schon der zweite Gesichtspunkt angesprochen, der den Zusammenhang von Freiheit und Verantwortung betrifft. In dem Maße, in dem das „von Natur aus Gewordene" zu einem „Gemachten" transformiert wird, wächst auch die Verantwortung.[58] Zu fragen ist jedoch, ob der Mensch der wachsenden Verantwortung, die er im Zuge des technologischen Fortschritts übernimmt, seinerseits gewachsen ist. Alles, was Menschen machen, kann besser oder schlechter gemacht werden. Und keine menschliche Kunst ist fehlerfrei. Das damit angedeutete Problem ist konkret im Blick auf die Rolle des Arztes und der Ärztin zu bedenken. Wer den Vertretern der ärztlichen Kunst die Entscheidung über behindertes und nichtbehindertes Leben zuweist, muss sich im Klaren darüber sein, dass er sie damit auch für eventuelle Kunstfehler haftbar macht. Die über Leben und Tod Urteilenden werden nur allzu schnell zu Angeklagten. Die Klage darüber, dass wir ungefragt ins Leben geworfen werden, ist gewiss nicht neu. Sie bekommt aber einen neuen Adressaten. Was Menschen früherer Zeiten, wie beispielhaft an der biblischen Gestalt Hiobs zu lernen ist, im Rechtsstreit, in Klage und Anklage vor Gott durchgefochten und ausgehalten haben, wird nun mehr und mehr zu einem Prozess, den der Mensch mit sich selbst führt. Der Prozess der Theodizee wird zum Prozess der Anthropodizee – nicht erst seit dem Aufkommen der modernen Biotechnologie, aber durch sie in nochmals verschärfter Form.

„Die durch die Gentechnologie eröffneten Möglichkeiten haben [...] uns alle bereits in eine neue Verantwortlichkeit gestellt."[59] Die „Unentrinnbarkeit der

---

[58] Vgl. SLENCZKA, Genforschung und Menschenbild (s. Anm. 56) 290f.
[59] Ebd., 291.

Verantwortung" heißt jedoch nicht, dass der Mensch sich der Ausweitung seiner Verantwortlichkeit unkritisch überlassen müsste. Das Maß dessen, wofür sich der Mensch im Zuge der Weiterentwicklung seiner technischen Möglichkeiten verantwortlich macht, ist noch einmal kritisch an dem zu überprüfen, wofür er selbst als endliches Subjekt Verantwortung zu tragen bereit und fähig ist. So wie er seine endliche Freiheit verfehlt, wenn er sich selbst absolut setzt, so droht auch die grenzenlos gedachte Verantwortung „zu einem selbstgemachten abstrakten Götzen"[60] zu werden. Die Grenze, die es in dieser Hinsicht zu wahren gilt, ist die Grenze der Freiheit, keine biologische Tatsache, sondern die Schwelle, deren Überschreitung Freiheit zur Unfreiheit verkehrt. Indem die evangelische Theologie an diese Grenze und zugleich an den im Wort Gottes liegenden Grund menschlicher Freiheit erinnert, leistet sie ihren Beitrag zur Kultur der Freiheit.

---

[60] BONHOEFFER, Ethik (s. Anm. 29), 258.

18. Kapitel: Kultur des Menschen
Überlegungen zur Geschöpflichkeit des Menschen zwischen Natur und Kultur

1. Geschöpf Gottes – Geschöpf des Menschen

Im April 1768 schreibt Johann Gottfried Herder aus Riga an seinen älteren Freund und Lehrer Johann Georg Hamann in Königsberg und erinnert ihn an Gespräche, die sie vermutlich zwei Jahre zuvor miteinander geführt haben:

> „In der Reihe unsrer Betrachtungen über die sich aus einander wickelnde Zustände der Menschen fanden wir nirgends so sehr eine Lücke, als: wie wurden wir aus einem Geschöpf Gottes, das, was wir jetzt sind, ein Geschöpf der Menschen?"[1]

Die Frage nach dem Menschen, nach seiner Stellung in der Schöpfung verquickt sich hier aufs Engste mit der Problematik der Theodizee: Wie konnte in einer von Gott geschaffenen und als sehr gut qualifizierten Welt das Übel aufkommen, für das der Mensch verantwortlich ist? Wie wurde es möglich, dass gute Geschöpfe Böses tun? Und umgekehrt: Wie können Menschen, die als Sünder böse sind und Böses tun, dennoch in der Schöpfung mitwirken und zum Guten hin vollenden? Die „Lücke", von der Herder redet und die wir auch als Bruch bezeichnen können, betrifft somit grundsätzlich das Verhältnis von Werk Gottes und Werk des Menschen. Es geht um den Übergang: Was Gott geschaffen hat, geht über in die Hände des Menschen. Und was der Mensch tut, nimmt Anteil am Schöpfungswerk. Oder um den Begriff aufzunehmen, der nicht zuletzt durch Herder eine prominente Stellung in der Lehre vom Menschen gewonnen hat: In Frage steht die Bedeutung der Kultur in ihrem Verhältnis zur Schöpfung.

Eben diese Frage soll im Folgenden aufgenommen und auf dem Hintergrund der jüngeren und jüngsten Entwicklung der auf den Menschen bezogenen Kulturtechniken bedacht und einer theologischen Antwort zugeführt werden. Dabei geht es zentral um die Grundfrage der Anthropologie: Was ist der Mensch? Eine Antwort, die unseren Überlegungen gleichsam als Prospekt dienen kann, hat Herders Briefpartner Johann Georg Hamann in einer späteren

---

[1] Johann Georg Hamann, Briefwechsel in 7 Bdn., hg. v. Walther Ziesemer/Arthur Henkel, Bd. 2, Wiesbaden 1956, 408,32–409,1.

Schrift gegeben, in der er sich mit Herders Thesen zum Sprachursprung auseinandersetzt:

> „Der Mensch ist also nicht nur ein lebendiger Acker sondern auch der Sohn des Ackers, und nicht nur Acker und Saame (nach dem System der Materialisten und Idealisten) sondern auch der König des Feldes, guten Saamen und feindseeliges Unkraut auf seinem Acker zu bauen; denn was ist ein Acker ohne Saamen und ein Fürst ohne Land und Einkünfte? Diese Drey in uns sind also Eins, nämlich Θεου γεωργιον [Gottes Ackerfeld; vgl. 1Kor 3,9]: so wie drey Larven an der Wand der natürliche Schatten eines einzigen Körpers sind, der ein doppeltes Licht hinter sich hat - - -"[2]

Das Sein des Menschen wird hier unter verschiedenen Aspekten betrachtet und bildlich vor Augen gestellt. Es handelt sich um eine Größe, die sich dreifach abschattet, dreifach darstellt. Da gibt es zunächst die materialistische Sicht, die den Menschen gleichsam als Ackerboden sieht, aus dem sich seine geistigen Fähigkeiten so entwickeln, dass sie in umgekehrter Richtung auch auf ihre materiellen Bedingungen zurückgeführt werden können. In der zweiten Sicht, wie sie sich in den idealistischen Entwürfen der Anthropologie ausprägt, liegt die wesentliche Größe des Menschen in seinem geistigen Vermögen, aus dem sich wie aus einem Samen der Leib entwickelt. In den Worten von Friedrich Schiller gesagt: „Es ist der Geist, der sich den Körper baut."[3] Beide Sichtweisen erfassen jedoch nicht das Ganze des Menschen. Jenseits von Materialismus und Idealismus oder auch in der Überlagerung der beiden von ihnen gezeichneten Bilder tritt ein drittes Phänomen in Erscheinung, das den Zusammenhang beider Komponenten betrifft. Der Mensch ist weder mit dem materiellen Substrat seiner Natur noch mit dem belebenden geistigen Prinzip gleichzusetzen. Er kann sich zu beidem verhalten. Er geht mit Geist und Materie um und erweist sich darin als Herrscher, als „König des Feldes" über seine so oder so auszulegende und zu bearbeitende Natur.

In diesem Gleichnis erscheint der Mensch nicht nur als Ackerfeld, sondern auch als der diesen Acker bestellende Landwirt. Die *agricultura*, die er ist, umfasst den zu kultivierenden Boden als Objekt und das kultivierende Subjekt. Der Mensch kann und soll sich selbst kultivieren. Heißt das, dass er ist, was er aus sich macht? Ist er, um die Frage noch weiter zuzuspitzen, Schöpfer und Geschöpf seiner selbst? Hamanns Antwort, die er im Gleichnis gibt, führt auf eine weitere Unterscheidung: Der Mensch als ganzer, wie er sich dreifach darstellt, ist der trinitarische Entwurf, der sich von einer externen, ihm nicht verfügbaren Lichtquelle her empfängt. Er ist Bild Gottes, von dessen Lichtfülle er prinzipiell unterschieden ist. In dieser Hinsicht ist er mit seiner gesamten leiblich-seelischen Natur nur Medium, nur Phänomen.

---

[2] JOHANN GEORG HAMANN, Sämtliche Werke, hg. v. JOSEF NADLER, Bd. 3, Wien 1951, 40,16–25 (Philologische Einfälle und Zweifel).
[3] Wallensteins Tod, III/13, Z. 1813.

2. EINHEIT VON SCHÖPFER UND GESCHÖPF.
CHRISTOLOGISCH UND ANTHROPOLOGISCH VERSTANDEN

Herders Behauptung, der Mensch sei „aus einem Geschöpf Gottes [...] ein Geschöpf der Menschen" geworden, ist in dieser theologischen Perspektive zu relativieren und zu problematisieren. Fragen wir zurück: Lässt sich die Einheit von Schöpfer und Geschöpf überhaupt anthropologisch konsistent denken? Es handelt sich im Verhältnis von Schöpfer und Geschöpf ja um einen Gegensatz, in dem die Behauptung des einen zugleich die Negation des anderen ist. Schöpfer und Geschöpf sind kategorial voneinander zu unterscheiden. Wird beides zugleich von einer Größe gesagt, verstößt man gegen die Regeln der Logik und Grammatik.

Wenn die christliche Theologie von Jesus Christus lehrt, er sei Gott und Mensch, also Schöpfer und Geschöpf als einer und derselbe,[4] setzt sie sich damit bewusst in Widerspruch zum geltenden Sprachgebrauch; denn – so Luther in seinen Thesen zur Christologie – nach dem üblichen Sprachgebrauch bezeichnet „Geschöpf" „eine Sache, die in unendlicher Weise von der Gottheit getrennt ist"[5]. Es bedarf mithin, wie Luther in der zitierten Disputation ausdrücklich fordert, einer neuen Sprache und einer neuen Grammatik, um im Blick auf Jesus Christus die Einheit von Gott und Mensch, Schöpfer und Geschöpf sagen und denken zu können. Aber lässt sich diese Einheit vom Menschen im Allgemeinen aussagen?

Friedrich Nietzsche, dessen Lehre vom göttlichen Menschen eben eine solche Verallgemeinerung christologischer Aussagen unternommen hat, wusste immerhin um die gedankliche Zumutung, um die ‚Tollheit' seines Unterfangens. Man ist geneigt von einer „unmöglichen Möglichkeit" zu sprechen. Oder um Nietzsche selbst zu Wort kommen zu lassen:

> „Im Menschen ist Geschöpf und Schöpfer vereint: im Menschen ist Stoff, Bruchstück, Überfluss, Lehm, Koth, Unsinn, Chaos; aber im Menschen ist auch Schöpfer, Bildner, Hammer-Härte, Zuschauer-Göttlichkeit und siebenter Tag: – versteht ihr diesen Gegensatz?"[6]

Dabei handelt es sich nicht nur um ein wissenschaftliches Problem, das sich aus theoretischer Distanz erörtern und eventuell lösen ließe. Vielmehr wird dem Menschen selbst zugemutet, diesen Gegensatz in sich auszuhalten und auszutragen. Das anthropologische Programm – und auch in dieser Hinsicht

---

[4] So MARTIN LUTHER in der Disputation *De divinitate et humanitate Christi*, in: Weimarer Ausgabe, Bd. 39/II, 105,6f: „Ibi creator et creatura unus et idem est."
[5] LDStA 2, 473 (De divinitate et humanitate Christi, These 21).
[6] FRIEDRICH NIETZSCHE, Sämtliche Werke. Kritische Studienausgabe in 15 Bdn., hg. v. GIORGIO COLLI/MAZZINO MONTINARI, München und Berlin/New York 1980 (abgekürzt: KSA), Bd. 5, 161 (Jenseits von Gut und Böse, Nr. 225).

kehren christologische Motive wieder – bedeutet in seiner Realisierung Zucht und Leiden:

> „Die Zucht des Leidens, des grossen Leidens – wisst ihr nicht, dass nur diese Zucht alle Erhöhungen des Menschen bisher geschaffen hat? [...] Und dass euer Mitleid dem ‚Geschöpf im Menschen' gilt, dem, was geformt, gebrochen, geschmiedet, gerissen, gebrannt, geglüht, geläutert werden muss, – dem, was nothwendig leiden muss und leiden soll?"[7]

Gegen dieses falsche Mitleid plädiert Nietzsche für ein „umgekehrtes Mitleid"[8] zugunsten des höheren, göttlichen Menschen als des Schöpfers in uns.

Nehmen wir Nietzsches programmatisch gemeinte Formulierung als Problemanzeige und beziehen wir sie auf heutige Diskussionen, in denen es um das Verhältnis von Schöpfung und Kultur geht, so ist zweierlei festzuhalten.

Zum einen: Wir stehen in solchen Diskussionen immer wieder vor Schwierigkeiten des Verstehens. Was ist gemeint, wenn vom Menschen als Schöpfer und wenn das Prädikat schöpferischen Handelns auf ihn als Subjekt bezogen wird? Und wie ist das überhaupt möglich, dass ein Geschöpf selbst zum Schöpfer wird? Handelt es sich hier um eine Übertragung, um eine „Metapher" aus der Theologie in die Anthropologie, so stellt sich die Frage, ob mit ihr die eigentliche Bedeutung, wie sie im Zusammenhang der Gotteslehre zu bedenken und zu verdeutlichen ist, verblasst. Wenn sich mit der Inanspruchnahme des Schöpferprädikats durch den Menschen die Negation Gottes als des allmächtigen Schöpfers verbindet, dann gilt als ‚schöpferisch' einzig und allein das, was in der Macht des Menschen liegt. Aber ist dann nicht alles, was er tut, allenfalls ein quasi-schöpferisches Werk?

Zum anderen: Von einem quasi-schöpferischen Werk des Menschen zu reden, ist um so mehr angezeigt, als es in seinem Vollzug auch Züge der Gewalt hat. Konkret wird das schöpferische Werk, um es noch einmal mit den von Nietzsche gebrauchten Verben zu sagen, als „formen", „brechen", „schmieden", „reißen", „brennen, „glühen", „läutern". Eben diese Verben sind zu Hause im Bereich des Handwerks und der Kultur. Es handelt sich um jene Kulturtechniken, die nach dem biblischen Schöpfungsbericht dazu taugen, dass der Mensch sich die Erde untertan macht (Gen 1,28). Kultur ist nach diesem Text primär *agricultura*, und sie ist als solche ein Akt der Unterwerfung, gewaltsamer Bemächtigung. Wird dieses Herrschaftsverhältnis nun auf das Verhältnis des Menschen zu sich selbst übertragen, dann ist er beides: Herrscher und Untertan, Formgeber und zu formendes Material, Produzent und Produkt, Gewalttäter und Opfer, und in *diesem* Sinn dann auch: Schöpfer und Geschöpf. Dabei ist nicht nur an das Binnenverhältnis innerhalb einer Person zu denken; die Einheit des Gegensätzlichen kann sich auch innerhalb der Gattung Mensch so ausprägen, dass einzelne Menschen sich zu Herrschern über ihresgleichen aufwerfen und sie so zu ihren Geschöpfen machen.

---

[7] Ebd.
[8] Ebd.

Überträgt man in dieser Weise die schöpfungstheologische Begrifflichkeit auf das Verhältnis des Menschen zu sich selbst, kommt es zu Verkürzungen und Verkehrungen, die von der christlichen Schöpfungstheologie her zu kritisieren sind. Der dreieinige Schöpfergott ist in qualitativ ganz anderer Weise Schöpfer, als es der Mensch an seiner Stelle, ihn vermeintlich ersetzend, zu werden unternimmt. Unter diesem Gesichtspunkt ist noch einmal an die Einheit von Gott und Mensch, von Schöpfer und Geschöpf in Jesus Christus zu erinnern. Die Christologie, die im Anschluss an die Bekenntnisformulierungen der Alten Kirche diese Einheit zu verstehen sucht, steht immer wieder vor einer doppelten Aufgabe: Einerseits gilt es die Differenz zwischen Gott und Mensch festzuhalten; Jesus Christus ist ganz Mensch im Gegenüber zu Gott und so alles andere als ein sich vergöttlichender Mensch. Andererseits sind Gott und Mensch in dieser einen Person aufs Engste miteinander verbunden. Die Differenz ist keineswegs Beziehungslosigkeit, sondern vielmehr intensivste Kommunikation. Das bedeutet aber: In ihm sind Schöpfer und Geschöpf ganz füreinander erschlossen. Ihr Verhältnis zueinander ist ganz bestimmt durch das Wort, das der Vater ausspricht und durch das er schöpferisch wirkt; indem der Sohn sich selbst ganz von diesem Wort her empfängt, ist er als dessen Geschöpf zugleich der, durch den Schöpfung geschieht, ist er also das schöpferische Wort.

Es ist hier nicht der Ort, um die Grundfragen der Christologie weiter zu bedenken.[9] So viel aber dürfte deutlich sein: Die Einheit von Schöpfer und Geschöpf in Jesus Christus unterscheidet sich tiefgreifend von der anthropologisch in Anspruch genommenen Einheit, und sie unterscheidet sich gerade dadurch, dass sie durch das Band des Wortes und des Geistes vermittelt ist. Sie ist Einheit in der Freiheit und in der Liebe, und sie ist als solche gewaltfrei. Wenn in metaphorischer Rede das Verhältnis von Herrschaft und Knechtschaft auf das Verhältnis von Gott und Mensch in Jesus Christus übertragen wird, dann ist unverkennbar, dass diese Begrifflichkeit in der Übertragung zugleich umgeprägt wird. Da werden die gewohnten Verhältnisse geradezu auf den Kopf gestellt: Dieser „Sklave" ist es in königlicher Freiheit; und als der Sohn hat er teil an der Allmacht des Vaters, der so ganz anders ist als sonstige menschliche Herrscher, die ihre Macht für sich reservieren.

3. Kultivierung und Moralisierung. Kulturbegriffe in ethischer Perspektive

Kehren wir nach diesem christologischen Exkurs zurück zu den anthropologischen Überlegungen, von denen wir ausgegangen sind. Herders Frage hat sich keineswegs erledigt. Wer die Geschichte der Menschheit betrachtet und sie als

---

[9] Vgl. Wilfried Joest/Johannes von Lüpke, Dogmatik I: Die Wirklichkeit Gottes, Göttingen ⁵2010, 213–226.

Entwicklungskontinuum versteht – Herder redet von „sich aus einander wickelnde[n] Zustände[n] der Menschen"[10] –, wird in dieser Entwicklung auch eine Notwendigkeit erkennen. Der Mensch ist auf diese Entwicklung hin angelegt. Indem er zum Schöpfer der Kultur wird, verschafft er sich, was die Natur ihm vorenthalten hat. Michael Landmann formuliert es so: „Weil er [sc. der Mensch] unvollendet in die Welt tritt, darf und muss er sich selbst vollenden. [...] Auf der einen Seite das unfertige, ist er auf der anderen und in notwendiger Ergänzung hierzu das schöpferische Wesen."[11] Dieser Gedanke kann als das Grunddogma der sogenannten Kulturanthropologie bezeichnet werden. Sie geht zurück auf antike Konzeptionen, insbesondere auf den Kulturentstehungsmythos, der sich mit dem Namen Prometheus verbindet und bei Platon im Dialog *Protagoras* überliefert ist.

Bei Herder, dem Theologen und Prediger, wird diese Tradition schöpfungstheologisch rezipiert. Man könnte auch sagen: die Gestalt des Prometheus, die bei Goethe in dem bekannten Gedicht aus seiner Phase des Sturm und Drang noch als gegen die Götter sich auflehnender Rebell verstanden wird, erscheint bei Herder schöpfungstheologisch domestiziert, gleichsam christlich getauft. Indem der Mensch sich kulturschaffend betätigt, entspricht er seiner Geschöpflichkeit. Die Schöpfung Gottes vollendet sich in der Selbstschöpfung des Menschen. Gott hat ihm mit den Gaben der Sprache und der Vernunft zugleich die Freiheit gegeben, nicht nur die übrige Natur zu kultivieren, sondern auch sich selbst. Weil er „nicht mehr eine unfehlbare Maschine in den Händen der Natur" ist, „wird er sich selbst Zweck und Ziel der Bearbeitung"[12]. Dass er sich selbst bearbeiten und kultivieren muss und kann, ist Ausdruck seiner Freiheit, ist er doch, wie Herder in einer viel zitierten Formulierung sagt, der „erste *Freigelassene* der Schöpfung"[13]. Als solcher ist er geschaffen, um sich selbst zu bilden. Kultur wird hier wesentlich als Bildung verstanden. Sie vollzieht sich durch die Mittel der Sprache und der Vernunft, die sich einerseits der Tradition verdanken und insofern aus Bildungsprozessen resultieren, andererseits diesen Prozess selbst vorantreiben.

Wenn Herder diesen Bildungsvorgang als Schöpfung bezeichnet, genauer: als zweite Schöpfung, ist keineswegs intendiert, damit die erste Schöpfung, mithin das Werk Gottes zu ersetzen. Vielmehr geht es Herder um die Vollendung der göttlichen Schöpfung durch das menschliche Werk hindurch. Und der Mensch erweist sich darin als kultiviert, dass er sich zur Humanität und Religion ausbildet. Darin liegt seine Vollkommenheit. Freilich ist diese nicht nur

---

[10] S.o. Anm. 1.

[11] MICHAEL LANDMANN, Fundamental-Anthropologie, Bonn 1984, 187.

[12] JOHANN GOTTFRIED HERDER, Werke in zehn Bdn., hg. v. MARTIN BOLLACHER u.a., Bd. 1: Frühe Schriften, hg. v. ULRICH GAIER, Frankfurt a.M. 1985, 717 (Über den Ursprung der Sprache).

[13] HERDER, Werke (s. Anm. 12), Bd. 6: Ideen zur Philosophie der Geschichte der Menschheit, hg. v. MARTIN BOLLACHER, 145f.

Gabe des Schöpfers, die im Glauben wahrzunehmen ist. Sofern der Mensch sein „Selbst" nicht einfach empfängt, sondern selbst zu bilden hat, wird er in dieser Hinsicht doch als Schöpfer seiner selbst verstanden. In einem Gedicht, das den Titel „Selbst" trägt, schreibt Herder:

> „Was an der Mutter Brust, was an der Brust/ Der großen Mutter, der belebenden/ Natur, von Elementen in dich floß,/ [...] bist du nicht Selbst./ Du selbst bist, was aus Allem du dir schufst/ Und bildetest und wardst und jetzo bist,/ Dir bist, dein Schöpfer selbst und dein Geschöpf."[14]

Insgesamt fügen sich bei Herder Theologie und Anthropologie harmonisch ineinander. Dass die Selbstschöpfung den Menschen überfordern könnte, ist bei ihm ebenso wenig im Blick wie die Möglichkeit, dass die Kultur der Humanität in Selbstvergewaltigung umschlagen könnte. Die „Lücke", von der in den Unterhaltungen mit Hamann die Rede war, wird in einer Philosophie der Geschichte, die Schöpfung und kulturelle Entwicklung als Entwicklung zur Humanität zusammendenkt, geschlossen.

Dass die Entwicklung so verläuft, ist freilich alles andere als selbstverständlich. Die Geschichte der Moderne, wie sie von Adorno und Horkheimer im Sinne einer „Dialektik der Aufklärung"[15] gedeutet worden ist, zeigt, wie schnell Humanität in Unmenschlichkeit umschlagen kann. Die klassisch von Jean Paul aufgeworfene Frage ist nicht von der Hand zu weisen: „Ach, wenn jedes Ich sein eigner Vater und Schöpfer ist, warum kann es nicht auch sein eigner Würgengel sein? ..."[16] Angesichts dieser Problematik und um Fehlentwicklungen als solche zu erkennen und vielleicht auch korrigieren zu können, bedarf es einer normativen Besinnung auf den Begriff der Kultur. Wie schon der mit ihm verbundene Leitbegriff der Humanität zeigt, ist auch Herders Kulturanthropologie ethisch gefasst. Man kann freilich fragen, ob die ethische Reflexion bei ihm kritisch genug ist. Unter diesem Gesichtspunkt empfiehlt sich ein Blick auf die Anthropologie Kants.

Auf den ersten Blick unterscheidet sich diese freilich kaum von dem Entwurf Herders. Auch sie schließt ein Bildungsprogramm ein, nach dem der Mensch „einer Erziehung, sowohl in Belehrung als Zucht (Disziplin), fähig und bedürftig"[17] ist. Er ist „durch seine Vernunft bestimmt", und das heißt befähigt und gefordert, „in einer Gesellschaft mit Menschen zu sein, und in ihr sich

---

[14] HERDER, Werke (s. Anm. 12), Bd. 3, 830.
[15] THEODOR W. ADORNO/MAX HORKHEIMER, Dialektik der Aufklärung, 1947.
[16] JEAN PAUL, Siebenkäs, in: Sämtliche Werke, Abt. I, Bd. 2, hg. v. NORBERT MILLER, Darmstadt ⁴1987, 274 (Rede des toten Christus).
[17] IMMANUEL KANT, Werke in zehn Bdn., hg. v. WILHELM WEISCHEDEL, Darmstadt ⁴1975, Bd. 10, 676 (Anthropologie in pragmatischer Hinsicht).

durch Kunst und Wissenschaften zu kultivieren, zu zivilisieren und zu moralisieren"[18]. Das Ziel, auf das er sich ausbilden soll, ist ihm als Anlage von vornherein gegeben. Beides kann mit dem Begriff des Charakters bezeichnet werden. Was den Menschen charakterisiert, seine Vernunftnatur, ist zugleich das, was er aus sich machen kann und soll. „Man kann also sagen: der erste Charakter der Menschengattung ist: das Vermögen, als vernünftigen Wesens, sich, für seine Person so wohl als für die Gesellschaft, worin ihn die Natur versetzt, einen Charakter überhaupt zu verschaffen"[19]. Kultivierung als Charakterbildung ist wesentlich moralisch; sie setzt Freiheit voraus und zielt darauf ab, dass der Mensch „wie ein freihandelndes Wesen leben könne"[20].

Werden Kultivierung und Moralisierung in dieser Hinsicht synonym gebraucht, so kann Kant doch auch beide Begriffe voneinander unterscheiden. Grundlegend hierfür ist die Unterscheidung von Natur und Freiheit: „Der Freiheit Gesetze geben ist etwas ganz anderes, als die Natur bilden."[21] Die „physische Kultur" betrifft nicht nur die äußere Natur, die der Mensch sich arbeitend unterwirft, sondern auch seine eigenen natürlichen Fähigkeiten sowohl des Körpers als auch der Seele. Hier geht es um „die Verschaffung der Geschicklichkeit"[22], die verschiedenen Zwecken dienstbar gemacht werden kann, also moralisch neutral ist. Demgegenüber ist es der Sinn der Moralisierung als der „praktischen" Kultur, dass sie zum guten Gebrauch der Kräfte in Freiheit verhilft. Der Mensch wird hier nicht zum Tun des Guten gezwungen; er darf weder konditioniert noch instrumentalisiert werden; er ist vielmehr als freies Wesen sich selbst Zweck.

Was im Umgang mit der Natur als Kultur notwendig und gerechtfertigt ist, darf somit nicht auf den Menschen selbst übertragen werden. In solcher Anwendung kann die physische Kultur in Widerspruch zur praktischen Kultur, mithin zur Moralität des Menschen treten.[23]

Hier ist noch einmal an die Unterscheidung zwischen „Nutzenkultur" und „Normkultur" zu erinnern.[24] Der Sache nach ist sie schon im biblischen Zeugnis angelegt und in der traditionellen Schöpfungslehre bedacht. Der Mensch darf nicht an seinesgleichen tun, was ihm im Verhältnis zu den übrigen Kreaturen erlaubt ist. Er darf nicht Menschenblut vergießen. In dieser Hinsicht gilt ein absolutes Nein. Die Begründung dieses biblischen Urgebotes (Gen 9,6) rekurriert auf dieselbe Bestimmung, die auch seiner Bevollmächtigung zur Kultur zugrunde liegt. Dass Gott den Menschen zu seinem Bilde gemacht hat (Gen

---

[18] Ebd., 678.
[19] Ebd., 683f.
[20] KANT, Über Pädagogik, in: Werke (s. Anm. 17), 712.
[21] Ebd., 728.
[22] Ebd., 706.
[23] S.o. 251f das Zitat aus Kants Aufsatz *Mutmaßlicher Anfang der Menschengeschichte* (1786).
[24] Vgl. dazu THOMAS S. HOFFMANN/WALTER SCHWEIDLER (Hg.), Normkultur versus Nutzenkultur. Über kulturelle Kontexte von Bioethik und Biorecht, Berlin/New York 2006.

1,26f; 9,6), bezeichnet seine Machtstellung, die ihm die Nutzung der außermenschlichen Kreatur erlaubt, und entzieht ihn zugleich der Nutzbarmachung durch sich selbst. Als Ebenbild Gottes ist der Mensch zu einer Freiheit berufen, die er in rechter Weise nur dann ausübt, wenn er sie im Umgang mit seinesgleichen zu achten weiß. Den beiden Aspekten der Gottebenbildlichkeit entspricht in der überlieferten Schöpfungslehre die Doppelthese, alles sei um des Menschen willen geschaffen, der Mensch aber sei um seiner selbst willen geschaffen; dabei ist der Nutzen des Menschen freilich nicht der letzte Zweck der Dinge; vielmehr soll der Mensch die ihm überlassene Natur so gebrauchen, dass die Ehre Gottes als „letzter Zweck der Schöpfung" respektiert wird.[25]

4. Symbiose von Mensch und Maschine

Mit den kulturanthropologischen Entwürfen Herders und Kants befinden wir uns im Zeitalter der Aufklärung, im Übergang zur Moderne. Seitdem hat sich die Kultur in einer Weise weiterentwickelt, die einerseits als fortschreitende Erweiterung menschlicher Macht, als Steigerung der Freiheit erfahren und verstanden wird, andererseits aber auch Phänomene einer tiefgreifenden Krise der Kultur aufweist. Die geistige Kultur bleibt hinter der materiellen Kultur zurück, wenn sie nicht gar durch diese verdrängt oder entkräftet wird.[26] Der kultivierende Mensch, der auf dem Weg der physischen Kultur grenzenlos voranschreitet, entwickelt sich deswegen doch nicht zum kultivierten Menschen im Sinn der moralischen Bildung. Diese Diskrepanz wahrzunehmen, muss keineswegs auf eine prinzipielle moralische Verurteilung des technologischen Fortschritts hinauslaufen. Zu fragen aber bleibt, wie dieser Fortschritt sich zur Freiheit des Menschen verhält. Mit dieser Frage ist das Erbe der Aufklärung, insbesondere auch das Erbe der Philosophie Kants mit ihrer Unterscheidung von theoretischer und praktischer Vernunft aufzunehmen. Stellen wir sie nun im Blick auf die neueren und neuesten Entwicklungen in der technologischen Forschung.

Wohin diese Entwicklung treibt oder vorsichtiger gesagt: wohin sie treiben könnte, lässt sich an einem Programm ablesen, für das sich der amerikanische Computerspezialist Ray Kurzweil einsetzt.[27] Er sieht die Menschheit in einem evolutionären Fortschritt begriffen, der nicht nur das Übel der Krankheiten zu

---

[25] Vgl. z. B. Johann Andreas Quenstedt (1617–1688): „Finis creationis ultimus est Dei gloria. [...] Finis intermedius est hominum utilitas. Omnia enim Deus fecit propter hominem, hominem autem propter se ipsum. Ps CXV, 16." Zit. bei Heinrich Schmid, Die Dogmatik der ev.-luth. Kirche dargestellt und aus den Quellen belegt, neu hg. von H. G. Pöhlmann, Gütersloh 1979, 120.

[26] Klassisch findet sich diese Kulturkritik bei Albert Schweitzer, Kultur und Ethik. Kulturphilosophie 2. Teil, München 1923, ⁹1953, Vorrede (VII–XXI) und das 1. Kapitel (1–10).

[27] Vgl. hierzu und zum Folgenden den informativen Artikel *Unsterblichkeit für alle* von Jordan Mejias in der FAZ vom 06.08.2011.

beseitigen, sondern die Grenzen des Lebens überhaupt aufzuheben erlaubt. Hochgemut redet Kurzweil von der Singularität des Menschen, zu deren Erforschung und Verwirklichung er eine eigene Universität in Kalifornien gegründet hat. „The Singularity is near."[28] Der Mensch wird verstanden als der sich selbst überschreitende Mensch: „the transcendent Man". Ray Kurzweil ist keineswegs der erste, der die Utopie der Unsterblichkeit für realisierbar hält. Man mag ihn wie schon viele seiner Vorgänger wegen einer allzu unkritischen Leichtgläubigkeit kritisieren und man könnte als Theologe überhaupt das Ideal der Unsterblichkeit und der vermeintlichen Göttlichkeit in Frage stellen. Nicht zu übersehen ist jedoch, dass sich unter dem Dach der Utopie durchaus reale Veränderungen vollziehen. Es sind die sich rasant vermehrenden und beschleunigenden Hilfsmittel der Technik in Gestalt der Computertechnologie, der Nanotechnologie, die in ihrer medizinischen Anwendung in der Tat Grenzen verschieben und den Raum des Möglichen und nicht zuletzt auch die Lebenszeit erweitern.

Dabei geht es zunächst um die Herstellung und Weiterentwicklung extrakorporaler Hilfsmittel, die dem Menschen mehr Möglichkeiten vermitteln, als er in den Grenzen seines Körpers, in der Betätigung seiner Organe unmittelbar ausüben kann. Der Gebrauch von Werkzeugen, mit deren Hilfe der Mensch seine Macht über die Welt steigert, ist ihm seit jeher vertraut und zur Lebensführung notwendig. Am Beispiel des Automobils kann man sich grundsätzlich verdeutlichen, was es bedeutet, wenn der Mensch seine ihm gegebenen körpereigenen Bewegungsmöglichkeiten durch technische Hilfsmittel erweitert, die ungleich mehr als er selbst ‚von Natur aus' zu leisten vermögen. Dass schon dieser technische Fortschritt nicht nur als Freiheitsgewinn zu verbuchen ist, sondern seine spezifischen Gefährdungen und auch Freiheitsverluste mit sich bringt, wird kaum jemand bestreiten. Immerhin gehen wir hier zumeist doch davon aus, dass Menschen geistig ihren technischen Werken überlegen sind. Genau das aber steht mit der Weiterentwicklung der Computertechnik mehr und mehr in Frage.

Eliezer S. Yudkowsky, Direktor eines Instituts für Künstliche Intelligenz, schrieb bereits 2001: „Die Menschen nehmen in der Welt einen einzigartigen Platz ein" – um dann vielsagend hinzuzufügen: „Im Augenblick noch."[29] Zwar verkörpert unser Gehirn „ein derart gewaltiges Rechenpotential, daß wir uns gern für unschlagbar halten."[30] Aber wir sind zugleich in einer Entwicklung begriffen, in der die Rechenkapazität der von uns hergestellten Computer in rasantem Tempo gesteigert wird.

---

[28] Deutsche Übersetzung: RAY KURZWEIL, Menschheit 2.0. Die Singularität naht, Berlin ²2014.
[29] Operation Schutzengel, in: FRANK SCHIRRMACHER (Hg.), Die Darwin AG. Wie Nanotechnologie, Biotechnologie und Computer den neuen Menschen träumen, Köln 2001, 129. 135.
[30] Ebd., 135.

„Wir müssen damit rechnen, daß es innerhalb weniger Jahrzehnte künstliche Intelligenzen geben wird, die uns ebenbürtig sind – deren Gehirnleistung und Komplexität die unsere möglicherweise sogar so deutlich übertrifft, wie das menschliche Gehirn derzeit noch den Chips und der Software überlegen ist."[31]

Im Zuge dieser quantitativen Steigerung werden Schwellen überschritten, die bislang die spezifische Differenz des Menschen im Unterschied zu den von ihm hergestellten Produkten markiert haben. Die Computer erhalten die Fähigkeit zur Reproduktion. Sie werden in gewisser Hinsicht autonom. Ja, sie werden so etwas wie Selbstbewusstsein gewinnen. Noch einmal in den Worten von Yudkowsky: „Eine KI mit direktem Zugriff auf den eigenen Programmstatus und den eigenen Quellcode hätte ein Potential zur ultimativen Selbsterkenntnis und zu einem Selbstbewußtsein, das alles übersteigt, was Menschen je erreichen könnten."[32]

Weitere Entwicklungen zeichnen sich schon jetzt ab. Im Verhältnis von Mensch und Maschine bilden sich symbiotische Formen aus. Extrakorporale Hilfsmittel können auch in den Körper eingeführt werden. Man denke etwa an die Implantation von Chips, die Leistungen des menschlichen Organismus und nicht zuletzt auch Leistungen des Gehirns ersetzen oder verbessern. „Die direkte neuronale Verbindung von Mensch und Maschine wird Realität."[33] Zur Kommunikation von Mensch zu Mensch kommt mehr und mehr die Kommunikation zwischen Mensch und Computer hinzu.

Und nicht zuletzt: Den mit künstlicher Intelligenz ausgestatteten Maschinen werden Entscheidungskompetenz und damit auch Macht übertragen.

„Wenn die Gesellschaft und die Probleme, denen sie gegenübersteht, immer komplexer und die Maschinen immer intelligenter werden, lassen sich die Menschen von den Maschinen immer mehr Entscheidungen abnehmen, und zwar aus dem einfachen Grund, weil die von Maschinen getroffenen Entscheidungen zu besseren Resultaten führen als die eigenen. Schließlich wird ein Punkt erreicht, an dem die Entscheidungen, die zur Aufrechterhaltung des Systems notwendig sind, so komplex werden, daß die Menschen selbst nicht mehr in der Lage sind, sie in intelligenter Weise zu treffen. In diesem Stadium üben die Maschinen faktisch die Kontrolle aus. Die Menschen haben nicht mehr die Möglichkeit, die Maschinen abzustellen, denn sie sind von ihnen so abhängig geworden, daß Abschalten einem Selbstmord gleichkäme."[34]

So lange der Mensch seine technisch erweiterten Möglichkeiten zu beherrschen vermag, so lange er also, metaphorisch gesprochen, im Sattel sitzt und die Zügel

---

[31] Ebd., 129.
[32] Ebd., 134.
[33] RODNEY A. BROOKS, Das Fleisch und die Maschine, in: SCHIRRMACHER (s. Anm. 29), 122.
[34] THEODORE KACZYNSKI (der „Unabomber"), zitiert nach BILL JOY, in: SCHIRRMACHER (s. Anm. 29), 33f.

in der Hand hat, kann man im technologischen Fortschritt vor allem den Freiheitsgewinn erkennen. Die von Kurzweil proklamierte Verkoppelung von Mensch und Maschine muss dann nicht schrecken. „Angst vor der Maschine? Warum? Wer sie, wie Kurzweil, als Fortsetzung und Erweiterung unseres Körpers und Seins ansieht, wird ungeduldig auf seine Verwandlung in die Menschmaschine warten."[35] Was aber, wenn der Freiheitsgewinn in Zwang umschlägt? Was aber, wenn Ross und Reiter ihre Rollen vertauschen?

Die Diskussion spitzt sich somit auf die Frage zu, ob der skizzierte Prozess Menschenwürde und Freiheit gefährdet. Hier sei nur auf die folgenden Probleme aufmerksam gemacht.

1. Dass mit dem Zugewinn neuer technologischer Errungenschaften auch neue Abhängigkeiten hergestellt werden, sollte nicht übersehen werden. Nicht zuletzt ist das Problem der Freiheit auch in gesellschaftlicher Hinsicht zu bedenken, könnte es doch sein, dass tendenziell immer weniger Menschen die Technik beherrschen, immer mehr Menschen aber in die Rolle der Abhängigen geraten, nicht so sehr als Sklaven (deren Arbeitsfunktion übernehmen ja die Maschinen!), wohl aber als Arbeitslose, die nicht mehr gebraucht werden und die das, was sie zum Leben brauchen, von anderen zugeteilt bekommen, oder eben auch nicht.

2. Von einem Freiheitsverlust sind möglicherweise auch diejenigen betroffen, die sich auf der Seite der Beherrschenden sehen. Bekannt ist die in den Schriften des Dschuang Dsi überlieferte Geschichte von dem Gärtner, der jedesmal, wenn er Wasser zum Begießen der Pflanzen braucht, mit einem Eimer in den Brunnen hintersteigt, und daraufhin von einem Schüler des Konfuzius gefragt wird, warum er sich nicht durch den Bau eines Ziehbrunnens die Arbeit erleichtern wolle. Die Antwort des Gärtners, „der ein Weiser war", lautet: „Wenn einer Maschinen benützt, so betreibt er alle seine Geschäfte maschinenmäßig; wer seine Geschäfte maschinenmäßig betreibt, der bekommt ein Maschinenherz; wenn aber einer ein Maschinenherz in der Brust hat, dem geht die reine Einfalt verloren."[36]

3. Diese eigentümliche Dialektik hat auch eine religiöse Dimension. Der Mensch macht sich etwas, von dem er sich Göttliches erwartet: Beistand und Hilfe, Machtgewinn und Leben. Und er verkennt dabei, dass die Macht der selbstgebauten „Götter" ihn selbst entmächtigt, in den eigenen Begabungen verkümmern lässt. In Ps 115 ist diese Dialektik eindrücklich beschrieben:

> „Ihre Götzen sind Silber und Gold, von Menschenhänden gemacht. Sie haben Mäuler und reden nicht, sie haben Augen und sehen nicht, sie haben Ohren und hören nicht, sie haben Nasen und riechen nicht, sie haben Hände und greifen nicht, Füße haben sie und gehen nicht, und kein Laut kommt aus ihrer Kehle. Die solche Götzen machen, sind ihnen gleich."

---

[35] JORDAN MEJIAS (s. Anm. 27).
[36] Zitiert nach SCHWEITZER, Kultur und Ethik (s. Anm. 26), 254.

Statt sich als Ebenbild des lebendigen Gottes, der „schaffen kann, was er will", werden sie, machen sie sich zu Abbildern ihrer eigenen Produkte.

4. Sie gefährden so das, was den eigentümlichen Charakter des Menschen, seine Würde als eines leiblichen, seelischen und geistigen Wesens ausmacht. Nicht nur sein Bewegungs- und Wahrnehmungsvermögen verkümmert, auch sein geistiges Vermögen reduziert sich. Für diese Reduktion ist die Geschichte des Wortes Intelligenz ein bemerkenswertes Beispiel. Einstmals war mit *intelligentia* jenes Vermögen des Geistes gemeint, das seine Vollendung darin findet, dass es Gott zu schauen vermag. An diese Bestimmung des Menschen hat die Theologie zu erinnern. Sie erinnert damit auch an eine Erkenntnis, die sich der Anrede eines anderen verdankt. Anders als die mit künstlicher Intelligenz ausgestatteten Maschinen, die auf ihren „Quellcode" zurückgreifen können, ist der Mensch nicht so autonom, dass er sich des Ursprungs seiner Existenz bemächtigen könnte. Gerade darin, dass er sich selbst ein Geheimnis bleibt, hat er seine Würde – und recht verstanden auch seine Freiheit.

Damit kommen wir zurück auf die Grundfragen theologischer Anthropologie, die wir einführend anhand des Textes von Johann Georg Hamann aufgeworfen haben. Die Würde des Menschen, die in seiner Gottebenbildlichkeit liegt, ist ihm unverlierbar zugesprochen. Über die Lichtquelle, von der her er zum Ebenbild Gottes wird, kann er nicht verfügen. Er kann sich freilich der Wahrnehmung dieser Beziehung verschließen. Er kann sie gleichsam ausblenden und verdunkeln, indem er sich ausschließlich von seinem eigenen Werk her zu verstehen sucht. „Schöpfer" meint er dann zu sein als derjenige, der mit Hilfe technischer Werke seine Möglichkeiten ins Unermessliche zu steigern vermag. Aber ist er wirklich „Schöpfer", wenn er doch in diesem Prozess auch zum „Geschöpf" seiner eigenen Werke wird?

5. Kultur des Lebens

Bislang haben wir lediglich Errungenschaften in den Blick genommen, die man im weitesten Sinn als Maschinen bezeichnen kann: Computer, Apparate, also Hilfsmittel technischer Art. Noch einmal anders stellt sich die Frage nach den schöpferischen Fähigkeiten des Menschen, wenn es um Lebewesen geht, insbesondere wenn der Mensch sein eigenes Leben kultiviert oder herstellt. Zu denken ist hier an die Bio- bzw. Gentechnik, an die Entwicklungen in der regenerativen Medizin sowie in der sogenannten synthetischen Biologie. Der „Ackerboden", den der Mensch kultivierend bearbeitet, das ist nun der Baustoff des Lebens, nicht nur in der außermenschlichen Natur, sondern auch im Menschen selbst. Kann der Mensch vielleicht doch in schöpferischer Weise sich seines Ursprungs bemächtigen, neues Leben schaffen? Führt die Kultur auf dem Wege der Steigerung ihrer Möglichkeiten vielleicht am Ende doch auf eine neue Schöpfung? Und wird der Mensch auf diesem Weg zum Schöpfer?

Aber handelt es sich hier wirklich um einen qualitativen Sprung auf dem Weg der kulturellen Entwicklung? In methodischer Hinsicht wird man zunächst die Kontinuität betonen müssen. Die Gentechnik und die synthetische Biologie sind lediglich weitere Glieder in einer Kette der technologischen Entwicklung, die sich bis in die Anfänge der menschlichen Kulturtechnik zurückverfolgen lässt. Alle Technik lässt sich als eine Umformung eines Vorgegebenen verstehen. Vereinfachend lassen sich vier Handlungen bzw. Vollzüge unterscheiden, die für alle Kulturtechnik charakteristisch sind und die auch in den neueren Entwicklungen der Biotechnik wiederzuerkennen sind: In der Natur Vorhandenes wird 1. getrennt, aufgeschnitten, geteilt, analysiert, 2. kombiniert, anders zusammengefügt, synthetisiert, 3. lässt man es reagieren bzw. interagieren, um es 4. in der gewünschten Entwicklung zu kontrollieren.

Bewegt sich auch die Biotechnik, einschließlich der Synthetischen Biologie in diesem Grundriss aller Kulturtechnik, so legen sich drei Einsichten nahe, die geeignet sind, deren „schöpferisches" Selbstverständnis kritisch zu befragen:

Zum einen: Um zusammensetzen zu können, muss man zunächst trennen. Die Gentechnik arbeitet mit DNA-Fragmenten, also mit Teilen, die einem in der Natur vorkommenden Datensatz zunächst entnommen werden. Der ‚ganze' Satz wird in seine Bestandteile, in seine Wörter und Buchstaben zerlegt, um dann neu zusammengesetzt zu werden. Auch hier wird der Mensch nur dadurch zum Autor, dass er zunächst zu lesen lernt. Und der Unterschied zu bisherigen Techniken liegt lediglich darin, dass die Analyse auf noch kleinere Teile zurückgeht, dass die vorgefundenen Einheiten noch tiefer aufgeschnitten werden. Wir nehmen nicht fertige Zellen mit ihrem genetischen Programm, sondern wir nehmen deren „Bausteine", um sie neu zusammenzusetzen. Das Neue, das auf diesem Wege entsteht, ist insofern niemals voraussetzungslos; es besteht aus dem vorhandenen Stoff. Theologisch beurteilt: Es ist keine *creatio ex nihilo*, sondern allenfalls ein handwerklicher, ein demiurgischer Akt. Inwiefern ist hier überhaupt von Schöpfung zu sprechen?

Dazu zum anderen: Zum Synthetisieren kommt das Interagieren bzw. Reagieren *Lassen*. Dass aus der Synthese der vorhandenen Bausteine des Lebendigen wieder neues Leben entsteht, ist insofern ein Geschehen, für das der Mensch die notwendigen Bedingungen bereitstellen und das er insofern herbeiführen kann. Er kann es jedoch nur, indem er die Kräfte und Potenzen, die in den zusammengestellten Teilen angelegt sind, sich entfalten und aufeinander einwirken lässt. Das Modell dürfte hier das der In-Vitro-Fertilisation sein. Wenn es so ist, dann sollte man zurückhaltend sein, von einem Machen des Lebens zu sprechen. Diese Rede ist um so weniger sachgemäß, als ja das so entstehende Leben seine Eigenmacht behält, die es geraten sein lässt, die Lebensprozesse zu kontrollieren, sie mithin in der Bahn zu halten, innerhalb deren sie dem Menschen zugutekommen.

Von daher ist schließlich drittens zu bedenken: Alle kulturellen Errungenschaften sind Herrschaftsakte, die dem Nutzen des Menschen dienen sollen – und nach Auffassung der theologischen Tradition auch dürfen. Die Ausweitung der menschlichen Herrschaft in den Bereich der elementaren Bausteine des Lebens ist freilich beides: Machtgewinn und Zwang zur Kontrolle. Was wir an

Möglichkeiten gewinnen, fordert zugleich Maßnahmen, die das Gewonnene sichern. Kraftanstrengungen sind nicht nur erforderlich, um die künstlich geschaffenen Teilsysteme an einem unkontrollierten Interagieren mit der natürlichen Umwelt zu hindern, mithin die Mauern des Laboratoriums möglichst dicht zu halten. Kraftanstrengungen sind auch im Sinne einer Selbstverpflichtung und einer Selbstbindung des Menschen nötig. In dieser Hinsicht könnte man von einer Dialektik von Macht und Ohnmacht in der Ausübung menschlicher Herrschaft über die Natur sprechen. Hans Jonas hat diese Dialektik klassisch herausgearbeitet[37] und zugleich die Richtung gewiesen, in der wir die Antwort auf die Probleme des kulturellen Fortschritts zu suchen haben:

Es ist die Herausforderung zu einem verantwortlichen Umgang mit dem Leben. Das Leben ist dann nicht nur Objekt der Bearbeitung, sondern ein Gegenüber, das sein eigenes Geheimnis und seine eigene Würde in sich schließt. Es als solches wahrzunehmen und zu wahren, ist der eigentliche Sinn der dem Menschen aufgetragenen Kultur.[38]

---

[37] Vgl. HANS JONAS, Prinzip Verantwortung. Versuch einer Ethik für die technologische Zivilisation, Frankfurt a.M. 1979, 253f.

[38] HANS JONAS nennt das „die Hütung des Erbes in seinem ‚ebenbildlichen' Ansinnen", ebd., 393.

Teil V
Glaube – Liebe – Hoffnung

19. Kapitel: „Glaube ist nicht jedermanns Ding"

Über Möglichkeit und Unmöglichkeit des Glaubens

1. Gläubige und Ungläubige im Widerstreit

Die Überschrift nimmt eine sprichwörtlich gewordene Wendung aus der Bibelübersetzung Martin Luthers auf. Im griechischen Urtext lautet der zitierte Satz aus dem 2. Thessalonicherbrief (3,2) wörtlich: „nicht aller [ist] der Glaube". Liest man diesen Satz im Kontext des Briefes, ist mit ihm zunächst die Erfahrung zum Ausdruck gebracht: Es gibt Menschen, die nicht glauben. Der Verfasser des Briefes bezeichnet sie als „verkehrt und böse", als Menschen, die nicht an der richtigen Stelle sind[1] und sich falsch verhalten. Böse sind sie insbesondere in der Weise, dass sie der Gemeinde derer, die an Jesus Christus glauben, als Widersacher begegnen, offenbar so bedrohlich und feindlich, dass die Glaubenden darum beten, von diesen Ungläubigen erlöst zu werden. In Luthers Übersetzung erscheinen sie als „die unartigen und argen Menschen", eine Charakterisierung, die Luther in einer Randbemerkung noch weitergehend erläutert: die „unartigen", „das sind die wilden, störrischen, wunderlichen ketzerischen Köpfe". Nicht zu glauben wäre demnach eine Abweichung von der Norm, die Verkehrung eines Guten zum Bösen.

Aber lässt sich der Gegensatz von Gut und Böse so einfach auf den Gegensatz von Glaube und Unglaube beziehen? Sind Gläubige gut, Ungläubige böse? Wenn wir diese Frage verneinen, so aufgrund der Erfahrung, dass religiöse Gemeinschaften, die ein dualistisches Welt- und Menschenbild haben, demzufolge sie selbst die Guten, die anderen aber die Bösen sind, besonders anfällig sind, unter dem Deckmantel des vermeintlich guten und einzig wahren Glaubens Böses zu tun. Der Satz, von dem wir hier ausgehen, wird dann zur offenen Frage: Wer ‚hat' den Glauben? Und können wir überhaupt über den Glauben verfügen, ihn uns selbst zurechnen und den anderen absprechen? Sind nicht alle Menschen in der Situation des „jedermanns", von dem es heißt, der Glaube sei nicht sein „Ding"?

---

[1] So die wörtliche Bedeutung des hier stehenden griechischen Adjektivs *atopos*.

2. GLAUBE IM EINVERSTÄNDNIS MIT DER GUTEN SCHÖPFUNG

Man würde die Problematik im Verhältnis von Glaube und Unglaube von vornherein unterschätzen und verfehlen, wenn man sie in Kategorien der Moral und der Ethik zu erfassen suchte, als ginge es im Unglauben um ein Fehlverhalten, das man durch geeignete Appelle und Anstrengungen korrigieren könnte. Dass es hier um mehr als Moral geht, behauptet die Theologie, wenn sie den Unglauben als Sünde und die Sünde als Unglauben versteht. Mit diesem Wort, das in unserem Sprachgebrauch einerseits abgenutzt erscheint, andererseits fremd und unverständlich geworden ist, ist gewiss auch gemeint, dass der Mensch nicht an der Stelle ist, an der er sein sollte. Er hat den ihm bestimmten Ort verloren, und zwar so radikal, dass er ihn von sich erst gar nicht wieder einnehmen kann. Er lebt nicht mehr in jener Sphäre, die in der urgeschichtlichen Erzählung vom Schöpfungsgarten (Gen 2) erinnert wird. Dort, an diesem Ort und zu dieser Zeit, ist das menschliche Leben in Ordnung, stimmen die Verhältnisse zwischen Schöpfer und Geschöpf sowie zwischen Geschöpfen, und der Mensch hat allen Grund, sich des Lebens in dieser Schöpfung zu freuen und einzustimmen in das Lob des Schöpfers, der von seinem Werk sagt: „Und siehe, es war sehr gut" (Gen 1,31).

Diese Ur-Szene lässt sich weiter ausmalen und damit auch der gegenwärtigen Lebenswelt kontrastieren, etwa so, wie Johann Georg Hamann es einmal beschrieben hat:

> „Alles schmeckte und sah, aus erster Hand und auf frischer That, die Freundlichkeit des Werkmeisters, der auf seinem Erdboden spielte und seine Lust hatte an den Menschenkindern – Noch war keine Creatur, wider ihren Willen, der Eitelkeit und Knechtschaft des vergänglichen Systems unterworfen, worunter sie gegenwärtig gähnt, seufzet und verstummt [...] Jede Erscheinung der Natur war ein Wort, - das Zeichen, Sinnbild und Unterpfand einer neuen, geheimen, unaussprechlichen, aber desto innigern Vereinigung, Mittheilung und Gemeinschaft göttlicher Energien und Ideen. Alles, was der Mensch am Anfange hörte, mit Augen sah, beschaute und seine Hände betasteten, war ein lebendiges Wort; denn Gott war das Wort."[2]

Das „Paradies" erscheint in dieser Beschreibung als ein Raum ungebrochener Kommunikation zwischen Gott und Mensch inmitten aller Kreaturen. Die Beziehung zu Gott, dem Schöpfer, wird hier nicht aus den lebensweltlichen Beziehungen zur Mitkreatur herausgehoben, sondern in ihnen wahrgenommen, und das mit allen Sinnen. Mit Bedacht hat Hamann in seine Nacherzählung der Schöpfungsgeschichte das Psalmwort hineingewoben: „Schmecket und sehet, wie freundlich der Herr ist. Wohl dem, der auf ihn traut!" (Ps 34,9). Wer glaubt, vertraut sich der Güte Gottes an und kann sich auf sie verlassen. Solches Vertrauen ist ein Akt der Wahrnehmung, mit allen Sinnen und so, dass es dem

---

[2] JOHANN GEORG HAMANN, Sämtliche Werke, hg. v. JOSEF NADLER, Bd. 3, Wien 1951, 32,13–26 (Ritter von Rosencreuz).

Menschen zu Herzen geht. Und nicht zuletzt: Wer so glauben kann, dem ergeht es „wohl", der ist glücklich, selig.

Zweifellos handelt es sich in dieser Beschreibung um eine Utopie. In poetischer Sprache wird eine Wirklichkeit vorgestellt, die so nicht ohne weiteres gegeben ist. Verwiesen wird auf einen Ort, an dem die Menschen nicht sind, wenn sie denn – nach dem Fall – in einer Welt leben, die gezeichnet ist von der „Eitelkeit und Knechtschaft des vergänglichen Systems" (Röm 8,20f). In dieser Welt, „jenseits von Eden", ist der Glaube alles andere als selbstverständlich.

3. „IM KAMPF UM DIE MÖGLICHKEIT DES GLAUBENS"

Kommen wir zurück auf den Satz aus dem 2. Thessalonicherbrief: „Der Glaube ist nicht jedermanns Ding", so geht es also nicht nur um die Feststellung, dass manche Menschen faktisch nicht glauben, sondern um die tiefer greifende Frage, ob Menschen überhaupt glauben können. In einer paradiesischen Welt mag es Menschen leichtfallen, ja selbstverständlich sein, ja zu sagen zu Gott, dem Schöpfer, und zu seinem Werk und sich das Wohlgefallen Gottes gefallen zu lassen. Das wäre geradezu ein natürlicher Glaube. Aber in dieser Welt, in der die Kreaturen „seufzen und sich ängsten", können Menschen nicht glauben, und zwar nicht nur diejenigen, die in den Augen der einen als die bösen angesehen werden, sondern auch diejenigen, die glauben wollen, aber es beim besten Willen doch nicht können.

Besonders eindrucksvoll findet sich dieses Problem der Möglichkeit und Unmöglichkeit des Glaubens in Dostojewskis Roman *Die Brüder Karamasow* reflektiert. Hier ist es Iwan Karamasow, der sich dem Glauben an eine letzte Harmonie der Weltgeschichte verweigert. Die Frage nach Gott wird radikal gestellt als Frage nach einer Macht, die gut machen könnte, was in der Menschheitsgeschichte an Bösem geschieht. Wenn Kinder zu Tode gequält werden und ihre Peiniger ihre Lust am Leiden haben, dann ist diese Welt so verkehrt, dass auch eine letzte Harmonie nicht versöhnen kann. Iwan protestiert:

> „Gibt es auf der ganzen Welt ein Wesen, das vergeben könnte und das Recht dazu hätte? Ich will keine Harmonie, aus Liebe zur Menschheit will ich keine Harmonie. Lieber bleibe ich bei meinem ungerächten Leid und meinem ungestillten Zorn, mag ich auch im Unrecht sein. Noch dazu ist diese Harmonie viel zu teuer, der Eintrittspreis übersteigt unsere Verhältnisse. Darum beeile ich mich, mein Billett zu retournieren. Und als anständiger Mensch bin ich verpflichtet, dies so früh als möglich zu tun. Und das tue ich auch. Nicht, daß ich Gott nicht hinnähme, Aljoscha; ich retourniere nur ehrerbietigst das Billett."[3]

---

[3] FJODOR DOSTOJEWSKIJ, Die Brüder Karamasow. Aus dem Russischen von Swetlana Geier, Zürich 2003, 395f.

Das Gespräch zwischen den Brüdern Iwan und Aljoscha, das Dostojewski in seinem Roman inszeniert, lässt sich als ein einziger Kampf um die Möglichkeit des Glaubens verstehen.[4] Wohlgemerkt: Es handelt sich um eine Auseinandersetzung zwischen Brüdern, die durch ein gemeinsames Erbe und gleichartige Lebenskontexte miteinander verbunden sind. In ihrem Gegensatz bricht eine Spannung auf, die in jedem der beiden angelegt ist. Keiner von beiden ist von vornherein begabt oder unbegabt zum Glauben. Dass der eine von ihnen zum Glauben kommt, während der andere in der „Revolte" verharrt, liegt an durchaus kontingenten Ereignissen und Begegnungen.

Es ist hier nicht der Ort, um den Weg, der Aljoscha zum Glauben führt und ihn damit zum Antipoden seines Bruders werden lässt, im Einzelnen nachzuzeichnen. Nur so viel: Der Weg führt ihn zu einer tiefen Bejahung des Lebens in jener so widersprüchlichen Menschheitsgeschichte. Ohne die Widersprüche und Abgründe zu verleugnen oder zu verharmlosen, gewinnt er einen Zugang zur Welt als guter Schöpfung Gottes – trotz allem und in allem, was ihrer Güte widerspricht. Insofern kann er die von Iwan zurückgegebene „Eintrittskarte" für sich annehmen und seine Rolle in diesem Drama der Geschichte übernehmen.

Noch einmal: „Der Glaube ist nicht jedermanns Ding." Woran liegt es, ob Menschen glauben? Die Theologie, so wie sie von Augustin geprägt und in der Scholastik entfaltet worden ist, hat auf diese Frage mit einer Unterscheidung geantwortet. In den Worten von Augustin: „Den Glauben haben können wie auch die Liebe haben können, gehört zur Natur der Menschen, aber den Glauben haben wie auch die Liebe haben, gehört zur Begnadung der Gläubigen."[5] Ist der Mensch von Natur aus auf den Glauben hin angelegt, so ist damit eben noch nicht gesagt, dass er diese Anlage von sich aus verwirklichen könnte. Die reformatorische Theologie hat in dieser Hinsicht vor allem die Unfreiheit betont. Ausdrücklich bestreitet Melanchthon die Annahme, der Glaube sei der Natur des Menschen inhärent: „nego, fidem esse in natura"[6].

Diese entschiedene Negation hat ihre Berechtigung gegenüber allen unkritischen Verallgemeinerungen des Glaubens, die dazu führen, dass man allen Menschen unterstellt, sie wären doch im Grunde religiös oder sie müssten es doch sein, wenn sie sich nur recht verstehen würden. Hier meint man, das Gottesbewusstsein sei immer schon im Selbstbewusstsein impliziert und aus ihm auf dem Weg der Selbstreflexion zu entwickeln. Dagegen steht die Einsicht, die von den Reformatoren gegen die Scholastik vorgebracht worden ist und die

---

[4] Aufgenommen ist damit eine Formulierung, die Hans Jonas in den Titel seiner Gedenkrede an Rudolf Bultmann gesetzt hat: HANS JONAS, Im Kampf um die Möglichkeit des Glaubens, in: Gedenken an Rudolf Bultmann, hg. v. OTTO KAISER, Tübingen 1977, 41–70.

[5] AUGUSTINUS, De praedestinatione Sanctorum 5,10; zitiert nach JOSEF PIEPER, Über den Glauben. Ein philosophischer Traktat, München 1962, 121.

[6] PHILIPP MELANCHTHON, Loci communes 1521. Lateinisch – Deutsch, übers. von HORST GEORG PÖHLMANN, Gütersloh 1997, 212 (6,13).

heute auch gegen manche Stimmen neuprotestantischer Theologie vorzubringen ist, nämlich die Einsicht, dass der Mensch als Sünder sich immer schon im Missverhältnis zu Gott und zu sich selbst befindet und dass er in einer ‚gefallenen Schöpfung' lebt, in der die Bejahung Gottes gerade nicht selbstverständlich ist.

4. Glaube als Sehnsucht

Jenseits von Eden bleibt allenfalls so etwas wie eine Sehnsucht, ein Heimweh nach dem verlorenen Paradies. Man mag in solcher Sehnsucht eine Anfangsgestalt des Glaubens erkennen, freilich einen Glauben, der mit dem Unglauben und mit dem Nicht-Glauben-Können verknüpft ist, der somit einen Widerspruch in sich trägt. Sehnsucht in diesem Sinn ist durchaus etwas Anderes als das Gefühl „schlechthinniger Abhängigkeit", in dem Schleiermacher die Anlage zur Religion in jedem Menschen meinte erkennen zu können. Es ist als Gefühl der Sehnsucht ausgerichtet auf das Verlorene und noch Ausstehende, also auf, das, was nicht immer schon im Weltgeschehen oder im Haushalt des seelischen Lebens impliziert ist. Solcher Glaube, wenn wir ihn denn so bezeichnen können, verdankt sich eher dem Gefühl der Fremdheit in der Welt; und er streckt sich aus auf das Unsichtbare oder Noch-nicht-Sichtbare. Folgt man seinem inneren Richtungssinn, so führt solcher Glaube aus der Selbstreflexion heraus. Ihm geht es um mehr als Selbstdurchsichtigkeit.[7] Er will eine Welt, er will ein Ganzes, er will Gott und mit ihm eine Wirklichkeit, in der er das eigene Leben aufgenommen finden und loslassen kann.

Eindrucksvolle Zeugnisse eines solchen Glaubens und Glauben-Wollens findet man gerade bei den Denkern, die mit der Gottesfrage gerungen haben, ohne mit ihr fertig werden zu können. Beispielhaft sei hier auf den Schriftsteller Arnold Stadler hingewiesen, der unter dem Titel *Salvatore* autobiographisch gefärbte Betrachtungen über den Jesus-Film von Pier Paolo Pasolini (*Das Evangelium nach Matthäus*) vorgelegt hat, von ihm selbst als „ein Buch der Sehnsucht" bezeichnet: „Für die mit der Sehnsucht nach dem ganz Anderen"[8]. Bezeichnend für die Situation des Suchenden und Hoffenden sind Sätze wie:

> „Immer noch wartete er, wenn er auch schon lange nicht mehr genau wusste, worauf. Manchmal wartete er auf alles. Manchmal auf nichts. [...] Doch kein Spaß der

---

[7] Dass Glaube wesentlich als das Geschehen des Sich-selbst-durchsichtig-Werdens zu bestimmen sei, ist die These, die in der gegenwärtigen evangelischen Theologie besonders engagiert von Christian Danz vertreten wird; vgl. Danz, Einführung in die evangelische Dogmatik, Darmstadt 2010, insbes. 22–24. 30–35.156. Gegenständliche Gehalte des Glaubens – die Wirklichkeit Gottes und die Wirklichkeit der von ihm geschaffenen und von seiner Gegenwart zeugenden Welt – kommen dann nur insoweit in Betracht, als sie der Selbstverständigung dienen und somit in die Selbstreflexion einzuholen sind.
[8] Arnold Stadler, Salvatore, Frankfurt a.M. 2008, 5.

Welt konnte seine Sehnsucht ersetzen, das Verlangen, ein anderer zu sein, an einem anderen Ort, zu einer anderen Zeit. Und dann gab es noch das Verlangen nach dem ganz Anderen, als wäre dies der neue Name für Gott."[9]

Vermittelt durch die poetische Vergegenwärtigung der Geschichte Jesu im Film Pasolinis kommt es zur Einsicht:

„Gewiss: auch der sogenannte Sünder muss das Seine dazutun, er muss seine Verstrickung erkennen und wollen, dass es anders wird, sagen wir: Er muss seine Geschichte aufarbeiten (abarbeiten). Aber ihm wird von diesem Jesus klargemacht, dass die Hilfe von außen kommt, dass es der (einst so genannten) Gnade bedarf, dass sich dieser Mensch nicht selbst herausziehen kann aus all diesem Dreck. Der Mensch kann und muss nicht viel mehr als Ja! Sagen. Das Göttliche zeigt sich im Menschlichen."[10]

Glaube wäre dann am Ende nichts anderes als ein Ja-sagen-Können. Die Sehnsucht danach kann Menschen auch dann noch bewegen, wenn sie mit dem christlichen Glauben, so wie er ihnen durch die Kirche vermittelt wird, nichts ‚anfangen' können. So heißt es bei Friedrich Nietzsche von dem „freie[n] Geist", er wolle am Ende nichts anderes, als „ein Ja-sagender" sein[11]; frei wolle er sich fühlen „im liebevollsten Muss"[12]. In der Theologie des 20. Jahrhunderts war es vor allem Dietrich Bonhoeffer, der als Theologe – nicht zuletzt auch von Nietzsche herausgefordert – die Bedeutung der Sehnsucht für einen lebendigen Glauben herausgestellt hat.[13]

Mit dem Stichwort „Sehnsucht" ist eine Tradition angesprochen, die wir in besonderer Weise mit der Romantik verbinden, die aber doch mit dem Anspruch vertreten werden kann, dem biblischen Zeugnis zu entsprechen. Friedrich Schlegel sieht in der Sehnsucht den Grund, aus dem die drei Gnadengaben Glaube, Hoffnung und Liebe (1Kor 13,13) hervorgehen:

„Als die Wurzel alles des Edelsten und Besten in uns, kann die Sehnsucht nicht hoch genug gestellt werden, und nirgends wird sie so unnachahmlich beschrieben und so hoch gestellt als in der heil. Schrift; so sehr, daß selbst ein Prophet [...] dort nur geradezu der Mann der Sehnsucht genannt wird. Gleichwohl aber ist die Sehn-

---

[9] Ebd., 34.43.
[10] Ebd., 194f.
[11] FRIEDRICH NIETZSCHE, Sämtliche Werke. Kritische Studienausgabe in 15 Bdn., hg. von GIORGIO COLLI/MAZZINO MONTINARI, München und Berlin/New York 1980, Bd. 3,276 (Die fröhliche Wissenschaft, Nr. 276).
[12] Ebd., 521 (Motto zum 4. Buch der „Fröhlichen Wissenschaft").
[13] BONHOEFFERS Aufzeichnungen aus der Haftzeit (Widerstand und Ergebung, hg. v. CHRISTIAN GREMMELS u.a. [Dietrich Bonhoeffer Werke, Bd. 8], Gütersloh 1998) verdichten sich geradezu auf das Motiv der Sehnsucht hin; vgl. insbes. seine Briefe an Eberhard Bethge vom 18.12.1943 (241–245), 11.4.1944 (389–392), 30.6.1944 (501–505). Nicht zuletzt zeugt sein bekanntestes Gedicht „Von guten Mächten" (607f) von dem Gefühl der Sehnsucht.

sucht nur die Quelle, die Wurzel des Ursprungs, aus welcher jene dreifache Gnadenblume, in dem schönen Symbol von Glaube, Hoffnung und Liebe hervorgeht [...]."[14]

Dabei gesteht Schlegel der Hoffnung eine gewisse Priorität zu: Sie, die der Sehnsucht als eine Tugend des Willens besonders nahesteht,

> „ist die nährende Lebensflamme des Glaubens und der Liebe und alles höheren Daseins. Es ist die heilige Hoffnung die innere Fruchtbarkeit und Befruchtung der unsterblichen Seele durch den göttlichen Geist der ewigen Wahrheit und der lichte Mittelpunkt und Brennpunkt der Gnade, in welchem die finster und zwiespältig gewordene Seele wieder hell und mit sich selbst und mit Gott einig wird."[15]

Die Sehnsucht und die aus ihr entspringende Hoffnung ‚nähren' den Glauben, sie vertiefen ihn insofern, als sie den Glauben als Akt des Verstandes mit einem Akt des Willens verbinden. Glaube ist dann mehr als ein oberflächliches Zur-Kenntnis-Nehmen, zu glauben heißt vielmehr auch: zu wollen, dass es so sei. In Bezug auf die Suche nach Gott ist damit gesagt: der Glaube erschöpft sich nicht in der Kenntnis, dass Gott ist; er will auch – und das aus tiefstem Herzen und mit allen Kräften der Seele – dass Gott mein Gott und ich sein Kind sei. In diesem Sinn heißt glauben: „cum assensione cogitare"[16], mit innerster Zustimmung denken, Ja sagen zu Gott und seinem Werk an mir und seiner Schöpfung.

Dieser Glaube entspringt freilich nicht naturwüchsig aus dem Keim der Sehnsucht. Die „nährende Lebensflamme" ist ihrerseits auf die Zufuhr von ‚Nährstoffen' angewiesen, ohne die sie verlischt.

5. GLAUBE ALS ANTWORT

Johann Georg Hamann hat den biblischen Satz, der unser Nachdenken leitet, folgendermaßen ausgelegt: „Glaube ist nicht jedermanns Ding, und auch nicht communicable wie eine Ware, sondern das Himmelreich und die Hölle in uns."[17] Das heißt: Auch der Glaube, auch die Religion sind nicht der Zweideutigkeit und Zwiespältigkeit der menschlichen Existenz zwischen Himmelreich und Hölle enthoben. Wenn der Glaube den Himmel eröffnet, dann nur, sofern er – in den Worten von Luther – das „göttlich Werk in uns [ist]. Das uns wandelt

---

[14] FRIEDRICH SCHLEGEL, Philosophie des Lebens in fünfzehn Vorlesungen gehalten zu Wien im Jahre 1827, in: Kritische Friedrich-Schlegel-Ausgabe, hg. v. ERNST BEHLER, Bd. 10, München/Paderborn/Wien 1969, 102.
[15] Ebd., 104.
[16] So die auf AUGUSTIN zurückgehende Formel, vgl. dazu PIEPER (s. Anm. 5), 61.
[17] HAMANN, Briefwechsel, hg. v. WALTHER ZIESEMER/ARTHUR HENKEL, Bd. 7, 176,6–8 (an Jacobi am 30.4.1787); vgl. dazu OSWALD BAYER, Kommunikabilität des Glaubens, in: DERS., Autorität und Kritik. Zu Hermeneutik und Wissenschaftstheorie, Tübingen 1991, 108–116.

und neu gebiert aus Gott, Joh 1, und tötet den alten Adam, machet aus uns ganz andere Menschen von Herzen, Mut, Sinn und allen Kräften und bringet den Heiligen Geist mit sich."[18] Der Glaube, der ins rechte Gottesverhältnis setzt, ist also nicht der menschlichen Natur immer schon zu eigen. Als der heilsame, Gemeinschaft mit Gott gewährende Glaube ist er vielmehr strikt als eine Gabe des Wortes, wie es sich in einer besonderen Kommunikation vermittelt, auszulegen, als eine Kraft, die den Menschen als ganzen wandelt und erneuert und als diese Kraft der Neuschöpfung nicht aus ihm selbst hervorgeht.

In Hamanns Einsicht, dass der Glaube „Himmelreich und Hölle in uns" ist, kann man Luthers Auslegung des ersten Gebots aus dem *Großen Katechismus* aufgenommen finden. Der Glaube, allgemein anthropologisch verstanden als „das Vertrauen und Glauben des Herzens", „macht beide, Gott und Abgott"[19]. Ob er rechter Glaube ist und ob er als solcher den rechten Gott „trifft"[20], steht also keineswegs von vornherein fest. Es klärt und entscheidet sich erst im Licht des Wortes, in dem der Glaube Gottes Selbstmitteilung erfährt. Es bedarf mithin der besonderen Kommunikation, in der der Glaube durch das Wort hervorgerufen und geschaffen wird. Ohne dieses Wort greift die Einbildungskraft des Herzens geradezu zwangsläufig daneben, vergreift sie sich an dem wahren Gott, indem sie alle möglichen Götter und Abgötter an seine Stelle setzt. Durch dieses Wort, wie es in der Heiligen Schrift zu vernehmen und durch Predigt sowie auch durch Kunst und Literatur wirksam werden kann, schafft Gott den Glauben.[21] Philosophisch gesagt: Das Wort ist die Bedingung der Möglichkeit des Glaubens. Schlichter formuliert: Der Glaube ist Antwort, das menschliche Ja, das der Anrede Gottes korrespondiert.

---

[18] Luthers Vorreden zur Bibel, hg. v. HEINRICH BORNKAMM, Frankfurt a.M. 1982, 182.
[19] BSELK 930,16f (Auslegung des 1. Gebots im Großen Katechismus; leicht modernisiert).
[20] Ebd., 932,5.
[21] Vgl. dazu den 5. Artikel des *Augsburger Bekenntnisses* von 1530, in: BSELK 100,2–6 (leicht modernisiert): „Solchen Glauben zu erlangen, hat Gott das Predigtamt eingesetzt, Evangelium und Sakramente gegeben, dadurch als durch Mittel der Heilige Geist wirkt und die Herzen tröstet und Glauben gibt, wo und wann er will, in denen, so das Evangelium hören, welches lehrt, dass wir durch Christi Verdienst einen gnädigen Gott haben, so wir solches glauben."

20. Kapitel: Sinn finden im Glauben und in der Liebe

„Quellen des Sinns – Wie kommt der Sinn in die Welt?" Mit dieser Formulierung[1] ist eine Spannung angezeigt, die zu denken gibt: Hält man sich zunächst nur an die Überschrift, die vor dem Gedankenstrich steht: „Quellen des Sinns", so erscheint der Sinn als etwas Vorgegebenes. So wie aus Quellen Wasser hervorsprudelt und sich dann in Bäche, Flüsse, Seen und schließlich in das Meer ergießt, so könnte es sich auch mit dem elementaren Lebensmittel „Sinn" verhalten. Er ist in der Welt vorhanden. Er kommt uns zu. Und wir müssen uns nur darauf verstehen, die Quellen zu entdecken, um dann aus ihnen zu schöpfen oder gar in ihnen zu „baden". Eines jedenfalls ist klar: Wir können den Sinn nicht machen, und wir brauchen es gar nicht erst zu versuchen, weil er schon da ist, weil die Welt schon bestens auf unsere leiblichen, aber auch nicht weniger auf unsere seelischen Bedürfnisse eingerichtet ist. Mit den Worten des 23. Psalms mag man dann sagen: „Der Herr ist mein Hirte, mir wird nichts mangeln. Er weidet mich auf einer grünen Aue und führet mich zum frischen Wasser", eben auch zu den Quellen des Sinns, die er geschaffen hat.

Aber genau dieses Sinnvertrauen und Gottvertrauen wird bezweifelt, wenn nach dem Gedankenstrich, im zweiten Teil der Titelformulierung gefragt wird: „Wie kommt der Sinn in die Welt?" Danach kann gerade nicht vorausgesetzt werden, dass der Sinn schon da ist und dass er sich von selbst erschließt. Und je weniger von der Vorgabe des Sinns und seiner Selbsterschließungsmacht auszugehen ist, desto unabweisbarer tritt nun die Aufgabe an uns heran, Sinn zu *machen* und so überhaupt erst in die Welt zu bringen. Aber wie kann das, was nun notwendig wird, gelingen? Wer, welche Macht ist des Sinnes mächtig? Wer schafft Sinn?

1. Gott als Quelle des Lebens

Zunächst aber bleiben wir bei dem Haupttitel. Mit dem Bild der Quelle verbinden sich die Vorstellungen der Fülle, des Lebens, der Reinheit und Klarheit.

---

[1] So der Titel einer Tagung, die vom 9. bis zum 11. November 2007 an der Evangelischen Akademie im Rheinland, Bonn-Bad Godesberg, stattgefunden hat und zu der die folgenden Ausführungen beigetragen haben.

Eine Quelle teilt sich von selbst mit. Sie bricht sich Bahn, geradezu unaufhaltsam. Die Bewegung verläuft in einer unumkehrbaren Richtung; und in der Regel kommt das in ihr entspringende Wasser auf uns zu. Es mag sein, dass es von weither kommt, aber es fließt auch über weite Strecken in einer ihm eigenen Dynamik.

Das Bild von der Quelle ist in der christlichen Tradition eines der zentralen Metaphern und Symbole; es ist deutlicher als manches, was wir in der Sprache der Begriffe zum Ausdruck zu bringen versuchen. In Luthers Thesen *Über den Menschen* steht das Bild von der Quelle an der Stelle, an der sonst in philosophischer Begrifflichkeit Gott als *prima causa* bezeichnet wird.[2] Und wenn Luther von Gott als dem „ewigen Quellbrunn"[3] redet, geht es ihm vor allem darum, die geradezu überfließende, sich selbst mitteilende Güte Gottes vor Augen zu stellen. Gott ist wesentlich der gute Gott; und er ist so gut, dass er das Gute nicht für sich behält, sondern seinen Kreaturen zukommen lässt; er ist so gut, dass er seine Kreaturen als Mittler seiner Güte gebraucht. Sie sind

> „Hand, Röhre und Mittel, dadurch Gott alles gibt, wie er der Mutter Brüste und Milch gibt, dem Kinde zu reichen, Korn und allerlei Gewächs aus der Erden zur Nahrung, von welchen Gütern keine Kreatur eines selbst machen kann."[4]

Eben diese Gottesvorstellung und die mit ihr verbundene „Zuversicht des Herzens"[5] haben die evangelische Frömmigkeit nachhaltig geprägt. Insbesondere Paul Gerhardt hat mit seinen Liedern dazu beigetragen, dass der Glaube wirklich zur Sache des Herzens geworden ist. Beispielhaft sei hier nur auf sein Loblied *Ich singe dir mit Herz und Mund*[6] hingewiesen:

> „Ich singe dir mit Herz und Mund, Herr, meines Herzens Lust; ich sing und mach auf Erden kund, was mir von dir bewußt. Ich weiß, daß du der Brunn der Gnad und ewge Quelle bist, daraus uns allen früh und spat viel Heil und Gutes fließt."

Das sind nur die beiden ersten Strophen eines Liedes, das noch 16 weitere bereithält. Wer sie singt und meditiert, wird durch die Natur und durch die Zeiten hindurchgeführt. Alles, „das schöne Himmelszelt" ebenso wie die Erntegaben auf Erden, der „edle Frieden in unserm Vaterland" ebenso wie der Trost in den Zeiten der Not und des „Kummers", alles, die Höhen, aber auch die Tiefen des Lebens können hier in das Lob der Güte Gottes hineingenommen werden:

---

[2] These 17, übersetzt nach LDStA 1, 667: „[...] es besteht keine Hoffnung, dass der Mensch [...] erkennen könnte, was er sei, solange er sich nicht in der Quelle selbst, die Gott ist, erblickt hat."
[3] BSELK 938,15f (Auslegung des 1. Gebots im Großen Katechismus; hier und im Folgenden in Orthographie und Grammatik leicht modernisiert).
[4] Ebd., 938,23–26.
[5] Ebd., 932,5.
[6] Evangelisches Gesangbuch (EG) Nr. 324.

„Wohlauf, mein Herze, sing und spring und habe guten Mut! Dein Gott, der Ursprung aller Ding, ist selbst und bleibt dein Gut. Er ist dein Schatz, dein Erb und Teil, dein Glanz und Freudenlicht, dein Schirm und Schild, dein Hilf und Heil, schafft Rat und läßt dich nicht. Was kränkst du dich in deinem Sinn und grämst dich Tag und Nacht? Nimm deine Sorg und wirf sie hin auf den, der dich gemacht. [...] Er hat noch niemals was versehn in seinem Regiment, nein, was er tut und läßt geschehn, das nimmt ein gutes End. Ei nun, so laß ihn ferner tun und red ihm nicht darein, so wirst du hier im Frieden ruhn und ewig fröhlich sein."

Das Wort „Sinn" kommt in diesem Lied nur einmal vor, und dort („Was kränkst du dich in deinem Sinn [...]?") in einer Bedeutung, die wir wohl weniger, wenn überhaupt mitdenken, wenn wir ausdrücklich die Frage nach Sinn stellen. Gleichwohl könnte man sagen: Das Lied von Paul Gerhardt beantwortet die Sinnfrage. Die Antwort, wie sie hier gegeben wird, ist die Antwort der Gottesgewissheit und die Antwort der Freude. Wer sich so Gottes gewiss und seines Daseins froh sein kann, der fragt nicht mehr nach dem Sinn. Im Glauben an Gott, den „Brunnquell alles Guten" ist die Frage beantwortet. Oder sollte man vielleicht sogar sagen: Für einen Menschen, der sich so auf Gott verlässt und ihm eben nicht „darein" redet, für den stellt sich die Sinnfrage gar nicht erst?

2. Der Mensch auf der Suche nach Sinn

Aber nicht jeder findet den Weg zu einer solchen Gottesgewissheit. „Wie kommt der Sinn in die Welt?" bleibt für viele eine offene Frage. Und sie verquickt sich als offene Frage mit der Frage nach Gott. Damit befinden wir uns in der Situation, die Goethe im *Faust*[7] klassisch zum Ausdruck gebracht hat. „Man sehnt sich nach des Lebens Bächen,/ Ach! nach des Lebens Quelle hin." (1200f) Während die einen sich der Quelle des Lebens freuen und sie als ganz nahe erfahren, spüren die anderen die unüberwindliche Entfernung, eine Entfernung, die schmerzliche Sehnsucht, aber keine Befriedigung aufkommen lässt. Faust fährt fort: „Aber ach! schon fühl' ich, bei dem besten Willen,/ Befriedigung nicht mehr aus dem Busen quillen./ Aber warum muß der Strom so bald versiegen,/ Und wir wieder im Durste liegen? Davon hab' ich so viel Erfahrung." (1210–1214)

Bevor wir auf Fausts Versuch, diese Erfahrung des Mangels durch die Erkenntnis der Offenbarung zu überwinden, eingehen, verdeutlichen wir uns zunächst die Erfahrungen, die vorausgehen und Sehnsucht hervorrufen: Faust hat am Osterspaziergang teilgenommen. Er spürt das Frühlingserwachen, er sieht die Menschen, die aufgestanden sind, um die „Auferstehung des Herrn" (921) zu feiern; aber eben dort, wo das neue Leben gefeiert wird, empfindet er um so

---

[7] Johann Wolfgang Goethe, Faust, hg. v. Albrecht Schöne, in: Sämtliche Werke in 40 Bdn., Abt. I, Bd. 7/1, Frankfurt a.M. 1994; Zitate daraus werden im Folgenden lediglich mit Zeilenangaben nachgewiesen.

schmerzlicher den Mangel. „Im Tale grünet Hoffnungs-Glück" (905), aber in seiner Seele will die Hoffnung nicht aufkommen.

Und was die Natur ihm schuldig bleibt, kann auch die Wissenschaft nicht ersetzen. Auch sie vermag nicht das zu leisten, wonach er sich sehnt. „O glücklich! wer noch hoffen kann/ Aus diesem Meer des Irrtums aufzutauchen./ Was man nicht weiß das eben brauchte man,/ Und was man weiß kann man nicht brauchen." (1064–1067) Die ihm von Wagner empfohlenen „Geistesfreuden,/ Von Buch zu Buch, von Blatt zu Blatt!" (1104f), können allenfalls *eine* Seele in seiner Brust befriedigen, aber eben nicht auch die andere, nicht das ganze Herz. Faust geht es um eine mehr als intellektuelle Erkenntnis; es geht ihm um eine Erkenntnis, die mit Herz und Vernunft zu gewinnen ist und die so dem ganzen Menschen Befriedigung, Sättigung in seiner seelischen Not gewährt.

Es ist der Durst nach Offenbarung als einer lebendigen Erfahrung, der ihn zum Buch greifen lässt. Die Erfahrung, dass „der Strom so bald versiegen" muss und wir „im Durste liegen" (1212f), treibt den zutiefst unzufriedenen Gelehrten dazu an, sich im Wort der Schrift die dort versprochene Gegenerfahrung einer Offenbarung, die allen Mangel behebt, zu erschließen: „Mich drängt's den Grundtext aufzuschlagen, / mit redlichem Gefühl einmal/ Das heilige Original/ In mein geliebtes Deutsch zu übertragen" (1220-1223). Das heißt: Er sucht im überlieferten Wort der Schrift das muttersprachliche Quellwort, das gegenwärtige Lebenswort, das in ihm zum Brunnen des Wassers werden soll, so wie es Jesus in Joh 4,14 verheißt: „Das Wasser, das ich ihm geben werde, das wird in ihm ein Brunnen des Wassers werden, das in das ewige Leben quillt." Fausts Versuch, einen Text der Heiligen Schrift in sein „geliebtes Deutsch zu übertragen", ist also zugleich der Versuch, das biblische Wort in das eigene Leben zu übersetzen und es als Antwort auf seine Sehnsucht zu lesen. Von daher wollen seine Übersetzungsvorschläge geprüft werden. Die Frage ist nicht nur, ob sie dem Original entsprechen, sondern auch, ob sie sich dem Leser als Lebenshilfe, als Lebensworte erweisen. Die Frage nach dem Textsinn verbindet sich hier mit der Frage nach dem Lebenssinn.

Bekanntlich beantwortet Faust diese doppelte Frage mit dem Übersetzungsvorschlag „Tat": „Im Anfang war die Tat!" (1237) Im Blick auf den biblischen Text und das dort stehende griechische Wort *logos* ist damit gesagt: Gottes Wort ist schöpferisches Wort. Sprechen und Tun sind bei ihm eins (vgl. Ps 33,9: Wenn er spricht, so geschieht's; wenn er gebietet, so steht's da.). Gottes Wort ist eben nicht nur „Wort" – so die zunächst erwogene Übersetzungsmöglichkeit. Und es ist auch nicht mit einem von Anfang an gegebenen „Sinn" gleichzusetzen, wie Faust als zweite Möglichkeit erwägt. Und es ist noch einmal etwas anderes als bloße „Kraft": Als Tat ist Gottes schöpferisches Wort auf etwas aus, was allererst hervorgebracht werden muss und eben deswegen noch nicht erkennbar, gleichsam ablesbar ist an der gegebenen Welt. Es gibt gute theologische Gründe, die für Fausts Übersetzungsvorschlag sprechen. Er hat ja schließlich nicht umsonst Theologie studiert.

Die Problematik dieser Übersetzung liegt an einer anderen Stelle. Was bei Faust als Rezeptionsprozess beginnt – in aller Ehrfurcht vor dem „heiligen Original" –, droht im Zuge der Übersetzung in einen Akt der Aneignung, geradezu der Bemächtigung umzuschlagen. Das Machtgefälle kehrt sich um. Am Ende entscheidet der „Geist" des Hörers und Lesers, was geschrieben steht. Das Wort wird zur Variablen des Geistes, von dem sich Faust erleuchtet weiß. Faust setzt sich über das äußere Wort, über den sperrigen Buchstaben hinweg. Der Ausleger und Übersetzer wird zum geistbegabten Autor, der nun selbst hinschreibt, was nach seiner Einsicht eigentlich dastehen müsste. Und er legitimiert mit seiner Übersetzung zugleich die eigene Tat. Wenn es entscheidend auf die Tat ankommt, ist zu fragen, wer das Subjekt dieser Tat ist. Läuft es am Ende auf die Tat des Menschen zu?

Man könnte meinen, es sei ja nur ein Wort, das da geändert würde. Aber mit dem einen Wort wird auch das Wesen des Christentums verändert. Intendiert ist eine programmatische Veränderung. In dieser Hinsicht ist aufschlussreich, was Goethe kurz vor seinem Tod einmal im Gespräch mit Eckermann bemerkt hat:

> „Wir wissen gar nicht, was wir Luthern und der Reformation im Allgemeinen alles zu danken haben. Wir sind frei geworden von den Fesseln geistiger Borniertheit, wir sind infolge unserer fortwachsenden Kultur fähig geworden, zur Quelle zurückzukehren und das Christentum in seiner Reinheit zu fassen. Wir haben wieder den Mut, mit festen Füßen auf Gottes Erde zu stehen und uns in unserer gottbegabten Menschennatur zu fühlen. [...] Denn sobald man die reine Lehre und Liebe Christi, wie sie ist, wird begriffen und in sich eingelebt haben, so wird man sich als Mensch groß und frei fühlen [...]. Auch werden wir alle nach und nach aus einem Christentum des Wortes und Glaubens immer mehr zu einem Christentum der Gesinnung und Tat kommen."[8]

Das ‚reine' Christentum ist nach dieser Auffassung ein Christentum, das sich als Christentum der Gesinnung und der Tat versteht, dabei freilich auch eine religiöse Voraussetzung macht, einen bestimmten Geist für sich beansprucht. Ob dieser Geist, von dem sich Faust und sein Autor bei ihrem Übersetzungsversuch leiten lassen, mit dem Geist des Christentums, genauer: mit dem Heiligen Geist als dem Autor der Heiligen Schrift, identisch ist, wäre noch genauer zu prüfen.

Deutlich ist, dass mit dem Übersetzungsvorschlag auch eine Verschiebung der Sinnproblematik einhergeht: Wenn „Sinn" sich weder unmittelbar unter dem Eindruck der Natur erfahren noch aus Büchern erlesen lässt, dann bedarf es einer Tat, die den Sinn allererst hervorbringt. Faust ist repräsentativ für die Wahrnehmung der Spannung zwischen Textsinn und Lebenssinn. Und er weist hin auf den Umbruch, aus dem der moderne Begriff des Sinns hervorgeht: vom

---

[8] Gespräch mit Eckermann am 17. Februar 1832, zitiert nach HEINRICH BORNKAMM, Luther im Spiegel der deutschen Geistesgeschichte, Göttingen ²1970, 218f.

Sinn, der sich dem Rezeptionsvermögen des Menschen erschließt (Sehen, Hören, Lesen), hin zum Sinn, den er selbst als Produkt seines eigenen Geistes setzt.[9]

3. Sinngebung als schöpferische Aufgabe des Menschen

Die Transformation des Christentums, wie sie Goethe programmatisch zur Sprache bringt, lässt sich noch konsequenter und radikaler vollziehen. Ob die Übersetzung und Sinnsuche bei Faust am Ende ausschließlich auf die Tat des Menschen hinausläuft, war eben noch mit einem Fragezeichen zu versehen. Eben dieses Fragezeichen entfällt und wird durch ein Ausrufezeichen ersetzt, wenn wir von Goethe zu Nietzsche weitergehen. Der Mensch allein ist es, der den Sinn allererst zu schaffen hat. Und in dieser sinnstiftenden Macht wird er zum Nachfolger Gottes; er hat zu schaffen, was der geglaubte Schöpfer, den Nietzsche als fiktive Größe zu entlarven sucht, schuldig geblieben ist. Goethes „Christentum der Tat" wendet sich bei Nietzsche zum Anti-Christentum.

Um diese Wendung zu verdeutlichen, setzen wir noch einmal im Raum der Natur an. Goethes Naturanschauung war durch eine theologische Auffassung bestimmt, die man – etwas vergröbernd – als Pantheismus bezeichnet. Gott ist in der Natur, die Natur ist in Gott. Die Natur ist gleichsam transparent auf die Gegenwart Gottes in ihr. Eben dieser göttliche Hintergrund entfällt bei Nietzsche.

> „Die Natur ansehn, als ob sie ein Beweis für die Güte und Obhut eines Gottes sei; die Geschichte interpretiren zu Ehren einer göttlichen Vernunft, als beständiges Zeugniss einer sittlichen Weltordnung und sittlicher Schlussabsichten; die eigenen Erlebnisse auslegen, wie sie fromme Menschen lange genug ausgelegt haben, wie als ob Alles Fügung, Alles Wink, Alles dem Heil der Seele zu Liebe ausgedacht und geschickt sei; das ist nunmehr *vorbei*, das hat das Gewissen *gegen* sich, das gilt allen feineren Gewissen als unanständig, unehrlich, als Lügnerei, Femininismus, Schwachheit, Feigheit [...]. Indem wir die christliche Interpretation dergestalt von uns stossen und ihren ‚Sinn' wie eine Falschmünzerei verurtheilen, kommt nun sofort auf eine furchtbare Weise die Schopenhauerische Frage zu uns: *hat denn das Dasein überhaupt einen Sinn?*"[10]

---

[9] Vgl. zur Genealogie der modernen Sinnfrage sowie insbesondere auch zu der im Folgenden referierten Position Nietzsches die erhellenden Ausführungen von GERHARD SAUTER, Was heißt: nach Sinn fragen? Eine theologisch-philosophische Orientierung (Kaiser Traktate 53), München 1982; DERS., Das verborgene Leben. Eine theologische Anthropologie, Gütersloh 2011, 107–114.

[10] FRIEDRICH NIETZSCHE, Sämtliche Werke. Kritische Studienausgabe in 15 Bdn., hg. von GIORGIO COLLI u. MAZZINO MONTINARI, München, Berlin u. New York 1980 (im Folgenden

Wenn Nietzsche den „tollen Menschen" den Tod Gottes ausrufen lässt, so ist diese veränderte Wahrnehmung der Natur und der Geschichte vorausgesetzt.[11] Natur und Geschichte haben keinen Sinn. Sie lassen sich nicht so wie sprachliche Zeugnisse auf einen in ihnen zu Ausdruck kommenden Sinn hin interpretieren.

> „Der Gesammt-Charakter der Welt ist [...] in alle Ewigkeit Chaos, nicht im Sinne der fehlenden Nothwendigkeit, sondern der fehlenden Ordnung, Gliederung, Form, Schönheit, Weisheit, und wie alle unsere ästhetischen Menschlichkeiten heißen. Von unserer Vernunft aus geurtheilt, sind die verunglückten Würfe weitaus die Regel, die Ausnahmen sind nicht das geheime Ziel, und das ganze Spielwerk wiederholt ewig seine Weise, die nie eine Melodie heißen darf [...]."[12]

Mit dem Tod Gottes sind alle Vorstellungen von einem göttlichen Sinn hinfällig geworden. Die Quelle des Sinns, die der christliche Glaube in Gott wahrgenommen hat, ist gleichsam versiegt. Wie aber kommt dann der Sinn in die Welt? Wie kommt er in das Leben eines Menschen? Nietzsches Antwort ist eindeutig: Die Aufgabe der Sinnstiftung fällt dem Menschen zu. Er ist nicht mehr Interpret eines vorgegebenen Textes; er hat vielmehr den Text selbst zu „dichten". Der Mensch wird zum Poeten, der sein Leben nach eigenen Entwürfen gestaltet und damit allererst sinnvoll macht. Was damit gemeint ist, verdeutlicht ein poetischer Text, der in der *Fröhlichen Wissenschaft* unter der Nr. 285 steht:

> „*Excelsior!* – 'Du wirst niemals mehr beten, niemals mehr anbeten, niemals mehr im endlosen Vertrauen ausruhen – du versagst es dir, vor einer letzten Weisheit, letzten Güte, letzten Macht stehen zu bleiben und deine Gedanken abzuschirren – du hast keinen fortwährenden Wächter und Freund für deine sieben Einsamkeiten – du lebst ohne den Ausblick auf ein Gebirge, das Schnee auf dem Haupte und Gluthen in seinem Herzen trägt – es giebt für dich keinen Vergelter, keinen Verbesserer letzter Hand mehr – es giebt keine Vernunft in dem mehr, was geschieht, keine Liebe in dem, was dir geschehen wird – deinem Herzen steht keine Ruhestatt mehr offen, wo es nur zu finden und nicht mehr zu suchen hat, du wehrst dich gegen irgend einen letzten Frieden, du willst die ewige Wiederkunft von Krieg und Frieden: – Mensch der Entsagung, in Alledem willst Du entsagen? Wer wird dir die Kraft dazu geben? Noch hatte Niemand diese Kraft!' – Es giebt einen See, der es sich eines Tages versagte, abzufliessen, und einen Damm dort aufwarf, wo er bisher abfloss: seitdem steigt dieser See immer höher. Vielleicht wird gerade jene Entsagung uns auch die Kraft verleihen, mit der die Entsagung selber ertragen werden kann;

---

zitiert: KSA), Bd. 3, 600 (Fröhliche Wissenschaft, Nr. 357); Zitate werden hier und im Folgenden der gegenwärtig üblichen Orthographie angepasst.

[11] KSA 3, 480–482 (Fröhliche Wissenschaft, Nr. 125); vgl. hier insbes. die Fragen, in denen der Wandel der Naturerfahrung und des Weltbildes zum Ausdruck kommt: „Irren wir nicht wie durch ein unendliches Nichts? Haucht uns nicht der leere Raum an?"

[12] KSA 3, 468 (Fröhliche Wissenschaft, Nr. 109).

vielleicht wird der Mensch von da an immer höher steigen, wo er nicht mehr in einen Gott *ausfliesst*."[13]

Es handelt sich hier um ein Gegenbild, das doch dem gleichen Bildfeld verpflichtet ist, das wir eingangs anhand der Texte von Luther und Paul Gerhardt in Erinnerung gerufen haben. Im Bild der Quelle erscheint die Wirklichkeit Gottes als eine sich selbst mitteilende, überfließende Lebensfülle. Ihr steht der Mensch empfangend gegenüber. Genau diese Vorstellung eines Gottes, der sich selbst mitteilt, wird von Nietzsche entschieden negiert. Sein Widerspruch gilt der christlichen Gotteslehre, sofern diese von der Selbstmitteilung Gottes im Raum der Vergänglichkeit und somit von seiner Herunterlassung redet. Das Vertrauen auf eine in Gottes Schöpfung und Vorsehung beschlossene Sinnhaftigkeit erscheint als unbegründet: „es giebt keine Vernunft in dem mehr, was geschieht, keine Liebe in dem, was dir geschehen wird". Der göttliche Logos, von dem der christliche Glaube annimmt, dass er alle Dinge trägt und sich in Christus als Liebe offenbart (vgl. Hebr 1,3; Joh 3,16), hat sich aus der Welt zurückgezogen, wenn er nicht überhaupt immer schon eine bloße Fiktion ohne Realitätsgehalt war. Und schärfer noch: Das Vertrauen auf einen objektiven Sinn ist nicht nur unbegründet; es ist nach Nietzsches Diagnose vor allem deswegen falsch, weil es den Menschen um seine eigenen Möglichkeiten betrügt. Wer sich auf Gottes Weisheit und Güte verlässt, empfängt nicht nur nichts; er verliert überdies, was er aus eigener Macht gewinnen könnte. Hatte die christliche Tradition, wie wir sie von Luther und Paul Gerhardt her kennen, in der Gottesbeziehung vor allem den Zufluss göttlicher Gaben sowie den Anschluss an eine ewige, niemals versiegende Quelle gesehen, so sieht die moderne Religionskritik hier die gegenläufige Bewegung: der Mensch „fließt" in einen Gott „aus".

Um ein sinnvolles und bejahenswertes Leben zu gewinnen, plädiert Nietzsche für die Rückwendung des Menschen auf sich selbst. Die Quelle, die der Mensch außerhalb seiner selbst vergeblich sucht, findet er „vielleicht" (!), wenn er in sich geht und seine Kräfte sammelt. Im Gleichnis von dem See, „der es sich eines Tages versagte, abzufliessen, und einen Damm dort aufwarf, wo er bisher abfloss", ist ja vorausgesetzt, dass die Quelle in ihm selbst liegt. Woher sonst sollte das Wasser kommen, das ihn „immer höher steigen" lässt? Man versteht dieses Gleichnis nur recht, wenn man um den motivgeschichtlichen Hintergrund weiß, von dem sich Nietzsches Metaphernspiel abhebt, dem es aber auch verbunden bleibt. „See" will verstanden werden als metaphorischer

---

[13] KSA 3, 527f; die folgende knappe Interpretation nimmt Gedanken auf, die ausführlicher entfaltet werden in: JOHANNES VON LÜPKE, Homo poeta. Zur atheistischen Wendung eines Gottesprädikats bei Nietzsche, in: ULRICH H.J. KÖRTNER (Hg.), Poetologische Theologie. Zur ästhetischen Theorie christlicher Sprach- und Lebensformen, Ludwigsfelde 1999, 214–234.

Ausdruck der menschlichen Seele. „Des Menschen Seele", so hat Goethe gedichtet, „gleicht dem Wasser:/Vom Himmel kommt es,/Zum Himmel steigt es,/Und wieder nieder/Zur Erde muß es,/Ewig wechselnd."[14] So wie ein See in relativer Umgrenztheit doch im kommunikativen Zusammenhang steht mit dem Wasserhaushalt der ganzen Natur, so bildet auch die Seele einen Ausschnitt des göttlichen Lebens, dem sie sich verdankt und in dem sie ihre Zukunft hat. Die See-Metapher in ihrem traditionellen Gebrauch vermag so beides zu verdeutlichen: sowohl die zeitliche Begrenztheit menschlichen Lebens, seine Endlichkeit, als auch seine Bestimmung zur Ewigkeit, die es – der ruhigen Wasseroberfläche gleich – spiegeln kann und an die es sich hingeben soll.

Genau dieser Verhältnisbestimmung von Zeit und Ewigkeit, von Menschlichem und Göttlichem, gilt der Widerspruch Nietzsches. Hier diagnostiziert er die „Krankheit" der Seele,[15] zu deren Heilung es eines anderen Selbstverständnisses, eines anderen Selbstentwurfs bedarf. Auch Nietzsche fragt – und keineswegs weniger intensiv als Augustin und die ihm folgende christliche Theologie – nach dem „Heil der Seele".[16] Aber was die Seele heil und ganz werden lässt, liegt für ihn nicht mehr jenseits ihrer selbst; um es zu finden, muss die Seele vielmehr in einem Akt radikaler Schwerpunktverlagerung sich in sich selbst begründen und sich aus sich heraus schaffen.[17]

Auch Nietzsches Entwurf enthält Fragen und wirft Fragen auf: Die Möglichkeit, dass die eigene Seele zur Quelle des Sinns wird, ist alles andere als selbstverständlich. Der geradezu beschwörende Ton, in dem Nietzsche diese – in der Natur eigentlich unmögliche – Möglichkeit vor Augen stellt, kann doch nicht vergessen lassen, dass sich der Mensch hier als ein überaus einsames Subjekt erfährt. Da ist die Rede von den „sieben Einsamkeiten". Man denke dabei an die sieben Seiten eines Würfels: oben und unten, rechts und links, vorne und hinten und zu diesen Außenseiten noch die Innenseite. Einsam in dieser siebenfachen Hinsicht ist der Mensch schlechterdings beziehungslos.

Aber sind wir nicht gerade dort, wo es um den Sinn und die Bejahung des Lebens geht, ganz auf die Beziehung zu anderen angewiesen? Ist es nicht die Liebe, die einem Menschen zuteilwird, die ihn allererst fähig werden lässt, jene Akte der Sinngebung zu vollziehen, die Nietzsche ihm zutraut? Solche Fragen waren Nietzsche keineswegs fremd. Aufschlussreich in dieser Hinsicht ist ein Text aus *Also sprach Zarathustra*, der unter der Überschrift *Von tausend und einem Ziele* steht. Auch hier wird die Aufgabe, Sinn zu schaffen, dem Menschen zugewiesen:

„Wahrlich, die Menschen gaben sich alles ihr Gutes und Böses. Wahrlich, sie nahmen es nicht, sie fanden es nicht, nicht fiel es ihnen als Stimme vom Himmel.

---

[14] Gesang der Geister über den Wassern (1779), in: Sämtliche Werke (s. Anm. 7), Abt. I, Bd. 1, 318.
[15] Vgl. KSA 2, 520 (Menschliches, Allzumenschliches II, Nr. 349).
[16] Vgl. KSA 11, 277; KSA 6, 217 (Antichrist, Nr. 43).
[17] Vgl. KSA 6, 217 (Antichrist, Nr. 43).

Werthe legte erst der Mensch in die Dinge, sich zu erhalten, – er schuf erst den Dingen Sinn, einen Menschen-Sinn!"[18]

Und eben diese schöpferische Kraft ist eine Kraft der Liebe.

„Liebende waren es stets und Schaffende, die schufen Gut und Böse. Feuer der Liebe glüht in aller Tugenden Namen und Feuer des Zorns. Viele Länder sah Zarathustra und viele Völker: keine größere Macht fand Zarathustra auf Erden, als die Werke der Liebenden [...]."[19]

4. DIE VERTIEFUNG DER SINNERFAHRUNG IN DER LIEBE UND IM GLAUBEN

Die Aufgabe der Sinngebung ist in der Sicht Nietzsches eine schöpferische Aufgabe. Und sofern er davon ausgeht, dass die Welt ohne die menschliche Sinngebung sinnlos, chaotisch ist, hat die dem Menschen übertragene Schöpfung den Charakter einer „Schöpfung aus dem Nichts" (*creatio ex nihilo*). Sie ist „Sinngebung des Sinnlosen"[20]. Wenn jedoch die dazu erforderliche Kraft eine Kraft der Liebe ist, stellt sich die Frage nach deren Voraussetzungen. Kann ein absolut einsamer, radikal auf sich gestellter Mensch aus sich heraus die Kraft zur Bejahung des eigenen Lebens und anderen Lebens gewinnen? Muss der Seele nicht mitgeteilt werden, was sie dann austeilen kann? Wo aber liegen die Quellen dieser Kraft?

Um Antworten auf die durch Nietzsche markierte Herausforderung zu finden, gehen wir den Weg, der zu ihm hingeführt hat, noch einmal rückwärts. Dass und wie eng die Sinnproblematik mit dem Thema Liebe verknüpft ist, hat Goethe verschiedentlich zur Sprache gebracht. Die Faust-Tragödie ließe sich gerade unter diesem Aspekt interpretieren. Besonders deutlich findet sich der Zusammenhang in einem späten, autobiographisch geprägten Gedicht ausgesprochen, in der sogenannten Marienbader *Elegie* von 1823. Die zutiefst enttäuschende Erfahrung der unerwidert gebliebenen Liebe zu Ulrike von Levetzow lässt Goethe um so klarer sehen und zur Sprache bringen, was die erfüllte Liebe bedeutet:

„Dem Frieden Gottes, welcher euch hienieden/ Mehr als Vernunft beseliget – wir lesen's – / Vergleich' ich wohl der Liebe heitern Frieden/ Im Gegenwart des allgeliebten Wesens;/ Da ruht das Herz und nichts vermag zu stören/ Den tiefsten Sinn, den Sinn ihr zu gehören."[21]

---

[18] KSA 4, 75.
[19] Ebd., 76.
[20] Vgl. THEODOR LESSING, Geschichte als Sinngebung des Sinnlosen oder Die Geburt der Geschichte aus dem Mythos (1916, ⁴1927), Hamburg 1962.
[21] Elegie, in: Sämtliche Werke (s. Anm. 7), Abt. I, Bd. 2, 460.

Der „tiefste Sinn" ist ein solcher, der nicht nur den Verstand, nicht nur die wissenschaftliche Rationalität befriedigt, sondern vielmehr das Herz in der Einheit der beiden „Seelen" – die Faust in seiner Brust nicht zusammenbringen konnte – erfüllt. Eben weil dieser Sinn den Menschen als ganzen betrifft, kann er ihm nur von außerhalb seiner selbst, in der Begegnung mit einem Anderen zuteilwerden. Das unruhige Herz kommt allein in der „Gegenwart des allgeliebten Wesens" zur Ruhe. Die menschliche Liebe erfährt sich intensiviert zur göttlichen Liebe; im Gegenüber des anderen Menschen, in seiner sinnlichen Wahrnehmung wird so zugleich mehr wahrgenommen, als die Vernunft zu fassen vermag: der Friede Gottes, von dem es Phil 4,7 heißt, er sei höher als alle Vernunft und er könne Herzen und Sinne in Christus Jesus bewahren. Ob Goethe diese Zuspitzung auf den Christusglauben mitgelesen hat und sich zu eigen machen konnte, mag hier offenbleiben. Deutlich ist: Die Sinnerfahrung wird als ein Beziehungsgeschehen verstanden, in dem Sinnlichkeit und Verstand sowie Menschliches und Göttliches zusammenspielen. Sie ist gebunden an eine Kommunikation, in der ein Mensch sich selbst gleichsam aufgehoben erfährt.

Versuchen wir den hier sich andeutenden Gedanken grundsätzlich zu fassen: Wer den „tiefsten Sinn" in der Liebe erfährt, sieht nicht nur die Welt und seine Mitmenschen mit neuen Augen; er versteht nicht nur die Kontexte seines Lebens neu. Er versteht vielmehr auch sich selbst neu, genauer gesagt: er weiß sich in einer Weise verstanden, dass sich auch sein eigenes Leben verändert. Dieser Sinn lässt sich weder objektiv an den Gegebenheiten der Welt und des Lebens ablesen, noch kann er vom Subjekt in eigener Machtausübung hervorgebracht werden. Sinngebung – das ist hier ein schöpferisches Geschehen, das einem Menschen verändert, indem es ihn in ein neues Beziehungsgefüge hineinversetzt. Der „Text" seines Lebens wird sinnvoll, weil und insofern er in der Liebe neu geschrieben wird.

Es wäre reizvoll, kann an dieser Stelle aber nur angedeutet werden, unter der damit gewonnenen Perspektive auch die beiden „Bücher" noch einmal aufzuschlagen, die Faust auf seinem Weg der Sinnsuche nicht befriedigt haben: das Buch der Natur und das Buch der Heiligen Schrift. Auch die Natur kann noch einmal anders gelesen werden, als es nach den methodischen Regeln der modernen Naturwissenschaft üblich und vorherrschend geworden ist. Nicht zuletzt von Goethe lassen sich Einsichten und Anregungen für ein Sinnverstehen gewinnen, das Erkenntnis und Liebe auch im Umgang mit der Natur zusammenzuhalten sucht.[22] Ob und in welcher Weise die Natur, die unter dem verobjektivierenden Zugriff der naturwissenschaftlich-technischen Vernunft ‚verstummt' ist, wieder ‚sprechend' werden kann, hängt davon ab, in welcher Einstellung sie wahrgenommen wird. Die theologische Tradition wusste um diesen Zusammenhang, wenn sie die Erkenntnis der Schöpfung als Sache des Glaubens (Hebr 11,3) verstanden hat. Dass die Natur Schöpfung ist und dass der Schöpfer in ihr wirksam ist, erschließt sich allein im Hören auf das Wort, in dem der Glaube die Stimme des Schöpfers vernimmt. Dem Buch der Heiligen

---

[22] Vgl. HANS BLUMENBERG, Die Lesbarkeit der Welt, Frankfurt a.M. ³1996, 214–232.

Schrift kommt in dieser Hinsicht eine Schlüsselbedeutung zu. Wie aber ist dieses Buch zu verstehen? Woraufhin ist es zu lesen? Dass dieses Buch in der Vielfalt seiner verschiedenen und widersprüchlichen Stimmen einen Sinnzusammenhang bildet, liegt ebenso wenig vor aller Augen wie der Sinnzusammenhang der Natur. Dass und wie sich eines zum anderen fügt und miteinander korrespondiert, versteht nur ein Leser, der sich selbst in die Geschichte der biblischen Texte hineinliest und sich in ihnen ausgelegt findet. Auch im Blick auf den Sinn der Bibel könnte man sagen: Ihr „tiefster Sinn" liegt in der Erfahrung der Zugehörigkeit. Johann Georg Hamann hat es einmal so formuliert: „Die ganze Bibel" sei dazu bestimmt, dem Menschen die Antwort auf zwei Fragen „leichter und gewisser zu machen", nämlich auf die beiden Fragen, die David nach 1Sam 30,13 einem Ägypter gestellt hat: „Wem gehörst du Mensch an? Und woher, warum und wozu bist du [?]"[23]

Lassen sich die Fragen nach dem Sinn, die Frage nach dem Sinn des Weltgeschehens ebenso wie die Frage nach dem Sinn des eigenen Lebens, auf diese beiden Fragen hin vertiefen, dann wird eine Antwort nur dann befriedigen, wenn sie eine verlässliche Beziehung erschließt, eine Zugehörigkeit, die das eigene Leben auch in seiner Fragmentarität, in seinen Brüchen und Enttäuschungen umfängt und trägt. Exemplarisch kommt ein solch tiefes Sinnvertrauen, das zugleich die Unbeantwortbarkeit der Sinnfragen auf der Ebene der Welt- und Lebenserfahrung auszuhalten vermag, im Werk von Dietrich Bonhoeffer zum Ausdruck. Man denke an seine späten Gedichte: *Wer bin ich?* und *Von guten Mächten wunderbar geborgen*, in denen beiden das Motiv einer unverlierbaren Zugehörigkeit begegnet: „Wer bin ich? Einsames Fragen treibt mit mir Spott./ Wer ich auch bin, Du kennst mich, Dein bin ich, o Gott!"[24] „Doch willst Du uns noch einmal Freude schenken/ an dieser Welt und ihrer Sonne Glanz,/ dann woll'n wir des Vergangenen gedenken,/ und dann gehört Dir unser Leben ganz."[25]

Liest man diese Sätze, in denen nicht ausdrücklich vom Sinn geredet wird, gleichwohl als Ausdruck einer Erfahrung des „tiefsten Sinns" und somit als Antwort auf die Sinnfrage, so ist mit ihnen doch zugleich in Frage gestellt, ob der Begriff des Sinns geeignet ist, das hier Gemeinte zu erfassen. Die ‚Sache', die hier zu verstehen gegeben wird, lässt sich ja in der traditionellen Sprache des christlichen Glaubens auch als Gottvertrauen, als Gottesgewissheit oder auch als Geschehen der Rechtfertigung „allein aus Gnade", „allein durch Glauben" bezeichnen. Damit sind wir wieder zurückverwiesen auf solche Texte, wie wir sie eingangs in Erinnerung gerufen haben: Luthers Auslegung des ersten Gebots, seine Rede von der „Zuversicht des Herzens", Paul Gerhardts Loblied „Ich singe dir mit Herz und Mund" mit dem Ratschlag, alle Sorge auf den zu

---

[23] JOHANN GEORG HAMANN, Londoner Schriften. Historisch-kritische Neuedition von OSWALD BAYER/BERND WEIßENBORN, München 1993, 166,14–18.

[24] DIETRICH BONHOEFFER Werke, Bd. 8: Widerstand und Ergebung. Briefe und Aufzeichnungen aus der Haft, hg. v. CHRISTIAN GREMMELS u. a., Gütersloh 1998, 514.

[25] Ebd., 608.

werfen, „der dich gemacht" hat, und nicht zuletzt Psalm 23 als das bekannteste Beispiel eines biblischen Vertrauensliedes: „Der Herr ist mein Hirte, mir wird nichts mangeln." Lässt sich also die Sinnfrage in das Gottvertrauen hinein ‚aufheben'?

Bonhoeffer meinte, „der unbiblische Begriff des ‚Sinnes'" sei „nur eine Übersetzung dessen, was die Bibel ‚Verheißung' nennt."[26] Die theologische Aufgabe wäre demnach die Aufgabe einer Rückübersetzung: Unser Suchen und Fragen nach Sinn, insbesondere nach dem Sinn des eigenen Lebens, wäre zu übersetzen, zu transponieren in die Geschichte des Wirkens Gottes, von der die Bibel erzählt. Wie Bonhoeffer selbst diese Aufgabe verstanden hat, mögen die folgenden Sätze abschließend zumindest noch andeuten:

> „Wir müssen uns immer wieder sehr lange und sehr ruhig in das Leben, Sprechen, Handeln und Sterben Jesu versenken, um zu erkennen, was Gott verheißt und was er erfüllt. Gewiß ist, daß wir immer in der Nähe und unter der Gegenwart Gottes leben dürfen und daß dieses Leben für uns ein ganz neues Leben ist [...]; gewiß ist, daß im Leiden unsre Freude, im Sterben unser Leben verborgen ist, gewiß ist, daß wir in dem allen in einer Gemeinschaft stehen, die uns trägt. Zu dem allen hat Gott in Jesus Ja und Amen gesagt. Dieses Ja und Amen ist der feste Boden, auf dem wir stehen. Immer wieder in dieser turbulenten Zeit verlieren wir aus dem Auge, warum es sich eigentlich zu leben lohnt. Wir meinen, weil dieser oder jener Mensch lebe, habe es auch für uns Sinn zu leben. In Wahrheit aber ist es doch so: Wenn die Erde gewürdigt wurde, den Menschen Jesus Christus zu tragen, wenn ein Mensch wie Jesus gelebt hat, dann und nur dann hat es für uns Menschen einen Sinn zu leben."[27]

---

[26] Ebd., 573 (an Eberhard Bethge, wahrscheinlich am 21.8.1944).
[27] Ebd., 572f.

21. Kapitel: Liebe Gottes im Gleichnis der menschlichen Liebe

1. Weisheit und Liebe

Sie „vermag alles", so heißt es in einem Hymnus auf die Weisheit, nachzulesen in dem Buch der Weisheit Salomos (7,23), das zu den „apokryphen" Schriften der Bibel gezählt wird. Wie vieles sie vermag, ist kaum zu ermessen. Und alles was im Einzelnen von ihr gesagt werden kann und was in einer langen Aufzählung in dem zitierten Hymnus zur Sprache kommt, erschöpft doch nicht die Fülle, die ihr als einer göttlichen Kraft eignet. Sie ist „ein Hauch der göttlichen Kraft und ein reiner Strahl der Herrlichkeit des Allmächtigen" (V. 25), „ein Abglanz des ewigen Lichts und ein fleckenloser Spiegel des göttlichen Wirkens und ein Bild seiner Güte" (V. 26). „Obwohl sie nur eine ist, kann sie doch alles. Und obwohl sie bei sich selbst bleibt, erneuert sie das All, und von Geschlecht zu Geschlecht geht sie in heilige Seelen ein und macht sie zu Freunden Gottes und zu Propheten. Denn niemand liebt Gott außer dem, der mit der Weisheit lebt" (V. 27f). Was hier der Weisheit zugeschrieben wird, das wird im Neuen Testament auf das Wort Gottes bezogen und mit Jesus Christus identifiziert. Er ist das Wort, durch das alles gemacht ist (Joh 1,3). In ihm leuchtet die Herrlichkeit Gottes auf. „Er ist der Abglanz seiner Herrlichkeit und das Ebenbild seines Wesens und trägt alle Dinge mit seinem kräftigen Wort" (Hebr 1,3). In ihm und durch ihn wird das Wesen des allmächtigen Gottes als Liebe offenbar.

Von daher wird es verständlich, dass auch von der Liebe gesagt werden kann, was zunächst die Weisheit und das schöpferische Wort Gottes auszeichnet: Auch sie vermag alles, weil und insofern sie identisch ist mit der Macht, durch die Gott alles geschaffen hat und lebendig erhält. Sie ist im Einklang mit der Wahrheit Gottes; „sie freut sich ihrer [sc. der Wahrheit]; sie verträgt alles, sie glaubt alles, sie hofft alles, sie duldet alles" (1Kor 13,6f). Das Hohelied der Liebe, das Paulus in 1Kor 13 anstimmt, steht in der Tradition der Weisheit, die vom Alten Testament herkommend die neutestamentlichen Schriften, insbesondere auch das Johannesevangelium, tiefgreifend beeinflusst hat.

So wie die Weisen sich auf die Schöpfung Gottes verstehen und an der göttlichen Kraft, die alles durchdringt, Anteil gewinnen, so kann nun auch die Liebe gerühmt werden als die Kraft, in der Gott und Mensch zusammenkommen. In der Liebe wird Göttliches erfahren. Sich auf die Liebe zu verstehen und in der

Liebe zu leben, das heißt nun zwar nicht, alles zu verstehen, wohl aber zu verstehen, worauf es in allem entscheidend ankommt. Insofern ist die Liebe gleichsam der Schlüssel zur Schöpfung; in ihr und durch sie erschließt sich die Wirklichkeit im Ganzen. Das gilt nicht nur für den Menschen, der mit allen seinen Kräften in der Liebe leben soll. Es gilt auch für die Natur und ihre rechte Erkenntnis. Nur in der Liebe findet alles seinen rechten Platz. Die Liebe eröffnet universale Dimensionen. So heißt es im Epheserbrief, die angesprochene Gemeinde möge begreifen, „welches da sei die Breite und die Länge und die Höhe und die Tiefe und erkennen die Liebe Christi, die doch alle Erkenntnis übertrifft, damit ihr erfüllt werdet mit aller Gottesfülle" (Eph 3,18f). Und es liegt auf dieser Linie eines weisheitlichen Verständnisses der Liebe, wenn Augustin das Doppelgebot der Liebe nicht nur auf die Ethik, sondern auch auf Physik, Logik und Politik hin auslegt:

> „Du sollst lieben den Herrn, deinen Gott, aus deinem ganzen Herzen, aus deiner ganzen Seele und aus deinem ganzen Geist. Und du sollst deinen Nächsten lieben wie dich selbst. Das ist die Physik, da alle Ursachen aller Naturen in Gott dem Schöpfer sind. Das ist die Ethik, da ein gutes und anständiges Leben nur von daher gebildet wird, dass das, was zu lieben ist, so geliebt wird, wie es zu lieben ist, nämlich Gott und der Nächste. Das ist die Logik, da Wahrheit und Licht der vernünftigen Seele allein Gott ist. Das ist auch das Heil eines lobenswerten Staates, denn das beste Gemeinwesen wird nur auf dem Fundament und durch das Band der Treue und starken Eintracht gegründet und bewahrt, indem das allgemeine Gut geliebt wird, welches im höchsten und wahrsten Sinn Gott ist, und indem die Menschen einander in Gott aufrichtig lieben, da sie sich seinetwegen lieben, vor dem sie nicht verbergen können, in welchem Geist sie lieben."[1]

2. Die Macht der Liebe

Ob die Liebe so viel vermag, wie ihr in der hymnischen Sprache der Bibel und ihrer theologischen Auslegung zuerkannt wird, mag man bezweifeln. Die Liebe, so wie sie im alltäglichen Leben erfahren wird, vermag keineswegs alles zu glauben, zu hoffen und zu dulden. Immer wieder erweist sie sich als allzu schwach, um den Belastungen und Herausforderungen, die das Leben mit sich bringt, standzuhalten. Wer nüchtern die Lebenswirklichkeit betrachtet, wird nicht von der Allmacht der Liebe, sondern eher von ihrer Zerbrechlichkeit reden. Aber auch dann, wenn man ihr nicht alles zutrauen mag, wird immer noch viel von ihr erwartet. Und vielfach ist gerade dort, wo eine Liebesbeziehung zu Ende geht, wo sich also die Kraft der Liebe in einer Beziehung erschöpft, doch noch eine stärkere Liebe oder auch nur die Sehnsucht nach ihr im Spiel. Auch und gerade im Chaos der zerbrechlichen Beziehungen vermag die Liebe, wenn schon nicht alles, so doch vieles, vielleicht sogar unendlich vieles. Vor allem in

---

[1] AUGUSTIN, Ep. 137, der lat. Originaltext findet sich in der Edition von A. GOLDBRACHER in: CSEL XLIV, Wien/Leipzig 1904, 121,14–122,9; Übers. vom Verf.

Texten der Dichtkunst kommt diese Macht der Liebe, die sich in den Widersprüchen des Lebens behauptet, vielfältig zum Ausdruck.

Als ein Summarium vielfältiger Erfahrungen mit der Liebe lässt sich lesen, was Johann Wolfgang Goethe folgendermaßen formuliert hat:

> „Wir stolpern wohl auf unsrer Lebensreise,
> Und doch vermögen in der Welt, der tollen,
> Zwei Hebel viel auf's irdische Getriebe:
> Sehr viel die Pflicht, unendlich mehr die Liebe."[2]

In der vergleichenden Gegenüberstellung von Pflicht und Liebe verdeutlicht sich das Grundproblem einer am Begriff der Liebe orientierten Ethik. Liebe fällt nicht in die Kategorie der Pflicht. Sie lässt sich nicht gebieten. Man kann daher fragen, ob nicht ein Imperativ, der die Liebe zur Pflicht macht, ein Widerspruch in sich ist. Zu lieben, weil man es sich vornimmt, weil man es soll oder auch weil man es will, eine solche vorsätzliche Liebe bleibt hinter der Kraft und Fülle zurück, wie sie dort erfahren werden, wo sich die Liebe von selbst einstellt und wo Menschen geschehen lassen, was ihnen mit der Liebe gegeben wird. Entsprechend kann Paulus das Liebesgebot auch so formulieren: „Alle eure Dinge lasst in der Liebe geschehen!" (1Kor 16,14) So viel, ja so „unendlich" viel die Liebe vermag, es ist doch ein Vermögen, das sich der menschlichen Verfügung entzieht. Und wenn Goethe die Liebe als einen „auf's irdische Getriebe" einwirkenden „Hebel" bezeichnet, so ist deutlich, dass es nicht der Mensch ist, der hier den „Hebel" bedienen könnte. Aber heißt das, dass es in diesem Geschehen der Liebe gar nichts zu tun gäbe, nichts wozu der Mensch sich selbst und andere auffordern könnte und sollte? Wir kommen gleich auf diese Frage zurück.

Zunächst jedoch sei die Unterscheidung festgehalten und verdeutlicht, die das Geschehen der Liebe im Verhältnis zu den Werken kennzeichnet. Mit dieser Unterscheidung verknüpft ist die Unterscheidung zwischen Natur und Kultur. Liebe ist, so lässt sich in einer ersten Annäherung sagen, etwas Natürliches. Nicht nur dass sie wie eine Naturgewalt über Menschen kommt; sie lässt die von ihr ergriffenen Menschen auch in ihre Natur einkehren. Zweifellos ist es ein problematischer und in theologischer Hinsicht noch näher zu interpretierender Begriff, den wir damit aufnehmen. Was ist denn schon natürlich in der Liebe? Wir haben gelernt, dass die Natur so „rein" und so eindeutig nicht ist, wie wir dann unterstellen, wenn wir diesen Begriff normativ verwenden. Die Natur begegnet in mancherlei Spielarten; und wir haben sie nur in kultureller Überformung. Kultur – man denke nur an Kleidung und Kosmetik – beeinflusst und prägt auch die Beziehungen von Menschen, die einander lieben. Gleichwohl, und das ist der Punkt, auf den es hier ankommt, geht es in der Liebe nicht nur darum, etwas aus der Natur oder mit der Natur zu machen, sondern eben darum, die Natur geschehen zu lassen. Die Natur ist hier nicht nur Material der kulturellen Gestaltung. Hier befinden wir uns nicht auf dem Feld der Arbeit,

---

[2] JOHANN WOLFGANG GOETHE, Sämtliche Werke in 40 Bdn., I. Abt., Bd. 2: Gedichte 1800–1832, hg. v. KARL EIBL, Frankfurt a.M., 1988, 849 (Das Tagebuch XXIV, 1810).

der Bearbeitung von etwas zu etwas. Hier sind wir nicht gefragt, aus dem uns gegebenen Leben etwas zu machen. Hier regiert nicht die Sorge, die sich das Lebensnotwendige selbst zu beschaffen sucht (vgl. Mt 6,25–34). Sofern wir bei der Frage „Was sollen wir tun?" an dieses weitgespannte Feld der Kultur denken, bedeutet der Hinweis auf die Liebe eine Verlagerung. Noch einmal: Nicht dass der Liebe das Kulturelle schlechthin gleichgültig wäre, aber bliebe sie allein auf dieser Ebene engagiert, würde sie sich selbst verfehlen. Sie wäre zu äußerlich bestimmt. Denn innerlich, in ihrem Wesen ist sie die Zuwendung von Mensch zu Mensch, von Angesicht zu Angesicht. Da gilt es zu entdecken und zuzulassen, was ein Mensch als er und sie selbst ist: hinter den Masken gesellschaftlich-kultureller Überformung und in ihnen bestenfalls durchscheinend.

3. LIEBE UND DIE DEFINITION DES MENSCHEN

Es entspricht dieser Verlagerung, wenn wir von der Frage „Was sollen wir tun?" übergehen zu der grundlegenden Frage: Was ist der Mensch? So viel dürfte deutlich sein: Liebe ist nicht irgendetwas am Menschen, nicht irgendetwas, womit er oder sie zu tun haben kann oder auch nicht, ohne dass davon Wesentliches abhinge. Liebe ist nichts Akzidentelles. Vielmehr gilt: In ihr liegt, an ihr hängt das Menschsein des Menschen, seine Menschlichkeit. Johannes Bobrowski hat es einmal kurz und bündig so formuliert: „Das Wort Mensch. Wo Liebe nicht ist, sprich das Wort nicht aus."[3] Erst in der Liebe wird der Mensch zu dem, was er wesentlich ist. Erst in der Liebe gibt er sein wahres Angesicht und sein Herz zu erkennen. Was immer ihn sonst kennzeichnen und definieren mag: seine Vernunft, sein Sprachvermögen, seine Sozialität, sein Vermögen zur Arbeit, all das ist wahrhaft menschlich nur, wenn es von der Liebe geprägt ist und ihr dient.

Ist Liebe also die den Menschen wahrhaft definierende Eigenschaft? Wenn man zögert, darauf einfach mit Ja zu antworten, so nicht deswegen, weil die Einheit von Wahrheit und Liebe fragwürdig wäre, wohl aber deswegen, weil sich die Liebe nicht so einfach den menschlichen Eigenschaften zurechnen lässt. Liebe ist „weder ein Werk, das man tut, noch ist sie eine Eigenschaft, die man hat."[4] Sie ist „überhaupt keine Eigenschaft, kein Was *am* Menschen, sondern ein Wie seines Miteinanderseins."[5]

---

[3] JOHANNES BOBROWSKI, Gesammelte Werke, Bd. 1, Stuttgart 1987, 217.
[4] FRIEDRICH GOGARTEN, Die Verkündigung Jesu Christi. Grundlagen und Aufgabe, Heidelberg 1948, 510.
[5] RUDOLF BULTMANN, Das christliche Gebot der Nächstenliebe, in: DERS., Glaube und Verstehen. Ges. Aufsätze Bd. 1, Tübingen ⁶1966, 237.

4. Liebe im Konflikt der Bilder

Wenn es sich so verhält, wenn also das den Menschen Definierende keine statische Gegebenheit, sondern ein Beziehungsgeschehen ist, dann meldet sich noch einmal die Frage, die wir oben zurückgestellt haben: Was können wir und was sollen wir *tun*, wenn wir in der Liebe leben?

„Was tun Sie", wurde Herr K. gefragt, „wenn Sie einen Menschen lieben?" „Ich mache einen Entwurf von ihm", sagte Herr K., „und sorge, daß er ihm ähnlich wird." „Wer? Der Entwurf?" „Nein", sagte Herr K., „der Mensch."[6] Die Liebe, so gibt Bertolt Brecht mit dieser Geschichte zu verstehen, legt einen Menschen nicht fest auf das, was er geworden ist. Sie lässt ihn werden, so dass er seinem Idealbild mehr und mehr ähnlich wird. Sie sieht ihn im Lichte seiner noch unverwirklichten Möglichkeiten. Und sie schafft es, das in dem Geliebten Gesehene auch wirklich werden zu lassen. Der entwerfende Blick der Liebe entspricht dem Sein des Menschen, weil und insofern der Mensch mehr und anderes ist, als er hier und jetzt darstellt. Gegenüber einer Betrachtungsweise, die einen Menschen festlegt auf das, was er bereits geworden ist, und die also lediglich abbildet, widerspiegelt, ist der einbildungskräftige, produktive Blick der Liebe zweifellos im Recht.

Dieses Recht ist auch und gerade aus der theologischen Sicht auf den Menschen zu unterstreichen. Wenn es im 1. Johannesbrief heißt: „Es ist noch nicht offenbar geworden, was wir sein werden. Wir wissen aber: wenn es offenbar wird, werden wir ihm gleich sein" (3,2), so ist auch hier das Werden von uns Menschen in den offenen Horizont der Zukunft hineingestellt; und auch hier ist es wohl, wenn man den weiteren Kontext des Briefes heranzieht, die Liebe, die über das wahre Sein des Menschen entscheidet. Die Liebe ist dem Menschen in Wahrheit gemäß, während die Beschreibungen, die vom aktuellen Erscheinungsbild eines Menschen ausgehen, wohl zutreffend, richtig sein mögen, aber die Wahrheit doch gerade dadurch verfehlen, dass sie den Menschen auf dieses im Abbild Fassbare festlegen.

Aber nicht nur die Abbilder, auch die Entwürfe können verfehlen, was der Mensch in der Geschichte seines Werdens in Wahrheit ist und daher werden soll. Das Problem der Liebe stellt sich somit dar als ein Problem der Bilder. Die Wahrnehmung des menschlichen Lebens ist geleitet von Bildern, die wir voneinander machen. Dabei sind sowohl Abbilder als auch Wunschbilder im Spiel. Einerseits geben Bilder wieder, was der Fall ist; andererseits sind im Vergleich der Bilder immer auch Idealbilder, Bilder des Sein-Sollenden wirksam. Beide, die prospektiven Wunschbilder und die deskriptiven Abbildungen, sind freilich perspektivisch begrenzt. Sie erfassen nicht den ganzen Menschen. Werden sie aber dennoch herangezogen, um über einen Menschen als ganzen, über Leben und Tod zu urteilen, erfolgt das, was man eine ideologische Aufladung von Bildern bezeichnen könnte. Theologisch ist in diesem Zusammenhang von Sünde zu reden. Bilder werden zu Idolen. Man macht sich mit ihnen quasi-göttliche

---

[6] BERTOLT BRECHT, Geschichten (Bibliothek Suhrkamp 81), Frankfurt a.M. 1962, 176.

Instanzen, die so wie alle Götzen das ihnen unterstellte Leben einem Gleichheitszwang unterwerfen. Sie fordern auf Gedeih und Verderb Anpassung.

Mit dieser Aufladung verbindet sich in anderer Hinsicht ein Ausblendungsvorgang. Die Bilder, die hier Menschen voneinander machen, sehen ab von dem, was diese in den Augen eines anderen, in den Augen Gottes sind. Der Begriff der Gottebenbildlichkeit meint den Menschen im Gegenüber zu seinem Schöpfer; und so wie Gott den Menschen sieht, so schafft er ihn auch. Dass der Mensch Ebenbild Gottes ist, bedeutet: Er ist Ausdruck der schöpferischen Liebe. Ihr verdankt er sich. Damit ist auf die Differenz zwischen göttlicher und menschlicher Liebe verwiesen; und es deutet sich zugleich an, wie die menschliche Liebe in der Differenz zur Liebe Gottes gleichwohl zu deren Gleichnis werden kann.

Beides, sowohl die Unterscheidung zwischen der Liebe Gottes und der Liebe unter uns Menschen als auch ihr mögliches Zusammenkommen, soll nun, ausgehend von Texten Luthers, verdeutlicht werden.

5. Die Unterscheidung zwischen Liebe Gottes und Liebe des Menschen

Zum einen ist zwischen der Liebe von Menschen und der Liebe Gottes zu unterscheiden. Diese Unterscheidung findet sich klassisch formuliert in den Thesen, die Luther 1518 im Rahmen der *Heidelberger Disputation* vorgetragen hat: „Die Liebe Gottes findet nicht, sondern schafft das Liebenswerte, die Liebe des Menschen geschieht von dem ihr Liebenswerten her."[7] Gottes Liebe ist schöpferisch. Sie liebt auch und gerade diejenigen, die – aus der Perspektive menschlicher Liebe betrachtet – keine liebenswerten Qualitäten aufweisen: Sie liebt „Sünder, Böse, Dumme, Schwache", nicht etwa um deren Schwäche und Sündhaftigkeit zu beschönigen und zu verklären – das war bekanntlich Nietzsches Vorwurf an die christliche Moral – wohl aber schafft es die Liebe Gottes, und das ist ihre eigentlich kreative Potenz, „dass sie Gerechte, Gute, Weise, Starke macht."[8] Gottes Liebe sucht insofern nicht das Ihre. Es geht ihr nicht um Selbstaufwertung durch andere. Sie lässt sich vielmehr rückhaltlos auf andere ein, um diese zu ihrem Recht kommen zu lassen. Eben darin unterscheidet sie sich von der menschlichen Liebe, die in der Zuwendung zu anderen von deren Liebenswürdigkeit ausgeht und in ihnen immer auch das ihr Gemäße sucht.

Die Pointe dieser Unterscheidung liegt darin, die Liebe des Menschen auf die Liebe Gottes zu beziehen. Das heißt zum einen: Der Mensch darf sich im Glauben die Liebe Gottes gefallen lassen. Er darf sich selbst als der Sünder, als der Böse, Dumme und Schwache, der er ist, gleichwohl als gerechtfertigt wissen. Entscheidend ist nun, was er in der Perspektive der schöpferischen Liebe

---

[7] LDStA 1, 60,7f (These XXVIII): „Amor Dei non invenit, sed creat suum diligibile, Amor hominis fit a suo diligibili."
[8] Ebd., Z. 14–16.

Gottes, wie sie in Jesus Christus konkret ist, wird. Die Liebe des Menschen auf die Liebe Gottes zu beziehen, heißt zum anderen: Ein Mensch darf und soll nun auch die anderen als die von Gott geliebten ansehen. Insofern verändert sich die menschliche Liebe. Unter der Sonne der Liebe Gottes, die über Bösen und Guten, über Gerechten und Ungerechten aufgeht (vgl. Mt 5,45), bleibt sie nicht auf die freundschaftliche Liebe unter Gleichen beschränkt. Als Kinder ihres Vaters im Himmel können und sollen sich die Glaubenden nun auch den Anderen zuwenden, mit denen sie sonst, abgesehen von der Kindschaft Gottes, nichts gemein haben. Nachahmung der Liebe Gottes – Ihr sollt vollkommen sein, wie euer Vater im Himmel vollkommen ist (Mt 5,48) – wäre jedoch missverstanden, wollte der Mensch nun selbst das schöpferische Werk ausüben.

6. Menschliche Liebe als Gleichnis der Liebe Gottes

Damit sind wir bereits bei der zweiten oben genannten Frage: Wie kann die menschliche Liebe zum Gleichnis der Liebe Gottes werden. Eine Antwort findet sich in einer frühen Schrift Luthers, die zurückgeht auf Predigten über die Zehn Gebote, die er 1516/17 gehalten hat:

> „Wie hat Christus die Kirche geliebt? Gewiss geistlich: Obwohl er nicht gefunden hat, was er liebt, sondern das, was er hasst an ihr, dennoch hat sich selbst für sie dahingegeben, jene heiligend usw. So auch ein Mann, wenn er an seiner Frau etwas weniger liebenswertes findet, gehört es sich, dass er selbst verwandelt wird und sich hingibt, das heißt: dass er sein Verlangen, das wegen des Mangels der Frau nicht erfüllt wird, verlässt, um so nur noch das in ihr zu sehen, was liebenswert ist, und so reinigt er sie für sich selbst, dass er sie sich ohne Runzel hinstellt. Was aber nur geschieht, wie ich gesagt habe, wenn er das Übel im Guten besiegt hat und lernt, auch das nicht Liebenswerte zu lieben, damit es liebenswert wird, sei es nun dass dieses verwandelt worden ist oder er selbst. Denn wenn alle Dinge indifferent sind, können sie sowohl geliebt als auch gehasst werden, je nachdem der Geist gewandelt wird, wie der Ruhm der Welt, derselbe bleibend, geliebt und gehasst wird von demselben Menschen, der sich von ihm abwendet oder sich ihm zuwendet. Und dieses ist die beste Weise der Veränderung, wo nicht die Sache und das Objekt, sondern das Vermögen gewandelt wird: dieses ist nämlich fest: diese Veränderung ist [die Sache] der Christen [...], aber der Weltlichen ist es, nur die Veränderung der Objekte zu suchen."[9]

Noch einmal geht es hier um die von Herrn K. aufgeworfene Frage: „Was tun Sie, wenn Sie einen Menschen lieben?"[10] Die erste Antwort der menschlichen Liebe lautet: „Ich mache einen Entwurf von ihm und sorge dafür, daß er ihm ähnlich wird", gemeint ist: „Ich sorge dafür, dass der oder die andere mehr und mehr meinen Vorstellungen des Liebenswerten entspricht und sich somit den Bildern, Abbildern und Vorbildern angleicht, die mir als liebenswert erschei-

---

[9] WA 1, 458,11–24 (Übersetzung vom Verf.).
[10] S.o. Anm. 6.

nen." Die zweite Antwort, die die menschliche Liebe zum Gleichnis der göttlichen macht, lautet demgegenüber: „Ich lasse einem Menschen sein ihm eigenes, unverwechselbares Bild. Ich gehe davon aus, dass der Entwurf schon in ihm liegt, sodass ich nur noch dafür Sorge zu tragen habe, dass er diesem Entwurf und also sich selbst in seiner Individualität mehr und mehr ähnlich wird." Während in der ersten Antwort eine gleichmachende Tendenz liegt, zugleich aber auch die Aufhebung der fundamentalen Gleichheit aller Menschen vor Gott, beharrt die zweite Antwort auf dieser fundamentalen Gleichheit, um gerade so die je besondere Individualität sich entfalten zu lassen. Gerade als Ebenbild Gottes entzieht sich der Mensch dem definierenden Zugriff von Seiten anderer Menschen, die ihre Entwürfe zu verwirklichen suchen; als Ebenbild Gottes ist er zugleich offen, um im Geschehen der Liebe zu werden, wozu er als Geschöpf Gottes bestimmt ist.

22. Kapitel: Hoffnung auf das Wort

Eine Meditation zur Einführung in die Lehre von den „letzten Dingen"

1. Hoffnung als Eigenschaft des Lebens „Die Bäume treiben Knospen und alle Welt hofft" (Goethe)

„Wer noch bei den Lebenden weilt, der hat Hoffnung", sagt der Prediger Salomo (Koh 9,4). Die Hoffnung ist etwas so Natürliches, dass sie bei allen Menschen, wenn nicht sogar bei aller Kreatur (Röm 8,19f) zu finden ist. „Die Bäume treiben Knospen und alle Welt hofft."[1] Die Folge der Jahreszeiten, dass auf jeden Winter ein neuer Frühling folgt, bietet sich als Gleichnis der Hoffnung an. Und die Dichtung hat sich immer wieder dieser Metaphorik bedient. Beispielhaft sei aus Emanuel Geibels Gedicht *Hoffnung* die erste und die letzte Strophe zitiert: „Und dräut der Winter noch so sehr/ Mit trotzigen Gebärden,/ Und streut er Eis und Schnee umher,/ Es muß doch Frühling werden. [...] Und wenn dir oft auch bangt und graut,/ Als sei die Höll' auf Erden,/ Nur unverzagt auf Gott vertraut!/ Es muß doch Frühling werden."[2] Die Hoffnung, so wie sie hier beschworen wird, nimmt es mit allen gegnerischen Gewalten auf. Sie traut „unverzagt" auf die Übermacht des Lebens. Sie erweist ihre Stärke noch und vielleicht in besonderer Intensität in den Extremsituationen, wenn Menschen sich dem Tode ausgeliefert sehen. „Der Mensch hofft immer Verbesserung!" – nicht nur am Anfang im Horizont des Möglichen, sondern auch und nicht weniger dort, wo der Mensch mit seinen Möglichkeiten am Ende ist: „noch am Grabe pflanzt er – die Hoffnung auf."[3]

---

[1] Johann Wolfgang von Goethe, Werke. Hamburger Ausgabe in 14 Bdn., Bd. 4, München [13]1994, 174 (Götz von Berlichingen, 5. Akt, letzte Szene).

[2] Emanuel Geibel, Hoffnung; ähnlich gestimmt: „Harre, meine Seele" (EG Ausgabe Niedersachsen Nr. 593): „Sei unverzagt,/ Bald der Morgen tagt,/ Und ein neuer Frühling/ Folgt dem Winter nach."

[3] Friedrich Schiller, Sämtliche Werke in 5 Bdn., München [8]1987, Bd. 1, 216f (Hoffnung).

Mit Glaube und Liebe gehört die Hoffnung zu dem, was „bleibt" (1Kor 13,13). Man könnte sie zu den Konstanten der Menschheitsgeschichte rechnen und in ihr dieselbe Zusage erkennen, die nach der Sintflut im Blick auf die äußeren Naturkonstanten ausgesprochen ist: „Solange die Erde steht, soll nicht aufhören Saat und Ernte, Frost und Hitze, Sommer und Winter, Tag und Nacht" (Gen 8,22). Solange Menschen leben, soll nicht aufhören Glaube, Liebe, Hoffnung.[4] Gewiss: Die Liebe ist die größte unter diesen Gaben. Aber die Hoffnung ist vielleicht am tiefsten in der menschlichen Seele verankert. So jedenfalls hat es Friedrich Schlegel gesehen: Die Hoffnung sei „das innerste Wesen des Menschen und die am meisten charakteristische Eigenschaft desselben."[5] In der Weise der Sehnsucht reicht sie in den Ursprung hinein, aus dem die „dreifache Gnadenblume" von Glaube, Liebe und Hoffnung hervorgeht; und in ihr und durch sie „vollendet" sich „die Harmonie des Bewußtseins"[6]. Natur und Gnade sind hier nicht voneinander zu trennen. So wie der Mensch im Atemholen immer wieder neu die Gabe des Lebens empfängt, so ist die Hoffnung vom ersten bis zum letzten Atemzug die natürliche, geradezu naturwüchsige seelische Einstellung auf das Leben, das der Mensch nur hat, indem er es sich stets aufs Neue geben lässt.

2. UMKEHR ZUR LEBENDIGEN HOFFNUNG
„... DAMIT IHR NICHT TRAURIG SEID WIE DIE ANDEREN, DIE KEINE HOFFNUNG HABEN" (1THESS 4,13)

Von dieser mit dem Leben zugleich gegebenen Hoffnung ist freilich die besondere Hoffnung der Christen zu unterscheiden. Diese Hoffnung kommt durch das Evangelium in die Welt. Bereits in der ältesten Schrift des neuen Testaments, im 1. Brief des Paulus an die Thessalonicher, findet sich der urchristliche Aufbruch der Hoffnung bezeugt. „Nicht allein im Wort, sondern auch in der Kraft und in dem heiligen Geist und in großer Gewissheit" sei „die Predigt des Evangeliums" zu ihnen gekommen, schreibt Paulus (1,5). Wir befinden uns im Jahr 50 nach der Zeitenwende. Die Botschaft von Jesus, dem Christus, von seinem Leben, von seinem Tod und von seiner Auferstehung ist wirksam geworden. Sie wirkt, indem Menschen sich bekehren „von den Abgöttern" zu „dem lebendigen und wahren Gott", um ihm zu „dienen" und zu „warten auf seinen Sohn vom Himmel, den er auferweckt hat von den Toten, Jesus, der uns von dem zukünf-

---

[4] Die Anregung, die beiden Zusagen, Gen 8,22 und 1Kor 13,13, im Zusammenhang zu lesen, geht zurück auf ÖDÖN VON HORVATH, Gesammelte Werke, hg. v. TRAUGOTT KRISCHKE, Bd. 6, Frankfurt a.M. 1986 (suhrkamp taschenbuch 1056), 13 (Glaube Liebe Hoffnung).
[5] FRIEDRICH SCHLEGEL, Kritische Friedrich-Schlegel-Ausgabe, hg. v. ERNST BEHLER, 1. Abt., Bd. 10, München u. a. 1969, 103 (Philosophie des Lebens, 1827/28).
[6] Ebd., 102f.

tigen Zorn errettet" (1,9f). Die neue Existenz, die durch das Evangelium geschaffen wird, gewinnt ihr charakteristisches Profil in der Heiligung und in der Hoffnung. Eben dadurch sehen sich die ersten Christen von ihren heidnischen Zeitgenossen unterschieden: dass sie *anders* leben – im Verhältnis von Mann und Frau ebenso wie in der Ökonomie (4,3–12) – und dass sie auf ein anderes Leben in Gemeinschaft mit dem wiederkommenden Herrn hoffen dürfen (4,13-18). Beides gehört untrennbar zusammen: die veränderte Lebenspraxis, die das Thema der Ethik ist, und die Gewissheit im Blick auf das zukünftige Leben, die in der Theologie unter dem Begriff der Eschatologie bedacht wird.

Die Hoffnung ist nicht ohne die anderen Gnadengaben des Heiligen Geistes; sie ist nicht ohne Glaube an den lebendigen, wahren Gott und ebensowenig ohne Liebe im Umgang miteinander. Sie ist daher noch nicht zureichend erfasst, wenn man ihren Vorstellungsgehalt zur Kenntnis nimmt, wenn man also die Frage beantwortet: *Was* haben die ersten Christen erhofft? Welche Vorstellungen hatten sie, wenn sie über Zukünftiges sprachen? Zu fragen ist vielmehr auch: *Wie* leben sie „in Hoffnung" (vgl. Röm 12,12), von der Hoffnung bewegt? Analog zu der in Hinsicht auf den Glauben üblichen Unterscheidung zwischen dem Glauben als Glaubensakt (*fides qua creditur*) und Glaubensinhalt (*fides quae creditur*) kann man also auch die Hoffnung unter zwei Aspekten auslegen und eine *spes qua speratur*, eine Hoffnung, durch die wir hoffen, von einer *spes quae speratur*, einer Hoffnung im Sinne eines erhofften Geschehens unterscheiden.[7] Beide Aspekte kommen zusammen, wenn Paulus die Christen als „Kinder des Tages" bezeichnet und von ihnen sagt, sie seien wachsam und „nüchtern", „angetan mit dem Panzer des Glaubens und der Liebe und mit dem Helm der Hoffnung auf das Heil" (1Thess 5,8). Das Heil, auf das sie hoffen, ist ihnen eröffnet durch den Herrn Jesus Christus, „der für uns gestorben ist, damit ob wir wachen oder schlafen, wir zugleich mit ihm leben" (5,10). Diese Charakterisierung des christlichen Lebens hat ein hartes, geradezu vernichtendes Urteil über das nicht von der Botschaft des Evangeliums erfasste und bewegte Leben anderer Menschen zur Kehrseite. Die „anderen", das sind die, „die keine Hoffnung haben" (4,13), so wie in der Rückschau derer, die aus den Völkern zur Christusgemeinde gekommen sind, ihr früheres Leben „außerhalb des Bundes der Verheißung" als ein Leben „ohne Gott" und ohne Hoffnung erscheint (Eph 2,12).

Hatten wir zunächst die Hoffnung als eine Kraft der Natur verstanden, so rückt nun die Hoffnung im Evangelium und durch das Evangelium ganz auf die Seite der Gnade. Die scholastische Theologie, wie man beispielhaft bei Thomas von Aquin studieren kann, rechnet sie daher nicht allein zu den natürlichen Tugenden, sondern zu den „theologischen Tugenden"[8]. Zwischen Hoffnung und Hoffnung, zwischen einer natürlichen und einer zur Natur hinzukommenden,

---

[7] Im Anschluss an KLAUS HELD, Idee einer Phänomenologie der Hoffnung, in: DIETER LOHMAR/DIRK FONFARA (Hg.), Interdisziplinäre Perspektiven der Phänomenologie, Dordrecht 2006 (Phaenomenologica 177).

[8] Summa Theologica IIa IIae q 17.

durch Gnade vermittelten Hoffnung ist also zu unterscheiden. Im Neuen Testament ist diese Unterscheidung dadurch markiert, dass dem Substantiv „Hoffnung" mehrfach ein Adjektiv zur Näherbestimmung beigegeben ist: es geht um die durch Gnade gegebene „gute Hoffnung" (2Thess 2,16), die „lebendige Hoffnung", zu der Menschen wiedergeboren werden (1Petr 1,3), „eine bessere Hoffnung, durch welche wir zu Gott nahen" (Hebr 7,19). Im Gegenüber zu dieser theologisch qualifizierten Hoffnung erscheint die allgemeine, natürliche Hoffnung als eine überaus zweideutige Einstellung. Nicht nur in der griechischen Antike, auch in der biblischen Tradition finden sich Aussagen über die Eitelkeit, die Vergeblichkeit der Hoffnung. Jesus Sirach sieht in ihr das große Elend des Menschen dokumentiert: „Von Mutterleib an, bis die Menschenkinder zur Erde zurückkehren, die unser aller Mutter ist, sind immer Sorge, Furcht und Hoffnung und zuletzt der Tod" (40,1f).[9]

3. Hoffnung allein auf Gott
Der „sichere und feste Anker" (Hebr 6,19)

Fragt man daraufhin genauer, was die Hoffnung zur „guten Hoffnung" qualifiziert, so ist noch einmal an die radikale Veränderung zu erinnern, die im 1. Brief des Paulus an die Thessalonicher zur Sprache kommt: Hoffnung kommt auf, indem Menschen sich zu dem „lebendigen und wahren Gott" bekehren (1,9). In der theologischen Lehre wird diese Erfahrung so zum Ausdruck gebracht, dass Gott zum Objekt der Hoffnung erklärt wird. So bezeichnet Thomas von Aquin Gott als das „principale obiectum" der Hoffnung, die eben allein dadurch, dass sie auf Gott hofft, zu einer theologischen Tugend, zur Tugend in einem eindeutig guten Sinne wird.[10] Die „reinste Hoffnung", so kann Luther sagen, ist Hoffnung auf den „reinsten Gott": „spes purissima in purissimum deum"[11]. Solche Hoffnung richtet sich nicht auf irgendetwas in dieser Welt Gegebenes; sie löst sich von allen Interessen, die ein Mensch im Blick auf dieses Leben hat. Ihr Woraufhin ist Gott selbst, Gott allein. Wie dieser Gedanke die christliche Frömmigkeit prägt, zeigt sich exemplarisch bei Johann Arndt in den Büchern *Vom wahren Christentum*:

> „Die Hoffnung siehet nicht auf das, was gegenwärtig und greiflich; sondern schwingt sich ringefertig hinauf, und hat zum Zweck, was fern und künftig ist. Sie siehet durchhin durch dieses große Weltgerüst auf das, was keines Menschen Herz

---

[9] Vgl. zur Ambivalenz der Hoffnung im Gegenüber zur „Eindeutigkeit christlicher Hoffnung" EBERHARD JÜNGEL, Die Hoffnung auf das ewige Leben – Zur individuellen Eschatologie, in: epd-Dokumentation Nr. 25/2002, 16–24, insbes. 16–19.
[10] STh IIa IIae q 17 a 5.
[11] WA 5, 166,18 (Operationes in Psalmos 1519–1521).

noch Sinn gesehen und erkannt; und stehet unverwandt auf Gott, als ihren Gegenwurf, gerichtet."[12]

Der Haftpunkt der Hoffnung liegt weit entfernt, jenseits dessen, was dem Menschen zugänglich, vordergründig sichtbar ist. Hier gilt es mit den „Augen des Herzens" (Eph 1,18) zu sehen und – um das bekannte Bild aus dem Hebräerbrief aufzunehmen – den Anker weit vorauszuwerfen, dorthin, wohin Jesus vorausgegangen ist: Wir haben an der Hoffnung „einen sicheren und festen Anker unserer Seele, der hineinreicht bis in das Innere hinter dem Vorhang" (Hebr 6,19).

Die so verstandene theologische Tugend wird bei Johann Arndt[13] durch scharfe Negationen bezeichnet: Sie vertraut nicht „auf sich selbst", nicht „auf eigene Gaben, Verdienst, Frömmigkeit, Herrlichkeit, Glück, Ehre und Reichthum"; mit diesen „Teufelslarven" hat sie vielmehr zu kämpfen, um durch alles Sichtbare hindurchzudringen zum unsichtbaren Gott, durch die Wandelbarkeit der Zeit hindurch zur Ewigkeit, durch das vergängliche Leben der Kreaturen hin zum Schöpfer allen Lebens. Ob ein Mensch allein auf Gott hofft, das erweist sich in den Prüfungen, in denen ihm die Güter dieser Welt entzogen werden. Gemeint ist die Hoffnung Abrahams, der hofft, da nichts zu hoffen ist, der somit wider die Hoffnung hofft (Röm 4,18). Gemeint ist die Hoffnung Hiobs, der „läßt sich geben und nehmen nach Gottes Wohlgefallen", ohne mit dem Herzen an den Gaben Gottes zu hängen. Das Schlüsselwort zur Charakterisierung dieser Hoffnung lautet „Entblößung"; durch sie lernt der Mensch „auf kein ander Ding hoffen, denn allein auf Gott." „[...] gleichwie die Seele bloß aus Gott kommen ist, also muß sie wieder bloß in Gott kommen, ohne Creaturliebe."

„Worauf dürfen wir hoffen?" Die Antwort auf diese Frage lautet hier: allein auf Gott! So deutlich diese Antwort ist, so wirft sie doch Fragen auf: Dürfen wir nicht auch für uns selbst hoffen? Wird hier nicht allzu scharf geschieden zwischen dem „bloßen" Gott und der „entblößten" Kreatur? Auf den lebendigen Gott zu hoffen, heißt das nicht auch, auf das Leben, auf mein Leben zu hoffen? Dass beides zusammengehört, die auf Gott gerichtete Hoffnung und die je eigene Lebenshoffnung, soll nicht bestritten werden. Aber gerade wenn man den Zusammenhang bedenkt, stellt sich die Frage, wovon auszugehen ist. Josef Pieper, der katholische Philosoph, dem wir neben vielen anderen Traktaten auch eine eindringliche Besinnung auf den Begriff der Hoffnung verdanken, stellt diese erstmals 1935 erschienene Besinnung unter einen Satz aus dem Buch Hiob, in dem sich die reine Gotteshoffnung aufs äußerste zuspitzt: „Wenn Er mich auch tötet, ich werde auf ihn hoffen" (Hiob 13,15). Und Pieper begründet die Wahl dieses zweifellos anstößigen Mottosatzes damit, dass es „einem Mißverständnis den Boden" entziehe, „das in einer katastrophischen Zeit buchstäblich lebensgefährlich" sei.

---

[12] JOHANN ARNDT, Sechs Bücher vom wahren Christenthum nebst dessen Paradies-Gärtlein, Stuttgart o. J., 415 (2. Buch, 50.Kap.).
[13] Die folgenden Zitate sind dem angegebenen Kapitel entnommen, ebd., 415f.

> „Es ist das Mißverständnis, als könne die Durchformtheit der natürlichen Hoffnung durch die übernatürliche auch von unten her [statt von oben] verstanden werden; mit anderen Worten, als müsse die Erfüllung der übernatürlichen Hoffnung ihren Weg nehmen über die Erfüllung der natürlichen Hoffnung."[14]

Die Hoffnung auf Gott wäre also missverstanden, wenn man sie in der Verlängerung und Steigerung irdischer Hoffnungen suchen wollte. Das ewige Leben wäre missverstanden, wenn man in ihm die lineare Weiterführung und Maximierung dieses irdischen Lebens erwarten wollte. Zwischen Glückshoffnungen, die auf dieses Leben gerichtet sind, und der Hoffnung auf das ewige Leben bei Gott besteht nicht ein Verhältnis der Steigerung nach dem Muster „hoch – höher – am höchsten".[15] Vielmehr geht es darum, die Hoffnung aus dem auf Selbstsicherung und Steigerung bedachten Kreisen um das eigene Leben herauszurufen und sie gleichsam in eine andere Umlaufbahn zu versetzen. Richtet sich die Hoffnung darauf, „ganz in Gott zu sein", so „erübrigen sich" die im Bannkreis der Selbstsorge befangenen Wünsche und Begierden.[16]

4. Hoffnung auf den lebendigen Gott „Bei dir ist die Quelle des Lebens und in deinem Lichte sehen wir das Licht" (Ps 36,10)

Greift die Hoffnung, die im Natürlichen gegründet ist und dieses überhöht, ins Leere, so umfasst doch umgekehrt die Hoffnung, die auf Gott gerichtet ist, durchaus auch die Hoffnungen für dieses Leben. In Frage steht das Fundierungsverhältnis. Wenn der Hebräerbrief die Hoffnung mit einem Anker vergleicht (Hebr 6,19), so geht es darum, das Gewicht der Hoffnung zu verlagern. Der Anker wird gleichsam weit ausgeworfen, hinein in jenes Jenseits „hinter dem Vorhang", in das Jesus vorangegangen ist. Eben diese Jenseitshoffnung hat Konsequenzen für die irdische Lebensführung, und keineswegs solche, die man unter der Rubrik Quietismus, Gleichgültigkeit oder Passivität verbuchen könnte. In welche Lebensbewegung diese Hoffnung versetzt, wird verständlich, wenn man noch einmal auf das „principale obiectum" achtet. Der lebendige

---

[14] Josef Pieper, Über die Hoffnung, Olten ⁴1948, 45f.

[15] Vgl. Johann Wolfgang von Goethe, Werke. Hamburger Ausgabe in 14 Bdn., Bd. 2, München ¹⁵1994, 116f (Höheres und Höchstes; West-östlicher Divan, 1819): „Und so werdet ihr vernehmen/ Daß der Mensch, mit sich zufrieden,/ Gern sein Ich gerettet sähe,/ So dadroben wie hienieden./ Und mein liebes Ich bedürfte/ Mancherley Bequemlichkeiten,/ Freuden wie ich hier sie schlürfte/ Wünscht' ich auch für ew'ge Zeiten."

[16] Traugott Koch, „Auferstehung der Toten". Überlegungen zur Gewissheit des Glaubens angesichts des Todes, in: ZThK 89, 1992, 462–483, Zitate 464 im Anschluss an Luther. Auch das in der vorigen Anm. zitierte Gedicht Goethes zielt auf eine ähnliche Aufhebung, sofern das endliche Leben am Ende einkehrt in „die ewigen Kreise,/ Die durchdrungen sind vom Worte/ Gottes rein-lebendigerweise."

Gott, auf den sich die Hoffnung richtet, ist ja gerade darin lebendig, dass er Leben schafft. Wohl hat er, der allein Unsterblichkeit hat (1Tim 6,16), das Leben aus sich selber und in sich selber (Joh 5,26); aber er behält es ja nicht für sich; vielmehr ist er geradezu die überströmende „Quelle des Lebens" (Ps 36,10).[17] Gott ist, wie Luther in der Auslegung des 1. Gebotes sagt, „ein ewiger Quellbrunn [...], der sich mit eitel Güte übergeusset und von dem alles, was gut ist und heißet ausfleust"[18]. Anders als in manchen Konzeptionen metaphysischer Theologie wird hier Gott gerade nicht von seinen Kreaturen getrennt und in eine ‚Überwelt' unsterblichen Lebens gleichsam eingeschlossen. Eben die metaphysischen Distinktionen, die zwischen Ewigkeit und Zeit, zwischen göttlicher Unsterblichkeit und menschlicher Sterblichkeit, zwischen göttlicher Vollkommenheit und kreatürlichem Leiden so scheiden, wie nach dem Schöpfungsbericht die Himmelfeste scheidet zwischen den Wassern oben und unten (Gen 1,6f), eben solche Trennungen sind im Glauben an den lebendigen Gott, der Leben schafft, aufgehoben. Wohlgemerkt: nicht von Seiten des Menschen aufgehoben, wohl aber im schöpferischen Handeln Gottes. Das Bild von der Quelle ist in dieser Hinsicht besonders sprechend: In ihm ist eine Bewegung des Lebens gefasst, die das Ewige mit dem Zeitlichen, den Ursprung mit dem Weg, das Schöpferische und Unerschöpfbare mit dem Endlichen, Fließenden und Versiegenden verbindet. Indem wir so das „obiectum" der Hoffnung, das Sein Gottes, durch das Prädikat des Lebens näherbestimmen, erweist sich dieses Woraufhin zugleich als das Woher unseres eigenen Lebens. Dieses „obiectum" lässt sich nicht vergegenständlichen; es ist vielmehr in Wahrheit das schöpferische Subjekt, das an uns und mit uns handelt.

5. Die Bewegung der Hoffnung
„Meine Seele wartet auf den Herrn mehr als die Wächter auf den Morgen" (Ps 130,6)

Von daher ist es nur konsequent, nun auch nach der auf Seiten des Menschen sich vollziehenden Lebensbewegung zu fragen. Was tut ein Mensch, wenn er hofft? Oder: Was geschieht in ihm, wenn er seine Hoffnung am lebendigen Gott festmacht? Unter drei Aspekten sei diese Bewegung bezeichnet:

Zum einen: Hoffen heißt *anfangen*. Diese positive Bestimmung wird vielleicht verständlicher, wenn man die entgegengesetzte Haltung bedenkt: Die Resignation ist jene Einstellung, die im Blick auf den Anfang immer schon das Ende vorwegnimmt. Am Morgen herrscht dann schon Abendstimmung. Wir fangen gar nicht erst an, weil es sich – auf den Ausgang hin betrachtet – nicht zu

---

[17] Vgl. JOACHIM RINGLEBEN, Wahrhaft auferstanden. Zur Begründung der Theologie des lebendigen Gottes, Tübingen 1998, 150–157.
[18] BSELK 938,15–17 (Auslegung des 1. Gebots im Großen Katechismus).

lohnen scheint. Wir lassen die Zeit verstreichen. Hoffnung aber bedeutet demgegenüber: das Leben anzunehmen, die gewährte Zeit wahrzunehmen. Etwas mit dem Leben anzufangen, und das immer wieder neu, von Tag zu Tag. Solche Hoffnung nimmt ernst, dass die Quelle des Lebens, die in Gott liegt, in das kreatürliche Leben hineinfließt und in ihm erneuernd wirkt. Sie ist jene Morgenstimmung, die in den Klageliedern Jeremias so formuliert ist: „Die Güte des Herrn ist's, dass wir nicht gar aus sind, seine Barmherzigkeit hat noch kein Ende, sondern sie ist alle Morgen neu, und deine Treue ist groß. Der Herr ist mein Teil, spricht meine Seele; darum will ich auf ihn hoffen" (Klag 3,22–24).

Zum anderen: Hoffen heißt *ausharren*. Auch diese Bestimmung mag überraschen. Sie schließt sich freilich an das eben Gesagte an. Es geht ja nicht nur um den allerersten Morgen, um den Anfang, von dem wir immer schon herkommen; es geht auch um den Morgen, dem wir entgegengehen: „Meine Seele wartet auf den Herrn mehr als die Wächter auf den Morgen", heißt es im 130. Psalm (V. 6). Und diese Aussage ist durchaus repräsentativ für den hebräischen Begriff der Hoffnung, wie er vor allem in den Psalmen zur Sprache kommt. Hoffnung ist „gespanntes Aussein auf Gottes Handeln"[19], oder wie Kurt Marti es umschreibt: Hoffen bedeutet „eben dies: gespannt sein wie ein gespanntes Seil, wie ein gespannter Muskel oder Nerv."[20] Das menschliche Leben ist eingespannt in Gegensätze zwischen Anfang und Ende, zwischen Licht und Finsternis, zwischen Neuem und Altem. Und es unterliegt in all diesen Spannungen und Widersprüchen der Macht des Todes und der Macht der Sünde. Solche Spannungen auszuhalten, ist eine Übung der Geduld und des Widerstandes zugleich.

Und schließlich: Hoffen heißt *loslassen*. Stünde diese Aussage am Anfang und hätten wir nicht die Hoffnung unter den beiden anderen Aspekten in den Blick genommen, wäre dieser Satz verfehlt. Von Loslassen zu reden, ist nur dann im Sinn der Hoffnung, wenn dadurch weder die Zuversicht des Anfangens widerrufen noch die Gespanntheit inmitten der Widerspruchserfahrungen entspannt wird. Als äußerste Zuspitzung der Hoffnung aber lässt sich nun auch dieses sagen: Ein Mensch darf sein Werk aus der Hand legen; er kann es nicht vollenden und er muss es nicht selbst vollenden. Dietrich Bonhoeffer hat in seinem Gedicht *Stationen auf dem Weg zur Freiheit* dieses Loslassen als eine „wunderbare Verwandlung" beschrieben: „Die starken Hände sind dir gebunden. Ohnmächtig einsam siehst du das Ende deiner Tat. Doch atmest du auf und legst das Rechte still und getrost in stärkere Hände und gibst dich zufrieden." So loszulassen heißt, die Vollendung Gott zu überlassen: damit er die Freiheit „herrlich vollende".[21]

---

[19] CLAUS WESTERMANN, Das Hoffen im Alten Testament. Eine Begriffsuntersuchung, in: DERS., Forschung am AT. Gesammelte Studien [Bd. 1], München 1964 (ThB 24), 219–265, Zitat 243.
[20] KURT MARTI, Der Gottesplanet. Aufsätze und Predigten, Darmstadt 1988, 153.
[21] DIETRICH BONHOEFFER, Widerstand und Ergebung. Briefe und Aufzeichnungen aus der Haft, hg. v. CHRISTIAN GREMMELS u.a. (DBW 8), Gütersloh 1998, 570–572.

Unter drei Gesichtspunkten haben wir versucht, die Hoffnung auf den lebendigen Gott als einen Lebensvollzug zu umschreiben. Am Ende freilich stellt sich noch einmal die Frage: Worauf dürfen wir hoffen, wenn wir so hoffen? Worauf richtet sich die Hoffnung, wenn ein Mensch sein Leben in die Hände des lebendigen Gottes gibt?

6. Hoffnung auf Gottes Gericht
„Das Wort Gottes ist lebendig, kräftig und schärfer als jedes zweischneidige Schwert" (Hebr 4,12)

„Schrecklich ist's, in die Hände des lebendigen Gottes zu fallen" – heißt es im Hebräerbrief (10,31). Der Leben schaffende Gott ist auch der, der die Menschen sterben lässt. Es ist in den Worten Luthers „der in seiner Majestät verborgene Gott", der den Tod weder beweint noch aufhebt, der vielmehr „Leben, Tod und alles in allem" wirkt"[22]. Die Hoffnung, die sich auf diesen Gott richtet, ist nicht frei von Furcht. Und sie ist dem Zweifel ausgesetzt, der in dem allmächtigen Walten des lebendigen Gottes seine Gerechtigkeit und Güte vermisst. Wenn die Hoffnung gleichwohl als Hoffnung auf Gott behauptet werden soll, müssen wir noch einmal nachfragen: Auf was setzen wir unsere Hoffnung, wenn wir auf Gott hoffen?

Einen Hinweis auf die Antwort gibt uns das zweite Gottesprädikat aus dem eingangs angeführten Text aus dem 1. Thessalonicherbrief: Die ersten Christen haben sich bekehrt zu dem „lebendigen und wahren Gott" (1,9). Was könnte gemeint sein, wenn Gott als der wahre, der wahrhaftige bezeichnet wird? Die Wahrheit als Gottesprädikat ist im biblischen Denken als Treue auszulegen: Gott steht zu seinem Wort. „Des Herrn Wort ist wahrhaftig. Und was er zusagt, das hält er gewiss" (Ps 33,4). Auf den wahren Gott zu hoffen, heißt dann sich darauf verlassen, dass Gott seine Verheißungen erfüllt, dass er sein Wort wahrmacht, dass er seine Gerechtigkeit durchsetzt. Das Gegenüber der Hoffnung ist der Gott, der sich gleichsam in sein Wort hüllt, der uns durch sein Wort anredet und in dieser Zuwendung gleichsam ein Angesicht erhält. Die Hoffnung auf Gott konkretisiert sich als Hoffnung auf sein Wort. „Ich harre des Herrn, meine Seele harret, und ich hoffe auf sein Wort" (Ps 130,5; vgl. Ps 119,49.74.81.114.147).

Zunächst: Die Hoffnung richtet sich auf Gottes Kommen zum Gericht. Dass in der Erwartung des Gerichts eine hoffnungsvolle Perspektive liegt,[23] mag befremden, wenn man an die nicht auszuschließende Möglichkeit der Verurteilung denkt, die nach altkirchlicher und in der Reformation festgehaltener Lehre

---

[22] LDStA 1, 404 (WA 18, 685,21–23; De servo arbitrio).
[23] Nachdrücklich betont von JÜNGEL, Hoffnung (s. Anm. 9), 21f; vgl. DERS., Das Evangelium von der Rechtfertigung des Gottlosen als Zentrum des christlichen Glaubens. Eine theologische Studie in ökumenischer Absicht, Tübingen ³1999, 71–74.

die Täter des Bösen „dem ewigen Feuer" ausliefert.[24] Es wird jedoch verständlich, wenn man das Gericht als die Durchsetzung der Gerechtigkeit Gottes versteht. In ihm erweist Gott seine Treue und Wahrheit, indem er seine Zusage erfüllt: „Selig sind, die da hungert und dürstet nach der Gerechtigkeit; denn sie sollen satt werden" (Mt 5,6). Gottes Gerechtigkeit, die über die immer unzulänglich bleibende menschliche Gerechtigkeit hinausgeht, ist aufklärende und zurechtbringende, Recht *schaffende* Gerechtigkeit.[25] Sie setzt die menschliche Geschichte so ins rechte Licht, dass unmenschliche Verbrechen und ihre Täter verurteilt, die Opfer aber ins Recht gesetzt werden.

Die Hoffnung auf das Gericht Gottes ist freilich nicht nur eine Hoffnung für die „Guten". Gerichtet werden „Gute" und „Böse", sofern beide als Sünder Gott widersprechen. Das Gericht Gottes greift tiefer als alle menschliche Gerichtsbarkeit. Diese vermag lediglich Äußerungen der Sünde zu beurteilen: einzelne Taten, Worte und, soweit wir von den Äußerungen auf sie zurückschließen können, auch Gedanken; aber das Herz, aus dem Gutes und Böses hervorgeht, können und sollen wir nicht unserem Urteil unterwerfen (auch nicht in der Selbstbeurteilung!). In diese Tiefe aber dringt die klärende und zurechtbringende Kraft des Wortes Gottes, von dem es Hebr 4,12 heißt: „Es ist lebendig und kräftig und schärfer als jedes zweischneidige Schwert und dringt durch, bis es scheidet Seele und Geist, auch Mark und Bein, und ist ein Richter der Gedanken und Sinne des Herzens." Dieser Vergleich des Wortes Gottes mit einem zweischneidigen Schwert verdeutlicht das Gericht als Scheidung. Gerichtet zu werden, heißt auch Trennung von der Sünde, ja Tötung des der Sünde verfallenen Lebens. In der Sprache des *Kleinen Katechismus* gesagt: Der „alte Adam in uns" soll „ersäuft werden und sterben mit allen Sünden und bösen Lüsten"[26].

Was das Gericht wirkt und wie es wirkt, ist dem Menschen, sofern er im Glauben das Wort Gottes wirken lässt, keineswegs unbekannt. Die Erfahrung der Rechtfertigung ist gleichsam ein Vorgeschmack des Gerichts. Während der Mensch als Sünder sich mit seinen Taten identifiziert und so auf sich fixiert ist, dass er alle Kritik, die ihm gesagt wird, als Verurteilung seiner selbst versteht und von sich weist, vollzieht sich mit der Rechtfertigung eine Kritik, die den Grund der Sünde zu treffen und eben deswegen auszuräumen vermag. Sie kann in Bezug auf die Sünde um so schärfer ausfallen, als sie dem Sünder im Glauben an Christus einen neuen Stand gewährt. Als Gesetz und Evangelium treibt das Wort Gottes gleichsam einen Keil in unsere Existenz. Es löst uns von uns selbst. Und das ist, so wahr wir als Sünder an uns selbst hängen, immer auch ein

---

[24] Vgl. das Pseudo-Athanasianische Bekenntnis *Quicumque* (DH 76) und BSELK 60,22–24 und 112,4–12; 113,4–11 (CA XVII).
[25] Vgl. OSWALD BAYER, Die Zukunft Jesu Christi zum Letzten Gericht, in: DERS., Gott als Autor. Zu einer poietologischen Theologie, Tübingen 1999, 160–186, insbes. 184f; JÜRGEN MOLTMANN, Im Ende – der Anfang. Eine kleine Hoffnungslehre, Gütersloh 2003, 72–90.
[26] BSELK 884,14f (Kleiner Katechismus).

schmerzlicher Prozess. Zugleich aber lässt sich in ihm auch ein Vorgang sehen, der zur Erlösung führt: „Wo Vergebung der Sünden ist, da ist auch Leben und Seligkeit."[27]

7. Hoffnung auf die ewige Gottesgemeinschaft „Wir werden bei dem Herrn sein allezeit" (1Thess 4,17)

Hoffnung auf das Wort heißt von daher auch Hoffnung auf Gemeinschaft, auf ewige Kommunikation. Unter diesem Gesichtspunkt sind die auf die Erlösung und Vollendung gerichteten Hoffnungsbilder zu bedenken. Dem „Ersäufen" des „alten Adams" entspricht das Herauskommen und Auferstehen des „neuen Menschen, der in Gerechtigkeit und Reinigkeit vor Gott ewiglich lebt"[28]. Sofern dieses beides schon jetzt geschieht, nämlich dort, wo Gottes Wort wirkt, kann man sagen, dass wir schon jetzt das ewige Leben kennen lernen. Schon jetzt fällt das ewige Leben gleichsam ein in unser irdisches, zeitliches Leben. Das Reich Gottes, um dessen Kommen wir bitten, kommt uns so nahe, dass wir Gottes Güte schon in unserem Leben spüren. Wo Gott Menschen anspricht und annimmt, da öffnet sich der Horizont des irdischen Lebens: Wir bleiben nicht eingeschlossen in der Welt, die wir mit eigenen Kräften aufbauen und zu sichern suchen. Das „Gefängnis"[29] dieser Welt verwandelt sich in den kommunikativen Lebensraum, der uns bereits mit der Schöpfung zugesagt ist. Der eschatologische Horizont des Reiches Gottes und der Horizont der Schöpfung konvergieren. Wir dürfen leben aus dem, was wir empfangen. Auch wenn wir es nicht festhalten können, wir haben das ewige Leben so wie wir das Licht der Sonne haben: als eine Gabe, die, so sehr sie uns auch umfängt und durchdringt, mithin unser ganzes Leben bestimmt, doch niemals unser Eigentum wird. Die Gabe des ewigen Lebens erübrigt den Wunsch, das Leben Gottes im Sinne der Unsterblichkeit für sich und aus sich heraus haben zu wollen.[30] Sie überwindet die verhängnisvolle Geschichte des „alten Adam", dessen Tragödie ja gerade darin besteht, dass er in dem Bestreben, das eigene Leben zu einem unsterblichen Leben zu steigern, das ihm von Gott gewährte Leben verdirbt und dem Tod unterwirft. „Der Sünde Sold ist der Tod; die Gabe Gottes aber ist das ewige Leben in Christus, Jesus, unserm Herrn" (Röm 6,23).

---

[27] BSELK 890,1f (Kleiner Katechismus).
[28] BSELK 884,16f (Kleiner Katechismus).
[29] Vgl. dazu noch einmal die letzte Szene im *Götz von Berlichingen* (s. Anm. 1), 175: „Die Welt ist ein Gefängnis."
[30] Vgl. zur Unterscheidung von „Unsterblichkeit der Seele und Auferstehung von den Toten" den gleichnamigen Aufsatz von Jörg Baur, in: Ders., Einsicht und Glaube. Aufsätze [Bd. 1], Göttingen 1978, 25–49.

Wenn es so etwas gibt wie ein Tor zum ewigen Leben, so öffnet sich dieses allein im Glauben, der sich auf Gottes Zusage verlässt und sich ihm ganz anvertraut. Das letzte Wort, das über die „letzten Dinge" entscheidet, also das richtende und vollendende Wort ist nicht unser eigenes Wort. So sehr es uns betrifft, so ist es doch nicht unser Wort. Es ist das Wort Jesu. Genauer: Jesus, der Christus, ist Gottes erstes und letztes Wort. Er ist „der Erste und der Letzte und der Lebendige" und hat „die Schlüssel der Hölle und des Todes" (Apk 1,17f). Der kommende Richter ist kein anderer als der, durch den alles geschaffen ist (Joh 1,3; 1Kor 8,6); er ist kein anderer als der gekreuzigte und auferstandene Christus, der als Sieger über die Mächte des Todes und der Hölle verkündigt wird (1Kor 15,55). Der kommende Herr ist insofern der wiederkommende, der wiederzuerkennende.

Hoffnung auf das ewige Leben heißt dann: „Wir werden bei dem Herrn sein allezeit" (1Thess 4,17). Das uns verheißene Leben ist nicht die Verlängerung, nicht die Verewigung unserer je eigenen Existenz, sondern die Befreiung zur vollkommenen Gemeinschaft mit dem ewigen Gott. Es ist Leben in Kommunikation. Darauf deutet die biblische Verkündigung, wenn sie das ewige Leben unter dem Bild eines festlichen Gastmahls zu verstehen gibt (Jes 25,6−8; Mt 22,1−14 par; Apk 3,20). Das entscheidende Medium der Gemeinschaft zwischen Gott und Mensch aber ist das Wort. So wie Gott zu uns redet, so dürfen und sollen wir auch zu ihm reden. Luther konnte unter diesem Gesichtspunkt den Gedanken der Unsterblichkeit positiv aufnehmen: „Wie wir im Worte sind gewesen, also müssen wir wieder ins Wort fahren, wenn wir nun aufhören zu sein. Im Wort sind wir gewesen, ehe wir waren Menschen. In das Wort treibt es Johannes [indem er] lehret [...], wie sie ewig im Worte bleiben werden."[31] Die Seele ist nicht unsterblich im Sinne einer unzerstörbaren Substanz; sie hat jedoch teil an der Unsterblichkeit, sofern sie mit dem ewigen Wort Gottes kommuniziert. „Wo also und mit wem auch immer Gott redet, sei es im Zorn oder sei es in Gnade redet, der ist gewiss unsterblich. Die Person des redenden Gottes und das Wort bezeichnen, dass wir solche Kreaturen sind, mit denen Gott bis in Ewigkeit und unsterblich reden will."[32] So wie er uns durch sein Wort geschaffen hat, so liegt in seinem Wort auch unsere Zukunft. Es ist derselbe Gott, „der da lebendig macht die Toten und ruft dem, was nicht ist, dass es sei" (Röm 4,17).

8. Das Vaterunser als Schule der Hoffnung „Dein Wille geschehe"

Fragen wir abschließend noch einmal nach der Hoffnung im Sinne der *spes qua speratur*, so können wir auch in dieser Hinsicht eine Mahnung des 1. Thessalo-

---

[31] WA 45, 392,9−15 (Predigt über Joh 6,29; 1537).
[32] WA 43, 481,32−35 (Genesisvorlesung).

nicherbriefes aufnehmen (5,16–18): „Seid allezeit fröhlich, betet ohne Unterlass, seid dankbar in allen Dingen; denn das ist der Wille Gottes in Christus Jesus an euch." In besonderer Weise lässt sich das Gebet als eine Schule der Hoffnung verstehen.[33] Sein Sinn liegt ja darin, sich auf Gottes Wort einzustellen und ihm zu antworten. Wenn wir eben das ewige Leben als Gabe verstanden haben, so heißt das nicht zuletzt: Wir dürfen darum bitten und zwar in der Gewissheit darum bitten, dass unser Bitten erhört wird. Im Gebet spannen wir gleichsam den Mantel weit auf, um viel zu empfangen.[34] Gottes Ehre liegt geradezu darin, dass er uns mehr geben will, als wir greifen und begreifen können. Er ist „ein ewiger unvergänglicher Quell, der, je mehr er ausfließt und übergeht, je mehr er von sich gibt und nichts höher von uns begehret, denn dass man viel und große Dinge von ihm bittet, und wiederum zürnet, wenn man nicht getrost bittet und fordert."[35] Demnach dürfen und sollen wir also so unverschämt sein, um nicht weniger als das ewige Leben zu bitten.

Wie wir aber recht darum bitten, ist im Beten des Vaterunsers zu lernen und immer wieder aufs Neue einzuüben.[36] In den Worten des Vaterunsers kommt die Lehre von den „letzten Dingen" so zur Sprache, dass zugleich der Trost des christlichen Glaubens hervortritt. Hier lässt sich der Inbegriff christlicher Hoffnung finden.[37]

Nicht ohne Grund stehen am Anfang des Vaterunsers die Bitten, die Gott das „Seine" zugestehen: Gottes Name, sein Reich und sein Wille bezeichnen Gottes Freiheit und Allmacht. Sie zu achten, ist das erste Gebot. „Wir sollen Gott über alle Dinge fürchten, lieben und vertrauen"[38]. Hier geht es um die Hoffnung, die sich allein auf Gott, auf Gott allein richtet. Unter diesem Vorzeichen steht alles, was der Mensch für sich erbitten darf. Sich zuerst auf Gottes Reich und seine Gerechtigkeit einzustellen, heißt dann freilich auch, Gottes Willen uns zugute geschehen zu lassen (Mt 6,33). In der Bitte um das Kommen des Reiches Gottes ist unser eigenes Leben gut aufgehoben, so wie ja auch sprachlich die Bitten um das was wir brauchen, das tägliche Brot und die Vergebung der Schuld, eingefasst sind in die Anrufung Gottes, dem das Reich, die Kraft und die Herrlichkeit gehört. In diese Klammer eingeschlossen ist nicht zuletzt auch das Böse, von dem die Menschen aus eigener Kraft sich nicht zu befreien vermögen. „Wir bitten", so legt Luther die letzte Bitte als Zusammenfassung des

---

[33] Anregend hierzu MOLTMANN, Im Ende (s. Anm. 25), 95–98.
[34] BSELK 1078,26f (Großer Katechismus).
[35] BSELK 1086,36f und 1088,1–3 (Großer Katechismus).
[36] Vgl. zum folgenden ausführlicher: JOHANNES VON LÜPKE, Sprache der Hoffnung. Systematisch-theologische Gedanken zum Vaterunser, in: FRIEDRICH-OTTO SCHARBAU (Hg.), Das Gebet (VLAR 33), Erlangen 2002, 23–45.
[37] Diese Deutung entspricht der auf Augustins *Enchiridion* zurückgehenden katechetischen Tradition, in der die Trias von Glaube, Liebe und Hoffnung anhand des (apostolischen) Glaubensbekenntnisses, des Doppelgebots der Liebe und des Vaterunsers ausgelegt wird (vgl. auch das *Compendium theologiae* des Thomas von Aquin).
[38] BSELK 862,6 (Kleiner Katechismus).

ganzen Gebets aus, „daß uns der Vater im Himmel von allerlei Übel des Leibes und der Seele [...] erlöse und zuletzt, wenn unser Stündlein kommt, ein seliges Ende beschere und mit Gnaden [...] zu sich nehme in den Himmel"[39].

„Wie im Himmel so auf Erden" heißt es in der Mitte des Gebets, im Übergang von den „Dein"-Bitten zu den „Unser"-Bitten. Schon jetzt, hier auf Erden dürfen wir teilhaben an den Gaben unseres Schöpfers und Vaters. Gott sorgt für uns, sowohl für das leibliche Wohl als auch für die Seele. Dürfen wir in den lebensnotwendigen Gaben, zu deren Vermittlung wir als Menschen auch in Anspruch genommen sind, den Willen des Schöpfers und das Kommen seines Reiches wahrnehmen, so lässt sich in dieser Zuversicht auch umgekehrt sagen: „wie auf Erden so im Himmel". Gewiss wird das himmlische „Festmahl" anders sein als unser „tägliches Brot". Und ebensowenig ist das Jüngste Gericht mit dem in der Rechtfertigung erfahrenen Absterben des „alten Adam" einfach gleichzusetzen. Was aber sich durchhält im Übergang von diesem Leben zum ewigen Leben, ist die Gemeinschaft zwischen Gott und Mensch, wie sie im Wort lebendig ist.

---

[39] BSELK 880,15–18 (Kleiner Katechismus).

23. Kapitel: Was lässt hoffen?

1. Begründete Hoffnung?

Was lässt hoffen? Die so formulierte Frage setzt eine Einsicht voraus, die wir zunächst negativ formulieren können. Wir können Hoffnung nicht machen, nicht herstellen. Ob Menschen hoffen, hängt von Bedingungen ab, über die sie nicht verfügen. Zwar gibt es günstige Bedingungen für ein Leben in Hoffnung, aber ob es unter diesen Bedingungen wirklich dazu kommt, dass die so Begünstigten hoffen, ist damit noch nicht entschieden. Es kann dazu kommen, aber es muss nicht. Und umgekehrt schließen auch ungünstige Bedingungen nicht aus, dass Menschen hoffen, vielleicht nun erst recht. Gerade unter dem Vorzeichen des „dennoch" kommt Hoffnung auf, entwickelt sich eine eigentümliche Stärke. Gibt es dafür Gründe? Wenn es Gründe gibt, so gewiss nicht im Sinne kausaler Notwendigkeit, sondern eher im Sinne von Anregungen, auch im Sinne von Herausforderungen. Hoffnung stellt sich ein in einem Spielraum des Möglichen. Sie kann sich einstellen oder auch nicht. Und dann lautet die Frage: Was kann Hoffnung wecken? Wie kommt es dazu, dass Menschen hoffen?

2. Hoffnung: Willenskraft und Einbildungskraft

Indem wir so fragen, haben wir schon einen Vorbegriff von Hoffnung gewonnen, der sich unter zwei Gesichtspunkten verdeutlichen lässt:

Zum einen: Hoffnung hat anthropologisch ihren Ort in der Sphäre des Willens. Eben darin unterscheidet sie sich vom Glauben, dem sie ja sonst aufs Engste verbunden ist. Beide beziehen sich auf das Unsichtbare. Und wenn Paulus sagt: „Wir wandeln im Glauben, nicht im Schauen" (2Kor 5,7), so ist mit dem Glauben zweifellos auch die Hoffnung unterwegs. Sie sind gleichsam Zwillingsschwestern. Luther hat in seiner großen Galaterbriefauslegung das Verhältnis der beiden folgendermaßen bestimmt: In der Sache selbst können sie nicht getrennt werden. Glaube ist nicht ohne Hoffnung, und Hoffnung ist nicht ohne Glaube. Fragt man aber nach dem Ort dieser beiden Geistesgaben im Menschen, so hat der Glaube eine besondere Affinität zum Verstand, während die Hoffnung den Willen betrifft und bestimmt.[1]

---

[1] WA 40/II, 26,11–25.

Dieser anthropologischen Unterscheidung entspricht auf dem Feld der Ethik, genauer auf dem Feld der Tugendlehre, die Unterscheidung zwischen Klugheit und Tapferkeit. Hoffnung kann ihre besondere Stärke mitunter gerade dort erweisen, wo nach dem Urteil des Verstandes nichts Gutes zu erwarten und demnach kaum etwas zu hoffen ist. Lebensmut und Lebenswille können sich über die Einsichten, die dem Intellekt zugänglich sind, geradezu hinwegsetzen. Es gibt Hoffnung, wo nichts zu hoffen ist, wie Paulus am Beispiel Abrahams deutlich macht (Röm 4,18). Und umgekehrt: Die Hoffnung bleibt mitunter gerade dort aus, wo die Lebensumstände objektiv gute Aussichten bieten. Wenn sich die Hoffnung dort nicht einstellt, so eben deswegen, weil sie sich nicht einstellen will, weil sie nicht eine Funktion der verstandesmäßigen Einsicht ist.

Damit hängt zum anderen eine Unterscheidung zusammen, die die je verschiedenen Vermittlungsformen von Glaube und Hoffnung betrifft. Während der Glaube auf Lehre angewiesen ist und sich im Pro und Contra verschiedener Meinungen und Überzeugungen als wahr zu erweisen sucht, bedarf die Hoffnung einer Sprache, die das Gemüt und das Herz als Quelle unserer Willensregungen zu bewegen vermag. Kurz, um noch einmal Luther zu zitieren: Der Glaube fällt in das Gebiet der Dialektik, mithin in das Feld, auf dem es um die Verknüpfung, um die logische Fügung von Sätzen und Erkenntnissen geht; die Hoffnung aber gehört zur Rhetorik.[2] Wo es also darum geht, Hoffnung zu wecken und zu stärken, ist nicht allein und nicht so sehr das logische Vermögen der Sprache gefordert, sondern vielmehr ihre sinnlich-bildhafte Seite. Hoffnung wird lebendig in Hoffnungsbildern, sie teilt sich mit in Gleichnissen und Metaphern. Nicht, dass dabei der Verstand ausgeschaltet werden dürfte, aber ohne dass die Einbildungskraft angesprochen und beteiligt wird, lässt sich Hoffnung kaum vermitteln und erhalten.[3]

3. Sprache der Hoffnung: Poesie und Bibel

Die Frage „Was lässt hoffen?" kann nun präzisiert werden: Welche Sprache eröffnet den Spielraum, in dem Hoffnung aufkommen und wachsen kann? Welche

---

[2] Ebd., Z. 2f

[3] Vgl. dazu FRIEDRICH KARL SCHUMANN, Die christliche Hoffnung und das Problem der Entmythologisierung (1953), in: DERS., Wort und Wirklichkeit. Gesammelte Aufsätze und kleinere Schriften, Berlin und Hamburg 1971, 344–351, 350: Weil es der christlichen Hoffnung um „einen neuen Himmel und eine neue Erde" geht, kann sie „weder ausgesagt, noch gedeutet werden bloß mit der begrifflichen Sprache der Wissenschaft. Denn diese ist recht eigentlich auf diese Gegenstandswelt bezogen und aus ihr erwachsen. Schon wer vom Wesen und Sein dieser Welt sprechen will, muß in einer anderen Sprache sprechen. Er muß ‚singen', ‚sich zusingen', ‚beschwören', er muß Dichter sein. Erst recht der, der vom Ende und von der Erlösung dieser Welt zu künden hat. Er muß zu der Sprache greifen, die – indirekt und hinweisend – vom Ganzen, vom Ursprung und Ende zu reden vermag. Das ist die Sprache des Mythos."

Sprache vermag über unsere Einbildungskraft auch unsere Affekte und unseren Willen anzusprechen und zu prägen?

Eine erste Antwort können uns Dichter geben. Einem der zweifellos größten in dieser Zunft, Johann Wolfgang Goethe, verdanken wir nicht nur wunderbare Gedichte zum Thema Hoffnung, sondern auch eindringliche Reflexionen über die Sprachkraft der Poesie. In *Dichtung und Wahrheit* schreibt Goethe rückblickend: „An den ältesten Männern und Schulen gefiel mir am besten, daß Poesie, Religion und Philosophie ganz in eins zusammenfielen"[4]. Er erkennt in dieser Einheit ein gemeinsames Band des Glaubens, wie er in der Religion als „Glaube an das Unergründliche" und in der Poesie als „Glaube an das Unmögliche" stattfinde.[5] Die Poesie findet sich nicht ab mit der vorfindlichen Wirklichkeit. Sie lässt das Mögliche nicht durch das empirisch Gegebene definiert und beherrscht sein. Indem sie das Unmögliche, noch nicht Daseiende zur Sprache bringt, lässt sie es wirklich werden, erhebt sie geradezu einen schöpferischen Anspruch. Exemplarisch eingelöst findet Goethe diesen Anspruch bei dem Barockdichter Johann Christian Günther: Dieser sei „ein Poet im vollen Sinne des Wortes" gewesen:

> „Ein entschiedenes Talent, begabt mit Sinnlichkeit, Einbildungskraft, Gedächtnis, Gabe des Fassens und Vergegenwärtigens, fruchtbar in höchstem Grade, rhythmisch bequem, geistreich, witzig und dabei vielfach unterrichtet; genug er besaß alles, was dazu gehört, im Leben ein zweites Leben durch Poesie hervorzubringen, und zwar in dem gemeinen wirklichen Leben."[6]

Im Hintergrund stehen hier vermutlich auch Einsichten Johann Georg Hamanns, der eben Poesie als „die Muttersprache des menschlichen Geschlechts" bezeichnen konnte und ihr die Aufgabe zuwies, die vielfach gebrochene, widersprüchliche Wirklichkeit der Natur nicht nur darzustellen und zu deuten, sondern darüber hinaus sie „in Geschick zu bringen"[7]. Sowohl Hamann als auch Goethe finden die so verstandene Poesie nicht zuletzt in der Bibel. Diese zeigt exemplarisch, geradezu urbildlich, was es heißt, „im Leben ein zweites Leben durch Poesie hervorzubringen, und zwar in dem gemeinen wirklichen Leben". Eben „das Buch aller Bücher" sei uns, so Goethe an anderer Stelle, „deshalb

---

[4] JOHANN WOLFGANG VON GOETHE, Werke. Hamburger Ausgabe in 14 Bdn., hg. v. ERICH TRUNZ, Bd. 9, München ¹²1994, 221 (Dichtung und Wahrheit, 6. Buch).
[5] Ebd.
[6] Ebd., 264 (7. Buch).
[7] JOHANN GEORG HAMANN, Sämtliche Werke. Historisch-kritische Ausgabe von JOSEF NADLER in 6 Bdn., Bd. 2, Wien 1950, 197,15 und 198,33–199,199,2: „wir haben an der Natur nichts als Turbatverse und disiecti membra poetae zu unserm Gebrauch übrig. Diese zu sammeln ist des Gelehrten; sie auszulegen, des Philosophen; sie nachzuahmen – oder noch kühner! – – sie in Geschick zu bringen des Poeten bescheiden Theil."

gegeben [...], damit wir uns daran wie an einer zweiten Welt versuchen, uns daran verirren, aufklären und ausbilden mögen."[8]

Folgen wir diesen Hinweisen, versuchen wir also in der Bibel solche poetische Sprachmächtigkeit wahrzunehmen, und zwar unter dem Gesichtspunkt der Sprache der Hoffnung. Es legt sich nahe, vor allem die Texte genauer zu bedenken, die in der geläufigen Rubrizierung biblischer Bücher ausdrücklich als Dichtung bezeichnet werden. Gemeint sind die Psalmen, die sich in der Tat als eine Schule der Hoffnung lesen lassen. Von ihnen her führen vielfältige Linien hin zur Verkündigung Jesu, so wie sie sich in der Gebetsunterweisung, besonders im Vaterunser zusammenfasst.[9] Hier soll überdies der Blick auf eine weitere Form poetischer Texte gelenkt werden, nämlich auf die Gleichniserzählungen, in denen Jesus das Reich Gottes zur Sprache bringt. Auch für sie gilt, dass sie als poetische Texte in diesem Leben „ein zweites Leben" hervorbringen, theologisch gesagt: Sie bringen in dieser Welt, wie sie durch die Sünde entstellt ist, die neue Schöpfung des Reiches Gottes hervor.

4. Wege der Hoffnung im Spiegel der Gleichniserzählung von dem Vater und seinen beiden Söhnen (Lk 15,11–32)

Was lässt hoffen? Wenden wir uns mit dieser Frage an die wohl bekannteste Gleichniserzählung Jesu, die Erzählung von dem Vater und seinen beiden Söhnen in Lk 15,11–32. Zu Recht hat Wolfgang Harnisch diese Erzählung unter die Überschrift gestellt: „Vom Versprechen der Hoffnung"[10].

Es handelt sich um eine Weggeschichte. Eben das verbindet sie mit anderen biblischen Erzählungen: mit der Geschichte Abrahams, mit der Erzählung vom Exodus, im Neuen Testament z.B. auch mit der Erzählung von den beiden Jüngern, die nach Emmaus gehen, wobei sich unterwegs enttäuschte Hoffnungen in neue Hoffnung verwandeln. Auf dem Weg zu sein, ist ein elementarer Ausdruck von Hoffnung. Der Weg ist zugleich der Ort, an dem sich Hoffnung einstellt und erfüllt, aber auch immer wieder neu auf die Probe gestellt wird. Weggeschichten geben verschiedene Stufen der Hoffnung zu erkennen; und erst in der Abfolge, im Durchlaufen der verschiedenen Stationen und Wege ergibt sich ein Gesamtverständnis dessen, was Hoffnung ist. Weggeschichten durchmessen ein Spannungsfeld zwischen Herkunft und Ankunft, zwischen Anfang und Ende, zwischen Vergangenheit und Zukunft.

Kommt man von der Abrahams- und der Exodusgeschichte her, so fällt an der Erzählung vom verlorenen Sohn ihre eigentümlich zyklische Struktur auf.

---

[8] Goethe, Werke (s. Anm. 4), Bd. 2, 129 (Noten und Abhandlungen zu besserem Verständnis des west-östlichen Divans).
[9] S.o. 328-330.
[10] Wolfgang Harnisch, Die Gleichniserzählungen Jesu. Eine hermeneutische Einführung (UTB 1343), Göttingen 1985, 200–229, insbes. 223f.

Am Ende kehrt der Sohn heim. Und der Aufbruch aus dem Vaterhaus ist nicht der Aufbruch aus dem Sklavenhaus. Wohl ist er immer wieder als Weg der Emanzipation und somit unter dem Vorzeichen der Freiheit gedeutet worden. Aber diese Bewegung bleibt doch zweideutig. Um so deutlicher freilich ist der zweite Aufbruch, von dem diese Geschichte erzählt: der Weg aus den Verstrickungen der Sünde, der Weg aus dem Reich des Todes, aus dem der Sohn aufbricht – in der ungesicherten Hoffnung, in seinem Vaterhaus wieder aufgenommen zu werden.

Schaut man genauer hin, lassen sich auf dem Weg, den der jüngere Sohn zurücklegt, drei Stufen der Hoffnung unterscheiden:

Da ist zunächst die Hoffnung, die zum Aufbruch aus dem Vaterhaus motiviert. Der Sohn fängt neu an. Das geschieht nicht ohne Voraussetzungen. Was ihn aufbrechen und anfangen lässt, das liegt in der Gabe des Vaters. Er hofft, das heißt auf dieser Stufe schlicht: Er kann mit dem ihm gegebenen Erbe etwas anfangen. Und dies umso mehr, als er sich zunächst im offenen Horizont des Möglichen befindet. In solcher Hoffnung manifestiert sich Freiheit, eben jene Freiheit, die nach einer viel zitierten Formulierung Immanuel Kants in dem Vermögen besteht, „einen Zustand von selbst anzufangen"[11].

Diese Freiheit erweist sich im weiteren Verlauf der Geschichte freilich als „abstrakte Freiheit", als „vermeintliche Autonomie"; sie schlägt um „in erniedrigendste Abhängigkeit", so wie das Vermögen des Sohnes „in völlige Mittellosigkeit" umschlägt.[12] Steht und fällt die Hoffnung mit der so verstandenen und missverstandenen Freiheit? Gibt es überhaupt noch Hoffnung angesichts der verwirklichten und verwirkten Möglichkeiten, also dort, wo ein Mensch verbraucht hat, was ihm gegeben war, wo er mit leeren Händen dasteht? Am Ende der je eigenen Möglichkeiten ist die Hoffnung der Verzweiflung ausgesetzt. Hoffnung kann in der Verzweiflung ersticken. Sie kann sich aber auch als Sehnsucht, die über das Gegebene hinausschaut, neu regen. Was den Sohn in dieser Situation nochmals aufbrechen und anfangen lässt, das liegt nun im Vertrauen auf den Vater selbst, auf den Geber hinter den Gaben. Während sich das ausgezahlte Erbe verbrauchen lässt, erschließt sich in der Beziehung zum Vater ein „unvergängliches, unbeflecktes, unverwelkliches Erbe", zu dessen Wahrnehmung der dem Tode verfallene Sohn wiedergeboren wird (1Petr 1,3f). Die zweite

---

[11] IMMANUEL KANT, Kritik der reinen Vernunft, in: DERS., Werke in zehn Bd., hg. v. WILHELM WEISCHEDEL, Darmstadt ⁴1975, Bd. 4, 488 (A 533); vgl. 429 (A 445).

[12] JOACHIM RINGLEBEN, Jesus. Ein Versuch zu begreifen, Tübingen 2008, 432 unter Aufnahme einer Formulierung von CHRISTOPH LANDMESSER, Die Rückkehr ins Leben nach dem Gleichnis vom verlorenen Sohn (Lk 15,11–32), in: ZThK 99, 2002, 239–261, 250: „Sünde wird hier als die vermeintliche Autonomie vorgestellt […]." Ähnlich JOSEPH RATZINGER (Benedikt XVI.), Jesus von Nazareth, Teil 1: Von der Taufe im Jordan bis zur Verklärung, Freiburg i.Br. 2007, 244: „Der Mensch, der Freiheit als radikale Willkür des bloß eigenen Wollens und Weges versteht, lebt in der Lüge, denn von seinem Wesen her gehört er in ein Miteinander, ist seine Freiheit geteilte Freiheit; sein Wesen selbst trägt Weisung und Norm in sich, und damit von innen her eins zu werden, das wäre Freiheit. So führt eine falsche Autonomie in die Knechtschaft […]."

Stufe der Hoffnung ist diese „lebendige Hoffnung" (1Petr 1,3), die aus der Barmherzigkeit Gottes erwächst. Diese Barmherzigkeit ist dem Sünder zugesagt. Und sie wird als Quelle der Hoffnung wahrgenommen, indem der Sünder sich der Güte des Vaters erinnert und neu auf sie zu vertrauen wagt.

Wenn er auf dem Rückweg den Vater, der ihm entgegenkommt, trifft, dann liegt darin eine Erfüllung der Hoffnung, die über das hinausgeht, was der Sohn zu bitten und zu hoffen gewagt hat. Seine Hoffnung, als Tagelöhner vom Vater angenommen zu werden, wird übertroffen durch die Einladung zum Fest, mit dem die Gemeinschaft von Vater und Sohn erneuert wird. Die Hoffnung erfüllt sich in der unverhofft sich einstellenden Freude, im Fest. Was ihn hoffen und feiern lässt, ist die Erfahrung der Liebe des Vaters. Ihr kann er sich anvertrauen. Selbstverständlich ist das allerdings nicht. Mit dieser Erfüllung der Hoffnung ist nochmals eine Entscheidungssituation verbunden. In ihr stellt sich die Frage, ob die Brüder – und jetzt sind beide explizit oder implizit gefragt – bereit sind, sich beschenken zu lassen und einander in der Gemeinschaft einer Familie anzunehmen. Hoffnung wird hier zur Empfangsbereitschaft. Und dazu gehört dann auch die Bereitschaft, erworbene Ansprüche loszulassen.

Die Frage, ob alle an der Gemeinschaft des Festes und der Freude teilhaben werden, bleibt in der Erzählung von den beiden Söhnen offen. Die Möglichkeit, dass der ältere Sohn „draußen" bleibt, wird nicht ausgeschlossen. Der Sache nach ist damit die Problematik angesprochen, die in der Dogmatik als Lehre vom doppelten Ausgang des Gerichts behandelt und der Lehre von der Allversöhnung entgegengestellt wird. Andere Gleichniserzählungen Jesu verdeutlichen, worum es dabei geht. Aufschlussreich sind insbesondere die eschatologischen Gleichnisse aus Mt 25. Eben dort, wo sich der Festsaal für die einen öffnet, bleibt die Tür für andere, die sich nicht bereitgehalten haben, verschlossen (Mt 25,10–12). „Gehet ein zu deines Herrn Freude", heißt es im Gleichnis von den anvertrauten Geldern (Mt 25,21.23), an die Knechte adressiert, die sich bewährt haben. Der andere Knecht aber wird „in die Finsternis hinaus geworfen" (Mt 25,30). Und in der folgenden Erzählung vom Großen Weltgericht wird denen „zur Rechten" gesagt: „Kommt her, ihr Gesegneten meines Vaters, ererbt das Reich, das euch bereitet ist von Anbeginn der Welt" (Mt 25,34). Dieser Teilhabe, diesem Ererben steht aber auch hier das andere Geschick, die andere Entscheidung gegenüber, die in ein „Außerhalb" hineinführt. Wer trifft diese Entscheidung? Und ist die Unterscheidung zwischen „drinnen" und „draußen" das letzte Wort?

Blicken wir von daher noch einmal auf die Gleichniserzählung von den beiden Brüdern, so könnte man sagen: Die Geschichte hat für den einen, für den „verlorenen" Sohn, ein gutes Ende, aber dass sie für alle gut ausgeht, kann nicht vorausgesetzt werden. Was bedeutet das für das Verständnis der Hoffnung? Offenbar kann kein Mensch sich dessen sicher sein, dass sein Lebensweg am Ende in den „Festsaal" des Reiches Gottes hineinführt. Diese Erfüllung lässt sich weder berechnen noch erarbeiten. Hoffnung heißt Bereitschaft. Es gilt, sich auf das Werk eines anderen einzustellen. Sofern dieser andere aber die Züge des freigiebigen und barmherzigen Vaters hat, der uns im Gleichnis Jesu vor Augen gestellt wird, gibt es in der Hoffnung bei aller Unsicherheit im Blick auf sich selbst doch Gewissheit im Blick auf Gott.[13]

5. DER GRUND DER HOFFNUNG IN GOTT

Ebenso wie der Glaube lässt sich auch die Hoffnung unter zwei Aspekten bedenken: Es geht zum einen um Glauben und Hoffen als Vollzüge der menschlichen Seele; und wir fragen zum anderen danach, was wir glauben und erhoffen.[14] Wie beides zusammenkommt und worin also die Vollzüge der menschlichen Hoffnung begründet sind, lässt sich verdeutlichen, indem wir noch einmal die Stufen der Hoffnung in der Gleichniserzählung vom Vater und seinen beiden Söhnen aufnehmen.

Auf der ersten Stufe ist mit Hoffnung das Vermögen anfangen zu können gemeint. Hoffnung bedeutet: das gegebene Leben anzunehmen, die gewährte Zeit wahrzunehmen. Etwas mit dem Leben anzufangen, und das immer wieder neu, von Tag zu Tag. Solche Hoffnung nimmt ernst, dass die Quelle des Lebens, die in Gott liegt, in das kreatürliche Leben hineinfließt und in ihm erneuernd wirkt. Dabei umfasst die Gabe des Lebens auch die Gaben, die zu seiner Erhaltung notwendig sind. Die Hoffnung, die mit dieser Gabe gleichursprünglich ist, hat ihren Grund in Gottes Freigiebigkeit.

Die anfängliche Hoffnung gerät dort in die Krise, wo sich die gegebenen Mittel als endlich erweisen. Das menschliche Leben ist eingespannt in Gegensätze zwischen Anfang und Ende, zwischen Licht und Finsternis, zwischen Neuem und Altem. Und es unterliegt in all diesen Spannungen und Widersprüchen der Macht des Todes und der Macht der Sünde. Solche Spannungen auszuhalten ist eine Übung der Geduld und des Widerstandes zugleich. Hoffnung wird hier zur Sehnsucht, die über die Gaben hinaus auf den Geber vertraut. Diese Hoffnung hat ihren Grund in der Barmherzigkeit Gottes. Der gebende Gott erweist sich im Spiegel dieser Erzählung als der vergebende Vater, der den Sünder wieder annimmt.

Die Hoffnung der Heimkehr schließlich bedeutet die Bereitschaft, sich erneut in die Gemeinschaft der im Gleichnis vorgestellten Familie hineinnehmen zu lassen. Dazu gehört auch eine Gelassenheit, ein Loslassen-Können, das dem

---

[13] Zum Verständnis des Endgerichts finden sich weitere Ausführungen oben 325-327 und in meinem Beitrag: Unbarmherziges Gericht – barmherziger Richter. Endgericht und ewige Verdammnis als Themen evangelischer Eschatologie, in: WILFRID HAUBECK/WOLFGANG HEINRICHS (Hg.), Zwischen Angst und Hoffnung. Aspekte christlicher Endzeiterwartung (Theologische Impulse, Bd. 21), Witten 2010, 89–113.

[14] Analog zur geläufigen Unterscheidung von Glaube als Akt (*fides qua creditur*) und Glaubensgehalt bzw. Gegenstand (*fides quae creditur*) kann man auch die Hoffnung differenziert bedenken: Der Begriff steht sowohl für eine Sache, die erhofft wird, als auch für den Affekt des hoffenden Menschen; so Luther in der bereits herangezogenen Galaterbriefauslegung (s. Anm. 1), WA 40/II, 23,9f.

Anfangen-Können korrespondiert. Die Hoffnung richtet sich nun nicht allein auf das je Eigene, sondern auf vollkommene Teilhabe an der Fülle des väterlichen Eigentums. „Alles, was mein ist, das ist dein" (Lk 15,31; vgl. Joh 17,10). Im Haus des Vaters sind exklusive Eigentumsansprüche aufgehoben. Nichts von allem, was der Vater hat, braucht er nur für sich. Damit wird die anfängliche Gabe, die Auszahlung eines Erbteils, noch überboten. Der Vater, der seinen Kindern das Leben und Lebensunterhalt gegeben hat, erweist sich als derjenige, der sie an seinem eigenen Reichtum teilhaben lässt. In dieser Kommunikation liegen Grund und Ziel der Hoffnungsgeschichte. Lesen wir sie als Gleichnis, in dem sich Gottes Handeln und Wesen verdeutlichen, so heißt das: Wir dürfen hoffen, weil Gott so „kommunikativ" ist. Er lässt uns hoffen.

24. KAPITEL: AN DER SCHWELLE ZUM LEBEN
Zur Wahrnehmung der Gottebenbildlichkeit am Ende des Lebens

1. DER ABSCHIEDSSEGEN

Zum Bestattungsgottesdienst gehört in der Regel – zumindest dann, wenn es sich um eine Erdbestattung handelt – ein Ortswechsel. Die Trauergemeinde hat einen Weg zurückzulegen, der von der Kapelle zum Friedhof hinüberführt. Und im Übergang von drinnen nach draußen, an der Schwelle, hat das Wort aus dem 121. Psalm bis in die neuesten Agendenreformen einen festen Platz behauptet: „Der Herr behüte unsern Ausgang und Eingang von nun an bis in Ewigkeit." Das Wort „Ausgang" steht hier an erster Stelle und trifft die Situation, in der Menschen ja nicht nur diesen Raum verlassen, sondern dabei von einem Angehörigen Abschied nehmen, der nicht mehr in ihr gemeinsames Leben, in ihr Haus zurückkehren wird. Es handelt sich mithin um einen Ausgang ohne Wiederkehr. Und doch ist mit ihm in den Worten des Psalms der „Eingang" verknüpft. Die Abschiedssituation wird hineingenommen in einen umfassenden Raum, in dem die einander entgegengesetzten Bewegungen des Hinaus- und des Hereinkommens in einem den Gegensatz umfassenden Rhythmus zusammengehalten sind – von nun an bis in Ewigkeit. Im Ausgang ‚klingt' der Eingang an. Wer vertraut ist mit dem Liedgut unseres Gesangbuchs, erinnert sich an das Lied, das in den Grundtext des Psalmworts ein „gleichermaßen" einfügt: „Unsern Ausgang segne Gott, unsern Eingang gleichermaßen" (EG 163). Und wer sich darüber hinaus in der biblischen Sprachwelt auskennt, mag an die Rede des „guten Hirten" im 10. Kapitel des Johannesevangeliums denken: „Ich bin die Tür; wenn jemand durch mich eingeht, der wird gerettet werden und wird ein- und ausgehen und Weide finden" (Joh 10,9).

Der Abschiedssegen[1] hat seinen Ort an der Schwelle. Er ist nach der von Victor Turner eingeführten und gegenwärtig in der Praktischen Theologie breit

---

[1] Zur Problematik des Abschiedssegens hat sich ULRICH H.J. KÖRTNER aus systematisch-theologischer Sicht differenziert geäußert, informativ im Blick auf die Vielfalt liturgischer Gestaltung und die dahinterstehende dogmatische Unsicherheit und klärend im Blick auf die theologische Urteilsbildung: Abschied nehmen – Zur Bedeutung des Segens am Ende des Lebens, in: DERS., Bedenken, daß wir sterben müssen. Sterben und

rezipierten Terminologie ein „liminaler Ritus".² Er gilt Menschen, die sich in einem „liminalen" Status befinden. Sucht man jedoch diesen Ort und den an ihm befindlichen Personenkreis genauer zu bestimmen, wird rasch eine Unbestimmtheit deutlich, die zu denken gibt. Zunächst: Wem gilt der Abschiedssegen? Den Trauernden, deren Leben sich durch den Tod eines Angehörigen so einschneidend ändert, dass sie einen vertrauten Lebensraum verlassen und sich auf unbekannte, neue Lebensverhältnisse einstellen müssen? Ihnen gewiss auch, aber wohl nicht ihnen allein. Gilt er nicht auch dem Verstorbenen, der diese irdische Welt verlässt und in die „Wohnungen" des himmlischen Vaters (Joh 14,2) hinübergeleitet wird? Sodann: Wo genau liegt die Schwelle? Jede Schwelle hat eine räumliche Dimension, die zu durchschreiten auch eine Zeitstrecke bedeutet. Sie ist weder ein mathematischer Punkt noch ein bloßer Augenblick. Und zwischen zwei Räumen liegend, kann sie beiden Räumen zugerechnet werden. Eben das macht die eigentümliche Ambiguität aus, die für alle „liminalen" Situationen kennzeichnend ist.

Diese eigentümliche Unbestimmtheit spiegelt sich in der liturgischen Gestaltung des Abschieds, sofern das genannte Segenswort an durchaus verschiedenen Stellen eingesetzt werden kann: nicht nur beim Verlassen der Friedhofskapelle, sondern auch vorher und nachher. Vorher: Am Sterbebett, im Sterbezimmer kann der Abschiedssegen dem Sterbenden oder auch dem eben Verstorbenen zugesprochen werden, wobei das biblische Wort dann in die 2. Person Singular transformiert und durch den Gestus der Handauflegung persönlich appliziert wird.³ Wenn aber bereits hier die Anrede an einen Toten als möglich, als sinnvoll oder gar geboten erscheint, dann ist kaum etwas dagegen einzuwenden, dass auch am Grabe noch einmal der Abschiedssegen wiederholt wird. Die Bestattungsagende der UEK sieht diese Möglichkeit vor: Nach dem Bestattungswort und dem mit ihm verbundenen dreifachen Erdwurf folgt – geradezu als Gegengestus – „mit erhobenen Händen zum Grab (bzw. zum Sarg)

Tod in Theologie und medizinischer Ethik (Beck'sche Reihe 1147), München 1996 (Erstveröffentlichung in WuD 17, 1983, 175–198). Die folgenden Überlegungen schließen sich in der Wahrnehmung der Problematik an diesen Beitrag an, kommen freilich im Blick auf die Verantwortbarkeit der Segnung von Verstorbenen, die Körtner für unzulässig erklärt, zu einem anderen Ergebnis.

² Vgl. dazu WILHELM GRÄB, Lebensgeschichten, Lebensentwürfe, Sinndeutungen. Eine praktische Theologie gelebter Religion, Gütersloh 1998, 184–188; zur Einführung in die Ritualtheorie Victor Turners vgl. HARALD SCHROETER-WITTKE, Übergang statt Untergang. Victor Turners Bedeutung für eine kulturtheologische Praxistheorie, in: ThLZ 128, 2003, 575–588.

³ Vgl. Bestattung. Agende für die Union Evangelischer Kirchen in der EKD Bd. 5, Bielefeld 2004, 58.65.70; vgl. dort auch den lateinischen Sterbesegen aus dem 8. Jh.: „Es segne dich Gott, der Vater, der dich nach seinem Bilde geschaffen hat. Es segne dich Gott, der Sohn, der dich durch sein Leiden und Sterben erlöst hat. Es segne dich Gott, der heilige Geist, der dich zum Leben gerufen und geheiligt hat. Gott der Vater und der Sohn und der Heilige Geist geleite dich durch das Dunkel des Todes in sein Licht. Er sei dir gnädig im Gericht und gebe dir Friede und ewiges Leben."

gewandt" der Abschiedssegen: „Der Herr behüte deinen Ausgang und Eingang von nun an bis in Ewigkeit."[4]

Unsere einführende Besinnung auf die kirchliche Praxis im Umkreis der Bestattung soll zunächst lediglich deutlich machen: Es gibt ein liturgisch zu gestaltendes Handeln an Verstorbenen. Um ein solches Handeln zu verantworten und daraufhin die Gestaltung im Einzelnen zu überdenken, muss man sich freilich sehr grundsätzlichen Fragen stellen, Fragen, die unser Verständnis des Menschen, seines Lebens und Sterbens überhaupt betreffen. Dabei verquicken sich anthropologische Probleme mit ethischen und theologischen Fragestellungen. Die Frage „Was ist der Mensch?" lässt sich nicht ablösen von den Fragen, wie wir als Menschen miteinander umgehen sollen und wie Gott an uns Menschen handelt. Wenn wir uns im folgenden diesem Fragengeflecht zuwenden, können wir aus den einführenden Überlegungen nicht nur die Problemstellung, sondern auch ein Interpretationsangebot mitnehmen, das uns in den Worten des 121. Psalms vorgegeben ist. Verstehen wir Anfang und Ende eines Menschenlebens unter der Segenszusage Gottes, dann rücken die Grenzdaten des Lebens in einen übergreifenden Zusammenhang, innerhalb dessen sie einander entsprechen. Und dann handelt es sich bei diesen Grenzmarken nicht um geschlossene Grenzen, nicht um Mauern, innerhalb dessen dieses irdische Leben eingeschlossen wäre. Vielmehr sind es Tore, die sich öffnen können: Ausgang und Eingang, also Orte des Kommens und Gehens. Durch sie hindurch vollzieht sich Bewegung und Kommunikation. Damit ist eine Hypothese formuliert, die im Folgenden theologisch begründet und erläutert werden soll. Zuvor dürfte es jedoch sinnvoll sein, sich die Erkenntnisproblematik durch einen Blick auf die philosophisch-theologische Debatte zu verdeutlichen.

2. Die Frage nach Anfang und Ende des Lebens: Definitionsprobleme

Die Frage nach Anfang und Ende des Lebens ist ja eine Frage, die sowohl in der Theologie als auch in der Philosophie erörtert wird. In der Begrifflichkeit der aristotelischen Philosophie, die unsere abendländische Geistesgeschichte nachhaltig geprägt hat, sind es die beiden Fragen nach der *causa efficiens* und nach der *causa finalis*. Übersetzt in die Sprache der existentiellen Erfahrung, lautet diese Doppelfrage: Woher komme ich? Wohin gehe ich? Wo liegen der erste und der letzte Grund unserer irdischen, zeitlich befristeten Existenz? Martin Luther

---

[4] Ebd., 85.87.98.118; zu den verschiedenen Möglichkeiten der liturgischen Gestaltung und den dabei zu bedenkenden Fragen der systematischen Theologie vgl. die Studie von Christian Brouwer, Abschied von Dir. Die persönliche Anrede von Verstorbenen in protestantischen Trauer- und Begräbnisritualen, in: Thomas Klie u.a. (Hg.), Praktische Theologie der Bestattung, Berlin 2015, 229–250.

hat in seinen Thesen *De homine* diese allgemein menschliche Fragestellung aufgenommen, um dann im Schema der aristotelischen *causae*-Lehre doch den Erkenntnisanspruch der Philosophie zu bestreiten. So unabweisbar die Fragen sind, so wenig vermag die Philosophie sie zu beantworten. Sie kennt „ohne Zweifel nicht die wirkende Ursache und entsprechend auch nicht die Zweckursache [des Menschen]."[5] Anfang und Ende eines Menschenlebens liegen für die menschliche Vernunft im Dunkel. Was aber wissen wir dann überhaupt vom Menschen, wenn wir diese Fragen nicht beantworten können, wenn wir mithin kein im strengen Sinne begründetes Wissen vom Menschen haben? Es bleiben dann allenfalls das Wissen um die materielle Beschaffenheit des Menschen, aristotelisch: die Erkenntnis der *causa materialis*, und das im Selbstbewusstsein sich manifestierende, aber doch in seiner Bedeutung immer wieder strittige Wissen um die Seele als die Größe, die den Menschen allererst zum Menschen macht, also eine wie auch immer gebrochene Einsicht in die *causa formalis* des Menschen.

Ich beziehe mich hier auf dieses Schema,[6] weil es uns dazu helfen kann, die Reichweite und den Geltungsanspruch naturwissenschaftlicher Erkenntnis kritisch zu bestimmen. Blicken wir auf die aktuelle bioethische Debatten, mag man Luthers skeptische Einschätzung bestätigt finden. Zwar wissen wir ungleich mehr als frühere Generationen über die stofflichen Elemente, aus denen sich der Mensch entwickelt. In dieser Hinsicht sind wir Zeugen und möglicherweise auch Nutznießer einer gewaltigen Expansion des Wissens, das in exponentieller Steigerung immer schneller und immer tiefer in die materiellen Gründe der menschlichen Natur eindringt. Bedenken wir, dass dieses Wissen ein ebenso gewaltiges Veränderungspotential in sich birgt, wird freilich die Frage umso dringlicher, was der Mensch wesentlich ist, was ihn zum Menschen macht. Die naturwissenschaftlichen Erkenntnisse aber sind offenbar nicht zureichend, um diese Frage zu beantworten. Und es ist auch kaum zu erwarten, dass uns der weitere Wissensgewinn etwa auf dem Feld der Erforschung des menschlichen Genoms oder auch auf dem Feld der Hirnforschung einer Antwort näherbringt. Der Rekurs auf die *causa materialis* beantwortet weder die Frage nach der *causa formalis*, noch lässt sich in dieser Perspektive eine Antwort auf die Fragen nach Anfang und Ende, nach Ursprung und letzter Zukunft erwarten. Eine um ihre Grenzen wissende Naturwissenschaft wird daher die Frage nach dem Wesen des Menschen, die Frage seiner Definition offenhalten. Der Mensch bleibt in der

---

[5] LDStA 1, 664f (These 13; WA 39/I, 175,28f), Übersetzung von GERHARD EBELING, Disputatio de homine, Teil 1: Text und Traditionshintergrund (Lutherstudien, Bd. II/1), Tübingen 1977, 17.
[6] S.o. 98-102.

Perspektive der wissenschaftlichen Selbsterforschung unergründlich.[7] „Homo definiri nequit."[8]

Gleichwohl kann man die Frage der Definition des Menschen nicht einfach auf sich beruhen lassen. Sowohl am Anfang des Lebens als auch am Ende stellt sich ja die Aufgabe, Grenzen zu erkennen oder zu setzen, innerhalb deren das menschliche Leben als Leben eines Menschen zu achten und zu schützen ist. Und eben die genaue Markierung der Grenzdaten in der frühesten embryonalen Entwicklung ebenso wie im Prozess des Sterbens setzt einen Begriff des Menschen voraus. Wer davon ausgeht, dass die *differentia specifica* des Menschen gegenüber der außermenschlichen, animalischen Natur in seiner Fähigkeit des Denkens liegt, wird das Gegebensein von Hirnfunktionen als Kriterium ansehen, um das Leben eines Menschen von einem Vorstadium des Noch-Nicht und einem Nachstadium des Nicht-Mehr abzugrenzen: Die Ausbildung eines Hirnlebens ist dann der *terminus a quo*, der irreversible Ausfall sämtlicher Hirnfunktionen, also der Hirntod, der *terminus ad quem* eines Menschenlebens.[9] Eine Qualität des menschlichen Lebens wird hier mithin als entscheidend angesehen, um dessen Grenzen, Anfang und Ende abzustecken. Je nachdem, welche Qualität als maßgebend gilt, fallen dann auch die Grenzbestimmungen anders aus. So plädiert der Philosoph Volker Gerhardt für eine spätere Datierung. Seine These lautet: „Der Mensch wird geboren."[10]

> Mit der Geburt beginnt also das, was mit dem Tod endet. Doch wie mit dem Tod – zumindest im Kulturzusammenhang – nicht alles zu Ende ist, so kommt auch die Geburt nicht aus dem Nichts. Aber das, was nachher ist und vorher war, ist qualitativ anders als das individuell erfahrene personale Leben des Menschen."[11]

---

[7] Vgl. dazu den Beitrag des Philosophen HANS-PETER KRÜGER, Die Grenzen der positiven Bestimmung des Menschen: Der „homo absconditus", in: FRANK VOGELSANG (Hg.), Ecce homo – Was ist der Mensch? Forschung und Anwendung im Bereich der Biotechnologien. Tagung der Ev. Akademie Mülheim an der Ruhr, 18.–20.10.2002 (Begegnungen 54/2002), 61–71, 63f: „Die Unergründlichkeit des Menschen bezieht sich ausschließlich auf das *Wesen* des Menschen im *Ganzen*. Aspekte von Menschen lassen sich natürlich bestimmen und bedingen. Sie sind verstehbar, erklärbar, veränderbar, alles im Medium der Geschichte. Aber diese positiven Bestimmungen und Bedingungen der Aspekte menschlichen Daseins können nicht auf die abschließende, also nicht auf die absolute Wesensbestimmung des Menschen im Ganzen übertragen werden."

[8] INGOLF U. DALFERTH, Homo definiri nequit. Logisch-philosophische Bemerkungen zur theologischen Bestimmung des Menschen, in: ZThK 76, 1979, 191–224.

[9] Vgl. dazu HANS-MARTIN SASS, Hirntod und Hirnleben, in: DERS. (Hg.), Medizin und Ethik (Reclam Universal-Bibliothek 8599), Stuttgart 1989, 160–183.

[10] VOLKER GERHARDT, Der Mensch wird geboren. Kleine Apologie der Humanität, München 2001.

[11] Ebd., 42.

Es ist zwar „menschliches Leben (*human life*)", aber es ist nicht mehr oder noch nicht ein „menschliches Wesen (*human being*)".[12]

Schon die Mehrzahl von Definitionsvorschlägen deutet darauf hin, dass wir es mit fließenden Übergängen zwischen menschlichem Leben und dem Leben eines Menschen zu tun haben. Alles andere als eine Schöpfung aus dem Nichts ist die Entstehung des Menschen in evolutionsgeschichtlicher, phylogenetischer und auch in individualgeschichtlicher, ontogenetischer Perspektive eingebunden in einen übergreifenden Naturzusammenhang. Mit Goethe mag man dann sagen: „Kein Wesen kann zu Nichts zerfallen!/ Das Ew'ge regt sich fort in allen [...]."[13] Und welche Konsequenzen sich aus dieser naturphilosophischen Einsicht für das Selbstverständnis ziehen lassen, kann man gleichfalls bei Goethe nachlesen: „Im Grenzenlosen sich zu finden,/ Wird gern der Einzelne verschwinden,/ Da löst sich aller Überdruß; [...]/ Sich aufzugeben ist Genuß."[14] Die Bestimmung des Menschen schließt nach dieser Auffassung ein beständiges „Stirb und werde!"[15] in sich. Und der Tod wird zum Ereignis einer Entschränkung des zeitlichen Lebens in den Raum der Ewigkeit: „Ungehemmt mit heißem Triebe/ Läßt sich da kein Ende finden,/ Bis im Anschaun ewiger Liebe/ Wir verschweben, wir verschwinden."[16] Das Leben eines Menschen entsteht aus dem Gesamtleben der Natur, um am Ende im Unendlichen zu „verschwinden". Nach dieser Auffassung bilden Vorgeschichte und Nachgeschichte der individuellen Lebensgeschichte zwar einen kontinuierlichen Zusammenhang, aus dem diese nicht herausgelöst werden kann. Ebensowenig jedoch können das Zuvor und das Danach der Geschichte dieses besonderen Menschen zugerechnet werden. Im Blick auf den Menschen in seiner Individualität und Personalität gilt die schroffe Diskontinuität, die zwischen Menschsein und dem apersonalen Werden und Vergehen scheidet.

Die personalistische Auffassung, die sich an bestimmten geistigen Qualitäten des menschlichen Lebens orientiert, um zwischen Mensch und Natur, zwischen „jemand" und „etwas" scharf zu unterscheiden, wird gleichsam unterlaufen von einer naturalistischen Sicht, in der diese Grenze im Horizont einer als ewig ausgelegten Natur aufgehoben zu sein scheint. Die Zuerkennung des Personseins und der mit dem Begriff der Person verknüpften Würde wird dann zu einem Akt der bloßen Konvention. Die Definitionsmacht fällt dem Menschen zu. Nun gehört die Vollmacht, den Lebewesen und Dingen Namen zu geben, zweifellos zu dem Vorrecht, das den Menschen als Ebenbild Gottes auszeichnet (Gen 2,19). Die Sprachfähigkeit ist die Grundvoraussetzung, um sich die Welt anzueignen, um sie zu bearbeiten. Sie ist der Grundvorgang aller Kultur und in dieser Hinsicht gar nicht hoch genug zu schätzen. Problematisch ist jedoch die

---

[12] Ebd.
[13] JOHANN WOLFGANG VON GOETHE, Werke. Hamburger Ausgabe in 14 Bdn., München [16]1996, Bd. 1, 369 (Vermächtnis).
[14] Ebd., 368 (Eins und alles).
[15] Ebd, Bd. 2, 19 (Selige Sehnsucht).
[16] Ebd., 117 (Höheres und Höchstes).

Übertragung dieser Kultur auf den Umgang des Menschen mit Seinesgleichen. Dass Namengebung auch ein Herrschaftsakt ist, zeigt sich hier besonders deutlich. In unserem Zusammenhang besonders aufschlussreich sind die Sprachregelungen, die gegenwärtig im Blick auf den Menschen im frühesten Stadium seiner Entwicklung getroffen werden. Von der Unterscheidung zwischen menschlichem Leben und dem Leben eines Menschen, zwischen „etwas" und „jemand" war schon die Rede. Sie verbindet sich mit der Einführung wissenschaftlicher Termini wie Zygote, Blastozyste, Embryo, Foetus. Derartige Begriffe dienen der präzisen Erfassung der Wirklichkeit, leisten freilich auch einer ‚Versachlichung' Vorschub, die in den so benannten Entwicklungsstadien der menschlichen Existenz nicht den Menschen erkennt, der in seiner gesamten Entwicklung, wie kurz oder wie lang auch immer sie sich erstreckt, ein Wesen eigenen Rechtes ist, ein Wesen, das gleichsam seinen eigenen Namen hat, lange bevor wir ihm einen Namen geben. Wenn wir einem neugeborenen Kind seinen Namen zuteilen, so ist das gewiss ein konventioneller Akt, aber nicht so sehr ein Herrschaftsakt, sondern vielmehr ein Akt der Anerkennung: Wir würdigen einen Menschen, indem wir ihn sich selbst in seiner ureigenen Subjektivität entfalten lassen. Insofern liegt in der Namengebung auch eine Begrenzung menschlicher Definitionsmacht. Das zentrale ethische Problem, vor dem wir im Blick auf den Lebensanfang stehen, lässt sich als ein Streit, um nicht zu sagen: Kampf um die Definitionsmacht verstehen: Steht es dem Menschen zu, über sich selbst und über seinesgleichen definierende Urteile zu sprechen, mithin solche Urteile, die über Anfang und Ende und über die wesentliche Qualität eines Menschenlebens entscheiden?[17]

Genau diese Frage stellt sich auch im Blick auf das Lebensende. Zu denken ist hier nicht nur an die Debatte über das vielschichtige Problem, das unter dem missverständlichen Begriff der Sterbehilfe geführt wird. In unserem thematischen Zusammenhang geht es in erster Linie um das Handeln, nachdem der Tod eingetreten ist. Die ethische Frage, was wir tun und lassen sollen, stellt sich hier als Frage nach dem angemessenen, hilfreichen und wahren sprachlichen Handeln. Dass Sprache Handeln ist, zeigt sich hier, wo es um letzte Worte geht, in besonderer Weise: Wir kennen wohltuende Worte, die trösten, verbinden, Hoffnung machen; wir kennen aber auch Worte, die verletzen, enttäuschen oder gar Angst machen. Die Leistung der Sprache erweist sich darin, dass sie Zusammenhänge stiftet, Perspektiven eröffnet, ja das endliche Leben, das immer Fragment bleibt, auf eine Ganzheit hin integriert. Insofern stehen wir auch an dieser Stelle vor der Frage der Definitionsmacht. Und wem sie zukommt, ist durchaus umstritten.

Der Wunsch nach Worten, die einem Menschen gerecht werden, ist verständlich und berechtigt. In ihm meldet sich ja das Verlangen nach Rechtfertigung und in ihm das zentrale Thema reformatorischer Theologie. Für die evangelische Kasualpraxis dürfte es daher nicht die Frage sein, ob sie das Interesse an der Rechtfertigung von Lebensgeschichten aufnimmt oder abweist, vielmehr

---

[17] Vgl. dazu ausführlicher oben 243-267.

kann es nur darum gehen, wie die Rechtfertigungsbotschaft in rechter Weise auf die Lebensgeschichte bezogen wird.[18] Eine Verständigung in negativer Hinsicht dürfte rasch zu erzielen sein: Rechtfertigung einer Lebensgeschichte bedeutet nicht unmittelbare Bestätigung; sie sollte „nicht aus den Gründen [betrieben werden], die diese selbst bereitstellt. Genau das wäre Rechtfertigung aus dem Gesetz des eigenen Lebens, aus der Anstrengung, ihm im Gang des eigenen Lebens selber gerecht zu werden."[19] Welche anderen Gründe aber tragen die Rechtfertigungsbotschaft? Damit stehen wir vor der theologischen Frage, der wir uns im folgenden Abschnitt zuwenden.

3. DER MENSCH IM WIRKUNGSRAUM DES WORTES GOTTES

Die eigentümliche Ambiguität der Schwellensituation liegt ja darin, dass ein Menschenleben in das Doppellicht des gelebten Lebens einerseits und des zukünftigen Lebens andererseits eintritt. Religionsphänomenologisch mag man sagen: „Die Schwelle, das Liminale," bedeutet „eine Konfrontation mit der grundsätzlich offenen Möglichkeit des Anderswerdens, also Jenseitserfahrung mitten im Diesseits."[20] Nun ist freilich die evangelische Theologie überaus zurückhaltend, wenn es darum geht das Jenseits im Verhältnis zum Diesseits zur Sprache zu bringen. Die sogenannte Ganztodtheorie hat sich in der evangelischen Theologie des 20. Jahrhunderts weithin durchgesetzt.[21] Was nach dem Tod kommt, verfällt dem Schweigen oder wird der steilen, unvermittelten Behauptung eines *totaliter aliter* unterworfen. Um Sprachmöglichkeiten wiederzugewinnen, können nicht nur Texte der Dichtung hilfreich sein.[22] Erinnernswert

---

[18] Insofern stimme ich GRÄB zu, wenn dieser (Lebensgeschichten [s. Anm. 2], 199) schreibt: „Die berechtigte theologische Kritik an einer unmittelbaren und deshalb gesetzlich verlaufenden Rechtfertigung von Lebensgeschichten in der kirchlichen Kasualpraxis darf [...] nicht dazu führen, daß das Recht zu dieser Rechtfertigung überhaupt bestritten wird. Wo die Theologie das Recht der Subjektivität auf Wahrnehmung einer eigenen Lebensgeschichte bestreitet, gehorcht sie schließlich gerade dem gesellschaftlichen Trend, der das Individuum fortschreitend zur austauschbaren Ware herabsetzt."

[19] Ebd.

[20] Ebd., 189.

[21] Kritisch dazu: CHRISTIAN HENNING, Wirklich ganz tot? Neue Gedanken zur Unsterblichkeit der Seele vor dem Hintergrund der Ganztodtheorie, in: NZSTh 43, 2001, 236–252; CHRISTOF GESTRICH, Die Seele des Menschen und die Hoffnung der Christen. Evangelische Eschatologie vor der Erneuerung, Frankfurt a.M. 2009; dass sich auch aus philosophischer Sicht die weithin selbstverständlich gewordene Abkehr von Vorstellungen eines Lebens über den Tod hinaus bestreiten lässt, zeigt BERNARD N. SCHUMACHER, Die philosophische Interpretation der Unsterblichkeit des Menschen, in: HANS KESSLER (Hg.), Auferstehung der Toten. Ein Hoffnungsentwurf im Blick heutiger Wissenschaften, Darmstadt 2004, 113–136.

[22] Exemplarisch sei hier auf ERNST JÜNGER, Das abenteuerliche Herz (in der Fassung von 1938), verwiesen. Hier wird von Menschen berichtet (die folgenden Zitate nach:

sind insbesondere auch einschlägige Einsichten Luthers, die dieser in der Auslegung biblischer Texte gewonnen hat. Von daher ergibt sich sodann eine Perspektive auf die Erfahrungen, die gemeinhin als „Nahtoderfahrungen" bezeichnet werden.

Luthers Anschauungen sind im Blick auf unsere Frage nach der Schwelle insbesondere deswegen aufschlussreich, weil sie den Wegcharakter des Todes herausstellen und zu bedenken geben. Im Sterben legt der Mensch einen Weg zurück, er verlässt den Raum des irdischen Lebens, um in eine andere Lebenswirklichkeit einzukehren. Im Blick auf diesen Weg, die „Zeit des Todes" hat Luther nachdrücklich betont, dass hier jeder „in eigener Person" zu kämpfen hat.[23] So nachdrücklich er den Ernst der Situation herausstellt, so wenig lässt er freilich den Menschen in der *Bereitung zum Sterben* ohne Trost:

> „Wenn so jemand Abschied auf Erden gegeben ist, dann soll man sich allein zu Gott richten, wohin der Weg des Sterbens sich auch kehrt und uns führt. Und hier beginnt die enge Pforte, der schmale Steig zum Leben. Darauf muß sich ein jeder getrost gefaßt machen. Denn er ist wohl sehr eng, er ist aber nicht lang. Und es geht hier zu, wie wenn ein Kind aus der kleinen Wohnung in seiner Mutter Leib mit Gefahr und Ängsten geboren wird in diesen weiten Himmel und Erde, das ist unsere Welt: ebenso geht der Mensch durch die enge Pforte des Todes aus diesem Leben. Und obwohl der Himmel und die Welt, darin wir jetzt leben, als groß und weit angesehen werden, so ist es doch alles gegen den zukünftigen Himmel so viel enger und kleiner, wie es der Mutter Leib gegen diesen Himmel ist. [...] Aber der enge Gang des Todes macht, daß uns dieses Leben weit und jenes eng dünkt. Darum muß man das glauben und an der leiblichen Geburt eines Kindes lernen, wie Christus sagt: ‚Ein Weib, wenn es gebiert, so leidet es Angst. Wenn sie aber genesen ist, so gedenkt sie der Angst nimmer, dieweil ein Mensch geboren ist von ihr in die Welt.' (Joh. 16,21) So muß man sich auch im Sterben auf die Angst gefaßt machen und wissen, daß danach ein großer Raum und Freude sein wird."[24]

BERNHARD GAJEK, Magister-Nigromontan-Schwarzenberg. Ernst Jünger und Hugo Fischer, in: Revue de litterature comparee 71, 1997, Heft 4, 475–500, 497), die der „Schleife fähig" seien. Gemeint ist der Durchgang durch das „Todestor", das Erreichen eines Punktes, von dem der einzelne „von einem Grat die Landschaft des Lebens und des Todes überblickt". „Wie dem Kinde Organe gegeben sind, welche die Geburt erleichtern und ermöglichen, so besitzt auch der Mensch Organe für den Tod, deren Bildung und Kräftigung zur theologischen Praxis gehört."

[23] Vgl. den Anfang der Invocavit-Predigten 1522, in: Luther Deutsch, hg. v. KURT ALAND, Bd. 4, 61: „Wir sind allesamt zu dem Tode gefordert und wird keiner für den andern sterben. Sondern ein jeglicher wird in eigener Person für sich mit dem Tode kämpfen. In die Ohren können wirs wohl schreien, aber ein jeglicher muß für sich selber bereit sein in der Zeit des Todes: Ich werde dann nicht bei dir sein noch du bei mir."

[24] Ein Sermon von der Bereitung zum Sterben (1519), in: MARTIN LUTHER, Ausgewählte Schriften in 6 Bdn., hg. v. GERHARD EBELING/KARIN BORNKAMM, Frankfurt a.M. 1982, Bd. 2, 15–32, 16; vgl. die Interpretation und Textfassung bei: REINHARD SCHWARZ, Das Bild des Todes im Bild des Lebens überwinden. Eine Interpretation von Luthers Sermon von

Lebensanfang und Lebensende gleichen also einander darin, dass sie eine zeitliche und räumliche Erstreckung haben. Es handelt sich um Übergänge, durch die sich ein Dimensionswechsel vollzieht. Beide münden ein in das Leben, das freilich hier und dort je verschieden qualifiziert ist. Beide haben ihren Skopus in der Freude. Die Metaphorik der Geburt, die Luther hier gebraucht, um den Status der Menschen im Prozess des Todes zu verdeutlichen, lässt sich noch weiter ausmalen. Der Raum, in den die Menschen durch die enge Pforte des Todes einkehren, kann im Anschluss an die biblische Vorstellungswelt als Schoß bezeichnet werden. Dieses Bild, das uns vor allem aus der Erzählung Jesu vom reichen Mann und dem armen Lazarus (Lk 16,19–31) vertraut ist, hat Luther in seiner Genesis-Auslegung, und zwar hier bezogen auf den Tod Abrahams (Gen 25,7–10), folgendermaßen gedeutet: Wohin geht Abraham hinüber, wenn es im biblischen Bericht heißt „er wurde zu seinen Vätern versammelt"? Es handelt sich um einen Übergang von einem Volk zu einem anderen Volk, von einer Gemeinschaft zu einer anderen.[25] Dass jeder „in eigener Person" den Weg des Todes zu bestehen hat, bedeutet also keineswegs, dass der einzelne Mensch auf Dauer aus jeglichen Gemeinschaftsbezügen herausfallen würde. Und es bleibt durchaus offen, ob es nicht auch eine kommunikative Verbindung zwischen den beiden Gemeinschaftskreisen geben könnte. Dass im Bemühen, auf die Verstorbenen einzuwirken oder für sie zu wirken, Gefahren liegen, ist nicht zu bestreiten. Nicht ohne Grund „haben wir", wie Luther in der Vorrede zur *Sammlung der Begräbnislieder* von 1542 schreibt, „die päpstlichen Greuel wie Vigilien, Seelenmessen, Begängnis, Fegefeuer und alles andere Gaukelwerk, welches für die Toten getrieben wurde, abgetan und reinweg ausgefegt [...]."[26] Indem Luther der katholischen Lehre vom Fegefeuer pointiert die These vom Seelenschlaf entgegengestellt hat, ist jedoch nicht jede Verbindung zwischen Lebenden und Toten geleugnet.

Der „Schoß", in dem die Verstorbenen ruhen, ist ja der Schoß Christi. Beide Gemeinschaften sind durch denselben Herrn miteinander verbunden. Die paulinische Vorstellung, dass die Glaubenden „im Herrn" sterben ist hier aufgenommen: „wir leben oder sterben, so sind wir des Herrn" (Röm 14,7–9). Im Herrn zu sein, das versteht Luther als ein Sein im Wort. Jesus Christus ist iden-

---

der Bereitung zum Sterben, in: JOACHIM HEUBACH (Hg.), Gewißheit angesichts des Sterbens (Veröffentlichungen der Luther-Akademie Ratzeburg, Bd. 28), Erlangen 1998, 32–64. Die im Sermon vorgeführte Doppelbewegung von Abweisung und „Ein-Bildung" oder „Ein-Körperung" verdeutlicht: HANS-MARTIN GUTMANN, Mit den Toten leben – eine evangelische Perspektive, Gütersloh 2002, 86–94.

[25] WA 43, 358,1–3: „Sed quo transivit Abraham? [...] de populo ad populum, de una civitate in aliam."

[26] Luther Deutsch, Bd. 6, 170ff; vgl. dazu FRIEDEMANN MERKEL, Der Umgang mit Toten und Trauernden als Thema evangelischer Theologie und kirchlicher Praxis, in: KLEMENS RICHTER (Hg.), Der Umgang mit den Toten. Tod und Bestattung in der christlichen Gemeinde (QD 123), Freiburg/Basel/Wien 1990, 48–62.

tisch mit dem schöpferischen, allmächtigen Wort, durch das alle Dinge geschaffen sind. Der „Schoß" ist mithin als ein Kommunikationsraum, als Raum des Wortes zu denken.

> „Das Wort ist ein Raum unendlicher Weite. Deswegen sind die Zufluchtsorte der Seelen das Wort Gottes oder die Zusagen, in denen wir entschlafen. Es erscheint zwar leicht und kraftlos, wenn es durch den Mund eines Menschen verkündigt wird: Aber wenn wir es im Glauben annehmen und im Wort entschlafen, dann kommt die Seele in einen unendlichen Raum."[27]

Eben dieses Wort ist „geräumiger und weiter als Himmel und Erde"[28]. In ihm liegt der erste und der letzte Grund der menschlichen Existenz. Die *causa efficiens* und die *causa finalis* sind worthaft zu denken. Gott ruft ins Sein und, wenn er einen Menschen aus diesem Leben abruft, so lässt er ihn einkehren in den Raum seines schöpferischen, allmächtigen Wortes. Oder, um es noch einmal in der metaphorischen Sprache zu sagen, deren sich Luther gern bedient: Das Wort Gottes ist der *uterus divinus*, in dem wir unser Leben empfangen;[29] und es ist der Schoß, in dem unser Leben geborgen, in Ewigkeit aufgehoben ist. Dass durch diese Metaphern der Schöpfungsglaube eine mütterliche Prägung erhält, sei nur am Rande erwähnt.[30] Für unseren Zusammenhang ist die Einsicht wichtig: Die Grenzen der menschlichen Existenz sind als Kommunikationsräume zu denken. „Wie wir im Worte sind gewesen, also müssen wir wieder ins Wort fahren, wenn wir nun aufhören zu sein. Im Wort sind wir gewesen, ehe wir waren Menschen. In das Wort treibt es Johannes [indem er] lehret [...], wie sie ewig im Worte bleiben werden."[31] Die Seele ist nicht unsterblich im Sinne einer unzerstörbaren Substanz; sie hat jedoch teil an der Unsterblichkeit, sofern sie mit dem ewigen Wort Gottes kommuniziert.

> „Wo also und mit wem auch immer Gott redet, sei es im Zorn oder sei es in Gnade redet, der ist gewiss unsterblich. Die Person des redenden Gottes und das Wort bezeichnen, dass wir solche Kreaturen sind, mit denen Gott bis in Ewigkeit und unsterblich reden will."[32]

---

[27] WA 43, 361,12–16: „Verbum est spacium infinitae amplitudinis. Ideo receptacula animarum sunt verbum Dei sive promissiones, in quibus obdormimus. Leve quidem et exile apparet, quando per os hominis pronunciatur: Sed quando fide id apprehendimus, et in verbo obdormimus, venit anima in spacium infinitum."
[28] WA 43, 359,19f.
[29] Vgl. WA 40/I, 597,7.
[30] Vgl. zum biblisch-theologischen Hintergrund und den Konsequenzen für die Gotteslehre: MAGDALENE L. FRETTLÖH, Gott Gewicht geben. Bausteine einer geschlechtergerechten Gotteslehre, Neukirchen-Vluyn 2009, 247–327, zu Luther und der Metapher des *uterus Dei* ebd., 274–281.
[31] WA 45, 392,9–15 (Predigt über Joh 6,29; 1537).
[32] WA 43, 481,32–35.

Erkennt man in diesem Gemeinschaftswillen Gottes die erste und die letzte Bestimmung des Menschen, so ist von daher und daraufhin auch die vielfach als problematisch angesehene Vorstellung vom Seelenschlaf zu interpretieren. Es dürfte auf einem Missverständnis beruhen, wenn man mit dieser Vorstellung lediglich Passivität und Resignation verbindet, um ihr dann die Momente der Wachheit, der Aktivität und des Aufbrechens entgegenzustellen.[33] Sicherlich ist mit dem Gedanken des Schlafes auch zum Ausdruck gebracht, dass der verstorbene Mensch noch nicht auferweckt ist. Er geht dem Morgen des jüngsten Tages noch entgegen. Aber dieser Zwischenraum, diese Zwischenzeit, zwischen Tod und Auferweckung ist keineswegs ein Vakuum. Wenn wir dieses Interim als Raum und Zeit des Wortes Gottes fassen, dann geschieht hier überaus intensive Kommunikation. Gilt schon für den Schlaf in diesem Leben, dass wir in ihm aktiv sind, in gewisser Hinsicht ungehinderter als am Tage, so ist für Luther auch der Seelenschlaf der Toten eine Lebensphase von besonderer Intensität. Er behauptet geradezu, „dass wir, wenn wir schlafen und sterben, am meisten leben [vivere maxime]"[34]. Der Schlaf „im zukünftigen Leben" ist noch „tiefer" als „in diesem Leben" und „dennoch lebt die Seele vor Gott"[35]. Sie lebt, indem sie ganz dem Wirken des Wortes Gottes ausgesetzt ist. Gerade indem der Mensch sich selbst in gewisser Hinsicht entzogen ist, lebt er in einer innigen Beziehung zu dem, der ihm das Leben gewährt und bewahrt. Diese gesteigerte Kommunikation impliziert eine eigentümliche Wachheit.

Gerade wenn wir Anfang und Ende des Lebens als Eingang und Ausgang, mithin als Tordurchgänge verstehen, bleibt freilich die Frage nach einem allerersten Woher und einem allerletzten Woraufhin offen. Den Prozessen, in denen das menschliche Leben dem schöpferischen Wirken des Wortes Gottes ausgesetzt ist, liegt ein erster Schöpfungsakt zugrunde; und sie vollenden sich in einem letzten Akt. Der Mensch ist uranfänglich zum Ebenbild Gottes geschaffen. Dieses urgeschichtliche Datum ist nicht in der Geschichte seines Werdens zu datieren. Es liegt eben dieser Geschichte als der Ruf Gottes, als Ursprung seines Werdeprozesses zugrunde. Der Mensch ist geschaffen im Gegenüber zu Gott, dessen Bild er ist. Eben in diesem Gegenüber, das die allererste Voraussetzung seiner Bildhaftigkeit ist, liegt auch seine allerletzte Zukunft.

Der Weg des Menschen über den Tod hinaus vollendet sich in der *visio beatifica*. Ein besonders eindrückliches Zeugnis dieser Hoffnung findet sich in Ps 17,15: „Ich will schauen dein Antlitz in Gerechtigkeit, ich will satt werden,

---

[33] Zur vermeintlichen Alternative von Seelenschlaf und Wachheit vgl. die Hinweise bei BERTOLD KLAPPERT, Worauf wir hoffen. Das Kommen Gottes und der Weg Jesu Christi. Mit einer Antwort von Jürgen Moltmann (Kaiser Taschenbücher, Bd. 152), Gütersloh 1997, 31–33.
[34] WA 43, 480,36f.
[35] WA 43, 360,29f.

wenn ich erwache, an deinem Bilde."[36] Die Endvollendung ist nicht ohne Durchsetzung der Gerechtigkeit Gottes zu denken. „Das Schauen Gottes ist das Innewerden seiner Gerechtigkeit."[37] Der Gerechtigkeit Gottes konfrontiert zu werden, bedeutet beides: Gericht und Stillung des Hungers nach Gerechtigkeit (vgl. Mt 5,6). Die Erfahrung der Rechtfertigung, wie sie sich dem Glauben durch die Verkündigung des Wortes Gottes in Gesetz und Evangelium mitteilt, lässt sich als Vorschein, als ‚Vorgeschmack' dieses Schauens Gottes verstehen. Und auch die Erfahrung des Lichts, die im biblischen Denken mit dem Hören auf das Wort verbunden ist, deutet voraus auf das ewige Licht, in dem sich die Wirklichkeit des Menschen als Ebenbild Gottes aufklärt und vollendet (vgl. auch 2Kor 3,18; 4,4.6). Das ewige Leben erscheint als eine Wirklichkeit im Licht.

Wir haben eben die Wirklichkeit des Schwellenraums und der Schwellenzeit auf ein Jenseits hin ausgelegt. Sind wir damit nicht gedanklich zu weit gegangen? Wir haben Aussagen gewagt, die einer empirischen Nachprüfung kaum standhalten. Und doch fehlt hier nicht jeglicher Erfahrungsbezug. Noch einmal: Zum „liminalen Status" gehört die eigentümliche Ambiguität. Die Wirklichkeit liegt ja im Grenzbereich zweier Räume. Was in dem anderen Raum liegt, wissen wir im strengen Sinne erst dann, wenn wir das Tor endgültig durchschritten haben, und das heißt auch, wenn wir nicht mehr in dieses Leben zurückkehren können. Und doch gibt es Annäherungen an die Grenze und mit ihnen Erfahrungen, die zwar nicht die Wahrheit der Hoffnung auf ein Leben über den Tod hinaus beweisen können, aber doch im Sinne von Gleichnissen auslegen können, was der Glaube im Hören auf das biblische Wort vernimmt. Es ist bemerkenswert, dass in den Berichten über die sogenannten Nahtoderlebnisse Erfahrungen zur Sprache kommen, die den Hoffnungsbildern des Glaubens nicht nur nicht widersprechen, sondern diese in mancherlei Hinsicht auch konkretisieren können.[38] Sie entsprechen der Hoffnung des Glaubens darin, dass sie dort, wo die Lebensangst nur das Nichts, den Abgrund des Todes annimmt, einen Weg *durch den Tod* erahnen lassen. Dabei wird die Erfahrung des Todes keineswegs geleugnet. Es geht nicht um eine ungebrochene Fortsetzung ‚unseres' Lebens. Vielmehr hat in den Nahtoderfahrungen auch der Abschied und die Konfrontation mit dem unwiederbringlich, unwiederholbar gelebten Leben einen Ort. Insofern deutet sich auch hier ein Weg durch das Gericht an. Und auch wenn den Nahtoderfahrungen nicht ein Wissen um das letzte Woraufhin dieses Weges entnommen werden kann, so mag doch der Glaube in den

---

[36] Vgl. BERND JANOWSKI, Konfliktgespräche mit Gott. Eine Anthropologie der Psalmen, Neukirchen-Vluyn 2003, 94–97.

[37] OSWALD BAYER, Staunen, Seufzen, Schauen, in: DERS., Schöpfung als Anrede. Zu einer Hermeneutik der Schöpfung, Tübingen ²1990, 169–184, 183.

[38] Vgl. hierzu mit eindrücklichen Zeugnissen: GÜNTER EWALD, „Ich war tot". Ein Naturwissenschaftler untersucht Nahtod-Erfahrungen, Augsburg 1999; DERS., An der Schwelle zum Jenseits. Die natürliche und die spirituelle Dimension der Nahtoderfahrungen, Mainz 2001.

vielfach berichteten Lichterfahrungen eine Vorwegnahme des Lichtes der Herrlichkeit sehen, das uns im biblischen Zeugnis als unsere Zukunft verheißen ist.

Führt der Weg eines Menschen durch den Tod hindurch zu diesem Licht, in dem er gerichtet und vollendet wird, so realisiert sich die Bestimmung, zu der er geschaffen worden ist. Das Futurum der in der Begegnung mit Gott „von Angesicht zu Angesicht" aufleuchtenden Gottebenbildlichkeit korrespondiert dem Perfektum der vom Schöpfungsakt her einstrahlenden Gottebenbildlichkeit. Der Mensch ist als Geschöpf Gottes „von Anbeginn zum Bild Gottes gemacht"[39]. Er ist immer schon, sofern er sein Leben von Gott empfängt, als dessen Ebenbild geprägt. Als „factum" liegt die Gottebenbildlichkeit dem gesamten Prozess des Werdens zugrunde. Sie kommt weder hinzu – etwa im Sinne eines im Laufe der embryonalen Entwicklung datierbaren Beseelung –, noch fällt sie irgendwann in der Zeit seines Lebens aus. Sofern sie die ganze Geschichte eines Menschenlebens umfasst, ist sie für den Menschen unhintergehbar, unableitbar, unantastbar. Zwar bricht sich die Gottebenbildlichkeit im Zwischenraum des irdischen Lebens; sie ist dem Widerspruch der Sünde und des Todes ausgesetzt. Dadurch wird jedoch nicht die Bestimmung hinfällig, die im Schöpfungswort Gottes als der *causa efficiens* und der *causa finalis* eines Menschenlebens begründet ist. Unter dieser Bestimmung stehend ist der Mensch Zeit seines Lebens und auch auf dem Weg durch den Tod als Ebenbild Gottes zu würdigen.

Die definitive Prägung zum Ebenbild Gottes schließt die Offenheit der Entwicklung keineswegs aus. Vielmehr eröffnet sie eine Geschichte, die nicht eher zu einem Ende kommt, als bis sie sich im Anschauen Gottes vollendet. Der Mensch bleibt insofern unterwegs „zu seiner zukünftigen Gestalt, bis dann das Ebenbild Gottes wiederhergestellt und vollendet sein wird"[40]. In dieser Offenheit weist die Geschichte eines Menschen über den Tod hinaus. Der Tod ist allenfalls ein vorläufiges Ende, dessen definierende Macht zu bestreiten ist. Wäre es der Tod, der das Leben definiert, so würde ja ein Mensch endgültig auf das festgelegt, was er aus seinem Leben gemacht hat. Indem die christliche Verkündigung die Wirklichkeit des ewigen Lebens zuspricht, widerspricht sie solchen tödlichen definitorischen Setzungen. Sie hält die Definition des Menschen offen. Die Kategorie der Gottebenbildlichkeit steht für diesen Definitionsvorbehalt. „Es ist noch nicht erschienen, was wir sein werden. Wir wissen aber, wenn es erscheinen wird, dass wir ihm gleich sein werden; denn wir werden ihn sehen, wie er ist" (1Joh 3,2).[41]

---

[39] LUTHER, Thesen *De homine*, in: LDStA 1, 664f, These 21:„homo est creatura dei carne et anima spirante constans, ab initio ad imaginem dei facta.").
[40] Ebd., 666f (These 38).
[41] Setzt man für den Begriff der Gottebenbildlichkeit den Begriff der Würde, kann man sagen: Die Würde kommt dem Menschen zu, bevor er sie sich durch seine Leistungen verdienen kann. Und sie bleibt auch dem Menschen, der sich nicht aus eigener Kraft am Leben halten kann. Sie haftet nicht an Merkmalen und Eigenschaften, die in der Lebensgeschichte kommen, aber auch wieder vergehen. Wegen solcher Eigenschaften lernen wir einander zu schätzen, unterscheiden wir auch zwischen Werten. Aber das Leben

4. Zum kirchlichen Handeln an der Schwelle zum Leben

Das kirchliche Handeln ist in allen seinen Ausprägungen wesentlich sprachliches Handeln. Das gilt auch und in besonderer Verdichtung für das Handeln im Umkreis des Todes. Was sonst können wir hier tun? Dabei ist der Begriff der Sprache weit zu fassen, so dass auch Kommunikation durch Gesten, Zeichen und Symbole eingeschlossen sind. Ich möchte abschließend drei Möglichkeiten sprachlichen Handelns nennen, mit denen zugleich Grundmomente des Bestattungsgottesdienstes verbunden sind: Die Anrufung Gottes im Gebet, die Verkündigung des Wortes Gottes und schließlich der Segen.

Zunächst zum Gebet: Jedes Gebet, das unter dem Eindruck des Todes gesprochen wird, steht – ausgesprochen oder unausgesprochen – unter dem Vorzeichen eines „Dennoch" (Ps 73,23). Es wird dem Schweigen abgerungen; es bringt aber auch in paradox anmutender Weise das Schweigen, die Sprachlosigkeit zum Ausdruck (vgl. Ps 39,3.10). Es widerspricht der stummen und stumm machenden Gewalt des Todes.[42] Wer betet, sucht nicht nur in Worte zu fassen, was der Tod anrichtet, sondern hält ihm auch entgegen, was er nicht zu vernichten vermag. Die Psalmen zeigen eindrücklich, wie die Klage über die Nichtigkeit des menschlichen Lebens angesichts des Todes (Ps 39,5-7; 90,5-10) und das Vertrauen auf Gottes Hilfe, auf seine Güte und Treue, zusammenkommen können. Hier sind Worte zu finden, die im doppelten Sinn „treffend"[43] sind: zutreffend im Blick auf die Wirklichkeit des Todes, die weder verharmlost noch beschönigt wird, und zugleich dessen Gewalt überwältigend, sofern sie die Zuversicht auf Gottes Lebensmacht richten und in ihr Trost gewähren.[44] „Nun, Herr, wessen soll ich mich trösten? Ich hoffe auf dich" (Ps 39,8). Die Hoffnung, wie sie im Gebetbuch des Psalters eingeübt wird, täuscht sich nicht über die Vergänglichkeit und Sterblichkeit des menschlichen Lebens. Der ganze Mensch, in seiner leiblichen und seelischen Existenz, ist zum Tode gefordert, ohne der vernichtenden Gewalt etwas Eigenes entgegensetzen zu können. Und

---

selbst darf doch nicht einer solchen vergleichenden Wertschätzung unterworfen werden. Die Kategorie des Wertes hat dort, wo es um das ganze Leben und um das Lebensrecht geht, nichts zu suchen. Dem Menschen kommt von der ersten bis zur letzten Lebensregung Würde zu, d. h.: er muss sich nicht für sein Dasein rechtfertigen.

[42] Vgl. EBERHARD JÜNGEL, Der Tod als Geheimnis des Lebens, in: DERS., Entsprechungen: Gott – Wahrheit – Mensch. Theologische Erörterungen, München 1980, 327–354, insbes. 328f.

[43] Ebd., 329.

[44] Zum Verständnis des Trostes in der Sprache der Psalmen sowie in Luthers Theologie vgl. HANS G. ULRICH, Wort und Ethik – Kennzeichen seelsorgerlicher Ethik, in: JOHANNES VON LÜPKE/JOHANNES SCHWANKE (Hg.), Wirksames Wort. Zum reformatorischen Wortverständnis und seiner Aufnahme in der Theologie Oswald Bayers, Wuppertal 2004, 79–94, insbes. 89: „Trost ist nicht die Zusage von irgend etwas ‚Gutem' oder einem ‚Guten', sondern das Hineingezogenwerden in Gottes ganzes, auch verborgenes Wirken. Es ist das Eingefügtwerden in das Leben mit Gott [...]."

doch darf der ganzheitlich vom Tode Betroffene sich ebenso ganzheitlich auf Gott hin verlassen.[45] Die Seele ist nicht unsterblich in einem substantiellen Sinn; aber sie ist das Organ einer Hoffnung, die über den Tod hinaus bei Gott Trost und Zuflucht findet. Sie dringt durch die angstmachenden Bilder des Todes hindurch zu Gottes Angesicht: „Meine Seele dürstet nach Gott, nach dem lebendigen Gott. Wann werde ich dahin kommen, dass ich Gottes Angesicht schaue? Harre auf Gott; denn ich werde ihm noch danken, dass er meines Angesichts Hilfe und mein Gott ist" (Ps 42,3.6.12; 43,5; vgl. Ps 27).

Die Sprache des Psalters verdichtet sich in einzigartiger Weise im Vaterunser. So zu beten, wie Jesus seine Gemeinde lehrt, heißt hoffen zu lernen: Wir dürfen uns Gott, unserem Vater, anvertrauen in der Gewissheit, dass er besser als wir für uns sorgen kann und will. So wie die Psalmen nach Luthers Auffassung vom ersten Gebot her verstanden werden wollen, so ist auch die erste „Tafel" des Herrengebets mit den drei Dein-Bitten darauf gerichtet, Gott in seiner Allmacht, Freiheit und Liebe zu achten. Luthers Auslegung des ersten Gebots im *Kleinen Katechismus* fasst auch die Grundeinstellung zusammen, in der wir beten sollen: „Wir sollen Gott über alle Dinge fürchten, lieben und vertrauen." Dieser Glaube des ersten Gebots wird im Vaterunser zur Kraft der Hoffnung, dass derselbe Gott, der uns ins Leben gerufen hat, uns seine Treue und Gerechtigkeit erweisen wird. „Trachtet zuerst nach dem Reich Gottes und nach seiner Gerechtigkeit, so wird euch alles [was ihr zum Leben braucht] zufallen" (Mt 6,33). Diesem Vorrang des Reiches Gottes entspricht das Herrengebet, indem es die Aufmerksamkeit zunächst auf Gottes Name, Reich und Wille lenkt, um erst von daher zur Sprache zu bringen, was der Mensch in seinen leiblichen und seelischen Bedürfnissen braucht. Das eigene Leben ist in diesem umfassenden und der menschlichen Verfügungsmacht entzogenen Raum des Reiches Gottes gut aufgehoben. Hier kommt ihm die Gerechtigkeit zu, die kein Mensch

---

[45] Dazu finden sich eindrückliche Sätze bei ADOLF SCHLATTER, Jesu Gottheit und das Kreuz, Gütersloh ²1913, 61: „Das Sterben wendet unsern Blick unweigerlich vorwärts auf das, was kommt, und für das uns jetzt gegebene Bewußtsein folgt – nichts. Wir erfahren eine totale Entselbstigung, den Entzug dessen, was unser Ich ausmacht, Stillstand unsers Denken, Stillstand unsers Wollens, nicht nur Entleibung, ebensosehr Entgeistung. Daß unser Hoffen nach einem neuen Erwachen und Auferstehen greift und dieses sich mit Gewißheit bereits vergegenwärtigt, nimmt dem Sterben seine Bedeutung Ende zu sein nicht. Es folgt ein Erwachen, doch zuerst entschlafen wir; wir stehen auf, aber erst, nachdem unser Ich geendet hat. Sterbend glauben heißt im Moment der Entselbstigung Gott als Gott bejahen, dann seine Liebe und Gabe preisen, wenn uns alles genommen wird, wir selbst uns genommen werden. Dieser Glaube hat sonderliche Größe und Herrlichkeit, weil ihm kein Schauen mehr zur Seite steht, keine Erfahrung hilft, keine Begründung im eigenen Lebensstand mehr möglich ist, weil er einzig auf Gott schaut, einzig ihn meint, einzig in ihm seine Begründung hat. Dadurch daß wir selbst zu nichts werden, bleibt uns nichts übrig als Gott, nichts übrig, als daß wir alles, was wir begehren und hoffen, völlig und rein als Gottes Werk und Gabe bejahen."

sich selbst verschaffen kann. Dabei geht es um die Befriedigung der Bedürfnisse – „Der Herr ist mein Hirte, mir wird nichts mangeln" (Ps 23,1) – ebenso wie um die Befreiung von Sünde und Schuld – „Denn bei dem Herrn ist die Gnade und viel Erlösung bei ihm" (Ps 130,7). Damit richtet sich die Hoffnung auch auf die Überwindung des Bösen, von dem die Menschen aus eigener Kraft sich nicht zu befreien vermögen. „Wir bitten", so legt Luther die letzte Bitte als Zusammenfassung des ganzen Gebets aus, „dass uns der Vater im Himmel von allerlei Übel des Leibes und der Seele [...] erlöse und zuletzt, wenn unser Stündlein kommt, ein seliges Ende beschere und mit Gnaden [...] zu sich nehme in den Himmel."[46]

So wie auf der Leiter, die Jakob im Traum sah, die Engel auf- und niederstiegen und so Himmel und Erde miteinander verbunden waren (Gen 28,10–22), so eröffnet auch das Vaterunser die Kommunikation zwischen Himmel und Erde, zwischen Ewigkeit und Zeit, zwischen dem unsterblichen Leben Gottes und dem sterblichen Leben des Menschen. Das Gebet ist gleichsam die „Pforte des Himmels" (Gen 28,17), die in zweifacher Richtung durchschritten wird: zum einen indem uns der himmlische Vater hier auf Erden Gutes zukommen lässt (vgl. Mt 7,9–11), zum anderen indem er unser Leben hineinnimmt in den Raum seines ewigen Lebens. Im Blick auf beide Bewegungen gilt es freimütig und zuversichtlich zu bitten: „Bittet, so wird euch gegeben; suchet, so werdet ihr finden; klopfet an, so wird euch aufgetan" (Mt 7,7).

An der Schwelle – zwischen Leben und Tod, zwischen Tod und Leben – die „Pforte des Himmels" zu öffnen, ist nicht nur das Anliegen des Gebets. Eben darauf sollte auch die Verkündigung in einem Bestattungsgottesdienst ausgerichtet sein.[47] Um solcher Öffnung willen ist es zunächst, wiederum im Sinne des ersten Gebots, geboten, sich demütig auf die Grenzen menschlicher Macht zu besinnen, um das Entscheidende allein von Gott zu erbitten und zu erhoffen. Der christliche Glaube räumt Gott das erste und das letzte Wort über das Leben eines Menschen ein. Anfang und Ende liegen bei Gott. Das schließt nicht aus, dass Menschen von Anfang an und bis zum Ende beteiligt sind, das Leben annehmen, weitergeben und am Ende aus der Hand geben. Gott handelt durch uns, er will uns Menschen als verantwortliche Wesen. Aber er verwehrt uns das Urteil über das ganze Leben, das Urteil über Leben und Tod. Dieses Urteil setzt eine Erkenntnis voraus, die wir weder im Blick auf uns selbst noch im Blick auf andere haben. Es überfordert uns. Das Nein zu allen definitiven Urteilen, die wir Menschen uns anmaßen, ist die Kehrseite eines Glaubens, der es Gott zutraut, dass er das Leben in seiner Wahrheit sieht und vollendet. Noch einmal: In der Perspektive dieses Glaubens sind Anfang und Ende des Lebens offene Grenzen, Eingang und Ausgang.

Von dieser Glaubenserkenntnis her ist Widerspruch anzumelden, wo immer das Leben als in sich abgeschlossener Raum vorgestellt wird. Ein Raum

---

[46] BSELK 880,15-18 (Kleiner Katechismus).
[47] Zu weiteren Aspekten der Bestattungspredigt vgl. GUTMANN, Mit den Toten leben (s. Anm. 24), 214–220.

mag noch so viel in sich enthalten, ohne kommunikative Außenbeziehungen ist er ein Raum des Todes. Ohne Fenster und Türen, die Licht von außen einfallen lassen, ist er ein dunkler Raum. Mag er noch so groß sein, er ist doch ein Raum letzter Verlorenheit. Das Bild des Lebens ist hier untergründig ein Bild des Todes. Die Aufgabe der Verkündigung liegt nicht zuletzt darin, in dieser Hinsicht für rechte Unterscheidung, für Aufklärung zu sorgen. Im Widerstreit der Bilder gilt es das Bild des Lebens als eines kommunikativen Lebens zu stärken und die Bilder des Todes zu entmächtigen. Luthers Sermon *Von der Bereitung zum Sterben*[48] kann in dieser Hinsicht nochmals wichtige Sprachhilfe leisten. Dabei ist das Bild des Todes, das uns Angst macht, durchaus ernst zu nehmen. „Im Leben sollte man sich mit des Todes Gedanken üben [...]. Aber im Sterben, wenn er von selbst schon allzu stark da ist, ist es gefährlich und nichts nütze." Da gilt es vielmehr, die Bilder des Todes, der Sünde und der Hölle auf die Gegenbilder des in Christus uns gegebenen Lebens zu beziehen und sie in dessen Licht zu sehen und zu überwinden. Es geht um das „Durchsehen in andere Bilder": „Du mußt den Tod in dem Leben, die Sünde in der Gnade, die Hölle im Himmel ansehen [...]." Das „himmlische Bild Christus" hat gleichsam die stärkere Lichtkraft. Die theologische Begründung für dieses Zutrauen liegt darin, dass das Bild Jesu Christi ja identisch ist mit dem Wort, durch das Gott ins Sein ruft und aus dem Tode auferweckt. So ist er „das lebendige und unsterbliche Bild wider den Tod".

Schließlich: Die Frage, ob der Segen nur den zurückbleibenden Angehörigen oder auch dem Verstorbenen, um den sie trauern, zugesprochen werden sollte, war oben offengeblieben. Um hier eine Antwort zu finden und die mögliche Bedeutung des Segens im Rahmen eines Bestattungsgottesdienstes zu bestimmen, dürfte es gut sein, eine Grunderkenntnis in Erinnerung zu rufen: Der Segen hat seine Voraussetzung im Geschehen des Wortes Gottes. Er ist immer ein Zweites, er setzt das zuvor ergangene Wort und Werk voraus. Und: Dieses Zweite folgt dem Ersten nicht so, dass es darüber hinausginge oder es gar ersetzte, vielmehr ordnet es sich dem Ersten ein und unter, um es allererst recht zur Geltung zu bringen. Insofern geschieht er in der Gegenwart und Vollmacht des Wortes. Diese These lässt sich sowohl schöpfungstheologisch als auch im Blick auf die Theologie des Gottesdienstes erläutern.

Schöpfungstheologisch gilt: Wenn der Schöpfer, nachdem er sein vollmächtiges „es werde" gesprochen hat, daraufhin seine Geschöpfe segnet, erweist er sich als der Gott, der seine Schöpfung nicht sich selbst überlässt, sondern ihr in beständiger Wirksamkeit und Zuwendung gegenwärtig bleibt. Segen ist die Gestalt des schöpferischen Wirkens Gottes in der Weise der *creatio continua*. Von hier aus ergibt sich das Verständnis des gottesdienstlichen Segens. Dieser setzt konstitutiv das zuvor verkündigte Wort Gottes voraus. Er hat insofern keine eigene Mächtigkeit. Oder anders gesagt: Seine Wirksamkeit liegt darin, die Wahrheit und Macht des verkündigten Wortes für seine Hörerinnen und

---

[48] S.o. Anm. 24; die folgenden Zitate sind der Textfassung von REINHARD SCHWARZ entnommen.

Hörer in Geltung zu setzen, diese mithin *werden* zu lassen, was sie kraft des Wortes Gottes *sind*. Gesegnet wird, wer sich das Wort Gottes gesagt sein lässt. Nun haben wir ja auch das Sein der Verstorbenen als ein Sein im Wirkungsraum des Wortes Gottes zu denken gesucht. Es ist daher nur konsequent, dass im Bestattungsgottesdienst nicht nur die versammelte Gemeinde, sondern auch der Verstorbene dem Segen Gottes anvertraut wird. Dieser Zuspruch ist kein bloßer Wunsch und ebenso wenig ein leeres Versprechen, wenn denn Gottes Wort wirkt, wozu es gesandt ist.[49] Und was wirkt es? Am kürzesten wird man wohl antworten können: Es versetzt den Menschen erneut in den „Stand" der Kindschaft Gottes (vgl. Gal 4,4–7; 1Joh 3,1f). Es lässt aufleuchten, was wir in der Qualität der Gottebenbildlichkeit vor Gott und füreinander sind. Und er stiftet die Gemeinschaft der Kinder Gottes, die Kirche, wenn wir sie denn als „Gemeinschaft der Lebenden und Toten" verstehen dürfen.[50]

---

[49] Vgl. PETER BRUNNER, Der Segen als dogmatisches und liturgisches Problem, in: DERS., Pro ecclesia. Gesammelte Aufsätze zur dogmatischen Theologie, Bd. 2, Berlin/ Hamburg 1966, 339–351.

[50] Vgl. MICHAEL TROWITZSCH, Gemeinschaft der Lebenden und der Toten. Lk 20,38 als Text der Ekklesiologie, in: ZThK 79, 1982, 212–229. MAGDALENA L. FRETTLÖH, Ewigkeitssonntag. Fest der Gemeinschaft von Verstorbenen und Lebenden, in: DIES., Worte sind Lebensmittel. Kirchlich-theologische Alltagskost, Knesebeck 2007, 188–193.

NACHWEIS DER ERSTVERÖFFENTLICHUNGEN

1. Titel der Erstveröffentlichung: Der Mensch im Entwurf. Grundgedanken theologischer Anthropologie, in: Ulrich Dehn/Erika Godel (Hg.), „Du salbest mein Haupt mit Öl ..." Wellness - Körperkultur oder Sinnfrage? (EZW-Texte Nr. 183/2006), Berlin 2006, 16-31.

2. Gottes Ebenbild wahrnehmen und bewahren, in: Siegfried Kreuzer/Frank Ueberschaer (Hg.), Gemeinsame Bibel – Gemeinsame Sendung. 25 Jahre Rheinischer Synodalbeschluss zur Erneuerung des Verhältnisses von Christen und Juden (Veröffentlichungen der Kirchlichen Hochschule Wuppertal. Neue Folge, Bd. 9), Neukirchen-Vluyn 2006, 112-114.

3. Ebenbild im Widerspruch. Menschenwürde und Menschenrechte im Spiegel der Erzählung vom Brudermord (Gen 4,1-16), in: Jürgen van Oorschot /Markus Iff (Hg.), Der Mensch als Thema theologischer Anthropologie. Beiträge in interdisziplinärer Perspektive (Biblisch-theologische Studien, Bd. 111), Neukirchen-Vluyn 2010, 114-145.

4. Das Drama der Schöpfung. Gen 6-9 in systematisch-theologischer Perspektive, in: Norbert Clemens Baumgart/Gerhard Ringshausen (Hg.), Die Sintflut. Zwischen Keilschrift und Kinderbuch. Das neue Interesse an der alten Erzählung als religionspädagogische Herausforderung (Lüneburger Theologische Beiträge, Bd. 2), Münster 2005, 109-127.

5. Titel der Erstveröffentlichung: Beziehung und Behinderung. Zur Frage nach Gott im Kontext des Lebens mit Behinderung, in: Johannes Eurich/Andreas Lob-Hüdepohl (Hg.), Behinderung – Profile inklusiver Theologie, Diakonie und Kirche (Behinderung - Theologie - Kirche. Beiträge zu diakonisch-caritativen Disability-Studies, Bd. 7), Stuttgart 2014, 37-53.

6. Teile zuvor veröffentlicht in: Homo iustificandus fide. Der Mensch im Licht des Rechtfertigungsglaubens, in: Lutherische Nachrichten 33, 2014, Heft 1, 24-40; Luthers Rechtfertigungslehre im Grundriss seiner Thesen über Röm 3,28, in: Hans-Christian Kammler/Rainer Rausch (Hg.), Paulus und Luther – ein Widerspruch? (Dokumentationen der Luther-Akademie Sondershausen-Ratzeburg, Bd. 10), Hannover 2013, 119-128.

7. Der Mensch im Licht der Gerechtigkeit Gottes. Reformatorische Rechtfertigungslehre und neuzeitliche Anthropologie, in: Siegfried Kreuzer/Johannes von Lüpke (Hg.), Gerechtigkeit glauben und erfahren. Beiträge zur Rechtfertigungslehre (Veröffentlichungen der Kirchlichen Hochschule Wuppertal. Neue Folge, Bd. 7), Neukirchen-Vluyn/Wuppertal 2002, 62-80.

8. Verletzbarer Körper – Begnadeter Mensch. Anthropologische Orientierungen des Christentums, in: Wolfgang Vögele (Hg.), Verletzbarer Körper – Begnadeter Mensch. Vom Körperverständnis in Medizin und Theologie (Loccumer Protokolle 52/01), Rehburg-Loccum 2002, 45-61.

9. Die Frage nach Einheit und Identität (bislang unveröffentlicht).

10. Titel der Erstveröffentlichung: Die Seele. Raum der Gotteserkenntnis und Selbsterkenntnis, in: Friedrich Heckmann (Hg.), Lebensweisheit und Praktische Theologie. Christiane Burbach zum 65. Geburtstag (Arbeiten zur Pastoraltheologie, Liturgik und Hymnologie, Bd. 77), Göttingen 2014, 189-202.

11. Das exzentrische Herz. Zur Stellung des Herzens in der theologischen Anthropologie, in: Frank Vogelsang/Johannes von Lüpke (Hg.), ... Gott aber sieht das Herz an (Begegnungen 39. Dokumentation der Tagung der Ev. Akademie im Rheinland, 29.11.-1.12.2013), Bonn 2014, 41-56.

12. „Heilig, gerecht und gut" – theologische Kritik der Vernunft im Horizont der Aufklärung, in: Rainer Rausch (Hg.), Glaube und Vernunft. Wie vernünftig ist die Vernunft? (Dokumentationen der Luther-Akademie Sondershausen-Ratzeburg, Bd. 11), Hannover 2014, 149-166.

13. „... kein kräftiger noch edler Werk als Reden". Von der Macht der Sprache bei Luther (Vortrag bei der Tagung der Luther-Akademie Sondershausen-Ratzeburg, 5.-7. Oktober 2015, bislang unveröffentlicht).

14. Auf dem Weg zur Freiheit (bislang unveröffentlicht).

15. Befreiende Allmacht. Gekürzte Fassung von: Zwischen Allmacht und Ohnmacht. Der Streit um die Freiheit in der Perspektive reformatorischer Theologie, in: Johannes von Lüpke (Hg.), Gott – Natur – Freiheit. Theologische und naturwissenschaftliche Perspektiven (Veröffentlichungen der Kirchlichen Hochschule Wuppertal. Neue Folge, Bd. 10), Neukirchen-Vluyn 2008, 163-181.

16. Die Freiheit, ja und nein zu sagen. Eine theologische Besinnung auf den Zusammenhang von Freiheit und Treue (bislang unveröffentlicht).

17. Grenzen der Definitionsmacht. Zum Verhältnis von Normkultur und Nutzenkultur aus der Sicht evangelischer Theologie, in: Thomas S. Hoffmann/Walter Schweidler (Hg.), Normkultur versus Nutzenkultur. Über kulturelle Kontexte von Bioethik und Biorecht, Berlin/New York 2006, 83-113.

18. Kultur des Menschen. Überlegungen zur Geschöpflichkeit des Menschen zwischen Natur und Kultur, in: Martin Rothgangel/Ulrich Beuttler (Hg.), Glaube und Denken. Jahrbuch der Karl-Heim-Gesellschaft, 25. Jg., Frankfurt a.M. u.a. 2012, 137-154.

19. „Glaube ist nicht jedermanns Ding" (2Thess 3,2). Über Möglichkeit und Unmöglichkeit des Glaubens, in: Frank Vogelsang/Johannes von Lüpke (Hg.), Wie geht Glauben? Diskussion um einen theologischen Zentralbegriff (Begegnungen 43. Dokumentation einer Tagung der Ev. Akademie im Rheinland, 28.-30. November 2014), Bonn 2015, 95-104.

20. Titel der Erstveröffentlichung; Sinngebung. Theologische Fragen und Antworten auf der Suche nach Sinn, in: Frank Vogelsang (Hg.), Quellen des Sinns. Wie kommt der Sinn in die Welt? (Begegnungen 39/2007. Dokumentation der Tagung der Ev. Akademie im Rheinland, 39/2007, 9.-11. November 2007), Bonn 2008, 107-122.

21. Titel der Erstveröffentlichung: Gleichnis der Liebe Gottes. Die Liebe von Gott und Mensch im Horizont der Weisheit, in: Frank Vogelsang/Johannes von Lüpke (Hg.), Der Liebe auf die Spur kommen. Ein Phänomen im sozialen, religiösen und kulturellen Kontext (Begegnungen 23. Dokumentation der Tagung der Ev. Akademie im Rheinland, 2.-4. Oktober 2009), Bonn 2010, 127-136.

22. Hoffnung auf das Wort. Eine Meditation zur Einführung in die Lehre von den „letzten Dingen", in: NZSTh 47, 2005, 323-337.

23. Was lässt hoffen? In: Frank Vogelsang/Johannes von Lüpke (Hg.), Die Weisheit der Hoffnung (Begegnungen 29. Dokumentation der Tagung der Ev. Akademie im Rheinland, 12.-14. November 2010), Bonn 2011, 95-104.

24. An der Schwelle zum Leben. Zur Wahrnehmung der Gottebenbildlichkeit am Ende des Lebens, in: Wort und Dienst. Jahrbuch der Kirchlichen Hochschule Bethel 28, 2005, 247-264.

ABKÜRZUNGEN

Abkürzungen in der Regel nach RGG⁴

BSELK   Die Bekenntnisschriften der evangelisch-lutherischen-Kirche. Vollständige Neuedition, hg. von IRENE DINGEL, Göttingen 2014.

LDStA   MARTIN LUTHER, Lateinisch-Deutsche Studienausgabe, hg. v. WILFRIED HÄRLE, JOHANNES SCHILLING und GÜNTHER WARTENBERG, 3 Bde., Leipzig 2006-2009.

DDStA   MARTIN LUTHER, Deutsch-Deutsche Studienausgabe, hg. v. JOHANNES SCHLLING mit ALBRECHT BEUTEL, DIETRICH KORSCH, NOTGER SLENCZKA und HELLMUT ZSCHOCH, 3 Bde., Leipzig 2012-2016.

WA   MARTIN LUTHER, Werke. Kritische Gesamtausgabe (Weimarer Ausgabe), 1883

REGISTER

BIBELSTELLEN

Genesis
1-11   55-58
1-2   56, 249
1,6f   323
1,20   69
1,24   69
1,26-28   29
1,26f   35, 49, 69, 251, 276f
1,28   62, 68, 117, 249, 257, 272
1,29f   68
1,30   69
1,31   60, 126, 288
2   288
2,7   29, 48
2,15   29, 62, 68, 249
2,16f   68
2,16   28
2,17   43, 95
2,19   263, 344
3   42, 56, 118
3,16   46
3,21   252
4   43, 49, 56
4,1-16   29, 33-53
4,2   40
4,3f   41
4,5   44
4,6   44f
4,7   45f
4,8   47
4,9   46, 48
4,15   50
4,17-22   43
5,1   35
6-9   55-72
6,5   59f, 125, 139, 170
6,6   59
6,8   61
6,9   61f
6,11   68
6,15f   63
6,20   63
7,14   63
8,1   29, 64f
8,21   58-60, 66, 125, 139, 170
8,22   318
9,1-17   29, 56
9,1-7   68
9,4   48, 68
9,6   29, 35, 49, 69, 251, 276f
9,9f   71
9,11   58
9,12   71
9,15-17   71
9,15f   67
9,15   58, 66
11,1-9   57, 88
11,7-9   63
25,7-10   348
28,10-22   355
28,17   355

Exodus
3,14   21, 23
20,2   21
20,4   77
26,33f   131
40,1ff   131

Leviticus
17,11   48

Deuteronomium
5,6f   21
5,8   77
8,3   244
12,23   48
30,14   86

Josua
24,14-22   204, 210

1. Samuel
16,7 80
30,13 305f

1. Könige
18,27.29 74

1. Chronik
29,14f 28

Hiob
7,7 244
7,16 244
13,3 45
13,15 321
13,24 45

Psalmen
8,5 5, 24, 29, 33f, 64, 244
8,6f 34
8,6 148
16,11 168
17,15 350f
22,2 45
22,15f 137
23 21-28, 295, 307
23,1 355
27 354
33,4 325
33,9 225, 298
34,9 288
36,10 322f
39 353
39,13 28
42f 354
73,23 353
78,39 244
90,5-10 353
94,9 73
104,14 249
115,3 75, 85, 220
115,4-8 74, 280
115,15 221
119 325
119,19 28
121,4 73

121,8 339-341
130,5 325
130,6 323f
130,7 148, 355
135,5f 220
135,14 221
139,16 134
144,3 33f
144,4 34-36, 148, 244

Sprüche Salomos
16,9 203
19,21 203

Prediger Salomo
3,11 139, 158, 171
9,4 317

Jesaja
2,22 244
25,6-8 328
43,11 77
45,9 59
45,20 74
55,8-11 5

Jeremia
10,23 203
17,9 194, 236
18,6 59

Klagelieder Jeremias
3,22-24 324

Jona
4,10f 59

Sacharja
4,6 60

Maleachi
3,20 109-111

Weisheit Salomos
7,23-28 309

Jesus Sirach
33,13 59
40,1f 320
42,25 249f

Matthäus
4,4 244
5,3-10 76
5,6 80, 326, 351
5,20 122
5,21-26 52
5,37 241
5,43-48 52, 84, 122
5,45 112f, 315
5,48 315
6,25-34 312
6,33 25, 329, 354
7,7 355
7,9-11 355
10,39 217
12,35 194
18,10-14 31
20,15 44
21,28-31 241
22,1-14 328
25 336
25,10-12 336
25,21 336
25,23 336
25,30 336
25,34 336
25,40.45 31
27,40 74

Markus
8,35 217
10,9 166, 184
10,18 175
15,30 74

Lukas
1,30 133
1,47f 134
10,25-37 31
15,11-32 210, 334-338
16,19-31 348

23,37.39 74
24,36-39 75

Johannes
1,1 93f
1,3f 126, 309, 328
1,12f 227
1,13 293f
1,14 186
1,18 21, 185
1,51 241
3,16 302
4,14 298
5,26 323
8,32 231
10,2-5 27
10,9 339
10,27 27
12,25 217
13,31f 79
14,2 340
16,22 168
17,10 338
17,22-24 79
19,5 52, 137
19,30 67

Apostelgeschichte
17,27f 159
17,28 174

Römer
1,16f 92
2,4 72
2,15 185
3,3 239
3,10-20 95
3,20 96
3,28 92-98, 114
4,17 328
4,18 321, 332
5,8 174
6,23 327
7 95, 220, 222
7,10 175
7,12 175f

7,14   175
7,15-21   46
7,15f   220
7,17   46
7,18   175, 220
7,20f   46
7,22f   175f
8,3   175
8,18-25   48, 68
8,19f   317
8,20f   289
8,21   231
8,24   231
9,16   59
9,20f   59
9,22f   72
12,12   319
14,7-9   348

1. Korinther
1,8   72
1,30   80
2,2   77f
3,9   270
3,16f   84
6,19   84
8,6   67, 328
13   309
13,6f   309
13,12f   6
13,12   107, 161
13,13   292, 318
14,1-19   175
14,8   176
15,55   328
16,14   311

2. Korinther
1,20   239
1,22   231
3,17   231
3,18   351
4,4   52, 124, 351
4,6   351
5,5   231
5,7   107, 331

Galater
3,1   77f
3,19   175
4,4-7   357
5,1   210, 231
5,13   231

Epheser
1,4   67
1,18   321
2,12   319
3,18f   310

Philipper
2,8   70
3,7-10   94
3,12f   92
4,7   305

Kolosser
1,15-23   67, 70
1,15   52
2,9   137

1. Thessalonicher
1,5   318
1,9f   318-320, 325
4,3-12   319
4,13-18   319
4,13   318-320
4,17   327f
5,8   319
5,10   319
5,16-18   328f
5,23   131

2. Thessalonicher
2,16   320
3,2   287-290, 293f

1. Timotheus
3,16   83
6,16   21, 124, 323

2. Timotheus
2,13   239

Titus
2,11   137

1. Petrus
1,3f   335f
1,3   320, 336
3,18-22   57
3,20   65

1. Johannes
1,1-3   83
3,1f   357
3,2   125, 231, 259, 313, 352
3,20   60, 174
4,16   174

Hebräer
1,3   52, 67, 193, 302, 309
4,12f   239, 325f

6,19   320-322
7,19   320
10,31   325
11,3   126, 253, 305
11,4   41, 50
11,8-16   27
12,2   111
13,9   139, 171
13,14   27

Jakobus
1,18   193
3,1-12   194
5,12   241

Offenbarung
1,17f   328
3,20   328

Namen

Adorno, Theodor W.   275
Anselm, Reiner   264
Aristoteles   123, 130, 164, 190, 192
Arndt, Johann   238f, 250, 320f
Augustin   61, 85, 147, 151-161, 170, 221f, 240, 290, 293, 303, 310, 329

Bach, Ulrich   87
Barth, Karl   66, 116
Baranzke, Heike   69
Bauke-Ruegg, Jan   61, 85, 221f, 228
Baumgart, Norbert   55-57, 63
Baumgarten, Alexander Gottlieb   124
Baur, Jörg   80, 120, 250, 327
Bayer, Oswald   16, 24, 57, 67, 70, 103, 105, 113, 126, 159, 180, 183, 185, 199, 213, 223-226, 244, 254, 293, 326, 351
Bieler, Andrea   76
Bieri, Peter   236
Blumenberg, Hans   305
Bobrowski, Johannes   312
Böhme, Gernot   179
Böhme, Hartmut   179

Bonhoeffer, Dietrich   86, 147, 228, 250f, 267, 292, 306f, 324
Bornkamm, Heinrich   299
Brecht, Bertolt   241, 313, 315
Brooks, Rodney A.   279
Brouwer, Christian   341
Brunner, Peter   66f, 226, 357
Büchsel, Elfriede   176
Bultmann, Rudolf   312
Burbach, Christiane   161

Calvin, Johannes   170
Claudius, Matthias   243
Crick, Francis   154

Dabrock, Peter   247
Danz, Christian   105-107, 291
Dalferth, Ingolf U.   206, 343
David, Christian   109
Descartes, René   177
Detering, Heinrich   79
Deuser, Hermann   63
Diderot, Denis   153

Dietrich, Walter 40
Dierken, Jörg 246
Dostojewskij, Fjodor 289f
Dürr, Hans-Peter 165

Ebach, Jürgen 60f, 63
Ebeling, Gerhard 22f, 94, 98f, 114, 245, 342
Eckhart, Meister 18-21, 23
Eiesland, Nancy L. 75, 80f
Elert, Werner 65
Epikur 255
Erasmus von Rotterdam 85, 204, 216, 219f, 230
Eurich, Johannes 75f, 77
Ewald, Günter 351

Feuerbach, Ludwig 23f
Fischbeck, Hans-Jürgen 103, 225
Fischer, Johannes 37, 53, 58, 246f
Freud, Sigmund 162, 167, 206
Frettlöh, Magdalene L. 349, 357
Frevel, Christian 36
Fuchs, Ottmar 75

Gajek, Bernhard 347
Gehlen, Arnold 74, 119
Geibel, Emanuel 317
Gensichen, Hans Peter 58
Gerhard, Johann 83, 208, 222
Gerhardt, Paul 60, 87, 249f, 296f, 301f, 306f
Gerhardt, Volker 248, 343f
Gertrud von Helfta 84
Gestrich, Christof 43, 126, 151, 346
Gogarten, Friedrich 312
Gollwitzer, Helmut 59
Goethe, Johann Wolfgang 6, 30, 87, 116f, 119, 122f, 149f, 158f, 172, 174, 211, 225, 237f, 255, 261, 274, 297-300, 302, 304f, 311, 317, 322, 327, 333f, 344
Gräb, Wilhelm 340, 346
Graf, Friedrich Wilhelm 70
Gunkel, Hermann 41
Günther, Johann Christian 333
Gutmann, Hans-Martin 348, 355

Habermas, Jürgen 259, 265
Haller, Albrecht v. 124
Hamann, Johann Georg 28, 52, 57, 65, 88, 104f, 115, 118f, 124f, 132, 138f, 155, 158f, 165f, 176f, 180, 182-184, 195, 198f, 269f, 275, 281, 288, 293f, 306, 333
Härle, Wilfried 77, 84, 94, 98, 102, 125, 208f, 243, 245
Harnisch, Wolfgang 334
Heidegger, Martin 17
Held, Klaus 319
Helvétius, Claude Adrien 233
Henning, Christian 346
Heraklit 158, 169
Herder, Johann Gottfried 30, 33, 42, 116, 119, 208, 232, 269-271, 273-275, 277
Hofius, Otfried 94
Holbach, Paul H. Dietrich v. 129
Horaz 27
Horkheimer, Max 16, 153, 275
Horvath, Ödön v. 317
Huber, Wolfgang 228

Jacobi, Friedrich Heinrich 216
Janowski, Bernd 25f, 46, 351
Jean Paul 275
Joest, Wilfried 56, 98, 112, 219, 224, 273
Jonas, Hans 15f, 30, 51, 219, 222f, 227, 283, 290
Jörns, Klaus-Peter 41
Joswig, Benita 84
Joy, Bill 279
Jüngel, Eberhard 112, 136, 246, 320, 325, 353
Jünger, Ernst 346f

Kaczynski, Theodore 279
Kaléko, Mascha 209
Kammler, Hans-Christian 94, 96
Kant, Immanuel 33, 42, 51, 103, 116, 124, 154, 166, 177, 180, 182, 251f, 275-277, 335
Kasper, Walter 133
Keupp, Heiner 144f
Kierkegaard, Sören 61, 107, 227f
Klappert, Bertold 350

Klessmann, Michael 151, 167
Koch, Traugott 322
König, Johann Friedrich 99
Körtner, Ulrich H.J. 213, 253, 339f
Krüger, Hans-Peter 343
Künneth, Friedrich-Wilhelm 133
Kurzweil, Ray 277f, 280

Lange, Friedrich Albert 153f
Landmann, Michael 274
Landmesser, Christoph 335
Lasker-Schüler, Else 234
Lebert, Benjamin 150
Leibniz, Gottfried Wilhelm 124, 216
Lenz, Jakon Michael Reinhold 127f, 135
Lenzig, Udo 219
Lessing, Gotthold Ephraim 117, 123, 153, 177-180, 209f, 215-219
Lessing, Theodor 304
Liedke, Gerhard 55, 65
Liedke, Ulf 75
Link, Christian 65, 68, 258
Löw, Reinhard 251
Lüpke, Klaus v. 88
Luther, Martin 6, 16f, 21-27, 38, 51f, 60-62, 64, 82f, 85, 87, 91-107, 109-115, 117, 121-126, 131, 133-139, 157, 159-161, 164-171, 173f, 176f, 181f, 184-187, 189-199, 204, 210f, 216-220, 223-227, 230, 238-241, 244f, 256-260, 263f, 271, 287, 293f, 296, 299, 301f, 306, 314f, 320, 322f, 325, 328-330, 331f, 337, 341f, 347-350, 352, 354-356

Mahlmann, Theodor 208
Markschies, Christoph 81
Marquard, Odo 116
Marti, Kurt 324
Mejias, Jordan 278, 280
Melanchthon, Philipp 209, 236, 290
Merkel, Friedemann 348
Meyer-Abich, Klaus Michael 225
Moltmann, Jürgen 71, 76, 223, 326, 329
Müller, Hans-Peter 58

Nietzsche, Friedrich 17, 78f, 115, 119-123, 128, 130, 144-147, 150, 153-156, 206, 208, 224, 232-236, 271f, 292, 300-304, 314
Nikolaus von Kues 159
Novalis 145f
Nunner-Winkler, Gertrud 19

Oetinger, Friedrich Christoph 164
Otto, Eckart 109

Pannenberg, Wolfhart 74
Pascal, Blaise 104, 132, 166, 179, 182
Pasolini, Pier Paolo 191f
Pico della Mirandola, Giovanni 233
Pieper, Josef 290, 293, 321f
Platon 26, 144-146, 249, 274
Plessner, Hellmuth 168
Prauss, Gerold 261
Precht, Richard David 144

Quenstedt, Johann Andreas 251, 277
Quitterer, Josef 154

Rahner, Karl 133
Ratzinger, Joseph 335
Reinhuber, Thomas 113, 223-225
Rendtorff, Trutz 68, 70
Ricœur, Paul 37
Ringleben, Joachim 158, 160, 323, 335
Röhricht, Rainer 182
Roth, Gerhard 205, 213
Rückert, Friedrich 173f

Safranski, Rüdiger 43
Sartre, Jean-Paul 207
Sass, Hans-Martin 343
Sauter, Gerhard 34, 71, 300
Schapp, Wilhelm 37
Scheler, Max 235
Schiller, Friedrich 40-42, 116, 118, 129, 270, 317
Schlatter, Adolf 79, 81, 354
Schlegel, Friedrich 292f, 318
Schleiermacher, Friedrich 291
Schneider-Flume, Gunda 19, 37, 86, 244
Schoberth, Wolfgang 34, 67, 224
Schroeter-Wittke, Harald 340

Schumacher, Bernard N. 346
Schumann, Friedrich Karl 332
Schwarke, Christian 255
Schwarz, Reinhard 347f, 356
Schweitzer, Albert 277, 280
Schwöbel, Christoph 83, 102
Seebass, Horst 41, 64
Seneca 104, 132
Sennett, Richard 233
Simon, Josef 124
Singer, Wolf 206f
Slenczka, Notger 105, 121, 265f
Sloterdijk, Peter 18, 119, 249
Spaemann, Robert 251
Spinoza, Baruch de 216
Spranger, Eduard 208
Stadler, Arnold 291f
Stifter, Adalbert 161f
Stuhlmacher, Peter 63

Tanner, Klaus 259f, 263
Tersteegen, Gerhard 114

Thaidigsmann, Edgar 134
Theunissen, Michael 228
Thomas von Aquin 319f, 329
Thomas, Günter 87
Trowitzsch, Michael 357
Turner, Victor 339f

Ulrich, Hans G. 353

van den Brink, Gijsbert 224
van den Daele, Wolfgang 18
Vogelsang, Frank 168

Wagner, Andreas 81f
Welker, Michael 40
Westermann, Claus 39, 41, 45, 62, 67f, 324
Windhorst, Christof 170
Wolff, Christian 115f
Wolter, Michael 93

Yudkowsky, Eliezer S. 278f

Ulrich H. J. Körtner
Dogmatik

Lehrwerk Evangelische Theologie (LETh) | 5

736 Seiten | Hardcover | 14 x 21 cm
ISBN 978-3-374-04985-1
EUR 58,00 [D]

Dogmatik als gedankliche Rechenschaft des christlichen Glaubens ist eine soteriologische Interpretation der Wirklichkeit. Sie analysiert ihre Erlösungsbedürftigkeit unter der Voraussetzung der biblisch bezeugten Erlösungswirklichkeit. Das ist der Grundgedanke des renommierten Wiener Systematikers Ulrich H. J. Körtner in seinem umfassenden Lehrbuch, das fünf Hauptteile umfasst.

Anhand der Leitbegriffe Gott, Welt und Mensch bietet es eine kompakte Darstellung aller Hauptthemen christlicher Dogmatik, ihrer problemgeschichtlichen Zusammenhänge und der gegenwärtigen Diskussion. Leitsätze bündeln den Gedankengang. Das dem lutherischen und dem reformierten Erbe reformatorischer Theologie verpflichtete Lehrbuch berücksichtigt in besonderer Weise die Leuenberger Konkordie (1973) und die Lehrgespräche der Gemeinschaft Evangelischer Kirchen in Europa (GEKE).

EVANGELISCHE VERLAGSANSTALT
Leipzig   www.eva-leipzig.de

Tel +49 (0) 341/ 7 11 41 -44   shop@eva-leipzig.de

Elisabeth Gräb-Schmidt | Reiner Preul (Hrsg.)
Marburger Jahrbuch Theologie XXIX
Anthropologie

Marburger Theologische Studien (MThSt) | 128

160 Seiten | Paperback | 17 x 24 cm
ISBN 978-3-374-04986-8
EUR 24,00 [D]

Anthropologie ist ein Brennpunkt gegenwärtigen wissenschaftlichen Arbeitens in verschiedenen Disziplinen, insbesondere in Philosophie und Theologie. Fragen von Normativität und Geltung kreisen um sie als möglichen Begründungshorizont, etwa im Sinne der Losung »Anthropologie statt Metaphysik« oder um erkenntnistheoretische Fragen in Form einer »Anthropologie der Theorie«. Anthropologie war auch ein Kernthema der Reformation. Luthers Schrift »Von der Freiheit eines Christenmenschen« wie seine Disputationen entfalten eine neue Sicht auf den Menschen, in der sich seine theologischen Einsichten bündeln. Im 500. Jahr der Reformation wird mit den Beiträgen zur Anthropologie von Thomas Krüger, Samuel Vollenweider, Michael Moxter, Notger Slenczka und Michael Welker sowie einer Einleitung von Walter Sparn ein ureigenes Thema reformatorischer Theologie aufgenommen.

EVANGELISCHE VERLAGSANSTALT
Leipzig www.eva-leipzig.de

Tel +49 (0) 341/ 7 11 41 -44   shop@eva-leipzig.de